KB244253

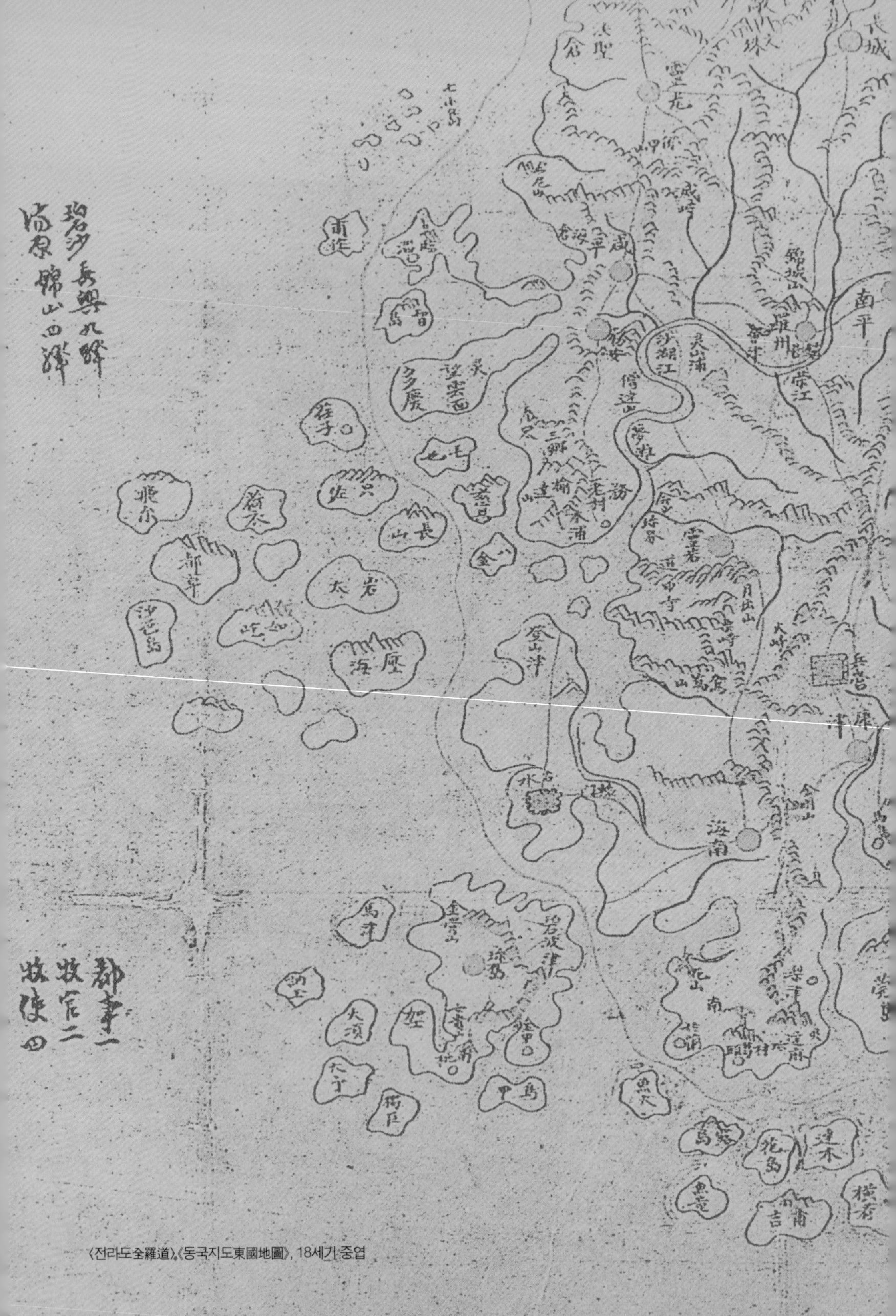

〈전라도全羅道〉《동국지도東國地圖》, 18세기 중엽

晉州界
河東界
南海界
渡海五十里
昌平
石瑞
同福
松京
玉果
潭陽
富有縣
洑水津
松廣寺
樂安
寶城
豆原
陽智
靈光
順天
呂水
白也串
里折
茂長
戒界
山伊島
長
金鰲
順
德宇
老兄外

섬문화 답사기

孤島의 일상과 역사에 관한 서사

어떤 사람은 나라의 재력이 빈약한데 (……)
내 생각에 섬은 우리나라의 그윽한 수풀이니
진실로 경영만 잘하면
장차 이름도 없는 물건이 물이 솟아나듯,
산이 일어나듯 하리니(……).

或曰 國力貧弱, (何以增官.) 臣以爲海島者,
我國之幽藪也. 苟一經理, 將有無名之物,
水湧而山起, (綏遠之司, 將與戶曹相.)
《경세유표》 제2권 〈추관형조(秋官刑曹)〉에서

신안 편

孤島의
일상과 역사에 관한
서사

김준 지음

섬문화 답사기

서책

우리 민족의 향기로운 정신사 한 영역

한승원(작가)

김준 박사가 책 5권 분량의 원고 보따리를 들고 찾아왔다. 그를 처음 만난 것은, 그가 목포대학에 재직하면서 한창 갯벌과 섬의 생태연구에 미쳐 있을 때였다. 나는 장흥바다의 한 섬에서 나고 자란 탓에, 그리고 내 고향 어촌마을 사람들의 생명력과 삶의 애환을 소설공간으로 승화시켜온 때문에, 그의 연구가 아주 귀중한 것이라고 느꼈다. '섬만 섬이 아니고 혼자 있는 것은 다 섬이다'라는 화두를 가지고 사는 나는 섬들을 하나하나의 생명체로 여긴다. 그래서 그때 우리의 이야기는 자연 섬의 인문학적인 탐사 쪽으로 흘렀었다. 그런 지 5년여의 세월이 흐른 뒤 바로 그 섬들의 인문학적 탐사와 연구의 결실을 가지고 나타난 것이다.

한달음에 원고를 읽었다. 재미가 있다. 그가 섬과 섬사람들을 얼마나 사랑하고 있는지, 그 인문학적인 탐사를 하느라고 얼마나 진땀을 흘렸는지 짐작하게 한다. 그는 깊은 섬에 들어갔다가, 계속되는 풍랑으로 인해 되돌아 나오지 못하고 4박5일 혹은 그 이상씩 갇혀 있곤 한 것이 부지기수였다고 한다.

지도를 거꾸로 놓고 본다면 전라남도가 한반도의 머리에 해당하고, 그 남쪽에 흩어져 있는 섬들은 한반도의 머리카락들에 해당한다. 머리에는 뇌가 들어 있고 뇌에는 영혼이 들어 있는데, 뇌를 보호하는 것은 머리카락인데, 머리카락은 하늘의 오묘한 뜻을 감지하는 안테나 역할을 한다. 그러니까 섬들은 세계로 뻗어나가는 전초기지의 첨병인 것이다.

천체 가운데서 유일하게 물을 가지고 있는 지구라는 별에서 바다는 영원한 인류의 블랙박스이다. 삼면이 바다로 둘러싸인 한반도의 바다는 이 민족의 영원한 블랙박스인 것이다. 그 바다에 떠 있는 섬들은 한반도의 영원한 미래의 보물인 것이다. 그 섬들이 가지고 있는 장점들을 네트워크로 연결시킨다면 예측할 수 없는 새 문화들이 거듭 창출될 터이다.

섬들의 생태연구와 인문학적인 탐사의 결과물인 이 책에는 섬사람들의 강인한 생명력과 역사와 문화가 살아 숨쉬고 있다. 김박사는 아주 작은 무인도까지도 탐사했고, 하나하나의 섬에 의미부여를 했다. 그것은 그 섬을 살아 숨쉬는 존재로 섭렵했다는 것이다. 다도해 지방의 모든 섬들을 짙푸른 바다에 알알이 박혀 있는 보석으로 승화시켜 놓고 있는 이 책은 우리 민족의 향기로운 정신사 한 영역을 확실하게 장식하고 있다.

유배지에서 21세기 미래 가치의 땅으로

《섬문화 답사기》 여수·고흥편을 내고 한동안 긴장감을 늦출 수 없었다. 독자들의 질책이 두려웠다. 그런데 질책보다는 많은 격려를 해 주었다. 추천사를 써 주신 한승원 작가의 격려가 큰 힘이 되었다. 처음부터 끝까지 책을 꼼꼼하게 읽으셨다고 했다. 부끄럽고 감사했다. 두 번째 책을 기대하고 있다는 말도 덧붙여주셨다. 새로운 걱정이 생겼다.

이젠 주말이면 섬으로 가는 길에 익숙해졌다. 집에 있는 날이면 섬에 가자는 딸 별아의 성화가 대단하다. 몇 차례 '섬 가는 길'에 동행한 탓인지 든든한 응원군이 되었다. 섬에 다녀와 들려주는 섬마을 옛이야기에 빠진 것인지, 아빠를 닮아 방랑벽 유전자를 가진 탓인지 알 수 없지만 섬길에 동행하지 못하는 날은 섬노인에게 들었던 이야기를 들려주는 것으로 아빠 노릇을 대신 한다.

천사섬. 신안군의 다른 이름이다. 쉽게 떠올리고 오래도록 간직할 수 있으니 잘 지어진 지역브랜드다. 그런데 5%쯤 부족하다. 그게 뭘까. 신안 '모실길'을 걸으면서 잡았던 화두였다. 신안군이 항공사진 등을 통해 확인한 섬의 수는 유인도 72개를 포함해 1,025개였다. 이 중 풀과 나무가 자라지 못하는 21개의 바위섬을 제외하니 1004개였다고 한다. 그래서 '천사섬'이 되었다.

생물다양성과 문화다양성은 21세기 지구가 추구해야 할 가치다.

환경, 생태, 문화. 그것이 섬에 있다. 갯벌 때문이다. 섬만 많은 것이 아니라 갯벌이 많다는 것에 주목해야 한다. 신안이 보물인 이유다. 누가 이들을 보고 섬놈이나 뱃놈이라 비웃는가. 섬의 가치를 읽지 못하는 도맹인島盲人은 리더가 될 자격이 없다.

육지에서 먼 섬부터 신안의 섬이야기를 풀어냈다. 지금껏 주체적인 삶보다는 육지것들이 만들어낸 시선에 짓눌렸던 멍에를 벗고 싶었다. 스스로 육지를 닮고 싶어 했던 섬이야기를 바다의 시선으로 읽고 싶었다. 그곳에서 육지를 바라보고 싶었다. 육지와 거리에 따라 섬사람들 스스로 등급을 매겼던 것에서 벗어나고 싶었다. 아니, 육지에서 먼 곳에서 등급을 매기고 싶었을 것이다. 흑산면에 속한 섬들부터 글을 풀었던 것도 그 때문이다.

오늘의 신안군은 1969년 무안군에서 분리되면서 생겨났다. 그래서 이름도 신안이다. 한동안 목포시에 살림집을 두고 있다가 최근에 압해도에 새집을 짓고 이사를 했다. 50년 만에 곁방살이를 면한 것이다. 그 사이 많은 신안의 섬에 다리가 놓였다. 뱃길은 사라지고 자동차를 타고 무시로 섬을 오가고 있다. 머지않아 흑산도와 서울, 중국과 흑산도를 잇는 경비행기도 운항할 것이다. 절해고도 유배지에서 21세기 희망의 땅으로 바뀌고 있다. 그렇지만 육지를 닮아가는 섬에는 결코 그 기회가 오지 않을 것이다. 신안이 섬다움을 간직한 섬으로 지속되기를 바랄 뿐이다. 이것은 섬사람들의 몫이 아니다. 섬을 보는 육지사람들의 몫이다.

무안 연구실에서
김준

차례

일러두기

- 본 섬문화답사기 시리즈는 2011년 현재 사람이 살고 있는 전국의 유인도를 직접 탐방하여 취재한 내용을 지역별로 엮어갈 예정입니다. 다만 지금은 무인도일지라도 유인도 시절에 독특한 사연을 가지고 있거나 섬 생태계에서 국내외에서 보전해야 할 가치가 대단히 높은 생태계를 갖고 있는 경우에는 포함시켰습니다.(예: 신안 구굴도, 죽도)
- 각 섬별 본문 마지막의 개황에 나와 있는 각종 통계와 자료는 《대한민국 도서백서大韓民國 島嶼白書》(2011년 행정안전부 발행), 《전남의 섬》(2002년 전라남도 발행)을 참조했고, 30년 변화자료는 《도서지島嶼誌》(1973년, 1985년 내무부 발행), 《한국 도서백서韓國 島嶼白書》(1996년 내무부 발행)를 참고했습니다. 구 통계 중 일부 데이터가 오자로 보이긴 하지만 확인할 수 없어 그대로 인용합니다.
- 2010년 현재 연륙교로 연결된 섬 아닌 섬도 본서 기획의 전체적 맥락을 위해 같이 조사하여 게재합니다.(예: 신안 지도, 압해도, 목포 허사도, 고하도 등)
- 본문에 사용한 사진은 대부분 필자가 촬영한 것이며, 외부 도움을 받은 일부 사진은 저작권 표시를 따로 하였습니다.
- 본문에서 언급한 참고문헌 중 도서는 《 》부호로, 논문·신문·예술작품·지도 등은 〈 〉로 표시했습니다.

신안군

신안군 흑산면

신안군 흑산면

1 흑산도
2 영산도
3 대둔도
4 다물도
5 장도
6 홍도
7 태도
8 만재도
9 가거도

다도해해상국립공원

4
3
6
5
1
2
7
8
9

1

바람 타는 섬,
바람 읽는 사람들
흑산면 흑산도

속이 까맣게 타들어갔다. 막배를 타지 못하면 꼼짝없이 사흘은 섬에 머물러야 한다. 바람이 거세져 포구에 정박 중인 배들이 끼이잉끼이잉 울어댔다. 배표를 손에 쥔 여행객들이 발을 동동거렸다. 뱃길이 끊기면 고립무원이다. 이를 두고 절도絶島라 했다. 조선시대 죄인들을 이곳에 유배시켰던 까닭과 중선배를 타고 조기를 잡던 뱃사람들의 외로움을 달래는 파시가 형성되었던 이유를 알 듯했다.

> 사방을 둘러봐도 바다뿐인 섬, 바람이 좀 불면 며칠씩 오도 가도 못하는 섬, 물이 없어 빗물을 받아 마셔야 되는 섬, 글을 모르는 이가 많고 찢어지게 가난한 이가 많은 섬. 1979년에 비로소 전깃불이 들어왔던 섬, 배가 없어 맹장염같은 하찮은 병으로도 목숨을 앗겨야 하는 섬, 흑산도를 이르는 말이다. ─《한국의 발견》(뿌리깊은나무, 1990)

흑산도는 섬이다. 달리 대신할 말이 없다. 뭍에 짓는 농사보다는 바다에 의지해 살고 있다. 흑산군도는 몸섬인 흑산도 외에 천연보호구역인 홍도, 장도, 다물도, 대둔도, 영산도, 태도군도(상태·중태·하태), 가거도, 만재도 등 11개의 유인도와 89개의 무인도로 이루어져 있다. 먼 바다에 위치해 있어 파도작용이 심해 해식애가 발달한 지형으로 다도해해상국립공원으로 지정될 만큼 섬 주변에 기암괴석과 갖가지 전설을 간직한 동굴이 많다.

신석기시대에 거주한 흔적이 있지만 문헌상 기록은 없고 827년(흥덕왕 2) 장보고가 완도에 청해진을 설치하여 당나라와 교역시 중간 기착지로 부각되면서 주민이 거주해 왔다. 고려시대에는 나주목에 편입되어 흑산도라 했고, 1413년(태종 13) 나주목에 속했다. 1678년(숙종 4) 흑산현이 설치되었다. 그 후 1896년(고종 33) 지도군에 편입되었으며, 1914년 행정구역 개편으로 무안군에 속했다. 1969년 신안군이 설군되면서 오늘에 이르고 있다.

뱃길은 문화의 길이다

검은 숲과 바다는 철 따라 조기, 홍어, 고등어, 멸치 그리고 고래를 청했다. 한류와 난류 그리고 물길이 만들어내는 천혜의 어장과 바다 한가운데 형성된 다도해는 물고기들이 산란하고 자라는 대한민국 최고의 어장을 만들었다.

흑산도에 언제부터 사람이 살기 시작했을까. 예리 패총과 진리 지석묘 등으로 보아 신석기시대와 청동기시대에도 사람들이 살았을 것으로 추정된다. 통일신라와 고려시대 유물이 읍동마을에서 발견되었다. 이 시기는 항해술이 크게 발달한 시기로 우리나라는 물론 중국, 일본의 사신선과 상선들의 중간 정류장이었다. 일본의 고승 엔닌이나 송나라 사신 서긍의 기록, 이중환의 《택리지》 등에서도 확인할 수 있다.

(영암군에서) 바닷길로 하루 가면 흑산도에 이르고, 흑산도에서 또 하루 가면 홍의도紅衣島에 이르며 다시 하루 가면 가거도에 이른다. 간방(艮方, 동북방향) 바람을 만나면 사흘이면 태주 영파부 정해

현에 도착하게 되는데, 순풍을 만나면 하루만에 도착할 수도 있
다.(《택리지》, 팔도총론 전라도편)

오늘날 흑산의 중심은 여객터미널과 다수의 공공기관이 모여 있
는 예리항이다. 하지만 고대에는 진리 읍동마을이 가장 번성했다. 주
민들은 그곳을 '고을기미(골기미)' 라고 부른다. 마을 주변에 상라산성,
무심사선원지, 상라봉 제사지와 봉수대 등이 남아 있다. 특히 무심사
선원은 선종 승려들이 당나라를 오가며 들렀을 것이며 장보고와의
관련설도 있다. 봉수대에서는 철마를 비롯해 와편들이 발견되기도
했다.

파시로 흥청대던 포구

선창에서 파시의 흔적을 찾기는 어려웠지만 다행히 마을 골목길과 건
물들은 조기파시의 상흔을 간직하고 있었다. 간혹 일본식 건물의 2층집
흔적도 확인되었다. 아직도 지워지지 않는 상점이름도 눈에 띄었다.

왜 조기에 그렇게 관심이 많았을까. 생태적인 측면과 당시 생활문
화 측면을 살펴보면 쉽게 이해할 수 있다. 조기는 회유성 어종으로
군집이동을 한다. 즉 이동하는 시기와 길목을 가늠할 수 있어 대량포
획이 가능하다. 대량어획이 가능하더라도 소비시장이 형성되지 않으
면 상품으로 가치가 떨어진다. 다행스럽게 조기는 절임과 건조 등 장
기간 보관이 가능하다. 조선시대 성리학의 발달도 조기 소비시장의
형성에 큰 몫을 했다. 제사를 비롯한 다양한 의례가 발달한 조선시대
에 조기는 빠져서는 안 되는 물목이었다. 초대 군수였던 오횡묵의
《지도군총쇄록》에 나오듯이 조기는 팔도사람들이 함께 먹는 생선이
었다.

조기잡이가 시작되면 흑산 예리항에서 고래판장까지 팔도에서 모여든 배들로 가득했다.(1960년대 흑산항)

겨울철 강한 계절풍이 잦아들고 바람 끝에 온기가 느껴질 무렵이면 어김없이 간단한 세간을 배에 싣고 한껏 멋을 부린 아가씨들이 흑산도를 찾았다. 이들이 선창의 모래밭과 빈 자리에 자리를 잡으면 어김없이 팔도의 조깃배들이 흑산어장을 찾았다. 조기어기는 2월부터 5월까지 이어졌다. 몰려든 배를 밟고 예리에서 진리까지 오갈 정도였다. 예리의 서당골에는 송도관, 만춘옥, 남일관 등 요릿집이 들어섰다. 이를 흑산도 사람들은 '파수들었다' 고 했다. 흑산어장에 조기파시, 고래파시, 고등어파시 등이 이어지면서 흑산도파시는 위도파시, 연평도파시와 함께 서해 3대 파시로 꼽혔다.

일제강점기에 파시가 들면 일본배들이 한번에 50여 척씩 몰려들었다. 기모노를 입은 아가씨들을 서너 명씩 둔 대여섯 개의 요릿집에

20

서는 샤미센 소리와 웃음소리가 끊이질 않았다. 우리 배는 풍선배가 고작이었다. 일본인들은 조기에는 관심이 없었고 고등어와 전갱이만 잡았다. 조기파시는 1960년대 후반까지 이어졌다. 이들이 밝히는 카바이드 불빛으로 예리항과 술집들은 불야성을 이루었다.

조기파시가 끝나면 7, 8월에는 고등어파시가 10월에는 삼치파시가 이어졌다. 1987년 6월에도 술집, 밥집, 여관, 찻집이 즐비했고 술과 함께 뱃사람들의 욕정을 채우던 '흑산갈매기'도 100여 명쯤 있었다. 예리노인당으로 들어가는 반달 모양 골목길에는 당시 우편국, 교회당, 어업조합 등 공공건물과 잡화점, 주점, 이발관, 숙박업소 등이 자리잡았다. 특히 주점에는 빠짐없이 2~3명의 작부들이 상주하며 거친 뱃사람들의 마음을 달래주었다. 예리항은 1964년 어업전진기지로 선정되면서 개발되었다. 이후 동지나어장을 오가는 어선들의 중간 기착지가 되었다.

조깃배들보다 먼저 들어오는 사람들이 흑산갈매기라 불렸던 작부들이다. 예리항 뒷골목에는 지금도 파시촌의 흔적들이 남아 있다.

그 많던 고래는 어디로 갔을까

고래는 동해에만 있었던 것이 아니다. 흑산도에서 어청도로 이어지는 뱃길은 고래가 오가는 길이었다. 봄철이면 흑산도 앞바다에 심심찮게 고래가 출몰했다. 지금도 뱃사람들은 가끔 돌고래나 밍크고래를 볼 수 있다고 한다. 흑산도 예리항 옆에는 '고래판장'이라 부르는 곳이 있다. 고래를 해체하던 곳이었다. 1960년대 흑산 예리마을로 들어가는 동구 밖엔 고래뼈가 세워져 있었다. 대왕고래나 참고래 등 대형고래를 잡아 해체하고 뼈를 전시한 것이었다.

고래는 계절에 따라 동해에서 서해로 이동했던 모양이다. 포경선 선원들은 동해에서 고래잡이가 끝나면 흑산도로 건너와 고래를 잡았다. 고래잡이가 시작되면 해체선, 운반선, 중매인도 따라오기 때문에 거대한 선단이 형성되었다. 이렇게 고래파시가 시작되었다. 해방 이듬해 포경선을 타기 시작한 황춘동(81세) 씨는 고래잡이배 16년, 원양어선 6년 모두 22년 고깃배를 탔다. 포경선 선장까지 했지만 끝내 포수(어로장)는 해보지 못했다. 포경선의 꽃은 '불질' 즉 총을 쏘는 사람이다. 짓가림에서도 가장 많은 몫을 차지한다. 선장이 20여 만원의 짓을 받을 때 포수는 30만원을 받았다. 황씨에게 불질을 가르쳐 주질 않았기 때문이다. 황씨는 그 이유를 자신이 '전라도사람'이었기 때문이라고 했다. 당시 포경선은 모두 경상도배였다.

조기잡이 만선의 꿈을 꾸던 뱃사람. 고래잡이 뱃머리에서 작살을 던지던 포경선 선원. 몰려드는 고등어를 쫓아 인생역전을 꿈꾸던 선주. 이들의 이야기도 막걸리잔을 앞에 두고 지난 세월을 풀어내는 진짜배기 흑산도 노인에게만 들을 수 있는 추억이 되어버렸다. 머지않아 그 추억도 기억에서 사라지고 전설로 남을 것이다.

신들의 정원에 바람이 분다

섬사람들에게 무서운 것은 바람이다. 겨울철에 부는 북서풍도 무섭지만 여름에 부는 남동풍, 즉 태풍은 삶의 흔적을 지워버린다. 지난 여름 태풍 곤파스로 홍도를 지키던 아름드리 나무들이 뽑혔다. 흑산도의 한 젊은이는 3년만에 첫 전복출어를 위해 작업을 해둔 배가 전복되자 죽음을 택했다. 그게 바닷바람의 위력이다.

흑산도 천주교회를 지나 진리마을로 들어섰다. 바람은 더욱 거세졌다. 하룻밤을 더 묵고 갈 것인가 막배를 탈 것인가 선택을 해야 한다. 주의보가 내릴 것이라는 소문이 관광객들 사이에 돌았다. 이런 날이면 막배타기가 쉽지 않다. 내가 탄 차는 진리를 지나 뱃길의 무사항해와 풍어를 기원하는 '진리당' 앞에 멈췄다. 쾌속선은 굉음을 내뱉으며 선창을 빠져나갔다. 아마 이곳 당숲에서 피리를 불던 '총각화상'도 나처럼 떠나는 배를 봤을 것이다.

어느 봄날 진리 마을에 옹깃배 한 척이 들어왔다. 옹기장수가 하나 둘 지게에 옹기를 지고 팔러나간 사이 옹깃배를 타고 온 총각은 마을 뒷산 당숲에 올라가 피리를 불었다. 매일 듣는 파도소리가 지겨웠던 당각시는 그만 총각이 부는 구슬픈 피리소리에 빠져들었고 자신도 모르게 총각을 사모하게 되었다. 그러던 어느 날 옹기가 다 팔리자 옹기장수들은 떠날 채비를 서둘렀다. 총각과 옹기장수를 실은 배가 떠나는 것을 보면서 당각시는 서러워 눈물을 흘렸다. 그 순간, 잔잔한 바다가 요동을 쳤다. 옹깃배는 다시 마을로 돌아왔다. 희한하게 배가 마을로 돌아오면 바다가 잔잔했다가 배가 떠나면 요동을 쳤다. 답답한 선장이 무당을 찾아가 까닭을 물었다. 무당은 당각시가 총각에게 반해서 그러니 총각을 섬에 내려놓고 가라고 일러줬다. 선장은 총각에게 물을 길어 오라고 심부름을 시키고 그 사이 섬을 떠났다. 물을 길어 온 총각은 당숲 소나무에 올라 수평선 너머로 사라지는 배를 바라보며 밤낮없이 피리를 불다가 지쳐서 떨어져 죽었다.

당숲에는 총각이 올라가 피리를 불던 노송과 작은 무덤이 남아 있다. 진리당은 진리포구에서 읍동으로 가는 언덕길 오른쪽에 자리해 있다. 흑산도에는 모두 15당이 있었다. 그 중 진리당은 본당이다. 진리당은 상당과 용신당으로 구성되어 있다. 당신으로 당각씨(소저아가씨), 상궁부인, 제석님, 산중처사님, 총각화상이 모셔져 있었다. 당집 뒤편 나무숲에는 작은 감실이 지어져 있다. 산신당이다. 산책로를 따라 가다보면 뱃사람들의 무사고와 풍어를 기원하는 용신당이 있다. 당숲을 지키는 희귀수목으로 초령나무가 있다. 한때 천연기념물로 지정되었던 지름 2.4미터의 초령나무는 고사하여 쓰러졌고 어린 초령목이 자라고 있다. 이 숲을 '신들의 정원' 이라 부른다.

진리는 흑산도에서 가장 오래된 포구다. 이곳 진리 읍동마을에는 제사유적, 관사터, 무심사지 등 고대뱃길에서 흑산도의 위상을 엿볼 수 있는 유물들이 발견되었다. 그리고 진리마을을 감싸고 있는 상라산 정상에는 제사터와 봉화대가 있다. 고려시대 중국 송나라와 교역 시 봉화를 올려 입국을 알리던 곳이다.

총각화상을 당숲에 머물게 했던 바람은 더욱 거세졌다. 급하게 뭍으로 나가야 할 특별한 이유도 없다. 바람이 불면 섬에 머물고 바람이 자면 배를 타고 가면 될 일이다. 섬 사람들은 그렇게 물때와 바람을 읽으며 살아왔다. 바람에 의존해야 할 운명이다. 바람이 자고난 뒤끝의 그물은 어김없이 만선이요, 어부의 손맛은 짜릿하다. 바람은 그렇

신들의 정원. 고상한 이름인데 당각시, 상궁부인, 제석님, 산중처사님, 총각화상보다는 그리스로마신화에 나오는 제우스신이나 아폴로신이 자꾸 떠오른다.

게 바다와 갯벌에 새로운 생명을 불어넣어 준다. 그런데 어찌 바람이 무섭다고 피하기만 하겠는가.

흑산도 남서쪽에 산으로 둘러싸인 깊은 골짜기에 마을이 있다. 섬사람들은 '지푸미', '지피미' 라고 불렀다. 심리深里를 두고 하는 말이다. 고개를 넘어 남동쪽은 모래미(사리, 沙里) 마을이다. 손암 정약전이 유배생활을 했던 곳이다. 이들 마을 사람들이 가장 무서워하는 것은 '청늦바람' 이다. 서남쪽 중간쯤에서 불어오는 바람이다. 늦바람보다 강한 파도를 동반해 고기잡이를 하는 사람들이 많이 죽었기 때문이다. 같은 날 다섯 집이 제사를 지내기도 했다. 섬에서만 볼 수 있는 풍경이다. 뗏목에 몸을 묶어 살아온 사람들도 있다. 지금도 바람이 오는 날이면 심리사람들은 배를 예리항으로 옮겨 놓는다. 이를 '피항한다' 고 말한다. 바람이 자신들의 삶을 결정해 온 흑산사람들은 바람을 마파람(남풍), 늦마파람(남남서풍), 샛바람(동풍), 샛마파람(동남풍), 하늬바람(북풍), 높하늬바람(북동풍), 늦바람(서풍), 늦하늬바람(북서풍) 등으로 구분한다.

흑산바다는 바닷고기들에게는 짝을 짓고 산란을 하는 생명의 공간이요 죽음을 맞는 바다이지만 인간들에게는 난장이요 욕망의 공간이다. 이런 곳엔 늘 뱃사람들의 안전과 풍어 그리고 비운에 간 물고기들의 원혼을 달래는 신성한 장치들이 마련되어 있다. 이렇게 바다에 기대어 살아온 섬사람들이 적응하려는 한 형태가 신앙이다. 흑산도의 당제와 갯제가 그렇다. 그 중 당제, 풍어제가 마을공동의례의 성격이라면 어장고사, 출어고사, 뱃고사 등은 개인의례에 속한다. 갯제는 마을공동의례의 형태로 진행되기도 하지만 가가호호 제상을 마련해 결합하는 경우도 있다. 당제가 엄숙하게 진행된다면 갯제는 신과 인간, 그리고 자연이 함께 해원하는 굿판이다. 마을에 따라 당제와 갯제가 상당과 하당이라는 이름으로 진행되기도 하지만 별개의 판으로 진행되기도 한다. 흑산도에서는 갯제를 둑제라고 부른다.

흑산도 진리마을 당은 이름부터 '본당'이다. 고기잡이가 한창이던 시절 정월 초사흘에는 상당과 용신당에서 당제를 지냈고, 갯제는 갯가에 임시로 제청을 만들어 제를 지냈다. 반대쪽에 있는 심리에서는 정월에는 당제를, 7월에는 둑제를 지냈다. 특히 둑제는 해초가 많

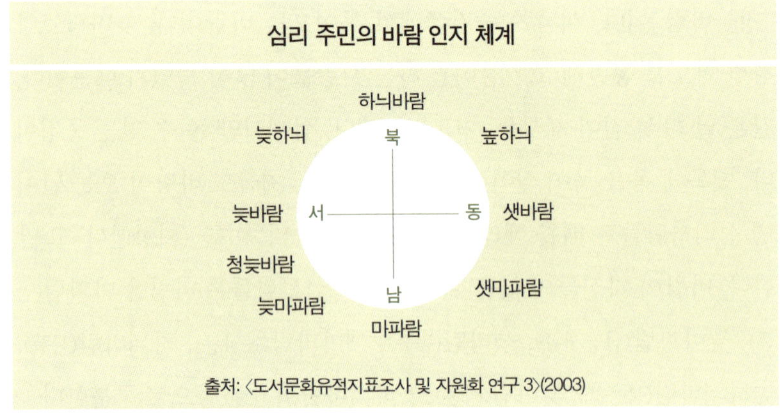

출처: 〈도서문화유적지표조사 및 자원화 연구 3〉(2003)

풍어제 덕분일까. 홍어배 한 척만 남아 중단될 뻔했던 홍어잡이가 다시 활기를 띠고 있다.

이 나는 어장달을 택해 헌석배라고 하는 나무로 만든 작은 배에 고기와 밥 등 갖가지 음식과 술을 따라 '유황님'에게 풍어를 축원하며 띄워 보냈다. 아쉽게도 현재까지 진행되는 곳은 없다.

선창에서 술친구를 사귀다

"김박사님 인자 왔소. 한번 오랑께." 장도이장을 했던 김창식 씨를 만났다. 생면부지이지만 몇 번 통화를 했던 터라 반가웠다. 이렇게 우연히 선창에서 만날 줄이야. 목포에 나갔다 들어오는 길이라 했다. 첫배를 같이 타고 왔는데 몰랐다. "아직 장도배가 출발하려면 20분은 남았응께 홍어에 막걸리나 한잔 하고 갑시다." 아침 찬바람이 가시지 않는 선창에서 홍어를 안주삼아 마시는 해장술이라니.

흑산도 예리항에 들어서면 시큰하면서도 곰삭은 홍어냄새가 여행객을 반긴다. 특히 찬바람이 일기 시작하면 수협 앞 선창 바닥에서 홍어경매가 시작된다. 흑산도의 홍어잡이배는 모두 7척이다. 한때 한

척까지 줄어든 적도 있었다. 흑산도홍어의 명맥이 끊어질 위험에 처하자 신안군이 조업지원에 나섰다. 그 뒤 배가 늘어났다. 지금은 TAC(총허용어획량)제도를 적용해 자원을 관리하고 있다.

상 위에 올라온 홍어는 선홍빛이다. 젓가락에 찹쌀떡 마냥 착 달라붙었다. 찰진 기운이 느껴진다. 어제까지 수심 80미터 깊이에서 유영을 하던 녀석이다. 흑산도를 처음 방문한 일행들은 코가 뻥 뚫리는 홍어맛을 기대했던 모양이다. 생뚱맞은 표정을 이해했다는 듯 김씨의 설명이 이어졌다. "영산포 사람들이 썩힌 홍어 먹제 여기 사람들은 싱싱한 홍어를 더 좋아해라." 진정 홍어맛을 즐기려면 초장도 거부한다. 기름소금에 찍어 먹어야 한다. 미네랄이 풍부한 전라도의 갯벌천일염에 참기름을 두르고 찰진 붉은 홍어를 살짝 찍어 막걸리를 쭈욱 들이키고 오물오물 홍어를 맛보면 달착지근하면서 쫀득쫀득 달라붙는 홍어맛을 제대로 느낄 수 있다.

홍어는 부위별로 맛이 다양하다. 날개부위는 잘근잘근 씹히는 맛에 먹는다. 홍어애는 고소해 기름소금에 찍어 먹으면 더욱 좋지만 3점 이상 먹으면 설사를 할 만큼 고단백이다. 홍어창자는 애와 함께 겨울 언 땅을 뚫고 나온 여린 보리 잎을 뜯어 국을 끓인다. 홍어애국이다.

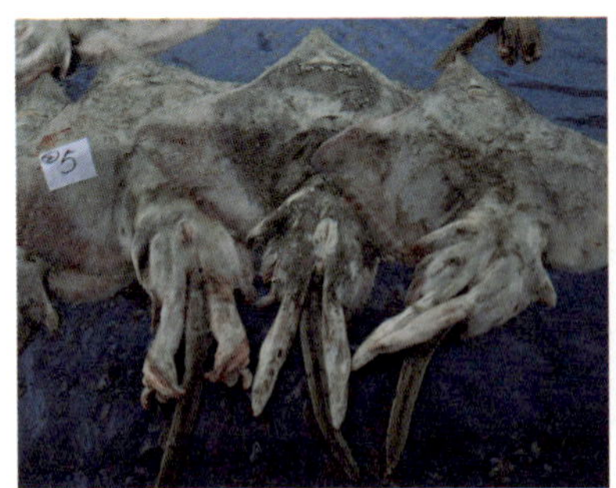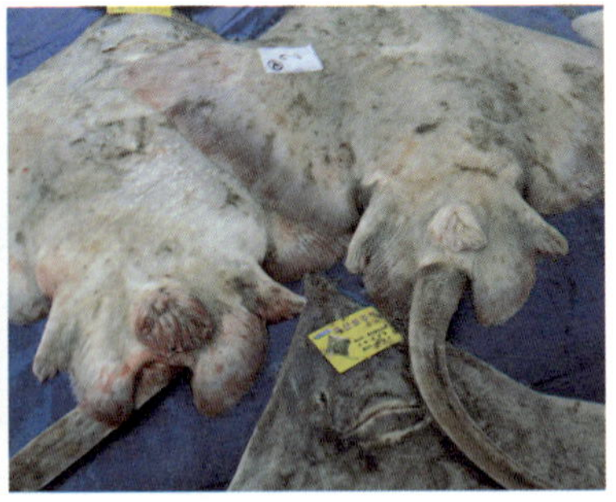

전라도말 중에 "니미, 홍어좆이다" 라는 욕이 있다. 쓸데 없는 것을 2개나 달고 있는 홍어를 빗대어 하는 말이다. 상인들이 이것을 잘라내고 암홍어(암치)로 둔갑시키기도 했다. 좌 수치 우 암치

50, 60kg짜리 홍어를 '일번치'라고 부른다. 값도 40, 50만원을 호가해 부담스럽지만 작은 홍어와 맛이 다르다.
몇 사람이 짝을 지어 한 마리 잡아 부위별로 나눠 먹길 권한다.

3번만 먹으면 더위가 무섭지 않다고 한다.

《자산어보》에는 "나주 가까운 고을에 사는 사람들은 홍어를 썩혀서 먹는 것을 좋아하니 지방에 따라 음식을 먹는 기호가 다른 것을 알 수 있다"고 했다. 영산포를 두고 하는 말이다. 영산포는 홍어를 파는 상회가 밀집해 있다. 뱃길이 영산포까지 이어졌기 때문이다. 신안과 목포의 모든 물산은 뱃길로 영산포로 옮겨져 내륙으로 이동했다. 1번 국도와 호남선이 만들어지기 전까지는 영산강을 거슬러 올라가는 뱃길이 주요 이동로였다. 흑산도에서 잡은 홍어가 영산포에 이르면서 독 안에서 자연발효가 되어 만들어진 음식문화였다.

20분이 짧지 않다. 그 사이에 막걸리가 몇 순배 돌았다. 김씨 이야기는 홍어예찬을 넘어 장도습지 자랑과 조기파시와 고래잡이 이야기까지 이어졌다. 김씨의 말을 막은 것은 뱃고동소리였다. '흑산도 아가씨' 노래도 들려왔다. 배가 떠날 시간이다. 접시 위 홍어는 동이 나고 막걸리가 남았다. "해장술은 남겨놓고 가야 써라."

홍어맛의 비밀을 찾다

전라도 사람 유전자를 확인하는 방법으로 즐겨 애용되는 것이 '삭힌 홍어먹기'였다. 이제 홍어가 대중음식으로 자리를 잡아가고 있다. 더 이상 전라도 사람의 고유음식이라고 고집할 수 없다. 톡 쏘는 홍어맛의 비밀은 무엇일까. "아줌마 이거 흑산도 홍어 맞제라." 일부러 들으라고 하는 말인 줄 안다. 가끔 외지손님들이 남도에 들러 동행하게 되면 즐겨 가는 홍어집으로 안내한다. 홍어집에 들어서면 홍어냄새가 진동을 한다. 왜 홍어와 막걸리는 궁합이 잘 맞는 걸까. 혀끝에 오는 느낌으로만 본다면 홍어의 톡 쏘는 알싸한 맛이 막걸리맛을 달고 시원하게 바꾼다. 홍어가 톡 쏘는 맛을 내는 까닭은 몸속에 많은 요소를 가지고 있기 때문이다. 심해에 적응해 살기 위한 방편이었다. 홍어의 생존본능을 남도사람들은 음식문화로 승화시켰다. 싱싱한 홍어에서 톡 쏘는 맛을 느낄 수 없는 것은 요소가 아직 암모니아로 바뀌지 않았

흑산 태도에서 잡은 홍어는 독에 넣어 풍선배로 영산포까지 운반되었다. 여러 날이 걸려 운반 도중 발효되었다. 영산포 삭힌 홍어는 이렇게 탄생한 것이다. 흑산도 사람들은 선홍빛 홍어회를 즐긴다.

기 때문이다. 썩는다는 것은 홍어 몸속의 요소가 암모니아로 분해되는 현상이다.

진짜 흑산홍어는 흑산도 '서바다에서 잡은 홍어'다. 태도 서쪽 바다를 말한다. 태도는 흑산도 남서쪽에 있는 작은 섬이다. 홍어잡이를 나가는 철이면 안개가 많아 앞뒤를 분간하기 어려운 때가 많았다. 그때 항해의 지표가 되었던 것이 흑산도 선유봉이었다. 선유봉은 흑산도 남쪽에 있는 산이다. 흑산도에서 홍어잡이를 했던 사람들은 심리나 사리에 사는 주민들이었다. 돛단배 시절에는 흑산도 예리나 진리 등 동쪽에 사는 사람들은 홍어잡이를 하지 않았다. 홍어를 잡으면 잡히는 대로 어창에 넣어 두었다 가득 차면 팔러 나갔다. 어창을 열면 홍어 썩는 냄새에 홍어맛을 아는 육지사람들이 환장을 했다. 오죽했으면 "명주옷 입고도 홍어칸에 들어가 앉는다"고 했을까.

막 잡은 홍어 몸에는 끈적끈적한 점액질이 붙어 있다. 흑산도 사람들은 이를 두고 '때꼽'이라고 한다. 이게 지저분하다고 물에 씻어서는 안 된다. 옛날에는 신문으로 쓱쓱 문질러 닦아내고 먹었다. 물로 깨끗하게 씻어내면 홍어 제맛이 나지 않기 때문이다.

남도사람들에게 술국으로 으뜸은 홍어내장을 넣고 끓인 보릿국이다. 싱싱한 굴과 매생이를 넣고 끓인 매생이국과 순위를 다툰다. 둘다 겨울철 진미이다. 또한 홍어국은 잔칫집에 제격이다. 짭짤하니 다른 반찬이 필요없다. 잘 익은 김치를 썰어 얹어 먹는 홍어국은 달고 시원하다. 그 다음으로 즐겨 먹는 것이 홍어찜이다. 그렇지만 홍어 본래의 맛을 즐기는 사람들에게 홍어찜은 싱싱한 회를 익혀 먹는 꼴과 같다. 탕, 전, 조림 등도 마찬가지다.

홍어는 간재미의 공식적인 이름이다. 흑산홍어는 참홍어를 말한다. 간재미는 홍어에 비해 앞이 뭉툭하며 누런 색을 띤다. 홍어는 앞이 뾰족하고 크며 색깔이 붉은 색을 띤다. 《자산어보》에는 홍어의 모양은 소반과 연꽃잎荷葉을 닮았으며, 큰 것은 7~8자에 이르고 비늘이 없으나 살 속에 연한 뼈가 있는데 먹을 수 있다고 했다. 입은 배 밑에 있고 눈은 머리 위에 있다고 했다. 고문서에 등장하는 홍어이름도 갖가지다. 《본초강목》에는 요란한 짝짓기 탓에 해음어라 했고, 모양이 연잎을 닮아서 하어라고 했다. 최근에도 지역에 따라 간재미, 갱개미, 홍에 등 여러 이름으로 불리고 있다. 흑산홍어는 '눈가오리' 라는 이름으로 사용했지만 정충훈 박사가 1999년 한국산 홍어 속류를 정리하면서 '참홍어' 로 개칭하였다.

섬으로 유배된 자들, 섬사람을 만나다

뭍사람들에게 쉽게 열어주지 않았던 흑산도 뱃길, 통통배 시절에도

* 고문서에 등장하는 홍어의 다른 이름

해음어(海淫魚), 태양어(邰陽魚), 하어(荷魚), 분어, 포비어, 번답어(藩踏魚), 석려(石礪)《본초강목》
소양(少陽)《식감(食鑑)》
무럼《전어지(佃漁志)》
홍어(洪魚)《세종실록지리지》《신동국여지승람》
분어《자산어보》

* 지역별로 다르게 부르는 홍어 이름

간재미 군산, 부안, 김제, 고창, 옹진, 속초, 강릉, 화성, 안산, 시흥, 무안, 영
광,   함평, 완도, 강진, 해남, 사천, 목포, 신안, 평택, 서산, 태안
가부리 포항, 영덕
홍해   무안
홍에   목포, 신안, 무안
갱게미 서산, 태안, 보령, 군산

8시간은 기본이요 10시간도 보통이었다. 지금은 쾌속선으로 2시간 거리다. 조선시대 흑산도는 유배되면 살아서 뭍으로 나올 수 없는 곳으로 알려졌다. 뱃길만 한 달은 족히 걸렸다. 《조선왕조실록》에 따르면 유배지는 대략 400여 곳에 이른다. 이 중 30여 곳이 섬이다. 특히 흑산도는 제주도, 거제도, 진도, 남해 등과 함께 대역죄인 유배지로 이용되었다. 흑산도의 대표적인 유배인으로 손암 정약전과 면암 최익현이 있다. 신유사옥으로 동생 다산은 강진에, 손암은 흑산도에 유배되었다.

흑산도에 머무르는 동안 손암은 우이도 문순득의 표류담을 정리한 《표해록》과 어류 및 해산물, 섬의 풍속을 정리한 《자산어보》를 남겼다. 모래미마을(사리) 천주교회 옆에 손암선생이 머무르며 학생들을 가르쳤던 복성재가 있다. 흑산도에서 동생을 기다리며 우이도로 삶

＊ 신유사옥

조선시대 통치이념인 성리학의 정신, 군신관계와 인륜을 어지럽힌다는 이유로 1801년(순조 원년) 조선시대 천주교도와 남인에 대한 탄압을 가한 사건이다. 순조 즉위 후 수렴청정을 하던 정순왕후가 사학(邪學, 천주교)을 엄금하고 뉘우치지 않는 자에게 반역죄를 적용하며 전국적으로 오가작통법을 철저하게 실시해 천주교 신자의 씨를 없애라는 명령을 내렸다. 천주교에 관여된 남인세력의 제거가 목적이었다. 이 사건으로 정약용의 셋째형 정약종, 이승훈 등 신자 100여 명이 처형되고 둘째형 정약전과 정약용 형제 등 400여 명이 유배되었다. 정약용은 포항에, 정약전은 신지도(완도)에 유배되었다가 청나라 주교에게 조선의 탄압상을 알리려다 발각된 '황사영 백서사건' 으로 더 먼 곳으로 정배되어 각각 강진과 흑산도로 유배되었다. 황사영은 정약종의 사위이다. 이후 1839년(헌종 5) 헌종이 천주교의 폐해를 막기 위해 척사윤음(斥邪綸音)이 공포되면서 마무리되었다.

터를 옮긴 손암은 순조 16년(1816)에 세상을 떠나고 말았다. 흑산도와 우이도 섬사람들에게 존경을 한몸에 받았던 손암은 그들 손에 우이도에 묻혔다.

손암이 흑산도 사리에 도착했을 때 주민들의 반응은 어떠했을까. 죄를 짓고 섬으로 쫓겨온 사람. 더구나 손암은 당시 조선사회를 지탱하는 뿌리와 같은 유교사상을 부정하는 천주교를 신봉하지 않았던가. 그의 형 다산도 장기에서 강진으로 이배되자 주민들이 냉정한 시선을 보냈다.

유배된 자들이 할 수 있는 일은 서당을 열어 아이들을 가르치는 일이었다. 그것이 마을 주민들을 접촉할 수 있는 유일한 길이었다. 식량을 얻고 일상생활을 하기 위해 주민들의 도움을 받아야 했다. 더구나 손암처럼 실학에 근간을 두었던 학자들은 실사구시를 위해 주민과 접촉하는 일이 필요했을 것이다.

다산보다 70년 늦게 흑산으로 유배온 면암도 상황은 마찬가지였다. 진리와 천촌리에 서당을 짓고 아이들을 가르쳤다. 진리에는 '일신당'이라는 서당의 옥호가 있었다고 한다. 마을 주민들은 그곳을 서당터라고 부른다. 그가 아들에게 보낸 서간문을 보면 입에 풀칠하는 방편으로 글방선생 외에 택할 방법이 없음을 읽을 수 있다. 그렇다고 손암이나 면암이 입에 풀칠하기 위해 서당일을 했던 것은 아니었다. 다산은 형 손암이 사리에 서당을 열었다는 소식을 듣고 섬아이들도 교육을 받는다면 한양의 양반 자제들과 차이가 없을 것이라며 〈사촌서당기〉를 보냈다.

많은 누에를 기르는 농가는 집안에 잠박(누에채반)이 가득하지만
누에를 조금만 키우는 농가는 시집올 때 가지고 온 폐백상자에 기

다산은 형 손암이 서당을 열었다는 소식을 듣고 〈사촌서당기〉를 보냈다. 섬아이들도 양반 자제와 같은 교육을 받는다면 과거에 급제를 할 수 있을 것이라며 형을 위로했다. 이제 그 마을에서 아이들을 찾는 것은 모래미 앞 바다에서 보물을 찾는 것보다 어렵다.

른다. 잠박이나 폐백상자에 기른 누에는 모두 똑같이 세 잠을 자고 실을 뽑아내는 것처럼 과거에 급제를 한다면 큰 섬과 작은 섬에 사는 사람이 무슨 차이가 있겠는가.

아우 다산이 해배되어 형을 찾아온다는 소식을 듣고 우이도로 동생을 맞으러 떠나려 할 때 사리 주민들은 1년이나 뱃길을 가로막았다. 우이도에서 동생을 기다리다 죽자 사리 주민들은 통곡을 하며 상을 치러주었다고 한다. 그만큼 주민들의 삶에 동화되었던 것이다. 손암의 실사구시 학문이 깊고 눈썰미가 좋더라도 현지주민의 도움이 없었다면 《자산어보》와 같은 책을 쓸 수 없었을 것이다. 다물도의 장창대같은 인물의 도움을 받을 수 있었던 것은 철저하게 현지주민과 동화되었기 때문 아니었을까?

이영일(39세) 씨. 나는 흑산도에 가면 종종 그의 신세를 진다. 그의 성품이 진솔하고 탐구적이며 흑산을 사랑하기 때문이다. 최근 필자가 쓴 책《한국 어촌사회학》에 '섬놈 그들은 나의 스승이었다'라는 발문을 썼다. 이씨는 섬놈이다. 그러니 나의 스승임이 틀림없다. 육지것들을 부러워하지 않고 섬놈의 시선으로 섬과 바다를 볼 줄 아는 사람이다.

왼쪽 바위가 "구멍 뚫린 바위인데 한반도 바위라고 해라. 바우 밑 물속에 동굴이 하나 있다요. 해녀들은 알지요. 그 동굴 안에 새우가 한 마리 산대요. 해녀들이 무서워서 안 간대요. 큰 새우라니.《자산어보》를 알고 나서 비밀이 풀렸어라. 흑산도에서는 백상아리를 새우라고 불러요. 대하가 아니라 상어를 이야기하는 것이구나 하고 생각이 들더라구요." 해안 일주도로를 따라 안내를 하면서 그가 들려준 이야기다.

손암선생이 언급한 창대라는 인물은 틀림없이 이씨 같은 사람일 것이다. 손암은 우이도와 흑산도를 오가며 생활했다. 당시 우이도를 '소흑산도'라 불렀기 때문에 두 섬을 오가는 것이 큰 문제가 되지 않았다. 오늘날은 가거도를 소흑산도라고 한다.

새우와 백상아리 같이 흑산도와 뭍에서 부르는 이름이 다른 어종이 많이 있다. 말린 오징어를 꼴뚜기라고 하며 갑오징어를 오징어라 부른다. 손암도《자산어보》발문에 어명이 달라서 어보기록을 하는데 어려움이 있었다고 했다. 이씨는 창대를 찾기 위해 수소문 끝에 대둔도에서 그 후손을 만났다. 나중에야 창대라는 인물이 이씨의 조모 집안인 걸 알았다며 기뻐했다.

손암이 유배를 당한 70년 후인 1876년 면암은 병자수호조약을 결사반대하는〈병자지부복궐소丙子持斧伏闕疏〉라는 상소를 올렸다. 하지만 고종의 비답批答은 없었다. 1876년(고종 13) 병자 1월 24일 추위가 가신 청명한 날을 맞아 고종은 이태조 건원릉 등 아홉 선조 산소가 있는 동구릉 참배길에 올랐다. 어가가 경복궁을 나서는 순간 요란한 격쟁

擊錚 소리와 함께 중년 선비가 날선 도끼를 옆에 놓고 상감 알현을 청하였다. "전하, 소신의 상소가 부당하다면 이 도끼로 저를 죽여 주시옵소서." 이 상소로 면암은 흑산도로 유배되었고 형을 받던 1월 27일, 조약이 체결되었다. 손암과 면암이 서로 시대를 바꾸어 태어났다면 어찌 되었을까.

북서풍이 심하게 부는 날이나 주의보가 내리는 가을과 겨울철이면 중국어선들이 피난 오는 곳이 사리마을이다. 그들의 배는 짙은 밤색이다. 불법어업을 하다 걸리면 목포로 가서 조사를 받지만 이렇게 주의보가 내리는 날이면 합법적으로 국가간 경계를 넘어 가까운 어항에 피항을 한다. 전망대에서 바라본 사리마을이 가장 아름답다. 사리마을과 포구가 한눈에 들어오는 전망 좋은 곳이다. 모래미 마을 위쪽 서당터에 유배공원이 조성되었다. 서당터는 손암이 주거지로 사용한 복성재사촌서당復性齊沙村書堂을 가리키는 이름이다.

청와대로 간 '흑산도 아이들', '흑산도 아가씨' 되다

1960년대 흑산도에는 정기여객선이 없었다. 서울구경은 커녕 목포구경도 어렵던 시절이었다. 그 무렵 신문에 '흑산도 초등학교 어린이들 소원, 서울 수학여행 이뤄지다' 라는 기사가 실렸다. 당시 영부인 육영수 여사가 해군군함을 주선해 이루어졌던 것이다. 이 신문기사를 보고 작곡가 박춘석(2010년 작고)은 충무로에 있는 카나리아다방에서 정두수와 만나 노래를 만들자는 제안을 했다. 물론 가수는 '동백아가씨' 로 히트를 쳤던 이미자였다. 둘은 당시 지구레코드사 전속가수였다. 박씨의 제안에 바닷가에서 자랐고 섬에 자주 가

본 경험이 있었던 정씨는 '흑산도' 라는 '검은 뫼섬' 에다 그리움에 애타는 '여인의 한' 을 결합시켰다. 제목도 '흑산도 아이들' 에서 '흑산도 아가씨' 로 바뀌었다.(《동아일보》1991. 8. 16.)

영화 〈흑산도 아가씨〉는 권혁진 감독이 1969년에 만든 영화로 당대 최고의 여배우 윤정희와 남진과 이예춘이 주연을 했다. 영화를 완성해 놓은 상태에서 주제가가 완성이 되지 못해 개봉을 못한 상황에서 청와대의 미담이 계기가 되어 노래가 만들어지고 영화 주제가가 되었다. 흑산도 읍동마을을 지나 열두 굽이 고갯길을 지나 전망대에 오르면 '남몰래 서러운 세월은 가고/ 물결은 천 번 만 번 밀려오는데' 로 이어지는 '흑산도 아가씨' 노래가 흘러나온다.

흑산도 아가씨(작사 장두수, 작곡 박춘석, 노래 이미자)

남몰래 서러운 세월은 가고

물결은 천 번 만 번 밀려오는데
못 견디게 그리운 아득한 저 육지를 바라보다
검게 타버린 검게 타버린 흑산도 아가씨

한없이 외로운 달빛을 안고
흘러온 나그넨가 귀양살이인가
애타도록 보고픈 머나먼 그 서울을 그리다가
검게 타버린 검게 타버린 흑산도 아가씨

섬마을의 작은 정부, 흑산도 성당

흑산도 성당은 초장골전시관, 성당, 성모중학교 세 건물로 구성되었다. 초장골전시관에는 성당 설립 당시 흑백사진과 각종 유물들이 전시보관되어 있다. 흑산도 성당은 1958년 세워졌다. 손암선생이 1801년 유배되었으니 150년이 지나서였다. 흑산도에 천주교가 전파되고 확산된 것은 한국전쟁과 밀접한 관련이 있다. 전쟁을 피해 1951년 흑산도로 귀환한 조수덕이 천주교를 전했기 때문이다. 신자가 늘어나자 조수덕의 아버지 조준열(요셉)이 흑산지역을 관할하던 목포 산정동 본당의 모란신부에게 도움을 요청했다. 모란신부는 1952년 정용관(바오로)을 전교회장으로 파견하여 사목활동을 전개했다. 특히 가톨릭구제회가 흑산도 주민의 어려운 생활을 지원하기 위해 밀가루 등 구호품을 전달하면서 신자수가 급속하게 늘어났다.

천주교 신자가 늘어나자 그동안 미사봉헌 장소로 이용했던 가정집은 더 이상 사용할 수 없었다. 1951년 죽항리에 공소건물을 건립했고, 장도(1954), 심리(1956), 사리(1957)에 공소를 설립했다. 마침내 1957년 흑산면 중앙인 진리에 골롬반 선교회의 도움을 받아 성당부지를

한국전쟁이 끝난 후 흑산도에 성당이 세워졌다. 그리고 성당은 약국, 조선소, 발전소, 학교 등 섬사람들에게 필요한 것들을 제공했다.

마련하고 이듬해 목포 산정동 본당에서 분리하여 흑산도 본당이 설립되었다. 이후 1960년 성당에 약국을 차렸고, 1970년 대건조선소 건립, 1971년 대형발전기 2대를 설치하여 섬주민들에게 전기를 공급했다. 뿐만 아니라 아이들의 교육을 위해 성모중학교 설립 등 섬에 필요한 사회복지시설을 지원했다.

흑산도 성당 초장골전시관에는 흑산도의 옛 모습을 볼 수 있는 사진들이 있다. 당시 신부들이 카메라를 가지고 있어 다른 섬에 비해서 옛 사진들이 많이 남아 있다. 뿐만 아니라 지금은 찾기 힘든 각종 생활도구들도 수집전시하고 있다. 마을 초분이 많이 있어 '초장골'이라 불렸던 언덕배기에 들어선 흑산도 성당은 흑산도의 근현대 상징물이다.

바람을 타는 섬

흑산도 지명으로 '모래미(사리)', '기프미(심리)', '푸르미(청촌리)' 등 '미'가 많다. '미'는 '구미'의 줄임말이다. '곶'과 반대의 의미다. 곶이 바다로 내민 육지라면 구미는 육지로 움푹 들어온 바다다. 먼 바다에 우뚝 솟은 섬에서 사람이 살 수 있는 곳은 배를 정박하기 좋은 곳이다. 구미에는 자연 선창이 만들어지고 마을이 들어앉는다. 사리는 섬의 남동쪽에, 심리는 남서쪽에 있다. 계절풍을 피한 곳에 자리해 있다. 북서풍 즉 '하늬바람'이 부는 겨울철에는 동쪽 움푹진 곳에 있는 사리마을이 좋고 샛바람이 부는 여름철에는 심리마을이 좋다. 심리 사람들이 제일 무서워하는 바람은 청늦바람이다. 이 바람은 태풍과 함께 오기 때문이다. 흑산도에서는 풍선배가 소흑산도(가거도)까지 밀려가면 살아서 돌아오기 어렵다고 했다.

흑산도 주민들은 1960년대까지 황금어장을 앞에 두고 배가 없어 물질로 미역을 뜯으며 생활해야 했다. 조기는 팔도의 뱃사람들 몫이었고 고래는 대형 포경선이 차지했다. 미역철이 지나면 나무를 해 팔아 생계를 유지했다. 흑산도 소사리에는 숯을 구웠던 숯가마가 있어 지명도 '숯대미'라는 곳이 있다. 소사리로 이어지는 골짜기는 매우 크고 나무가 많았다. 숯은 비쌌기 때문에 일본인 몫이었고 뱃사람들은 장작을 사서 출어를 했다. 그것도 자신의 산이 있어야 나무를 할 수 있었고 없으면 자기집 군불나무도 힘들었다. 산이 헐벗자 속성수인 아카시아를 심었지만 채 자라기 전에 땔감이 되고 뿌리도 성하질 못했다. 춘궁기에는 오직 천주교 구제위원회에서 보낸 양곡으로 살았다.

청천미를 지나 몇 고비를 돌아서자 몇 가구 마을이 흩어져 있고 그 사이로 작은 하천이 흐른다. 작은모래미, 소사리다. 도로를 따라 삶은 멸치를 말리는 채반이 줄지어 있다. 바다로 이어지는 개천을 사이에 두고 멸치를 삶는 솥과 굴뚝이 군데군데 흩어져 있다. 지금 이야기가 아니다. 조기어장이 형성되고 파시촌이 형성되면서 예리가 중심이 되었다. 한때 흑산에서 가장 좋은 어장을 가지고 있었던 곳이 소사리와 사리마을이었다. 40년 전에는 사리가 부촌이었다. 흑산도에서 유일하게 연승을 했던 곳이며, 심리와 장도와 함께 상고선이 있었던 마을이다. 운반선이 있다는 말은 잡은 고기나 해초를 뭍에 팔고 생필품을 사올 수 있는 배가 있었다는 의미이다. 당시 진리나 예리에서는 고기를 잡을 줄 몰랐다. 오히려 그쪽 사람들은 농사를 지었다. 사리에는 상고배가 3척 있었다. 모두 노를 젓는 배들이다. 사리 사람들만 아니라 소사리 사람들도 이 배를 이용했다.

흑산도 동쪽에 위치한 사리마을은 멸치잡이를 많이 하고 서쪽의 비리와 마리와 진리는 전복과 우럭 가두리양식을 많이 한다. 이렇게 같은 섬이라도 살아가는 방식이 다른 것은 자연환경 탓이다. 특히 바람의 영향이 크다. 동쪽마을은 여름태풍에 그대로 노출되어 있어 가두리를 할 수 없다. 바람은 섬사람들에게 무서운 존재지만 생계를 결정하는 자연자원이다.

바람을 읽는 사람들

바람이 거센 흑산도는 담이 집보다 높다. 바람을 막기 위해서다. 물론 집도 크지 않다. 지붕은 '떼' (풀종류)를 올렸다. 지붕의 새끼는 '마삭덩굴' 로 꼬아서 썼다. 이것으로 지붕을 하면 3년은 거뜬하다고 한다. 한 마을 사람들은 이중삼중의 사돈이다. 처녀나 총각이 외지 사람과 결혼을 못 하기 때문이다. 초상이 나면 온 부락민들이 '달야' (밤새며 돌보는 일)를 해주는 등 인심좋기는 그만이다.

제주도 풍속처럼 여자가 밭일, 집일 등 고된 일을 하고 남자들은 고기잡이 외에는 하지 않는다. 남자가 고기잡이 외에 '나무' 등을 하면 그 사람의 부인을 마을여자들이 비난하는 관습이 있어 '제2의 제주도' 라고도 한다.

흑산에서는 '해안권' 을 갖느냐 못 갖느냐가 큰 문제다. 외지에서 온 사람에게는 쉽사리 이 해안권을 주지 않는다. 해안권이 없는 사람이 바다에 나가 해초채취를 하면 몰수하고 부락의 소유물로 만든다. 분가해 나가면 집을 지을 때까지는 반半을 인정하고 집을 지은 후엔 1인분을 인정한다. 이런 문제는 부락민들이 모두 결의한 후 행해진다.

흑산에서는 '쇠꼬치' 로 고기를 잡는다. 길이 4미터 가량의 낚싯대 같은 대끝에다 '쇠꼬치' 를 단다. 쇠꼬치는 농사지을 때 농민이 쓰는 '호크' 처럼 생긴 것을 달아서 사용한다. 이들은 맑은 물 위를 배타고 나가 고기가 있으면 찔러댄다. 명중률은 3번에 1번 가량이라고 한다. 바닷물은 맑아 10미터 물속의 고기떼가 보인다. 모든 것이 그림같기만 하다.

멸치잡이는 봄에 시작해 설 무렵인 동지 섣달까지 한다. 지금 멸치잡이는 낭장망을 이용하지만 옛날 풍선배 시절에는 횃불을 이용해 멸치를 잡았다. '챗배' 라고 한다. 이러한 어법으로 유명한 곳이 가거도 멸치잡이다. 가거도 멸치잡이 노래는 문화재로 지정되었다. 횃불로 멸치를 유인하고 다른 쪽에서는 장대(채대)에 그물을 달아 물속에 가라앉혀 멸치를 몰아서 그물에 멸치가 들어오면 채대를 떠올려 잡았다. 지금 이용하는 낭장망 어법은 조류를 따라 이동하는 멸치를 자루그물을 설치해 잡는 방식이다. 그물 길이가 100여 미터에 이른다. 물이 많이 들고 나는 사리가 멸치잡이에 좋은 물때다. 추석이나 설명절이 멸치잡이를 하기 좋은 물때이기 때문에 낭장그물과 함께 명절을 맞기도 했다. 물이 많이 들고나는 사리는 바람도 함께 일어나는 경우가 많다. 설날 섬을 찾는 귀성객들의 뱃길이 순탄치 않는 것도 물때 탓이다. 멸치잡이를 많이 하는 마을은 설날에도 고향에서 멸치그물을 보고 삶고 너는 일을 해야 했다. 푸르미와 모래미 마을이 그런 곳이다.

흑산도 하늘길을 꿈꾸며

목포와 흑산을 연결하는 쾌속선은 1985년 6월 12일 운항을 시작하였다. 정원 186명에 23노트 속력의 남해7호였다. 흑산도 여객터미널도 같은 날 준공했다. 그 전에는 돛을 달고 노를 저어 오가는 운반선이 목포와 영산포로 연결했다. 바람과 물때에 따라 도중에 비금이나 도초에서 숙박하는 일이 많았다. 여객선은 대흥상사에서 운항하는 4척이 있었다. 여기에 1960년 초반 무안군에서 직접 운영하는 부산호도 잠시 투입되기도 했다. 쾌속선의 등장은 흑산도관광의 시작을 알리는 것이었다. 당일 여행이 가능했기 때문이다. 이와 함께 흑산도유람선과 홍도유람선도 연이어 마련되었다.

흑산도는 신안군에서 가장 많은 여행객들이 찾는 섬이다. 최근 일주도로도 완공되었다. 흑산도 일주도로는 1984년 임도개설을 목적으로 첫 삽을 뜬 이후 2010년 3월 완공되었다. 총길이 25.4킬로미터, 공사기간이 27년이었다. 머잖아 현재 목포와 흑산도를 오가는 쾌속선보다 더 크고 안전하며 쾌적한 선박도 운항할 것이다. 또 수상택시와 호버크라프트를 비롯한 다양한 해상교통수단도 도입될 것이다. 그뿐인가, 경비행장도 계획하고 있어 한승원 작가의 소설 제목처럼 '흑산도 하늘길'도 머잖아 열릴 가능성이 있다.

이렇게 되면 흑산도를 거점으로 영산도, 장도, 다물도, 대둔도 등 딸린 섬들은 새로운 계기를 맞게 될 것이다. 연안 유람선이나 크루즈

뱃길은 사람의 능력과 과학으로 열고 닫을 수 없다. 오직 하늘이 열어주고 바다가 허락해야 갈 수 있는 길이다. 그래서 조선시대에 중죄인을 절해고도 흑산도로 유배시켰다. 들어오기도 어렵지만 살아서 나가기는 더욱 어려운 것이 먼 섬의 뱃길이었다. 지금은 두어 시간 달리면 닿는 거리지만 폭풍우가 몰아치면 예나 지금이나 뱃길은 닫힌다.

선이 운항할 것이다. 명실공히 섬관광의 메카로 우뚝 설 것이다. 수심이 깊고 물이 맑아 서해안에서 보기 드물게 스킨 스쿠버를 할 수 있는 곳이며 흑산항은 낚시, 요트를 겸한 최고의 해양레저 스포츠의 중심이 될 것이다. 해양뿐만 아니라 흑산도는 문필봉을 중심으로 좋은 산행길이 마련되어 있다. '몰랑길'이라 이름 붙인 이 길은 흑산바다를 만끽하며 숲을 거닐 수 있는 최고의 섬산행길이다.

한 달 전에 예약을 해 섬주민들이 직접 운영하는 마을펜션을 숙소로 정했다. 부녀회에서 해녀들이 직접 물질을 해 온 소라와 전복과 어촌계에서 운영하는 수산물로 식사를 준비해줬다. 최근 흑산도 해녀학교가 운영되면서 물질을 배우려는 젊은 사람들이 늘어나고 있다. 해양보호구역으로 지정되어 자원을 관리하고 어민들이 참여하면서 흑산도 해역에는 조기와 홍어 등 과거에 파시를 이루었던 어류들이 회유하고 있다. 이제 흑산도여행에서 로컬푸드로 마련된 식당은 관광객이 찾는 여행필수 코스가 되었다. 흑산홍어와 자연산 돌미역, 전복, 소라, 우럭, 멸치 등 수산물은 흑산 브랜드를 달고 날개 돋친 듯 팔리고 있다. 저녁식사를 마친 관광객들은 지역주민들이 마련한 공연을 보기 위해 자산문화회관으로 모여들었다.

흑산 주민들은 지난 몇 년 동안 전문공연단체의 지도를 받아 흑산의 역사인물(김이수, 정약전, 최익현 등)을 소재로 공연을 준비했다. 뿐만 아니라 어업요와 풍어제와 갯제 등 갖가지 마을의례를 복원하여 살아 있는 공연을 관광객들에게 제공하고 있다. 이를 통해 그 동안 단체관광으로 몰려왔다 일주도로를 한 바퀴 돌고 나가던 대중관광지에서 체류하며 섬문화와 해양관광을 만끽하는 고품격 명품여행지로 탈바꿈하고 있다. 게다가 가거도와 경비행기를 통해 중국관광객들이 들어오기 시작하면서 동북아 해양관광의 거점으로 발돋음하고 있다. 흑산도 하늘길, 감히 꿈꾸어 본다.

● ― 유배

흑산도를 유배의 섬이라고 부른다. 고려와 조선시대에 많은 인물들이 흑산도로 유배되었기 때문이다. 고려사에 보면 정수개(고려 인종), 박휜, 최온, 민청(이상 고종), 유경, 조오(이상 원종) 등이 유배생활을 했다. 《조선왕조실록》에서는 "흑산도는 사람이 살기 힘든 곳인데 어떻게 길을 열 수 있겠는가"라며 유배지로 정하는 것을 금하기도 했다. 가기도 어렵고 살기도 힘든 곳이라 추자도, 제주도와 함께 관찰사가 임의로 귀양을 보낼 수 있는 곳이 아니라 임금만 정할 수 있는 유배지였다. 제주도(160회), 거제도(80회)에 이어 흑산도는 76회 150여 명이 유배되었다. 흑산도에 유배된 인물 중 주민들과 교류를 활발하게 하며 흑산도에 영향을 미친 인물로 손암 정약전(1758~1816), 면암 최익현(1833~1901) 등을 들 수 있다.

유배인들을 보내는 장소 즉 '배소配所'를 정할 때 극변極邊, 원방邊方, 원지遠地, 원방遠方, 중도中道, 근방近方 등으로 거리의 길고 짧음을 구분했다. 또 안치安置, 부처付處의 경우 죄목의 경중을 따라 거리를 나타냈다. 극변, 원방, 원지 같은 경우는 안치라는 용어와 함께 사용해 죄목의 중함을 나타냈다. 일반적인 유형은 유배流配, 귀양歸養, 원찬遠竄, 찬적竄謫 등도 사용되었다. 또 중도와 근방이라는 용어는 가까운 거리, 부처 등도 죄목이 중하지 않음을 나타냈다.

가장 중한 죄를 범했을 때 흑산도와 제주도와 추자도로 보냈다. 반면에 진도, 고금도 등은 섬이기는 하지만 좋은 곳에 해당된다. 중죄인은 모두 전라도의 섬을 정배지로 정하였다. 당시 추자도는 물론 제주도도 전라도에 속했다.

구분	重	中	輕
절도 유배지	제주도(제주읍, 대정현, 정의현) 흑산도, 추자도	거제도, 고금도, 금갑도, 나로도, 남해, 녹도, 백령도, 사도, 신지도, 여도, 고군산도, 위도, 임자도, 지도, 진도, 축산도, 파지도	강화도

조선시대 유배 건수는 총 1,411건이다. 이 중 섬이 유배지로 이용된 횟수는 총 531회로 약 38%에 이른다. 섬 가운데 유배지로 가장 많이 이용되었던 곳은 제주도, 거제도, 흑산도, 진도, 남해 순이다. 제주도 160회, 거제도 80회, 흑산도 75회, 진도 70회, 남해 60회 순이다. 이들 섬이 유배지로 주목을 받았던 것은 무슨 이유일까. 물론

목적에 부합되는 절도絶島였다는 점이다. 좀 더 신뢰할 만한 근거는 없을까.

"우리나라 절도로는 제주, 정의, 대정, 진도, 거제, 남해 등 6개 고을이 있습니다. 형제를 같은 고을에 정배할 수 없다면, 모자 역시 배소를 달리해야 합니다. (중략) 유배 보내야 할 사람의 수가 이미 6개의 고을보다 많으니, 한 고을에 한 명씩 정배하고, 그 나머지는 절도가 아니더라도 변방의 먼 곳으로 정배해야 합니다."(《광해군일기》 권 58. 광해군 4년 10월 임신)

정조 11년(1787)에 기록된 《전률통보》에 언급된 섬들의 유배지를 보자.

경기도의 자연도, 주문도, 장진도, 해서의 백령도, 숙도, 호남의 고금도, 신지도, 흑산도, 지도, 추자도, 고군산도, 금갑도, 위도, 장자도, 나로도, 녹도, 여도, 진도, 선의도, 영남의 거제도와 남해 등이다.

지역	유배의 섬
경기	자연도, 주문도, 장진도
해서	백령도, 숙도
호남	고금도, 신지도, 흑산도, 지도, 추자도, 고군산도(선유도), 금갑도(접도), 위도, 장자도, 나로도, 녹도(소록도), 여도, 진도, 선의도
영남	거제도, 남해

광해군 때는 제주도, 진도, 거제도, 남해 등 4곳의 섬이 유배지로 이용되었다. 유배지는 죄인을 격리하고 통제하기 좋은 곳에 위치한다. 이를 위해 근거지로부터 멀리 보내는 것이 원칙이다. 섬이 유배지로 많이 이용된 이유이다. 육지로부터 멀리 떨어진 섬과 인근에 수군이 있다면 이보다 좋을 수 없다. 《인조실록》(권 18. 인조 6년 2월 계축)에는 "요즘 유배된 사람들이 멋대로 배소를 이탈하고 있는데 방백과 수령들이 전혀 규찰하지 않고 있다"고 언급하고 있다. 격리만 하고 통제를 하지 않으면 유배가 아니다. 관리와 수령이 없는 "관수官守가 없는 절도는 죄인을 보내지 않는다"는 원칙이다. 조선전기의 절도 정배지는 군현이 설치될 만큼 큰 섬이었다. 거제도, 남해, 제주, 진도 등이 그곳이다. 조선후기에 추가된 강화, 교동, 파지도 등은 만호가 파견된 곳이다. 즉 수군진이 설치된 곳으로 군사시설의 요충지였다.

출처 : 〈흑산도 '유배문화공원' 조성 학술조사보고〉(2003)

개황 | 흑산도 黑山島

위치 | 신안군 흑산면 **동경** 125° 26′ **북위** 34° 40′

면적 | 20.03km² **해안선 |** 59.2km **육지와 거리 |** 107.3km(연륙)

가구수 | 1,149 **인구(명) |** 2,246(남1,214+여1,032) **어선(척) |** 380 **어가 |** 584

어촌계 | 어촌계 총 4개 어촌계(440명)

공공기관 | 흑산면사무소(061-275-9001), 흑산농협(061-275-9220), 흑산도수협(061-246-5324), 흑산우체국
(061-275-9788), 흑산파출소(061-275-9112), 목포해경흑산지서(061-241-2223), 흑산 119지역대(061-280-
0971), 흑산기상대(061-275-2754), 흑산면 예비군중대본부(061-246-9104), KT흑산중계소(061-275-9000),
흑산보건지소(061-275-9062)

교육기관 | 흑산초등학교(061-275-9058), 흑산초등학교 서분교(061-246-3300), 흑산중학교(061-275-9354)

전력시설 | 한전 전가구

급수시설 | 지방상수도시설 1개소 1,069가구, 우물(펌프) 30개소 80가구, 해수 담수화 시설1개소

교통 | 배편 | 쾌속정(목포-도초 · 비금-흑산 · 홍도), 일반선(목포-도초) : 대흥페리7호, ㈜남해고속 061-244-9915,
철부선(목포북항-도초) : 도초농협카훼리호(도초농협: 061-275-2300, 도초선착장: 061-275-2300, 목포북항사무
소: 061-243-7916)

섬내교통 | 흑산교통(061-275-9744), ㈜ 동양택시(061-246-5006)

낚시터(유어장) | 배섬, 호잠도, 검은여

특산물 | 흑산홍어, 전복, 김 미역, 우럭

특이사항 | 처녀 당신과 피리부는 소년의 설화와 흑산도 타령이 구전된다. 진리 성황당에서 매년 정월 초에 마을
안위와 풍어를 비는 제사를 지낸다. 공식적으로 대흑산도로 표기하기도 함.

30년 변화 자료

구분	1973	1985	1996
주소	전남 신안군 흑산면	전남 신안군 흑산면 진리	전남 신안군 흑산면
면적(km²)	18.12	19.698	17.751
공공기관	-	면사무소 1개, 경찰관서 1개, 지파출소 1개	면사무소 1개, 지파출소 1개
인구(명, 남자+여자)	6,256(3,069+3,187)	5,138(2,599+2,539)	2,787(1,395+1,392)
가구수	1,112	1,004	940
급수시설	공동우물 8개 간이상수도 2개	우물 136개, 간이상수도 13개, 상수도시설 1개	우물 88개, 간이상수도 7개 상수도시설 1개
초등학교	3개 1,164명	3개 833명	2개 162명, 분교 1개 20명
중고등학교	1개 327명	1개 485명(중학교)	1개 148명(중학교)
전력시설	자가발전 430가구	한전 1,004가구	한전 940가구
의료시설	-	병원 1개소, 한의원 1개소 약방 2개소	병·의원 1개소, 보건소 1개소, 약방 3개소
어선(척, 동력선+무동력선)	227(76+151)	272(240+32)	248(242+6)

＊ 공공기관은 면사무소, 파출소 등 포함

제가 마을 머슴이에요

흑산면 영산도

잘 살고 싶었다. 부자로 살고 싶었다. 작은 섬이지만 큰 섬 못지 않다는 것을 보여주고 싶었다. 하지만 자연은 녹록지 않았다. 최대풍속 47미터에 이르는 프라피론이 영산도의 마지막 희망을 덮쳤다. 서해 도서를 강타하면서 전국에 28명의 사망자를 냈고, 영산도 가두리를 박살냈다. 우리나라에 영향을 미친 태풍은 프라피론(2000년), 루사(2002년), 매미(2003년), 나리(2007년) 순이라고 한다. 그 후 영산도는 더 이상 양식을 엄두도 내지 못했다. 대목선창에서 영산도가 한눈에 들어왔다. 하얀 포말을 일으키는 작은 점이 하나 보였다. "배가 출발했네." "어디 보이지도 않는데." "그러니까 눈을 크게 떠야지." 내 눈에 보이는 배가 옆사람에게 보이지 않는 모양이다. 나는 배가 아니라 주변 바다와 다르게 하얗게 물이 갈라지는 것을 보고 판단한 것이다. 그래서 배가 오고 있다는 것을 알았다.

영산도는 지도군 흑산면에 속하는 섬이었다. 1914년 행정구역 개편시 무안군 흑산면에 편입되었다. 1969년 신안군이 무안군에서 분리되면서 신안군에 편입되었다. 영산화가 많이 핀다는 영산리와 액운이 든 마을이니 다른 사람이 이주오지 말라 했다는 엑기미 두 마을이 있었다. 엑기미는 사람이 모두 떠나 폐촌이 되었다.

흑산도에 딸린 작은 섬은 장도, 다물도, 대둔도, 영산도가 있다. 물론 유인도만 꼽은 것이다. 이 중 가장 가보고 싶은 섬이 영산도였다. 영산포 때문이었다. 나주 영산포는 영산도에서 비롯된 지명이라는 말을 귀에 못이 박히도록 들었다. 영산도에 살던 섬사람들이 여말선초에 왜구의 침입으로 국가에서 공도정책을 펼치면서 지금의 영산포로 이주해 왔기 때문에 붙여진 지명이라는 것이다.

고려시대 남해와 서해 연안과 섬마을에 왜구들 침입이 잦았다. 왕은 물론 조정대신들도 이 일로 머리가 아팠다. 고려 공민왕 12년(1363) 평화로운 영산도에 갑자기 들어온 왜적들로 주민들이 혼비백산했다. 결국 섬을 탈출해 영산강 하류 남포(오늘날 영산포)에 정착을 했다. 강변에서 갈대를 태워 농사를 짓고 강에서 고기를 잡으며 살았을 것이다. 영산포가 중요한 뱃길과 포구로 발전하면서 강도 영산강이라 부르게 되었다. 결국 남도의 젖줄 남도문화의 줄기를 형성한 영산강은 흑산도 옆 작은 섬 영산도에서 시작되었던 것이다.

《동국여지승람》 전라도 나주목조에는 "영산폐현: 나주의 남쪽 10리에 있어, 본래 흑산도 사람들이 육지로 나와 남포에 옮겨 살았으므로 영산현이라 하였다. 고려 공민왕 12년에 군으로 승격했다가 뒤에 나주에 소속되었다"고 기록되어 있다. 즉 왜구의 침입에 따라 고려말 현 영산포로 집단이주했고, 이곳을 영산현이라 하였다가 1363년(공민왕 12)에는 군으로 승격했다. 《고려지리지》에도 "남포는 흑산도 사람들이 육지로 나와 남포강가에 살아 영산현이라 불렀다. 공민왕 12년에 높여서 군을 삼았다"고 했다.

1555년 달량진사변(을묘왜변) 직전 《조선왕조실록》 기록에 흑산도에 많은 왜구들이 출몰했다는 것을 확인할 수 있다. 해산물을 채취하기 위해 흑산도로 들어갔다가 왜적을 만나 배가 불태워졌고 흑산도에 몰래 정박하고 있던 적왜賊倭를 참획하기도 했다. 또 왜구들이 '흑

산도에 살고, 초도에서 보리를 심고, 강진에서 말을 훔쳤다' 는 소문
도 있었다.

왜구들이 흑산도에 창궐하자 조정에서는 흑산도로 주민들이 이주
하는 것을 금지하는 출륙령出陸令, 도서잠입자쇄환의島嶼潛入者刷環議,
도익해도인逃匿海島人, 추쇄론推刷論, 금경절도禁耕絶島 등 각종 법적 조
치들을 만들었다. 국가에서는 섬 주민을 도망자(죄인)로 파악한 것이
다. 이유는 재원과 국역자의 상실 때문이었다. 추쇄명령이 내리면 가
족들을 데리고 더 깊은 곳으로 들어갔다. 성종 때 사목을 만들어 도익
해도인逃匿海島人을 추쇄하려 했다. 그럼에도 불구하고 도서지역 이주
민들은 증가하였다. 해적의 출몰이 뜸해질 무렵이라 가렴주구苛斂誅
求에 시달리느니 섬에 들어가 입에 풀칠하는 편이 더 나았기 때문이
다. 반면 국가에서는 여전히 쇄환정책을 추진했다. 이러한 것을 엿볼
수 있는 것이 문종 원년 5월 경신조庚戌條 기록이다.

전라도 진도 같은 섬은 본래 왜구가 출몰하자 비워두었던 곳이었
는데, 해안이 안정되자 지금은 부근 여러 지역의 백성과 유망자들
이 몰려와 살고 있다. 이들이 섬에 들어와 사는 것은 국가의 조세
와 요역이 없기 때문이다. 그러나 이제 이곳에 새롭게 관부를 설치
하여 각종 세금과 요역을 부담시키게 되자 다시 도망하여……

왜구는 물론 중국 연안을 약탈하던 해적들의 잦은 출몰로 흑산도
주민들은 내륙으로 집단이주할 수밖에 없었다. 그곳이 영산포였다.
이들의 영산포 생활은 잠시가 아니었다. 적어도 150년은 되었다. 30
년을 한 세대로 잡아도 5세대에 이른다. 통일신라 이후 고려시대까지
대중국 교역로로 번성했던 흑산도의 시간이 멈춰버린 것이다. 국가

에서는 이주금지조치를 내렸지만 백성들과 유랑민들은 계속해서 들어왔다. 그렇지만 생활은 아주 열악했다. 다시 흑산도에 사람이 살기 시작한 것은 조선후기부터다. 그들이 지금 흑산도와 주변 섬들에 사는 사람들의 선조 즉 입도조들이다.

역발상으로 국립공원 명품섬을 만들려는 노력

운이 좋았다. 예리 선창 뒷골목에서 이른 아침을 먹으면서 뱃시간을 확인했다. 하루에 두 번 흑산도와 영산도를 오가기 때문에 시간을 잘 맞춰야 했다. 그런데 가는 날이 장날이었다. 식당주인이 잘 아는 후배라며 뱃길을 알아 보겠다고 했지만 일요일은 운항하지 않는다는 실망스런 답을 들었다. 밥을 먹다말고 멈췄다. '이건 무슨 소리람.' 사선이라도 불러야 할 판이었다. 어렵게 시간을 내서 들어왔는데 그냥 돌아갈 수는 없었다. 큰 낭패였다. "전화 좀 바꿔 주실래요." 전라남도에서 발행하는 신문 〈새뜸〉 이야기를 했다. 신문에 홍보를 하려고 그러는데 배를 운항할 수 없냐는 의도였다. "그럼 김준 박사예요." 도선을 운전하는 선장은 영산도 이장이었다. 신문을 받아보는 분이었다. "그냥 해 드릴게요." 의외로 쉽게 해결되었다.

영산도를 가는 도선은 예리항 뒤편 '대목' 에서 탄다. 그곳에 바람을 피해 딱 배 1척 댈 만한 곳이 있다. 대목에서 가는 영산도 사이 뱃길은 거칠다. 거친 바다를 헤치고 영산도 선창에 도착했다. 영산포구는 북서쪽으로 열려 바다와 이어져 있고 마을은 선창 주변에 자리잡았다.

가두리양식이 태풍으로 절단나기 전에는 멸치잡이를 했었다. 그때 70여 호가 살았고 그 중 열댓 집에서 낭장망으로 멸치를 잡았다. 영산도에 가장 많은 가구가 거주할 때는 1960년대로 100여 가구에 이르렀다. 엑기미에도 9호가 살았다. 그때 전마선으로 조기를 잡았다. 흑산도나 다물도에서 홍어를 잡을 때 영산도는 연승으로 조기를 잡았다. 조기연승 이후에는 자망을 이용했다. 지금처럼 기계배가 없었던 시절이었다. 동력선 한 척이 10여 척의 전마선을 끌고 어장을 순회하면서 이동해 주면 그곳에서 낚시로 조기를 잡았다. 돌아올 때는 줄줄이 엮어서 동력선으로 끌고 들어왔다.

"제가 이장이요." 이장님은 날이 추워져 수도관이 터진 집이 있어 수리중이었다. 주인도 없는 집에서 주민 두 명과 앉아 마을이야기를 하고 있을 때 이장이 막 작업을 끝내고 들어왔다. "우리 마을 머슴이요. 수도가 고장 나서 고치느라고. 늦어서 미안합니다." 작은 섬마을 이장은 행정일만 하는 것이 아니다. 전기와 수도일까지 도맡아 해야 한다. 생각했던 것보다 훨씬 젊은 사내가 들어오면서 악수를 청했다. 40대쯤 되어 보이는 얼굴이었다. 그동안 연재했던 섬이야기를 보았다며 영산도도 잘 써달라고 했다. 그리고 국립공원이야기가 이어졌다. 얼마전 국립공원에서는 20호 이상 거주하는 마을은 공원지구에서 제외하는 조치를 취했다. 대부분 재산상에 피해가 많다며 민원을 제기했던 사안이었다. 그런데 영산도는 반대로 국립공원에서 빼지 말라고 민원을 제기했다.

최성광(1967년생) 이장은 10년 후 영산도를 생각해 보았다고 했다. 섬에 많이 남아야 8집 정도가 있을 것 같았다. 지금은 보건소, 초소, 학교, 교회, 발전소(직원 4명)가 있지만 8집 남은 섬에 이런 시설들을 유지시킬 이유가 없을 것이다. 학교만 해도 그랬다. 폐교가 되고 난 후에 젊은 사람이 들어오고 싶어도 아이 학교문제가 걸리면 들어올 수 없는 것이다. 또 고향을 떠난 젊은 사람 중에 들어오려는 사람이 있어도 월 100만원 소득도 유지할 수 없다면 누가 오겠냐는 것이었다. 그래서 선택한 것이 국립공원에서 추진하는 명품마을이었다.

국립공원 지구 안에 포함된 마을을 대상으로 리모델링 사업을 통해 잘 보전된 자연과 마을 그리고 지역문화를 명품으로 리모델링해 마을을 활성화시키는 사업이다. 진도 관매도가 명품마을 1호 사업을 완료하여 좋은 평가를 받고 있다.

영산도는 30여 가구에 젊은 사람이라고 해야 다섯 손가락으로 꼽을 정도다. 망망대해에 섬 하나 우뚝 솟아 있어 조류가 거칠고 바람도 많아 양식업을 하기도 적당하지 않다. 옛날에는 고기잡이배도 있었지만 지금은 모두 나이가 들어 이마저 마땅치 않다. 다행스럽게 주민은 물론 관광객의 손을 타지 않은 자연경관이 오롯이 남아 있었다. 섬 사람들의 맑고 포근한 심성도 한몫했다. 그래서 최이장은 섬의 특성을 잘 간직한 자원과 체험을 결합한 독특한 섬관광지로 만들어 보자고 생각했다. 그 방법을 찾아 각종 규제로 걸림돌이라 여겼던 국립공원의 문을 두드렸다. 규제를 오히려 섬 활성화의 계기로 이용해보자는 역발상을 했던 것이다. 국립공원에서도 영산도가 보유한 자원과 주민들의 열정을 높이 평가해 명품마을로 선정해 사업을 추진하고 있다. 수도를 고치고 들어온 이장님은 이제 시작이라며 여기까지 오는 데 어려움이 많았지만 앞으로 더 큰 어려움도 있을 것이라며 각오를 다졌다.

뱃길이 문제지만 명품마을로 조성되면 지금보다 운항횟수도 증가할 계획이다. 하지만 걸림돌도 있다. 우선 이런 일을 한번도 해보지 않은 데다 일을 하기 어려울 만큼 고령인 마을 주민들을 설득하는 것이었다. 두 번째는 30여 호의 작은 마을에서 다양한 프로그램을 만드는 것도 문제였다. 이미 흑산도에서 유람선을 운항하고 있어 영산도에서 작은 배로 손님을 싣고 다니는 것을 곱게 보지 않았다. 먹거리,

영산팔경 중 하나로 꼽는 석주대문. 배가 지날 수 있을 만큼 넓다. 멀리 흑산도 너머로 지는 노을이 절경이다.

체험거리 등 국립공원지구에 맞는 여행상품도 개발해야 한다. 다행히 국립공원에서 매우 적극적이었다. 또 먹거리 사업을 위한 소포장 사업 등도 지원하고 있다. 그래서 가족단위 소규모 여행객을 타깃으로 프로그램을 개발하고 있다.

배를 타고 영산도를 돌아보는 것도 좋은 프로그램이 될 것 같다. 그중 으뜸은 영산팔경 중 일곱 번째로 꼽히는 석주대문石柱大門이다. 일명 대문바위라고 알려져 있다. 이장은 도선속도를 늦추더니 배를 바위쪽으로 몰았다. 코끼리바위 독립문바위 등 흔히 볼 수 있는 돌문과 달리 문 안으로 배를 가지고 들어갈 수 있다. 배가 충분히 지나가고 남을 만큼 넓었다. 선착장에서 등대섬을 돌아 비류폭포, 천연석탑을 거쳐 석주대문에 이른다. 바람과 파도가 수천 년의 세월 동안 빚어낸 해식애가 장관이다. 명승으로 손색이 없다.

최이장이 마을을 두루 볼 수 있는 곳이라며 소개해 준 당산에 올랐다. 당산 중턱에 영산당집이 굵은 적송에 둘러싸여 있다. 영산팔경 중 첫 번째로 당산창송堂山蒼松을 꼽는다는 말이 허투루 한 소리가 아니다. 당집은 상당, 중당, 하당으로 구성되어 있다. 상당 안에는 한복을 곱게 입은 여인의 그림이 가운데 놓여 있고, 왼쪽에 당산조모님堂山祖母任과 당산조부님堂山祖父任, 오른쪽에는 소당애기씨小堂愛妓氏, 별방 도령님別方道令任, 도산신님島山神任을 한지에 적어 모셔 놓았다. 하당에는 김첨지 영감을 모셨다. 김첨지 영감은 배 어장과 해초를 관장하는 둑제의 주신으로 허수아비로 신체를 만들어 용왕이나 어장신으로 모신다. 둑제는 마을 부녀자들이 제상을 가지고 나오면 깨끗한 집에서 준비한 제물을 차려 놓는다. 보통 섣달 그믐날 생기복덕이 좋은 두 사람이 상당으로 들어간다. 정월 초하루 자시에 제를 올리며 이튿날 아침에 하당에 제를 지내고 바로 둑제로 이어진다. 둑제를 지낸 후 허

영산도 당은 노송이 우거진 당산 중턱에 상당과 하당으로 구성되어 있다. 당제가 끝나면 부녀자들이 허수아비를 모시고 둑제를 지내고 먼바다로 띄워 보낸다.

수아비를 바다 멀리 보내며 뱃길 무사와 풍어를 기원한다. 모든 액살을 멀리 내보내는 의례였다.

영산도 등산로 출발은 당산창송에서 시작된다. 명품마을을 조성하면서 제일 역점을 두는 것이 걷기와 체험이다. 모두 최근 여행객들이 선호하는 여행패턴이다. 걷기는 섬길조성으로 맞출 것이고 체험은 갯바위와 선상낚시 그리고 바닷가에서 고둥줍기 등 체험거리를 마련하려고 생각중이다. 당산에서 내려다보는 영산선창과 마을의 모습은 고즈넉한 어촌의 전형이다. 내가 다녀본 섬들 중에 다섯 손가락에 꼽히는 어촌경관이다. 내려오는 길에 김첨지 영감을 모신 하당에 잠시 멈춰 이렇게 아름다운 어촌을 잘 지켜준 어민들에게 감사했다. 또 어촌자원을 보전하면서 마을을 활성화시키기 위해서 노력하는 이장을 비롯한 마을 주민들에게도 지혜를 달라고 기원했다.

몇 달 후 문화재청이 실시하는 명승자원화를 위해서 영산도를 다시 찾았다. 섬을 둘러보고 흑산도로 나오는 길에 일행은 이구동성으로 '섬사람' 들이 명품이라며 순수한 주민들의 심성을 극찬했다. 명품마을을 조성하는 과정에 그 마음 변치 않길 기대한다.

● — 공도정책(空島政策)과 수토정책(搜討政策)

고려말 조선초에 왜구의 침입과 약탈로 행정력이나 군사력이 미치지 않는 작은 섬 사람들을 내륙으로 철수시켰던 정책이다. 제주도, 거제도 등 큰 섬을 제외한 흑산도, 진도, 울릉도, 독도 등이 공도정책의 대상이었다. 1883년 울릉도 개척령이 공포되기 전에 울릉도 등 섬거주민들을 본토로 이주시키는 정책을 실시했다. 고려말 조선초 왜구의 침입, 섬으로 도망간 유랑민의 반란, 도망자의 세역징수 때문이었다.

최근 공도정책이란 용어가 울릉도를 자국의 영토로 편입시키고자 하는 일본의 침략의도에서 비롯된 것이라는 주장이 제기되고 있다. 공도정책 아래서 섬은 국가의 지배와 보호가 미치는 대상이 아니라는 주장의 근거로 삼은 것이다. 여말선초 왜구의 침략성과 약탈성을 축소하고 희석시키고 일본인의 독도와 울릉도 등 점유를 정당화시켰다. 1881년 기타자와 마사노부(北澤正誠)가 쓴 《죽도고증竹島考證》이라는 책에 공도제(空島制)라는 용어가 처음 등장한다. 그의 논리를 따라가면 "임진왜란 이후 조선이 버려둔 울릉도를 일본이 일구었기 때문에 자국의 영토"라는 것이다.

일본은 1904년 러일전쟁에 대비해 독도에 망루를 설치하고 동해로 내려오는 러시아 함대를 감시했다. 그리고 1905년 시마네현 고시 40호로 '독도(아쓰시마)를 다케시마(죽도) 개칭' 하고 자국영토로 선언했다.

그런데 조선은 이미 15세기 무렵 바다와 섬에 대한 관심이 높아졌다. 각종 지리지에 섬의 크기, 인구, 특산물, 유적과 유물, 본 읍과 거리 등 인문지리적 특성이 실렸다. 조선초 읍치출륙이나 주민쇄환은 왜구의 약탈로부터 주민들의 생명과 재산을 보호하기 위한 긴급조치 성격이 강했다. 섬은 역을 피하는 공간, 군사와 흉년의 대비 등으로 읍이나 진을 설치했다. 조선의 해도정책은 섬을 버리는 공도정책이 아니라 주민들을 본토로 이주시키는 쇄환정책과 수토정책(搜討政策)이었다. 특히 한·일간에 독도를 둘러싼 영유권 분쟁이 일어나면서 조선 해도정책의 본질이 일본에게 잘못 전달될 우려가 있는 공도정책보다는 쇄환과 수토정책이라는 용어사용이 적절하다. 수토정책의 핵심은 정치·경제적인 이유로 섬을 비워두며 관리했을 뿐 '무주지'가 아니었다는 것이다. 즉 백성이 살도록 하는 것은 어려우니, 관리를 보내 노역이나 공납을 피해 섬으로 달아난 무리를 잡아오고, 해산물과 토산물을 채취하는 왜인을 토벌하는 정책이다.

* 참고자료 : 《조선후기 島嶼연구》(김경옥 저, 혜안, 2004)
　　　　　 《독도·울릉도의 역사》(김호동 저, 경인문화사, 2007)

개황 | 영산도永山島

위치 | 신안군 흑산면 영산리 **동경** 125° 28′ **북위** 34° 38′
면적 | 2.25km² **해안선 |** 7.9km **육지와 거리 |** 111.3km(목포시)
가구수 | 48 **인구(명) |** 90 (남49+여41) **어선(척) |** 16 **어가 |** 30
어촌계 | 총 1개 어촌계(20명)

공공기관 | 영산보건진료소(061-275-9964), 영산도치안센터(061-270-0176), 한국전력공사 흑산영산도내연발
전소(061-275-9195)
교육기관 | 흑산초등학교 영산분교(061-275-9807)
전력시설 | 한전 전가구
급수시설 | 간이상수도 1개소 전가구, 해수담수화 1개소

교통 | 배편 | 정기 여객선이 없고 사선을 이용하여 흑산도와 연결한다.
낚시터 (유어장) | 섬 전체의 갯바위에서 낚시
특산물 | 전복, 우럭, 장어, 농어, 미역
특이사항 | 경주 최씨 동족마을로 주민들이 단합심이 좋다. 천역석탑 전설이 구전된다. 천연낚시터가 형성되어 있다.

30년 변화 자료

구분	1973	1985	1996
주소	전남 신안군 흑산면 영산리	좌동	좌동
면적(km²)	2.02	2.219	2.20
공공기관	-	-	분소 1개
인구(명, 남자+여자)	432(214+218)	295(156+139)	145(72+73)
가구수	80	62	49
급수시설	공동우물 8개	간이상수도 1개	우물 4개
초등학교	1개 84명	1개 46명	분교 1개 4명
전력시설	-	자가발전 62가구	자가발전 49가구
의료시설	-	약방	보건진료소 1개소
어선(척, 동력선+무동력선)	14(2+12)	28(27+1)	22(20+2)

＊ 공공기관은 면사무소, 파출소 등 포함

3

놈이 없어요

흑산면 대둔도

쾌속선에서 내린 사람들은 관광버스에 오르는 사람, 공영버스에 오르는 사람, 홍어 위판장이 있는 쪽으로 걸어가는 사람 등 세 부류로 나누어졌다. 각각 관광객, 흑산도 · 장도 · 대둔도 · 다물도 등 흑산도에 딸린 작은 섬에 사는 사람들이다.

세 번째 부류 사람들은 삼삼오오 반갑게 인사를 나누었다. 나도 그들 틈에 끼어 걸어갔다. 그 중 젊은 여성이 커다란 여행가방을 힘겹게 밀면서 따라왔다. 얼굴이 약간 붉게 그을려 섬주민 같기도 하지만 입성이 섬사람으로 보이지 않았다. "영산도 가는 배도 여기서 타나요." "아니요, 반대편으로 가야 해요." "대둔도 주민이에요." "아니요, 학교에 있어요." 학교선생님이었다. 방학을 맞아 뭍에 갔다가 개학을 앞두고 섬으로 들어가는 길이라고 했다. 뱃시간이 불확실한 영산도를 포기하고 선생님을 따라 대둔도로 가는 배에 올랐다. 배는 미끄러지듯 흑산항을 빠져나갔다.

대둔도는 지도군 흑산면에 속했던 지역으로 1914년 행정구역 개편으로 무안군 흑산면에 편입되었다. 이후 무안군에서 신안군이 분군되어 신안군에 속하였다. 대둔도에는 물이 풍부하고 맑다는 '수리', 오동나무가 많다는 '오리' 마을이 있다. 두 마을 외에 도목리가 있다. 한때 오리에 속했던 마을이다. 오리는 1450년 경 광산김씨 김경택이 이주해 정착했으며, 수리는 1300년 경 김해김씨 김계수가 이주해 마을을 형성했다고 한다.

격쟁을 울리다

배 안에서 마을 주민 문광근 씨를 만났다. 마을일도 맡아본 경험이 있고, 다물도와 대둔도를 오가는 도선을 관리하고 있었다. 뿐만 아니라 대둔도에서 가장 큰 규모의 가두리양식장을 하고 있었다. 대둔도와 다물도 사이 우럭가두리에서 흑산도 양식우럭의 85%가 생산되고 있다. 우럭양식을 가장 많이 하는 마을은 도목리였다. 최근에 우럭값이 외환위기 때보다 더 떨어져 양식업자들이 죽을 맛이라고 했다. 이곳에 우럭양식이 시작된 것은 25년 전이다. 그 전에는 형망과 고대구리 배로 조개와 가리비를 많이 잡았다. 어업이 활발할 때는 수리마을에서는 마을의 질병퇴치와 풍어를 기원하는 풍어제를 지냈다. 허수아비를 만들어 가마에 태워 마을을 한 바퀴 돌면서 음식을 대접한 후 마을의 질병과 악귀를 몰아내는 뜻에서 먼 바다에 띄워 보냈다고 한다.

수리마을에 도착하자 김이수(金理守, 1743?~1805?) 생가를 찾았다. 안내판이 없어 주민의 도움을 받지 않고는 어느 집이 생가인지 확인할 수 없었다. 흑산도 민초들의 의사를 대변한 인물로 알고 있었는데 주민들은 김이수에 대해 그렇게 호의적이지 않았다. 당시 흑산도의 모든 이장들이 올라갔기 때문에 특별할 것도 없다는 반응이었다. 그런데 그 속내는 다른 데서 확인되었다.

《조선왕조실록》 1791년(정조 15) 5월 22일 기록에는 "흑산도 백성이 닥나무 세금 폐단으로 인한 원한을 징을 쳐 호소하니 이를 시성하였다"고 기록되어 있다. 이 '흑산도 백성'이 김이수이다. 1791년 정조 임금의 행차를 가로막고 '격쟁擊錚'을 올렸다. 격쟁은 임금이 행차할 때

징이나 꽹과리를 치면서 시선을 집중시켜 백성들이 직접 민원을 호소하는 방법이다. 당시 흑산도민이 겪고 있던 가장 큰 폐단은 '닥나무 세금'이었다. 수차례 관청이나 상부에 소송을 내고 시정을 요청하였지만 효과를 거두지 못하자 한양까지 올라가 직접 호소했던 것이다.

흑산도는 원래 토질이 척박하여 종이를 만드는 저근(楮根, 닥나무)이 모두 사라졌는데 매년 양향청糧餉廳에서는 어른과 노약자를 막론하고 지역紙役을 독촉했다. 남자는 8세부터 40세까지 저楮 12,900근(500냥 가격)을 바쳐야 했다. 김이수는 한양으로 올라가면서 "말하기가 어려운 것이 아니라 듣기가 어려운 것이라"며 격쟁을 선택했다. 김이수는 여러 차례 섬 주민들의 손과 발이 되어 폐단을 시정하기 위한 노력을 기울였다. 도민島民들이 그 공을 인정하여 중죽도를 증여하였다. 다른 모든 해암(미역바위)은 마을공동어장으로 운영하고 있지만 중죽도 해암은 후손들이 채취권을 가지고 있다. 수리마을 사람들이 김이수에게 호의적이지 않았던 것은 미역바위 운영 때문이었다. 마을주민들이 공동채취 공동분배하는 것이 원칙인데, 오랫동안 김이수 집안에서 독점해온 것에 대한 불만이었다. 더구나 미역바위가 유일한 생계수단이던 시절에는 섬사람들의 속내는 원망으로 가득 차 있을 수 있다. 그정도 해먹었으면 이젠 마을에 내놓아야 하는 것이 도리라는 의중이 깔려 있었다.

대둔도 수리마을의 김이수 생가 외에 흑산도에 김이수 묘가 남아 있다. 신안군 역사인물은 대부분 유배왔던 사람이지만 김이수만은 섬에서 태어나 생활한 토박이 역사인물이다. 김이수는 왕실족보인 《선원보璿源譜》를 간행하는 선원록청璿源錄廳으로부터 서사랑청書寫郞廳이라는 직책을 받았다. 그의 묘비명에서 확인되는 벼슬이다.

수리에서 오리로 넘어가야 했다. 날은 벌써 어두워지기 시작했다.

겨울철은 해끝이 짧아 금방 해가 진다는 어머니 말씀이 생각났다. 굳이 날이 어두운데 오리로 가려는 것은 장창대(장덕순)의 흔적을 찾고 싶었기 때문이다. 그가 있어 오늘날 《자산어보》라는 걸출한 작품을 우리가 접할 수 있게 된 것이다. 오리마을로 넘어가는 길에 같이 도선을 타고 온 우편물을 전달하는 아주머니를 만났다. 시장을 볼 때 가지고 다니는 작은 수레 위에 우편물이 든 자루를 올리고 걸어서 다녔다. 가볍게 눈인사를 하고 고개로 올라섰다. 다물도와 수리 사이에 가두리양식장이 가득했다. 맞은편 오리 앞에도 마찬가지였다. 시멘트로 포장된 길은 오리와 도목리까지 이어졌다. 20분은 족히 걸어야 할 거리였다. 마음이 급해 걸음이 빨라졌다.

오리는 수리와 마을형세가 달랐다. 마을 뒤에 망대가 있는 산이 있었고 앞에는 선창이었다. 마을과 뒷산 사이에 꽤 넓은 평평한 밭들이 있었다. 대둔도에서 밭농사가 가장 많은 마을이다. 수리에서 만난 문씨 아내는 수리가 오리보다 해암(미역바위)이 많은 것도 밭이 있어 먹고 살 만하기 때문에 옛날에 그렇게 나눴다고 했다. 학교, 출장소, 보건소 등 공공기관을 유치할 때 수리와 경쟁하면서 폈던 논리가 유치할 좋은 장소를 갖추고 있다는 것이었다. 모든 공공기관은 수리에 세워졌다. 이곳에는 천주교 공소가 유일하다. 흑산도 너머로 해가 사라지는지 서쪽 하늘에 붉은 기운이 감돌았다. '어디서 장창대 묘소를 찾는단 말이지.' 지나는 주민 몇 명을 붙들고 물었지만 모르는 눈치였다. 나이가 지긋한 할머니가 장씨가 사는 집으로 안내해 주었다. 올해 여든이 훌쩍 넘었을 양반이 잘 찾아오셨다며 아들을 불렀다. 그리고 족보를 펼쳐 '장덕순'이라는 이름을 가리켰다. "여기서는 덕순이라고 해요. 족보에 덕순이라고 불리는 이름이 창대였던 모양이에요." 김씨 성을 가진 분하고 외사촌 간인데 절에 공부하러 가서 덕순이 할

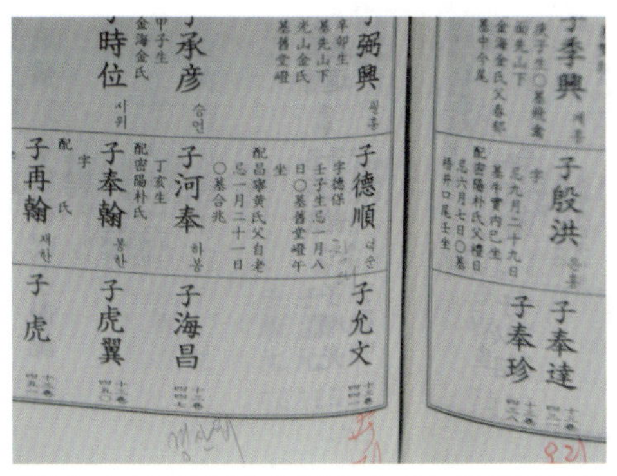

장창대. 그는 정약전에게 흑산 바다에 사는 물고기를 직접 잡아 알려줬다. 《자산어보》가 씌어질 수 있었던 것은 창대라는 섬사람이 있었기 때문이다. 장씨 족보에 '덕순'이라 기록되어 있다.

아버지는 며칠 만에 사서삼경을 뗐다며 자랑을 했다. 6대 할아버지가 무안에서 영암을 거쳐 지금의 흑산도 대둔도로 들어왔다고 했다. 그러니까 180년 전쯤 일이다. 대둔도에 황씨가 가장 먼저 들어왔고 나머지는 비슷한 시기에 들어왔다고 알려줬다. 오리에는 중국과 영산포를 오가는 큰 상고배가 있었다고 했다. 흑산도가 우리나라와 중국을 오가는 무역선들의 중간거점이었음을 노인의 이야기 속에서도 엿볼 수 있었다.

쌀은 목숨이었다

다물도나 대둔도나 흑산도에는 음력 2월 제사가 많다. 모두 수사水死한 사람들이다. 다물도 민박주인 김완식 씨는 다물도에는 물과 열녀가 귀하다고 했다. 설쇠고 홍어잡이를 나선 사람들, 잡은 홍어를 영산포나 함평으로 팔러 가서 혹은 갔다 오다가 바람에 수사한 사람들이다. 겨울바람은 무섭다. 또 알 수 없다. 천기를 오직 경험에 의존했던 시절에 바다로 가는 것은 목숨을 맡기는 거나 같았다. 남자들 없이 여자들은 해암에서 김을 뜯고 미역을 베어 아이들을 키웠다. 홍어를 가지고 가서 영산포에서 가져오는 것은 쌀과 배추와 무였다. 지금부터 80년 전 이야기였다. "홍어잡으러 청명으로 가서 전부 물에서 수사했어요. 고기를 잡으러 가서도 죽고 홍어 팔러 가서도 죽고 할매들만 살

왔제. 다 여기서 결혼했어요. 놈이 없어요. 조카친정 고모친정 할매친정 이리저리 하면 놈이 없어요."

쌀을 구하기 위해 잡은 홍어를 배에 싣고 언제 돌아올지 모르는 바닷길을 나서야 했으니 쌀이 목숨이었다. 2시간도 채 걸리지 않는 거리지만 지금도 바람이 불고 주의보가 떨어지면 절해고도 섬은 예나 마찬가지이다. 홍어잡이를 더 이상 하기 어렵고 뱃길이 좀 더 나아지면서 하나둘 목포와 서울과 부산으로 나갔다. 미역 팔러 갔다가 상회에 일을 도와주는 사환으로 발을 붙이기도 했고, 잘사는 집 식모로도 나갔다. 그리고 자리를 잡은 사람은 다리를 놓아 친구를 소개했다. 또 공장이 있는 부산과 서울로 옮겨갔다.

다물도나 대둔도에서 식량과 바꿀 수 있는 것은 미역 아니면 홍어였다. 특히 홍어는 상품가치가 높았다. 당시 홍어 상품(上品, 지금은 1번치라고 하며 6~7킬로그램 암컷을 말함)은 쌀 한 가마니하고 바꿨다. 지금은 보통 50여 만원은 줘야 하기 때문에 홍어의 가치가 더 높아졌다.

최근 20여 년은 우럭이 섬사람들을 먹여 살리고 있다. 우럭을 키우면서 가장 큰 위기는 태풍보다 외환위기 때였다. 당시는 우럭값은 싸고 사료값은 비싸 그냥 가두리를 터버렸다. 그런데 지금 상황이 그때와 비슷하다.

"지금 고기값이 IMF보다 더 나빠요. 키로에 8, 9천원이었는데 지금 500다마(가두리에 500마리씩 들어갈 정도의 크기로 2마리 정도면 1킬로그램에 해당함) 키로에 6천원이에요."

상황이 이렇다 보니 흑산도에서 가두리양식을 하던 사람들은 하나둘 하의도나 도초도로 나가고 있다. 판로나 시장으로 보면 흑산도가 관광지라 더 좋지만 물류비 측면에서 보면 흑산하고 비교가 안 된다. 사료값만 한 포대에 1천원 차이가 난다. 옆에 있던 문씨 아내가 먼 섬에 사는 사람들의 비애라며 택배비를 이야기해 주었다. 우체국에서 택배(박스)를 부치면 1만원이지만 쾌속선에 보내면 2만원은 든다. 본인이 가지고 가면 돈을 받지 않지만 그것도 2개가 넘어가면 돈을 요구한다. 우체국 택배도 보내는 양이 제한되어 아침 일찍 나가서 접수하지 않으면 어렵다. 대둔도처럼 흑산도 본섬과 떨어져 있으면 울며 겨자먹기로 우체국을 보면서 두 배로 돈을 더 주고 쾌속선으로 보내야 한다. 흑산도가 바뀌려면 교통비는 물론이고 물류비가 개선되지 않으면 어렵다는 것이다. 제주도나 완도 등 경쟁하는 섬들과 비교할 때 제일 비싸다는 것이다. 배를 수리하는 비용도 마찬가지라는 것이다. 목포가 가장 비싸다며, 문씨는 말 끝에 "목포가 도둑놈들이에요"라며 역정이다.

조기강국에 허기진 배를 채우다

오리마을과 도목리로 가는 갈림길에서 임시계단을 타고 오르자 묘지가 하나 보였다. 동행한 오리마을 사는 장씨가 장덕순(창대)의 묘지라며 안내해 주었다. 김이수 생가도 그렇지만 이곳에도 안내표지판이 없었다. 혼자 찾아 나섰다면 도저히 찾을 수 없었을 것이다. 작년까지는 벌초도 했다는데 올해는 벌초를 하지 않았는지 풀이 무성하게 자란 채 방치되어 있었다.

장창대의 묘소는 오리와 도목리 갈림길 근처 숲에 있었다. 묘지에 아무런 표식도 없어 후손이 말해 주지 않으면 찾을 수 없다.

벌써 날은 어두워지기 시작했다. 급히 장씨와 작별을 했다. 집에서 밥이라도 먹고 잘 데 없으면 자고 가라는 호의를 뿌리치고 수리마을로 발걸음을 재촉했다. 언덕을 넘어서자 수리마을과 멀리 다물도 불빛이 반짝였다. 다리도 아프고 배도 고팠다. 짐을 두고 왔던 문씨 집으로 들어섰다. 마침 저녁을 먹고 있었다. 가두리양식을 운영하기 위해 외국인 노동자 2명과 우리나라 사람 2명 그리고 문씨부부 등 6명이 함께 밥을 먹고 있었다. 염치불구하고 방안으로 들어섰다. “식사 안 하셨죠.” “예, 남은 밥 있으면 좀 주시죠.” 사실 난 이런 말을 대놓고 잘 못한다. 오죽 배가 고팠으면 머릿속 생각과 달리 이미 말이 밖으로 터져나왔을까.

수북하게 밥을 담은 공기와 조기강국이 나왔다. 그리고 김치와 몇 가지 밑반찬이 전부였다. 그런데 금방 밥그릇을 비웠다. 처음 먹어본 조기강국도 비릿하지 않고 맛이 좋았다. 아예 대접에 밥을 담아왔다. 원하는 만큼 먹으라는 것이었다. 또 한 그릇을 덜어 비웠다. 조기강국은 갓 잡은 싱싱한 조기를 해풍에 말려서 보관하다 그냥 물만 붓고 끓인다고 했다. 시간이 있을 때는 마늘도 넣고 파도 넣어서 맛을 내기도 한다. “우리는 이것만 먹고 자라서 다른 국은 맛이 없어 못 먹어요.” 말간 국물에 조기 한 마리 덜렁 들어 있어 저것이 무슨 맛일까 궁금했다. 그런데 예상외였다. 배가 고파서일까. 비릿하지도 않고 고소하면서 국물은 짭짤하면서 개운했다. 이곳에서는 조기강국이라고 불렀다.

섬도 둘러보고 배도 부르고 부러울 것이 없었다. 게다가 문씨의 선심으로 배까지 얻어타고 다물도로 건너갈 수 있게 되었으니 이보다 기쁜 일이 있겠는가.

개황 | 대둔도大芚島 〈70, 80년대 한자 大屯〉

위치 | 신안군 흑산면 수리 **동경** 125° 27′ **북위** 34° 43′
면적 | 3.4km² **해안선** | 13.7km **육지와 거리** | 98.1km(목포시)
가구수 | 239 **인구(명)** | 487(남266+여221) **어선(척)** | 175 **어가** | 161
어촌계 | 어촌계 총 3개 어촌계(오리, 도목리, 수리 140명)

공공기관 | 흑산면사무소 대둔도출장소(061-240-8667), 대둔도 보건진료소(061-246-2009)
교육기관 | 흑산초등학교 동분교(061-246-3702)
전력시설 | 한전 전가구
급수시설 | 간이상수도 3개소 50가구, 우물(펌프) 3개소 9가구, 지방상수도시설 1개소 180가구

교통 | **배편** | 쾌속정(목포-비금 · 도초-대둔도 · 다물도) / ㈜남해고속: 061-244-9915
낚시터(유어장) | 섬의 북측과 동측 해안
특산물 | 우럭, 조피볼락, 전복, 돌김, 미역, 다시마 등
특이사항 | 청정해역에서 잡힌 고기 및 각종 해조류 맛이 뛰어나다. 슬픈 전설과 달꿍달꿍이란 노래가 구전된다.

30년 변화 자료

구분	1973	1985	1996
주소	전남 신안군 흑산면 오리		전남 신안군 흑산면
면적(km²)	2.83	3.392	3.34
공공기관	-	-	면 출장소 1개, 분소 1개
인구(명, 남자+여자)	1,338(693+645)	960(431+529)	555(281+274)
가구수	216	198	185
급수시설	공동우물 13개	우물 20개, 간이상수도 2개	우물 18개, 간이상수도 3개
초등학교	1개 349명	1개 125명	분교 1개 42명
전력시설	-	자가발전 198가구	한전 185가구
의료시설	-	약방	보건진료소 1개소
어선(척, 동력선+무동력선)	67(39+28)	101(88+13)	동력선 85척

＊ 공공기관은 면사무소, 파출소 등 포함

4

홍어로 한 시대,
우럭으로 다시 한 시대

흑산면 다물도

대둔도에서 밤에 배를 타고 다물도로 넘어왔다. 불빛은 지척이었지만 캄캄한 뱃길은 짧지 않았다. 모처럼 별과 달을 보며 밤배를 탔다. 생각해보니 1년은 된 듯하다. 아는 목사님 배를 타고 섬을 쏘다닐 때 시간에 쫓겨 밤에 섬에 들어가는 일이 가끔 있었다. 이번에는 꼭 시간 때문만은 아니었다. 마침 가두리양식을 하는 분이 자신의 배로 태워주시겠다고 했고, 가려는 섬이 지척이라 선뜻 나섰다.

대둔도 성암산 위로 둥근달이 떠올랐다. 생각보다 바람은 차지 않았다. 어둠 속에 달빛은 섬 실루엣을 만들고 그 안에 불빛이 별처럼 반짝였다. 다물도와 대둔도 사이 바다는 마치 일부러 가두리양식장을 만들어 놓은 것 같다. 먼 바다에 이렇게 훌륭한 양식장 조건을 갖춘 곳도 없을 것이다. 선장은 어두운 밤길을 손바닥 보듯이 양식장을 피해 선창에 접안을 하고는 고맙다는 인사를 할 겨를도 없이 훌쩍 돌아갔다. 젊은이 몇 명이 가로등 불빛 아래서 낚시를 하고 있었다. 우선 급한 것이 숙소를 정하는 일이었다. 마침 손수레를 끌고 오는 사람이 있어 인내를 받았다. "아니 이 밤중에 웬 소주를 이렇게 2박스나 싣고 선창으로 오세요." 궁금해서 물었다. "배를 사오는 사람이 있어서 그래요." 작은 슈퍼를 운영하는 할머니가 소주병을 건네며 말했다. "여기는 배 사오면 저렇게 소주를 사다가 주인한테 준데요." 마을

다물도를 다촌리라 부른다. 이곳 노인들은 홍어를 잡으며 젊은 시절을 보냈다. 흑산홍어잡이 원조가 다물도 사람들이다. 그 노인들은 이제 홍어잡이 대신 홍어주낙(걸낙)을 준비해 주는 소일을 하며 살고 있다.

젊은이가 가두리양식장을 관리하는 배를 하나 새로 지어서 가져온 모양이었다. 할머니가 가게문을 열고 밖을 내다봤다. 그 사이로 구슬 픈 노랫소리가 흘러들어왔다. "시작한 모양이요. 저녁 내내 저렇게 술 먹고 놀 것이요." 내친 김에 궁금한 것부터 물었다.

다물도가 흑산도 홍어잡이 원조라는 것을 아는 사람은 드물다. 선 창에 내려 알려준 숙소로 가는 길 가로등 아래에 홍어주낙 바구니가 차곡차곡 쌓아져 있었다. "혹시 지금도 홍어잡이를 하는 배가 있나 요. 다물도에서 홍어잡이를 그만 둔 것은 꽤 오래된 일로 알고 있는 데.""옛날에는 했제."

슈퍼 할머니를 만나다

슈퍼에서 할머니가 알려준 민박집으로 들어섰다. 목포에 있다 오랜 만에 집에 왔더니 추위에 보일러가 터져 목욕탕을 사용하기 어렵다 며 난색을 표했다. 괜찮으니 잠만 재워주면 된다며 우격다짐으로 방으로 들어갔다. 그리고 짐을 풀고 밖으로 나왔다. 추위도 녹일 겸 소주라도 한잔 하고 자야겠다 싶었다. 슈퍼 할머니의 입담도 듣고 싶었다. 할머니는 팔십에서 3살 모자라는 나이였다. 흑산이 고향이라는 할머니는 부산으로 시집가서 살다 다시 고향에 들어와 작은 슈퍼를 하고 있었다. 큰 기업체 간부로 있던 자식을 가슴에 묻었다. 어린 나이에 자식들을 키우며 평생 살아가는 며느리가 고마워 한 푼 두 푼 모은 돈으로 손자들 용돈도 주고 대학등록금도 보태주는 재미로 살고 계셨다.

할머니가 19살에 시집왔을 때, 초등학교 근처와 도선이 닿는 선창 주변에 열댓 집 정도 작부집이 있었다. 한 집에 아가씨가 2~5명 정도 있었다. 당시 중선배들이 있었다. 조기를 많이 잡았고 홍어철에는 홍어도 잡았다.

한창 이야기를 나누고 있는데 할머니 한 분이 들어와 소주를 한 박스 달라고 했다. "인사나 뭐나 어장배도 아닌데." "승권이는 처음 배 짓는 것이라 인사 닥을 사람은 닥아야제." 새로 지어온 배를 두고 슈퍼 할머니와 나누는 이야기였다. 당시 중선배에는 배 안에 징, 꽹과리, 북, 장고 등 오늘날 이야기하는 사물들을 갖추고 있었다. 배가 선창에 들어올 때면 "기펑기고(깃발을 휘날린다는 뜻) 농악치고 난리였어"라며 노랫소리가 들려오는 밖으로 눈을 돌렸다. 특히 위도 배들이 많이 와서 풍장을 울렸다. 풍장을 아주 잘했다. 모두 외지배들이었고 다물도에는 중선배가 없었다. 그때 돈번 사람들은 파수집이었다. "파수 한 조금 1주일 보고 나면 보루 바꾸로 하나씩 돈을 긁었어. 정신 못 차리고 돈 잘 쓰는 사람은 털어버리고. 잽혀 있으면 선주가 와서 빼갔제." 할머니는 법성포와 위도와 연평도까지 구경을 갔다고 했다. '파수평' 이라는 말을 자연스럽게 했다. 예리파시를 물었다.

"예리는 말도 못하게 컸어. 돈이 없어서 잽혀 있으면 각시집에서 못 나오면 선주가 빼오고 그랬어. 여기 파시가 없어진 것이 나 40대 없어졌을까. 50대 오니까 없어졌어."

다물도에서 흑산도로 홍어잡이가 옮겨간 것은 지금부터 60년 전쯤으로 추정된다. 풍선배에서 기계배로 바뀌면서였다. 풍선배는 장불(모래나 몽돌해변)에 배를 들어 올려 정박하지만 기계배는 수심이 확보된 선창에만 접안할 수 있다. 홍도로 가는 '서바다(태도 서쪽바다)'에서 홍어를 잡는 것은 변함이 없었지만 기계배가 들고나기 좋은 큰 섬 예리로 파시가 옮겨갔다.

우럭을 키우기 시작하면서 다물도에 다시 생기가 돌기 시작했다. 젊은 사람들도 하나둘 자리를 잡았다. 1년이면 몇 억씩 벌었다는 소리도 들렸다. 그래도 섬은 섬이었다. 할머니는 이번 설에 다물도에 남아서 설을 쉰 사람이 모두 12집이라고 했다. 모두 130여 가구가 산다고 하니까, 얼마나 많은 사람들이 뭍으로 나갔는지 알 수 있었다. 이번에는 풍랑주의보까지 겹쳐 밖에서 자식들이 들어올 수 없어 부모들이 더 빠져나갔을 것이다.

"배타고 가면 칠선굴도 있고 다 있어. 학 그려진 곳도 있고. 돌이 그렇게 붙었어. 배타고 돌면 구경할 때가 홍도보다 더 좋아. 누가 유람선을 할 사람이 없어. 고기 키우고 전복 키우려고 하제. 한 해에 4~5억씩 해, 우럭으로 그렇게 해. 항상 할매하고 들어와. 고기잡으러와서 작년에 오고 금년에 또 오고 할매하고 들어와. 낚시꾼은 민박집에 살아. 오늘은 날궂친께 못하제."

할머니는 명절이 제일 힘들다. 가슴에 묻은 자식생각 때문이다. 지금도 할머니는 명절에 누가 섬마을을 찾아오면 감당을 못해 뜬눈으로 밤을 지샌다. 아들 생각 때문이다. 가슴이 답답해 밥도 물을 말아

다물도와 대둔도 사이 바다는 천연 가두리 양식장이다. 섬으로 둘러싸여 조류 소통은 좋고 파도 영향을 적게 받기 때문이다. 이곳에서 기른 우럭이 흑산도 생산량의 80%에 이른다.

먹어야 한다. 다행스럽게 군대까지 다녀온 손자, 시집갈 나이가 된 손녀들이 서로 할머니를 차지하려고 냄새나는 방에서 자겠다고 우기는 것을 보며 살고 있다고 했다. 백일에 금반지, 생일에 용돈, 학교가면 학비. 손자 하나가 이렇게 비싸다며 이제 남은 인생 한 곳밖에 없다며 웃으셨다.

물이 귀하고 열녀가 귀하다

다물도는 자연이 준 최고의 선창이다. 지도를 펼치고 섬을 들여다보시라. 장구 모양에다 움푹 들어간 동쪽에 대둔도와 솔섬이 바람과 파도를 막고 있다. 일찍부터 홍어잡이배들이 모여들었던 것도 좋은 선창을 지녔기 때문이었다. 하지만 불편한 것이 하나 있었다. 식수였다. 천연 양항을 갖췄지만 물이 귀한 섬으로 전국에서 열 손가락 안에 들 정도였다. 물만 귀한 게 아니라 열녀도 귀했다.

홍어잡이를 갔다가 수사한 남자들이 많았으니 청상과부도 많았을 것이다. 남자의 역할이 어느 곳보다 필요한 섬에서 여자 혼자 사는 것은 쉽지 않았다. 다물도에만 해당되는 이야기는 아니다. 이웃한 대둔도와 흑산도 일대의 섬들이 그랬다. 멀리 진도의 어떤 마을에서는 혼자된 여성들을 위해 '남성의 역할' 만 하는 남자를 용인하는 풍습도 있었다.

흑산도에는 19개 어촌계가 있는데 다물도를 제외한 18개 어촌계에서 나온 자연산 고기가 다물도에서 나오는 양을 넘지 못한다. 그만큼 바다에 고기는 많았다. 양식산이 아니라 자연산을 말한다.

1960년대 다물도에 접안한 배들이 수백 척이었다. 김씨네만 해도 안강망이 3척 있다. 조기잡는 안강망 중선배 외에 홍어배가 별도로 있었다. 당시 흑산도에서 홍어를 1년에 1만 마리 잡으면 9,500마리를 다물도에서 잡았다. 이렇게 잡은 홍어는 가마니에 실려 목포로 운반되었다. 음력 2월이 넘어가면 홍어잡이가 끝난다. 봄부터 여름까지 홍어의 독특한 맛이 모두 빠져버리기 때문이다.

홍어가 많이 나던 1970년대에는 다물도 선창 바다에서 해상위판이 이루어졌다. 배들이 기계화되어 풍선배보다 나았지만 속도가 아주 느렸다. 만선을 하고 돌아오면서 이 배에서 풍장을 치면 저 배에서 치고 수십 군데에서 사물을 하는 것이 장관이었다. 고기가 흔해 아귀를 비롯해 심지어 조기까지, 홍어나 우럭을 빼고는 모든 고기가 잡고기였다. 어장이 풍성하던 시절에는 당굿도 크게 개최했다. 2~3년에 한 번씩 정월 보름 무렵 날을 받아 크게 했다.

흑산도에 28개 마을이 있는데 가장 큰 마을은 예리, 다음이 가거도 대리, 그 다음이 흑산도 사리와 다물도 다촌리를 꼽았다. 그때 다촌리는 1,000명 이상 사는 큰 동네로 애경사에 술이 10상자씩 소용될 정도로 컸다.

홍어 대신 우럭을 잡다

어장촌이다 보니 어업기술도 다른 마을에 비해 일찍 발달했다. 특히 주낙은 흑산도는 물론 다른 어촌에서 따라올 데가 없었다. 주낙에서 제일 중요한 주낙틀(바구니) 위 낚시를 꼽는 곳이었다. 처음에는 새끼를 꼬아 바구니에 달았다. 우럭주낙은 슬리퍼 바닥처럼 푹신푹신한 것을 붙였다. 홍어주낙을 꼽는 것은 짚으로 만들다 죽제품 돗자리 재료로 사용했다. 그 후 백령도에서 온 어민들이 플라스틱으로 사용하는 것을 보고 담양 돗자리 가공공장을 찾아다니며 플라스틱 돗자리를 만들기 위해 사출기로 재료를 가공한 것을 사와 직접 만들어 사용했다.

홍어잡이가 중단된 적이 있었다. 더 이상 홍어가 잡히지 않았기 때문이었다. 왜 그랬을까. 이유는 간단했다. 너무 많이 잡았기 때문이었다. 이렇게 홍어를 마구 잡아낼 수 있었던 것은 미끼방식에서 걸낙방식으로 바뀐 것이 결정적이었다. 미끼를 끼운 주낙은 바다 속에 오래 담가 둘 수 없다. 미끼가 신선하지 않으면 홍어가 입질을 하지 않기 때문이다. 그런데 걸낙방식으로 바뀌면서 홍어주낙을 오래 바다에 넣어두고 기다리는 방식으로 바뀌었다. 대신 주낙바구니가 많아졌다.

다물도는 흑산도를 대표하는 어장촌이었다. 홍어 때문이 아니었다. 홍어는 외지배들이 와서 머물렀을 뿐 다물도 주민들은 해암에서 미역만 뜯었다. 다물도에는 우럭을 '검조기'라고 하는 사람이 있다. 민박집 주인이 대표적이다. 특히 검조기는 노량진 수산시장 우럭가격을 결정할 정도였다. 조기는 주낙으로 잡았다. 조금 물때에 잡기 때문에 미끼를 끼워 준비해 두었다가 물이 잔잔할 때 바다에 투승을 해서 잡는다. 낚싯줄을 던지고 건져 올리는 일을 사람이 할 때는 선원들이 많이 필요했다. 그때는 낚시를 추리고 미끼를 끼워 준비해 주는 일

목포에서 흑산도로 가는 쾌속선이 바다 가운데에서 멈추면 작은배(종선)가 다가와 다물도로 가는 승객을 받아 간다. 바다 위에서 이루어지는 환승이다.

도 모두 선원들이 했다. 이 과정이 기계화되면서 선원들이 줄어들었고 구하기도 어려워졌다. 하지만 미끼를 준비하는 일은 여전히 수작업이다. 그 몫은 마을 노인들 차지가 되었다. 손바닥만한 밭에 농사를 짓는 것보다 낫기 때문에 주낙을 손질하는 일을 맡아 하고 있다. 흑산도 홍어걸낙도 경험이 많은 다물도 노인들이 잘 하기 때문에 부탁을 받아 하고 있다. 품앗이로 하던 일들도 모두 일당이나 임금으로 바뀌었다. 섬마을의 공동노동이 임금노동으로 바뀌게 된 것은 전기세, 연료비, 전화비 등 현금으로 생활이 바뀌면서였다.

다물도 초등학교가 만들어졌던 초기에는 대둔도 사람들도 다물도로 학교를 다녔다. 초등학교를 짓기 위해 마을어장을 팔아 마련한 돈으로 땅을 사고 나무도 제공했다. 교육청에서 학교건물을 올렸지만 주민들이 지은 거나 진배없다.

개황 | 다물도多物島

위치 | 신안군 흑산면 다물도리 **동경** 125° 26′ **북위** 34° 44′
면적 | 1.620km² **해안선 |** 13.5km **육지와 거리 |** 98.1km(목포시)
가구수 | 142 **인구(명) |** 325(남173+여152) **어선(척) |** 106 **어가 |** 113
어촌계 | 총 1개 어촌계(다물도 80명)

공공기관 | 흑산파출소 다물도출장소(061-270-0174), 흑산보건지소 다물도진료소(061-246-2059)
교육기관 | 흑산초등학교 북분교(061-246-2405)
전력시설 | 한전 전가구
급수시설 | 간이상수도 1개소 130가구, 우물(펌프) 5개소 12가구, 해수담수화 1개소

교통 | 배편 | 쾌속정(목포-비금 · 도초-대둔도 · 다물도) / ㈜남해고속: 061-244-9915
낚시터(유어장) | 동, 서 포구를 제외한 전 해안의 바위지역(북측 해안)
특산물 | 김
특이사항 | 학바위, 칠성굴 등 기암괴석이 많다. 우럭, 장어, 농어, 숭어 등이 많이 잡히며 어민소득이 높다.

30년 변화 자료

구분	1973	1985	1996
주소	전남 신안군 흑산면 다촌리	전남 신안군 흑산면 다물리	전남 신안군 흑산면 다촌리
면적(km²)	1.37	1.622	1.61
공공기관	-	-	분소 1개
인구(명, 남자+여자)	663(331+332)	520(253+267)	459(227+232)
가구수	139	120	가구수 131
급수시설	공동우물 12개	우물 10개, 간이상수도 1개	우물 10개
초등학교	1개 140명	1개 101명	-
전력시설	자가발전 142가구	자가발전 120가구	한전 131가구
의료시설	-	약방	보건진료소 1개소
어선(척, 동력선+무동력선)	37(27+10)	54(49+5)	72(69+3)

＊ 공공기관은 면사무소, 파출소 등 포함

5

물은 생명이다

흑산면 장도

"섬에는 물하고 나무 있으면 살아요." 생각해보니 김씨 이야기가 틀린 말이 아니다. 지금도 물이 없어 고생하는 섬이 많다. 연료는 석유로 대신할 수 있지만 식수는 대신할 것이 없다. 요즘 기술이 발달해 해수담수화시설을 하기도 하지만 비용이 만만치 않아 개인이 선택할 수 있는 것이 아니다. "그래서 우리 섬이 복받은 섬이란께요." 장도로 들어가는 배에서 만난 김창식(64세, 전 이장) 씨는 습지자랑이 끝이 없다. 지난 창원 람사르총회에도 개인비용을 지불하며 참가했고, 신안

장도는 대장도와 소장도로 이루어져 있다. 대장도 북쪽 경사면에 마을이 형성되었다. 소장도와 대장도 사이에 겨우 몇 척의 배를 정박할 곳이 있다.

중도에도 다녀왔다. 장도습지를 찾는 사람이 섬을 방문하면 앞장서서 안내했다. 하루에 2번씩 산정상을 오르내린 적도 많다.

장도는 흑산도 서쪽에 북동쪽에서 남서쪽으로 길게 누워 있는 섬이다. 흑산도 상라봉이나 노래비 전망대에서 보면 한눈에 들어오는 예쁜 섬이다. 모두 40여 가구가 살고 있으며, 지금은 사람이 살지 않는 소장도에도 한때 사람이 살았다. 물이 빠지면 두 섬은 연결된다.

"섬에는 술파는 데 없어요." "안주는 있으니까 술하고 담배는 준비해야 할 것이요." 뒤따라 오던 일행이 배를 타려다 슈퍼에서 담배와 술 몇 병을 배낭에 담았다. 홍탁맛은 봐야 한다며 기어코 흑산홍어에 막걸리 한잔을 하고 배를 탔다.

장도 사람은 집이 두 채라요

김씨의 습지자랑은 장도로 가는 배 안에서도 이어졌다. 선창에 내리자 주민 몇 명이 다시마양식을 하기 위해 포자가 붙은 줄을 감고 있었다. 전복먹이를 마련하기 위한 양식이었다. 이장님 집에 짐만 맡겨 두고 김씨 배를 탔다. 다시마 작업을 하는 갱번을 보여주겠다고 했다. 김씨는 마을에서 5년 기한으로 마을 다시마채취권을 임대했다. 그리고 외지해녀 두 사람과 마을해녀 한 사람과 함께 다시마를 채취하고 있었다. 양식다시마와 달리 잎이 넓지 않고 길이도 짧지만 맛은 양식다시마와 비교할 수 없다고 자랑했다. 소장도 쪽으로 돌아가자 바닷가에서 해녀 세 분이 마른 다시마를 손질하고 있었다. 사실 장도에서 다시마는 환영받지 못한 해초였다. 인기가 좋은 해조류는 미역이었다. 미역이 붙어야 할 자리에 다시마가 붙어버리면 미역수확량이 떨어지기 때문이었다. 지금 장도에서는 20여 가구가 전복양식을 하고 있다. 전복양식은 10년 전에 시작되었다. 전복을 키우려면 다시마가

장도에도 전복양식이 시작되었다. 그런데 바람을 막을 수 있는 시설이 없기 때문에 태풍이 오면 속수무책이다. 2010년 곤파스 태풍 때도 주민들이 많은 피해를 입었다.

필요하다. 최근 전복양식을 하는 사람들은 가두리 안에 다시마를 직접 키우기도 한다. 조류가 거칠고 빨라 바다에 직접 양식을 하기 어렵기 때문이다. 양식다시마는 성장속도가 아주 빠르다. 이제 애물단지였던 다시마를 기르고 있다. 전복양식이 시작되면서 젊은 사람들이 하나둘 들어와 살고 있다. 물론 모두 장도 출신이다. 아직도 초등학생이 9명(2010년)이나 다니고 있는 것도 따지고 보면 전복 덕분이다. 흑산에서 유일하게 인구가 증가한 곳이 장도라며, 작년에는 아기 울음소리가 났다고 자랑했다. 작은 섬이지만 교회, 성당, 학교, 발전소, 공무원이 있다. 초등학교를 졸업하면 옆에 있는 흑산도보다는 목포로 유학을 보낸다. 흑산도로 보내나 목포로 보내나 유학은 마찬가지이기 때문이다. 장도뿐만 아니라 흑산도 주변에 딸린 섬들은 모두 마찬가지이다. "흑산도로 가도 유학이고 목포로 가도 유학이고 어차피 보내는 것이니까. 목포에 집이 한 채 있어요. 어지간하면 다 목포에 집이 있어요. 여유 있으면 서울에 전셋집이라도 마련해요. 애들 학교를 보내야 하니까. 유학이죠. 능력이 있어서 그러는 것이 아니고, 그렇게 안 하면 돈이 더 들어요."

마을일을 맡고 있는 강씨도 전복 때문에 들어왔다. 막 들어와 치패를 사서 가두리에 넣었다가 태풍 프라피룬(2000년)으로 통째로 날렸다. 그리고 10년 후 이제 좀 살 만하다 싶었는데 태풍 곤파스(2010년)가 가두리를 산중턱으로 옮겨버렸다. 강씨만 그런 게 아니다. 마을 주민들 상당수가 피해를 입었다. 하지만 전복양식은 재해보상을 제대로 받을 수 없다. 고스란히 개인이 감당해야 하는 것이 답답하지만 도리가 없다고 했다.

해뜨면 출근, 해지면 퇴근

조촐한 저녁상이 이장님 집에 차려졌다. 저녁물에 건져온 병어가 술안주로 올라왔다. 장도 어민들에게 제일 한가한 시간이 1월부터 3월까지라고 했다. 멸치낭장망이 끝나야 겨우 한숨 돌린다. 그것도 잠시다. 곧바로 바닷일이 이어진다. 장도는 30여 가구가 전복과 가두리를, 12가구가 멸치낭장망을 하고 있다.

흑산도에서 멸치잡이로 유명한 마을은 소사리마을이다. '작은모래미'라고 하는데 흑산도 동쪽에 있는 마을이다. 장도는 서쪽에 위치해 있다. 동쪽에 비해 서쪽은 조류가 빠르고 거칠다. 게다가 장도와 흑산도 비리 사이 좁은 협곡으로 물이 거칠게 들고 나기 때문에 낭장망을 쉽게 넣고 뺄 수 없다. 그래서 낭장망을 올리려면 물이 완전히 빠진 후에 걷어올려야 한다. 그 사이에 낭장망 안에 든 멸치는 비늘이 벗겨지고 속이 터져 내장이 밖으로 나오기도 한다. 또 값이 좋은 작은 멸치는 들지 않고 국물용 큰 멸치만 든다. 다른 일로 바빠서 멸치를 삶고 건조해 상품으로 만들기도 어렵지만 잡힌 멸치도 팔기 어렵다. 그래서 우럭 먹잇감이나 액젓용으로 사용하고 있다. 해가 뜨면 출근이고 해가 지면 퇴근이다. 그만큼 할 일이 많다. 지난 태풍에 많은 양식장들이 박살났지만 어민들은 이런 자연환경에 적응해 있는 것 같다. 풍선배 시절에 조기잡이나 홍어잡이를 하다 많은 사람들이 물귀신이 되었지만 그래도 철이 되면 어김없이 당산에 풍어를 기원하며 바다로 나서는 것과 크게 다르지 않다.

해가 뜨려면 아직도 1시간은 기다려야 할 시간에 밖이 소란스럽다. 이장부부가 멸치낭장망 물을 보기 위해 나섰다. 주섬주섬 챙겨 입고 따라 나섰다. 지난번 태풍에 가두리양식장을 뒤집어 산중턱으로 올려버릴 때는 다시는 바다에 가지 않을 것이라고 생각했다. 전복은 지금 회전율이 3년이다. 새끼전복을 가져다 키워야 하기 때문이다. 그 사이에 태풍만 맞지 않아도 성공이다.

전복을 하기 전에는 자연산 미역이 괜찮았다. 해암(갱번)을 상뜸, 중뜸, 하뜸 이렇게 모두 세 뜸(채취 장소를 3곳으로 나누어 채취함)으로 나누어 미역을 채취했다. 한 뜸에 12~15명씩 주민들이 참여하며 공동채취해서 공동분배했다. 미역채취는 장마 전에 해야 하고 태풍이 오기 전에 끝내야 한다. 선창으로 작업을 해서 가져오면 가구별로

해녀들이 채취한 자연산 미역을 말려서 흑산도를 찾는 관광객들에게 판매하고 있다.

짓을 나누고 미역가닥을 만들어 건조시켜야 한다. 이러저래 보통 두세 달은 미역에 시달렸다. 전복양식과 가두리양식이 시작되면서 미역은 이제 관심 밖으로 밀려났다. 결국 모두 합해서 한 몫으로 공동생산해서 나누고 있다. 작년에는 가구당 100만원씩 나누었다. 마을공동어장에서 자연산 전복, 다시마, 해삼, 성게 등을 해녀들이 채취하고 있다.

장도습지, 사람과 소들의 생명줄이었다

김씨가 앞장을 서고 일행이 뒤따르며 장도습지가 있는 산정상으로 올라갔다. 마을 뒤 성당을 지나 산마루에 이르자 정상에 움푹 패인 너른 분지가 나타났다. 그 너머로 홍도가 햇빛을 받아 바다 위에 그림자처럼 내려앉았다. 고기잡이배 4척이 북쪽으로 물줄기를 내뿜으며 올라가고 있었다. 조릿대 숲을 헤치고 나가자 초지가 나타났다. 군데군데 갯버들을 비롯한 잡목들이 사람 키만큼 자라고 있었다. "여기 좀 보세요. 이렇게 파면 바로 물이 나오잖아요. 이게 이탄층이에요. 스폰지처럼 물을 잡고 있어서 마을사람들이 뽑아서 식수로 사용했지요." 김씨가 풀을 헤치고 흙을 파냈다. 냄새를 맡아보니 예상과 달리 썩은 냄새는 전혀 나지 않았다. "몇 년 전까지 장화를 신지 않으면 다닐 수가 없었어요. 그런데 이렇게 육상화가 진행되고 있어요." 2000년 중반까지 이곳에 소를 방목했다. 풀이 좋고 물도 있어 소를 방목하는 장소로 최고였다. 잡목들이 자랄 수 없었던 것은 소가 있었기 때문이었다. 그런데 람사르습지로 지정된 후 소방목도 중단되었다. 소를 키울 여력이 없었기 때문이다. 그 무렵 전복양식을 비롯해 바다사업이 활기를 띠기 시작했다.

　습지에 나무가 한두 그루 자라기 시작하더니 이제는 장화도 필요 없고 물을 찾으려면 두리번거리며 찾아야 할 정도가 되었다. 옛날처

장도 정상에는 장도주민들의 식수를 해결해 주는 이탄층으로 이루어진 산지습지가 형성되어 있다. 우리나라 습지보호지역으로 지정되었으며 람사르습지로도 등록되었다. 계곡에는 가재를 비롯해 많은 희귀생물종이 서식하고 있다.

럼 습지에서 물을 뽑아 식수로 사용하지 않고 있다. 흐르는 물을 밑에서 모아 저수지에 가두었다가 식수로 사용하고 있다. 그렇지만 습지의 육상화는 해마다 진행되고 있다. 생태환경의 측면에서 보면 자연스러운 일이지만 장도습지 보전의 측면에서 보면 소를 키우든지 나무를 베어내야 할 형편이다. 생태환경에 어두운 나는 어느 쪽이 올바른 선택인지 판단할 수 없다.

습지를 돌아보고 계곡을 따라 큰 골로 내려오다 물이 졸졸 흐는 곳에서 김씨가 돌을 들추자 가재가 놀라 뒷걸음질쳤다. 아직 이른 봄이라 바람도 차가운데 계곡에는 가재들이 나와 있었다. 김씨가 자랑하는 습지는 2004년 신안 장도 산지습지 보호지역(Shinan Jangdo Island High Moor Wetland Conservation Area)으로 지정되었다. 풍부한 생물다양성이 보전되어 있어 소규모 도서지역 산지습지로는 최초이다. 그리고 2005년에는 우리나라에서 세 번째로 람사르습지로 등록되었다.

장도습지는 패치patch 형태로 분포하는 우리나라 산지습지와 달리 두 정상부 사이에 완만한 사면 중앙부 전체가 이탄습지泥炭濕地이다. 수자원 저장 및 정화기능이 뛰어나 마을 주민들이 식수걱정을 하지 않고 생활해 왔다. 뿐만 아니라 수달, 매, 솔개, 조롱이 등 야생동식물 205종과 보춘화 등 습지식물 294종, 식물군락 26개 군이 분포하는 소중한 자연자산이다.

장도는 뭍에서 멀리 떨어진 흑산도, 그곳에서도 작은 도선을 이용해 20여 분은 달려야 닿는 작은 섬이다. 습지보호지역으로 지정되었다고 흑산도를 찾는 30여만 명 중 몇 명이나 장도에 관심을 가질지는 모를 일이다. 하지만 지역주민의 삶과 동떨어진 보전전략은 결국 실패하고 만다는 것은 숱한 경험으로 확인되었다. 장도 산지습지 보전에도 타산지석으로 삼아야 할 교훈이다.

일반현황

위치 | 신안군 흑산면 장도리 **동경** 125° 22′ **북위** 34° 40′

면적 | 1.57km² **해안선** | 11km **육지와 거리** | 110km(목포시)

가구수 | 59 **인구(명)** | 119(남64+여55) **어선(척)** | 40 **어가** | 38

어촌계 | 총 1개 어촌계(40명)

공공기관 및 시설

공공기관 | 장도내연발전소(061-246-3310)

교육기관 | 흑산초등학교 장도분교(061-246-3310)

전력시설 | 한전 전가구

급수시설 | 간이상수도 1개소 전가구, 해수담수화 1개소

여행정보

교통 | 배편 | 사선을 이용하여 흑산도로 왕래

낚시터(유어장) | 섬의 동측과 서측해안

특산물 | 전복, 성게, 김, 미역, 우럭, 장어

특이사항 | 섬 정상에 90,414m², 해발 180m에 이르는 분지가 있는데, 이곳에 대규모 습지가 펼쳐져 있다. 이 습지는 자연생태적 보존가치가 뛰어나 2004년 환경부가 습지보호지역으로 지정하였으며, 세계에서 1,423번째로 람사르습지로 등록되었다.

30년 변화 자료

구분	1973	1985	1996
주소	전남 신안군 흑산면 장도리	좌동	좌동
면적(km²)	1.40	1.562	1.551
공공기관	-	-	분소 1개
인구(명, 남자+여자)	322(154+168)	302(160+142)	154(89+65)
가구수	56	48	52
급수시설	공동우물 7개	간이상수도 1개	우물 4개, 간이상수도 1개
초등학교	분교 1개 67명	분교 1개 65명	분교 1개 8명
전력시설	-	자가발전 48가구	한전 52가구
의료시설	-	약방	상비약비치
어선(척, 동력선+무동력선)	16(2+14)	25(18+7)	13(11+2)

＊ 공공기관은 면사무소, 파출소 등 포함

6

남자들이 없는
사흘간의 홍도여행

흑산면 홍도

배 안이 술렁였다. 타고 온 배로 나가겠다는 승객과 표를 끊어 다시 타라는 승무원간의 다툼이 이어진다. 밖에는 쾌속선을 타기 위한 사람들로 북새통이다. 태풍 크로사의 영향으로 오후 뱃길이 막혔기 때문이다. 하루 두 차례 오가는 홍도뱃길, 주의보라도 내리면 사흘을 묶이는 것은 기본이다. 발을 동동거리는 80여 명의 관광객을 섬에 남겨둔 쾌속선은 폭풍우를 뒤로 하고 남문바위를 스치며 흑산도로 달아났다.

　해수욕장이 내려다보이는 식당. 10여 명의 외국인 관광객이 선창에 부딪히는 파도를 걱정스레 내려다보고 있다. 당일 관광을 위해 섬에 들어온 이들도 꼼짝없이 사흘간 섬에서 지내야 할 형편이다. 8명의 프랑스인을 안내한 동양인은 영어와 불어만 할 줄 안다. 식당주인은 난감한 표정이다. 영문메뉴판도 없고 당장 점심부터 온갖 몸짓이 시작되었다.

하늘이 내려주는 휴가

두 척의 유람선도 떠났다. 이제 선창에는 주낙배 한 척만 남았다. 늘 마지막까지 홍도에서 버티다 마지못해 흑산도 길을 택하는 주민 김씨의 배다. 중국은 100만여 명이 대피했다는 소식도 들려온다. 더 버티기가 힘들었던지 김씨의 배도 홍도를 떠났다. 이제 섬 밖으로 나가

태풍이 지나가고 나면 하늘도 섬도 바다도 제 모습을 숨김없이 드러낸다. 사흘 동안 갇혀 있던 사람에게 주는 선물이다.

는 교통수단은 모두 끊겼다. 관광객들의 얼굴 표정과 달리 주민들은 밝다. 남자들은 대부분 배를 가지고 흑산도로 건너갔다. 섬에는 나이 든 노인들을 제외하고는 여자들뿐이다. "김박사님 밤길 조심해야것소." 흑산도지킴이 이영일씨가 밥을 먹다 한마디 했다.

1년 내내 손님을 맞아야 하는 홍도 사람들은 태풍이 오면 하늘이 준 휴가가 시작된다. 오는 손님을 막을 수도 없고 다른 집은 모두 문을 열고 장사를 하는데 문을 닫고 쉬는 것도 쉽지 않다. 하늘 핑계대고 모든 일을 작파할 수 있는 날은 오늘처럼 주의보가 내리는 날이다. 아예 목포나 도시로 나가는 가족도 있다. 아이들 교육 때문에 목포에 집 한 채씩 마련한 탓에 일도 보고 아이들도 볼 생각에서다. 섬에 남아 있는 여자들도 모처럼 휴식을 취한다. 흑산도로 피항 간 남자들은 숙소를 잡고 합법적으로 친목도모를 한다. 제대로 손맛을 기대하며 입맛을 다시는 사람도 있다.

　홍도사람들이 가장 무서워 하는 것은 '바람' 이다. 태풍이 일면 홍도의 모든 배들은 흑산도로 피항을 한다. 바람은 바다에 새로운 생명력을 주지만 때로는 목숨을 앗아가는 두려운 존재다. 바람으로 뱃길이 닫히면 보통 사흘은 홍도 밖으로 나갈 수 없다. 옛날에는 바람을 이용해 영산포와 목포는 물론 제주, 마산까지 고기를 내다팔았다. 돌아올 때는 식량과 생활필수품과 바꾸었다. 그래서 홍도사람들은 바람을 하늬·구높·높하늬·높새·샛·처진샛·샛마·골마·날마·늦마·늦·청늦·늦하늬 바람 등으로 다양하게 구분한다.

홍도는 물길이 사납다. 목포에서 오는 길도 만만치 않다. 쾌속선으로 2시간 하고 반 시간을 더 달려야 홍도에 도착한다. 도초도와 비금도를 경계로 먼바다와 안바다가 나누어진다. 먼바다로 나오면 안바다가 얼마나 호수 같았는지 바로 감이 온다. 바람이 없는 날도 배의 흔들림이 다르다. 희미한 물안개가 도초도와 비금도를 감싸버렸다. 쾌속선은 다시 흑산도로 질주한다. 왼쪽으로 아스라이 우이도가 모습을 드러냈다 감춘다. 노래를 부르며 시끄러웠던 계모임 관광객들이 내렸다. 2층에 자리한 두 팀은 그대로 남았다. 홍도까지 가는 모양이다. 갑자기 배 안이 술렁거린다. 이 배가 막배라는 것이다. 태풍주의보로 오후 한 차례 운항을 하던 배가 결항을 할 것이라는 이야기가 배 안에 돌았다. 흑산도에 내려야 한다는 사람과 홍도에서 하룻밤을 자고 오자는 사람으로 나뉘어 소란스럽다. 다시 쾌속선이 출발했다. 소란스럽던 사람들도 배가 심하게 흔들리자 자리를 잡고 앉았다. 이들은 홍도에 뱃길이 끊기면 적어도 사흘은 꼼짝하지 못한다는 것을 모르는 모양이다. 하룻밤이 아니라 이틀밤을 머물러야 한다. 섬길은 하늘에 맡기는 수밖에 없다.

홍도는 성수기에는 일일 10회, 비수기에는 2회 운항을 하고 있다. 홍도 1구는 접근성이 좋지만 2구로 가기 위해서는 유람선을 타거나 비수기에는 주민들의 배를 이용해야 한다. 홍도 선착장은 죽항리 동쪽에 있는 선착장과 여름철에만 이용하는 서쪽 몽돌해수욕장 선착장이 있다. 선착장에 내려 죽항리로 올라오는 길은 가파르다. 앞을 분간할 수 없이 비가 내린다. 도로는 그대로 흐르는 빗물에 잠겼다. 같이 타고 온 일행들의 불만이 터져 나온다. 회장인지 안절부절못한다. 하필이면 이런 날을 잡았냐는 눈총을 감당하기 힘들어하는 눈치다. 비가 그쳐 하늘이 열리면 홍도의 최고 비경을 볼 수도 있다는 사실을 이들은 모르는 것이다. 물론 희망사항이다. 일찍 저녁을 먹었다. 소주도 한잔 하고 잠을 청했다.

숲길에서 홍도를 보다

눈을 뜨자마자 창문을 열었다. 날씨가 궁금했다. 비는 그쳤지만 여전히 날씨는 화가 덜 풀린 막내딸 얼굴이다. 죽항리 포구에는 중국어선 여러 척이 정박해 있었다. 피항을 온 모양이다. 바다에도 국경이 있지만 자연재해를 피하기 위한 월경越境은 허용한다. 그리고 적극적으로 보호조치를 취해야 한다. 오늘도 좋은 날씨를 기대하기는 틀렸다. 이씨와 함께 석촌마을로 넘어가보기로 했다. 만만치 않은 길에다 비가 온 탓에 길도 미끄럽다고 민박집 주인이 말렸지만 단단히 채비를 하고 나섰다. 바다를 내려다보며 1시간 30분 산길을 걸었다. 그래도 중간에 숯가마와 미륵을 볼 수 있다는 이야기에 솔깃한 마음으로 카메라를 챙겼다. 생각보다 길은 잘 다듬어져 있었다.

홍도는 맑고 푸른 바다, 기괴한 바위, 지형·지질과 어우러진 난온대림 및 싱싱한 해산물 등이 조화롭게 어우러져 1965년에 천연기념물, 1981년에 해상국립공원으로 지정되었다. 갖가지 이야기를 품은 기암절벽과 홍도풍란 등 270여 종의 희귀식물과 230여 종의 동물 및

사위를 사랑하는 장모님의 마음이 느껴지는 '사위질빵' 이다. 석촌마을로 넘어가는 입구에 지천으로 피었다. 태풍이 지나간 뒤에 갔더니 흔적도 없이 사라졌다. 수십 년 된 구실잣밤나무들이 쓰러졌으니 약한 풀꽃이 버틸 수 있었겠는가.

곤충이 서식하고 있는 생태계의 보고다. 홍도를 둘러싼 10여 개의 크고 작은 섬과 여(만조시 바닷물에 잠기는 바위)는 오랜 시간 파도와 바람으로 해안절벽과 기암괴석으로 장관을 연출한다. 이들 바위틈에 자라는 소나무군락은 모양과 형태가 마치 사람의 손이 만들어낸 분재를 연상시킨다. 석양의 노을이 기암괴석을 붉게 물들여 홍도라 했다. 바다는 맑고 투명하고 하늘은 파랗다. 죽항리에서 석촌마을로 넘어가는 숲길은 철따라 야생화가 군락을 이루며, 구실잣밤나무·후박나무·동백나무가 숲을 이루고 있다. 특히 죽항리 당숲에는 흰동백, 석기미 당숲에는 황칠나무가 군락을 이루고 있다.

깃대봉 부근 숯가마에서 잠시 숨을 돌렸다. 주민들은 이 숯가마를 '정숙이숯가마' 라 부른다. 1925년부터 1935년까지 정숙이라는 사람이 숯을 구웠던 곳이라 붙인 이름이다. 원형이 잘 남아 있다. 서남해 섬지역은 조선시대 선박건조용 목재를 공급하던 곳이다. 개인이 벌목하는 것은 엄격하게 금지하였다. 왜구들도 선박건조용 목재를 확보하기 위해 인근 흑산도까지 진출하기도 했다. 일제강점기에는 홍도에서 숯을 공출했다. 홍도뿐만 아니라 흑산도, 진도 등 서남해안에서 숯공출은 흔한 일이었다. 정숙이숯가마 외에 홍도에는 내연발전소 인근에 10기의 숯가마가 있다. 숯은 가마 안에 참나무를 쌓고 아궁이에 불을 지펴 태우다가 장작이 어느 정도 타면, 가마 상단부의 흙을 덮어 불길을 잡는다. 흙을 덮고 3~4일 기다리면 장작의 열이 식고 보통 1주일이 지나면 가마에서 숯을 꺼낼 수 있다. 홍도에서 1940년까지 숯공출을 했다고 한다. 해방 후 1960년대까지 홍도는 어업이 발달하지 않았다. 선박기술이 발달하지 않아 먼 바다로 나갈 수 없었고 육지와 뱃길이 원활하지 않아 고기나 해조류를 채취해 판매하기도 어려웠기 때문이다. 주민들은 마을 산에서 나무를 해 외지에서 온 중선배나 투망배에 팔아 생계를 유지했다.

홍도처럼 아름다운 섬에 인간만 살겠는가. 홍도에는 곳곳에 신들의 이야기가 숨어 있다. 미륵이야기도 빼놓을 수 없다. 한 주민이 고기는 못 잡고 돌을 건져 올렸던 모양이다. 꿈에 그 돌을 모시면 큰 고기를 잡는다는 계시를 받고 서해바다가 보이는 곳에 모시게 되었다. 남자미륵은 없어지고 여자미륵만 남아 있다. 이 미륵은 죽항에서 석촌으로 가는 길목에 있다.

석촌에는 서해 최고의 노을을 감상할 수 있는 홍도등대가 있다. 목포항과 서해안의 남북항로를 오가는 선박들이 주로 이용하였던 연안등대다. 1931년 2월 일본이 대륙침략에 참여하는 자국 함대의 안전을 위해 설치했다. 외관의 조형미가 뛰어나고 원형이 잘 보존되어 있다. 그곳에 세워진 최초점등기념비 전면 하단에 한문과 일어가 섞인 찬양시가 새겨져 있다. 비석 뒷면에 '쇼와 6년 2월 일昭和 六年 二月 日'이라 새겨져 있어 1931년에 건립되었음을 확인할 수 있다. 비석 건립에 참여한 '角田建三' '久保田茂富' 등 일본인들의 이름도 새겨져 있다.

바다에서 홍도를 보다

사흘째 아침이 밝았다. 어둠을 밝히던 중국어선의 불빛이 서서히 약해지면서 아침해가 떠올랐다. 사흘만에 보는 햇살이다. 눈이 부시다. 갑자기 마음이 바빠졌다. 오늘 홍도등대도 보고 와야 하고 당집들도

홍도 기암절벽에는 미역밭 '뜸' 을 나누는 하얀 점이 표시되어 있다. 뜸은 세 구간으로 나누어져 있다. 표시는 점(·) 갯수로 한다. 매년 뜸을 바꾸어 채취한다. 공동채취 공동분배하는 미역채취 관행은 조도, 거차군도, 가거도, 태도, 만재도, 홍도, 흑산도 등에서 볼 수 있다.

구경해야 하는데 시간이 없다. 일찌감치 밥을 먹고 선창으로 내려갔다. 유람선을 타기로 했다. 어제 석촌을 다녀와 그래도 마음이 홀가분하다. 섬 구석구석을 살펴봤으니 이제 바다에서 홍도를 볼 참이다.

유람선에서 본 홍도의 기암절벽은 아름답다. 갖가지 전설과 이름들은 기억하기조차 어렵다. 그런데 내 시선을 끄는 것들이 있었다. 기암괴석도 잘생긴 소나무도 아니었다. 사람들이 접근조차 하기 힘든 바위에 하얀 점들이 한두 개 혹은 세 개씩 찍혀 있는 것이 아닌가. 이게 뭔가. 분명히 사람이 찍어 놓은 것인데. 그것이 '미역바위' 였다. 돌미역이다. 주민들은 '똠' 이라 부른다. 돌미역을 채취하는 구간을 표시해 둔 것이다. 죽항리는 세 똠으로 나누었다. 그래서 점이 세 개가 찍혀 있었던 것이다. 똠은 미역바위를 생산량과 품질에 따라 각각 세분하여 나누고 하얀 점을 찍어 두었다. 마을주민들은 해당 똠에서 공동채취 공동분배한다. 어촌공동체의 대표적인 관행어업이다.

이런 관행어업은 흑산도, 우이도, 조도, 관매도 등 서남해역 먼 바다에 위치한 마을에 남아 있다. 홍도 1구는 섬둘레를 56개 구간으로 세분하여 각 똠별로 채취하고 있다. 각 똠은 매년 순환하며 채취권을 이동한다. 채취한 미역을 모아 목포상회에 팔았지만 지금은 관광객들에게 판매하고 있다. 똠에서는 미역 외에 돌김, 톳 등을 채취한다. 미역 이외의 것들은 마을 주민이면 언제나 채취할 수 있다. 홍도사람들에게 미역은 생계를 해결해 주었던 특별한 해산물이다. 매년 섣달 그믐날 당 위쪽에서 바다를 향해 '미역 부르기' 제의를 하기도 했다. 용왕에게 사해의 해산물이 홍도로 모이게 해달라는 축원이었다.

홍도에서는 식량보다 '식수' 가 귀했다. 계곡에서 흐르는 물을 탱크에 저수해 사용하거나 간조시 바닷가에서 솟아오르는 용천수를 식수로 사용했다. 홍도 1구와 2구에 각각 식수 저수탱크가 있다. 지금은

당집이 번듯하게 복원되었다. 풍어를 기원하고 해암에 미역이 많이 붙기를 바라는 마음은 옛날이나 지금이나 변함이 없다. 하지만 주민들도 당할머니보다는 수온과 태풍에 더 관심이 많다. 이를 '과학'이라고 한다. 그러나 섬 노인들의 '경험'이 과학보다 '과학'적일 때도 많다.

해수담수화 장치를 병행하여 사용하고 있다. 옛날에는 서로 식수를 확보하기 위해 우물에서 줄을 서서 밤을 새우고, 청년회에서는 번호표를 나누어 주며 순번제로 배급하기도 했다. 농사지을 땅이 없어 석 달이면 식량이 바닥났다. 고구마는 물론 해초, 우뭇가사리로 끼니를 때웠다. 조금 여유가 있는 사람들은 고구마로 담근 술을 먹기도 했다. 미역을 채취하고 고기를 잡아 소금간을 해두었다 영산포까지 나가 식량으로 바꿔왔다.

태풍을 피해 흑산도로 갔던 남자들이 하나둘 배를 가지고 선창으로 돌아왔다. 관광객을 실은 쾌속선도 도착했다. 다시 선창에는 해산물을 파는 마을 주민들과 싱싱한 회에 소주 한잔하려는 관광객들로 북적댄다. 언제 태풍이 불었냐는 듯 일상은 순식간에 회복되었다. 쾌속선에 몸을 싣고 잠을 청했다.

개황 | 홍도紅島

일반현황

위치 | 신안군 흑산면 홍도리 **동경** 125° 12′ **북위** 34° 41′
면적 | 6.47km² **해안선** | 19.7km **육지와 거리** | 133.2km(목포)
가구수 | 221 **인구(명)** | 539(남304+여235) **어선(척)** | 72 **어가** | 122
어촌계 | 총 2개 어촌계(40명)

공공기관 및 시설

공공기관 | 홍도치안센터(061-270-0178), 홍도우체국(061-246-3988), 흑산보건지소 홍도진료소(061-246-3701), 목포해경흑산지서 홍도출장소(061-241-2230), KT목포지사 도서통신부 홍도분실(061-246-3760), 신안군청 홍도관리사업소(061-240-8885), 국립공원관리공단 홍도분소(061-246-2257)
교육기관 | 흑산초등학교 홍도분교(061-246-3724)
전력시설 | 홍도내연발전소 전력이용 전가구
급수시설 | 간이상수도 2개소 전가구, 해수담수화시설 2개소

여행정보

교통 | 배편 | 쾌속정(목포-도초 · 비금-흑산 · 홍도) /골드스타 · 뉴골드스타: ㈜씨월드 고속, 남해스타 · 남해퀸: ㈜남해고속(061-246-4977), 대흥고속카훼리호: (합)대흥상사(061-242-1231)
낚시터(유어장) | 홍도 전체에서 낚시가 가능하고 특히 남측지역에 포인트가 많고 조황도 더 좋은 것으로 평가되고 있다.
특산물 | 김, 미역, 전복, 해삼, 우럭, 농어
특이사항 | 섬 전체가 천연기념물 170호로 지정되어 보호되고 있으며, 기암괴석, 쪽빛바다, 푸른수림, 깨끗한 해수욕장 등 자연경관이 뛰어나다. 홍도라는 지명은 석양노을에 바다가 붉게 보이면서 붉은 바다가 반사되어 섬 전체가 붉게 물든 데서 유래되었다고 한다.

30년 변화 자료

구분	1973	1985	1996
주소	전남 신안군 흑산면 홍도리	좌동	좌동
면적(km²)	6.13	6.469	6.24
공공기관	-	-	분소 1개
인구(명, 남자+여자)	936(459+477)	819(428+391)	611(321+290)
가구수	165	142	161
급수시설	공동우물 13개	간이상수도 2개	간이상수도 2개
초등학교	2개 227명	2개 126명	분교 2개 48명
전력시설	-	자가발전 142가구	자가발전 161가구
의료시설	-	약방	보건진료소 1개소
어선(척, 동력선+무동력선)	37(15+22)	68(58+10)	62(60+2)

* 공공기관은 면사무소, 파출소 등 포함

7

벼랑 끝에 선 마을
흑산면 태도(상태도, 중태도, 하태도)

"어디 가세요." "오늘 태도 안 가요, 주의보 내렸어요."

분명 어제 저녁에 특보상황이 없는 것을 확인하고 잤다. 아침 날씨가 흐렸지만 바람도 없었다. 함평을 지날 땐 햇빛도 비쳤다. 그런데 주의보라니. 평소라면 흑산도나 홍도로 가는 관광객들로 가득해야 할 터미널이 한산했다. 미처 확인을 못한 승객 몇 명이 서성이고 있었다. 서해남부 먼바다 풍랑주의보 발효로 흑산 홍도 가거도 방면 운항통제라는 붉은 글씨가 깜박거렸다. 갑자기 허기가 졌다. 잘 가던 김밥집에 들렀다. 라면에 김밥을 시켰다. 터미널에서 만난 몇 명도 라면을 먹고 있었다.

"옛날에는 여기 뒤쪽에 만원짜리 여인숙이 많았어요. 목포에 자식들 집이 있어도 불편하다고 식당밥 먹고 여인숙에서 자고 주의보 풀리면 들어갔어요." 말을 하지 않았는데도 눈치가 백단이다. 그러나저러나 벌써 세 번째다. 한 번은 출발하기 전 아침에 확인했지만 두 번이나 여객선터미널에서 돌아섰다. 섬사람들 심정을 조금은 이해할 것도 같았다. 태도로 가는 배를 탄 것은 그로부터 한 달이 지난 후였다. 한 번은 눈앞에서 떠나는 배를 봐야 했고 두 번은 폭풍주의보로 배가 운항하지 못했다. "내일은 배가 출항합니다. 며칠은 괜찮을 겁니다." 여객선터미널에 거듭 전화를 해 확인하고 배를 탔다. 밤새 뒤

하태도 마을 뒷산에서 보면 북쪽으로 중태도와 상태도가 보인다. 그 뒤로 흑산도가 있다. 남쪽으로는 가거도 동쪽으로는 우이도가 있다. 서쪽으로는 섬이 없다. 대여섯 시간 나가면 공해상이며 중국으로 이어진다.

척였다. 신안의 마지막 섬여행이기 때문이었다. 지난 해 봄에 만재도 여행으로 시작했으니까 거의 1년 만이다.

태도에 도착하다

흑산면 태도리. 흑산도에서도 1시간 반을 달려야 나타나는 섬이다. 1914년 행정구역 개편으로 상태, 중태, 하태 세 섬을 합해 태도리라 했다. 무안군 흑산면에 속하다 1969년 1월 1일 신안군에 편입되었다. 1971년 태도출장소가 설치되었다. 돌김이 풍성한 세 섬 중에서 위(북쪽)에 있다 해서 상태도, 가운데 있는 섬은 중태도, 밑에 있는 섬은 하태도라 했다. 섬은 절벽과 암초로 둘러싸였다. 상태도와 중태도는 아주 가깝게 마주보고 있지만 하태도는 상태도에서 20여 분 거리에 있다. 상태도는 산이 가파르며 마을이 형성된 남쪽만 겨우 사람이 걸어서 다닐 수 있는 곳이다. 1600년(선조 33)에 김해김씨 김창권이 흑산 본도에 거주하다 고기가 많이 잡히고 해초류가 풍부해 입도하여 마을을 이루었다. 현재 20여 가구가 거주하고 있다. 세 섬 중에서 조황이 가장 좋아 전국 바다낚시 전문인들이 즐겨 찾는 곳이다. 중태도는 서쪽의 남쪽 해안으로 가파른 절벽과 골짜기를 이루고 있다. 실제 거주하는 가구는 서너 가구에 불과하다. 한양조씨 조성태가 하태도에 거주하다 1800년 무렵 이곳으로 이주하였다. 하태도는 1650년경 밀양박씨 박행서가 흑산도에 거주하다 해초가 풍부하여 채취하기 위해 정착하였다. 하태도에는 출장소, 학교, 보건소 등이 있어 세 섬의 중심지이다.

섬에 내리자 이장님 집에 짐을 풀어 놓고 경로당으로 향했다. 할머니 예닐곱 분이 모여서 화투를 치고 계셨다. 그 중 한 명만 빼고는 모두 무레꾼(해녀를 이르는 방언)이었다. 우이도 돈목에서 시집온 분이 한 분, 중태도에서 오신 분이 한 분, 상태도에서 오신 분이 두 분, 나머지는 하태도에서 남편을 만나 평생 살아온 분들이었다. 하태도에는 모두 13명의 해녀가 있다. 모 방송국에서 취재차 왔다가 단체로 찍은 해녀사진이 경로당에 걸려 있었다.

하태도 경로당에 걸린 잠녀들(사진 속)은 절해고도의 섬과 바다를 지켜온 여인들이다. 대부분 하태도 출신이지만 상태, 중태, 우이도 등에서 시집 온 어머니도 계신다.

할머니들과 많은 이야기를 나누고 싶었지만 화투치는 것을 방해한 것 같아 인사만 하고 일어났다. 웃마을로 향하는 길에 염소 몇 마리가 긴 줄에 매달려 풀을 뜯다 놀라 달아났다. 언덕 위에서 내려다보니 마을과 선창 그리고 가두리양식장이 한눈에 들어왔다. 선창 옆에 종선이 둥둥 떠서 쾌속선을 기다리고 있었다. 잠시 후 등대 뒤에서 하얀 물보라를 일으키며 쾌속선이 들어왔다. 가거도에서 오는 길이었다. 작은 종선은 낙엽처럼 파도에 흔들렸다. 목포에서 같이 들어온 몇 사람이 종선에서 쾌속선으로 옮겨 탔다. 태도분교의 고장난 인터넷을 수리하러 온 사람들이었다. 세 섬 중에 하태도에 유일하게 학교가 있다. 학생이 한 명뿐이라 언제 폐교될지 모를 운명이다. 인터넷을 수리하고 가는 사람처럼 태도에서 간단한 일만 보고 간다면 당일치기도 가능하다.

배는 떠났다. 뭍에서 오는 소식은 더 이상 없다. 고개 너머 웃마을로 향했다. 언덕을 넘어서자 무너진 빈집이 몇 채 나타났다. 태도에는 웃마을을 포함해 석두리, 장불, 골창 등 4개의 마을지명이 있다. 석두리는 '선두船頭'가 잘못 쓰인 것 같다. 그곳은 쾌속선이 닿는 곳이다. 옛날 선창이 있었던 곳으로 하태도에서 배를 접안하기 가장 좋은 곳이다. 갯바위가 불쑥 튀어나와 석두라는 이름으로 사용되었을 것으로 생각되었다. 석두리에는 10여 가구가 살고 있다. 장불은 해수욕장과 접한 곳으로 20여 가구가 거주하고 있다. 골창은 산에서 장불로 내려오는 골짜기가 있는 곳으로 10여 가구가 거주하고 있다. 윗마을은 골창 위에 있는 마을로 빈집이 가장 많고 지금은 할머니만 사는 서너 가구가 있다.

웃마을에서 김씨 할머니를 만났다. 칠순이 넘은 김할머니는 며칠 전에 바위에서 뜯은 김을 말리고 계셨다. 겨울에 채취를 해야 하는데

태도는 돌김이 많이 나서 붙여진 이름이다. 겨울철에 갯바위에서 김을 긁어 깨끗하게 씻어 김발에 붙여 널어 놓으면 반찬 걱정이 없었다. 또 미역과 함께 상인에게 판매해 돈을 만들기도 했다. 모두 떠난 웃마을을 지키는 김노인의 몫이 많아졌지만 이젠 힘에 부친다.

너무 늦어 김이 좋지 않다고 했다. 김을 널 때 사용하는 김발은 모락이라는 풀로 만들었다. 모락은 물을 머금지 않고 뱉어내기 때문에 김발로 적합했다. 모락과 비슷한 띠는 물을 먹기 때문에 사용하지 않는다.

이곳이 '태도 서바다' 던가

등산로를 따라 능선으로 올라섰다. 남쪽바다가 열렸다. 가거도 방향이다. 북쪽에는 흑산도, 동쪽에는 우이도가 있다. 날씨가 좋을 때는 제주도도 보인다고 했지만 날씨가 흐려 마을 앞에 있는 중태도와 상태도가 겨우 보일 뿐이었다. 하태도는 마을 앞 석머리와 산 너머 기프미에 배를 정박할 수 있다. 지금처럼 선창이 만들어지기 전에는 북서풍이 불면 기프미에, 남동풍이 불면 석두리에 배를 정박했다. 가끔 중국배들도 기프미로 피항을 한다. 하태도는 마을이 형성된 곳을 제외하고는 절벽이다. 그곳에서 이장은 다시마양식을 하고 있었다. 능선을 오르락내리락하면서 서쪽으로 이어진다. 태도를 오면서 꼭 보고 싶은 곳이 서바다였다. 태도 서바다. 조기잡이 선원들에게 칠산어장이 있다면 홍어잡이 뱃사람들에게 '태도 서바다'가 있었다. 우이도 홍어잡이 문순득도 이곳에서 홍어를 받아 우이도로 돌아오다 표류를 했다. 정약전이 표류이야기를 듣고 기록한 것이 《표해시말》이다.

바다에 서바다라고 표시되어 있을 리 없다. 주민들이 알려준 곳에 이르러 서쪽을 바라보았다. 중태도로 쭉 뻗은 물생이 왼쪽이다. 그곳이 서바다라는 곳이다. 서쪽으로 네댓 시간 달리면 중국에 이른다. 능선에서 가거도는 손에 잡힐 듯 가깝다고 하지만 아무것도 보이지 않았다. 하태도 정상은 우이도, 홍도, 흑산도, 조도 등 일대의 섬들이 모두 보이는 조망포인트다. 서바다 중에서도 홍어가 많이 잡히는 곳은 하태도 느리느섬 너린여 등이다. 담배가게를 하던 노인에게 들은 이야기다.

홍어배는 돛이 3개였다. 노가 5~7개다. 홍어배는 노를 젓는 사람, 홍어미끼를 끼워 주낙을 바다에 넣는 사람 등 못해도 7~10명의 선원이 필요하다. 드는 물이나 나는 물 초입에 주낙을 넣는다. 물이 살아나면 주낙을 끌어올리기 어렵다. 다시 물이 약해지면 주낙을 끌어올린다. 6시간만이다. 보통 주낙은 30~40틀을 가지고 나간다.

홍어는 백령도 연평도에서 어청도를 지나 흑산도와 태도로 내려와 산란을 한다. 흑산홍어의 원조는 태도홍어였다. 태도홍어를 알아주는 것은 이런 홍어생태와 관련 있다. 홍어의 생태와 이동이 명확하게 밝혀지지 않았을 때는 백령도나 연평도 배들이 흑산도까지 내려와 홍어를 잡았다. 이때 그들이 가져온 어구가 걸낙이었다. 미끼를 끼우지 않는 주낙이다. 길이도 미끼주낙보다 훨씬 길다. 한번 깔아 놓은 걸낙은 보름만에 걷었다. 걸낙은 20센티미터 간격으로, 미끼주낙은 60, 70센티미터 간격으로 낚시를 달았다.

홍어생태가 밝혀지면서 이제 태도나 흑산도에서 기다리지 않고 어청도나 백령도로 올라가 잡는다. 맛이 제대로 든 태도홍어가 더 이상 잡히지 않는 이유다. 홍도에 두어 척의 배가 고집스럽게 흑산홍어의 자존심을 지켜왔다.

맨 처음 홍어미끼로 사용한 것은 노래미였다. 이후 호시래기(가자미), 조기 등을 사용했다. "홍어는 가진 물건이여, 고등어나 가라지는 먹도 안 해. 조금만 상해도 입질을 안 해." 담배가게 박노인은 홍어를 잡으려면 싱싱한 잇감을 끼워야 한다고 강조했다. 미끼로 홍어를 유인할 때는 아무리 오래 두어도 6시간을 넘기지 않았다. 하지만 걸낙으로 바뀌면서 죽은 채 바닷속에 방치되는 시간이 길어 맛이 예전 같지 않다고 했다.

태도 사람들이 홍어잡이를 중단한 것은 1990년대였다. 미끼를 사용하여 잡던 홍어주낙이 사라졌다. 그리고 진짜 홍어도 사라졌다. 태도산 흑산홍어는 더 이상 맛보기 어려워졌다.

씻김소리를 듣다

하태도 중턱까지 개간한 흔적이 남아 있었다. 먹을 게 귀한 시절에 식량을 얻기 위해 산을 개간해 고구마와 보리를 심었던 흔적들이다. 지금은 잡목들이 자라 형태만 알아볼 수 있을 뿐이다. 대신 섬을 떠난 집터에 마늘과 배추와 무를 심었다. 그래도 하태도와 중태도는 개간할 만했다. 상태도는 산비탈이라 농사를 짓기도 어려웠다. 하태도는 보리농사를 지어 50, 60가마를 수확해 몇 달 식량을 했다. 물론 부족한 식량은 목포나 영산포에서 가져다 먹었다. 홍어를 팔 때는 영산포에서 식량과 바꾸었고 미역이나 건어물을 팔 때는 목포로 나갔다. 상태도는 농사를 지을 땅이 없었다. 미역과 고기 등 해산물로 육지에서 식량을 교환해 먹었다. 해방 후에는 굶주림으로 아사지경이었다. 일본사람들이 중국에서 가져온 대두방(콩바지)이나 심지어는 보릿재(겨)도 먹었다. 그 후 잉여농산물 배급을 받았다. 봄과 가을에 그물과 낚시로 고기를 잡았다. 여름에는 미역을 베고 겨울에는 방안에 납작 엎드려 있어야 했다.

옛날 뱃길은 지금과 사뭇 다르다. 태도는 우이도를 지나 옥도와 안좌도 사이를 통과해 시아바다를 거쳐 목포로 가는 뱃길을 이용했다. 흑산도와 홍도는 지금처럼 비금도와 도초도 사이를 통과해 목포로 가는 길을 택했다. 이 길은 섬과 섬 사이를 통과하기 때문에 비금, 도초까지는 바다가 호수 같다. 만재도는 목포나 신안보다는 진도 생활권이었다. 서거차도를 거쳐 진도 팽목항이나 시아바다를 거쳐 목포로 가는 길을 택했다. 가거도는 양쪽 모두 이용했다.

피로가 한꺼번에 몰려왔다. 도시라면 잠자기엔 이른 시간이다. 아직도 날이 바뀌려면 2시간은 기다려야 하는 시각이다. 불을 껐다. 순식간에 칠흑같은 어둠이 몰려 왔다. 섬사람 삶이 이런 것이 아닐까. 당산에서 내려오면서 만난 주민의 이야기가 생각났다. "바다 것은 내 것이 아녀라." 아무리 많은 투자를 해도 순식간에 날려버릴 수 있는 것이 바다사업이다. 어떤 사람들은 아무것도 투자하지 않고 거저 얻는 것도 바닷일이라고 강변한다. 틀린 말은 아니다. 흑산도 밖 먼 섬 상태·중태·하태·가거·만재 중에서 유일하게 가두리를 할 수 있는 곳은 하태도뿐이다. 6명이 하는 가두리양식 규모가 완도 등 내륙 근처에서 한 사람이 하는 양이다. "그래 가지고 물류비용이며 유지비가 되나요." "키로에 적어도 5천원에서 1만원은 비싸요. 업자들이 서로 와서 가져가려고 해요." 없어서 못 팔 만큼 경쟁력이 있다는 이야기였다. 자연산과 진배없는 맛에 청정해역이라 수요가 많다. 문제는 태풍이다. 8월 중순부터 9월까지 버텨줘야 한다. 가거도에서 올라오는 태풍은 마을 뒤쪽 기프미와 서바다로 상륙을 해 마을과 양식장 피해는 덜하다. 하지만 태풍의 눈이 어디로 도느냐에 따라 희비가 엇갈린다. 일본으로 빠져나가면 다행이지만 서해를 지나 중국으로 올라가면 후폭풍에 큰 피해를 입는다. 태풍을 무사히 넘겨야 가두리 안에 든 전복도, 갯바위에 붙은 미역과 톳 등 해초들도 내 것이 되는 것이다.

바다가 운다는 것은 이를 두고 하는 말이다. 간간이 들리는 파도가 모래사장에 부서지는 소리는 바다의 울음에 묻혔다. "우-잉 이잉 이잉 우-잉." 밤새도록 울었다. 풍선배를 타고 태도어장에서 홍어를 잡다 수사水死한 선원들의 집단통곡이었다. 그 울음은 거친 파도를 데려와 태도 갯바위를 사정없이 후려쳤다. 바닷물이 마당 안에 떨어질 만큼 거칠기도 했다. 태도에서는 시아바다 건너 조도나 남해와 달리 미역바위 닦기를 하지 않는다. 여름철 태풍이 지나가면 바위가 깨끗해지기 때문이다. 빗창으로 겨우 떼어내야 하는 조선홍합도 하나도 없을 정도다. 미역이나 톳이나 김이나 세모 등이 좋은 것도 따지고 보면 저 울음소리 때문이다. 생각이 여기에 이르자 울음소리는 씻김소리로 들렸다.

날이 밝았다. 밤새 울던 바다도 지쳤는지 잦아들었다. 바람이 심하게 불었다. 폭풍주의보는 내리지 않아 다행이었다. 눈을 뜨자마자 밖으로 나갔다. 중태도와 하태도 앞바다가 하얗게 뒤집어져 있었다. 어제 상태도와 중태도를 돌아보고 싶다고 이장에게 배를 부탁했었다. 목포여객선터미널에 전화를 했다. "홍도 첫배는 갔어요." "가거도 배는 표를 끊다가 연락이 와서 중단했습니다." 배가 뜨지 않는다는 이야기였다. 맥이 탁 풀렸다. 이장님은 아침을 먹고 어디론가 나섰다. 혼자 점심을 먹고 마을을 둘러보고 해수욕장을 둘러보았다. 파도에 밀려온 쓰레기들이 당산 밑에 수북하게 쌓였다. '바람 불면 술 한 잔

먹고 자는 것이 최고라." 만재도에서 만난 어민이 했던 이야기가 생각났다. 하얗게 뒤집어진 바다가 섬을 삼킬 듯 밀려왔다. 하물며 태풍이라도 오는 날은 어떨까.

미역바위로 먹고 살았다

돌미역 하면 '진도각'을 많이 떠올린다. 신안 흑산, 우이도, 만재도, 가거도, 태도에도 좋은 돌미역이 생산된다는 것을 아는 사람은 드물다. 거친 파도를 이겨내고 청정해역에서 자란 미역이다. 태도사람들에게 미역이 자라는 갯바위海巖는 뭍의 전답田畓과 같다. 따라서 미역밭에 각별한 애정을 쏟는다. 이 중 주목할 만한 것은 미역 채취방식이다. 미역채취는 6월에 시작해 태풍이 오기 전인 8월초에 마친다. 우선 미역밭을 좋고 나쁨, 위치, 채취권을 갖고 있는 가구수 등을 고려하여 몇 개의 구간으로 나눈다. 이것을 '똠'이라고 한다. 똠의 수에 맞게 반을 나눈다. 혹은 반대로 마을의 반 수에 맞게 똠을 나누기도 한다. 상태도와 하태도는 네 똠으로, 중태도는 두 똠으로 나누었다. 하태도에 170호에 800여 명이 거주한 적이 있었다. 이때 실제 해암권리를 갖고 있는 가구는 150호 정도였다. 이를 네 반으로 나누었다. 하태도는 한 똠에 38, 37, 36호, 상태도는 23, 24, 25호 정도였다. 각 반에는 똠장이 있었다. 미역채취를 위해 4년에 한 번씩 주비추첨을 했다. 그리고 갑을병정 위치를 정하고 매년 순환을 하면서 채취를 했다.

　상태도도 채취방식은 마찬가지다. 미역을 채취할 때면 한 집에서 2명씩 나와서 공동채취를 한다. 미역과 톳만은 채취방식을 엄격하게 지켰다. 반면에 김이나 세모 등은 가족들이 모두 나가서 채취했다. 두 사람이 나와서 미역작업을 했을 때 '한 짓'을 분배한다. 또 배를 가지고 나와서 작업을 하면 배 몫으로 한 짓(혹은 마을에서 정한 몫)을 주었다.

즉 3반에 30가구가 2명씩 나와 배 5척으로 작업을 했다고 하자. 채취한 미역을 35몫으로 나눈다. 배를 가지고 나온 사람은 2몫을 받는 것이다. 물이 빠지면 갯바위에서 채취하는 미역을 난미역이라 한다. 반면에 무레꾼이 잠질을 해서 바다 속에서 뜯는 미역을 물(속)미역이라 부른다. 보통 물미역을 채취할 때는 부부가 참여한다. 여자는 물속에서 미역을 뜯고 남자는 뒤웅박(테왁)을 배로 끌어 올리는 일을 한다.

먼 바다에 세 섬이 잇대어 있지만 해초는 조금씩 달랐다. 상태도는 우무나 김은 하태도보다 좋았다. 특히 봄김이 좋았다. 봄김은 섶짐이라 불렀다. 양도 많았다. 상태도는 물사정이 좋지 않아 채취한 김을 가지고 하태도까지 와서 김을 씻어가기도 했다. 하태도에 가장 많은 사람이 거주했지만 낙도치고 물이 괜찮았다. 인근에서 물사정이 좋지 않는 곳은 만재도와 상태도였다. 하지만 미역은 상태도보다 하태도가 더 좋았다. 하태도 미역은 잎이 가는 가새미역이었지만 상태도 미역은 잎이 넓은 떡미역이었다. 미역국을 끓이면 가새미역이 훨씬 국물이 뽀얗게 우러나고 오래 삶아도 퍼지지 않아 상품성이 높다. 돌미역은 한꺼번에 센불로 계속 끓이면 안 된다. 한번 끓인 다음 껐다 식은 다음에 다시 끓이면 좋다. 돌미역은 반복해서 끓일수록 사골처럼 국물이 우러난다. 자연산 모자반은 상태도에서만 자란다.

미역을 널 때는 주로 보릿대나 가마니를 깔았다. 산 위, 백사장, 골목길 어디나 미역이었다. 토시등(호롱불)이나 양등을 켜고 채취한 미역 짓을 나누고 나면 새벽이 되었다. 그때부터 미역가닥을 만들고 날이 새면 널기 시작했다. 보통 점심 무렵까지 널었다. 그리고 또 미역을 채취하러 바다로 나갔다. 미역작업을 할 때는 잠을 거르는 일이 많았다. 어른뿐 아니라 아이들도 정신이 없었다. 수업을 하다가 비라도 오는 날이면 뛰쳐나와 말린 미역을 걷어야 했다. 미역이 공부보다 우선이었다.

미역이 화폐다

태도사람들에게 식량을 구하는 일 못지않게 중요한 일이 땔감을 얻는 것이었다. 작은 섬에 100가구가 훨씬 넘는 주민들이 살고 있었기 때문에 자기 산이 없는 사람들은 겨울철 나무를 해두는 것이 연중행사였다. 하태도는 나무보다는 풀이 많은 섬이다. "풀이 나기 전에 '섬을 한 껍딱 벗겨 낸다' 고 생각하시면 되요." 이장 부인이 하는 말이었다. 서너 집이 연탄을 사용하기도 했지만 뭍에서 낙도까지 연탄을 가져오는 일도 쉽지 않았다. 연탄을 뭍에서 여객선으로 옮기고, 다시 종선으로, 또 선창으로, 집안으로 여간 번거롭지 않았다. 기름보일러가 보급되면서 연료문제는 어느 정도 해결되었다.

담배가게 박씨 할아버지가 태어나기 전 이야기이다. 태도가 생활하기 곤란하다는 것을 아는 고리대업자가 겉보리를 가지고 섬에 들어왔다. 당시 하태도에는 20여 가구가 살았다. 식량이 귀한 때라 미역으로 주기로 하고 보리를 가져다 먹었다. 그게 덫이었다. 제때 갚기 어려워 이자는 이자를 낳았다. 결국 담보로 잡힌 땅을 넘겨줘야 했다. 그 고리대업자는 채권을 암태도 지주에게 넘겼다. 이후 지주집안에서는 사람을 보내 해초나 고기를 받아갔다. 할아버지가 열댓 살 때 일이라고 기억했다. 지주집안에서 사람을 보내 섬주민들의 집안에 있던 낫을 모두 빼앗아갔다. 연료를 풀로 했기 때문에 낫은 꼭 필요한 도구였다. 그 후 특별법으로 문서가 있는 집은 땅을 찾았지만 없는 집은 지금도 찾지 못한 땅이 있다고 했다.

태도사람들은 생필품을 어떻게 구했을까. 직접 배를 타고 뭍으로 가서 생활에 필요한 것을 구하는 사람은 거의 없었다. 미역, 김, 톳, 세모 등 해초나 생선을 보낼 때 필요한 생필품 목록을 보내면 사서 배편으로 보내왔다. 이를 소청기라 했다. 객주나 상고선에 의존했다. 목포

에서 학교를 다니는 아이들로부터 돈이 필요하다고 연락이 오면 객주
집에서 돈을 가져다 쓰게 했다. 선이자가 5부였다. 미역이 나오면 객
주에게 물건을 보내 팔아서 빚을 제했다. 객주 좋은 일만 시켰다. 수수
료에 이자, 그리고 미역값도 객주가 부르는 것이 값이었다. 이자가 이
자를 낳고 빚더미에 허덕이다 집도 넘어가고 섬을 떠나기도 했다.

미역농사는 육지의 쌀농사와 다름없다. 태풍이 오면 농사만 망치
는 것이 아니라 미역농사도 망친다. 미역밭에 흉년이 들면 그해 밥은
다 먹은 셈이다. 갯밭에서 미역, 우뭇가사리, 돌김을 뜯어 아이들 공
납금을 마련했다. 바다로 나가 전복과 우럭 등을 잡아 하숙비를 대고
다 자란 아이들 결혼도 시켰다. 큰 태풍이라도 와 바위에 해초들이 모
두 떨어져 나가면 상급학교 진학도 결혼도 어려워지곤 했다. 어민들
이 귀하게 여기는 것은 홍어 말고 곱상어였다. 염장을 해두었다 가을
에 상고선이 육지로 나갈 때 곡식과 바꾸어 왔다. 곱상어 한 배면 곡
식이 한 배라고 할 만큼 값이 나갔다.

자연 그대로의 때묻지 않은 아름다움을 간직하고 있는 태도는 잘
알려지지는 않았지만 서해와 남해의 고기들이 다 모여드는 천혜의
낚시터이기도 하다. 섬 전체가 포인트라고 해도 과언이 아닐 정도로
유명한 낚시터가 많은데, 태도의 유명포인트는 하태도의 간여, 큰여
섬, 강섬 등이 있다.

풍선배 시절에는 뭍에 나가는 일이 쉽지 않았기 때문에 섬에서 기
르는 소를 잡는 것이 육고기를 맛보는 유일한 기회였다. 명절에 가끔
소를 잡는 날이면 섬이 온통 잔치판이었다. 세 섬 중 소를 기르고 있
는 섬은 상태도뿐이다. 한때 하태도에도 소를 길렀지만 절벽이 많아
소를 기르기 마땅치 않다. 대신 절벽을 곡예하듯 뛰어다니는 염소는
많이 기르고 있다.

상태도로 향하다

담배가게 박씨 할아버지 집을 다시 찾았다. 일정대로 움직이지 못해 작은 섬을 몇 바퀴째 도는 것이 심심하기도 했지만 상태도에서 건너왔다는 이야기를 들었기 때문이었다. 한창 홍어잡는 이야기를 나누는데 이장으로부터 전화가 왔다. 빨리 경로당으로 오라는 것이었다. 아침을 먹고 나간 이장이 마을 주민들과 함께 염소를 잡았다며 초청한 것이었다. 여자들이 10여 명 남자들도 열댓 명, 섬에 있는 사람들은 얼추 다 모인 것 같았다. 기상특보도 내리지 않았는데 배가 오지 않았다며 모두들 분통을 터뜨렸다. 섬이 이런 곳이다, 당신 잘 봐라, 일부러 나한테 알려주려고 하는 측면도 있었다. 다른 섬에서 도선을 운영하는 사람들이 파도가 높아서 배를 오지 못 하게 했다는 소리도 들렸다. 결국 상태도로 가는 계획도 취소되었다.

　두 번째로 맞는 하태도의 밤. 바다는 더 크게 울었다. 내일도 배가 뜨지 않을 것이니까 잊어버리고 자라는 이장과 내일은 배가 틀림없이 뜬다는 출장소장의 장담을 뒤로 하고 숙소로 들어왔다. 누구 예측이 맞을까. 기상특보를 핑계로 하루 더 쉬어간다 생각하니 쉬이 잠이 오질 않았다. 어김없이 날이 밝았다. 이장님의 밥 먹자는 소리에 일어났다. "오늘도 안 온다요." "정말이에요." "9시에 해제된대요." 태도로 오는 쾌속선이 아침 8시 10분에 출발하니까 배가 목포에서 출발하지 못한다는 의미이다. 하루에 한 번 왔던 배가 섬사람들을 태우고 목포로 귀항하기 때문에 오늘도 배는 내가 머무는 섬에 오지 않는다. 이장의 예측이 맞았다. 하필 영등철에 섬을 찾은 것도 잘못이다. 바다로 나가는 것을 금하는 시기이다. 대신 미역씨와 전복씨를 내려달라고, 아무 사고 없이 어장일을 할 수 있도록 기원하는 시기였다. 조신하지 않고 불쑥 먼 섬까지 왔으니 영등신이 노한 것일까.

하늘은 청명하고 날씨가 좋았다. 산에 다시 올랐다. 골창에는 10여 가구가 살고 있다. 산에서 내려오는 작은 골짜기가 있어 '골창' 이라 했다. 웃마을로 가는 길목에 있는 집에서 할머니가 새벽같이 뜯어 온 파래를 씻고 계셨다. 파도가 거칠고 바람도 심상치 않았는데 언제 파래를 해왔을까. 안 보이던 만재도, 가거도, 흑산도, 홍도, 우이도도 보였다. 점심을 먹고 느긋하게 쉬고 있었다. 방문 너머로 들리는 바람과 파도소리는 변함이 없지만 적응이 되었는지 거슬리지 않았다. "상태도 갈라요." 밖에서 이장 목소리가 들렸다. "이렇게 파도가 높은데 가요." "파도가 높을 때면 20여 분 걸릴 거요." 옆집에 사는 주민배를 빌려 타고 상태도로 향했다. 배 위로 넘어오는 파도를 피해 운전석 아래 작은 침실로 들어갔다. 뒤뚱거리며 노른여를 지나 10여 분 달리자 중태도가 나타났다.

선착장은 공사중이었다. 먼 섬 선착장은 1년내내 공사중이다. 어김없이 찾아오는 태풍을 온전하게 버틸 재간이 없기 때문이다. 보수하고 무너지고 보수하고 무너지는 것이 먼 섬의 선착장이다. 가거도 선착장이 대표적이다. 가파른 언덕에 올라앉은 집들이 전형적인 낙도 어촌경관이다. 상태도는 섬 남쪽에 마을이 형성되어 있다. 반면에 중태도는 섬 북동쪽에 위치해 있다. 두 섬마을은 마주보고 있다. 배를 정박하고 마을로 올라갔다. 이장과 배의 선장은 민박집을 하며 낚시가이드를 하고 있는 김명규(74세) 씨 집으로 들어갔다. 그 사이에 마을을 한 바퀴 돌아보았다. 마을이 한눈에 들어오는 곳으로 올라갔다. 위로 올라가자 상태도 마을과 중태도가 한눈에 들어왔다.

전망 좋은 곳에 어미소와 송아지가 쉬고 있었다. 20여 마리는 될 것 같았다. 산중턱에서 여러 마리 소가 마른 풀을 뜯고 있었다. 당산도를 소들이 접수했다. 한참을 이리저리 소를 쫓아다녔다. 소와 마을

먼 바다에 외롭게 솟은 섬에 마을이라고 사람이 산다는 것이 신기했다. 하루에 한 번 오가는 뱃길에 시간을 맞추고 뭍에서 들려오는 소식에 귀를 기울였다. 봄·여름·가을·겨울. 그렇게 세월이 흐르는 동안 서울은 고사하고 목포에도 한번 가보지 못하고 눈감은 섬사람도 있었다.

과 바다와 중태도가 보이는 곳에서 사진을 찍었다. 옛날에 태도 섬사람들은 소고기를 먹기 위해 무레질로 얻은 미역 100뭇(2,000가닥)을 지불했었다. 몇 년만에 명절에 한 번 소를 잡았다. 당산나무 아래에 내연발전소가 있다. 보통 내연발전소는 4명이 근무를 하는데 상태도는 3명이 근무하고 있다. 내연발전소 직원은 섬사람 중에서 채용한다. 외딴섬에서 가장 젊은 사람은 공무원이거나 발전소 직원이다. 상태도처럼 관공서 하나 없는 경우는 두말할 필요도 없다. 상태도 내연발전소에서 중태도까지 전기를 공급하고 있다. 한때 상태도에도 경찰초소와 학교가 있었다. 지금은 태도출장소, 보건소, 경찰서, 학교 모두 하태도에 있다.

태도는 낚시천국이다

하태도 서쪽 바닥여와 기둥여 등은 돌돔, 농어, 우럭낚시 포인트다.

물때와 상관없이 여름부터 가을까지 갯바위낚시가 가능하다. 섬을 빙 둘러 낚시터로 손색이 없다. 상태도 북쪽에 구굴도, 외도, 다래섬, 갈매여 그리고 아래쪽에 중태도 모두 갯바위 낚시하기 좋다. 상태도는 강섬, 노은여, 댕강여, 기둥여, 바닥여, 촛대바위, 갈미여, 큰여, 다라도 모두 갯바위낚시 적지이다.

이들 지역은 모두 겨울철 감성돔의 월동처이며 여름철에는 대물 돌돔, 농어, 우럭이 많이 나오는 곳이다. 가거도 방향에 부속도로 간여를 노리면 더 나은 조과를 올릴 수 있다. 인근 만재도 지역과 함께 많은 낚시인들이 찾고 있다.

상태도에 무인도가 3개 있다. 가장 큰 외섬, 국굴새(슴새)가 많은 국구섬, 달래가 많은 달래섬 등이다. 슴새소리는 어린아이 울음소리 같다. 외섬과 달래섬 사이를 큰도라고 한다. 도는 물살이 거칠게 흐르는 여울을 말한다. 큰도는 감성돔이 많았다. 하태도와 가거도 중간에 너른여가 있다. 물속이 평평한 구릉이다. 그곳에 가라지가 많았다. 전갱이를 두고 하는 말이다. 수심이 30미터에 이르는 곳이다. 물이 빠지면 상여가 드러난다. 그곳에는 농어, 우럭, 부시리, 삼치 등이 많이 잡혔다. 특히 수만 년의 진화를 거치면서 원형을 지켜온 돗돔이 잡히는 곳으로 유명하다.

태도에 도착한 지 나흘만에 배가 도착했다. 할머니 두 분이 담 너머로 쾌속선을 보고 있었다. 파도가 여전히 높아 상태도에서는 종선을 쾌속선에 대지 못했는지 하태도로 오고 있었다. 상태도에서 내려야 할 승객이 하태도에서 내렸기 때문이다. "며칠만에 오는 거여." "나흘만이야. 내일은 또 배가 안 온대." 목포로 나가는 사람들이 많았다. 3주만에 뭍에 나간다는 출장소장, 배멀미보다는 종선에서 쾌속선으로 오르는 것이 더 힘들다는 노부부, 목포에 나가 있는 날이

쾌속선이 도착했다. 쌀을 포함한 기다리던 생필품과 집수리를 위한 자재들이 도착했다. 사람보다 화물이 더 많다. 먼 섬이지만 사람들이 적잖게 살고 있기 때문이다. 종선으로 화물과 사람들이 옮겨타자 쾌속선은 가거도로 향했다.

더 많을 것 같은 어촌계장 부부, 상태도로 태워다 주었던 선장, 발이 묶여 있었던 낚시꾼 2명 등 10여 명에 이르렀다. 상태도에서 만난 김 노인도 목포로 나간다며 중간에 올라탔다. 섬에 살면서 늘 뭍을 보고 사는 사람들이다. 섬사람과 뭍사람의 차이가 흑산도에 이르기 전에 구별되었다. 얼굴이 하얗게 질리고 고통스러운 표정을 짓고 있는 사람들은 십중팔구 뭍사람이다. 흑산도에 도착하자 빈 자리가 가득 찼다. 예비특보가 발효되어 내일은 배가 뜨지 않을 것이라며 마지막 배가 남아 있기는 하지만 서둘러 여행객들이 철수하고 있었다. 설상가상 비금도와 도초도를 앞에 두고 우이도 앞바다에서 배가 멈췄다. 로프가 감겨 제거해야 했다. 배가 멈춘 채로 파도나 너울에 출렁거릴 때 배멀미는 더 심해진다. 여기저기서 쓰레기통을 붙잡는 사람, 화장실로 달려가는 사람이 속출했다. 비금도를 지나고서 배와 사람들은 안정을 찾았다.

● — 기상특보와 선박운항

기상청은 정규예보 외에도 갑작스런 기상변화가 예상되거나, 국민들에게 더욱 상세하게 날씨변화에 대해 알려 줄 필요가 있을 때는 '기상정보'를 발표하고, 기상악화가 예상될 때는 '기상특보'를 발표한다. 기상특보는 단계별로 주의보와 경보가 있다.

◉ 기상특보 발표 기준

강풍	**주의보 l** 육상에서 풍속 14m/s 이상 또는 순간풍속 20m/s 이상이 예상될 때. 다만, 산지는 풍속 17m/s 이상 또는 순간풍속 25m/s 이상이 예상될 때
	경보 l 육상에서 풍속 21m/s 이상 또는 순간풍속 26m/s 이상이 예상될 때. 다만, 산지는 풍속 24m/s 이상 또는 순간풍속 30m/s 이상이 예상될 때
풍랑	**주의보 l** 해상에서 풍속 14m/s 이상이 3시간 이상 지속되거나 유의파고가 3m 이상이 예상될 때
	경보 l 해상에서 풍속 21m/s 이상이 3시간 이상 지속되거나 유의파고가 5m 이상이 예상될 때
호우	**주의보 l** 6시간 강우량이 70mm 이상 예상되거나 12시간 강우량이 110mm 이상 예상될 때
	경보 l 6시간 강우량이 110mm 이상 예상되거나 12시간 강우량이 180mm 이상 예상될 때
대설	**주의보 l** 24시간 신적설이 5cm 이상 예상될 때
	경보 l 24시간 신적설이 20cm 이상 예상될 때. 다만, 산지는 24시간 신적설이 30cm 이상 예상될 때.
건조	**주의보 l** 실효습도 35% 이하가 2일 이상 계속될 것이 예상될 때
	경보 l 실효습도 25% 이하가 2일 이상 계속될 것이 예상될 때
폭풍해일	**주의보 l** 천문조, 태풍, 폭풍, 저기압 등의 복합적인 영향으로 해수면이 상승하여 발효기준값 이상이 예상될 때. 다만, 발효기준값은 지역별로 별도지정
	경보 l 천문조, 태풍, 폭풍, 저기압 등의 복합적인 영향으로 해수면이 상승하여 발효기준값 이상이 예상될 때. 다만, 발효기준값은 지역별로 별도지정
지진해일	**주의보 l** 한반도 주변해역 등에서 규모 7.0 이상의 해저지진이 발생하여 우리나라 해안가에 해일파고 0.5~1.0m 미만의 지진해일 내습이 예상될 때

	경보 ㅣ 한반도 주변해역 등에서 규모 7.0 이상의 해저지진이 발생하여 우리나라 해안가에 해일파고 1.0m 이상의 지진해일 내습이 예상될 때
한파	**주의보** ㅣ 10월~4월에 다음 중 하나에 해당하는 경우 ① 아침 최저기온이 전날보다 10℃ 이상 하강하여 3℃ 이하이고 평년값보다 3℃가 낮을 것으로 예상될 때 ② 아침 최저기온이 -12℃ 이하가 2일 이상 지속될 것이 예상될 때 ③ 급격한 저온현상으로 중대한 피해가 예상될 때
	경보 ㅣ 10월~4월에 다음 중 하나에 해당하는 경우 ① 아침 최저기온이 전날보다 15℃ 이상 하강하여 3℃ 이하이고 평년값보다 3℃가 낮을 것으로 예상될 때 ② 아침 최저기온이 -15℃ 이하가 2일 이상 지속될 것이 예상될 때 ③ 급격한 저온현상으로 광범위한 지역에서 중대한 피해가 예상될 때
태풍	**주의보** ㅣ 태풍으로 인하여 강풍, 풍랑, 호우현상 등이 주의보 기준에 도달할 것으로 예상될 때
	경보 ㅣ 태풍으로 인하여 풍속이 17m/s 이상 또는 강우량이 100mm 이상 예상될 때. 다만 예상되는 바람과 비의 정도에 따라 아래와 같이 세분한다.

	3급	2급	1급
바람(m/s)	17~24	25~32	33 이상
비(mm)	100~249	250~399	400 이상

황사	**주의보** ㅣ 황사로 인해 1시간 평균 미세먼지 농도 $400\mu g/m^3$ 이상이 2시간 이상 지속될 것으로 예상될 때
	경보 ㅣ 황사로 인해 1시간 평균 미세먼지 농도 $800\mu g/m^3$ 이상이 2시간 이상 지속될 것으로 예상될 때
폭염	**주의보** ㅣ 6월~9월에 일최고기온이 33℃ 이상이고, 일최고열지수(Heat Index)가 32℃ 이상인 상태가 2일 이상 지속될 것으로 예상될 때
	경보 ㅣ 6월~9월에 일최고기온이 35℃ 이상이고, 일최고열지수(Heat Index)가 41℃ 이상인 상태가 2일 이상 지속될 것으로 예상될 때

출처 : 기상청(http://www.kma.go.kr)

개황 | 상태도上苔島

일반현황

위치 | 전라남도 신안군 흑산면 상태도리 **동경** 125° 17′ **북위** 34° 25′
면적 | 1,420km² **해안선연장** | 10.2km
가구수 | 46 **인구(명)** | 99(남60+여39) **어선(척)** | 12 **어가** | 36
어촌계 | 1개소(20명)

공공기관 및 시설

전력시설 | 자가발전 전가구
급수시설 | 간이상수도시설 1개소 전가구

여행정보

특산물 | 김, 미역 전복, 우럭, 광어
특이사항 | 돌김이 풍성한 세 개의 섬 중 맨 위쪽에 있는 섬이라 하여 상태도라 했다. 손친여 전설이 전한다. 기암
괴석(사자바위 등)과 낚시터가 유명하며 산나물인 원추리가 자생하고 있다.

30년 변화 자료

구분	1973	1985	1996
주소	전남 신안군 흑산면 상태도리	전남 신안군 흑산면 상태리	전남 신안군 흑산면 태도리
면적(km²)	1.21	1.416	1.411
공공기관	-	-	분소 1개
인구(명, 남자+여자)	536(257+279)	304(152+152)	129(64+65)
가구수	86	60	45
급수시설	공동우물 5개	우물 13개, 간이상수도 1개	우물 13개
초등학교	1개 152명	1개 45명	분교 1개 3명
전력시설	-	자가발전 60가구	자가발전 45가구
의료시설	-	약방	약방
어선(척, 동력선+무동력선)	19(9+10)	34(23+11)	동력선 10척

＊ 공공기관은 면사무소, 파출소 등 포함

개황 | 중태도中苔島

위치 | 전라남도 신안군 흑산면 중태도리 **동경** 125° 17′ **북위** 34° 25′
면적 | 1,040km² **해안선연장 |** 4,5km
가구수 | 11 **인구(명) |** 25(남14+여11) **어선(척) |** 4 **어가 |** 10
어촌계 | 1개소(8명)

전력시설 | 자가발전 전가구
급수시설 | 우물 8개소 전가구

특산물 | 김, 미역
특이사항 | 돌김이 풍성한 세 개의 섬 중 가운데 있는 섬이라 하여 중태도라 했다. 깨끗한 약초를 먹여 키운 흑염소가 유명하고 해조류 채취기간인 3월에서 10월까지는 전 주민이 거주하다가, 11월에서 2월동안은 많은 주민이 인근 도시에 나가 다른 일에 종사하며 생활한다.

30년 변화 자료

구분	1973	1985	1996
주소	전남 신안군 흑산면 중태도리	전남 신안군 흑산면 중태리	전남 신안군 흑산면 태도리
면적(km²)	0,87	1,035	1,02
인구(명, 남자+여자)	270(150+120)	131(69+62)	38(21+17)
가구수	40	32	13
급수시설	공동우물 3개	우물 6개, 간이상수도 1개	우물 3개
초등학교	분교 1개 43명	분교 1개 22명	-
전력시설	-	자가발전 32가구	자가발전 3가구
의료시설	-	약방	상비약비치
어선(척, 동력선+무동력선)	6(2+4)	13(7+6)	동력선 2척

＊ 공공기관은 면사무소, 파출소 등 포함

개황 | 하태도下苔島

일반현황

위치 | 전라남도 신안군 흑산면 하태도리 **동경** 125° 18′ **북위** 34° 23′
면적 | 27km² **해안선연장** | 11.8km
가구수 | 80 **인구(명)** | 150(남 76+여 74) **어선(척)** | 18 **어가** | 55
어촌계 | 1개소(23명)

공공기관 및 시설

전력시설 | 자가발전 전가구
급수시설 | 간이상수도시설 1개소 76가구, 우물 4개소 4가구, 해수담수화시설 1개소

여행정보

특산물 | 김, 미역 ,돔, 농어, 우럭
특이사항 | 돌김이 풍성한 세 개의 섬 중 맨 아래쪽에 있는 섬이라 하여 하태도라 했다. 주변 낚시터에 어류가 풍부해 낚시꾼들이 많이 찾아오며 흑염소를 방목해 키운다.

30년 변화 자료

구분	1973	1985	1996
주소	전남 신안군 흑산면 하태도리	전남 신안군 흑산면 하태리	전남 신안군 흑산면 태도리
면적(km²)	2.07	2.331	2.31
인구(명, 남자+여자)	721(353+368)	489(230+259)	160(82+78)
가구수	131	96	63
급수시설	공동우물 7개	우물 12개, 간이상수도 1개	우물 4개
초등학교	1개 162명	1개 45명	분교 1개 7명
전력시설	-	자가발전 96가구	자가발전 63가구
의료시설	-	약방	보건진료소 1개소
어선(척, 동력선+무동력선)	30(20+10)	55(36+19)	9(6+3)

* 공공기관은 면사무소, 파출소 등 포함

8

물질로 먹고 살았제

흑산면 만재도

"내일 배가 안 뜬다요. 폭풍주의보가 내렸어요. 모레도 장담할 수 없겠는데요." 젊은 어촌계장이 일기를 확인하고 알려줬다. 내일 태도로 넘어가기로 했는데 이런 낭패가 없다. 들어올 때 날씨는 쾌청했다. 마을 앞 작은 장돌이 파도에 구르는 소리와 활짝 핀 유채꽃이 다른 세계에 와 있다는 기분이 들었다. 한껏 들떠 있던 일행은 찬물을 끼얹은 듯 조용해졌다. 일정에 차질이 생긴 것도 문제지만 월요일 출근은 어떡해야 하나 걱정하는 눈빛이었다.

한때 진도군 조도면에 속했다. 육지에서 너무 멀어 '먼데섬' 이라 불렀다. 지금도 목포에서 쾌속선으로 4시간을 달려 닿는 섬이다.

만재도는 진도군 조도면에 속한 섬이었다. 바다 가운데서도 멀리 떨어져 있어 '먼데섬' 이라 했다가 만재도라 불렸다고 한다. 다른 설로는 재물을 가득 실은 섬이라 해서 만재도라 했다고도 한다. 1914년 행정구역 개편으로 무안군 흑산면에 속했다가 1969년 무안군에서 신안군이 분군되면서 신안군에 편입되었다. 1700년 경 평택임씨 임충재가 진도에서 거주하다 풍부한 수산자원을 채취하고자 이곳으로 이주했다고 한다.

선창에서 전복을 따다

쾌속선은 만재도에 직접 접안하지 못한다. 작은 도선이 해상 한가운데 멈춰 있는 쾌속선과 도킹을 해서 승객을 내려주고 태운다. 해상에서 환승이 이루어지는 것이다. 그렇게 노래를 불렀던 만재도에 첫발을 내디뎠다. 민박집에 짐을 맡기고 선창으로 나왔다. 숭어 홀치기낚시를 하는 주민이 연신 낚싯줄을 걷어올리지만 헛손질이다. 그 옆에 몇 척의 고기잡이배가 정박해 있다. 자갈밭 앞 간여나 검은여 앞에 대형 통발어선 3척이 정박해 있었다. 이상했다. 섬에 들어올 때 날씨도 좋고 바람도 없었다. 먼 바다에 나온 어장배들이 섬 주변에 닻을 내리고 정박해 있다는 것은 주의보의 전조라는 것쯤은 눈치로 알기 때문이다. 오동여 근처에서 잠질을 해서 전복을 따던 잠녀(해녀)들이 자갈밭 선창 안으로 들어왔다. 그리고 발 밑에서 물질을 하기 시작했다. 세상에 선창에서 전복을 땄다고 하면 믿을까. 서울에서 온 일행은 연신 감탄사를 내며 카메라를 눌러댔다. 오늘 물질을 하는 아주머니는 모두 여섯이다. 만재도 해녀는 일곱이지만 한 분은 목포에 일을 보러 갔다. 그 중 한 분이 큰 전복을 따서 우리에게 포즈를 취해 줬다. "아주머니 최고예요." 오른손 엄지를 세우고 고맙다는 인사를 했다.

배가 정박해 있는 선창 아래로 잠수를 하더니 큼지막한 전복을 따서 밖으로 나왔다. 옆에 있던 일행이 "선창에서 전복을 따는 것은 처음 본다"며 놀라워 했다. 청정해역이 아니면 불가능한 일이었다. 해녀가 전복을 딴 자리에 돌미역이 거친 파도에 겨우 방파제를 붙잡고 버티고 있었다.

해녀들이 물질을 하는 동안에 앞짝벌(마을 앞에 있는 자갈밭)을 지나 건너짝지로 넘어갔다. 바위섬 위로 난 작은 길을 따라 넘어가자 작은 밭과 계선장이 있었다. 예전 만재도에 90여 호가 살 때는 해녀들이 80명 정도 되었다고 한다. 고명채(1940년생) 씨가 결혼할 당시(22살)에 만재도는 미역과 전복으로 살았다고 했다. 그 전에는 전갱이(아지)가 많이 나서 낚시질을 많이 했다. 이 무렵 조도와 흑산도 등지에서 전갱이를 잡기 위해 많은 배들이 만재도에 왔었다. 그 때 건너짝지에 파시가 형성되었다. 고씨가 결혼하고 2~3년 있다가 무슨 일인지 전갱이가 나지 않으면서 외지배들도 모두 사라졌다.

저쪽 짝벌에 천막 파수가 있고 그랬어. 장사가 텐트 치고 15집 했어요. 조도사람들이 아지도 낚고 술집도 하고. 파수는 조도사람도 있고, 가거도 사람들도 있고. 장사도 하고, 목포 사람도 하고 그랬

어. 술도 팔고. 아가씨들도 한 집에 한두 명 있었제. 술 팔라고. 짝
벌 위에 밭에다 터를 잡고. ‘건넌데’ 라고 해요.

전갱이를 잡으러 온 배는 조도 · 거차 · 맹골 · 흑산 · 태도에서 오
는 배들이었다. 그 중에서 흑산배가 제일 많고 그 다음에 조도배들이
었다. 당시 배는 풍선배들로 네 발 정도 크기로 자로 열댓 자 정도 되
었다. 한 배에 네 명이 타서 전갱이를 잡았다. 전갱이가 나오지 않으
면서 쏨뱅이(북조기)와 장어와 볼락 등을 주낙으로 잡았다. 주낙은 지
금도 이어지고 있다.

겨울철에는 큰 배를 타고 주낙으로 홍어와 상어를 잡아서 생계를
유지했다. 여름에는 다시 전갱이를 잡고 봄에는 또 홍어와 상어를 잡
았다. 흑산도나 태도처럼 홍어를 많이 잡지는 않았지만 한 철에 20여
마리도 잡아 ‘삼본바시(돛대 3개 달린 배)’ 상고선에 싣고 목포로 가져가
팔았다. 겨울철 큰 배는 돛이 3개, 여름철 작은 배는 돛이 2개였다. 큰
배는 노가 대여섯 가락 있었고, 작은 배는 서너 가락 있었다.

만재도에 쾌속선이 다니지 않을 때는 목포까지 가는데 물때를 잘
만나면 7시간, 그렇지 않으면 12시간 걸렸다. 이마저 객선이 다니지
않을 때는 거차도로 나가서 진도로 건너가 목포로 갔다. 당시 거차도
에는 어장배들이 많았다. 특히 고대구리배들이 많이 있었기 때문에
배를 얻어타고 가기 좋았다.

바람에 발이 묶이다

오후 늦게 물이 들기 시작하면서 바람이 심상치 않았다. 해녀들도 하
나둘 뭍으로 올라왔다. 마을에서 가장 젊은 고현진 어촌계장(37세)은
전복크기를 재는 잣대를 만들어 해녀들이 잡아온 전복을 하나씩 재어

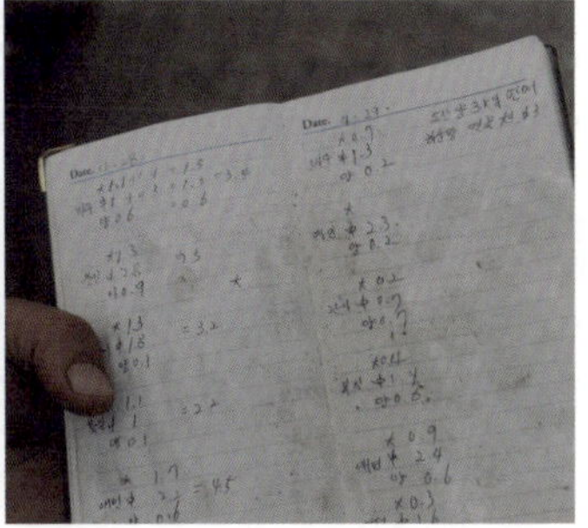

채취한 전복은 크기에 따라, 양식산과 자연산에 따라 구분해서 채취량을 기록한다. 마을 어촌계가 직접 마을 어장을 운영하고 있다. 해녀와 마을이 판매대금을 일정한 비율로 분배한다.

4. 29
바우 대   0.7
      중   1.3
      양   0.2
창민 대
      중   2.3
      양   0.2

서 바다에 살려줄 것과 상품으로 팔 것을 구별했다. 고씨는 요즘 뭍에서 미역을 구해달라는 전화가 성가실 정도로 많다고 했다. 일본 원전사고 이후 그 빈도가 심해 아예 전화기를 꺼놓을 정도라고 했다. 해녀들이 작업해 온 전복을 수첩에 일일이 기록을 했다.

위와 같은 식으로 기록되어 있었다. 대와 중은 판매를 하지만 그보다 작은 것은 모두 회수해서 별도의 바구니에 담았다. 다시 바다로 돌려보내는 것이다. 그런데 '양'은 무엇인가. 양으로 분류한 것 중에는 큰 전복도 포함되어 있었다. "양은 치패를 사다가 뿌린 전복이에요. 소비자들은 모르는데 중간상인들은 이 전복을 양식처럼 인정해 값이 좀 싸요." 인공으로 부화한 어린 전복을 가져다 바다에 뿌려 세월이 흘러도 그 흔적은 남는다고 했다. 전복을 뒤집어 보면 꽁무니에 작은 손톱만한 파란 반점이 있다. 그 크기가 바다에 뿌릴 때의 크기와 모양이라고 했다. 아무리 바다에서 자연산하고 똑같이 먹고 자라도 그 흔적은 없어지지 않는다는 것이다. 소름이 돋았다. '흔적이 이렇게 무섭구나.' 맛이나 영양분으로는 자연산과 하등의 차이가 없는데도 중매인들은 자연산과 구별해서 매입을 하기 때문에 해녀들이 물질을 해온 전복을 분류할 때도 나누어서 한다며 사먹을 때는 그걸 사먹으면 저렴하고 맛있게 먹을 수 있다고 알려줬다.

예상한 대로 폭풍주의보가 내려졌다. 주의보가 내려지면 대통령도 배를 띄울 수 없다. 주의보가 해제될 때까지 기다리는 방법밖에 없다. 해녀들로부터 전복 2킬로그램을 사서 민박집으로 가지고 들어왔다. 오늘은 어촌계장과 마을 주민 몇 명과 함께 소주를 한잔 하기로 했다.

바람이 불면 만재도 사람들이 제일 먼저 하는 일은 배를 짝지로 올려놓는 일이었다. 지금은 선착장이 잘 만들어져 큰 태풍이 아니면 걱정이 없지만 옛날에는 바람만 불었다 하면 배를 올렸다. 큰 배는 흑산도, 진도 심지어는 목포로도 피항을 갔고 작은 배는 뭍이나 짝지로 배를 올렸다. 특히 파시가 있었던 '건넌데짝지'는 배를 해변에 들어올려야 했다. 이때 모든 주민들이 동원되어 배 좌현과 우현으로 누워서 발로 배의 난간을 들어올려 배를 이동시켰다. 이때 배 밑에 5개 정도의 원통목을 대고 배가 쉽게 이동할 수 있도록 했다. 이렇게 발이나 어깨로 배를 이동시켰다.

작은 배를 한 척 이동하는데 15~20명 정도가 필요했다. 이렇게 부는 바람에 대비해 배를 지을 때 배의 난간(타락)을 밖으로 더 내고 배 밑에 덧밑(썰매의 날처럼 기다란 나무를 배 밑 선수에서 선밑까지 양쪽으로 두 개를 댄 것)을 대어 쉽게 미끄러지도록 했다. 1970년대에는 사람의 힘이 아니라 '마개'라는 도구를 사용했다. 마개는 손잡이가 4개 정도 달린, 줄을 감는 도구였다. 1980년대에는 경운기 동력을, 2000년에는 구조물을 만들어 배를 들어올리는 계선장을 마련하고 호이스트 시설을 이용하고 있다. "댓마를 전부 짝지에다 옮겼제. 태풍 불면 집 위에까

"부모는 종노릇하다 죽어." 오씨가 김발을 만들며 이런저런 말을 건네던 내게 불쑥 던진 말이다. 가슴이 턱 막혔다. 사진을 찍는 것도 잊고 한동안 멍하니 오씨의 손만 바라보았다.

지 올렸어. 중선배는 마개로 올리고. 기계로 올리고 그랬제." 고명채 씨는 당시 배올리는 것을 생생하게 이야기해 주었다.

해암의 김과 미역은 어머니의 자존심이었다

날이 밝았다. 차라리 태도로 가는 것을 포기하고 나니까 발걸음이 한결 가벼웠다. 마을 뒷산 정상에 설치된 등대까지 올라갔다. 너머에 외마도와 대마도가 거친 파도에 휩쓸려 갈 듯했다. 능선에 서 있는데 바람에 날려갈 것 같았다. 외마도 밖으로 태도가 있지만 섬은 보이질 않았다. 그쪽이 홍어어장으로 유명한 서바다일 것이다.

내려오는 길에 돌김을 채취해 김발에 널고 있는 오영혜(75세) 아주머니를 만났다. 아주머니는 하태도가 고향이었다. 태도나 만재도나 가거도는 돌김으로 유명한 섬이었다. 오죽했으면 돌김이 좋아 이름도 태도苔島라 했겠는가. 어제 돌에서 뜯어 놓은 것을 햇볕이 좋아 김발작업을 한다고 했다. "자식들도 주고 팔기도 하고. 팔아야 자식도 살고 늙은 노인도 살고. 자식들은 이렇게 해도. 부모는 종노릇하다 죽어. 그래도 지그들은 몬 느껴. 부모는 죽도록 종이여." 싫지 않는 표정으로 말씀하시며 김을 가위로 잘게 잘랐다. 그리고 김발을 물속에 넣고 그 위에 김 크기 모양으로 만든 사각형 틀을 올려놓았다. 그 위에 잘게 자른 김을 풀어 손으로 김모양을 만든 다음 건져냈다. 물기가 빠지면 햇볕과 바람이 좋은 곳에 널었다. 이렇게 하루만 말리면 맛좋은 돌김이 완성되는 것이다. 지난 겨울에 30장씩 1만원에 팔았다. 봄철에는 조금 싸서 8천원에 판매한다고 한다. 갱번에서 뜯은 김은 이런 과정을 거쳐 노인들 용돈벌이가 된다. 아무래도 노인들에게 제일 큰 소득은 미역이다.

미역은 갑똠과 을똠 두 똠으로 나누어 채취를 했다.

똠은 짝벌 앞짝지 중간에서 동남쪽으로 돌아서 국도까지 해서 장섬 큰 둠벙(웅덩이)까지 갑똠, 큰 둠벙에서 서쪽으로 돌아서 뺑 돌아서 물생이와 마도 돌아서 검은여까지 을똠이여. 규정이 그렇게 되어 있어. 갑똠 식구는 갑똠 가서 베어서 묵고, 을똠은 을똠 가서 베어서 묵고, 해마다 바꾸제. 교대로 해 묵으니까. (잘되고 못되고) 운수 소관이제.

지금은 인구가 감소하고 고령화 되어 두 똠을 하나로 합쳤다. 그리고 2004년 농림수산식품부 자율관리공동체로 지정되어 해초건조장을 마련해 미역을 건조시키고 있다. 인터넷 판매도 시작되었다. 건조장이 있기 전에는 미역농사는 날씨에 따라 결정되었지만 이제는 안전하게 건조시킬 수 있어 소득도 높아졌다. 작년에 한 가구당 400여만원의 소득을 올렸다. 중간상인들에게 팔 때와 비교하면 크게 소득이 높아진 셈이다. 섬에 모두 37가구가 살고 있지만 미역을 나눠 먹는 가구는 33가구이다. 하지만 작업에 참여하지 않으면 몫이 없다. 미역 채취 혹은 미역가닥 만들기나 추리기 등에 참여해야 분배할 때 몫을 배당받을 수 있다.

　속이 출출했다. 아침 일찍 등대까지 올라갔다 왔기 때문이기도 했지만 섬에 들어오면 쉬 배가 고파진다. 나만 그런 것이 아닌지 일행이 점심 준비되었다고 오라는 연락이 왔다. 그런데 발걸음을 붙잡는 것이 있었다. 돌절구였다. 우리 고향에서는 '확독'이라 했다. 그런데 만재도에는 집집마다 돌절구가 있었다. 섬에 석수장이가 있어서 만든 것은 아닐 게고 분명 뭍에서 건너온 것이다. 밭이나 집안 구석에 어김없이 뒹굴고 있었다. 마침 밭에서 작업을 하고 있던 임씨할머니를 만났다. 가거도에서 시집온 할머니였다. 옛날 파수평 시절에 가라지 팔고 홍어 팔고 해서 사온 것이라고 했다. 당시 인천배들에 고기를 팔면 돈을 줬다. 그 돈으로 뭍에 가서 보리를 팔아 오면 방아를 찧어 곡식을 했다. 이때 반드시 필요한 것이 확독이었던 것이다. 그래서 무엇보다 돈이 생기면 먼저 마련하는 것이 돌절구였다. 뭍에서 말하는 방앗간 역할을 했던 것이다. 뭍이라면 고물상이나 정원용 혹은 옛 물건을 구입하는 수집상들이 가져갔겠지만 섬이라 여기저기 뒹굴었다. 20여 년 전까지만 해도 이 섬에서 돌절구는 생필품이었다.

일반현황

위치 | 신안군 흑산면 만재도리 **동경** 125° 28′ **북위** 34° 12′
면적 | 0.590km² **해안선** | 5.5km **육지와 거리** | 120.5km(목포시)
가구수 | 43 **인구(명)** | 92(남43+여49) **어선(척)** | 22 **어가** | 28
어촌계 | 총 1개 어촌계(20명)

공공기관 및 시설

공공기관 | 만재도내연발전소
교육기관 | 흑산초등학교 만재분교(폐교)
전력시설 | 한전 전가구
급수시설 | 간이상수도 1개소 40가구, 우물(펌프) 2개소 3가구, 해수 담수화 1개소

여행정보

교통 | **배편** | 쾌속정(목포-비금 · 도초-대둔도 · 다물도-흑산도-상태도 · 중태도-하태도-만재도-가거도) / 남해프린스: ㈜남해고속(061-244-9915)
낚시터 | 북측해안 일부지점까지는 걸어서 다닐 수 있는 장소가 있으나 남측해안은 깎아지른 절벽이라 배를 이용하지 않으면 접근이 불가능하다.
특산물 | 김, 미역, 톳, 우럭, 장어, 전복, 홍합
특이사항 | 재물을 가득 실은 섬, 또는 해가 지면 고기가 많이 잡히는 섬이라 하여 만재도라 부른다.

30년 변화 자료

구분	1973	1985	1996
주소		전남 신안군 흑산면 만재리	좌동
면적(km²)		0.591	0.6
공공기관		-	분소 1개
인구(명, 남자+여자)		261(134+127)	156(84+72)
가구수		36	52
급수시설		우물 2개 간이상수도 1개	우물 6개, 간이상수도 개
초등학교		분교 1개 54명	초등학교 분교 1개 8명
전력시설		자가발전 36가구	자가발전 52가구
의료시설		약방	상비약비치
어선(척, 동력선+무동력선)		11(5+6)	동력선 8척

＊ 공공기관은 면사무소, 파출소 등 포함

9

망망대해에도
살 만한 섬이 있다
흑산면 가거도

첫배라는 말이 어색하다. 늘 첫배이자 막배이다. 그나마 하루에 오고 갈 수 있는 배라도 있어 다행이다. 통통배를 타고 오갔던 노인들이나 풍선배를 기억하는 상노인들은 이것도 사치라고 할까. 목포에서 뱃길로 280킬로미터 쾌속선으로 3시간 이상 가는 거리다. 도무지 섬이라고는 없을 것 같은 망망대해 서해 남단 끝에 우뚝 솟은 섬. 가거도다. 뱃길이 쉬 열리지 않던 시절 이 섬에 오르지 못하고 떠난 군수도 많았다. 이제는 당일치기도 가능하지 않는가. 그 사이 미역을 팔아 쌀도 사고 아이들 추석빔도 샀던 노인의 얼굴에 미역줄기만한 굵은 주름이 훈장처럼 그어졌다.

가거도는 지도군 흑산면 지역으로 소흑산도라고도 불렀다. 1914년 행정구역 개편으로 대리, 대풍리, 항리를 합하여 가거도리라 하고 무안군 흑산면으로 편입시켰다. 1969년 신안군이 설군되면서 신안군에 속하였고, 1971년 흑산면 가거도 출장소가 설치되었다. 1580년경 섬주변에 해초와 고기가 많아 서씨가 정착했다고 한다. 섬은 기암괴석과 후박나무숲으로 이루어져 있다.

목포에서 출발한 배는 4시간만에 가거도에서 승객을 모두 내려놓고 잠시 휴식을 취했다. 선창에 내린 한 무리의 관광객들은 독실산 아래 대리마을로 민박집을 찾아 나섰다. 예약을 한 관광객들은 주인이 가져온 트럭에 짐을 실고 출발을 했다. 전화를 걸었다. 지인으로부터 소개받은 민박집을 운영하는 임장욱 씨를 찾았다.

가히 살 만한 섬

바다가 파랗다 못해 손을 넣으면 물이 들 것 같았다. 선창에 몇 명의 주민이 자망그물을 손질하고 있었다. 낚싯배 몇 척은 손님을 기다리는지 한가롭게 햇볕을 즐기고 있었다. 대리마을로 올라가는 초입에 '중국 435km, 필리핀 2,213km, 제주 148km'라는 이정표가 세워져 있다. 중국에서 닭 우는 소리가 들린다고 할 정도로 가깝다고 한다.

가거도는 '아름다운 섬'이라 해 가가도(嘉佳島, 可佳島)라 불렀다. 그러다 '가히 살 만한 섬'이라 가거도可居島라 했다. 지명에는 '소흑산도'라 적혀 있다. 일제가 어업수탈을 위해 대흑산도와 소흑산도를 어업전진기지로 관리하기 위해 구분한 이름을 지명사전에 등록했기 때문이다. 가거도 주민들은 매우 싫어하는 이름이다. 섬에서 패총이 발견된 것으로 보아 오래전부터 사람이 살기 시작했던 것 같다. 장보고 선단이 한중일 중개무역을 하던 시절 쉬어가던 곳으로 알려지고 있다. 청해진이 폐진되고 공도를 유지하다 17~18세기 나주임씨가 입도했다. 이 무렵 《여지도서》나 《호구총서》 기록에는 가거도에 30여 호가 거주했다고 밝혀 놓았다.

가거도에는 신안군에서 가장 높은 독실산이 있다. 산 높이 639미터, 섬둘레 22킬로미터, 면적 918헥타르로 작고 높은 산이다. 해안이 절벽을 이루고 있으며 계곡이 깊다. 산이 낮고 섬둘레가 긴 홍도가 여성적이라면 가거도는 남성적이다. 지명부터 예사롭지 않다. 독이 실하지 않았다면 먼 바다에 거친 파도를 견디며 섬이 우뚝 남아 있을 수 있었겠는가. 독. 실. 산. 그래서 붙여진 이름이다. 태풍섬이라 할 만큼

가거도는 우리나라 서남쪽 끝섬이다. 한때 뭍사람보다 태풍과 바다제비가 더 자주 찾는 섬이었다. 독이 실하지 않았으면 진작 거친 파도에 휩쓸렸을 섬이다. 그 섬에 신안에서 제일 높은 독실산이 있다. '독'은 돌의 전라도말이다.

바다가 거칠다. 또 한류와 난류의 교차지점이다. 인간이 바다에 의지해 살기는 어렵지만 고기들에게는 이보다 좋은 곳이 없다. 또 전형적인 해양성기후를 보이는 곳이다. 독실산만 해도 1년에 300여 일이 안개에 싸여 있을 정도다. 산에는 후박나무가 산림의 1/4을 차지한다. 전국에 공급하는 약재용 후박나무 껍질의 60% 이상을 가거도에서 공급하고 있다. 주민들의 주소득원이다. 독실산에는 이외에도 고기잡이배 선장의 등대역할을 했다는 천리향과 풍란, 죽란, 새우란, 춘란 등이 자생하고 있다. 독실산과 바다가 만나는 갯가에는 미역, 톳, 김, 가사리 등 온갖 해조류는 물론 소라와 전복도 많다. 바다는 난류와 한류가 교차해 영양염류와 플랑크톤이 많으며 산호초와 감태가 숲을 이루고 있다. 먹이가 많고 서식하기 좋아 멸치, 조기, 갈치, 다랑어, 돔 종류 등 온갖 고기들이 모여든다. 목포에서 직선거리로 240킬로미터 떨어진 절해고도라지만 섬에는 사람이 살 만하고 바다에는 고기가 살 만하다. 그래서 가거도라 했나.

흑산도에서 뱃길로 1시간을 달리면 구름 위에서 독실산 봉우리가 얼굴을 내민다. 가장 먼저 뭍사람을 맞는 것이 구굴도와 등대다. 구굴도는 바다제비 산란지로 천연기념물로 지정된 섬이다. 이곳은 밀사초 군락지다. 바다제비는 그 아래 둥지를 틀고 새끼를 낳아 기른다. 최근에는 낚시꾼은 물론 주민들의 생업활동도 제한하고 있다. 구굴도를 지나면 바로 가거도등대다. 1907년 12월 무인등대로 처음 불을 밝힌 후 통행선박이 많아져 1935년 9월부터 등대원이 상주하는 유인등대로 바뀌었다. 등대 동쪽에는 대풍리, 서쪽에는 항리가 있다. 등대 서쪽사면으로 돌아서자 100미터 절벽 위에 까치집처럼 몇 채의 민가가 얼굴을 내민다. 항리마을이다. 가거도에 항만시설이 갖춰지지 않았던 시절 여름철에 동남풍이 불면 항리에 접안을 했다. 배가 경적소리를 내면 2톤급 멸치잡이배가 마중을 나와 사람을 태우고 돌아갔던 곳이다. 멸치배도 파도에 부서질까봐 섬에 올려놓아야 했다. 가거도에서 가장 큰 마을은 대리마을이다. 숙박시설과 유흥장이 갖춰져 있다. 여름이나 초가을 태풍이 몰려오면 중국어선 수백 척이 피항해 파시를 이룬다. 서남해 어장에서 가장 가까운 피항지가 가거도다.

속미역과 난미역

임씨 아내가 잠수복을 챙기고 수경을 들고 나가려다 점심을 차려주었다. "어디 가세요." "물미역 하러 가는데요." "같이 가도 괜찮겠어요." 일부러 부탁이라도 하려는 참인데 울고 싶은데 뺨 때려준 격이다. 마파람에 게눈 감추듯 밥을 해치우고 카메라를 들고 따라나섰다. 포구를 빠져 나와 '석순이빠진여' 쪽으로 갔다. 벌써 해녀 한 분이 미역을 채취하고 있었다. 흑산도미역은 난미역과 속미역으로 구분한다. 물이 빠졌을 때 갯바위에 드러난 미역은 난미역, 물속에 있는 미역은 속미역이다. 난미역은 1월에서 2월에 채취하지만 속미역은 4월 경에 채취한다. 임씨가 채취하는 것은 속미역이다. 미역은 가거도 사람들에게 식량이다. 독실산에서 식량을 구할 수 없기 때문에 바다에서 식량을 찾았던 것이다. 가거도에 사람이 살았던 것도 순전히 미역 때문이다. 그래서 남자나 여자나 모두 미역을 뜯었다. 속미역을 하는데는 남녀가 없었다. 해녀만 아니라 해남도 있었다. 먼저 와 있던 '경진호'는 남자가 물질을 하고 있었다.

미역작업은 공동작업이다. 미역채취 구역을 몇 개의 '뜸(구간)'으로 나누고 뜸별로 공동채취를 해서 공동분배했다. 지금도 대풍리에는 이런 관행이 유지되고 있다. 흑산도나 홍도에도 남아 있다. 신안뿐만 아니라 완도의 생일도에도 관행이 남아 있다. 난미역이든 속미역이든 채취해 운반하기 위해서는 반드시 배가 있어야 한다. 그래서 배짓을 따로 정한다. 한 뜸에 10명이 작업을 하면 채취한 미역을 11짓으로 나눈다. 배짓(배를 제공한 가구에 돌아가는 한 몫) 때문이다. 그런데 속미역은 물질을 해야 하기 때문에 잠질을 못하는 가구는 몫을 받을 수 없다. 그래서 가거도에 생겨난 것이 '애호哀戶'다. 애석한 가구라는 의미이다. 애호는 반 짓을 인정해 준다.

망사리에 가득 찬 미역을 배 가까운 곳으로 가져오면 임씨가 들어올렸다. 그런데 임씨 배에는 들어올리는 기계가 설치되어 있지 않기 때문에 그때마다 얼굴이 벌개지도록 용을 쓰며 올렸다. 잠시만에 배 안에 미역이 가득찼다. 좀 더 큰 미역밭으로 가야겠다며 대리마을 왼쪽 납덕여 쪽으로 배를 옮겼다.

가져온 미역은 바로 미역가닥을 만들어 건조한다. 날씨가 흐리면 건조할 수 없기 때문에 미역을 채취하는 날은 날씨를 보아 가며 결정한다. 속미역은 배가 있어야 하고 물질을 할 사람이 있어야 하기 때문

물미역(녹미역)을 채취하는 것은 무레꾼의 몫이다. 가거도 무레꾼은 여자만 있었던 것은 아니다. 남자들도 물질을 한다.
물질을 하지 못한 가구에게도 채취한 미역을 나누어주는 관행이 있었다. 미역이 아니면 살 길이 없기 때문이었다.

에 누구나 할 수 있는 것은 아니다. 옛날처럼 관행이 유지되지 않고 있기 때문에 능력이 있는 사람이 미역을 뜯어 말리고 있다. 미역 이외에 생계유지를 위한 벌이들이 가능해지면서 관행이 약화되었다. 관광객과 낚시꾼들이 많이 찾기 시작하면서 민박 등 상업이 발달한 것도 큰 이유였다. 또 30여 년 동안 계속된 항만공사에 마을 주민들이 참여하기 시작하면서 좋은 관행들이 유지되기 어려워졌던 측면도 있다. 그래서인지 대리마을은 미역채취관행은 사라졌고, 항리마을은 명맥은 유지하고 있지만 채취할 사람이 없는 형편이다. 반면에 대풍리는 관행이 아직까지 유지되고 있다. 특히 난미역의 경우에는 공동채취해서 분배하고 있다. 먼저 작업을 해온 사람들은 선창에 바람과 볕이 잘 드는 자리를 잡고 미역을 널었다. 늦게 도착한 임씨는 자신이 운영하는 민박집 앞에 미역을 널었다. 가거도 사람들은 봄에는 미역 등 해초를 뜯고 여름에는 우뭇가사리를 채취하고 가을에는 멸치를 잡아 생활했다.

고된 노동, '소리'로 넘었다

가거도의 멸치잡이는 매우 독특했다. 섬주민들이 모두 동원되었다. 챗배라고 불렀던 가거도멸치잡이의 수산업법 이름은 '분기초망'이다. 그 외 나잠업과 외줄낚시가 전부였다.

챗배는 그물이 달린 챗대를 우측에 붙여 불빛으로 멸치를 유인해 떠 잡는다. 7~8명이 배를 타고 초저녁에 노를 저어 나가 다음날 동트기 전까지 멸치를 잡는다. 바다표층에 집단적으로 떠다니는 멸치는 불빛을 따르는 주광성이 강한 어류다. 집어등으로 모은 멸치떼를 채그물로 떠올리는 어업이다. 밤에 횃불을 켜고 멸치잡이에 나선다. 가거도 섬주변을 돌다가 멸치떼가 발견되면 소리를 지르고 뱃전을 두

신안문화원에서 재현한 가거도 멸치잡이 시연 모습.

ⓒ 신안문화원

드려 갯창으로 몰아넣는다. 너울과 파도가 만들어낸 절벽(해식애)이나 동굴(해식동)이 있는 움푹 패인 해안의 구석진 공간이다. 그물을 펼치면 멸치가 쉽게 빠져나가지 못해 적은 수로 멸치를 잡을 수 있다. 용개바위, 고물푼데, 진빡지, 새새골, 등대밑, 강살그미, 샛개, 오동여 등 섬 주변 40여 곳이 잘 알려진 갯창이다.

해방 무렵 가거도 멸치배는 나무로 만든 범선(목범선) 20여 척이었다. 가거도 남자들은 열예닐곱이 되면 배를 타는데 '짓묵는다'고 한다. 어른으로 인정받는 통과의례다. 가거도에서는 '짓'을 묵어야 성인으로 인정을 받았다. 배 1척에 10여 가구가 먹고 살았다. 모두 '뱃동무'들이다. 모두 친척이다. 멸치잡이는 매년 6월말에서 9월말까지 주로 섬 근해에서 이루어진다. 1960년대 멸치가공이 시작되면서 말린 멸치는 젓멸치로 바뀌었다. 하의도에서 소금을 가져와 젓독에 보관했다 영산포에 팔았다. 이렇게 잡은 멸치로 젓을 담고 액젓을 만들어 목포상회에 팔았다.

가거도멸치잡이 노래는 노를 젓고 그물을 당기는 고된 작업의 피로를 덜어주고 일체감 조성을 위해 불렀던 노래다. 노래는 놋소리, 멸치모는 소리, 그물넣는 소리, 술비소리, 그물 올리는 소리, 빠른 배젓는 소리, 풍장소리로 구성되어 있다. 멸치잡이를 나갈 때 노를 저으면서 부르는 '놋소리'는 설소리(앞소리·매김소리)꾼이 소리를 메기면 뒷소리(받는소리)꾼들이 받는다. 놋소리 중 설소리에 해당되는 가사다.

어기야뒤야 어기야뒤야 / 만경창파 무는 멸치 우리 배가 다 잡으네
이 멸치를 잡어다가 / 어느 누구를 살릴손가
늙은 부모 봉양하고 / 젊은 아내 배채우고
사람들아 웃들마소 / 가시나무 이노착을
밀었다가 댕겼다가 / 정든 님을 남줄망정 / 이노착을 남줄이거나
어떤 사람은 팔자좋아 / 부귀영화로 잘 사는데
이놈 팔자는 무슨 팔자로 / 멸치잡이 웬말인가
다 왔구나 다 왔구나 / 앞꼴래미를 다 왔구나

해가 가장 늦게 진다

다음날 아침 일찍 독실산에 올랐다. 임씨가 안내까지 해주었다. 어젯밤 임씨가 한 말이 생각났다. 독도에는 1억2천 명의 일본을 경계하는 해경이 있고, 가거도에는 13억 명의 중국을 상대하는 500여 주민이 있다. "가거도 신경 좀 써 주십시오." 가거도에 사람이 살지 않았다면 일본사람들이 독도를 자기땅이라 우기듯 중국사람들이 가거도를 넘보았을 것이 틀림없다는 것이다. 끝섬인 가거도를 국토의 개념으로 접근해야 한다는 것이다. 사람들은 해가 호미곶에서 떠서 서해로 진다고 생각한다. 그런데 해는 독도에서 가장 먼저 떠서 가거도에서 가

장 늦게 진다. 지난 새천년이라고 요란스러운 행사를 할 때도 흑산도까지는 많은 기자들이 왔지만 가거도에는 1명도 오지 않았다며 아쉬워했다.

독실산으로 오르는 길 곳곳에 후박나무들이 군락을 이루고 있었다. 바다에서 멸치를 잡고 해초를 뜯었지만 독실산도 섬사람들에게 생명이나 마찬가지였다. 가거도에서만 숯가마가 300여 개 된다고 한다. 미역과 함께 숯은 섬사람들의 생계였다. 교역품이고 무역품이었다. 외국배에도 팔았기 때문이다. 숯도 팔고 물도 팔고 했다. 끝섬에 있다보니 뱃사람들의 식고미(식구미, 배에서 생활하면서 필요한 생필품)를 섬에서 충당해야 했다. 또 태풍이 오면 피항할 곳이 가거도밖에 없다. 30여 년만에 완공한 가거도항은 2011년 태풍으로 무너져 또 공사를 해야 할 형편이다.

한때는 산중턱까지 개간을 해 고구마를 심어 식량을 했다. 좋은 고기를 잡으면 말리고 미역을 뜯어서 영산포로 나가 쌀과 바꾸었다. 쌀 구경은 생일이나 명절에 했다. 대부분 보리밥과 고구마로 끼니를 때웠다. 명절에도 보리를 삶아 익을 무렵 쌀을 얹어 밥을 하는 '움쌀밥'을 먹었다. 위에만 섞어서 어르신 떠드리고 나머지는 보리밥을 먹었다. 그것도 보릿고개에 이르기 전에 떨어졌다.

"저쪽이 중국이고 이쪽이 필리핀입니다. 제가 군수님이 오셨을 때 이런 이정표 하나 있으면 좋겠다고 해서 만들어진 것이 선창에 있는 이정표입니다." 임씨는 정상에서 방향을 가리키며 이야기를 했다. 가거도는 국토의 끝이 아니라 시작이라는 것이다. 일찍이 해양을 중시하지 않는 나라는 망했다는 이야기도 덧붙였다.

가거도는 벼 한 포기 심을 곳도 없다. 신안에서 제일 높은 독실산과 갯바위에 의존해 생활했다. 일제강점기 흑산도와 함께 어업전진기지로 개발되었지만 어장은 일제의 어업수탈기지였다. 가거도등대도 출발은 어업수탈과 대륙진출을 노리던 전리품이었다. 해방 후에도 가거도 어장은 거대한 선단을 갖춘 어업기업들의 어장이었다. 섬주민들 몫은 갯바위에 톳, 미역, 김, 우뭇가사리, 풀가사리 정도였다. 일제강점기에도 주민들이 우뭇가사리나 풀가사리를 채취해 놓으면 일본에서 공업용이나 건축용 원자재로 사용하기 위해 상인들이 높은 값에 사갔다.

갯바위가 중요한 생존수단이었기에 참여자격을 '원호', '반호'로 엄격히 구분했다. 원호는 마을에서 5년 이상 거주한 가구로 자신의 집과 충분한 노동력이 있는 가구다. 반호는 원호와 조건은 같지만 집을 갖고 있지 않는 경우다. 새로 가입하는 가구는 5년간 반호로 참여하다가 입호료를 지불하면 원호로 인정을 받는다. 반호는 원호의 1/2몫을 갖는다. 가거도에서 집을 갖는 것은 쉬운 일이 아니었다. 예전에는 흙집을 지어야 하는데 마땅한 흙이 없다. 또 흙이 있어도 흙과 함께 짚이

후박나무는 미역과 함께 가거도 사람들의 살림 밑천이었다. '목피장학금' 이라 할 정도로 교육비를 마련하는 데 요긴했다. 후박나무 껍질은 우리나라 생산량의 절반 이상이 가거도에서 생산되고 있다.

있어야 하는데 짚도 없다. 그래서 인근 구굴도에서 밀사초를 베어와 흙과 섞어서 집을 지었다. 모두 외지에서 가져와야 하기 때문에 자기 집을 갖는 것은 결혼을 하는 것보다 어려웠다.

일제강점기 톳과 가사리로 살았던 가거도는 해방 후 멸치잡이와 미역채취로 생계를 유지했다. 젊은 사람들이 고기잡이를 나가면 여자들과 노인들은 후박나무 껍질을 벗겨 생활했다. 가슴 아린 노랫소리만이 문화재로 지정되어 가끔 노인들 위안거리가 될 뿐이다. 이제 주민들이 기대를 거는 것은 독실산 후박나무와 낚시와 관광업이다. 서남단 끝섬 가거도는 독도와 마라도가 받는 관심에 비하면 외롭기 그지없다.

● — 바다제비의 낙원, 칠발도와 구굴도

칠발도는 바다제비 천국이다. 그밖에 구굴도, 소구굴도, 개린도 등 신안군 서남쪽 먼 섬들은 전 세계 바다제비 개체군의 70% 이상이 서식하는 섬이다. 이들 지역은 모두 2009년 유네스코 생물권 보전지역으로 지정되었다. 비금면 칠발도의 면적은 36,993㎡, 최대해발고도는 105m, 육지로부터 약 47km 떨어져 있다. 칠발도는 본섬과 여러 개의 작은 부속섬으로 구성되는데, 수면 높이에 따라 7~8개의 섬으로 보여 칠팔도로 불렸다고 한다. 이중 초지가 분포하는 섬은 3개이며, 모두 바닷새가 번식하는 것으로 여겨진다. 1905년 정상에 등대(3,372㎡)가 설치되어 1996년 무인등대로 전환되었다. 유인등대 시절에는 2~7명의 항로표지원과 가족이 거주했으며, 7~8마리의 염소가 방목되었다. 식생은 초본이 군락을 이루며 주로 밀사초, 억새, 쇠무릎 및 쑥 따위의 초본식물이 자라고 있다. 등대 주변에는 무화과 수백여 그루가 자라고 있다. 칠발도는 1982년 천연기념물로 지정되어 보호되고 있다.

구굴도(소구굴도와 개린도 포함)는 흑산면 가거도 북쪽 약 2.5km 해상에 위치하며 육지로부터 약 147km 떨어져 있다. 면적 135,200㎡, 해발고도 128m이다. 섬 정상부를 중심으로 까마귀쪽나무와 예덕나무 등이 초본식물과 함께 분포하고 있다. 사면부는 초본으로 덮여 있으며 밀사초가 우점종이다. 1980년대까지 인근 가거도 주민은 구굴도의 밀사초를 가을에 채취하여 초가지붕의 재료로 사용하였다. 채취 후 불을 지르면 다음해에 다시 밀사초가 자라곤 했다. 소구굴도는 면적 18,400㎡, 고도 49m의 작은 섬으로 섬 정상부분 능선과 사면에만 밀사초, 쇠무릎, 원추리 등의 초지가 분포한다. 구굴도와 소구굴도는 1984년 천연기념물로 지정되었다. 개린도의 면적은 40,900㎡이, 66m의 고도로 두 개의 섬으로 나뉘어 있다. 동쪽에 위치한 섬은 정상부는 완만한 경사를 이루며 주로 밀사초 군락으로 구성된 초지가 형성되어 있다. 사면부는 가파른 경사의 암벽으로 노출되어 있다. 서쪽의 섬 역시 상층부에만 밀사초 등의 초지가 분포하며 서쪽은 사면으로 동쪽은 급한 경사의 절벽으로 구성되어 있다. 두 섬 모두 바닷새가 번식한다. 2002년에 환경부 특정도서로 지정되어 보호 및 출입이 제한되어 있다.

이들 섬에서 번식하는 바다제비는 북태평양의 러시아, 한국, 일본 및 중국 등지의 해안과 도서지방에서 번식하는 대표적인 대양성 바닷새이다. 지표면에 굴을 파거나 바위틈을 등지로 삼으며 한 개의 알을 낳는다. 7월 초순에 산란, 8월 중순에 부화하며, 10월 초에 떠난다. 국제자연보존연맹(IUCN)의 멸종위기종 목록에서 상대적으로

칠발도와 등대.

우려가 적은 종으로 분류하였다. 지금까지 러시아의 베르크홉스키 섬 등에 15,000여 쌍, 일본 역시 4~6개의 섬에 1,500여 쌍 미만의 개체가 번식하는 것으로 보고되었다. 한국에서는 독도에 600여 개체와 제주 화도에 1,000여 쌍을 제외하고 구굴도에 약 5~10만 쌍, 칠발도에 1만여 쌍이 번식하는 것으로 조사되었다. 또 소구굴도는 1,000 여 쌍 이상, 개린도는 최소 4,000여 쌍이 번식하는 것으로 여겨진다. 이들 네 섬을 중심으로 신안군에 번식하는 바다제비는 전 세계 개체군의 70%를 웃도는 최소 120,000 여 개체다. 바다제비 외에도 슴새와 국제적 멸종위기종인 뿔쇠오리 등의 바닷새도 발견되었다.

이들 섬이 바닷새들의 서식지와 번식지가 될 수 있었던 것은 둥지를 만들고 산란을 할 수 있는 밀사초가 군락을 이루고 사람들이 접근할 수 없는 먼 바다에 위치한 무인도이기 때문이다. 최근 쇠무릎과 억새 등 외래식물들이 증가하면서 서식지를 감소시키고 바다제비의 직접 사망원인이 되고 있어 대책마련이 필요하다.

알을 품고 있는 바다제비.

사진 및 참고자료 : 고경남, 신안군 제공

144

개황 | 가거도可居島

위치 | 신안군 흑산면 가거도리 **동경** 125° 07′ **북위** 34° 04′
면적 | 9.09km² **해안선** | 22.0km **육지와 거리** | 152km(목포시)
가구수 | 330 **인구(명)** | 528(남310+여218) **어선(척)** | 43 **어가** | 211
어촌계 | 총 2개 어촌계(60명)

공공기관 | 흑산면사무소 가거도출장소(061-246-5400), 흑산보건지소 가거도진료소(061-246-3585), 가거도우체국(061-246-3588), 가거파출소(061-246-5900), 가거도항로표지국(061-246-5553)
교육기관 | 가거초등학교(061-246-3490), 흑산중학교 가거도분교(061-246-5064)
전력시설 | 한전 전가구
급수시설 | 간이상수도 1개소 310가구, 우물(펌프) 8개소 20가구, 해수담수화 1개소

교통 | **배편** | 쾌속정(목포-비금 · 도초-대둔도 · 다물도-흑산도-상태도 · 중태도-하태도-만재도-가거도) / 남해프린스: ㈜남해고속(061-244-9915)
낚시터(유어장) | 오구멍작벌, 산탁개, 성건여, 구굴도, 사까미, 명신여
특산물 | 흑염소, 뿔소라, 자연산 김
특이사항 | 가거도패총(지방기념물 제130호), 멸치잡이 노래(지방무형문화재 제22호), 구굴도 해조류번식지(천연기념물 제341호) 등이 있다. 기암괴석이 많고 주변해안 낚시터에서 돔, 농어 등이 잘 잡힌다. 가거도 산 전체가 후박나무 서식지로, 각종 약초가 많이 자생하여 흑염소를 방목하여 키운다. 희귀조류인 쇠오리, 바다제비, 슴새 등이 서식한다.

30년 변화 자료

구분	1973	1985	1996
주소	전남 신안군 흑산면 소흑산리	좌동	전남 신안군 흑산면 가거도리
면적(km²)	8.64	9.18	7.98
공공기관	-	면출장소 1개, 지파출소 1개	지파출소 1개
인구(명, 남자+여자)	1,571(790+781)	1,261(846+415)	641(318+323)
가구수	292	261	212
급수시설	공동우물 8개	우물 18개, 간이상수도 3개	우물 18개, 간이상수도 4개
초등학교	3개 359명	3개 216명, 분교 2개 56명	1개 46명, 분교 1개 10명
중고등학교	-	1개 137명(중학교)	1개 31명(중학교)
전력시설	-	자가발전 261가구	자가발전 212가구
의료시설	-	병원 1개소, 약방 2개소	보건진료소 1개소
어선(척, 동력선+무동력선)	44(29+15)	39(29+10)	47(45+2)

＊ 공공기관은 면사무소, 파출소 등 포함

신안군 비금면

신안군 비금면
10 비금도
11 수치도, 상수치도
자은면
암태면
팔금면
10
11 상수치도
비금면
11 수치도
안좌면
도초면
장산면
하의면
신의면

10

하늘이 내린 '하얀 꽃'
소금 피는 섬
비금면 비금도

2011년에 천일염을 구하기 위해 홍역을 치렀다. 가까이는 회사동료부터 멀리는 서울의 친척과 친구들까지 '묵은 소금'을 구해달라고 아우성이었다. 소금값도 한 가마에 1만5천원에 거래되던 것이 2만5천원으로 훌쩍 뛰었다. 4만원에 거래되는 곳도 있었다. 그것도 구할 수가 없다. 이제 막 염전에서 건져내 간수가 흐르는 천일염도 순번을 기다려야 받을 수 있을 정도였다. 소금이 이렇게 귀한 대접을 받을 줄 누가 알았겠는가.

비금도는 백제시대에는 자은·암태와 함께 아로현에, 통일신라시대에는 갈도현에 속하였다. 고려시대에는 육창현에 편입되었으며 조선시대에는 영광군에 속하였다. 조선후기에는 나주목 관할이었다. 한때 해남군에 속하기도 했으며 1896년 지도군에 편입되었다. 1914년 행정구역 개편으로 광대, 용소, 수치, 도고, 가산, 지당, 구림, 신원, 고서, 덕산, 내월, 죽림, 수대 등 13개리로 개편되었다. 1969년 신안군이 무안군에서 분군되면서 신안군에 속하였다.

비금도는 자연퇴적과 20여 차례 간척사업으로 1,500여 개의 섬들이 연결되어 형성된 섬이다. 조선중기까지 지동·당두·내촌·구기·외촌·수림마을 등에 11개의 포구가 있었다. 해방 후에 제방 축조기술이 발달하면서 목도(나무섬), 팥섬, 가작도, 사랑도, 만재도 등

비금도는 수십 차례 간척과 수많은 섬들을 연결하여 하나의 섬으로 이루어졌다. 사진은 구림리와 지당리 사이 나무섬과 팥섬을 연결하는 신안방조제 축조로 형성된 염전들이다. 북쪽이 비금해수욕장이며 가운데에서 약간 위쪽에 있는 작은 산(섬)과 오른쪽 마산 사이에 시조염전이 있다.

작은 섬을 연결하는 방조제 공사를 통해 오늘날과 같은 지형의 염전과 논을 조성했다.

소금밭의 꿈, 시조염전

섬사람들은 늘 농사지을 땅을 갖는 꿈을 꾼다. 갯것들이 헐값이던 시절, 농사지을 땅은 섬사람들 로망이었다. 땅은 곧 섬놈을 면하는 방편으로 생각했다. 육지것들과 같아질 수 있다는 희망이었다. 그래서 마을 사람들은 수십 년에 걸쳐 원(제방)을 막고 갯벌을 메우는 일을 반복했다. 혼자 할 수 없는 일이었기에 계를 만들고 마을 주민들이 나서고 면민들이 함께 힘을 모아 제방을 쌓았다. 근대적 토목기술이 발달하기 전이라 지게로 돌과 흙을 날라 마을 앞 갯벌을 막고 논을 만들었다. 우리나라 초기 염전들은 이렇게 해서 만들어졌다.

가산리 선착장에 내리자 수차를 밟고 있는 동상 하나가 맨 먼저 반

거주었다. 60여 년 전 비금면 수림
리에 최초로 염전을 조성한 박삼
만의 동상이다. 1919년에 신안 비
금도에서 태어난 박삼만은 일제강
점기 일본인이 세운 평안도 귀성
염전에서 염부로 노역하면서 천일
제염법을 처음 접했다. 해방 후 고
향으로 돌아온 그는 천일염을 생
산하기 위해 필사적으로 노력했
다. 비금도를 비롯해 신안 다도해
들은 드넓은 갯벌과 바람과 일조

손봉훈 등 지역주민들을 설득해 천일염전개발조
합을 조직한 박삼만의 동상(가산선착장 입구).

량 등 해풍 등 천혜의 천일염 생산조건을 갖추고 있었다. 그럼에도 불
구하고 전통방식인 자염에 의존하는 섬사람들에게 천일염 생산방식
을 가르쳐주기 위해서 수림리의 유지인 손봉훈을 설득해 조합장으로
추대하고 천일염전개발조합을 조직하였다. 마침내 1946년 3월 염전
을 축조하여 천일염을 생산했다. 이렇게 해서 '시조염전(1호염전)'이
탄생했고, 신안 일대 도서지역에 천일염전이 보급되었다.

시조염전은 가산리에서 구림리로 가는 입구 도로면 우측에 조성
되었다. 그곳에 도착했을 때 노부부가 소금을 걷고 있었다. 여러 차례
소금밭 주인이 바뀌고 외형도 많이 변했지만 여전히 천일염을 생산
하고 있었다. 그곳에서도 천일염전을 생산하기 전에 전통소금인 자
염을 생산했다. 시조염전은 몇 판으로 나누어져 각각 경영을 하였지
만 지금은 한 판만 남아 있고 나머지는 폐전되었다. 1907년 우리나라
최초로 만들어진 인천의 주안염전은 일본인의 손에 의해 만들어졌
다. 그 외에도 소래염전, 남동염전을 비롯해 전북의 삼양염전 등도 일

본인의 손을 거쳤다. 순수 우리나라 기술자에 의해 만들어진 현존하는 최고最古의 염전이 시조염전이다. 서남해 도서지역 최초의 염전이기도 하다.

당시 비금에서 천일염 생산을 시도했던 사람은 평양의 광양만 귀성염전에서 염전기술을 습득했던 손봉훈(孫鳳勳, 73세)과 박삼만(朴三萬, 68세) 등이다. 이미 광양만에서 염전생산의 기술과 경험을 가진 두 사람은 마을 청년으로 조합을 구성하여 1946년 3월 13일 수림마을의 갯벌을 막아 시험 염전의 축조공사를 시작하였다. 염전 조성 초기 인근 주민들의 부정적인 반응과 춘궁기 조합원들의 생계유지에 어려움을 겪은 후 5월 중순 시험 소금생산에 성공하였고, 목포소재의 전매청에 보고되기에 이르렀다. 이러한 사실이 알려지면서 인근주민 30명으로 구림1호 천일제염 조합을 결성하여 5정町 8반半의 염전을 축조하였는데 이것이 서남해 최초의 염전 구림1호이다. (《신안비금 향토자료집》, 1999)

손씨의 아들 손현석 씨는 아버지가 만든 염전 맞은편 도로 건너에서 소금농사를 짓고 있다. 그의 꿈은 '시조염전'을 되찾는 것, 아버지가 만드신 염전에서 농사를 짓는 것이라고 했다. 그가 보여준 문서에는 수림천일염개발조합의 편린들이 남아 있었다. 조합의 정식명칭인 '수림천일염전개발조합'도 확인할 수 있었다.

이어 2호염전과 3호염전이 조성되었다. 2호염전은 시조염전에서 읍동(면소재지) 방향으로 가다 도로 오른쪽에, 3호염전은 왼쪽에 있다. 도로 오른쪽은 마을에 접해 있어 조수간만의 영향을 받지 않고 염전을 조성할 수 있었다. 반면에 왼쪽은 섬 동쪽으로 바다와 접하고 갯골

시조염전(1호염전)이 성공을 거두자 섬사람들은 염전 조성에 자신감이 생겼다. 1948년 400여 세대 주민들이 모여 염전조합을 만들어 염전을 조성했다. 염부들의 꿈을 모아 염전 이름도 대동염전이라 했다.

을 사이에 두고 수치도가 있어 조수간만의 영향을 많이 받는 곳이다. 2호염전과 3호염전은 1947~1948년 사이에 조성되었다. 특히 3호염전을 조성할 무렵 대동염전도 조성되었다.

　1948년 무렵에 비금도 주민 450세대는 염전조합을 결성하고 보리개떡과 나물죽으로 연명하며 지게로 돌과 흙을 져서 날라 100여 헥타르가 넘는 광활한 염전을 조성했다. 그것이 대동염전이다. 폐염된 경기·인천지역의 주안·남동·군자·소래염전을 제외하고는 설립 당시 국내 최대 규모였다. 섬사람들의 꿈과 미래를 담아 이름도 '대동염전'이라 했을까. 당시 대동염전은 염부 150명, 보충염부 50명이 일을 했다. 대동염전은 전체 4개로 나누어져 한 곳만 군소업자가 소유했고 나머지 세 곳은 1962년경에 명만수 씨가 (조합으로부터) 인수하여 소유하다가 1969년경에 명만수 씨가 사망하면서 주민 및 염부들에게 소유권을 양도하여 현재 지역 주민들에게 소유권이 분산되어 있는 상태다. 대규모 염전의 경우 대부분이 외지 사람이 소유하는 경우가

위 비금도 3호염전에서 소금농사를 짓는 박채길(1954년생) 고재옥(1960년생) 부부.
아래 불과 몇 해 전 소금은 식품이 아니라 광물이었다. 덕대염전은 광물이던 시절에 폐전되었다. 소금농사로 먹고 살기 힘들었고 나이도 들어 염전을 포기했다. 지금은 퉁퉁이와 나문재만 자라고 있다.

많은데 대동염전의 실소유자는 모두 거주민이다. 대동염전은 2008년 중도 태평염전과 함께 국내 최초로 등록문화재로 지정되었다. 대동 염전이 만들어진 이후 주위에 대성염전(약 100헥타르), 남일염전(약 100헥타르), 중앙염전(약 100헥타르), 나무섬 염전(약 100헥타르)이 이어진 형태로 형성되어 대규모 염전지대를 형성하게 된다.

비금도는 섬의 형세가 새가 날아다니는 모양이라 해서 ‘비금飛禽’이라고 하는데, 5·16 이후 화폐개혁과 함께 소금값이 오르자 염전주인은 말할 것도 없고 인부들까지 지갑이 터질 정도로 돈이 굴러다녔다고 한다. 지나다니는 개들도 지폐를 물고 다녔고, 비금도에 돈이 날아 다닌다고 해서 비금飛禽을 ‘비금飛金’이라 불렀다고도 한다. 가산리 염전 한가운데 덕산(떡메산)에 올랐다. 광활한 염전을 확인하고 싶었다. 떡메산은 돌로 이루어진 산이다. 정상에 오르자 대동염전이 한눈에 들어왔다. 물을 가득 채운 염전이 거울처럼 고요히 반짝였다.

소금꽃이 핀다

염전은 저수지, 증발지, 결정지로 구성되어 있다. 저수지는 바닷물을 저장하는 곳이며, 햇볕과 바람을 통해서 염도를 높이는 증발지는 난치(제1증발지)와 누테(제2증발지)로 구분하며, 소금결정이 이루어지는 곳은 결정지이다. 천일염전의 50%가 폐전되었다. 남아 있는 염전의 대부분이 신안에 있다. 이것만으로도 섬은 존재이유가 충분하다. 천일염이라고 해서 모두 같은 것은 아니다. 호주나 멕시코처럼 바닷물을 대규모 염전에 가두어 두고 1~2년 증발시켜 만든 소금도 있다. 우리 천일염은 갯벌을 논처럼 만들어 바닷물을 햇볕과 바람으로 증발시켜 하루 이틀만에 생산하는 ‘갯벌천일염’이다. 칼슘과 마그네슘과 칼륨이 수입소금에 비해 3배가 많다.

바닷물이 하얀 소금으로 바뀌는 데는 날씨가 매일 좋다고 가정할 때 한 달에서 닷새가 모자라는 25일이 걸린다. 좋은 소금은 염부들의 발자국 소리와 함께 만들어진다. 새벽 4시에 결정지에 소금을 앉히고 아침을 먹고 10여 단으로 나누어진 염전밭을 돌며 한 단계씩 바닷물을 옮겨 염도를 올린다. 점심을 먹고 나면 결정지에 소금꽃이 피어나기 시작한다. 나트륨과 염소가 결합하는 것이다. 결정지를 빙빙 돌며 소금꽃이 커지고 무거워지면 바닥에 가라앉는다. 오후 4시가 되면 염부들이 고무래를 들고 소금을 모은다. 이것을 '소금을 거둔다'고 한다. 이런 과정이 염부들이 짓는 소금농사다.

소금을 적게 먹어야 건강에 좋다고 생각하는 사람들이 많다. 하지만 좋은 소금을 충분히 먹어줘야 건강에 좋다. 건강을 몹시 챙기는 일본사람들이 우리 갯벌천일염을 보고 감탄하며 주문해 간다. 국내의 식품 대기업들이 앞다투어 좋은 염전을 확보하기 위해 신안 염전을 찾고 있다. 소비자들의 천일염에 대한 생각이 바뀌고 있기 때문이다.

시금치 팔아 병원 간다

몇 년 전 겨울이었다. 그 유명하다는 섬초를 찾아 비금도를 방문했다. 선창에 내리자 포구에서 국밥으로 아침을 해결한 트럭기사들이 시동을 걸었다. 대형트럭이 일제히 시동을 걸자 포구가 흔들린다. 시금치 상자를 가득 실은 트럭이 줄지어 농협 배에 올랐다. 가산리 포구의 아침이 시작된다. 섬초를 가득 실은 트럭은 목포에 도착하면 서울 농산물시장으로 올라간다.

백반을 시켰다. 금방 내온 반찬에 시금치 나물이 없었다. 이유를 물었더니 시금치값이 얼만데 5천원짜리 백반 하나 먹으면서 '비싼' 시금치 나물을 찾느냐며 눈치를 준다.

밤새 박스작업을 한 주민들은 토막잠을 자고 일찍 일어나 땅이 채 녹기 전에 시금치밭으로 나간다. 땅이 녹으면 시금치 작업하기 불편하기 때문이다. 수대리 근처에서 시금치를 캐는 할머니를 만났다.

너무 멀어서일까. 할머니가 무어라고 하는데 그 말이 귀에 들리지 않는다. 아마도 할머니가 낯선 사람이 다가오는 걸 보고 삼킨 모양이다. 덩그러니 큰 집은 할머니와 작은 강아지가 지키고 있다. 할머니는 1,000여 평의 논과 700여 평의 밭에 시금치를 심어 생활하고 있다. 살아 생전에 그렇게 속을 썩이던 영감님도 몇 년 전에 돌아가셨다. 예순이 넘도록 할머니를 귀찮게 했던 할아버지였다. 시금치농사만 30년 넘게 짓고 있는 할머니가 돈 좀 모아두면 할아버지가 가져다 쓰셨다. 할머니는 시금치를 캐던 바구니를 옆에 두고 옆 논두렁에 나와 나란히 앉았다. 할머니의 눈시울이 붉어졌다.

할머니는 비금도에서 태어나 같은 섬에 사는 남자와 결혼했다. 3년 동안 베를 짰고, 그 뒤로 시금치농사를 지었다. 요즘 할머니의 시금치 작업량은 11월에 시작해서 3월까지 400박스 정도다. 겨울바람에 맞

비금도의 겨울은 시금치의 계절이다. 가락동시장의 시금치값을 결정할 정도로 가격경쟁력이 있는 비금시금치를 '섬초'라고 한다. 찬바람에 시금치농사를 짓고 나면 '골병'이 든다. 봄철에 목포 인근에서 서성이는 노인들이 그들이다. 비금 노인들은 돈벌어 병원 좋은 일만 시킨다고 말한다.

서 번 돈, 봄이면 허리가 아프고 건강이 좋지 않아 병원에 가져다주는 것이 일이다. 눈물을 보이지 않으려는 듯 앞만 보고 이야기를 하신다. 비금도 시금치는 '섬초' 라고 농산물시장에서는 꽤 이름이 알려진 브랜드다.

겨우내 섬초를 생산하고 나면 주민들은 허리를 펴질 못한다. 오죽했으면 '봄철 목포병원에 허리 구부정해서 다니는 사람들은 비금도 주민' 이라고 했겠는가. 새벽 갯바람을 맞으며 쪼그리고 앉아서 시금치를 캐고, 저녁엔 씻는 것을 반복해 관절병을 몸에 달고 산다.

비금도에서는 언제부터 시금치를 재배했을까. 1958년 죽림리 최남산 씨가 종자를 구입해 재배를 시작했고 1970년대 이후 시금치 재배가 더욱 활발해졌다. 수대리, 내월리 등 수심이 깊고 산이 많아 염전 개발이 쉽지 않았던 서부 지역에서 특히 많이 재배했다. 1996년에 비금농협은 비금시금치를 '섬초' 로 상표등록을 했다. 비금도 전체 1,700여 가구 중 1,000여 가구가 시금치를 재배하고 있다. 이제 비금 '섬초' 는 천일염과 함께 섬을 대표하는 브랜드가 되었다.

파시촌 사람들

비금도는 큰 바다와 내해 사이에 있는 섬이다. 서쪽으로는 흑산어장, 북쪽으로는 칠산어장이 펼쳐져 있다. 이곳에는 일찍부터 고기를 잡던 뱃사람들이 물때에 따라 쉬어가거나 식구미를 챙겨가는 선창이 발달했다. 원평항과 송치항이 그런 곳이다. 옛날 배로 목포까지 가서 준비를 해오기에는 너무 많은 시간이 걸렸기 때문이다. 조기 · 부서 · 강달어 등 회유성 어종들이 어기에 순간적으로 몰려왔다 빠져나가기 때문에 어장 주위에서 머물러야 했다. 원평항으로 가기 위해 떡메산에서 내려와 명사십리해수욕장으로 향했다. 가는 길에 이세돌기념관과 천일염정보화마을(지당리 우산마을)을 지났다. 한국 최고의 기사로 신안군 프로팀에서 활약중인 이세돌의 고향이 비금면 도고리이다.

비금도에는 3개의 해수욕장이 있다. 모래가 단단하면서 면적이 넓고 길어 경비행기들이 곧잘 이착륙을 하는 명사십리해수욕장, 그 옆에 있는 원평해수욕장, '하트해변' 으로 잘 알려진 하누넘해수욕장 등이 그것이다. 물이 들면 해변이 마치 하트 모양처럼 생겼다 해서 붙여진 이름이다.

원평해수욕장이 있는 원평마을은 일제시대 강달어파시가 형성되었던 마을이다. 모래사장에는 파시철이 되면 선주와 어부들을 상대로 한 '막'(술집)이 50여 개가 만들어졌다. 강달어어장은 비금도와 자은도와 칠발도 사이에 형성되었다. 일제강점기에는 원평에서 강달어 기름을 얻으려고 공장을 세우기도 했다. 태평양전쟁 막바지에 온갖 공출을 하던 시기였다. 일본의 패망으로 강달어제조공장이 문을 닫았다. 강달어 소비는 급감했다. 강달어어장은 해방 후 1960년대까지 이어졌다. 원평파시가 시들해지자 비금도 서쪽 송치마을에 새로운 파시가 형성되었다. 송치는 목포와 뱃길이 아주 좋았다. 도초도와 마주보고 홍도와 흑산도를 오가는 배들이 오가는 곳이라 시장성도 있었다. 송치에는 100여 개의 '막'이 만들어졌다. 비금도는 천일염전이 막 조성되던 시기였다. 새우와 강달어를 이용한 젓갈이 송치포구를 통해서 목포로 팔려나갔다. 목포를 중심으로 소비시장이 활성화되자 원평항보다는 송치포구가 부각되었다.

원평마을에서 송치마을로 가는 길은 읍동으로 나가 2번국도를 타는 길과 해안길을 따라 하누넘해수욕장(하트 해변)에서 내월마을로 넘어가는 길이 있다. 그 산고개에 긴 돌담이 있다. '우실'이다. 마을 울타리에 해당하는 담으로 나무를 심어 숲을 만들기도 한다. 내월우실은 내월마을 북쪽 산고개에 쌓아져 있다. 북서쪽에서 불어오는 바람을 타고 넘어오는 바닷물과 모래를 막기 위해 만들었다. 농작물을 보호하고 허한 곳을 채워주는 풍수기능까지 겸한다. 그리고 마을 안과 밖을 구분하는 경계 역할도 맡고 있다. 내월우실은 하누넘에서 불어오는 '재냉기(재 너머 부는 바람)'로 농사가 망치는 것을 막기 위해 쌓았다고 한다. 내월우실을 지나 도로를 따라 남쪽으로 넘어오면 시금치밭이 이어지고, 그 아래 옛날 돌담이 잘 남아 있는 내촌마을에 이른다.

2001년 송치포구에서 새우를 추리는 김씨(당시 71세) 할머니를 만났다. 당시 새우배가 들어오면 새우와 잡어를 추려주고 한 배에 6천원에서 1만원을 받았다. 잡어는 가지고 갈 수 있었다. 송치에는 10여 명의 아주머니들이 새우 추리는 일을 하고 있었다. 암태도가 친정인 할머니는 스무 살에 시집을 왔다. 한국전쟁 직후였다. 할아버지는 나락계를 해서 송치에서 생새우를 구해 장사를 했다. 처음 시집왔을 때 밤마다 장구소리에 잠을 이룰 수가 없었다. 영감님에게 무슨 소리냐고 물었더니 "배가 들어오면 산다이를 한다"고 했다. 산다이란 술집에서 술을 먹으면서 아가씨들과 장구를 치면서 노는 것을 말한다. 송치에 파시가 한창 성했을 때다.

송치에는 원주민들이 대여섯 가구밖에 없었다. 장사하는 사람들이 들어오고 비금사람들도 이사해 왔다. 많이 거주할 때는 120여 가구까지 살았다. 지금은 60여 가구가 장사도 하고 어장일도 하고 농사도 지으며 살고 있다. 수백 척의 배들이 정박했던 포구는 50여 년 동안 엄전에서 양식장으로, 다시 논으로 바뀌었다. 젊은 새댁은 허리가 굽고 눈도 침침해졌다. 생새우를 팔던 노인은 먼저 갔지만 할머니는 여전히 새우를 만지며 살고 있다.

● ― 우리나라 소금의 역사

우리나라는 언제부터 소금을 생산하였을까. 《삼국사기》 권 17 〈고구려본기〉 미천왕 조에는 왕이 즉위하기 전엔 왕손의 신분을 감추고 피신하려고 소금장사를 하며 화를 면했다는 기록이 나온다. 《삼국유사》에는 소금을 시주하였다는 기록도 있다.

고려 충선왕 때는 제염을 관장하는 기관인 도염원을 두고 엄격한 관리 아래 소금을 생산하였다. 조선시대에는 각 지방에 관리들의 감독 아래 비교적 자유롭게 소금을 제조하였다. 1905년 통감부가 설치되면서 일제는 1907년 염업에 관한 전면적인 조사를 시작해 1911년 조사를 완료했다. 당시 부옥釜屋은 전라도가 가장 많았으며 경기도, 충청도 순이었다. 도별로 보면 〈표 1〉과 같이 연간 자염생산의 합계는 약 2억 8천만 근, 염전의 총면적은 약 3,709정, 부옥수는 4,206개이다. 전남은 전체 생산량의 37%인 1억4백만 근을 생산했다.

〈표 1〉 1910년 전후 우리나라 자염 생산현황

도명	염전면적(정보)	염부수	염정수	연간 생산량(근)	비율(%)
경기	524.57	815	3,527	52,481,264	19
충남	217.53	474	7,454	31,166,306	11
전북	184.59	101	2,701	9,201,564	3
전남	775.51	1,065	23,670	104,104,340	37
경북	79.11	90	1,850	7,041,669	3
경남	415.61	455	8,647	26,124,811	9
황해	62.23	102	947	8,041,460	3
평남	427.24	258	2,292	10,395,299	4
평북	50.20	67	296	984,753	0.4
강원	54.17	178	2,337	7,785,237	3
함남	565.84	355	6,033	21,139,031	7
함북	52.59	246	961	1,409,282	0.6
계	3,709.75	4,206	60,715	279,875,016	100

출처 : 《조선전매사》 3권

우리나라는 1907년 최초로 인천 주안에 천일염전이 조성되었다. 비금도에 염전이 조성되기 40년 전이다. 당시 국내에서는 자염煮鹽이라 부르는 전통소금과 '청염'이라고 부르는 수입한 중국소금을 사용했다. 일제는 중국수입염에 대응하기 위해 천일염과 전오염의 생산성을 비교하는 실험을 실시했다. 1906년 천일염전 적지로 인천항의 주안, 진남포항의 광양만을 선정하였다. 우선 1907년 일본 대장성의 나카오쿠中奧 기사가 인천의 주안에 중국인 기술자를 고용하여 시험용 대만식 천일염전(1정보)를 만들고 부산 동래에 입빈식 전오염전을 설치하였다. 그 후 1908년 4월부터 10월까지 시험한 결과 염 1석당 생산비는 천일염전 1엔, 전오염 1엔50전으로 나타나 천일염전의 개발 필요성이 강조되었다(다나카 마사타카田中正敬, 1996). 그 결과 천일염전의 생산성이 높아 평안남도 광양만에 대단지 천일염전을 설치했다. 일제 강점기 천일염전 축조현황을 보면 〈표 2〉와 같다. 제1기 천일염전 축조현황을 보면 경기도 주안에서 1정보의 염전이 조성되었음을 확인할 수 있다. 이후 제2기는 1919년부터 1920년까지 주안(139정보), 덕동(226정보), 제3기는 1921년부터 1924년까지 남동, 귀성, 남시, 군자 등에 1,241정보, 제4기는 1934년부터 1945년까지 연백(1,250정보), 귀성(1,036정보), 소래(549정보)에 천일염전이 조성되었다.

〈표 2〉 일제강점기 천일염전 조성현황

조성년도	조성년도	조성지역(정보)
제1기	1907~1913	경기 주안(99) 평남 광양(934)
제2기	1919~1920	경기 주안(139) 평남 덕동(226)
제3기	1921~1924	경기 남촌(300) 평남 귀성(149) 평북 남시(217) 경기 군자(275)
제4기	1934~1945	평남 연백(1,250) 평남 귀성(1,036) 경기 소래(549)

출처: 《시흥시사》

일제는 해방에 이르기까지 3차례에 걸쳐 관영염전 축조계획을 수립하고 염전개발에 주력하였다. 하지만 목표를 이루지는 못하고 〈표 3〉과 같이 8·15 해방까지 7,087정보의 염전을 축조하였다. 이외에도 충남 서산에 약 530정보의 개발을 위해 착공했고 소래염전에는 기계염전을 위한 기초공사를 도입하다가 완성을 못 보고 해방이 되었다. 특히 일제는 평안북도 북단에서 전라남도 남단에 이르는 서해안 일대에 정부염전축조 예정보유지 약 1만정보를 구획하고 민간인 농지개척을 금지하였으며 중일전쟁 후 1934년부터 종전終戰까지 1,830정보를 조성하였다. 특히 태평양전쟁으로 외국염의 도입이 어려워지자 천일제염의 독점시책을 완화하고 1942년 처음으로 일본인 민간기업체인 조선염업주식회사에 37.5정보의 천일염전 경영을 허가하였다. 그리고 1945년에 이르러서는 '염의 긴급증산방책요강'을 제정하여 자가소비를 위한 천일제염을 적극 장려하고 염전조성비의 50~80%를 정부가 보조한다고 선전하기도 하였다(《염백서》, 117~119쪽). 그리고 일제는 재정수입을 목적으로 1930년 3월 염수입관리령과 1942년 5월 제정한 조선염전매령에 의하여 소금의 생산과 공급을 독점하였다.

〈표 3〉 8·15 이전 일제의 염전 조성현황

구분	염전명	염전면적(정보)	준공연도	염전소재지
남한	주안	212	1907.9, 1909, 1919.3	인천시 주안동
	소래	549	1935.12, 1937.6	인천시 논현동
	남동	300	1921.12	인천시 논현동
	군자	603	1925.3	경기도 시흥군 군자면
	소계	1,664		
북한	연백	1,268	1942.9	경기도 연백군
	광양만	775	1914.3	평안남도 용강군
	덕동	223	1921.5	평안남도 용강군
	귀성	1,535	1922	평안남도 용강군
	남시	483	1922	평안북도 용천군
	청천	1,139	1922	평안북도 용천군
	소계	5,423		
합계		7,087		

출처: 상공부, 《염백서》(1964)

천일염이 발달한 곳은 인천 부근의 주안·군자·남동, 진남포 부근 광양만의 덕동·기성 및 평북의 남시 등 7개소로 모두 서해안 중부 이북이다. 이들 지역에 천일염전이 집중되는 것은 첫째, 간만의 차이가 커 염전구축에 적합한 간석지(갯벌)가 많고, 둘째, 강우량이 적고(연강우량은 500~1200mm) 건조한 바람이 많이 불어 증발이 왕성하고 여름철에 일조시간이 길어 일사량이 많기 때문이다. 셋째는 해류교통이 편리하고, 배후지에 인구밀집지대가 있어 제염수송과 소비면에서 적절한 환경을 갖추고 있으며, 마지막으로 값싸고 풍부한 노동자원이 있기 때문이다(요시다 게이치吉田敬市《파시평고-조선의 이동어촌집락波市坪考--朝鮮に於ける移動漁村集落》 404~405쪽).

해방직후 남한의 염전면적은 북한에 속한 연백염전 1,267.5정보와 인천을 중심으로 한 관영염전 1,664정보, 일본인 경영 민간염전 37.5정보 등 총 2,969정보였다. 해방 후 수입을 줄이고 부족한 소금을 생산하기 위해 국가주도의 대대적인 염전조성사업이 추진되었다. 정부가 수립되면서 국가는 개인에게 제염허가권을 내주기 시작하였다. 소금은 미군정기에도 공급부족으로 수입에 의존하였으며, 미군정청은 민간기업인에게도 천일염전 개발을 권장하였다. 1947년도에는 23명의 민간인에게 1,467정보의 면적을 허가하였으며, 준공면적은 130정보에 달했다. 정부수립 후 염전개발을 추진하였지만 한국전쟁으로 중단되었다. 게다가 남한 최대의 연백염전이 북한에 소속되면서 소금부족은 더욱 극심하였다. 해방 후 부족한 소금을 매년 100만 달러를 소비하면서 10만 톤 이상의 외국산 염을 수입하였으며 일부지역에서는 소금 1홉과 백미 1홉을 물물교환할 정도로 소금가격이 급등하였다. 그 결과 1949년 해안지역에서는 〈표 4〉와 같이 전오제염이 급격하게 증가하여 무허가제염과 암매가 등장하였으며 염생산을 위한 막대한 연료의 소비로 산림의 남벌이 극심하였다. 해방 이후 정부는 새로운 전오염전의 시설을 금하고 기존시설의 석탄이용과 천일염전으로 전환을 장려하였으며, 1956년에는 경상남도 김해군과 울산군에 약 150정보의 개량식 전오염전만 남기고 모두 천일염전으로 전환하거나 폐전하였다. 소금 자급자족이 이루어진 것은 1958년이었다. 그리고 1961년에는 염업임시조치법을 공포하여 전오염전 132정보에 대하여 1,070만원을 보상하면서 완전히 소멸되었다. 그 후 1962년 전매제도가 폐지되어 소비자들이 소금을 쉽게 구할 수 있었지만 1963년 제정된 염관리법에 의해 광물로 분류되었다. 장류와 김치 등 전통음식의 제조에 필수품이었던 천일염은 식품이 아니라 광물 신세를 오랫동안 면치 못했다.

〈표 4〉 염종별 생산실적(단위 : M/T)

연도	천일염	전오염	재제염	계
1945	41,319			41,319
1946	77,156	3,643	2,886	83,685
1947	65,438	4,360	1,776	71,574
1948	88,836	287	834	89,957
1949	172,601	14,901	2,755	190,257
1950	170,142	3,949	1,130	175,221
1951	80,566	1,786	1,330	83,682
1952	195,744	7,222	131	203,097
1953	188,396	2,923	2,494	193,813
1954	176,452	1,390	483	178,325
1955	349,709	2,497	1,893	354,099
1956	192,026	2,500	2,414	196,940
1957	359,900	4,282	5,008	369,190
1958	448,173	3,951	8,024	460,148
1959	381,260	1,985	7,013	390,258
1960	390,647	2,011	6,610	399,268
1961	119,029		3,461	122,490
1962	388,075			
1963	235,894			235,894

출처: 《염백서》(1964)

〈표 5〉 염전운영 및 생산실태

구분	면적(ha)			업체수		'11생산량(톤)
	허가	가동	휴업	허가	생산	
전국	4,649	3,778	871	1,268	1,104	368,700
전남	3,330	3,007	323	1,134	1,000	315,655
대비	72%	80%	37%	89%	91%	86%

출처: 전라남도(2011. 12)

1997년 소금수입이 자유화되자 가격하락을 우려한 대책으로 폐전정책을 추진하여 염전면적은 50% 이상 감소하였다. 염전이 감소하자 오히려 염전의 생태적 문화적 가치와 우리 갯벌천일염의 가치논쟁이 시작되었다. 우리나라의 2011년 천일염 생산현황은 총 36만여 톤이며 이 중 전남이 31만여 톤으로 86%를 점하고 있다. 염전면적도 가동면적의 80%를 차지하고 있다. 우리나라 소금 수요량은 2008년 현재 350만 톤이며, 천일염은 38만 톤에 불과하다. 식용은 수요량 61만 톤 중 천일염이 차지하는 비중이 49만 톤이다.

세계적으로도 갯벌을 활용한 천일염 생산방식은 보기 드문 제염방법으로 갯벌천일염은 세계 소금생산량 2억1천 톤 중 0.2%에 불과할 만큼 가치가 높다. 2008년 신안의 대동염전과 태평염전이 역사성을 인정받아 등록문화재인 근대문화유산으로 지정되었으며 2008년부터는 천일염도 광물이 아니라 식품으로 인정받게 되었다.

개황 | 비금도飛禽島

위치 | 신안군 비금면 **동경** 125° 55′ **북위** 34° 45′

면적 | 48.490km² **해안선** | 48.9km **육지와 거리** | 58km(목포시)

가구수 | 1,809 **인구(명)** | 3,813(남1,902+여1,911) **어선(척)** | 122 **어가** | -

어촌계 | 총 3개 어촌계

공공기관 | 비금면사무소(061-275-5231), 비금농협(061-275-5251), 비금파출소(061-275-5112), 해양경찰 서산 파출소 비금출장소(061-241-2133), 비금 119지역대(061-280-0973), 비금면 예비군중대(061-275-5113), 한전 비금 전력서비스센터(061-275-5176), KT 목포지사 도서통신부 비금분실(061-275-5060), 농업기술센터 비금면 지소(061-275-5068)

교육기관 | 비금초등학교(061-275-5262), 비금동초등학교(061-275-6044)

전력시설 | 한전 전 가구

급수시설 | 간이상수도 1개소 350가구, 우물(펌프) 1,382가구

교통 | **배편** | 목포↔비금(도초)간 선반운항 ㈜씨월드 고속, ㈜남해고속(061-244-9915)

섬내교통 | 비금버스여객, 비금택시

낚시터(유어장) | 칠발도 · 우세도 주변해역, 비금도 낚시터

특산물 | 해풍을 맞고 자란 시금치, 싱싱한 병어

특이사항 | 우리나라에서 가장 먼저 천일염을 생산한 곳으로 유명하다. 떡메산, 용소전설, 밤달애놀이, 모찌기노래, 모내기노래, 김매기 노래, 상여소리 등이 전해진다. 원평, 하누넘, 광대해수욕장과 인근 무인도 낚시터의 주변 경관이 뛰어나다. 성치산성, 도고리산성지, 서산사(절) 등의 유적이 있다.

30년 변화 자료

구분	1973	1985	1996
주소	전남 신안군 비금면	좌동	좌동
면적(km²)	43.12	44.6	44.13
공공기관	-	면사무소 1개, 지파출소 1개	면사무소 1개, 지파출소 1개
인구(명, 남자+여자)	15,010(7,672+7,338)	9,553(4,807+4,746)	5,691(2,842+2,849)
가구수	2,567	2,273	1,778
급수시설	공동우물 301개	우물 1,445개, 간이상수도 4개	우물 1,421개, 간이상수도 7개
초등학교	3개 3,428명	4개 1,503명	4개 438명
중고등학교	2개 742명	1,140명(중학교 1개 1,013명 고등학교 1개 127명)	2개 575명(중학교 1개 352명 고등학교 1개 223명)
전력시설	-	한전 2,273 가구	한전 1,778가구
의료시설	-	병원 1개소, 약방 4개소	병·의원 1개소, 약방 2개소
어선(척, 동력선+무동력선)	64(21+43)	177(87+90)	126(124+ 2)

＊ 공공기관은 면사무소, 파출소 등 포함

11

'섬초'의 씨를 뿌리다

비금면 수치도, 상수치도

날이 어두워지자 마음이 급했다. 빨리 잠자리를 해결해야 했다. 큰 섬에는 여인숙에서 펜션까지 어렵지 않게 숙소를 선택할 수 있지만 작은 섬에서는 마을회관이나 교회가 유일한 대안이다. 날이 어둡기 전에 마을이장이나 목사님의 허락을 받아야 한다. 오늘은 운 좋게 교회 교육관을 소개받았다.

두레박으로 물을 퍼서 밥을 짓고 간단하게 세면을 했다. 새벽 6시에 일어나 8시가 되어 숙소에 앉았으니 오늘도 많이 걸었다. 상수치를 충분히 돌아보았다면 10시가 훨씬 넘었을 것이다. 더 이상 걸을 힘도 없었지만 날이 어두워 가던 길을 멈추고 차를 기다렸다. 멀리 우리를 데리고 가려고 오는 차 불빛이 노둣길을 비추었다.

수치도는 1712년(숙종 28) 김해김씨 김세경이 비금 수치에서 지금의 가어지로 이주해 와 정착하여 마을을 이루었다. 마을은 원수치와 가어지 두 마을로, 원수치는 밀양박씨, 김해김씨, 전주강씨 등이 동족마을을 이루었고 가어지는 김해김씨, 밀양박씨, 전주이씨가 많다.

수치도는 갯벌이 발달했고 주변에 작은 섬들이 많아 방조제를 막아 간척을 했다. 그래서인지 작은 섬치고 벼농사가 많고 염전이 많다. 못자리를 만드느라 바쁜 5월이다. 모판을 만들어 황토흙을 깔고 볍씨를 뿌린 후 5일이면 싹이 트고 한 달이면 10여 센티미터 자란다. 못자리로 옮겨 모를 키운 후 한 달 정도 지나 모를 심는다. 모를 심은 후 4~5개월이면 수확할 수 있다.

원수치마을에서 좌측으로 가면 웃수치, 오른쪽으로 가면 가어지마을이다. 원수치마을이 수치도의 중심이다. 이곳에 교회와 수치항이 있다. 이웃한 비금도 가산리와 2킬로미터 남짓 거리에 있다. 골목길 곳곳에 모판을 만들어 싹을 틔우기 위해 비닐과 보온덮개로 잘 갈무리해 두었다. 벼농사를 짓고 난 논은 물론 마늘과 양파를 심었던 밭도 겨울이면 온통 시금치밭으로 변한다. 비금시금치는 바람이 많아 해풍을 피하고 눈서리를 견디기 위해 땅바닥에 납작 엎드려 자라기 때문에 직립형 일반 시금치와 달리 넓적하고 잎이 두껍다. 그래서 흐물거리지 않고 씹는 맛이 좋다. 게다가 게르마늄 성분이 함유된 갯벌에서 바닷바람을 맞고 자라 신선함이 오래가며 향이 좋다. 수치도 시금치도 비금 '섬초'를 브랜드로 농협을 통해 전량 가락동 농산물시장을 통해 유통된다. 모판을 만들고 있던 박씨를 만나 "비금도 덕을 톡톡히 보네요"라고 했더니 "무슨 소리야, 시금치를 최초로 심은 곳은 수치도야"라며 정색했다.

1960~1970년대 다른 섬들이 그랬듯 수치도사람들도 술과 노름으로 세월을 보냈었다. 이래서는 안 되겠다고 생각한 몇 사람들이 김양식으로 어촌을 변화시킨 노화도를 방문했다. 노화사람들이 새벽부터 다음날 새벽까지 김을 매고 발을 뜨고 널고 걷는 일을 하며 열심히 살아가는 모습을 보고 수치도 갯벌도 노화도처럼 지주식 김양식을 할 수 있을 것이라 생각했다. 일제시대 염홍을 했던 곳이라 김양식이 될 것이라 확신을 했다. 갯벌이 좋은 수치도 가어지 마을에서 시작한 김양식은 전역으로 확산되었다. 첫해에 완도산 김이 피해를 입어 생산량이 저조한 반면에 수치 김양식은 때를 놓쳐 늦게 시작한 것이 오히

려 대박을 터뜨렸다. 이를 계기로 수치도의 지주식김양식은 1970년대 후반과 1980년대에 호황을 누렸다.

김양식이 호황기에서 쇠퇴기로 접어들 무렵 가내소비용 시금치가 상품용으로 재배되었다. 시금치의 상품화는 수치도 작은 섬마을에서 시작되었다. 그것이 비금 '섬초'의 모태였다. 처음에는 가마니에 시금치를 담아서 팔았다. 시금치는 좋았지만 포장이 가마니이고 물류비용도 육지에 비해 많이 들어 가격경쟁력이 없었다.

하지만 호황을 누리던 김양식이 자동화되고 대규모화되면서 소규모 지주식김양식에 의존하던 수치도는 대체작물을 모색해야 했고, 겨울철 농한기를 이용한 김양식 대체작물로 시금치만한 것이 없었다. 여기에 농협이 나서서 유통을 시작하면서 시금치는 수치도는 물론 비금도 전역으로 확산되었다. 포장도 가마니에서 박스로 바뀌었다. 처음에는 박스비용도 나오지 않는다고 시큰둥하던 주민들도 하나둘 동참했다.

원수치에서 언덕을 넘자 오른쪽 산자락 밑에 작은 학교가 눈에 띄었다. 가어지와 원수치 중간지점쯤이다. 학교의 위치는 마을 힘의 상징이다. 마치 요즘 지자체들이 공공기관을 유치하려고 경쟁하는 것과 마찬가지이다. 그 타협점이 두 마을의 경계지였을 것이다. 수치도의 분교는 학교 두 칸에 교무실 그리고 사택 두 동으로 이루어진 규모 있는 학교였다. 운동장은 밭으로 변했고 교실과 사택은 넝쿨식물과 나무들이 감쌌다. 혹시나 싶어 가시넝쿨을 헤치고 들어간 교실은 잠겨 있었고 교무실만 엿볼 수 있었다. 텅 빈 교무실에 태극기만 걸려 있었다. 사택은 농사용자재로 채워졌고 빈 책상 하나만 입구에 놓여 있어 이 자리가 학교임을 웅변하고 있었다.

가어지로 가는 길 양쪽은 모두 간척농지와 염전지였다. 가어지는 원수치와 떨어져 있던 섬이었다. 두 섬 사이에 제방을 쌓아 염전을 조성했다. 가어지에는 3개의 작은 마을이 있었다. 갯마을이었다. 사방이 갯벌로 둘러싸인 섬이었다. 작은 섬을 연결해 염전을 만들고 맞은편은 원수치와 연결해 방조제를 쌓고 논을 만들었다.

가어지를 한 바퀴 돌았다. 어김없이 한 집 건너 빈집, 두 집 건너 무너진 집들이 즐비했다. 사람이 사는 집은 지붕이 누더기처럼 기워졌고 무너진 담 안 마당은 삶의 흔적이 덕지덕지 붙은 세간들이 잘 정돈되어 있었다. 마을 골목에는 경운기, 트랙터, 이앙기들이 자리를 잡았다. 대신 다른 섬에서 쉽게 볼 수 있던 생선건조대나 어구들을 찾기도 어려웠다. 마당의 크기나 농기구를 보관하는 창고들에서 수치도 사람들의 삶을 엿볼 수 있었다.

길가에는 유채꽃이 흔들리고 밭에는 마늘이 누웠다 일어났다. 작은 섬사람들의 삶도 저렇게 바람에 흔들렸을 것이다. 가어지에서 가장 좋은 집은 마을노인당이다. 그곳에 올라보니 마을이 한눈에 들어왔다. 걸쭉한 입담으로 모판을 뒤흔들던 아주머니 모습도 작은 점처럼 보였다. "이렇게 안개꽃이 핀 모판 봤소. 수치도에서만 키우는 모판이요. 하, 하, 하." 뭐가 잘 맞지 않았던지 모가 이상해 보여 물어보았는데 말을 받아 넘기는 재치가 대단했다. "돌아댕기다 새참 때 올쇼." 길손을 맞는 인정이 남아 있었다.

마을 앞 들녘 왼쪽은 논이지만 오른쪽은 염전지였다. 지난 1990년대 폐전된 염전이 새우양식장으로 바뀐 채 방치되어 있다. 수치도에는 염전 14곳 20여 정(1정은 3천평)이 있었다. 모두 폐전지원금을 받고 염전을 포기했다. 천일염이 주목을 받을 줄 누가 알았겠는가. 지금은 땅을 치고 후회한다. 잘못된 정책이 얼마나 큰 대가를 지불하는지 작은 섬 마을의 염전에서 읽었다.

인적이 드문 염전제방 위에 검은머리물떼새가 3개의 알을 낳았다. 삐삐삐, 뽀삐이요, 삣삣삣. 제방 건너편 갯벌에서 요란스런 새 울음소리가 들렸다. 댕기머리 신사 검은머리물떼새였다.

내친 김에 폐염전으로 발길을 돌렸다. 이제 걷는 일에 익숙해졌다. 큰 섬만 다닐 때는 가까운 거리도 차로 이동했지만 차를 가지고 들어올 수 없는 상황이라 걷는 것 말고는 다른 방법이 없었다. 그 딕에 눈에 들어오지 않았던 작은 것도 보이기 시작했다. 염전 방조제를 걷다가 뜻밖의 선물을 받았다. 사석으로 덮인 길 위에 작은 새알 3개가 얌

전하게 놓여 있었다. 방금 알을 품다 갔는지 어미의 흔적도 남아 있다. 나중에 검은머리물떼새 알이라는 사실을 확인했다. 검은머리물떼새는 검은 댕기머리를 한 신사다. 금강하구 유부도를 중심으로 서해 군산 일대에서 월동한다. 물빠진 갯벌에서 작은 게, 굴, 조개, 수서곤충을 먹기 때문에 섬과 어촌에서 봄과 여름에 쉽게 볼 수 있는 물새이다. 알은 3개 내외로 낳으며 5~6월이 번식기이며 천연기념물 326호로 지정되었다.

방조제 옆에는 큰 저수지가 있었다. 소금밭에서 새우양식장으로 모습을 바꾼 곳이다. 이곳도 중단되었다. 새우양식을 하기 위해서는 목돈이 필요하고 투기성도 강하다. 양식장 옆에 무너진 소금창고와 염부들이 머물렀던 사택이 남아 있었다. 증발지는 지난해 자란 퉁퉁마디가 말라 을씨년스럽다. 하지만 그 옆에서는 새순이 돋고 있었다. 증발지에도 장판과 타일 사이에서 염생식물이 자라고 있었다. 유일

갯벌은 염전이 되어 50여 년의 세월이 흘렀다. 소금시장을 개방하면서 많은 염전이 문을 닫았다. 소금값 하락을 막겠다는 폐전정책 때문이었다. 정부 시책을 따랐던 염부들은 지금 후회하고 있다. 소금값은 매년 오르고 있다.

폐전된 소금밭에 뒹구는 연장을 모았다. 운명을 다한 착한 녀석들.

하게 원형이 잘 남아 있는 소금창고에는 최근까지 소금을 생산했는
지 문틈 사이로 쌓여 있는 소금이 보였다. 방금 염전을 수리하다 간 것
처럼 결정지 옆에 공구들이 가방과 함께 가지런히 정리되어 있었다.

돌아오는 길에 새참을 주겠다던 논을 쳐다봤다. 빙 둘러앉아 있는
모습이 새참을 먹는 모양이었다. 농사를 짓기 위해 담아 놓은 포강(방
죽)에서 물오리가 한가롭게 먹이사냥을 하다가 놀라 푸드득 날아올랐
다. 방조제 밖 갯벌에는 도요새들이 삑삑 요란스럽다.

멈춰버린 섬마을 시간, 상수치도

남아 있는 힘을 쥐어짜 한 걸음 한 걸음 옮길 때마다 어둠은 짙어졌
다. 상수치로 기는 노둣길가 주변 갯벌의 명암이 비슷해졌다. 도지히
더 걸을 수 없었다. 노둣길에 주저앉았다. 전화를 꺼내들고 밥을 짓고
있을 목사님에게 도움을 요청했다. 10여 분 후 산허리를 돌아오는 자
동차 불빛이 노두를 비췄다.

상수치도는 수치도(하수치도)에 살던 밀양박씨 일가가 박씨 선산을
지키기 위해 입도하여 촌락을 형성했다. 현재에도 박씨 선산이 있다.
어제 저녁 늦기도 했고 피곤하기도 하여 어두워 돌아보지 못했던 상
수치로 급하게 차를 몰았다. 교회차를 빌릴 수 있어 시간을 절약할 수
있었다. 1시간 이상 걸릴 것 같았던 노두길도 자동차로 잠깐만에 건
넜다. 저녁에 보았던 노두길과 사뭇 달랐다. 비금도 가란선착장이 눈
앞에 있었다. 마침 흑산에서 목포로 가는 쾌속선이 물보라를 일으키
며 질주했다. 이곳에도 염전이 있었지만 일찍 폐전되어 논으로 바뀌
었다. 한때 10여 호가 살았다. 2000년까지 7가구가 살았다지만 지금
은 한옥으로 새집을 지은 한 집만 거주하고 있다. 이 집도 가끔씩 주
인이 들르는지 살림살이 흔적을 찾기 힘들었다. 길을 따라 드문드문
집들이 있었다. 지붕을 덮을 듯 아름답게 쌓아 올린 돌담 안의 집들은
아쉽게도 무너지고 잡초들이 우거졌다. 지역 주민이 인수한 폐교된
교실 안에는 시계가 멈추었고 칠판에는 마지막 수업시간의 흔적들이
남아 있었다. 녹이 슨 시소와 철봉. 이렇게 폐교의 시간은 멈춰 버렸
지만, 논과 밭의 시간은 어김없이 싹이 트고 자라며 흐른다.

개황 | 수치도水雉島

위치 | 신안군 비금면 수치리 **동경** 125° 55′ **북위** 34° 45′
면적 | 2.08km² **해안선** | 0.9km **육지와 거리** | 33km(목포시)
가구수 | 71 **인구(명)** | 142(남73+여69) **어선** | - **어가** | -
어촌계 | 총 3개 어촌계

공공기관 | 수치경찰출장소
폐교현황 | 비금초등학교 비금분교 폐교
전력시설 | 한전 전가구
급수시설 | 지방상수도시설 1개소 전가구

교통 | **배편** | 대흥페리(차도선)
낚시터(유어장) | 섬주변 전체 가능
특산물 | 김, 대하, 시금치, 벼
특이사항 | 섬의 형상이 꿩이 졸고 있는 것 같고 꿩이 많다고 하여 수치도라 했다고 한다.

30년 변화 자료

구분	1973	1985	1996
주소	전남 신안군 비금면 수치리	좌동	좌동
면적(km²)	2.14	2.14	2.13
공공기관	-	지파출소 1개	분소 1개
인구(명, 남자+여자)	661(336+325)	510(284+226)	224(130+94)
가구수	133	103	80
급수시설	공동우물 6개	우물 64개	우물 64개
초등학교	1개 240명	1개 97명	분교 1개 2명
전력시설	-	한전 103가구	한전 80가구
의료시설	-	약방	보건진료소 1개소
어선(척, 동력선+무동력선)	12(2+10)	61(6+55)	21(20+1)

＊ 공공기관은 면사무소, 파출소 등 포함

개황 | 상수치도上水雉島

위치 | 신안군 비금면 수치리 **동경** 125° 55′ **북위** 34° 45′
면적 | 1.04km² **해안선** | 1.8km **육지와 거리** | 32km(목포시)
가구수 | 2 **인구** | 4(남2+여2) **어선** | - **어가** | -

전력시설 | 한전 전가구
급수시설 | 우물(펌프) 전가구

특산물 | 민어, 낙지, 미곡, 맥류, 소금 등
특이사항 | 동백나무 등 노송이 우거진 밀양박씨 선산이 있다.

30년 변화 자료

구분	1973	1985	1996
주소	전남 신안군 비금면 수치리	좌동	좌동
면적(km²)	1.09	1.09	1.09
공공기관	-	지파출소 1개	-
인구(명, 남자+여자)	284(151+133)	62(34+28)	27(14+13)
가구수	23	12	9
급수시설	공동우물 3개	우물 5개	우물 6개
초등학교	분교 1개 32명	1개 25명	분교 1개 2명
전력시설	-	한전 12가구	한전 9가구
의료시설	-	약방	상비약비치
어선(척, 동력선+무동력선)	3(1+2)	6(1+5)	동력선 4척

＊ 공공기관은 면사무소, 파출소 등 포함

신안군 도초면

신안군 도초면

12

할멈 내 곧 가리다

도초면 도초도

하의도가 내려다보이는 용달산 양지바른 언덕에 이엉과 용마름으로 단장을 하고 누워 있는 초분이 있다. 아침해를 맞이한 발아래 바다는 주황빛으로 물들어 흡사 불꽃놀이를 하고 있는 듯 반짝인다. 초분이 있는 곳 가까운 밭에서 노부부가 시금치작업을 하고 있다. 경사가 심한 산비탈을 일구어 만든 밭이다. 두꺼운 옷을 입고 수건으로 얼굴을 칭칭 감고 있어도 아침 칼바람은 사정없이 노부부를 할퀸다. 초분 속 주인은 말없이 노부부의 시금치작업을 지켜보고 있다. 인근 비금도처럼 이곳도 겨울이면 시금치농사로 아침을 맞고 별을 본다.

도초도는 압해 팔금과 함께 백제시대에는 아차산현에, 통일신라와 고려시대에는 압해군에 속하였다. 조선중기까지 영암군에 편입되었다가 후기에는 나주목에 속했다가 진도군 도초면에 속하였다. 1914년 행정구역 개편으로 무안군에 편입되어 발매, 지남, 오류, 외남, 죽련, 수항, 수다, 만년, 이곡, 고란 등 10개 리를 관할하였다. 1962년 흑산면의 우이도를 편입하여 11개 리가 되었다. 1969년 신안군에 편입되었다.

흑산 뱃길의 중간 기착지, 화도

목포에서 출발한 쾌속선은 1시간도 못 되어 비금 송치마을에 도착했다. 쾌속선은 하루씩 번갈아 도초 화도와 비금 송치선착장에서 승객을 내리고 태운다. 다리를 건너 화도로 갔다. 화도는 한때 섬이었다. 일제강점기 때 월포리 열목마을과 연결되었다. 화도에 불을 피워 신호를 보내 나룻배를 이용했기 때문에 화도라고 했다고 한다. 1970년대 말 제빙공장, 조선소, 어묵공장 등을 지어 운영했지만 지금은 모두 휴업상태로 건물만 남아 있다. 흑산도, 가거도 등 먼 섬으로 가는 배들이 잠시 숨을 돌리던 곳이다. 신안에서 가장 많은 인물을 배출하여 화도선착장 입구에는 '인재의 섬' 이라는 대형 표지석이 세워졌다.

지금은 다리가 놓여 비금도와 자은도를 오가는 것이 이웃집 대문 드나들기보다 쉽지만 옛날에는 혼사가 있거나 문상이라도 갈 일이 생겨야 배로 건넜다. 비금도로 시집온 큰애기들이 대부분 도초도 처녀들이던 시절도 있었다.

화장실과 사돈댁은 멀어야 된다지만 뱃길이 열려야 중매쟁이도 오가고 혼사도 넣을 수 있었다. 지금이야 모두 뭍으로 나가서 눈이 맞아 결혼을 하지만, 과거나 지금이나 섬총각들이 뭍의 색시를 데려오는 일은 쉽지 않다. 농촌총각들도 결혼이 어려워 외국으로 나가고 있는 판인데. 도초도와 비금도는 서로 처녀총각이 오갔던 '통혼권' 으로 매우 긴밀한 이웃이다.

악덕지주들아 양심을 차즈라

그런데 1920년대 이곳 선창에서 수백 명이 소작료를 거부하며 목포까지 원정시위를 빌였다는 사실을 알고 있을까. 노초도 소작쟁의 관련 기사가 일제강점기 중앙지에 몇 차례 보도되었다. 당시 신안지역에서는 암태도와 임자도, 지도 등에서 소작쟁의가 활발했다. 다른 지역은 뛰어난 사회운동가가 있었지만 도초도는 오로지 소작인이 중심이 되어 시작된 운동이라는 점이 특징이다. 1925년 10월 21일자 〈조선일보〉 기사를 보자.

> 도초면에 토디를 가진 地主는 소작인회의 제녕한 답畓 사할, 전田 삼할 례例를 승낙하고 그 수랍책受納策까지도 소작인회에 의탁하엿슴으로 소작인회에서는 금년 여름 소작료 보리를 일일이 수집하야 각 구역에 저장하고 각 디주에게 지불통지서를 발송하엿든 바……

조선의 여러 지역에서 소작쟁의가 일어났던 1924년 즈음에 도초도에도 소작인회가 만들어졌다. 그리고 소작인회는 지주들과 교섭하여 소작료와 지불방법을 결정하였다. 하지만 도초도를 비롯해 신안 지역에 많은 토지를 가지고 있던 대지주 문재철과 일본인 나카지마 세이타로(中島淸太郎)가 중심이 되어 지주농담회地主農談會를 조직하여 교섭에 찬동한 다른 지주들을 가입시켜 소작료 감하운동을 반대하도록 하고 가차압을 위임받았다. 뿐만 아니라 목포에서 집달리와 경찰을 파견하여 소작료 강제집행을 시도하였다. 이에 도초도 주민들 1,000여 명이 선창에 모여 이를 제지하였다. 두 차례 강제차압에 실패한 후 인근 경찰서의 지원을 받아 새벽에 불시 습격하여 간부 20여 명을 압송해갔다. 소작인회에서 쟁의대상이 된 지주는 두 사람 외에 윤영현, 이마이 도요지마(今井豊馬) 등이다. 이후 소작인들의 투쟁은 중단되지 않고 목포원정투쟁을 비롯해 소작쟁의가 이어졌고 도초도 소작쟁의가 전국으로 알려져 지원이 이어졌다. 어떻게 결론이 났는지 신문이나 다른 자료로 확인되지 않는다. 다만 소작인회의 완강한 저항에 군수와 경찰서장은 더 이상 확산되는 것을 막기 위해 지주와 소작인 사이에 조정을 통해 타협을 시도한 기사가 확인되고 이후 도초도 소작쟁의가 언급되지 않는 것으로 미루어 타협이 이루어졌을 것으로 추정된다. 1925년 11월 2일자 〈동아일보〉 '자유종'에 김소연이 투고한 원고를 보면 당시 상황을 엿볼 수 있다.

도초도소작쟁의를 듯고 악덕지주들에게

"세상에 벌고도 못먹고 짜고도 못입는 것이 무엇이냐?"고 하는 수수격기가 잇다하면 누구나 얼는 대답하기를 현대사회가 산출한 노동자라고 할 것이다.

보라 그네들은 불행히 불공평한 이 사회에 나가지고 하등에 인간성을 발휘할 여지도 업시 말못할 역경에서 가진 간난을 바다가면서 뼈가 휘도록 수족이 달토록 자기들의 생명인 노동력을 소비하고 잇지만은 그네들의 기대와 욕망은 다만 인간을 떠난 다른 동물과 다름업시 본능적으로 그날 그날의 당면한 순간적 생활을 구하고 잇을 뿐이 아니냐? 그 순간적 생활이나마 마음편하게 지속할 수 잇다하면 문제는 초히 완화에 도라갈 것이다만은 그것도 엇지 봇하게 됨으로 오늘날 노동문제가 이러나게 되었도다.

그 중에도 남다른 처지에 잇는 조선의 노동자와 조선의 소작농민들의 참경이야말로 언어도단이다. 그것은 다만 민족적으로

〈동아일보〉(1925. 11. 2.)

당하는 전체의 사실보다도 오히려 동족과 동족 사이에 이러나는 사실이 더욱 악착하고 참혹하는 것을 부인치 못할바이다. 사실 작년의 암태도사건과 금년의 도초도사건이 그에 대한 실례를 소연히 증명하는 바가 아니냐?

아 잔인무도한 악질주군아 아 제군도 인간이여든 양심이 잇을 것이 아니냐? 일년치고 하로도 한일이 업시 피땀을 쪽쪽 짜내여 벌어 노흔것을 부당한 소작료로 잇는대로 다 빼앗고 당장에 하루살 양식이 업서서 애원하는 형제들을 또 비풍이 처처한 뇌옥에 잡아너흐니 그리고도 마음이 편하며 숙식이 달단 말이냐?

아서라! 제군아 상호부조는 생물의 본능인 동시에 인간도덕의 주요조건이니 하로밧비 인간성을 회복하고 적나나한 양심 그 자리를 차즈라(김소연).

갯벌을 막아 학교염전을 만들다

섬이었던 화도가 교통요지가 된 것은 도초염전의 조성과 도초-비금 간 연도교 완공이 결정적이었다. 1948년 태풍으로 도초면민의 생존권이 달린 화도, 발매, 수다 등 섬과 섬 사이를 연결한 제방이 전파되었다. 이를 다시 보수하기 위해 도초면민들이 총동원되어 도시락을 싸가지고 다니면서 삽, 곡괭이, 지게, 망태기 등 원시적인 방법에 의한 피땀 흘린 노력의 대가로 신축제방은 복원되었다. 그 결과 제방 내에 광대한 공휴지가 마련되어 오랫동안 방치되고 있었다. 도초면 의회 의결을 거쳐 1953년 염전 개발계획을 세웠다. 당시 도초면장 문도연과 면의원 윤월천이 중앙에 올라가 비금면 출신 국회의원인 유옥우의 도움으로 전매청으로부터 염전축조자금으로 870만원을 융자받아 염전 7판을 조성하였다. 이 중 3판은 도초면 예산충당용으로, 한

판은 목포경찰서 도초지서에 민패근절의 조건으로, 그리고 나머지 3
판(염전 약 10만평, 염전저수지 26,800평)은 1952년 개교한 도초고등공민학
교에 재원 마련을 위해 제공하였다.

　학교염전은 1952년 6월 10일 도초중앙초등학교 가교사에서 개교
부터 1964년 2월 29일 패쇄될 때까지는 도초고등공민학교에서 관리
하였다. 그 후부터 1977년 2월 28일까지는 학교법인 도초중학교에서
관리하다가 1977년 3월 1일 공립으로 전환시 전라남도교육위원회로
기부채납되었다. 도초면 이장단 대표들은 1987년말 1차로 당시 전라
남도교육위원회를 방문하여 사립에서 공립으로 전환시 기부채납된
재산을 반환하여 줄 것을 요청했다. 이에 교육감, 재무과장은 신안군
장산중학교 예를 들면서 장산중학교는 기부채납 당시 일정한 기간이
도래하면 반환하여 준다는 조건부 기부채납을 하였기 때문이라고 설
득하여 일단 진정되었다. 1988년초 2차로 도초면민과 도초면 이장단
들이 집단서명하여 '전라남도교육위원회에 기부채납된 재산 환원대
책 추진위원회' 를 결성하여 문교부장관, 전라남도지사, 전라남도교
육감, 신안군교육장, 민주정의당에 기부채납재산 반환을 요구하는 내
용의 진정서를 접수하였다. 하지만 현행법 및 관계법규상 환원은 불
가능하기 때문에 기부채납 재산에서 발생한 재산수입 전액을 도초중
· 고등학교에 재투자한다는 전라남도교육감의 공문회신에 의거해 더
이상 확대되지는 않았다. 그 후 지방자치제의 실시에 따라 도초면민
들이 군 및 도의원들에게 기부채납 재산을 환원할 수 있도록 협조하
여 줄 것을 요구하고 있다.(도초중 · 고등학교,「재산현황」자료를 정리한 것임)

'할멈, 기다려. 내 곧 가리다'

도초염전을 지나 고란리로 향했다. 그곳에 너무나 고운 초분이 있기

때문이다. 고란리에 살았던 황씨 부부는 모두 초분을 했다. 황씨가 이 곳에 눕기 전 그 자리에는 부인이 있었다. 금슬이 좋아 조상신도 시기 질투를 했던지 남편을 두고 부인이 먼저 갔다. 황씨는 부인과 인연을 끊고 선영으로 보내는 것이 안타까웠던지 이곳 양지바른 곳에 초분을 했다. 부인을 선산에 묻고, 자신도 마지막 숨을 넘기며 자식들에게 할멈 초분을 했던 자리에 머물게 해달라고 유언을 했다.

선산에 자신의 자리도 마련해 놓았지만 굳이 부인이 거쳐간 자리에 초분을 만들어달라고 '유언'을 남긴 까닭은 무엇일까? 초분까지 안내해 준 사람은 두 망자의 친척 마을에서 살고 있는 고석만 씨였다. 그는 생전에 두 분은 금슬이 좋기로 마을에 소문이 자자했다고 했다. 그래서일까. 이엉과 용마름 사이로 할아버지 음성이 들리는 듯했다. '할멈, 조금만 기다려, 내 곧 가리다.'

고래로 우리나라에서 모시는 신 중에서 으뜸은 조상신이다. 언제 어느 때고 쉽게 찾을 수 있고, 부를 수 있는 신이다. 조상신의 반열에 오르기 위해서 반드시 거쳐야 할 관문 중의 하나가 육신을 버리는 일이다. 어쩌면 초분은 망자들이 육신을 버리고 조상신의 반열에 오르기 위한 통과의례라 할 수 있을 것이다. 풀을 덮어쓰고 이승에 모든 업들을 썩어가는 육신과 함께 버리고 선영으로 가기 위한 수행의 과정일지 모른다.

초분은 1957년에 국립박물관 특별조사보고서인 〈한국서해조사〉에 의해 알려진 상중의례의 하나로 예빈, 빈소, 빈수, 초변, 출분, 채빈, 초빈, 채변, 졸빈, 출분이, 출빈 등 다양한 이름으로 부르지만 학계에서는 초분으로 통용되고 있다.

도초도 고란리에는 황씨의 초분 말고도 인근 양지바른 곳에 1기, 섬 내 가장 높은 금정산에 1기가 모셔져 있었다. 특히 금정산과 매바위

양지바른 산자락에 새로운 초분이 자리를 잡았다. 할머니를 먼저 보내고 손수 초분을 했던 할아버지가 초분 속에 누웠다. 할머니가 묻힌 곳으로 가는 여정이다.

인근 골짜기에는 30여 년 전만 해도 초분들이 가득해서 '초분골'이라고 불렀다. 초분골 아래에는 당산나무가 있고, 나박포(소재지)에서 들어오는 고란리 나들목 삼거리에는 석장승이 두 눈을 부릅뜨고 있다.

초분은 시신을 바로 땅에 묻지 않은 채 돌이나 통나무 위에 관을 얹어놓고 탈육될 때까지 이영과 용마름 등으로 덮은 초가 형태의 임시 무덤을 말한다. 초분은 100여 년 전까지만 해도 전남의 경우 전 지역에 분포되어 있었고, 새마을운동 전까지는 서남해의 도서지역에 다수 남아 있었다. 이러한 초분은 일제강점기 위생법 제정으로 화장이 권고되고, 1970년대 생활개선 및 미신타파 등 새마을사업으로 점차 사라지기 시작했다. 최근 도초·비금·송이·낙월·계화·무녀도 등에서 필자가 직접 초분을 확인했다. 특히 송이도와 도초도는 2000년대에 들어서도 초분을 하고 있어 주목할 만하다.

초분을 쓰고 나서 탈육이 되고 난 후 좋은 날을 택해 이장을 하는데, 한식날이나 윤달이 든 달에 많이 한다. 가족의 개별적인 사정으로

고산리는 석장승과 초분 그리고 돌담이 아름다운 섬마을이다. 도초도에 가면 고씨들이 많이 사는 이 마을을 자주 찾는다.

이장이 어려울 경우 초분 상태로 이엉만 매년 교체하고 관리하는 경우도 있다.

초분을 하는 이유도 가지가지이다. 국립민속박물관에서 발행한 《초분》(2003)에는 그 이유를 사자의 운과 산운이 맞지 않거나, 풍수적인 이유로 묘를 쓸 수 없는 운이 유가족 중에 있을 때(집안 며느리 임신 등), 정월이나 2월에 돌아가셨을 때 땅을 건드리면 토지신이나 영등신이 노하기 때문이라고 한다.

진송장으로 선산에 갈 수 없을 때 초분을 하기도 한다. 이외에도 적당한 장지를 정하지 못했을 때, 집안에 좋지 않는 일이 자주 생길 때, 사망 당시 후손들이 경제적 시간적 여유가 없을 때, 일손이 없거나 먼 곳으로 가기 위해 임시로 가장을 할 때, 전염병이 퍼질 때, 초분이 자손에게 좋거나 효도를 다하는 것으로 믿는 전통 때문 등이다.

도초도에 또 다른 초분을 한 김씨는 진송장(산송장)을 조상 곁으로 모실 수 없다는 믿음에 따라 초분을 해 모셨다. 2000년도에 송이도를 방문했을 때 10여 기의 초분을 확인할 수 있었는데, 대부분 정월달에 땅을 건드릴 수 없어서 초분을 했다. 정월이나 2월에 땅을 건드리지 않는 것은 어민들의 생업과 밀접한 관련을 갖는다.

이때는 바람도 많고 해류도 바뀌는 계절인 탓에 영등신이 내려와 미역씨도 뿌리고, 전복씨도 뿌리며 생업의 시작을 알리는 시기이다. 이 시기에 부정한 일을 하게 되면 1년 바다농사를 망치게 되기 때문에 조심해야 했다. 사나운 바다에서 생업활동을 해야 하는 어민들에게 행여 좋지 않은 일이 생길 경우 영등신을 노하게 해서 생긴 일이라고 믿었기 때문이다.

장승 그리고 돌담

마을 입구 장승과 마주보는 멀지 않는 곳에 도초도 전체를 아우르는 '신당神堂'이 있었다. 이 신당에서 매년 정월 보름에 면민들이 모여 국태민안과 면민의 무사태평을 기원하는 풍습이 있었다. 작은 신당이지만 위엄이 있어 앞을 지날 때 옷을 벗고 가거나 소변을 눈다면 화를 면키 어려웠다. 심한 경우에는 주민들의 일상생활이 어려운 경우도 발생했다.

이를 걱정하던 차에 지나던 고승에게 도움을 청하자 '장승'을 세우면 화를 면할 것이라 하여 장승을 세웠다고 한다. 당시 목장승이었지만 1938년 석장승으로 바꾸었다. 장승 뒷면에 쇼와 30년(昭和三十年)이라고 새겨져 있던 것을 광복 후 을축 13년(乙丑十三年)으로 새겨 넣었다고 한다. 이와 관련해서도 주민들은 저녁이면 초분골에서 귀신들이 내려와 목장승을 가지고 놀기 때문에 무거운 석장승으로 교체했다고 이야기한다. 당제를 지내던 때 석장승은 하당의 신체로 모셨다. 모습이 제주 돌하루방을 닮았다. 몇 해 전까지 남아 있던 초가들은 대부분 사라졌지만, 아직도 골목에 흙돌담은 잘 남아 있다. 30여 년 전까지 해도 고란리는 많은 초분들이 남아 있었다. 그리고 5년 전까지 '승어' (상여)를 메고 초상을 치렀지만 지금은 상여 멜 사람이 없어 트럭에 싣고 상주와 상두꾼들이 뒤를 따른다.

예로부터 마을마다 상두계가 있어 죽음의례를 서로 품앗이 했다. 그러나 농어촌 인구의 감소와 고령화로 상두계 유지가 어려워지자 그것을 상품화된 현대식 장례문화나 종교식 의례가 대신하고 있

도초도에는 고란리, 외남리, 수항리 세 곳에 석장승이 있다. 고란리 석장승은 제주 돌하루방을 닮았다. 제주 고씨가 많이 사는 것과 관련이 있을까.

다. 고란리의 경우 이러한 전통이 사라지면서 '달애' (밤달애)도 사라졌다. 밤달애는 진도의 '다시래기' 처럼 망자의 집에서 상두꾼과 마을 주민들이 어울려서 흥겨운 노랫가락을 하면서 한바탕 노는 서남해안의 죽음의례 중 하나다.

지금은 마을 앞이 논으로 변해 시금치가 심어져 있지만, 1960년대까지만 해도 장승 바로 밑까지 바닷물이 들어왔다. 마을 앞에서 시작된 작은 '원' 은 점점 밖으로 나가기 시작해 불섬과 연결하는 거대한 제방이 축조되었다. 지금은 도초도의 중심이 나박포지만 제방축조와 염전조성 전까지는 고란리가 중심이었다.

개황 | 도초도 都草島

일반현황

위치 | 신안군 도초면 **동경** 125° 57′ **북위** 34° 42′
면적 | 42.38km² **해안선** | 43km **육지와 거리** | 50.1km(목포시)
가구수 | 1,443 **인구**(명) | 2,930(남1,437+여1,443) **어선** | 51 **어가** | 27
어촌계 | 총 2개 어촌계(70명)

공공기관 및 시설

공공기관 | 도초면사무소(061-275-6695), 도초농협(061-275-2033), 도초파출소(061-275-2112), 도초면 예비군 중대(061-275-2113), 도초면보건지소(061-275-2301), 도초우체국(061-275-1788), 농업기술센터 도초지소(061-275-2030), KT 도초중계소(061-275-2000), 한전 도초 전력서비스센터(061-275-2160)
교육기관 | 도초초등학교(061-275-2177), 도초중 · 고등학교 중교무실(061-275-2085), 도초중 · 고등학교 고교무실(061-275-1220)
전력시설 | 한전 전가구
급수시설 | 간이상수도 10개소 330가구, 지방상수도 16개소 1,118가구

여행정보

교통 | **배편** | 쾌속정(목포-도초 · 비금-흑산 · 홍도), 일반선(목포-도초): 대흥페리7호. ㈜남해고속 061-244-9915, 철부선(목포북항-도초) : 도초농협카훼리호(도초농협: 061-275-2033, 목포북항사무소: 061-243-7916)
섬내교통 | **버스** | 3대(도초여객) **택시** | 10대
낚시터(유어장) | 작은목섬, 소시목, 멍에섬, 시목 해수욕장 근처의 갯바위
특산물 | 천일염, 섬초 시금치
특이사항 | 금정산과 비석의 전설이 전해오며 민요로는 사랑가 두 곡이 전래된다. 당제는 매년 정월 대보름, 칠월 보름에 지냈으나 현재는 사라진 풍습이다. 시목 해수욕장이 있고 문바위, 형제섬 등 기암괴석이 많다. 섬에 춘란이 많이 자생한다.

30년 변화 자료

구분	1973	1985	1996
주소	전전남 신안군 도초면	전남 신안군 도초면 발매리	전남 신안군 도초면
면적(km²)	41.69	42,349	41.94
공공기관	-	면사무소 1개, 지파출소 1개	면사무소 1개, 지파출소 1개
인구(명, 남자+여자)	13,370(6,597+6,773)	9,146(4,669+4,477)	4,483(2,248+2,235)
가구수	2,315	1,908	1,466
급수시설	공동우물 227개, 간이상수도 1개	우물 885개, 간이상수도 17개	우물 137개, 간이상수도 11개, 상수도시설 1개
초등학교	4개 3,885명	4개 1,206명	초등학교 3개 330명
중고등학교	1개 680명	2개 1418명(중학교 1개 960명, 고등학교 1개 458명)	2개 479명(중학교 1개 273명, 고등학교 1개 206명)
전력시설	한전 50가구	한전 1,908가구	한전 1,466가구
의료시설	-	약방	보건지소 1개소, 약방 3개소
어선(척, 동력선+무동력선)	61(8+53)	190(150+40)	76(74+2)

＊ 공공기관은 면사무소, 파출소 등 포함

13

홍어장수 문순득, 세상 밖으로

도초면 우이도

목포에서 한달음에 달려온 섬사랑호는 빨랫줄처럼 섬 사이를 연결하는 다리 밑에 잠시 멈추었다. 거친 숨을 토해 내듯 불섬선착장에 사람을 내려놓고 바다 속을 뒤집더니 솔치와 불섬 사이의 좁은 수로를 빠져나간다. 호수 같던 바다가 뒤뚱거린다. 타서는 안 될 '육지 것' 들이 배에 타서일까. 위층과 아래층을 살펴봤지만 승객이라곤 국립공원 직원 2명과 나뿐이다. 뒤뚱거리는 배는 좀처럼 잦아들 기미가 없다. 아침 하늘과 함께 열린 우이도 뱃길. 홍어장수들이 오가는 길이요, 입바른 소리를 하다 권력의 눈 밖에 난 유생들의 유배길이다. 그들은 우이도에서 만났다. 문순득과 정약전이 그 주인공이다. 오키나와와 필리핀을 표류하다 귀향하던 바닷길도 오늘처럼 뒤집어졌을까. 흑산도에 유배중이던 정약전은 동생이 해배되어 온다는 소식을 듣고 우이도로 거처를 옮겼다. 자신이 경험한 험한 뱃길을 동생에게 겪게 하고 싶지 않았기 때문이다.

우이도는 1608년 김해김씨 김옥승이 해남에서 진리에, 1620년 경 동복오씨가 우이도 동서에서 예리마을로, 1638년 청주한씨 한두식이 영암에서 진리로, 1640년 남평문씨 문일장이 도초에서 진리마을로 이주해 정착했다. 우이도와 동소우이도와 서소우이도를 합해 우이리라 했다. 섬 전체가 산악지대이며 해안가에 마을이 형성되어 있다. 진도군 흑산면 나주목에 딸린 섬으로 소의 귀처럼 생겨 소구섬, 소구, 우개도, 우이도라 했다 한다. 1896년 지도군 흑산면에 편입되었다가 1914년 행정구역 개편으로 진리, 성촌, 비두리, 저두리, 소우이도(동소우이도 '동리'와 서소우이도 '서리')를 합해 우이도리라 해서 무안군 흑산면에 편입되었다. 1962년 도초면에 편입되었으며 1969년 신안군이 설군되면서 신안군 도초면에 속하였다.

홍어장수, 폭풍우를 만나다

배는 도초와 비금 사이를 빠져 나와 흑산도 쾌속선을 저만치 보내고 우이도로 향했다. 진리선창이 말끔하게 단장되어 있었다. 포구는 섬 동쪽에 있어 북서풍을 피할 수 있고 서남쪽에는 가도, 송도, 서소우이도, 동소우이도, 화도 등이 줄지어 파도와 바람을 막고 있다. 도초에서 남서쪽으로 우이도까지 8킬로미터, 40여 킬로미터 떨어진 흑산도와 비교하면 지척이다. 뱃사람들은 목포에서 도초까지 뱃길을 강이라 한다. 잔잔하고 호수 같다는 표현도 한다. 배는 먼저 섬 동쪽 진리선창에 닿았다. 수군진이 설치되어 붙여진 이름으로 진촌이라고도 한다. 진리선창에 내렸다. 대초리 고개몰랑을 넘어 돈목마을까지 걸어갈 작정이었다. 우이도는 진리, 성촌, 돈목, 예리, 대초, 서리 등 자연마을이 있다. 대초리는 이제 사람이 살지 않고, 예리는 노부부만 지키고 있다. 사람이 제법 있는 곳은 진리, 돈목, 서리이다.

　마을에 들어서자마자 홍어장수 문순득의 현손 문채옥(1920년생) 어르신을 찾았다. 지금은 안내표지판도 있고 집도 신안군 향토문화재로 지정되었지만 그때는 물어서 찾아가야 했다. 당시 건강하고 활기찼던 문옹은 나를 보자마자 《유암총서有菴叢書》와 《운곡잡저雲谷雜著》를 꺼내왔다. 이 책에 수록된 정약전의 〈표해록漂海錄〉과 〈송정사의松政私

議〉가 안대회 교수(성균관대, 한문학)와 작고한 최덕원 교수(순천대, 민속학)
에 의해 세간에 알려졌다. 특히 안교수는 「이강회의《유암총서》·《운
곡잡저》해제」에서 "학술과 문화의 중심부로부터 멀리 떨어진 우이도
에 쓸쓸히 남겨진 필사본 서책 두 권에 이름 높은 학자의 방대한 저작
에서조차 쉽게 찾아보기 어려운 이용후생利用厚生의 실학사상이 고스
란히 담겨 있는 것"을 확인했다고 밝혔다.《유암총서》에는 표류경험
담〈표해시말〉, 선박제조〈운곡선설〉, 수레보급〈거설답객난〉,〈제거설〉이 포
함되어 있다. 특히〈표해시말〉에는 유국과 여송 외에 중국, 안남 지역
의 풍속, 언어, 선박, 토산품 등이 기록되어 있다.

이강회는 다산 정약용이 강진에서 가르친 제자 가운데 한 사람이
며 고산 윤선도의 사위이다. 강진사람으로 자는 굉보紘甫, 호는 운곡
雲谷이며, 30세 되던 1818년 강진을 떠나 흑산도로 들어와 문순득의
집에 기숙했다. 정약용이 유배에서 풀려나 강진을 떠날 무렵이었다.
두 권의 필사본은 스승으로 모셨던 정약전과 정약용 형제의 저술과
함께 자신의 저술을 엮은 것이다. 내용은 1818년부터 1819년까지 흑
산도의 민정, 군역, 표류선박 등을 조사하여 상부에 청원하거나 보고
하는 공문서, 외국 선박제조법과 수레사용에 관한 것이다. 특히 손암
이 문순득으로부터 들었던 표류사실을 기록한〈표해시말〉도《유암총
서》에 수록되어 있다.

문채옥 옹이 기억하고 있는 선조 문순득의 표류이야기다.

"상고선 2척을 가지고 있어 흑산도로 홍어를 사러갔다가 1척을 먼
저 보내고 나머지 1척을 타고 오다가 흑산도 꼬갈바위 밑에서 풍랑을
만나 표류하여 오키나와·필리핀·중국 등을 돌아 햇수로 5년만에
돌아왔다. 그간 소식이 없자 모두 죽었다고 생각해 하의도에서 시집
온 부인 김해김씨를 친정으로 보냈다. 하지만 사흘 만에 돌아와 정조

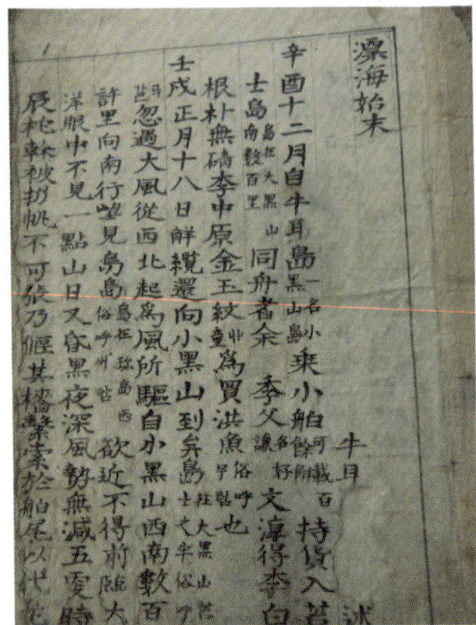

정약전은 문순득의 표류 이야기를 듣고 정리했다. 손암이 죽고난 후 다산의 제자 이강회가 우이도에 들어와 손암의 기록 내용을 보완했다. 《유암총서》에는 표류담 외에 선박제조와 수레보급 등 실사구시 이용후생의 기록들이 포함되어 있다.

를 지키며 남편을 기다렸다.”

문순득의 항해는 이 선창에서 시작되었다. 문순득(1777~1847)은 우이도 진리 출신으로 흑산도 인근에서 잡은 홍어를 영산포 등에 내다 파는 상인이었다. 1801년 12월 대흑산도 인근 태사도에서 홍어를 사 돌아오다 풍랑을 만나 1805년 1월 고향에 돌아오기까지 3년 2개월 동안 낯선 이국땅과 바다를 표류했다. 제주도 인근까지 떠내려가다 지금의 오키나와(류큐국)와 필리핀(여송국)에 머물렀다. 이후 우여곡절 끝에 중국을 거쳐 육로로 우리나라에 돌아왔다. 마침 동생 다산을 기다리며 흑산도에서 우이도로 옮겨와 머물고 있던 정약전은 그 이야기를 듣게 되었다. 하지만 정약전은 문순득의 이야기를 충분히 듣지 못했다. 운명처럼 운곡도 정약용이 해배되고 강진을 떠난 후 흑산도(지금의 우이도)로 들어와 문씨 집에 머물렀다. 《운곡잡저》에 수록된 〈운곡선설〉에 “문순득은 ‘당시 정공(정약전)은 기거가 편치 않아서 금방 자산玆山(흑산도의 별칭)으로 옮기려고 했던 까닭에 그 대강만 추렸을 따름이요. 세세하고 정교한 부분은 모두 이야기할 겨를이 없었노라' 고 했다”고 기록되어 있다. 반면에 “손암 정공께서 이 섬에 유배를 오셔서 문순득의 구술을 받아 《표해록》 1권을 지으셨다. 번역할 말과 토산, 풍속, 궁실에 대해 상세하게 분류하였다. 또 선박제도에 대해서는 지극히 갖추어 실었다”고 했다. 결국 문순득의 표류와 이국의 풍습을 정약전이 정리한 후 이강회(정약용의 제자)를 통해 보충했다. 이강회는 문순득을 “비록 문자에 능한 것은 아니나 사람됨이 총명하고 재능이 있다”고 했다. 정약전은 문순득에게 ‘천초天初’라는 자子를 지어주었다. 우리나라가 개벽한 이래 여러 나라 사람을 최초로 보았다는 뜻이다. 문순득의 아들 이름은 정약용이 지어 주었다. 아비의 재기를 이어받았다는 뜻으로 ‘여환呂環’ 이라 했다. 정약전 형제와 문순득은 매우 각별한 관계였다.

1809년(순조 9) 제주에 표류해 온 5명의 외국인을 말이 통하지 않아 9년 동안 되돌려 보내지 못한 일이 있었다. 이들과 만난 문순득은 여

문순득 생가에는 6대 현손 문채옥 씨가 살고 있다. 그는 《유암총서》와 《운곡잡저》를 보관해 왔다.

송국 사람들임을 한눈에 알아차리고 문답을 통해 자신들의 나라로 돌아갈 수 있도록 돕기도 했다. 강진 출신 최부의 《표해록》이나 제주 출신 장한철의 《표해록》이 양반출신들의 기록임에 반해 문순득의 '표해록' 은 정약전에 의해 정리되었지만 서민의 표해록이라는 점에서 의미가 크다.

문씨가 직접 옛 선창(우이도 선창)을 안내해 주었다. 옛 선창은 몇 척의 작은 배와 통발에 사용하는 닻과 어구들이 차지하고 있다. 1745년(영조 21)에 만들어졌으니까 250여 년이 흘렀지만 여전히 제 기능을 잃지 않았다. 그만큼 견고하고 실용성을 갖추었다는 의미다. 현재 포구에서 마을로 들어가는 오른쪽 길에 옴팍 들어간 곳에 돌을 쌓고 바다로 나가는 선창 입구는 마을 쪽으로 열어 파도를 피했다. 방파제는 가장 높은 곳이 3미터, 가장 긴 곳은 63.3미터로 제법 규모를 갖추었다. 그곳에서는 배를 정박하고 수리하고 배를 짓는 일까지 했다. 지금은 선창 옆에 집이 한 채 지어져 있지만 옛날에는 그곳까지 선창이었기 때문에 제법 넓었다. 한가운데에는 배를 묶을 수 있는 '벼리목(계선주)' 이 있다. 큰 항만시설이 만들어지는 와중에 잘 보전되고 전승되어 온 것이 천만다행이다. 더 고마운 일은 선창의 내력을 새긴 비석이 세워져 전해온다는 점이다. 문채옥 씨가 필사한 비문을 보여주었다.

〈전면〉 船艙功績碑

施主

金夏昇 金乙丑 黃重良 金首學 子敍元 朴百萬 ○○○

(子는 김학수의 아들이란 뜻)

金重兌 金成甲 高于唐 朴三哲 趙玉先 李明元 金良昌

尹發○ 安莫先 蔡先宗 金永世 安萬均 姜○○ 高斗山

化主

崔斗山 文日章 崔聖弼 李尙遠

〈후면〉 羅州牛耳船艙重建碑

乾隆 十年 乙丑 三月

刻字

石工 金海先 僧 郞眞

冶工 金臥龍

　비 후면에 '중건비' 라 새겨놓은 것으로 보아 1745년 이전에 선창이 있었던 것 같다. 공적비를 세우는데 마을 주민 김하승 등 21명이 시주하고 최두산 등 4명이 화주가 되어 비를 세웠다. 화주 문일장은 문채옥 옹의 8대손이다. 그가 적어 놓은 비문 말미에도 그렇게 밝혔다. 우리나라에서 이보다 오래된 선착장이 있을까. 물론 자연지형을 그대로 활용했던 제주도 포구와 다르다. 우이도 진리에 별장진이 있었기

조선시대 우이도 선창의 내력을 새겨 놓은 공적비(우)와 최근 새로 새운 비석(좌). 우이도선창은 지방기념물 제243호로 지정되었다.

때문에 이와 관련 있는 유적으로 추정된다. 석축제방은 아래에는 바윗돌을 깔아 바닷물이 드나들도록 했다. 해수가 소통되면 선착장 안에 퇴적물이 적게 쌓인다. 입구를 마을로 열어 놓은 것도 배가 파도에 부서지지 않도록 하는 세심한 배려다. 요즘에도 방조제 안쪽에 퇴적물이 쌓여 준설을 하거나 심할 경우 새로운 항만을 만들어야 하는 경우가 있다. 이만큼 온전히 남아 있는 옛 선창이 또 있을까. 우이도선창은 전라남도 지방기념물 제243호로, 그리고 문채옥 씨가 보관하던 《유암총서》와 《운곡잡저》도 지방문화재자료 제275호로 지정되었다.

우리나라 역사상 최장기간 최장거리를 표류한 사람, 200년 전 오키나와, 필리핀, 마카오, 중국 등을 3년 2개월에 걸쳐 돌아야 했던 파란만장한 표류이야기. 낯선 사람들과 문순득 일행이 펼치는 감칠맛나는 마당극, 비극의 운명을 기회로 바꿔 세계에 눈을 뜬 우이도 사람들의 해양서사시! 〈홍어장수 문순득 표류기〉로 홍어장수 문순득이 마당극 무대에 올랐다. 목포를 대표하는 극단 '갯돌'이 신안군의 지원을 받아 무대에 올렸다.

홍어장수 문순득의 표류와 귀국경로(왼쪽)를 살펴보면 그야말로 파란만장하다는 말이 어울린다. 이 역경의 19세기 표류담은 21세기에 신명나는 마당극으로 재탄생했다(오른쪽).

홍어장수, 손암을 만나다

옛 선창을 돌아보고 내친김에 문씨는 내 손을 이끌고 손암이 살았다는 터까지 안내를 해주었다. 손암의 집터는 그가 수소문 끝에 찾아낸 것이었다. 내심 자랑도 하고 싶었던 것이다. 집은 간데없고 터에는 마늘이 심어졌다. 담 안으로 들어가 손암의 흔적을 찾기라도 할 듯이 두리번거렸다. 손암은 우이도에서 죽었다. 눈을 감았지만 눈을 감지 못했을 것이다. 험한 뱃길에 동생을 기다리며 우이도까지 나와 기다렸기 때문이다. 1816년 6월 6일이다. 그리고 동생이 보내온 상여에 실려 섬사람이 된 손암은 마을사람들의 환송을 받으며 섬을 떠났다.

정약전은 동생이 찾아오는데 고생할까봐 고집을 피워 우이도에서 머물다 죽음을 맞았다. 나주에서 헤어져 동생은 강진으로, 자신은 절해고도 흑산도로 유배길에 올랐다. 당시는 뱃길 자체가 유배였을 것이다. 동생이 그 길을 찾아온다면 얼마가 고생할까 생각해 마중 나온 섬이 우이도였다.

다산이 방면된다는 소문을 들은 정약전은 "아우가 나를 보려고 험한 바다를 건너게 할 수 없으니 내가 우이도에서 기다리겠다"며 첩과 두 아들을 데리고 모래미를 떠났다. 하지만 이를 알고 뒤쫓아온 모래미(흑산도 사리) 사람은 그를 놓아주지 않았다. 그 후 우이도와 흑산도를 오가며 생활했다.《다산시문집茶山詩文集》권 15 묘지명 〈선중씨묘지명先仲氏墓誌銘〉은 당시 상황을 이렇게 적었다.

서로 헤어진 16년 위인 병자년 6월 6일에 내흑산 우이보에서 69세의 나이로 생애를 마치셨으니, 아 슬프다. (중략) 공(정약전)은 간간이 우이보에서 흑산도로 나와 내가(정약용) 방면의 은혜를 입었으나 또 대계臺啓로 인하여 정지되었다는 소문을 듣고 나의 아우로 하여금 나를 보기 위하여 험한 바다를 건너게 할 수 없으니 내가 우이보(牛耳堡, 수군진이라 할 수는 없지만 방어를 목적으로 설치한 시설을 보라 함)에 가서 기다릴 것이다' 하고 우이보로 돌아가려 하니(중략) 공은 우이보에서 나를 3년 동안이나 기다렸으나 내가 끝내 오지 않으니 공은 한을 품고 돌아가셨다.

흑산도로 유배온 최익현은 《면암집》에 우이도 지형을 자세히 설명하면서 명종 11년(1558)에 우이도와 흑산도에 모든 진이 설치되었다고 했다. 하지만 "성곽과 궁시의 마련이 없고 군졸도 없고, 통솔 감독 기관도 없다"며 해적들이 침입하면 보고와 대책을 마련하는 사이 백성들은 어육魚肉이 되고 말 것이라며 탄식했다. 그만큼 멀리 떨어져 있는 절해고도였다. 여기에서 면암은 우이도를 소흑산이라 했다. 오늘날 흑산도는 흑산면 체도를 말한다. 우이도는 도초면에 딸린 섬이다. 그런데 고지도를 보면 흑산도는 대흑산도를 우이도는 소흑산도라 했다. 《증보문헌비고》에는 "흑산도는 일명 우이도이다. 수로 30여 리, 둘레 30리, 별장진이 있다. 대흑산도는 옛 흑산현이다. 둘레 90리, 흑산도 서쪽에 위치한다"고 기록되어 있다.

면암이 소흑산도의 안위를 걱정했던 시기에는 우이도에 흑산도진이 있었다. 《대동지지》에는 "흑산도진, 우이도 안에 있는데, 처음에는 별장을 두었다. 수군만호 1명이다"고 기록되어 있다.

손암은 유배생활에서 새로운 길을 찾고 있었다. 마치 필자가 섬에서 새로운 길을 찾듯이. 그리고 그곳에서 섬사람과 섬을 발견했다. 하나는 그를 원하는 것이요 다른 하나는 그가 원하는 것이었다. 아이들을 하나둘 데리고 와 세상의 이치를 깨우쳐 주길 원했다. 모래미에 서당을 짓고 아이들을 가르쳤다. 유배생활이 이것만 있었다면 섬사람이 되어 섬에서 눈을 감지 못했을 것이다. 그에게 세상의 이치를 알려준 이가 있었다. 바로 섬사람이다. 섬을 아는 섬사람이었다. 문순득이나 장창대 같은 이 말이다.

우이도 큰애기 모래 서 말 먹어야 시집간다

마을회관에서 주민들과 이른 저녁을 마치고 돈목리로 향했다. 이미 뱃길이 끊겼다. 예상치 못한 식사자리로 어둠과 함께 산행이 시작되었다. 진리몰랑과 대초리몰랑을 넘어 돈목까지는 4킬로미터에 이른다. 우이도 섬사람들의 식수원 저수지를 지나자 좁은 숲길이 이어졌다. 얼마쯤 올랐을까, 돌담과 감나무 그리고 대나무숲들이 나타났다. 대초리였다. 섬마을이지만 바다와 전혀 관계없이 살아온 해변산중이다. 지금은 모두 떠나고 무너진 돌담과 집터만 남아 있었다.

몇 년 전 진리마을 뒤에서 예쁜 돌담을 구경한 적이 있다. 주민들이 '성재담'이라 부르는 우실이다. 마을이 허한 곳을 막아주는 비보 기능이나 모래나 바람을 막아주는 실용성, 그리고 마을의 경계기능을 하는 울타리이다. 나무를 심어 숲을 조성하기도 하고 돌을 쌓기도 한다. 위도 진리 북서쪽 띠밭너머해수욕장으로 넘어가는 고개 '성재'에 돌담을 쌓았다. 250년 전 마을 입도조가 쌓았다고 하니 옛 선창을 조성한 시기와 비슷하다.

돈목몰랑을 지나 해수욕장이 보이자 민가의 불빛이 새어나왔다. 물 빠진 해수욕장에 남은 발자국을 따라 마을로 들어왔다. 인적은 찾을 수 없고 개 짖는 소리만 요란했다. 몇 사람은 교회로 들어갔고 나는 친분이 있는 돈목마을의 어부 박화진, 한영단 부부를 찾았다. 그곳에서 하루를 묵었다.

여름철이면 돈목해수욕장을 많은 사람들이 찾는다. 해수욕장은

바람과 파도가 만들어 놓은 모래산 풍성사구는 돈목마을 주민들의 식수를 해결하는 저수지 역할을 하고 있다.

모래언덕과 연결되어 있다. 모래언덕을 주민들은 '산태' 라고 하는데 학자들은 '풍성사구' 라고 부른다. '바람에 의해 형성된 모래언덕' 이라는 말이다. '산태' 가 훨씬 정겹다. 칠발도 어장에서 불어오는 바람과 파도가 가져온 모래가 성촌의 큰대치미해수욕장과 우이도해수욕장을 연결시켰다. 그동안 산태는 주민들에게 비호감이었다. 바람에 날린 모래가 생선이나 음식에 붙어 사각거리기 일쑤였다. 오죽했으면 '돈목 큰애기 모래를 서 말 먹어야 시집간다' 고 했겠는가. 그 모래산이 있어 돈목과 성촌마을 사람들은 식수를 해결할 수 있었다. 모래산이 빗물의 저장탱크였기 때문이다.

산태에 얽힌 애틋한 이야기도 있다. 돈목 총각과 성촌 아가씨가 사랑에 빠졌다. 주민들의 눈을 피해 산태에서 사랑을 나누었는데, 하루는 돈목 총각이 약속한 산태에 나타나지 않았다. 고기 잡으러 갔다 풍랑에 목숨을 잃었다는 이야기를 들은 성촌 아가씨는 바다에 뛰어들고 말았다. 그 후 총각은 죽어서 바람이 되고, 처녀는 모래가 되어 매

돈목마을은 돌미역이 유명하다. 거친 파도를 이겨내고 자란 미역은 가격도 만만치 않다. 우이도에서 나고 자라
우이도 총각 박화진 씨를 만나 결혼한 한영란 씨는 내가 존경하는 섬사람이다.

일 모래언덕에서 만나고 있다는 것이다. 모래언덕에는 통보리사초, 갯방풍, 순비기나무 등 갖가지 사구식물이 자라고 있어 학술가치도 높다. 바람의 영향으로 매일 변하는 사구는 사진작가들에게 큰 인기다. 이곳에서 본 일몰도 일품이다.

돈목리는 미역채취와 민박을 하며 살고 있다. 돈목 돌미역은 명품으로 한 뭇(20가닥)에 20여만원에 거래되고 있다. 돈목마을은 미역뿐만 아니라 흑염소를 방목해 소득을 올리고 있다. 일제강점기에 발행한 《한국수산지》(3권)에서는 우이도를 이렇게 소개했다.

우이만은 섬의 서쪽에 있는 큰 구미이다. 구미 안의 수심은 두 길 내지 네 길에 달하고 동풍을 피할 수 있다. 소형 어선은 구미 깊숙한 작은 섬에 곁대어 댈 수 있어 모든 바람에 안전하다. 이 구미는 종래 중국어선의 근거지였던 곳으로 매년 3월경부터 4~5월에 이르는 사이에 출입하는 선박이 100척 내외에 이른다. 구미 깊숙한

곳에 두 마을이 있는데 북쪽은 성촌이고 만쪽은 저두촌이다. 또 본
도의 동측에는 진촌이 있고 남쪽에는 예미촌이고 앞쪽 해안은 다
소 굴곡이 있으나 배를 대기는 좋지 않다. 수산물은 매년 미역 100
뭇 남짓, 가사리 1,000여 근을 산출한다.

우이만은 돈목포구와 성촌포구가 있는 만을 말한다. 저두촌은 돈
목리를, 진촌은 진리를, 예미촌은 예리를 말한다. 당시 보리와 콩을
약간 심고 면화도 재배했다. 식수는 질이 좋지 않고 부족했다. 미역을
비롯해 해초들은 섬 남동쪽 예리와 돈목 사이 갯바위에 많았다. 우이
도 특산물은 미역과 생선이다. 생선은 오래 보관하기 어려워 말리거
나 젓갈을 담았다.

하지만 젓갈을 담는 일은 쉽지 않았다. 소금이 있어야 하기 때문이
다. 인근에서 소금을 구하기 쉽지 않고 나주군도(신안도서지역)에서 구
한다고 해도 값이 비쌌기 때문이다. 결국 배로 운반하기 쉽고 보관도
용이한 미역이나 건어물이 주종을 이뤘을 것이다. 여기서 주목해야
할 것은 문순득이 홍어장수였다는 점이다. 홍어는 숙성을 하는데 소
금이나 다른 재료가 필요하지 않다. 독 안에 넣어 두면 삭힌 대로 팔
수 있다. 결국 우이도 사람들이 뭍을 오가며 팔았던 것은 홍어와 미역
이었을 것으로 생각된다.

인간의 손을 타지 않고 잘 보전되어 온 우이도가 세간에 알려지면
서 찾는 사람이 늘고 있다. 돈목에서 고집스럽게 어부로 살며 섬사람
으로 자긍심을 잃지 않고 있는 박씨는 우이도를 배낭에 담아가려는
여행객이 있어 아쉽다고 한다. 생태계가 잘 보전되고 주민들의 삶이
오롯이 남아 있는 섬, 풍광을 마음 속에만 그득히 담는 섬 방문이 어
려운 것일까.

● —— 해양문학의 백미 '표해록'

표해록은 갑자기 풍랑을 만나 표류하면서 겪은 이야기를 기록한 일종의 기행문으로, 해양문학의 한 장르로 분류할 수 있다. 풍랑을 만나 천신만고 끝에 구사일생으로 살아돌아온 사람들의 이국체험담이기도 하다. 배에 돛을 달고 노를 저어 바람과 뱃사람의 경험에 의존해 바닷길을 오갔던 시절에는 바다로 가는 것은 칠성판을 지고 가는 일이었다. 우리나라의 대표적인 표해록으로 15세기에 기록된 최부의 《표해록》, 제주사람 장한철의 《표해록》, 신안 우이도 홍어장수 문순득의 《표해록》, 이지항의 《표주록》, 최두찬의 《승사록》 등이 있다.

표류자들은 제주로 부임하거나 뭍으로 나오던 관리들, 고기를 잡는 뱃사람과 어상들, 진상품을 운반하는 사람들, 물건을 파는 상인 등이 많다. 《옛 제주인의 표해록》에는 최부를 포함한 9명의 표류기록이 정리되어 있다. 중국으로 표류한 사람은 김배회(《성종실록》, 1470년 표류), 최부(《금남집》, 1487년 표류), 김기손(《중종실록》, 1534년 표류), 이방익(〈성주 이씨 세적〉, 1796년 표류) 등이며, 류큐(현 오키나와)로 표류한 사람은 김비의(《성종실록》, 1477년 표류), 장한철(〈초고본〉, 1771년 표류) 등이다. 일본으로 표류한 사람은 정회이(《연산군실록》, 1499년 표류)와 강연공(《중종실록》, 1539년 표류), 안남으로 표류한 사람은 김대황(《지영록》, 1687년 표류)이다. 기록자는 아무래도 관리들이 많다.

반대로 우리나라로 표류해온 경우도 많다. 특히 일찍 개항한 일본의 나가사키를 오가던 네덜란드 선원들이 많이 표류하였다. 대표적으로 하멜 일행을 들 수 있다. 그보다 앞서 조선에 표류했던 벨테브레(박연)는 조선에 귀화하고 조선여인과 결혼하기도 했다. 하멜은 귀국 후 표류기를 써서 조선을 유럽에 알리기도 했다.

본문에 소개된 〈표해시말〉 이외에 대표적인 표해록인 최부와 장한철의 기록을 소개한다. 최부는 1454년 나주군 동강면 성지촌에서 진사 최택의 아들로 태어났다. 호는 금남(錦南)이다. 광주광역시의 중심가인 금남로는 그의 호를 따서 붙인 것이다. 최부가 《표해록》을 쓰게 된 내력은 다음과 같다. 1487년(성종 18), 34세의 나이에 왕명을 받아 제주도의 3개 읍(정읍, 제주, 애월)으로 숨어든 노비나 군역회피자, 죄인 등을 소환하는 직책인 추쇄경차관에 임명되었다. 이듬해 부친상을 당해 제주를 떠나 나주로 향하다 풍랑을 만나 열흘 이상 표류하다가 중국에 도착했다. 해적으로 오해를 받기도 했지만 무사히 귀국해 왕명을 받아 《표해록》(3권 1책)을 지었다. 책에는 중국의 해로, 기후, 조류 등

지리와 연로(沿路), 풍토(風土), 산천(山川), 관아(官衙), 민속, 의식, 제도 등 당시 명나라의 많은 분야가 정확하고 상세히 기록되어 있다. 《금남표해록》이라고도 불리며, 《당토행정기唐土行程記》라는 제명으로 일본에까지 소개되었다.

장한철은 1744년 제주도 애월읍 애월리에서 태어났다. 글공부를 좋아해 향시에 몇 차례 합격했지만 가난하여 전시에 나가지 못했다. 1770년 향시에 수석합격하자 마을과 관청에서 여비를 마련해 주어 육지로 나가던 중 풍랑을 만났다. 그리고 나흘 만에 류큐왕국(현 오키나와)으로 표류했다. 왜구를 만나 갖은 고생을 하다가 다시 청산도로 표류하였다. 그러는 동안 29명의 일행 가운데 8명만 살아남았다. 다행히 제주 상인의 배를 만나 일행은 제주로 돌아가고 장한철은 서울로 올라가 전시에 응시했지만 낙방했다. 귀향하여 표류에서 생환에 이르기까지의 과정을 글로 써서 남겼다. 장한철의 표해록에는 해로, 물의 흐름, 계절풍의 변화 등이 기록되어 있어 해양지리지로서 가치가 높으며, 백록담과 설문대할망 전설 등을 풍부하게 싣고 있어 설화집으로서도 가치가 있다. 모험담과 연애담을 포함하고 있어 우리 문학사에서 보기 드문 해양문학의 백미로 평가받고 있기도 하다. 원본은 국립제주박물관에 위탁 보관되어 있으며 장한철의 고향인 애월 앞바다 한담공원에 표해록 기적비가 세워졌다.

참고자료 :
최부 씀, 김찬순 옮김, 《표해록—조선 선비 중국을 표류하다》, 보리, 2004
김봉옥 · 김지홍 옮김, 《옛 제주인의 표해록》, 전국문화원연합 제주도지회, 2001
정약전 · 이강회 저, 김정섭 · 김형만 옮김, 《유암총서》, 신안군문화원, 2005

개황 | 우이도牛耳島

위치 | 신안군 도초면 우이도리 **동경** 125° 57′ **북위** 34° 35′
면적 | 10.70km² **해안선** | 21.0km **육지와 거리** | 64.9km(목포시)
가구수 | 104 **인구(명)** | 178(남93+여85) **어선** | 17 **어가** | 43
어촌계 | 총 1개 어촌계(36명)

공공기관 | 도초면사무소 우이도출장소(061-261-1866), 도초파출소 우이도출장소(061-270-0184), 도초보건지소 우이도출장소(061-261-1428), 한전 우이도 내연발전소(061-262-4775)
교육기관 | 도초서초등학교 우이분교(061-261-1881)
전력시설 | 자가발전 전가구
급수시설 | 간이상수도 2개소 전가구

교통 | **배편** | 도초도-우이도, 신해3호(도초선착장: 061-275-2300)
낚시터(유어장) | 우이도 돈목낚시터를 비롯하여 해변의 갯바위 40여 곳에 낚시터가 형성되어 있다.
특산물 | 꽃게, 새우, 멸치, 톳, 돌김
특이사항 | 청정해변의 공해없는 피서지인 돈목해수욕장과 감성돔 낚시가 유명하다. 27개의 섬으로 이루어진 우이군의 주도로서 동소우이도, 서소우이도, 화도, 항도, 승도, 송도, 가도, 어락도 등을 거느리고 있다. 후박나무와 천리항이 유명하다.

30년 변화 자료

구분	1973	1985	1996
주소	전남 신안군 도초면 우이리	좌동	좌동
면적(km²)	9.32	10.704	10.7
공공기관	-	면 출장소 1개	면 출장소 1개, 분소 1개
인구(명, 남자+여자)	987(503+484)	683(377+306)	259(120+139)
가구수	158	130	80
급수시설	공동우물 11개	우물 58개, 간이상수도 1개	우물 29개, 간이상수도 1개
초등학교	2개 375명	3개 81명, 분교 2개 25명	분교 1개 16명
전력시설	-	자가발전 130가구	한전 80가구
의료시설	-	약방	보건진료소 1개소
어선(척, 동력선+무동력선)	24(5+19)	38(17+21)	13(9+4)

* 공공기관은 면사무소, 파출소 등 포함

14

작은 폐교에서 희망을 보다

도초면 소우이도(동리, 서리)

몇 차례 우이도를 가던 길에 스치듯 보았던 섬이다. 간혹 한두 사람이 내릴 때를 제외하고는 배도 그냥 지나쳤다. 우이도도 큰 섬이 아니라고 생각했는데 그 동쪽에 있는 딸린 섬이라 동소우이도라 했다. 주민들은 '동리' 라고 부른다. 서쪽에 있는 섬은 서소우이도 '서리' 라 했다. 서리와 달리 동리는 배를 접안할 만한 곳이 없다. 이를 두고 '석이 좋지 않다' 고 한다. 배석이 좋지 않아 어장이 발달하지 못했다. 대신 섬이 서리에 비해 크고 밭이 많다. 갯바위 미역을 뜯어 돌미역으로 말

작은 섬에 닻을 내리고 살림을 시작한 섬사람들은 자연을 이기려 하지 않았다. 오히려 순응하고 적응하는 지혜를 터득했다.

려 판매하기도 한다. 큰 소리로 부르면 들릴 정도로 좁은 물길을 사이에 두고 마주보며 두 마을이 앉았다. 정월 보름에는 해안에서 불을 피워 놓고 어느 섬 불이 오랫동안 잘 타는지 경쟁을 했다. 이 '불싸움'에서 이긴 섬은 마을이 평안하고 농사가 잘되고 갯가에 미역도 잘 붙고 고기도 많이 잡힌다고 믿었다. 우이도에는 두 섬 말고 경치도라는 작은 섬에도 사람이 살았다. 1970년대 조사자료에 3가구가 살았던 것으로 기록되어 있다.

'섬사랑학교' 선생님이 되고 싶다

동소우이도는 10가구 13명이 살고 있다. 누가 이곳에 150명이 살았다는 것을 믿을까. 한 집에 3대가 살았으니 대여섯 명은 기본이요 식구가 10명이 넘는 집도 있었을 것이다. 그런데 그 많은 사람들이 뭘 먹고 살았을까. 밭에 고구마와 보리를 심고 고사리 등 산나물과 갯가에서 해초를 뜯어 생활했을 것이다. 동리는 섬 동쪽에, 서리는 섬 서쪽에 서로 마주보고 있다. 하루 2번 오가는 섬사랑호도 손님이 있으면 여객선을 대지만 그렇지 않으면 그냥 지나친다.

1996년까지 도초 서초등학교 동리분교가 있었다. 마지막 학생이 부모를 따라 목포로 전학하면서 40년 역사의 동리분교는 문을 닫았다. 그리고 2002년 '섬사랑학교'로 이름을 바꿔 개교를 했다. 교장선생님은 오제신, 교감선생님은 지정희 그리고 학생은 갯강구, 미역, 톳, 가사리, 배말, 거북손, 두릅, 토란, 고사리 등이며 육지에서 전학온 매화나무, 밤나무, 비파나무, 황칠나무, 편백나무, 후박나무도 있다.

교실은 손수 칸을 막고 자리를 깔아 사무실과 학교를 찾는 사람들이 머물 공간으로 꾸미고 관사는 교장 부부가 살 집으로 만들었다. 마을 주민들은 오씨를 '교장선상'이라 부른다. 섬에 들어와 주민들로부

동리에는 작은 텃밭이 많다. 고추모종과 머윗대를 심었다. 갱번에는 굴과 파래가 자란다.

터 받은 직책이다. 이제 갱번에 미역짓을 같이 할 정도로 섬주민을 닮아가고 있다. 최근에 교장선상은 마을반장일을 맡았다. 감투를 쓴 셈이다. 우편물 수발은 물론 전기검침, 가전제품 수리, 집수리 등을 맡아 한다. 노인들만 사는 섬인데다가 섬사랑학교를 운영하며 손수 짓고 만들고 수리하는 통에 섬의 만물박사가 되었다.

동리는 어장배가 없다. 마을주민들은 교장선상 부부를 제외하면 모두 칠순과 팔순을 오가는 노인들이다. 그런데 묵힌 밭을 찾을 수 없다. 노인들은 날씨가 허락하면 밭과 갯가에서 일을 한다. 밭에는 콩, 유채, 마늘을 심고 갱번은 굴, 김, 파래, 바우옷(가사리)을 긁는다.

섬사랑학교로 가던 길에 고추모종을 옮기는 할머니와 아들과 밭에서 풀을 뽑는 여성 세 분을 만났다. 아들은 어머니가 몸이 편찮아 가족은 도심에 두고 혼자 섬에 들어 어머니 곁에 머물고 있다고 했다. 풀을 뽑는 세 분의 여성 중 두 분은 광주에서 놀러온 분들이었다.

누가 섬에 사람이 없다고 하는가. 교장선상처럼 섬에 들어와 살려

서리는 어장촌이다. 막 잡아온 아귀를 손질해 널었다. 한때 우이도 몸섬보다 어장이 활발했던 마을이다.

는 사람도 있고, 여행차 들렀다 섬이 좋아 잠시 머물며 밭도 매고 채소와 갯것을 해가는 사람들도 있다. 이들이 섬사람들이다.

갑오징어 회를 먹다

예상이 맞았다. 서리에 가면 생선회를 먹을 수 있을 것이라고 생각했다. 하의·장산·신의·도초 인근 작은 섬들을 둘러보면서 생선은 숭어가 전부였다. 고기가 귀한 섬이다. 아예 생선을 구경할 수 없는 섬도 많았다. 서리포구에 들어서자 생선을 말리는 모습이 정겨웠다. 주민 한 분은 막 잡아온 갑오징어를 손질하느라 정신이 없었다.

"이거 갑오징어 아닌가요. 아귀도 있네요." "이렇게 손질해서 살짝 말려서 팔아요."

갑오징어를 모르고 아귀를 모르겠는가. 생선다운 생선을 보지 못한 채 나흘을 돌아다녔으니 싱싱한 횟감을 보고 '먹고 싶어요' 라는 말을 바로 못하고 에둘러 말한 것이다. 횟집이라면 바로 썰어 주세요,

했을 것이다. 큰 배들은 어장일을 나갔는지 작은 선외기 해성호만 선창을 지키고 있었다. 갑오징어와 생선 몇 마리를 손질해달라고 부탁하고 마을구경을 나섰다. 섬은 동리에 비해 작지만 서쪽에 큰 우이도가 있고 동쪽에는 동리가 막아주며 남쪽으로는 화도가 있어 서리는 좋은 포구의 조건을 갖추어 일찍부터 어장이 발달했다.

골목 요지에 '협진상회'라는 낡은 글씨가 눈에 띄었다. 서리에는 고기잡이 배가 8척 있다. 선원들만 50~60명에 이른다. 모두 직업소개소를 통해 고용된 사람들이다. 어장이 좋을 때는 선주가 식구미(기름값, 식비 등 출항에 따른 비용 일체)를 모두 제공하고 잡은 고기에서 경비를 제한 후 선주와 선원이 6:4로 짓가림을 했다. 지금은 월급제로 바뀌었다. 능력에 따라 100만원부터 200, 300만원짜리 선원도 있다. 월급제 이후 담배와 술은 선원들 부담이다. 20여 년 전 월급제로 바뀌면서 마을의 술집도 없앴다. 선주가 부담할 때는 술을 제한할 수 있었지만 자기 월급으로 사먹는 것은 막을 수 없었다. 폐교를 찾아 올라가는 길에 빈집자리에서 고추모종을 심는 두 명의 여성을 만났다. 배도 없어 손바닥만한 빈터에 고추 심고 채소 심어 '그작저작' 산다고 했다. 몇 가구나 사느냐는 질문에 이름과 위치까지 알려줬다.

"배 있으니까 고기 팔러 목포로 나가불고 서너 집만 있어. 저 아래 진우네하고, 강패네하고, 돌아가신 순철네하고, 나하고(김행달)만 있어. 나머지는 목포가 있어. 선원 구하기 힘들어 어장질도 못해먹겠대." 말 끝에 내가 선원으로 가면 받아줄까요 물었다. 고추모종을 심던 할머니가 고개를 돌려 쳐다봤다. 화장이나 하면 되겠구만. 화장은 배에서 밥 짓고 부엌일 하는 사람이다. 월급이 가장 적고 처음 뱃일을 하는 사람이 맡는다. 영자는 안 될까. 영자는 화장보다 높은 자리다. "젊은 사람이 무슨 영자, 화장으로나 써주면 잘 써주제"라며 고개를 돌렸다.

할머니보다 젊은 어머니는 자식들이 새우잡이 닻배 3척을 가지고 있다. 새우어장철이면 인천과 강화도까지 가서 새우를 잡고 요즘에는 갓고기(연안으로 들어오는 모든 고기)를 잡는다. 새우어장을 하는 사람들에게 새우 말고 다른 것은 다 잡어다. 새우철이 아니기 때문이다. 어장배를 3척이나 갖고 있으면서 궁색스럽게 집터자리에 고추를 심느냐는 말에 결혼하면 각시하고 자식생각하지 부모생각 하겠냐며 고추에 물을 주었다. 마을 위에 2010년 3월 폐교된 도초서초등학교 서리분교가 있다. '1967년 박정희 대통령 하사교사' 라는 표지석이 남아 있다.

서리의 특산물은 새우젓이다. 새우젓은 오젓, 육젓, 추젓 등으로 나뉘는데, 오젓은 5월에 잡은 새우로 담은 젓, 육젓은 6월에 잡은 새우로 담은 젓, 그리고 추젓은 가을에 잡은 새우로 담은 젓이다. 서리는 오젓과 육젓이 대표적이며 꽃게를 잡아 진도 서망에 위판하기도 한다. 바람이 불거나 어장에 적합하지 않는 날이면 수십 명의 선원들이 작은 섬에 모여들어 북새통을 이루기도 했다. 이럴 때면 술을 먹고 싸움이 일어나기 일쑤였다. 10여 호의 작은 섬에 경찰출장소가 있는 것도 이런 이유 때문이었다.

결국 마을에서 술을 판매하는 것을 금지하기로 결정했다. 골목길에 '협진상회' 라는 페인트가 벗겨진 상호가 섬의 일상을 대변하고 있었다. 고기잡이로 북적댈 때는 얼마나 많은 젊은이들이 저 상회를 들락거렸을까. 선주가 미리 준 월급을 홀랑 까먹고 가불을 해도 모자라 외상술을 주지 않으려는 주인과 술을 먹으려는 선원이 실랑이 벌이는 소리가 들리는 듯했다.

개황 | 동소우이도東小牛耳島

위치 | 신안군 도초면 우이도리 **동경** 125° 52′ **북위** 34° 10′
면적 | 0.45km² **해안선** | 16km **육지와 거리** | 67.5km(목포시)
가구수 | 20 **인구(명)** | 34(남18+여16) **어선** | 9 **어가** | 전가구

전력시설 | 한전 전가구
급수시설 | 해수담수화 1개소

교통 | 배편 | 도초도-우이도-동소우이도, 신해 3호(도초선착장: 061-275-2300)
특산물 | 돌김, 육젓, 새우
특이사항 | 우이도의 동쪽에 위치한 조그만 섬이라 하여 동소우이도라 한다.

30년 변화 자료

구분	1973	1985	1996
주소	전남 신안군 도초면 우이리	좌동	좌동
면적(km²)	0.75	0.447	0.45
인구(명, 남자+여자)	126(54+72)	51(24+27)	29(13+16)
가구수	22	16	8
급수시설	공동우물 2개	우물 6개	우물 6개
초등학교	분교 1개 31명	분교 1개 12명	-
전력시설	-	자가발전 15가구	한전 8가구
의료시설	-	약방	상비약비치
어선(척, 동력선+무동력선)	무동력선 5척	6(2+4)	동력선 2척

＊ 공공기관은 면사무소, 파출소 등 포함

개황 | 서소우이도西小牛耳島

위치 | 신안군 도초면 우이도리 **동경** 125° 7′ **북위** 34° 30′
면적 | 0.27km² **해안선** | 12.0km **육지와 거리** | 67.5km(목포시)
가구수 | 17 **인구(명)** | 29 (남20+여9) **어선(척)** | 9 **어가** | 17

교육기관 | 도초서초등학교 서리분교(2010년 3월 폐교)
전력시설 | 한전 전가구
급수시설 | 해수담수화 1개소 ,전가구 식수난지구

교통 | **배편** | 도초도-우이도-동소우이도, 신해3호(도초선착장: 061-275-2300)
특산물 | 돌미역, 돌김
특이사항 | 우이도의 서쪽에 위치한 조그만 섬이라 하여 서소우이도라 했다. 법정리로는 도초면 우이도리에 속하
며, 행정리로는 우이도리 3구에 속한 섬이다.

30년 변화 자료

구분	1973	1985	1996
주소	전남 신안군 도초면 우이리	전남 신안군 도초면 서소 우이도	전남 신안군 도초면 우이리
면적(km²)	0.69	0.27	0.27
인구(명, 남자+여자)	131(67+64)	100(58+42)	63(30+33)
가구수	17	20	18
급수시설	공동우물 2개	우물 4개, 간이상수도 개	우물 9개
초등학교	분교 1개 21명	분교 1개 13명	분교 1개 3명
전력시설	-	자가발전 19가구	한전 18가구
의료시설	-	약방	약방
어선(척, 동력선+무동력선)	-	9(6+3)	5(4+1)

＊ 공공기관은 면사무소, 파출소 등 포함

15

생태 보물섬을 꿈꾼다

도초면 죽도

섬의 마지막 주민은 12년 전 이 섬을 떠났다. 이런 섬에서 최근까지 사람이 살 수 있었다는 사실에 오히려 놀랐다. 배가 정박할 만한 선창도 없고, 전기도 없었다. 육지는 고사하고 다른 섬과 소통할 수 있는 통로가 전혀 없었다. 이것도 육지 것들의 시선 탓일까. 확인해보고 싶었다. 접근부터 쉽지 않았다. 바람이 불어 파도가 높은 탓만은 아니었다. 바위에는 김이 자라 얼음판처럼 반짝거리며 미끄러웠다. 겨우 갯바위에 붙은 따개비를 딛고 배에서 내려섰다. 한 발짝 걸음을 옮기는 순간 주르륵 미끄러졌다. 바위틈에 발이 걸려 큰 위험을 면했다. 장갑도 끼지 않고 있어 조그만 더 미끄러졌다면 따개비의 올록볼록하고 날카로운 껍질에 손이 긁힐 뻔했다. 생각만 해도 소름이 돋았다. 겨우 갯바위를 벗어나 섬에 올라섰는데 이젠 울창한 숲과 풀이 우거져 좀처럼 앞으로 나갈 수 없었다. 겨우 길을 찾았지만 10미터도 채 못 가서 길은 다시 사라져버렸다.

예정되어 있던 죽도 방문 전날, 우연한 기회에 오제신 교장선생님이 꾸민 '섬사랑학교'에서 책을 선물받았다. 《조용한 용기》. 죽도를 보물섬으로 만들고 싶어 하는 오선생님의 내밀한 꿈을 그 책에서 읽었다. '꿈섬'이라는 단어로 열정이 표현되어 있었다.

오선생님은 섬에 학교와 교회건물과 우물도 있을 거라고 일러줬

동리에 있는 섬학교 오제신 교장선생님은 죽도를 '꿈섬' 이라 부른다. 그곳에 온전한 섬 생태계를 복원하는 게 그의 꿈이다.

다. 하지만 아무래도 길을 잘못 든 모양이다. 섬의 허락도 받지 않고 불쑥 문을 열어달라고 했으니 바다도 쉽게 허락하지 않았고, 섬에 올라 길도 찾을 수 없었다.

그곳에는 옹달샘, 고사리밭, 산딸기밭, 찔레나무숲, 오래된 후박나무와 동백나무, 김과 미역이 자라는 갯바위, 주먹 만한 보찰(거북손)이 숨어 있는 안벽, 귀한 옥배말과 퉁배말이 있다. 사람은 떠났지만 사슴과 꿩이 터전을 잡고 있다.

오선생님은 무인도 생태지도를 남몰래 만들고 있다. 어쩌면 불쑥 우리가 섬을 찾는다고 했을 때 몹시 불쾌했을지도 모르겠다. 섬의 동식물이 놀라지 않게 1년에 한두 번 혼자 조용히 찾아와 인사하고 오는 곳인데 무례하게 방문을 하겠다고 했으니 얼마나 언짢았을까. 그래도 다행이다. 그가 숨겨놓은 보물을 우리는 찾지 못했으니까. 언젠가 그의 허락을 얻고 그의 안내를 받아 그가 숨겨놓은 보물을 조심스레 엿볼 날이 오리라 믿는다.

30년 변화 자료

구분	1973	1985	1996
주소	전남 신안군 도초면 우이리	전남 신안군 도초면 우이도리	전남 신안군 도초면 우이리
면적(km²)	0.33	0.29	0.29
인구(명, 남자+여자)	98(59+39)	40(23+17)	28(14+14)
가구수	14	11	8
급수시설	공동우물 1개	우물 3개	우물 3개
초등학교	분교 1개 22명	분교 1개 9명	-
전력시설	-	-	자가발전 8가구
의료시설	-	약방	상비약비치
어선(척, 동력선+무동력선)	-	4(1+3)	2(1+1)

신안군 하의면

신안군 하의면

16 하의도
17 신도
18 장재도
19 능산도
20 대야도
21 개도
22 문병도
23 장병도
24 옥도

자은면
암태면
팔금면
비금면
안좌면
도초면
장산면
24
22
23
21
20
19
18
17
하의면
16
신의면

전라도 속의 작은 전라도

하의면 하의도

하의도를 찾고 싶었던 것은 두 가지 이유 때문이었다. 첫째는 300여 년 동안 주민들이 찾고 싶어 했던 그 '땅'을 보고 싶었다. 다른 하나는 근현대 정치사에 큰 획을 그은 고故 김대중 대통령의 고향이기 때문이었다. 지금은 쾌속선이 있어 1시간이면 충분하지만, 철부선(차도선)을 이용하면 2시간 반이 걸린다. 섬을 찾는 사람들은 불편한 교통에, 가난함에, 대통령을 배출한 섬답지 않게 좁은 골목과 비포장도로에 놀란다.

하의도는 물 위에 연꽃이 떠 있는 연화부수蓮花浮水에서 유래되었다. 하의荷衣라는 지명은 도교적 색채가 강한 이름이다. 연잎으로 지은 옷, 하의이다. 당나라 하선고라는 여선女仙이 입던 옷이라고 한다. 임진왜란 이후 제갈씨가 자리를 잡은 후 17세기부터 김씨와 박씨가 들어와 마을을 이뤘다.

하의도는 장산, 신의, 안창도 등과 함께 백제 거지산현에 속하였다. 통일신라시대에는 이들 지역과 함께 안파산현에 속하다 고려시대에는 나주목에 속하였으며, 조선시대에는 나주목 진도현에 속하였다. 1885년(고종 32) 지도군에 편입되었다 1914년 행정구역 개편으로 무안군 하의면에 속했다. 이후 신안군이 분군되면서 상태도와 하태도를 포함해 하의면이 되었다. 1974년 상태도와 하태도에 상하태출장소가 신설되었고 1983년 이들 지역은 신의면으로 승격되었다. 하의3도에

섬 모양이 물 위에 떠 있는 연꽃모양이라 해서 '하의(荷衣)' 라 했다. 신선여인이 입던 옷을 말한다. 섬 북쪽(지도 위쪽)이 대리와 후광리이며, 가운데가 웅곡리이다. 앞쪽 높은 산봉우리가 망매산(좌), 금성산(우)이다. 산 북쪽 마을이 오겸리, 남쪽 염전 주변 마을이 봉도선착장이 있는 곳이다.

는 청일전쟁 당시 일본해군이 주둔하기도 했다.

선사시대 유물들을 보면 하의도에는 청동기문화인들이 유입되면서 사람들이 살기 시작했다고 한다. 그러나 문화전승이라는 측면에서 본다면 지금 거주하고 있는 주민들의 선조 즉 입도조(최초로 섬에 들어온 조상)들은 임진왜란 이후 조선후기에 들어왔을 것으로 추정하고 있다. 여말 선초에 왜구의 출몰로 섬을 비우는 '공도정책' 을 추진해왔기 때문에 해안지역이 안정된 후에 이주가 시작된 것으로 추정하는 것이다.

하의면은 면소재 웅곡리를 비롯해 어은리, 오림리, 대리, 후광리 등 행정리가 있고 능산리, 옥도리 등 딸린 섬으로 구성되어 있다. 후광리는 너리섬 뒤쪽에 있어 뒷너리섬, 대리는 큰동네, 큰몰이라 불렀으며, 웅곡리는 곰실, 곰자리라 했다. 어은리는 고기모양이라 해서 언굴, 언동, 어은동이라 했다. 오림리는 다섯 그루 소나무가 바람이 불면 운다해서 붙어진 이름이다.

섬마을 토속신앙과 유교제의가 공생하는 마을

섬에 도착하자마자 하의3도 농민운동기념관으로 향했다. 개관식에 김대중 대통령이 참석해 화제가 되기도 했다. 그로부터 몇 개월 후 그는 서거했다. 초등학교 자리에 건물을 짓고 나서 실제로 문을 열기까지는 시간이 걸렸다. 기념관에는 조선중기부터 해방 무렵까지 300여 년간 하의3도(하의도, 상태도, 하태도) 주민들의 목숨을 건 토지탈환의 하의3도 토지분쟁 역사가 기록되어 있다

전시관에서 나와 대리마을로 향했다. "골목길 들어가실 때 길을 잘 확인해야 합니다." 하의면에만 세 번째라는 최현민(44세) 계장이 일러줬다. 처음 하의면에 근무할 때 일을 보기 위해 대리마을로 들어갔다가 나오는 길을 잃어버렸다고 했다. 마을이 크고 돌담골목이 모두 똑같아 어디로 나가야 할지 몰랐다는 것이다. 이름만큼 큰 마을이다. 마을 뒤 덕봉산 자락에 대리당과 덕봉강당이 있다. 그곳에는 영험한 당이 있다. 옛날 선비가 말을 타고 가다 대리당을 쳐다봤다가 말의 다리가 부러졌다고 한다. 또 마을에 살던 초암 김연 선생이 41세에 갑자기 숨을 거둔 뒤 하루 만에 환생하여 당산 신령이 당을 옮겨 달라고 하였다고 전한다. 당을 옮기고 난 뒤 괴변이 멈추었다. 몇 년 뒤 산에서 가로세로 1.5미터 크기의 돌이 산에서 굴러내리는 것을 당집이 막아 주민이 다치지 않았다고 전해 내려온다. 당집 왼편 큰 소나무 옆에는 굴러오다 멈춘 것처럼 큰 바위가 놓여 있었다.

천주교회 옆 당샘을 지나자 울창한 아름드리 소나무들과 새로 조림한 후박

김대중 대통령도 수학했다는 덕봉강당을 열었던 초암 김연 선생 초상화.

언제 당제를 지내는지 모르게 제기들은 나뒹굴고 산, 바람, 비 등 일곱 신은 쓰러져 제각각 흩어져 있었다. 조심스럽게 신위를 챙겨 세웠다. 그래도 신위 하나는 받침대를 찾지 못해 그대로 뉘었다. 그리고 두손을 모아 마을의 평안과 풍어와 풍년을 빌었다. 섬여행길이 무사히 마무리되게 해달라고도 기원했다.

나무들이 반겼다. 그곳에서 멀지 않는 숲 속에 돌담과 기와로 단장한 당집이 있었다. 언제 당제를 지냈는지 알 수 없을 정도로 제기들이 부엌에 뒹굴었다. 조심스럽게 안으로 들어갔다. 제물을 준비하는 부엌을 지나 제사를 지내는 방으로 들어서자마자 깜짝 놀랐다. 당에 모신 일곱 신위가 쓰러지고 부러지고 제각각이었다. 대리당은 하의덕봉산 후토신, 후직신, 구룡신, 주조기신, 풍백신, 우신, 뇌신 등 일곱 신을 모셨다. 조심스럽게 짝을 맞춰 세워두고 손을 모은 후 당집에서 나왔다. 마을 골목길을 돌아 덕봉강당으로 향했다. 당집과 멀지 않는 곳에 있었다. 이곳이 초암 김연(1883~1929) 선생이 마련한 서당이다.

초암선생은 높은 학식과 절개, 효성을 겸비해 하의도는 물론 인근 섬지역에서 존경을 한몸에 받은 유학자였다. 을사조약이 체결되자 흑산면 가거도 산중에 은거하다 고향사람들의 부탁을 못 이겨 고향으로 내려와 봉람재鳳藍齊라는 서당을 열고 후학을 가르쳤다. 김대중

228

대통령도 어렸을 때 이곳에서 수학했다고 한다. 최 계장이 일러줘 조심한 덕분인지 골목에서 길을 잃지는 않았다. 시골마을 한가운데 기와집을 찾는 것은 어렵지 않았다. 배움을 청하는 사람들이 늘어나자 그 제자들과 유림들이 1952년에 선생의 집 뒤 덕봉산 아래에 강당을 세웠다. 그것이 덕봉강당이다. 덕봉강당에는 주자, 공자, 맹자, 초암 선생이 모셔져 있다.

DJ와 큰바위얼굴

하의도에서 후광리는 '큰마을'을 지칭한다. 김대중 대통령 생가는 '작은마을'인 원후광이다. 김대중 대통령은 이곳에서 1921년에 태어나 1936년 초등학교 3학년까지 어린 시절을 보냈다. 목포 북국민학교로 전학하면서 집은 헐리고 집터는 마늘밭으로 변했다. 당시 생가가 복원되었지만 그 흔한 영상물과 기록들도 갖춰져 있지 않았었다. 설 명절 뒤끝 찬바람이 매섭게 불던 날 생가를 다시 찾았다. 휴가철에는 제법 사람들이 찾는다지만 관리를 하는 주민 한 사람만 있었다. 차 1대가 겨우 지나갈 정도로 좁던 길은 넓혀졌고 김대중 대통령의 정치 역정을 기록한 사진과 자료들이 전시되어 있었다.

김대중 대통령은 지난 2009년 봄 마지막으로 고향을 방문하고 농민운동기념관 개관식에 참석하였다. 그의 행적을 따라 섬 서남쪽 어은리 죽도에 있는 큰바위얼굴이 있는 곳으로 향했다. 찬바람 속에서도 소금밭에는 봄바람을 기다리는 염부들이 겨울작업을 멈추질 않았다. 소금밭을 지나 남구지로 향하다 내 눈을 사로잡는 것이 있었다. 대리마을이 빤히 보이는 곳에서 아들이 앞장서서 소를 몰고 아비는 그 뒤를 따르는 모습이었다. 황소가 자꾸 주인이 따라오는지 돌아봤다. 지금은 트랙터가 논갈이를 맡아 하지만 옛날에는 소가 반농사였다.

김대중 전 대통령이 마지막 고향 방문 때 보았다는 죽도의 '큰바위얼굴' 은 이제 하의도를 찾는 여행객이 꼭 방문하는 관광지가 되었다.

게다가 옛날 소금을 굽던 시절에는 소가 없으면 갯벌을 가는 써레질을 할 수 없었다. 나도 황소처럼 주인의 얼굴을 자꾸 쳐다봤다.

남구지부터 큰바위얼굴이 있는 피섬까지는 해수욕장과 해식애가 아름다운 해안도로로 이어져 있다. 아직 포장이 되지 않아 더 정겹다. 멀리 우이도가 보이고 가깝게는 신도와 대야도와 능산도 등 크고 작은 섬이 이어져 있다. 이들 사이로 지는 노을이 아름다운 곳이다. 피섬 지역 일주도로 옆에 있는 죽도 남쪽에 해식애 모양이 사람얼굴을 닮았다. 그런데 죽도 전체를 보니 머리에 털과 발톱 그리고 꼬리까지 영락없이 사자모양이다. 바위만 보면 사람 얼굴이지만 섬을 보면 사자얼굴이다. 죽도 주변에서 나는 돌미역, 전복이 유명하다. 김대중 대통령은 이곳을 방문하고 몇 달 후 모든 것을 정리했다는 듯이 영면했다.

초라했던 생가는 제법 단장이 되어 대통령 생가의 모습을 갖췄다. 처음 방문했을 때는 초가에 몇 점 복사된 자료들이 방치된 채 관광객을 맞았었다. 생가 앞에는 원을 막아 만든 소금밭과 논이 있었다. 소금밭의 일부는 2003년 갯벌체험장과 염벗, 염막 등 전통소금인 '화염' 생산시설을 복원했다지만 제 기능을 하지 못하고 있다.

반백년을 '대중씨' 만 보며 살았다는 팔순 노인은 "그 어렵던 시절에 꽹과리(궁물)을 쳐서 돈을 모아 올려 보냈다"고 했다. 말끝에는 서운함이 비쳤다. 군사정권 시절 김대중 대통령이 핍박받을 때 하의도도 똑같이 어렵고 힘들었다. 원후광에는 김대중 대통령 선친들의 묘소도 없다. 모두 뭍으로 옮겨갔기 때문이다. 노인은 실제로 그는 정치적 고향인 '목포' 에 애정이 더 많았다고 했다. 김대중 대통령이 서거하고 많은 사람들이 하의도를 찾았다. 그리고 요란스럽게 계획들이 제시되었다. 그 중간 속도를 내는 것은 상하태도와 하의도를 잇는 연도교사업이다.

1시간대에 된다면……

하의도의 뱃길은 쾌속선, 일반선, 차도선 등이 있다. 섬이 서해안 항로의 끝에 위치해 있어 조금만 바람이 불어도 불안했다. 홍도나 흑산도처럼 국민관광지로 많은 사람이 찾는 곳은 일찍부터 편리한 항로가 개발되었지만 볼거리도 없고 수산물이나 특산물도 내놓을 만한 것이 없어 늘 뒷전인 하의도에 쾌속선이 뜨기 시작한 것은 최근이다. 그것도 아침에 1번 오후에 1번, 딱 2번이다. 10여 년 전에는 목포에 나가려면 네댓 시간 배를 타야 했다. 지금도 차도선(페리호)을 타면 2시간 30분이 족히 걸린다. 바로 앞에 있는 상하태도까지는 1시간 30분

거리다. 그래서 주민들은 오래전부터 신의와 하의 본도를 연결하는 연도교를 원했다. 다른 섬들은 더 멀리 떨어져 있고 공사비가 많이 들어도 연도가 이루어지는데 대통령을 배출한 섬에서 큰 욕심을 부리는 것도 아닌데 해결되지 않는 것에 주민들은 분노했다. 웅곡리에서 오림리를 지나 봉도로 달리던 도로는 신의 하태도를 앞에 두고 돌연 멈춘다. 더 이상 길이 없다. 되돌아가야 한다. 옛날 중선배로 고기를 잡던 시절에는 흑산도와 홍도에서 잡은 생선을 목포와 영산포로 가져가기 위해서 반드시 거쳐 가야 했던 곳이 봉도였다. 흑산도와 홍도를 연결하는 중간지점인 봉도에는 주막이 있었다. 돈이 있고 힘쓰는 건달들도 있었던 모양이다. 지금은 쓰러져가는 집이 두어 채 있고, 소금을 내기 위해 함수를 염전에 앉혀놓고 기다리고 있다. 김대중 대통령의 고향 후광리에서 작은 섬 장병도까지는 물이 빠지면 갯벌이 고스란히 속살을 드러낸다. 이곳에서 옥도까지 갯벌은 낙지천지다. 목포에서 낙지잡이 선수들이 몰려드는 곳이다. 장병도는 1990년대 초반까지 전기가 들어가지 않았다. 최근 전깃불이 켜졌다. 작은 섬 주민들은 "군의원이 대통령보다 낫다"고 소곤댔다.

목포에서 하의도까지 쾌속선으로 1시간이면 닿는다. 마을사람들이 꿈에 그리던 '1시간' 거리가 현실이 되었다. 앉으면 눕고 싶은 법. 배가 2차례에서 1차례만 더 있으면 좋겠다. 기왕에 욕심을 부린 김에 상하태도와 다리가 놓여 철부선도 쉽게 이용할 수 있으면 얼마나 좋겠는가.

큰바위얼굴을 보고 어은리에서 나와 오림리 봉도로 향했다. 신의면 기동리가 빤히 보이는 선창에서 남자 셋이서 그물을 만들고 있었다. 새우잡는 닻그물이었다. 닻그물 가로 80미터 세로 4미터짜리 그물 수십 폭을 연결해서 새우를 잡는다. 크고 긴 그물을 지탱하기 위해 엄청나게 큰 닻을 놓는다. "언제 끝날란가 모르겠소. 예산이 없다고 중단되었으니. 김대중 대통령 때 선심 쓰듯 측량하고 곧 된다고 하더니, 노무현도 지나고 이명박이도 다 지나고 10년이 훨씬 넘어 이제 시작을 했응께." 닻배 선주로 보이는 주민이 선창에서 사진을 찍는 나를 보고 어디서 나왔냐며 말을 걸어왔다. 이젠 불만을 넘어 관심도 없다는 눈치다.

아침잠을 깨운 것은 교회종소리였다. 벌써 집주인 윤씨 어르신은 기침을 하셨는지 인기척이 들렸다. 안방을 내주고 건넌방에서 주무신 두 어르신은 어제 오후에 갑자기 내린 비로 창고에 넣어둔 고추를 널어놓고 밭에 나가시는 것 같았다.

"명태, 조기, 전어, 병치, 장대, 서대, 꽃게, 오징어, 간고등어, 생고등어 사세요." 뒤척이며 얼핏 잠들었던 나를 다시 깨운 것은 생선장수의 트럭에서 나는 스피커소리였다. 7년 전 하의도 오림리에서 맞은 아침은 이렇게 시작되었다. 오림리 윤씨 어르신을 찾은 것은 해방 이후 오림리의 '농민항쟁' 이야기를 듣기 위해서였다. 300여 년 전에 빼앗긴 땅을 되찾기 위해서 끊이지 않는 투쟁을 했던 하의도 농민들. 그중 오림리와 대리는 항쟁을 주도한 대표적인 마을이다. 오림리는 자연마을이지만 신촌, 벗원, 유호리, 봉도리 등 자연마을을 합한 대표 행정리이기도 하다. '벗원' 이란 마을 이름에서 알 수 있듯 이곳에서도 '원' 을 막아 소금밭과 농사지을 땅을 일군 모양이다. '벗' 이란 소금밭을 의미한다. 마을 앞 2번국도 한 차선은 고추와 콩이 차지했다. 자리를 잡지 못한 농민들은 옥상이나 도시로 떠난 빈집 마당에 밭작물을 말리느라 분주했다. 담장 위에도 묶인 깻단이 걸려 있다. "신안에서 제일 가난한 섬이면 전국에서 가장 가난한 섬이제. 하의도는 끄트머리여."

　　어제 저녁에 윤씨 어르신이 하신 말씀이다. ‘끄트머리’를 강조하신 것은 2가지 의미다. 경제적으로 가장 낙후했다는 것이고, 다른 하나는 뱃길이 끝이라는 것이다. 더 이상 하의도를 지나 경유할 섬이 없다는 의미였다. 섬마을에서 생선장수들이 아침부터 설치는 것이 생뚱맞아 보이지만 하의도의 마을을 돌아보면 금방 이해할 수 있다. 하의도 관문인 웅곡리 포구에서도 비릿한 냄새와 어민들의 술렁임을 전혀 느낄 수 없다. 오히려 커다란 농협건물이 앞을 가로막는다. 도로마다 콩과 고추를 말리느라 분주한 주민들. 대부분 마을이 있고, 작지만 경지정리가 잘된 논이 있다.

　　이웃한 상하태도는 염전으로 먹고 사는 섬이다. 천일염이 식품이 되고 일본 원전사고 등 호기를 맞아 소금값이 오르자 너도나도 염전을 수리하며 시설투자를 하고 있다. 반면 하의도는 염전이 있기는 하지만 소수에 불과하다. 오히려 농사를 많이 짓고 있다. 그런데 10년 전부터 변화의 바람이 불기 시작했다. 일부지역에서 하던 김양식은 모두 사라졌다. 대신에 후광리, 대리, 웅곡리 해안에 전복양식과 다시마양식이 확대되고 있다. 최씨는 완도전복하고는 비교도 할 수 없다며, 먹어본 사람들은 하의도전복만 찾는다고 자랑이 끝이 없다. 이유가 뭐냐는 질문에 다시마가 사계절 나오기 때문에 먹이 걱정이 없고, 펄이 좋아 영양염류가 풍부해 전복이 통통하다며 신이 났다. 그 덕에 섬을 떠났던 젊은 사람들이 하나둘 고향으로 돌아오거나 기웃거리고 있다. 김대중 대통령 생가도 많이 정비되었고 평화공원 조성계획도 수립중이다.

● — 하의3도 농지탈환운동사

조선시대 자신의 '땅'을 갖기 위해서는 국왕의 친척이나 외척이 되거나 큰 공을 세워 공신이 되어야 했고, 돈이나 권력이 있는 사람들은 아랫사람을 동원해 갯벌을 막거나 개간해서 땅을 마련했다. 가진 것 없는 섬사람들은 밀려오는 바닷물을 막고 산비탈 목숨처럼 질긴 나무 끌텅을 파내 맨손으로 논밭을 일궜다. 하의도 문전옥답들은 대부분 400~500년 전에 그렇게 마련한 땅이었다. 하의3도(하의도, 상태도, 하태도) 농민들이 땅을 찾기 위해 400여 년을 싸웠던 것은 '땅'이 섬놈의 목숨이었기 때문이었다. 갯벌을 막아 일군 갯땅에 기대어 살았던 모진 목숨, 그래서 '갯땅쇠'라는 별명도 붙었다.

투쟁의 서곡, 왕가의 이중조세에 온몸으로 맞서다

하의3도의 '땅'은 〈비변사등록〉(제152책, 영조 44년 10월 초7일)에 기록되어 있다. "하의도와 상태도는 모두 정명공주방에서 절수한 땅이다. 당초 사여(賜與)는 20결에 불과했고, 그 뒤 도(島)민이 사비와 물력으로 제방을 쌓아 농사지을 땅을 만들었다." 〈영조실록〉(영조 6년 12월 29일)에도 다음과 같은 기록이 있다. "정명공주방의 면세전 20결이 섬 속에 있었다가 그 뒤에 공주의 외손들에게 전해졌는데, 선조 때 섬 전체를 절수했다고 핑계를 대고는 민전 160결에 대해 몽땅 수세하니 백성들이 원통함을 견디지 못하여 계묘년(1723) 무렵에 한성부에 송사를 냈으나 결국 졌습니다."

　선조의 딸 정명공주가 하의3도 땅 20결을 면세전으로 하사받은 것은 분명하다. 다만 섬 주민들이 '사비'와 '물력'으로 제방을 쌓아 만든 땅마저 절수지로 둔갑시켰다는 점이 문제였다. 즉 하의3도 전체를 절수받았으므로 섬 주민들 손으로 만든 모든 토지도 절수지가 된다는 논리였다. 절수지(折受地)란 무엇인가. 신라시대부터 관리들에게는 신분 유지를 위해 노비와 토지를 지급했다. 이는 시대에 따라 녹읍이나 녹봉, 전시와 직전, 과전 등으로 불렸다. 조선초 왕자와 공주들에게 직전이 지급되었지만, 선조대에 이르러 유명무실해졌다. 임진왜란 이후 가혹한 세금과 잡역을 견디지 못한 농민들이 땅을 버리고 떠나기 시작했다. 그 결과 국가재정이 곤란해지자 직전 대신에 궁방(왕실과 왕족 혹은 왕비족의 경비와 의례비용을 관리하는 곳)에 황무지 등 미개간지(절급)를 나누어주고, 세금을 걷어 사용할 권리를 주었다. 절급에서 걷은 세금을 '절수'했다. 그런데 민초들이 개간하여 농사를 짓는 양안에 기록되어 있지 않는 민전(民田)이 절수지로 전환되는 일이 많았다.

숙종에서 영·정조에 걸쳐 가장 위세를 떨친 풍산홍씨는 당대 최고의 권문세도가였다. 1623년 선조의 딸 정명공주와 혼인한 풍산홍씨 12대손 홍주원(洪柱元, 1606~1672)은 절수지 20결 외에 하의3도 주민들

오림리 마을 뒷산에 있는 바위로 토지에 이중으로 세금을 부과하는 것을 빗대어 양세바위라 했다. 바위 모양 때문에 붕알바위라고도 부른다.

이 일군 민전 120여 결에 대해 소유권을 주장하며 섬사람들에게 조세를 징수하였다. 이미 호조에 조세를 납부하고 있었던 섬 주민들은 홍씨가의 소작료 요구로 이중조세를 부담하게 되었던 것이다. 즉, 하나의 토지에 호조와 권문세도가 양쪽에 세금을 내는 일토양세一土兩稅가 되었다. 오죽했으면 섬사람들이 오림리 마을 앞산 정상에 둥글게 붙어 있는 두 개의 바위를 '양세바위' 라 불렀겠는가.

주민들은 대원군이 집권하면서 홍씨가의 세도가 약화되자 1870년 전라감사 이호준에게 억울함을 호소했다. 이호준은 홍씨가 사람들을 불러 국법위반을 꾸짖고 24결 외의 120여 결에 대해서는 절대 세금을 걷지 못하도록 엄명을 내리고, 24결에 대해서도 1결에 백미 20두씩만 부과하도록 하였다. 섬사람들은 이호준의 공덕을 기려 하의도 웅곡리와 상태도 서리 두 곳에 공덕비를 세웠다. 지금은 하의3도 농민운동기념관과 상태 서리 당두선착장 입구에 세워져 있다.

일제강점기, 국경 없는 자본과 맞서다

전라감사 이호준의 판결로 겨우 땅을 되찾나 했으나 이번에는 내장원 관리 이용익이 왕실재정의 확충을 위해 궁방전과 목장토 등을 조사하여 내장원의 토지명부로 부속시켰다. 이 과정에서 홍씨가 소유로 인정되었던 24결과 하의도민 땅으로 인정받은 나머지도 모두 내장원에 부속되었다. 그 후 홍씨가 홍우록은 전라감사 이호준과 내장원 관리 이용익에게 빼앗겼다고 생각하는 땅을 찾기 위해 1908년 황실의 재산조사국에 반환을 청구했다. 조사 후 내각(당시 내각총리대신은 이완용)은 하의3도 땅이 홍우록의 소유임을 인정하는 하급증을 발급했다. 이 땅은 후에 일본인 지주에게 넘어가기 직전까지 홍우록의 소유였다.

섬사람들은 내장원에 속한 자신들의 땅이 돌아오기만 기다리고 있었다. 그런데

홍씨가는 농민들에게 도조를 낼 것을 강요하며 깡패와 일본인을 매수하여 협박했다. 농민들도 물러서지 않고 맞섰다. 이 사건은 지도군수의 중재로 1년분 도조를 군수를 통해 홍씨가에게 납부하는 것으로 마무리되었다. 도민들은 대표 3명을 뽑아 홍우록을 상대로 부당이득반환청구소송(1909)을 제기하였다. 경성지방법원 소송에서 패소하자 다시 일본인 변호사를 선임하고 경성공소원에 공소심을 제기했다. 재판부는 하의도민들이 제시한 60여 년 전 도민소유를 입증한 문서와 민유지에 대한 자료를 토대로 홍우록이 전답에 대한 소유권을 가질 수 없다고 판결했다. 그리고 도조를 징수하여 재산상에 손해를 입힌 것도 배상하라고 판결했다.

한편 홍우록은 재판이 진행되는 동안 사정이 어려워지자 땅을 당시 한일은행장 조병택과 백인기에게 1만5천원이라는 헐값에 팔아넘겼다. 이들은 다시 목포 갑부 정병조에게 5만7천원에 팔고, 정병조는 일본인 우콘 곤자에몬(右近權左衛門)에게 11만5천원에 되팔았다. 우콘은 1909년에 우콘상회(주)를 설립한 인물로, 하의3도 토지를 상회에 위탁시키고 상회는 하의도에 출장소를 두고 일본인 관리자를 고용했다.

하지만 재판 결과대로 상황이 진행된다면 우콘은 땅을 잃고 투자한 돈을 날릴 판이었다. 그는 협박과 회유로 매수한 농민대표 박공진을 앞세워 광주지방법원 목포지청에 재판 결과 무효소송을 냈다. 분노한 하의도 대리 부녀자들이 배를 타고 상태도로 건너가 박공진을 비롯한 공모자들의 가옥을 파괴하였다. 이를 빌미로 목포경찰서에는 부녀자들을 '폭도'로 규정하고 100여 명의 주민을 검속하였다. 경찰은 조정안으로 도민들은 우콘의 소유권을 인정하고, 우콘은 도민들에게 영구소작권을 주는 등 16개항의 화해조건을 제시했지만 영구소작권 외의 약속은 하나도 지켜지지 않았다. 이에 도민들은 불납동맹을 결의하고 광주지방법원 목포지청에 부당이득반환소송을 제기하였다. 우콘도 소작료 불납자의 재산을 차압하였다. 그리고 1919년 17만원에 땅을 가미나미 신조(神波信藏)에게 넘겼다. 토지를 사들인 가미나미도 자금을 마련하지 못해 땅을 담보로 도쿠다 야시치(德田彌七)에게 15만원을 빌렸다.

도쿠다는 1차대전 이후 불황을 예상하고 토지매수에 나서는데, 하의도 땅을 매입한 것도 같은 시기였다. 도쿠다는 전 육군중위 야마자키 겐지(宮岐憲之)를 대리인으로 목포출장소에 두고, 하의도에 전 헌병보조원인 신기빈, 전 순사 양효묵 등을 사무원으로 채용하고 마름으로 우콘과 화해에 앞장선 이상섭 등 현지인 3명을 지명하였다. 이에 분노한 주민들의 저항이 거세지자 도쿠다는 유명한 친일테러단체 상애회의 박춘금을 동원하여 행패를 가하기도 했다.

주민들도 1920년대 후반 일본 오사카의 조선인 사회운동가들의 도움을 받아 하의도농민조합을 결성하여 권익투쟁에 본격적으로 나서기 시작했다. 1927년 1월 오사카에 거주하던 최용도, 고장명 등 하의도 출신 노동자 약 60여 명은 하의노동청년회를 조직하고 6월에는 일본 노동농민당 오사카지부 집행위원 아사히 미즈이(朝日見瑞)에게 하의도농민조합의 조직을 위한 원조를 요청했다.

1928년 1월 2일에는 하의도농민조합이 출범하여 도쿠다와 소작문제를 직접 교섭하겠다고 결의하였다. 한편 조선농민총동맹도 검사위원이자 암태도 소작쟁의 지도자인 박복영을 하의도에 파견해 현지조사를 하며 하의도 토지문제에 개입하기 시작했다.

이처럼 국내외 농민운동가들의 연대 속에 하의도농민조합이 결성되자 도쿠다는 다시 상애회의 박춘금 일당을 불러 농민조합의 와해를 요청했고, 이들은 하의도에 들어가 농민들을 권총과 흉기로 협박했지만 과거와 달리 오히려 농민들에게 폭행당하고 도망쳐 나와야 했다.

해방과 미군정, 혁명은 아직 끝나지 않았다

'해방'은 섬사람들에게 어떻게 다가왔을까? 점령군으로 들어온 미국은 1945년 9월 22일 '38도선 이남지역 토지소유권은 변경이 없으며 농민들은 지주에게 무조건 소작료를 납부해야 한다'는 포고령을 발표했다. 모든 농민과 국민들의 절박한 요구를 무시하고 봉건 소작제도는 물론 일제의 수탈체계마저 유지하는 농업정책을 유지한 것이다. 당시 조선 전체 인구의 6할이 농민이고 농가의 5할이 소작농이었으며 농경지의 6할이 소작지였다. 삼남지방의 농민들이 소작료인하, 소작제폐지, 악질지주 축출 등을 요구하며 거센 투쟁을 했던 것도 이런 이유 때문이었다.

1946년 2월 21일, 미군정청은 식민지 착취기관인 동양척식주식회사를 신한공사로 이름을 바꾸었다. 그리고 농민들에게 돌려주어야 할 토지를 신한공사가 소유하고 관리하도록 했다. 지금의 하의면사무소 자리에 있던 일본인 지주 도쿠다농장 관리사무소에 '신한공사 하의지부' 간판이 걸렸다. 하의도의 도쿠다 야시치 소유 토지도 모두 신한공사 소유가 되었다. 그리고 전체 농가 27%에 이르는 55만 4천여 호에 소작을 주었다. 소작료도 해방 전의 일제가 시행한 고율소작료를 그대로 답습했고, 체납할 경우 체납분 10%의 이자까지 더해 모두 납부할 것을 강요했다.

하의지부 직원들은 여러 차례 섬주민들에게 소작료를 독촉하고 협박했다. 그러나 이미 조선총독부, 일본경찰, 테러조직 등 온갖 권력으로부터 폭행을 경험한 터라 섬사람들은 눈도 깜짝하지 않았다. 소작료를 낸다는 것은 농지소유권을 포기하는 의사이기 때문에 그들의 의지는 결연했다. 1946년 7월 17일 상태도 닭머리(계두)선착장에서 소작료 징수를 위해 상륙하려는 목포부 소재 신한공사 직원과 이를 저지하려는 상태도 도민들의 충돌이 발생했다. 이후 최후독촉과 협박이 있은 후 8월 2일 신한공사 하의지부 직원들은 목포경찰서 및 하의도분서 경찰관의 협조를 얻어 소작료 합동 징수를 시작했다.

웅곡리선착장에 도착한 이들은 오림리와 대리 두 개조로 나누어 7명씩 징수를 강행했다. 당시 오림리는 200여 호, 대리는 500여 호로 하의도에서 가장 큰 마을이었다. 오림리에서 가택수색을 하며 노인과 부녀자들에게 총을 겨누며 소작료를 내지 않으면 총살한다고 폭언과 협박을 자행하였다. 이 광경을 보던 주민들 200여 명이 마을 중심지 방천(현재 오림리 경로당 자리로 동네 사람들이 모이는 곳을 '방천' 이라 함)으로 모여들었다. 마침 그림을 잘 그려 '화공영감' 으로 알려진 김석철의 집에 들이닥쳤다. 김씨 부친 김농권이 '뜬금없이 무슨 소작료냐' 라고 하자, 젊은 신한공사 직원과 경찰들이 노인의 뺨과 복부에 폭행을 가했다. 모여든 주민들이 이를 보고 분노하였고 이희철(46, 이하 당시 나이), 박태권(18), 김혁곤(23) 등 여러 청년들이 달려들어 항의하였다. 경찰이 도망하면서 쏜 총알이 주민 박종채(20)의 머리를 스쳤다. 화가 난 마을청년들은 인근 봉도와 어은리로 도망간 신한공사 직원과 경찰들을 쫓아가 잡아서는 폭행을 가하고 권총 1자루와 장총 3자루를 압수했다.

다음날 목포경찰서는 무안과 나주경찰서의 협조를 받아 사장터에 마을주민 200여 명을 모았다. 그리고 주민들을 개 패듯이 두드려 패고 전날 농민봉기에 가담한 10명을 붙잡아 하의지서로 끌고 갔다. 소작료를 절대 낼 수 없다는 대리마을 농민들을 구타하고 6명을 체포해 갔다.

주민들을 목포경찰서로 연행한다는 소문이 돌자 웅곡리선착장에는 수백 명의 주민들이 모여들었다. 놀란 경찰과 신한공사 직원들은 가족까지 태우고 혼비백산해 도망쳤다. 이 와중에 배에서 쏜 총에 주민 한 명이 사망하고 한 명이 부상당했다. 분노한 주민들은 면민대회를 개최하여 하의지서와 신한공사 하의지부를 불태웠다. 이날이 음력 7월 7일이라 농민들은 '하의도 7 · 7농민항쟁' 이라 부른다. 하의도 7 · 7농민항쟁을 계기로 오림리가 대리와 함께

해방 이듬해 발생한 7 · 7농민항쟁의 주모자로 체포된 김혁곤(당시 28세).

주목을 받기 시작했다.

　다음 날 군정청은 농민봉기를 '공산도배의 책동'으로 규정하고, 50여 명의 완전 무장한 경찰을 동원하여 무자비한 진압에 나서 수백 명의 주민을 체포, 수감하였다. 섬마을 젊은이들이 무시로 끌려가서 고초를 당했다. 농민항쟁에 가담한 혐의로 징역 2년을 받은 오림리 김혁곤의 동생 김왕곤(70) 씨는 "오림리는 이후 한동안 젊은 사람 구경하기 힘든 폐촌이 되었다"고 기억했다. 김혁곤은 일제강점기 징병으로 남양군도로 끌려갔다가 1946년 4월 귀국했지만 불과 석 달만에 미군정에 의해 다시 폭도로 몰려 수감생활을 해야 했다. 김왕곤 씨는 "형님이 군에서 총을 다루어봤기 때문에 경찰로부터 빼앗은 총을 잘 만지는 것을 기억한 신한공사 직원의 증언으로 형님이 항쟁의 주모자로 몰렸다"고 했다. 감옥에서 나온 오림리 젊은이들은 고문 후유증과 무기력을 이기지 못하고 아편에 의지한 경우가 많았으며, 김혁곤 역시 아편에 의지하다 생을 마쳤다고 한다.

　1946년 9월과 10월 대규모의 민중항쟁 이후 미군정은 정책을 수정해 귀속농지 불하를 결정했다. 농민들의 저항도 있었지만 당장 남한의 단독선거, 단독정부 수립을 목전에 둔 미군정으로서는 불가피한 선택이었다. 하지만 귀속농지의 분배와 매각은 농민들의 기대에 미치지 못했다. 불하대금은 1940년에서 1942년까지 3년 동안의 연평균 생산량의 3배에 해당하는 대금을 해마다 수확고의 20%씩 15년 동안 현물로 내야 했다.

　하의도 토지문제는 미군정이 종료되고 난 이후, '하의3도 토지투쟁위원회'가 전남도청과 국회에 진정운동을 벌이면서 새로운 국면을 맞았다. 1950년 2월 제헌의회에서 하의도 농지 무상환원을 가결하고, 같은 해 5월 농림부 토지행정청 귀속농지관리국에서 하의도에 직원을 파견하여 개인별 경지 및 환원대상자를 조사하였지만 한국전쟁으로 중단되고 말았다.

　이후 1954년 3월 하의도민들이 면민대회를 열고 국회에 탄원하였지만 무상환원되지 않고, 1956년 '나주 궁산면, 무안 하의도 귀속농지에 관한 특별조치법'이 통과되면서 하의도 1,500정보의 농경지를 평당 200원의 가격으로 적산을 불하받는 형식으로 농민들에게 환원되었다. 그렇지만 소유권 이전이 제대로 이루어지지 않았고, 누락된 토지까지 있다가 1993년 신안군의회가 600필지를 등기이전작업을 추진하였으며 아직도 100여 필지가 등기상으로는 국가나 도쿠다의 소유로 되어 있다.

　2009년에 대리 마을 초등학교 부지에 하의3도 농민운동기념관이 문을 열었다. 김대중 전 대통령이 직접 참석하여 자신이 쓴 현판을 걸었고 전남도지사와 신안군수도

1994년 6월에 작성된 상환증서 앞면과 뒷면. 뒷면 '분배농지 표시'에 소유자가 도쿠다 야시치로 되어 있었다.

참석했다. 기념관 밖에는 하의3도를 상징하는 기념탑과 변론을 맡아 힘써 준 일본인 변호사의 공덕비를 비롯한 관련 비들도 옮겨져 보존되어 있다.

이 글은 현지조사와 신안군과 목포대 임해지역개발연구소에서 펴낸 《하의 3도 농지탈환운동 자료집》을 참고 했음을 밝힙니다. 자료집에는 〈하의3도 농지탈환운동의 전개과정〉(손형섭, 박찬승), 〈일본인 지주의 하의도 토지수탈과 토지회수운동〉(이규수), 〈서남해 도서지역의 농지분쟁 및 소작쟁의에 관한연구〉(김종선) 등 3편의 논문과 《비변사등록》, 당시 신문기사, 재판기록 등 관련 자료들이 수록되어 있습니다.

개황 | 하의도荷衣島

위치 | 신안군 하의면 **동경** 126° 04′ **북위** 34° 3660′
면적 | 20,880km² **해안선** | 39.5km **육지와 거리** | 37.8km(목포시)
가구수 | 920 **인구** | 1,700(남892+여808) **어선(척)** | 97 **어가** | 129
어촌계 | 총 1개 어촌계(121명)

공공기관 | 하의면사무소(061-275-4032), 하의농협(061-275-3600), 하의파출소(061-275-4112), 하의우체국(061-275-3788), 하의면 예비군 중대(061-275-4113), 농업기술센터 하의지소(061-275-4050), 한전 하의 전력서비스센터(061-275-4173), KT목포지사 도서통신부 하의분소(061-275-4060)
교육기관 | 하의초등학교(061-275-4021), 하의중 · 고등학교 중교무실(061-275-4020), 하의중 · 고등학교 고교무실(061-275-3614)
전력시설 | 한전 전가구
급수시설 | 지방상수도시설 1개소 754가구, 우물(펌프) 166가구

교통 | **배편** | 조양페리 1,2호 / ㈜조양운수 061-244-0038, 남해 7호(설, 추석, 하계 피서철에만 이용가능)
낚시터(유어장) | 섬 주위의 모든 해상에서 가능, 특히 피섬 주변이 중요한 포인트임.
특산물 | 마늘, 낙지, 전통식초, 천일염, 유자
특이사항 | 망마산동굴, 대리당에 대한 전설과 연자방아 놀이, 모내기 소리, 도리깨 소리 등이 전승되고 있다. 또한 해양문화체험으로 하의면에서만 제조되었던 화염방식 소금 제조법에 관한 소금박물관이 있다.

30년 변화 자료

구분	1973	1985	1996
주소	전남 신안군 하의면	전남 신안군 하의면 하문도리	전남 신안군 하의면
면적(km²)	19.39	16.118	14.2
공공기관	-	면사무소 1개, 지파출소 1개	-
인구(명, 남자+여자)	8,783(4,320+4,463)	5,120(2,652+2,468)	2,514(1,244+1,270)
가구수	1,433	1,168	854
급수시설	공동우물 138개, 간이상수도 1개	우물 124개, 간이상수도 10개	우물 828개, 간이상수도 9개
초등학교	2개 2,160명	2개 819명	1개 147명
중고등학교	1개 660명(중학교)	1개 598명(중학교)	2개 246명(중학교 1개 157명, 고등학교 1개 89명)
전력시설	자가발전 100가구	한전 1,168가구	한전 854가구
의료시설	-	한의원 1개소 약방 2개소	보건지소 1개소, 약방 3개소
어선(척, 동력선+무동력선)	33(16+17)	128(8+120)	47(45+2)

＊ 공공기관은 면사무소, 파출소 등 포함

17

선창에서 신선놀음에 빠지다

하의면 신도

우이도에서 신도로 오는 뱃길은 약한 바람에도 거칠고 험했다. 손암 선생도 이 길로 유배를 왔을까. 대야수도라고 부르는 바닷길은 계절 풍을 피할 곳이 하나 없는 무풍지대였다. 오직 일렁이는 바다와 이물을 넘어 삼킬 듯한 파도뿐이었다. 폐교와 사람이 살았던 흔적을 찾기 위해 우이도 죽도에 들어갔다 아무것도 찾지 못하고 나오는 길이라 일행은 모두 침묵뿐이었다. 비도를 지나자 파도는 더욱 높아졌다.

땔나무가 많아 신도(땔나무섶 신薪)라고 했으며 섶섬이라고도 부른다. 섬의 모양이 십자모양으로 안태산(179미터)이 가장 높다. 섬은 여객선이 닿은 큰마을과 해수욕장이 아름다운 작은마을(안태골)로 구성되어 있다. 두 마을 중 가장 커서 큰마을이라 했고, 섬 안쪽 끝에 있는 마을 안태(안쪽의 전라도말)라 했는지 안태산골에 있어 안태골이라 했는지 알 수 없다. 사방이 암석해안으로 돌출부에 해식애가 발달했다. 안태마을 앞에는 너른 백사장이 있어 여름철에는 많은 해수욕객이 찾고 있다.

주민은 농업과 어업을 겸하며 농산물로 보리, 콩, 마늘 등을 많이 심었다. 큰마을과 안태마을 해안에서 미역과 톳은 공동작업으로 채취하여 분배하고 있다. 주민들은 인근 큰 섬에서 김양식을 하면서 염산을 사용하는 탓에 갱본에 해초들이 자라지 않고 있다고 믿고 있다.

미역의 경우 많이 채취할 때는 20여 뭇(1뭇 20가닥)을 뜯었지만 최근에는 대여섯 뭇에 그치고 있다. 다행스럽게 최근에 그 양이 조금씩 늘고 있다. 섬은 시옷(ㅅ)자 모양이다. 위쪽에 선창이 있고 고개를 넘어 1시간 정도 걸으면 안태골에 이른다. 가는 길 양쪽은 바다와 섬들을 볼 수 있다. 신도는 다도해해상국립공원이다. 높은 돌담과 골목길 그리고 빼어난 기암괴석과 해수욕장 탓에 영화 〈서울이 보이냐〉(2008) 촬영지였다. 〈서울이 보이냐〉는 1970년대 신도분교 아이들이 서울로 수학여행을 떠나기 위해 고군분투하는 이야기를 그렸다. 제작진은 당시의 풍광을 간직한 섬을 찾기 위해 전국의 섬을 뒤졌다. 그리고 찾아낸 곳이 하의면 신도였다고 한다. 게다가 마을과 분교, 경치가 아름다운 섬, 갯벌과 모래밭이 있어 그대로 영화세트장이었다. 슬레이트 지붕 위에 초가지붕을 얹어 1970년대 분위기를 연출했다. 신안군에서도 오픈세트 내 각종시설과 이동시 행정선 지원 등 전폭적인 지원을 했지만 아쉽게도 영화는 흥행에 성공하지 못했다.

큰마을로 들어오다 마을입구 길가에서 풀을 뜯고 계시는 허리 굽은 할머니를 만났다. 인사를 드렸는데 모른 체 하셨다. 가까이 가도 잘 모르셨다. 앞이 안 보이셨다. 그런데 어떻게 풀을 뜯고 계셨지. 게다가 갓이나 얼갈이 같이 먹는 풀은 용케도 가려내셨다. 한참 작업을 하시던 할머니는 주렁(지팡이의 전라도 사투리)을 짚고 마을로 들어가셨다. 가다 길가에 있는 잡초를 뽑으셨다. 먼 바다 작은 섬마을 골목길에 잡초가 좀 있다고 누가 뭐라 하지도 않을 텐데. 나는 눈에 보이는 것도 뽑지 못하는데. 마음이 숙연했다.

마을로 들어가다 또 다른 두 할머니를 만났다. 모르는 배에서 사람들이 내려 마을로 들어오자 누군가 하고 길가에 편히 앉아 쳐다보고 계셨다. "무릎 관절염으로 걷기가 힘들어 골목길에 죽치고 앉아 사람

세월의 흔적은 무릎이 성치 못해 골목길에 앉아 오가는 사람들에게 말을 건네는 두 노인의 얼굴에만 있는 것이 아니다. 숱한 태풍과 갯바람을 견디며 자식들이 커서 또 자식을 낳도록 견뎌 준 돌담에도 새겨져 있다.

구경하는 중"이라 했다. "여기는 볼 것이 없어. 저 고개 너매로 가면 해수욕장이 이뻐." 길을 따라 고개를 넘어 한참 걸어가면 예쁜 해수욕장이 있다며 권했다. 마당에는 고사리를 삶아 말려 놓았고 그 옆에는 돌파래가 꾸덕꾸덕 말라 있었다.

마을을 빠져 나와 언덕 위 큰길에 올랐다. 10여 채의 올망졸망한 마을들이 한눈에 들어왔다. 앵글에 딱 들어오는 것이 영화촬영 적지임에 틀림없다. 마을 앞은 바다와 선창이 이어진다. 20여 분을 걸었다. 구불구불 이어지는 길을 또 20여 분 걸었다. 다리가 아팠다. 때마침 경운기를 만났다. 섬의 유일한 교통수단이다. 아름답게 굽은 백사장이 눈에 들어왔다. 10여 호가 사는 마을이다. 마을입구에서 내렸다.

이곳에서도 어김없이 할머니를 만났다. 포대를 등에 지고 가파른 고개를 간신히 오르고 계셨다. 가까이 다가가서 보니 고사리였다. 고사리를 꺾는 것이 섬노인들의 유일한 소일거리였다. 포대를 들어주겠다는 것을 한사코 사양하셨다. 평생 삶처럼 등에 짐을 지고 이 고개를 오르락내리락했기 때문인 듯했다. 할머니를 따라 집으로 들어갔다. 안태마을에서 가장 높은 곳에 위치한 집이다. 돌담이 아담한 세 칸짜리 시골집이었다. 집 뒤 산자락을 일궈 만든 밭에는 마늘, 양파, 상추, 쑥갓, 완두콩 등 온갖 채소들이 자라고 있었다. 오른편 헛간에는 별도로 재래식화장실이 있었다. 할아버지는 지난해 맹장이 터질 때까지 병원 가는 것을 거부하다 결국 서울병원에서 돌아가셨다. "미련한 사람이지, 고집 부릴 것을 부려야제." 할머니는 혼잣말처럼 중얼거리며 돌담 너머 바다를 쳐다보다 어제 널어놓은 고사리를 갈무리하셨다. 평생 마을일만 했던 할아버지는 돌아가시기 직전에도 마지막으로 큰마을에서 들어오는 마을길을 넓히고 전기시설이 들어올 수 있도록 채비를 해놓으셨다. 경운기를 타고 올 수 있었던 것도 할아버지 덕이었다.

큰마을에서 안태마을까지 이어지는 길을 할머니는 '쥐길'이라 했다. 좁고 구불구불했기 때문이다. 지금은 포장이 되어 있는 넓은 길이다. 이곳에 전기가 들어온 것이 2000년대 초반이었다. 큰길이 만들어지고 겨우 발전시설이 들어올 수 있었다. 마을과 해수욕장을 한 바퀴 돌고 큰마을로 향했다. 혹시나 하며 경운기를 기다렸지만 행운이 두 번 오지는 않았다. 큰마을을 돌아 나오다 폐교에 올랐다. 마을 오른쪽 선창이 한눈에 내려다보이는 곳에 위치해 있었다. 주민이 인수했다는 폐교는 아직 적당한 활용방안을 찾지 못하고 있었다. 도회지에서 고사리를 꺾기 위해 왔다는 두 여성은 방금 뜯어온 고사리를 삶아 학교 운동장에 널고 있었다. 그리고 빵과 물을 배낭에 챙겨 넣고는 다시 산속으로 사라졌다. 폐교에 마련된 숙소를 빌려 며칠 머물며 고사리를 꺾는 중이라고 했다.

학교에서는 마을이 한눈에 들어왔다. 선창에는 선외기 1척이 그물

이장부부는 신도에서 가장 젊다. 모처럼 선창 안에 그물을 쳐서 씨알이 굵은 숭어를 잡았다. 보리이삭 팰 때 먹어야 맛이 있다는 '보리숭어' 다. 개숭어, 가숭어라고도 한다. 겨울철에 먹는 숭어는 참숭어다.

을 올리고 있었다. 멀리서 제법 씨알이 굵은 숭어들이 잡혀 올라오는 것을 볼 수 있었다. 보리숭어들이다. 눈꺼풀이 조금씩 벗겨지는 것으로 보아 숭어도 제철이 지나는 모양이다. 숭어잡이를 하는 주민은 마을 이장이었다. 삼중망그물을 통째로 걷어와 선창에서 고기를 뜯어냈다. 신도에는 작은 배 5척에 꽃게잡이 배 1척이 있다. 작은 배는 이장처럼 섬 인근에 그물을 놓아 고기를 잡고 큰 배는 우이도 밖 바다까지 나가 꽃게를 잡는다. 이장은 그물망에 숭어 대여섯 마리와 잡어 몇 마리를 담아 주셨다. 즉석에서 숭어잔치가 벌어졌다. 회를 먹을 때는 소주를 한잔 해야 한다며 술까지 가져다 주셨다. 선창의 만찬이 제법 근사했다.

개황 | 신도薪島

위치 | 전남 신안군 하의면 능산3리 **동경** 125° 98′ **북위** 34° 58′
면적 | 1.326km² **해안선** | 14.8km **육지와 거리** | 43.3km(목포시)
가구수 | 23 **인구(명)** | 32(남15+여17) **어선(척)** | 15 **어가** | 2

전력시설 | 자가발전 23가구
급수시설 | 간이상수도1개소 전 가구

교통 | 배편 | 목포에서 하의면 웅곡선착장에 도착. 하의면 유인도서를 1일 2회 운항하는 신해 11호로 신도에 왕래할 수 있음.
특산물 | 톳
특이사항 | 다도해 해상국립공원에 속하며, 신도해수욕장의 고운 모래가 유명하다. 섬에 땔나무가 많아 땔나무섶 신(薪)자를 써서 신도라 불렀다고 한다.

30년 변화 자료

구분	1973	1985	1996
주소		전남 신안군 하의면 신리	전남 신안군 하의면 능산리
면적(km²)		1.68	1.68
공공기관		-	분소 1개
인구(명, 남자+여자)		220(118+102)	57(25+32)
가구수		40	22
급수시설		우물 4개, 간이상수도 1개	우물 2개, 간이상수도 1개
초등학교		분교 1개 7명	분교 1개 4명
전력시설		-	자가발전 22가구
의료시설		약방	상비약비치
어선(척, 동력선+무동력선)		무동력선 15척	7(6+1)

＊ 공공기관은 면사무소, 파출소 등 포함

18

노부부와 할머니 두 분이 사는 섬

하의면 장재도

장재도는 능산도 남쪽에 위치한 섬이다. 큰 부자가 탄생하여 후손대대로 살 형국이라 해서 붙여진 이름이라고 한다. 섬은 산이 없고 구릉을 이루어 농지는 없고 밭농사가 많다. 남동해안은 해식애가 발달했고 김, 굴, 미역양식이 활발했지만 지금은 한 가구가 전복양식을 하고 있다. 조선시대 나주목 진도현에 속하였다. 1896년 신설된 지도군에 편입되었다. 1969년 신안군이 무안군에서 분리되면서 신안군에 속하였다. 1808년 김해김씨 김봉민이 능산도에서 이주하여 정착하였다.

선창에 내려 언덕을 넘자 집이 드문드문 보였다. 빈집까지 모두 열 집을 넘을 것 같지 않았다. 바다에 해묵은 김양식장 말목들이 있는 것으로 보아 오래전에 김양식을 했던 것 같다. 선창 입구에는 전복양식장이 있고, 밭에는 온통 마늘이 심어져 있었다.

장재도에는 3가구가 살고 있다. 전복양식과 김 종패사업을 하는 60대 '젊은이' 김씨 부부와 70대와 80대 할머니다. 젊은이는 전복양식을 하기 전 김양식을 500척 정도 했으며 '땅머리'에 김공장도 가지고 있었다. 김 포자사업도 인천, 진도, 신안 일대에 보낼 정도로 크게 했다. 당시는 김 한 속(100장)당 7천원에 거래되었다. 지금 3~4천원에 팔리는 것을 생각하면 20년 전 김값은 금값이었다. 김가공 자동화기계가 나오면서 김발은 돈이 되지 않았다. 손으로 김을 채취하고 김발을

신안 섬사람들에게 마늘만큼 고마운 농산물이 있을까. 척박한 땅이든, 비옥한 땅이든, 산비탈 밭이든, 도시로 떠난 빈집 마당이든, 어떤 곳에서나 잘 자란다. 그뿐인가. 해풍 속에 자란 마늘이라 값도 후하다.

뜰 때는 한 집에 남자 2명, 여자 3명을 포함해 가족까지 10여 명이 일을 했다. 새벽에 시작해서 다음날 새벽까지 석유등잔불 밑에서 일을 하면 날씨가 좋을 때는 100속, 평균 70속을 가공했다. 모두 일본으로 수출하던 시절이었기 때문에 김경기가 지금보다 좋았다. 지금은 공장을 가지고 있는 사람이 1천~2천 척씩 대규모로 양식을 하고 있다.

대체양식으로 선택한 것이 전복이었다. 그 사이 6가구 30여 명이 살던 섬이 3가구 5명으로 줄었다. 그때는 언덕 위에 8명이 다니던 분교도 있었고 경찰초소도 있었다. 김씨가 처음에 장재도에서 전복을 시작하려고 하자 신안에서는 전복이 되지 않는다며 전문기관에서도 만류를 했다. 흑산도에서 겨우 시범양식을 할 시기였다. 완도에서도

250

전복양식 초기였다. 전복양식을 하기 위해서는 시설 한 칸에 구조물 설치비용 35만원, 그물 20만원, 치패 80만원 해서 135만원이 필요하며 먹이를 줄 때 사용하는 크레인이 설치된 배 1억원, 작업선과 뗏마, 먹잇값 등 돈덩어리다. 보통 양식규모는 수백 칸을 하기 때문에 몇 십억 규모 사업이다. 초기에는 양식경험과 자료도 없이 시작했다. 다행히 운이 좋아 일본연수를 통해 많은 도움을 받았다. 또 서울에 사는 결혼한 아들이 내려와 양식을 하겠다고 결정했다며, 큰 힘이 될 것 같다고 했다. 선창으로 내려오는 길에 마늘밭에서 일하는 박일출(73세) 할머니를 만났다. 하의도 상태서리가 고향인 할머니는 마늘농사가 유일한 생계수단이다.

김씨는 아들내외가 내려오면 섬에 주소를 두고 며느리와 손자는 목포에서 생활하고 자신과 아들은 섬에서 일을 할 생각이라 했다. 손자교육과 도시처녀인 며느리를 위한 배려였다. 섬아이는 유치원 등 교육비 혜택이 주어지고 있어 다행이라며 섬에 사람이 살기 위한 대책이 절실하다고 했다.

30년 변화 자료

구분	1973	1985	1996
주소		전남 신안군 하의면 장재리	전남 신안군 하의면 능산리
면적(km²)		0.472	0.47
인구(명, 남자+여자)		33(16+17)	15(8+7)
가구수		5	5
급수시설		1개	우물 4개
초등학교		분교 1개 6명	-
전력시설		한전 5가구	한전 5가구
의료시설		약방	약방
어선(척, 동력선+무동력선)		무동력선 6척	동력선 2척

19

할머니, 큰소리를 치다

하의면 능산도

"뭐하는 사람이다요. 섬구경 왔다요. 째깐 섬에 무신 구경이라요. 여긴 논은 없고 밭이 있소. 저리 넘어가면 굽이굽이 세 번이나 논이라."

능산, 통구미, 북구미에 사람이 살았지만 지금은 모두 능산에만 사람이 살고 있다. 통구미와 북구미로 이어지는 굽이굽이에 염전과 논이 있다. 능산염전과 북구미염전은 폐전되었지만 벼농사는 이어지고 있다. 밭농사로는 마늘과 양파농사가 많다.

손바닥만한 것부터 제법 규모가 있는 밭에는 어김없이 마늘이 심어졌다. 해풍을 맞고 자란 섬마늘은 뭍에 심은 마늘보다 값도 후하고 딸과 며느리로부터 환영받는 선물이다.

동구미, 원능산, 북구미, 장재도, 대야, 큰모실, 암태골 등 자연마을을 합해 능산리라 했다. 지도군 하의면에 속하다 무안군에 편입되었고 나중에 신안군에 속하였다. 섬이 능선으로 되어 있어 슬메섬, 늘메, 능메섬, 능산, 어매도라 했다고 한다.

마을길 포장사업을 하느라 마을이 어수선했다. 마을집들은 슬레이트나 함석지붕이고 담은 돌담이었다. 최근에 지은 보건소 건물이 현대식 건물이다. 길가에는 못자리를 하기 위해 볍씨 싹을 틔우는 중이었다.

길가에서 만난 아주머니가 끄는 통에 경로당으로 들어가보니 점심이 한창이었다. 마을길 포장사업을 하는 사람들에게 대접하기 위해 마련한 자리였다. 며칠 전 면민대회를 하고 남은 음식이었다. 덕분에 점심을 제대로 대접받았다. 그곳에는 작업하는 일꾼 3명 외에 주민 6명이 있었다. 모두 여성이었다. 나중에야 이장이 여성이라 자연스럽게 여성중심으로 마련된 자리라는 것을 알았다.

"이분이 이장이라요. 우리동네에서 제일 젊은 큰애기요." 예순이 훨씬 넘은 정순 이장님을 가리키며 하는 소리였다. 내친 김에 모인 분들 나이와 출신지를 여쭤보았다. 섬여성들의 친정을 알아보는 것은 섬연구에서 매우 중요하다. 생활권과 혼인권 그리고 사회적 관계를 이해하는 기초자료가 되기 때문이다. 이장을 제외하고는 모두 섬 출신이며 이중 황할머니를 뺀 나머지 분들은 모두 능산도 주변 하의도(옛날에는 신의 역시 하의에 속했음)와 진도에서 시집을 온 것이다. 이들이 능산도 아가씨들이다.

정순(65세, 현 이장, 나주 다시), 황춘자(70세, 흑산 상태), 이유덕(73세, 진도 군내리), 김광자(77세, 신의 상태), 조춘님(68세, 하의 개도), 이미라(70세, 하의 대리). 이들 중 황춘자 할머니는 톳, 전복, 미역양식을 하고 있다. 황할머니는 흑산면 상태도가 고향이다. 처음 능산도로 시집와서는 바다가 더럽고 무서워 갯가에 가지 못했다. 고향바다는 맑고 파란 바다였지만 능산도는 펄바다였기 때문이다. 얼마 전 고향을 가다 바다를 보고 깜짝 놀랐다. 흑산바다가 무섭게 다가왔기 때문이다. 이젠 펄바다가 훨씬 정겹다.

할머니들은 모두 중신아비에게 속아서 작은 섬으로 시집왔다며 울분(?)을 터뜨렸다. 그래도 아들집에 다니러 목포나 서울에 가면 새벽 4시에 일어나 며느리가 일어나는 8시까지 꼼짝없이 방안에 있어야 하는 것이 너무 답답하다면서 우리 섬만큼 좋은 곳이 없다고 덧붙였다.

섬에서 물때와 일몰일출에 맞추어 자연시계에 익숙했던 생체리듬이 시와 분을 가르는 도시시계 리듬에 맞추려면 꽤 긴 세월이 필요할 것이다.

개황 | 능산도陵山島

위치 | 전남 신안군 하의면 능산1리 **동경** 126° 00′ **북위** 34° 61′
면적 | 4,326km² **해안선** | 14,2km **육지와 거리** | 39,2km(목포시)
가구수 | 26 **인구(명)** | 58(남25+여33) **어선(척)** | 12 **어가** | 2

공공기관 | 능산진료소(061-275-3888)
전력시설 | 한전 전가구
급수시설 | 간이상수도 1개소 전가구

교통 | **배편** | 목포시에서 하의면 웅곡선착장에 도착. 1일 4회 운항하는 능산호로 능산도에 왕래 가능함.
섬내교통 | ㈜조양운수 신해11호로 하의도 웅곡선착장을 기·종점으로 주변도서를 취항함.
특산물 | 미역
특이사항 | 연안 일대에 넓은 대륙붕이 있어 산란기인 봄·여름에는 제주난류의 북상에 따라 많은 난류성 어족이 모여 좋은 어장을 이룬다. 마을 뒷산이 능의 형태를 하고 있어 능메라 부르다가 한자어로 능산이라 했다고 한다.

30년 변화 자료

구분	1973	1985	1996
주소	전남 신안군 하의면 능산리	좌동	좌동
면적(km²)	3,61	4,72	5,381
인구(명, 남자+여자)	472(225+247)	333(154+179)	128(61+67)
가구수	86	70	40
급수시설	공동우물 5개	우물 10개	우물 13개, 간이상수도 1개
초등학교	분교 1개 170명	분교 1개 58명	-
전력시설	-	한전 70가구	한전 40가구
의료시설		약방	보건진료소 1개소
어선(척, 동력선+무동력선)	무동력선 9척	무동력선 20척	6(4+2)

20

큰 바다 한가운데 높직한 산이 우뚝

하의면 대야도

선창에서 올려다 본 산이 예사롭지 않았다. 섬 전체가 하나의 산이었다. 하의도에서 가장 높은 산으로 이루어진 대야도는 전체가 다도해해상국립공원이다. 마을은 산 중앙 북동쪽으로 트인 만의 연안에 형성되어 있다.

큰 바다에 떠 있어 대하大河라 부르다가 대야大也라 했다. 섬 북쪽에 도초도와 남서쪽 하의도 사이 바다 길목에 위치해 있으며 섬 서쪽에 우이도가 있다. 작지 않은 섬이지만 사람이 살 만한 곳은 지금 마을이 자리한 곳뿐이다. 마을에서 떨어진 선창 부근에서 가두리양식망을 손질하는 20대 젊은 친구를 만났다. 말씨로 보아 경상도 청년으로 보였다. 작업장 안에는 청년 말고도 두 사람이 더 있었다. 물론 40대 젊은이들이다. 처음에는 섬에서 공사를 하는 사람들이라고 생각했다. "주민은 맞죠. 고향은 아니지." 흑산도에서 양식을 하다가 새로운 어장을 찾아 이곳 섬으로 이사 온 사람이었다. 마을 앞 어장에서 전복과 우럭양식을 하고 있다고 했다. 대야도에 들어와 집도 짓고 주소도 옮겨 마을 주민으로 생활하고 있었다.

"주민들은 젊은 사람이 없어요. 다 할머니들이지. 젊은 사람들은 다 목포로 나가고. 흑산에서 올라왔어요. 흑산도는 물살이 없어서 고기가 많이 죽어요. 여기는 안 죽어요." 흑산도선창 안에서 우럭양식

비금도에서 시집 올 때는 높아 보이지 않았던 돌담이었다. 더 높이 쌓은 것도 아닌데 돌담이 높아 보이는 것은 할머니가 나이 들어 허리가 굽었기 때문이다. 이젠 살 날이 얼마 남지 않았다며 지팡이를 짚고 골목 안으로 사라지셨다.

을 하다 새로운 양식장을 찾아 대야도로 들어왔던 것이다. 유통과 소비 측면에서 보면 대야도보다 흑산도가 훨씬 좋지만 양식을 계속하기는 적절치 않다고 판단했기 때문이다. 대야도로 들어와 5년째 양식을 하고 있다. 마을 주민들도 이제 그들을 섬사람으로 인정하는 눈치였다. 섬주민들은 떠나고 양식을 하는 외지인들이 들어오는 일은 앞으로도 계속될 것이다.

마을로 접어드는 길에 넓은 습지와 방풍림을 볼 수 있었다. 그 앞은 파도에 밀려온 몽돌들이 자연스럽게 제방을 만들었다. 섬 북동쪽 바다와 몽돌제방, 습지로 이어지며 그 배후에 200여 미터의 산을 배후에 두고 마을이 형성되어 있다. 이 습지는 20여 년 전까지 농사를

할머니 혼자 대야도에서 가장 좋은 집을 지키고 있다. 일류 목수를 데리고 와서 집을 짓고는 무슨 바쁜 일이 있어 먼저 갔는지 모른다며 할아버지를 그리워했다. 집 앞에 있는 물 좋은 논은 묵힌 지 여러 해가 되었다. 물길이 좋아 모두 탐내던 섬에서 유일한 논이었다.

지었던 논이었다. 지금은 15가구에 불과하지만 한때는 30여 가구가 넘었다. 산이 좋아 물이 좋고 농사를 짓는 데도 걱정이 없었지만 벼농사는 중단되었고 일부 밭농사만 짓고 있다.

막 산에서 고사리를 꺾고 돌아온 참이라며 할머니 한 분이 커피나 한잔 하라며 마루로 불렀다. 할머니집은 6칸 집으로 기둥과 서까래 그리고 마루 등 골격이 튼실하게 잘 지어진 집이었다. 김창덕 할머니(88세)도 이곳에 꽤 큰 논을 가지고 있었다. 마지막 농사를 짓고 남은 볏짚을 잘 갈무리해서 집 뒤 처마 밑에 매달아 두었다. 제사 때 제물을 찔 때 꼭 필요하기 때문이다. 할머니 고향은 비금도다. 오빠가 중신을 해서 이곳으로 시집을 오게 되었다.

"둘려갖고(속아서) 왔어라. 고향은 비금 도고리라. 우리 친정오빠가 산림과장이었는데 영감이 꼬셨던 모양입디다. 누가 이런 섬으로 시집을 올라고 하겠소. 내가 동상 하나 없는 셈 친다 허고 보낸 것이제. 여기가 전기 들어왔으니까 내가 잊어버리제. 안 그라믄 내가 어떻게 오빠를 보겠소. 오빠가 죽을라고 험서 그럽디다."

할머니는 비금 가산리에서 큰 배를 타고 수치 밑으로 해서 이곳까지 시집을 왔다. 친정 아버지는 구식면장을 했을 정도로 집안이 괜찮았다. 집이 반듯하니 제대로 지어져 있었다. 할머니는 우리 어른(영감)이 일류 목수 데려다가 섬에서 제일 좋게 지었다고 자랑을 했다. 내친 김에 할아버지 사진도 보여주셨다. 큰아들은 벌써 환갑이 넘었고 둘째아들 환갑이 올해라며 빨리 가야 할 텐데 맘대로 안 된다며 영감님 사진을 쳐다봤다.

개황 | 대야도大也島

일반현황

위치 | 신안군 하의면 능산2리 **동경** 125° 97′ **북위** 34° 62′
면적 | 3,362km² **해안선** | 12,3km **육지와 거리** | 42km(목포시)
가구수 | 19 **인구(명)** | 40(남16+여24) **어선(척)** | 14 **어가** | 2

공공기관 및 시설

전력시설 | 한전 전가구
급수시설 | 우물(펌프) 1개소 전가구

여행정보

교통 | **배편** | 목포에서 하의도 웅곡선착장에 접근. 신해 11호가 하의면의 유인도서를 1일 2회 왕복 운항함.
낚시터(유어장) | 섬 주변 전체
특산물 | 미역, 톳, 맥류, 채소류, 고등어, 조기, 꽃게, 방목한 흑염소
특이사항 | 섬 전체가 높은 산으로만 이루어져 대서리라 부르다가 대야도라 불렀다고 한다. 다도해해상국립공원 지역에 속한다. 각종 난이 자생한다.

30년 변화 자료

구분	1973	1985	1996
주소	전남 신안군 하의면 능산리	전남 신안군 하의면 대야리	전남 신안군 하의면 능산리
면적(km²)	3,8	3,82	4,26
인구(명, 남자+여자)	174(71+103)	97(48+49)	43(26+17)
가구수	27	19	19
급수시설	공동우물 2개	우물 7개	우물 2개
초등학교	분교 1개 57명	분교 1개 13명	-
전력시설	-	한전 19가구	한전 19가구
의료시설	-	약방	상비약비치
어선(척, 동력선+무동력선)	5(2+3)	무동력선 5척	3(2+1)

21

개도 표 한 장 주세요

하의면 개도

"개도 표 하나 줄쇼." 목포여객선 터미널에서 표를 끊을 때 이런 말을 들으면 한번쯤 고개 돌려 쳐다볼 법하다. 섬이름이 '개도' 다. 선창으로 접근하는데 작은 목선이 다가왔다. 아들과 아버지 그리고 박스 몇 개가 실려 있었다. 집에 있던 아들이 갑자기 하의도 보건소에 갔지만 주말이라 모두 뭍에 나가고 없어 급히 목포로 보내고 징검다리 휴일 동안 쉬는 작은 아들과 함께 들어오는 길이라고 했다.

조씨는 목포에서 고추 모종을 사서 하의도 본섬에 내려 선창에 정박해둔 작은 통통배를 옮겨 타고 개도로 들어왔다. 선창에서 내렸을 때는 어디 농사 지을 땅이 있을까 싶었는데 안으로 들어서니 트랙터를 가지고 농사를 지을 만큼 논과 밭이 있었다.

하의도 본섬 밖에 있어 갓섬이라 했다. 일제강점기 때 개도로 바뀌었다. 비슷한 지명이 대섬이다. 큰 섬에 대어 있는 섬이라 대섬 혹은 갓대섬이라 하다 개도가 되었다. 개도는 240년 전 운산마을에 살던 최씨가 분가해 역구미에 정착해 마을을 형성했다고 한다.

개도선창에서 부자를 만났다. 목포에서 고추모종을 사 가지고 하의도까지 큰 배를 타고 들어와 중학교 다니는 아들과 작은 배를 타고 들어오는 길이었다. 개도에서 가장 젊은 청년 조영숙(50세) 씨였다. 그의 경운기를 타고 마을로 들어갔다. 마을 앞은 방조제를 막아 염전과 논이 조성되었고 안쪽에 마을이 형성되어 있었다. 개도는 모두 6가구가 살고 있다. 이 중 두 집은 염전을 하고 조씨는 농사만 짓고 있다. 나머지는 벼농사와 톳양식과 일부 다시마양식으로 생활하고 있다. 안쪽으로 들어가자 제법 넓은 논이 모습을 드러냈다. 못자리를 준비하는지 무논을 갈아 갈무리해 둔 곳도 있었다.

해안을 따라 섬을 한 바퀴 도는 데 많은 시간이 필요하지 않았다. 도중에 자연산 톳과 갯바위에 붙은 굴을 까는 여성을 만났다. 압해도에서 시집온 분으로 막 환갑을 넘긴 나이였지만 젊어 보였다. 플라스틱 양동이 가득 자연산 톳을 뜯어 두고 작은 바구니에 석화도 제법 모아져 있었다. 양식 톳은 길고 부드러워 먹기 좋지만 자연산 톳이 몸에 좋아 일부러 뜯고 있는 중이라고 했다.

개도에는 염전이 2개 있다. 하나는 0.5정 정도 되는 작은 규모, 다른 하나는 2.3정 규모로 큰 염전이다. 이렇게 작은 섬에 염전이 남아 있다는 사실이 신기하고 반가웠다. 큰 섬에 비해 시설이 노후하고 정비되지 않았지만 중단되지 않고 소금밭이 운영되고 있었다. 작은 소금밭에서 주인 조상만(61세) 씨를 만났다. 혼자서 꾸려갈 수 있을 만큼 작은 염전이지만 애착이 강했다. 할아버지 대에 원을 막아 염전과 논을 만들어 이어오고 있다고 했다. 건조대에 말려둔 숭어 2마리를 내려 주며 정부에서 지원해주러 조사 나온 사람들인 줄 알았다며 웃었다. 염전 주변에는 시설을 개선하려는 장판과 목재들이 준비되어 있었지만 손이 부족해 못 하고 있다고 했다. 이곳 외에도 마을 입구에 큰 염전 세 판이 있었지만 지원받아 폐전하고 새우양식으로 전환했지만 중단되어 방치상태다.

조씨는 최근 소금값이 오른 것이 자신에게는 큰 도움이 안 된다고 했다. 큰 섬은 작목반이 있어 생산과 유통을 하는 데 도움이 되지만 작은 섬에서는 자신처럼 소금밭을 운영하는 것이 너무 힘들기 때문이다. 한 해에 1,000여 개 소금을 내고 있다. 건강하시라는 인사에 조씨는 "아따 건강해야제라. 이제 대학원 다니는데, 그래야 갈치제라." 아이가 대학생이라 소금밭도 내맘대로 그만두기 힘들다는 이야기로 들렸다. 성격이 활달하여 내 마음까지 덩달아 밝아졌다.

개황 | 개도介島

일반현황

위치 | 신안군 하의면 후광2리 **동경** 126° 01′ **북위** 34° 63′

면적 | 1.134km² **해안선** | 5.9km **육지와 거리** | 32.4km(목포시)

가구수 | 7 **인구(명)** | 19(남9+여10) **어선(척)** | 5 **어가** | 2

공공기관 및 시설

전력시설 | 한전 전가구
급수시설 | 간이상수도시설 1개소 7가구

여행정보

교통 | **배편** | 목포시에서 하의도 웅곡선착장에 접근, 개도선착장에 신해11호 접안. 신해11호가 하의면 내의 유인도서를 1일 2회 왕복 운항함.
낚시터(유어장) | 섬주변 전체
특산물 | 김, 톳
특이사항 | 도미, 농어, 우럭 등의 바다낚시터로 인기 있다. 가섬 또는 갓섬으로 부르다가 한자어로 표기하면서 개도(介島)라 했다.

30년 변화 자료

구분	1973	1985	1996
주소	전남 신안군 하의면 후광리	전남 신안군 하의면 개리	전남 신안군 하의면 후광리
면적(km²)	1.2	1.11	1.11
인구(명, 남자+여자)	76(36+40)	61(27+34)	17(7+10)
가구수	10	11	7
급수시설	공동우물 3개	우물 3개	우물 3개
초등학교	분교 1개 17명	분교 1개 7명	분교 1개 3명
전력시설	-	한전 11가구	한전 7가구
의료시설	-	약방	상비약비치
어선(척, 동력선+무동력선)	무동력선 4척	무동력선 6척	동력선 3척

22

김포자는 내일을 낳고

하의면 문병도

개소리만 들릴 뿐 사람을 찾기 어려웠다. 개소리는 점점 더 사나워졌다. 마을 앞 바다에 김양식장과 전복양식장이 있다. 개소리가 더 요란해지자 아주머니가 창문을 열고 얼굴을 내밀었다.

"우리 식구들 일하는 분 3명이 있는데 밥 먹을 때면 종을 쳐요. 김양식을 철거하고 전복 밥주고 있어요. 경상도사람들이 몇 명 와서 일해요. 김씨(포자) 하고 있어요. 포자를 파는 것이에요. 새마을호가 하루에 두 번 와요. 본도(하의 웅곡)로 가서 목포로 타고 가요. 저 앞에 보이는 섬이 하의도예요. 장병도 너머에 있어요."

문병도는 문절도라고 한다. 하의도에 속하는 섬이다. 섬사람이라고 얼굴에 씌어 있는 것은 아니지만 섬에서 오래 생활한 모습은 아니었다. 한때 문병도는 9가구가 살았다. 하의도 웅곡이 고향인 시아버지가 이곳에서 김포자사업을 하면서 남편도 들어왔다. 아버지는 윗집에 살고 남편과 함께 섬에 들어와 집을 짓고 김양식과 전복양식을 하며 생활하고 있다. 옛날에는 마을 앞 갯벌에서 투석식 김양식을 했던지 흔적이 남아 있다. 이들 부자 외에도 일하는 사람 3명까지 포함해 6명이 사는 섬이다.

집 옆 창고 같은 건물이 몇 개 있었다. 햇볕이 전혀 들지 않도록 커튼이 쳐져 있었다. "김포자 붙이는 겁니까. 한번 안에 구경할 수 있어

모두 떠나버린 작은 섬에 아버지가 들어와 김포자 배양사업을 시작했다. 그 후 아들도 들어왔다. 문병도는 부자(父子)만 살고 있다.

요.” 창고 안에는 바닷물을 끌어들여 수족관을 만들고 그 안에 굴껍질이 가지런히 놓여 있었다. 껍질 위로 깨보다 작은 반점들이 점점이 있었다. 김포자를 붙이는 것이다. 이 껍질에 부착시킨 포자들은 냉동 보관되었다가 추석 무렵에 김양식을 하는 어민들에게 팔린다. 옛날에는 바다에서 직접 포자를 붙여 김양식을 했지만 양식기술이 발달하면서 인공포자를 배양시켜 김발에 부착시키고 있다. 또 포자만 배양해 판매하는 업종도 생겨났다. 아무도 살 것 같지 않는 무인도에서 새로운 삶을 꾸려갈 수 있는 것도 이러한 사업이 가능하기 때문이다. 오염되지 않는 작은 섬은 그 자체로 충분한 존재의 이유가 되는 것이다. 무인도가 쓸모 없는 섬이 아니다.

개황 | 문병도文柄島

위치 | 신안군 하의면 능산 3리 **동경** 126° 04′ **북위** 34° 66′
면적 | 0.203km² **해안선** | 2.26km **육지와 거리** | 34.2km(목포시)
가구수 | 2 **인구(명)** | 5(남3+여2) **어선(척)** | 7 **어가** | 2

전력시설 | 한전 전가구
급수시설 | 우물(펌프) 1개소 전가구

교통 | 배편 | 목포에서 하의도 웅곡선착장에 접근, 신해11호가 하의면의 유인도서를 1일 2회 왕복 운항함.
낚시터(유어장) | 섬주변 전체
특산물 | 김, 미역
특이사항 | 섬의 형태가 한자어 문(文)자처럼 생겼다 해서 처음에는 문절이라 했는데, 문절과 문병 사이로 보이는 관문이라 하여 다시 문병도라 했다고 전한다.

30년 변화 자료

구분	1973	1985	1996
주소	전남 신안군 하의면 후광리	전남 신안군 하의면 문병리	전남 신안군 하의면 후광리
면적(km²)	0.19	0.194	0.2
인구(명, 남자+여자)	25(11+14)	32(20+12)	8(5+3)
가구수	5	5	4
급수시설	공동우물 2개	우물 1개	우물 2개
초등학교	분교 1개 11명	분교 1개 8명	-
전력시설	-	-	자가발전 4가구
의료시설	-	약방	상비약비치
어선(척, 동력선+무동력선)	무동력선 3척	무동력선 5척	동력선 3척

23

낙지잡이 고수, 봄비에 잠이 들다

하의면 장병도

이씨는 팔순이지만 동네에서 낙지를 잘 잡는 어부로 통한다. 갯벌에 나갔다 하면 낙지 몇 마리는 거뜬하다. 비가 부슬부슬 오는데 이씨는 말려놓은 숭어를 걷을 생각도 없다. 금방 벗어 놓은 듯 낙지조락(낙지를 담는 바구니) 2개가 집을 지키고 있었다. 방문 앞에는 장화 4켤레와 비옷 몇 벌 그리고 작은 섬마을에 어울리지 않게 세발자전거가 뒹굴고 있었다. 방문 사이로 가느다랗게 코고는 소리가 들렸다.

조락과 장화가 있는 것으로 보아 이곳 갯벌 상태가 괜찮은 모양이다. 큰 조락은 삼중망이나 자망으로 잡은 고기를 운반했을 것이고 작은 조락은 낙지를 잡는 할아버지 애장품이 틀림없다. 몇 차례 인기척을 냈지만 반응이 없었다. 할아버지를 깨울까 잠시 생각하다 발길을 돌렸다. 갯벌에 나갔다 돌아오면 소주 한잔 하고 낮잠을 즐기는 것이 일상인데 갑작스레 끼어들어 평온함을 깨고 싶지 않았다.

발길을 돌려 나오다 밭에서 일하는 할머니를 만났다. 공교롭게 내가 만나려고 했던 할아버지의 아내였다. 하의도 후광리가 고향인 할머니는 비탈진 밭에서 굽은 허리를 더욱 굽혀 지난해 밭고랑을 덮었던 멀칭 비닐을 걷고 계셨다. "할아버지 안 계시던데요." "우리영감 바닷가 나갔다 점심에 반주 몇 잔을 드시고 낮잠 잘거요." 할아버지는 이 맛에 가래를 들고 조락을 매고 갯벌로 나선다고 했다. 팔순의 할아버지에게 이만한 행복을 줄 곳이 어디에 있겠는가.

장병도는 안좌·도초·하의·장산도 네 섬 가운데 있는 섬이다. 그래서일까. 주변 수로를 팔구포라 했다. 육지로 이야기하자면 사통팔달의 교통요지인 셈이다. 마을을 지나자 학교가 눈에 들어왔다. 정문에는 아직 떼어내지 않은 학교문패가 있었다. 반가웠다. 하의초등학교 장병분교장이다. 교실 한 칸과 사택 하나가 전부였다. 창문으로 엿본 교실에는 종이가 물려 있는 프린트, 연필꽂이에는 가지런히 필기구가 꽂혀 있고 옆에는 메모지도 놓여 있었다. 칠판에는 시간표가 붙어 있고 그 옆에는 핸드폰 번호가 적혀 있었다. 혹시 선생님이 마지막 수업을 하시고 학생들에게 연락처를 남긴 것이 아닐까. 교실 입구에 초임 발령을 받은 선생님의 꿈과 희망이 담긴 글도 고스란히 남아 있었다. 이 학교는 2010년 폐교되었다.

김선생님이 초임 발령을 받은 학교는 학생이 1명이었다. 얼마 안 되어 학교는 문을 닫았다. 학생은 뭍으로 떠났고 선생님은 다른 학교로 가셨다. 운동장에는 경운기가 자리를 잡았다.

행복과 웃음이 가득한 장병분교장입니다.

학생 1명, 선생님 1명이지만 행복하고 즐거운 웃음이 항상 함께하는 재미있는 학교입니다.

때론 선생님께 혼도 나고 눈물도 흘리고, 마음과 다르게 매를 들어서 아이에게 미안하기도 합니다. 아직은 많이 부족하고 철없는 선생님과 학생이지만, 이곳에서 우리의 꿈을 키워가고 있습니다. 처음을 우리나라 작은 섬 장병도에서 시작했기에 더 큰 땅을 밟을 수 있는 큰 꿈을 꾸도록 즐겁고 행복하게 공부하는 학교를 만들겠습니다.

장병분교장 김훈희

운동장 너머는 염전이다. 이웃한 하의도나 상하태도에는 잘 정돈된 큰 염전들이 많다. 이곳 작은 섬에도 세 정의 염전이 있었다. 두 정을 폐전하여 새우양식장을 시작했지만 중단되어 방치되고 있다. 한 정의 염전만 운영하고 있다. 폐전한 염전 주인은 지금 땅을 치고 후회를 한다고 한다. 폐교된 학교 앞에서 폐전된 염전을 바라봤다. 섬을 한 바퀴 돌고 오던 길을 거슬러 선창에 이르렀다. 아직도 섬사랑호가 도착하지 않았는지 마른김 상자를 가득 실은 트럭이 기다리고 있다.

개황 | 장병도 長柄島

일반현황

위치 | 전남 신안군 하의면 후광리 **동경** 126° 04′ **북위** 34° 64′

면적 | 1,673km² **해안선** | 7.5km **육지와 거리** | 33.6km(목포시)

가구수 | 40 **인구(명)** | 102(남56+여46) **어선(척)** | 16 **어가** | 11

공공기관 및 시설

공공기관 | 하의면 장병도 경찰분소
교육기관 | 하의초등학교 장병분교장(2010년 폐교)
전력시설 | 한전 전가구
급수시설 | 간이상수도시설 1개소 전가구

여행정보

교통 | **배편** | 장병선착장에 신해11호 접안, 목포에서 하의도 웅곡선착장에 접근. 신해11호가 하의면 내의 유인도서를 1일 2회 왕복 운항함.
특산물 | 김, 숭어
특이사항 | 형태가 긴 자루처럼 생겼다 해서 '진절이' 라고 부르다가 한자어표기를 하면서 장병도라 했다.

30년 변화 자료

구분	1973	1985	1996
주소	전남 신안군 하의면 후광리	전남 신안군 하의면 장병리	전남 신안군 하의면 후광리
면적(km²)	14.7	1.43	1.63
공공기관	-	-	분소 1개
인구(명, 남자+여자)	174(83+91)	161(86+75)	128(75+53)
가구수	37	33	33
급수시설	공동우물 3개	우물 7개	우물 7개, 간이상수도 1개
초등학교	분교 1개 53명	개 명	분교 1개 8명
전력시설	-		자가발전 33가구
의료시설	-	약방	상비약비치
어선(척, 동력선+무동력선)	무동력선 13척	28(3+25)	12(10+2)

* 공공기관은 면사무소, 파출소 등 포함

24

갯벌이 좋은 팔구포의 관문

하의면 옥도

"박사님 나와보세요." 목사님이 다급하게 부르셨다. 교육관 문을 열고 밖으로 나왔다. 세상에! 해가 뻘밭을 붉게 물들이며 올라오고 있었다. 옥도 뻘밭이 좋다는 소문은 들었지만 눈앞에 펼쳐진 장관에 넋을 잃었다. 어제 저녁 늦게 반월도로 들어가려다 물이 너무 많이 빠져 옥도로 급히 숙소를 옮겼다. 늦은 시간에 마땅한 잠자리도 마련하지 못한 터인데 다행스럽게 목사님의 배려로 교육관에서 단잠을 잘 수 있었다.

옥도갯벌은 내가 본 갯벌 중 최고였다. 해가 뜨면 동쪽 갯벌은 황금갯벌로 변한다. 낙지가 많고 짱뚱어와 칠게들이 많이 서식하고 있다.

옥도는 1600년(선조 33)경 창원황씨와 여산송씨가 놀자리에 이주해 왔고, 이후 숙종 14년에 밀양박씨가 허박마을로 이주해와 마을을 이루었다. 옥도는 하의도 동북쪽에 위치한 섬으로 비금, 도초, 장산으로 둘러싸여 가운데 위치해 있다. 섬 전체가 완만한 경사를 이루고 있어 마늘농사를 많이 짓고 있으며 논과 염전이 발달했으며, 염전은 대부분 폐전되었다. 섬의 능선이 임금 왕王자를 이루며 가운데 작은 섬(꾸자리)이 있어 옥도라 했다고 전한다. 낙지가 많고 물이 좋은 섬이다.

조선시대에는 목장이 설치되었고 러일전쟁기에는 함정이 정박해 있어도 레이더에 나타나지 않아 일본해군기지로 사용되었다고 한다. 해군정이라는 우물이 있다. 전쟁기에 일본해군이 옥도에 주둔하며 이 물을 길어 먹었다고 한다. 옥도를 둘러싼 큰 섬들을 통해 팔방으로 나갈 수 있는 요충지라 '팔구포' 라 했다. 김양식을 많이 하는 섬이었지만 지금은 공장을 가지고 있는 주민이 대량으로 양식을 하고 있다. 주민들은 통발로 낙지를 잡거나 소규모로 김양식을 하며 생활하고 있다. 옥도는 큰몰, 벌금, 놀자리 세 마을로 이루어져 있다. 교회와 보건소가 있는 큰몰이 섬의 중심으로 30여 호, 선창과 가까운 놀자리는 40여 호, 벌금에 10여 호가 거주하고 있다.

김양식철이 지나 김발을 철거하고 정리하기 위해 마을 주민들은 아침 일찍 장화가 달린 작업복에 장갑 그리고 털모자까지 눌러쓰고 골목길을 나왔다. 아직도 남아 있는 좁은 돌담길을 돌아 갯벌로 나갔다. 갯벌을 가까이서 보기 위해 갯골까지 시멘트로 포장된 노두를 따라 들어갔다. 칠게들도 아침을 먹다 갑작스런 불청객에 눈자루를 내놓고 구멍에 숨었다. 짱뚱어 새끼가 펄쩍펄쩍 뛰며 즐거워했다. 어제 저녁 드는 물에 시멘트 포장도로 위로 총알고둥 여러 마리가 올라와 자리를 잡았다. 옥도갯벌은 물이 빠지면 한참을 걸어가야 한다. 배를

박씨는 뇌출혈로 쓰러진 후 극적으로 살아났다. 가족은 물론 아내까지 기억 속에서 지웠지만 바다와 갯벌만은 지울 수 없었다. 남아 있는 유일한 기억을 더듬으며 숭어를 잡는다. 아내는 남편이 걱정이 되어 늘 주변을 맴돈다.

타고 나가려면 수로까지 걸어가는 데 족히 20분은 걸릴 것 같다.

노두를 따라 생긴 작은 갯골에는 낙지를 잡는 통발들이 놓여 있다. 언제 설치해 놓았는지 통발 코들이 때꿉(이끼)으로 메워질 정도였다. 배를 타고 나갈 만큼 물이 들어오는 큰 갯골이 닿는 곳까지 마을에서 시멘트 노두길이 이어져 있었다. 끝에 선외기 1척이 정박해 있었다.

갯벌 한가운데에서 한 사람이 삽을 들고 오가며 허리를 굽혀다 폈다 했다. 낙지를 잡는 것일까. 그런데 삽질을 하는 것 같지 않았다. 한참을 살펴보았지만 도무지 무엇을 하는지 가늠할 수 없었다. 등에는 조락을 짊어지고 있었다.

갯벌에서 나오는 길에 아주머니를 만났다. 함지박을 가지고 들어가는 아주머니는 갯벌에서 일하는 박영춘(68세) 씨의 아내였다. 박씨는 그물에 걸린 숭어를 잡고, 망가진 그물도 손질하기 위해 아침 일찍 나갔다. 목포에서 쓰러져 머리를 다친 후 치매가 오고 말까지 어눌해져 병원에서 큰 수술을 받은 후 겨우 회복해 섬으로 들어왔다. 다치기 전에는 농사는 물론 삼마이와 행(홑겹 그물)으로 숭어를 엄청나게 잡았다. 지금은 농사일은 전혀 하지 못하고 오직 바다에만 나간다. 바다를 좋아해 오로지 갯벌에 나가는 것이 취미이자 일이다. "줄 나갔어." 물이 빠졌냐는 남편의 물음이다. 그물 물을 보기 위해 물때를 묻는 것이다. 처음에는 그 말이 무슨 말인 줄 몰랐다. 사람도 잘 구별하지 못하는 남편이 그나마 갯일에 취미라도 잃지 않아 다행이지만 늘 걱정이라서 이렇게 뒤따라 나서야 한다고 했다. 어제는 마을 주민이 남편이 불편할 줄 알고 그물에 걸린 숭어를 가져와 2마리를 주고 가자 크게 실망했다. 오늘 가서 그물 물을 보려 했는데 먼저 봐버렸기 때문이다. 직접 나가서 그물을 보고 매달린 숭어를 뜯어와야 하는데 남이 가져다 주니까 싫었던 것이다. 그래서 남편은 새벽같이 갯벌로 나섰다.

박씨 부부는 건강했을 때 100여 떼의 김양식과 숭어잡이와 낙지통발로 딸 넷과 아들 둘을 모두 가르치고 결혼시켰다. 박씨 외에도 마을 주민들은 집집마다 100~200여 척씩 김양식을 했었다. 지금은 큰몰에 두 집, 놀자리 두 집(공장을 운영하는 집은 1000척 규모), 벌금 두 집(공장을 하며 대규모 양식을 하는 집 포함) 정도가 김양식을 할 뿐이다. 이제는 나이가 들어 김양식은 그만두고 양파, 마늘, 보리, 깨, 고추 등 농사를 짓고 있다. 이외에도 낙지퉁어리(통발)를 갯골이나 김양식을 철거한 자리에 놓아 낙지를 잡고 있다. 특히 김발자리에 놓은 낙지통발은 여름장마 뒤끝에 나가는 낙지들이 많이 잡힌다. 낙지주낙을 하는 사람은 한 사람이 있으며 목포에서 40~50여 척의 낙지주낙배들이 와서 낙지를 잡아 주민들과 다툼이 벌어지기도 한다.

그 사이 박씨의 아내 이씨는 개웅(갯골)을 지나 남편에게 다가섰다. 죽을 고비를 넘기고 기억 속에 갯벌과 숭어만 남아 있는 남편, 그는 어쩌면 세상에서 가장 행복한 사람인지도 모르겠다.

30년 변화 자료

구분	1973	1985	1996
주소	전남 신안군 하의면 옥도리	좌동	좌동
면적(km²)	4.5	4.46	4.76
공공기관	-	-	분소 1개
인구(명, 남자+여자)	470(228+242)	387(193+194)	178(98+80)
가구수	90	85	59
급수시설	공동우물 4개	우물 14개, 간이상수도 2개	우물 26개
초등학교	분교 1개 142명	분교 1개 69명	분교 1개 6명
전력시설	-	-	자가발전 59가구
의료시설	-	약방	보건지소 1개소
어선(척, 동력선+무동력선)	8(1+7)	42(2+40)	19(17+2)

＊ 공공기관은 면사무소, 파출소 등 포함

신안군 신의면

신안군 신의면

신안군 신의면

25

섬사람과 간을 맞추다
신의면 상하태도

"1분만 빨리 오시제." 배를 잡으러 황급히 나갔던 직원이 돌아와 다음 배를 타라며 아쉬워했다. 지금 시간이 아침 7시가 약간 넘었으니까, 무려 3시간 넘게 기다려야 한다. 맥이 탁 풀렸다. 모처럼 동행을 하겠다며 따라 나선 아내에게 미안했다. "대마도 가요." 옆에 앉아 있던 할머니가 다가와 항해사에게 물었다. 대마도는 진도 조도에 있는 섬이다. 자주 있는 배가 아니라 하루에 한 번, 짝수일과 홀수일에 따라 오가는 섬이 다르다. "거기 공사하느라 못 들어가요. 지난번에 들어

당산에서 내려다본 상태 서리마을.

갔다 파도 때문에 공사하는 것 전부 부서버릴 뻔했소.” “그람 언제 간다요.” “2, 3일이면 공사가 끝난다요.” “그래라.” 노인은 서운한지 머뭇거리다 돌아갔다. 바닷길이 이렇다. 가다 멈춰서 급하다고 내려줄 수 없고, 아무 곳이나 접안할 수 없다. 방법은 하나밖에 없다. 기다려야 한다. 하의도로 먼저 가기로 했던 계획을 바꾸었다. 가장 빠른 배가 3시간 후에 상하태도로 가는 철부선이기 때문이다.

마한에 속했던 신의면은 고려시대에는 나주목에, 조선시대에는 나주목 진도현에 속했다. 지도군에 편입되었다 1914년 행정구역 개편으로 무안군에 속하였다. 1969년 무안군에서 신안군이 분군되어 하의면 상하태출장소로 되었다 1983년 신의면으로 분면되었다.

간을 보다

넘어진 김에 쉬어 간다고 아침식사를 하고 차분하게 여객터미널로 올라가 바닥이 따뜻한 곳에 자리를 잡았다. 전기장판을 깔아 놓아 온기가 올라오자 슬며시 눈이 감겼다. 배는 어느새 응곡선착장에 도착했다. “빨리 내리세요. 하의도예요.” 꿈이었다. 뱃시간이 다가오자 하나둘 사람들이 터미널로 모여들었다. 노인들과 아이들이 많았다. 명절 뒤끝이라 목포에서, 광주에서, 서울에서 설을 보내고 돌아가는 눈치였다. 아이들은 방학이라 며칠 할머니집에 다니러 가는지 신이 났다. 섬에 뭐가 볼 것이 있다고.

박성춘 전성자 부부. 그들을 만나러 가는 길이다. 이들 부부와 연을 맺은 것은 소금 때문이었다. 고집스런 장인정신으로 남들이 가지 않는 길을 가는 부부가 있는 섬. 내가 섬을 찾는 이유이기도 하다. 음식맛은 손맛이다. 그 손맛은 간에서 시작된다. 입맛에 맞게 맞추는 것이다. 명절에 고향을 찾는 것은 맛을 찾는 것이다. 간이 맞는 음식, 그

박성춘(1963년생). 그는 천일염 장인이다. 생산량이 좋은 염전을 뒤집어 장판을 걷어내고 전통방식인 토판염전을 만들었다. 그리고 좋은 소금을 오게 해달라고 고사를 지냈다.

렇다. 어머니가 해주신 음식이다. 어디 입맛뿐인가. 사람도 간이 맞아야 한다. 그걸 매개해 주는 것이 소금이다. 박씨와 소금밭에서 만난 것은 상하태도를 두 번째 방문했을 때였다. 좋은 염전을 뒤집어 토판으로 바꾸고 첫 소금을 낸다고 연락이 왔다. 다른 염전주인들은 부러워 쳐다보는 염전을 뒤집어 공사를 시작할 때 모두들 미쳤다고 했다. 소금도 좋고 양도 잘 나오는 소금밭을 왜 뒤집고, 판로도 불확실한 토판소금을 내려고 야단이냐는 것이다. 처음 이야기를 들었을 때 나도 우려를 했다. 내친김에 소금고사나 한번 지내자고 부추겼다. 잃어버린 우리문화도 복원하고 홍보도 하려는 의도였다. 조촐하게 차린 음식에 작목반원들을 초청하여 새로 지은 소금창고 앞에 돼지머리 올려두고 고사를 지냈다. 그리고 새로 지은 소금창고 안에 상을 차려 놓고 둘러앉아 만찬을 즐겼다. 이제 바람과 햇볕이 도와주면 소금만 거두면 된다.

그리고 2년이 지났다. 다행히 박씨가 만들어 낸 토판염은 인기만

토판으로 염전을 바꾸고 첫 소금을 걷는 날이다. 그는 바쁘다. 국내의 소금 관련 행사에 초청을 받기도 하고, 유명 백화점에서 직접 강의를 하기도 한다. 요즘에는 염전 주변에 개인 학습관을 겸한 작은 전시장을 준비하고 있다.

점이다. 이탈리아에서 개최한 세계소금박람회도 참여하고 국내 굴지의 백화점에 납품도 하고 주부들을 대상으로 강의도 했다. 우리나라에서 인지도와 안전성 최고인 식품회사에 자신의 이름을 당당히 내걸고 납품을 하고 있다.

소금밭은 크게 저수지, 누치, 난치 그리고 결정지로 나누어져 있다. 누치와 난치는 증발지에 해당하며, 결정지는 소금을 만드는 곳이다. 계절에 따라 다르지만 바닷물이 소금으로 만들어지는 데는 25일 정도 시간이 걸린다. 긴 시간이다. 결정지에 들어가는 함수의 염도는 25도다. 바닷물이 2도 정도이기 때문에 증발을 통해 염도를 높인 후 결정지로 옮겨 소금을 얻는다. 보통 결정지에 25도 간수를 넣는 것은 아침이다. 바람이 불고 햇볕이 좋으면 오후 4~5시 무렵부터 소금을 거둔다. 결정지 위에는 옛날방식이라 알려진 토판, 생산량을 높이고 걷는 작업을 용이하게 하는 깐팔이(질그릇 조각)와 타일과 장판 등 바닥재를 덮는다. 질그릇 조각을 이용한 것은 1970년대 무렵이다. 이후 지역에 따라 타일이나 장판이 깔렸다. 신안지역 소금밭에는 장판을 많이 이용했다. 박씨를 포함해 신의면 소금밭도 마찬가지였다. 장판을 걷기로 결정한 것은 전통소금을 복원하고 미래의 염전가치를 높일 수 있는 유일한 방법이라 생각했기 때문이다. 그는 천일염이 식품으로 결정되고 난 후 천일염도 브랜드화할 수 있다고 확신했다. 여기에 대학을 졸업한 아들의 귀향도 큰 힘이 되었다. 아버지와 박씨 그리고 아들로 이어지는 3대가 소금밭을 일구고 있다.

생산성과 작업 능률성으로 보면 토판과 비교할 수 없을 만큼 장판이 높다. 박씨의 경우 토판 생산성은 약 1/5, 작업능률성은 1/10 정도 낮다. 그뿐인가. 일반소금에 비해 한 달은 늦게 시작해야 하고 한 달 먼저 끝내야 한다. 아무리 급해도 소금 걷고 담는 일은 부부가 직접 한다. 소금밭 규모도 욕심을 내지 않고 부부가 할 수 있을 만큼만 한다.

어느날 박씨 집으로 전화가 걸려왔다. 박씨 아내 전씨가 받았다. 소금을 주문하는 전화였다. 많지 않은 양이지만 아토피가 있는 아이를 가진 부모가 좋은 소금을 아이에게 먹이고 싶다는 이야기를 듣고 기꺼이 소금을 포장해 보냈다. 좋은 소금을 찾다 박씨 염전 소식을 듣게 되었다고 했다. 얼마 후 아이 부모로부터 다시 전화가 왔다. 내심 잘 받았다, 고맙다는 이야기를 기대하며 전화를 받았다. 그런데 아이에게 먹일 소금인데 펄이 섞여 있는 소금을 보내면 어떻게 하냐며 항의를 했다. 토판소금은 장판소금과 달리 생산과정에서 펄이 섞일 수 밖에 없다며 오히려 깨끗한 소금은 더 믿을 수 없다는 사람도 있다고 이야기했다. 하지만 부모를 설득할 수 없었다.

결국 소금을 되돌려 받았다. 그리고 조심스럽게 펄이 섞이지 않게 윗소금만 떠내서 잘 포장해 보냈다. 그 어머니는 만족하며 고맙다고 했다. 지금까지는 토판에서 소금을 걷어낼 때 윗소금을 먼저 걷은 다

천일염을 내는 염부들은 자신만의 소금을 브랜드화하기 위해 갖가지 아이디어를 낸다. 한 염부는 숨을 쉬는 그릇인 옹기에 소금을 넣어 보관하여 판매한다.

음 남은 소금을 긁어 함께 토판염으로 판매했다.

그 뒤로 박씨는 윗소금만 '일등소금'으로 차별화를 시도했다. 성분분석 결과 불용분이 적어 최우수평가를 받았다. 그 결과 국내 최고의 식품회사와 백화점에 납품을 하게 되었다. 이제 삼대에 그치지 않고 손자까지 이어지는 소금밭을 만들기 위해 그는 '전시장'을 오픈했다. 소비자에게 신뢰를 주고 자신을 포함해 아들에게 소금장인으로서 자긍심을 갖게 하기 위해서였다.

하늘이 짓는 농사다

소금을 생산하는 것은 '사람'의 영역이 아니다. 바람과 햇볕에 맡기고 기다려야 한다. 인간이 선택할 수 있는 것은 소금밭에 물을 조절하는 정도다. 얼마나 물을 앉혀야 할지 책에 나와 있는 것이 아니다. 농사짓는 논마다 땅심이 다르듯 소금밭도 제각각이다. 위치 따라 바람도 다르고 일조량도 다르다. 오직 소금밭 주인의 경험에 의존할 수밖

286

하늘에서 본 염전 모습은 기하학적인 조형미술의 백미이다. 검은색 사각형은 염전의 결정지이다.

에 없다. 나머지는 모두 하늘에 맡겨야 한다. 하늘이 내려준다 하여 '천일염天日鹽'이라 하지 않는가.

섬에 가지 않더라도 갯벌이 발달한 서해해역에서 소금밭을 보는 것은 어렵지 않다. 시장개방은 소금밭에도 불어닥쳤다. 중국과 호주의 값싼 소금들이 들어오면서 우리 염전은 큰 타격을 받았다. 시화호, 화홍호, 새만금 등 크고 작은 간척사업으로 염전이 사라지더니 구조조정이라는 이름으로 소금밭을 폐전시켰다. 보상금이라고 주었지만 소금농사를 짓던 사람들은 다른 일을 찾지 못하고 손을 놓았다. 일부는 양식장으로 모양을 바꾸었지만 목돈이 필요해 아무나 선택할 수 없었다. 그나마 섬 소금밭은 육지처럼 소금밭을 이용한 개발이 쉽지 않아 잘 남아 있다. 상하태도에도 10여 명만 구조조정을 신청했을 뿐 작은 염전도 그대로 소금을 내고 있다. 얼마나 다행인가.

욕심을 부린다고 소금을 많이 낼 수 있는 것도 아니다. 정성을 쏟아서 간수를 만들고 하늘의 처분을 기다리는 것이 '염부'가 할 일이다. 소금밭을 닦고 정성을 들이면 하늘이 주는 소금의 양도 달라진다. 상하태도는 다른 지역 소금밭보다 정비가 잘 되어 있다. 그래서인지 소금도 훨씬 많이 낼 뿐만 아니라 품질도 좋다. 상하태도 전체 가구의 50%에 이르는 250가구가 550헥타르의 소금밭에서 1년에 66,000M/T을 생산한다. 약 110억 원의 소득을 올리고 있다.

산성에 오르다

점심을 먹고 박씨 부부와 함께 찾아간 곳은 하태도 굴암마을이었다. 갯벌이 발달한 상태도와 달리 하태도는 바위해안이 많다. 특히 섬 남쪽 해안은 해식애가 발달했다. 굴암에서 마주보이는 기동리 사이 바다는 신의면은 물론 하의면까지 포함해 일대에서 보기 드물게 좋은 깊고 안정된 바다다. 마치 전갈의 앞다리(수염다리)처럼 양쪽으로 섬이 튀어나와 가운데 만을 이루고 있는 훌륭한 항이다. 이곳 주민들은 그곳에 김양식을 하고 있다. 이곳을 방문한 해양레저 전문가들은 이곳이야말로 해양스포츠를 즐길 수 있는 최적지라고 극찬했다고 한다. 그곳을 빠져나가면 대양으로 이어지며 하의도와 상하태도 사이 긴 갯골과 바다가 연결되어 있다. 지도를 바닥에 펼쳐두고 신안 다도해 섬들을 살펴보라. 그러면 두 다리로 바다를 감싸고 있는 신의면 하태도 남서쪽 지형을 확인할 수 있다. 좀 더 살펴보기 위해 맞은편 기동리로 향했다. 가던 길에 신의면에 딱 하나 있는 황성금리해수욕장에 들렀다. 여름철에도 가지 않는 해수욕장인데 겨울철에 해수욕장이라니. 그만큼 상하태도는 관광자원이 빈약하다. 다행히 하태도에 등산로가 개설되어 심심찮게 사람들이 찾고 있다. 그곳에서 보는 서남해 다도해 모습과 일몰이 으뜸일 것 같다. 해수욕장은 크지도 않고 가족들이 지내기 적당한 크기이다.

상태서리에 있는 안산성은 해로를 지키는 해안산성이다. 산성 앞과 뒤 산자락에 상서고분군과 자실리고분군이 분포하고 있다.

겨울바람이 매섭게 불어왔다. 저 바람 뒤에 봄바람이 있을 것이다. 소금을 가지고 오는 바람이다. 모래밭을 뒤로 하고 기동리로 향했다. 굴암에서 바다를 사이에 두고 마주보는 마을이다. 굴암이 왼쪽 다리라면 기동리는 오른쪽 다리에 해당한다. 그곳에서 하의면 봉도리로 연도교 공사를 하고 있다. 다리공사 이야기가 나온 것은 20여 년쯤 되었을 것이다. 설계를 하고 야단법석을 떤 것도 10년이나 되었다. 대형 크레인이 봉도 선창에 올라가 있고 중간에 기둥을 세우기 위한 큰 바지선도 띄워져 있다. 이젠 진행이 되긴 될 모양인데, 언제 끝날지는 며느리도 모른다.

하태도에서 상태도로 들어와 상태서리로 향했다. 그 중간에 안산성과 상서고분이 있다. 상서고분은 상태서리 마을 뒷산인 안산 하단부 구릉상에 석실고분 매장시설구조와 비슷한 집단 무덤이 있다. 모두 50여 기로 대부분 봉토는 무너지고 상석과 하부 판석만 남아 있다. 큰 것은 남북 방향으로 총 길이 3미터에 3~4개 장판형 자연석 상판이

상서고분군, 마을 주민들은 고려장이라 불렀다. 석실분의 규모는 장축길이 290cm, 단축길이 95cm, 깊이 62cm 이며 석실 위쪽에 청정석을 덮었다.

이어져 있다. 하부에는 3~4단 자연석으로 석벽을 쌓았다. 멀리서 보면 고인돌처럼도 보인다. 상서고분을 지나 20여 분 가파른 길을 따라 오르면 안산성이라 부르는 산성에 이른다. 이 성은 진도 임회면 남동리의 돈대수비처墩臺守備處였을 것으로 생각된다.

《문화유적총람》에 "임진왜란 때 왜구가 봉화대로 사용키 위해 쌓았다고 전하며, 성 높이 15~30미터, 상당과 중당이라 불리는 곳에 제사를 지내면 마을이 흥한다"는 전설이 기록되어 있다. 산성 앞뒤 산자락에 성서고분군과 자실리고분군이 분포해 있다. 고대 토착세력이 거주하면서 쌓았을 것이라고 생각할 수 있다.

동행한 박씨는 이곳에 서리 주민들이 당제를 지냈다고 기억했다. 그래서 주민들은 이곳을 안산이라 부르기보다는 '당산'이라 불렀다. 어렸을 적에는 무서워 근처에 접근도 하지 않았다고 했다. 밖으로 외벽이 있고 안쪽에 작은 성벽이 쌓아져 있다. 성이라 하기에는 크기가 너무 작다. 성 안에 큰 나무들이 몇 그루 남아 있었다. 정상에는 언제 만들었는지 의자도 놓여 있었다. 그 옆에 제단으로 사용했음직한 돌이 있고 큰 나무도 옆에 있다.

바람기미 갯벌, 고향 어머니를 닮다

몇 년 전이다. 정확히 2006년도 추석이었다. 상하태도 소금밭을 구경 왔다가 작은 갯벌에서 주민들을 만났다. 추석 명절을 앞둔 갯벌은 더욱 분주해졌다. 갯일로 생업을 이어가는 사람은 말할 것도 없고, 모처럼 보는 자식들, 손자들을 위해 마을 주민들의 발걸음이 잦다. 원성리 마을 뒤 고개 너머 기동리로 가는 길에 바람기미라는 작고 아담한 갯벌이 있다. 물이 빠진 이른 아침부터 바람기미에는 4명의 할머니가 굴을 까고 있었다. 허리까지 빠지는 갯벌에는 젊은 아주머니가 손으로 낙지를 잡고 있었다. 심심했던지 굴을 까는 할머니 둘은 짝을 지어 이야기를 나누며 앞서거니 뒤서거니 조새질을 했다. 노란 수건으로 얼굴을 가린 할머니는 왼손에 면장갑을 끼고 오른손은 맨손으로 조새를 잡았다. 조새는 방아쇠, 갈쿠리, 몸통 세 부분으로 구성되어 있다. 오른손으로 굴의 몸통을 쥐고 돌에 붙은 굴 껍질을 쫀다. 껍질을 들어내면 작고 토실한 알맹이들이 얼굴을 내민다. 짭쪼름한 그놈을 보기만 해도 입안에 갯내음이 가득찼다. 능숙하게 갈쿠리로 굴을 꺼내 연두색 바구니에 담았다. 아침 일찍 나와서 시작한 작업인데 바구니 바닥을 채우고 이제 좀 묵직해졌다.

"염전일 언제 하고 나왔어?" "아들한테 맡기고 왔어요." "벌어서 뭐하려고 나왔어." 예쁜 햇볕가리개 모자를 쓰고 양손에 면장갑을 낀 할머니가 돌아서며 말을 건넸다. 장화를 신고 어깨에 작은 배낭을 멨다. 손에는 작업용 토시를 끼었다. 두 할머니 모두 몸뻬바지를 입었다. 노란 수건을 쓴 할머니는 슬하에 5남매를 두었다. 염전 두 판을 운

아낙이 기다리는 것은 낙지다. 오직 팔과 오랜 경험으로 잡는다. 낙지 구멍에 손을 넣고 낙지와 어민의 밀고당기는 씨름이 시작되었다. 이렇게 잡은 낙지를 '손낙지'라고 한다.

염하다 한 판은 구조조정을 하면 지원해 준다고 해서 새우양식장으로 바꿨다. 영감님이 직접 염전일을 하였지만 이제는 작은아들이 물려받아 운영을 하고 있다. 할머니는 며칠 뒤 찾아올 자식과 손자들을 위해 갯벌에 나왔다. 챙이 넓은 모자를 쓴 할머니는 노란 수건을 쓴 할머니가 알부자라고 알려준다. 몇 푼 주고 사먹지, 염전일도 고단할 텐데 나왔냐는 말이다. 하지만 어디 어머니 마음이 그렇던가. 알부자 할머니는 다섯 자식들 결혼시키고 집도 사주었다. 모두 소금밭으로 번 돈이다. 작년에 마지막 소금을 내고 막내를 결혼시켰다. 이제부터 벌어서 영감 할멈 먹고 살아야 하기 때문에 줄 것도 없다는 말도 덧붙인다. 아마도 자식들이 속을 크게 썩이지 않고 그대로 먹고 살 만한 모양이다. 할머니의 얼굴에는 넉넉함과 편안함이 가득하다. 동무하며 조새질을 하는 할머니 손놀림이 바쁘다. 두 할머니 사이로 젊은 아주머니가 갯벌에서 헤엄치듯 움직인다. 한동안 얼굴이 갯벌에 닿을 듯 팔을 집어넣고 있다. 다시 엉덩이를 하늘로 쳐들었다.

292

"할머니 저 아줌마 뭐하시는 거예요?" "낙지 잡아. 선수여."

낙지는 신안, 무안 지역을 중심으로 활발한 '낙지주낙'을 비롯해, 홰낙지·손(팔)낙지·묻음낙지·통발낙지·가래낙지 등 잡는 방법에 이름을 붙인다. 이 중 손낙지와 가래낙지, 묻음낙지는 낙지구멍을 찾아 잡는다. 낙지구멍을 볼 줄 아는 눈과 재빠른 손기술이 있어야 한다. 낙지가 뻘 속에서 숨을 쉬면서 뱉어낸 물이 구멍을 통해 뽀얗게 솟아오르는데, 이것이 '부럿'이라는 숨구멍이다. 그 옆에 낙지구멍이 있다. 이렇게 두 개의 구멍으로 이루어져 있다. 갯벌에서 작업을 하고 있는 아주머니가 잡는 낙지는 '손낙지'였다. 멀리서 한참을 지켜보았다. 낙지구멍을 발견했는지 걸음을 멈추고 손가락을 가만히 뻘 속에 집어넣는다. 무려 5~6분을 낙지가 올라오기를 기다렸다. 낙지가 발을 내밀며 손가락을 자극하며 올라오면 재빨리 손을 집어넣어 잡아 올린다. 말이 쉽지, 이렇게 해서 잡은 낙지는 그리 많지 않다. 40여 분을 지켜보는 동안 4마리를 잡아 그릇에 집어넣었다.

먹을 것이 없던 보릿고개에 갯것을 내주던 갯벌은 아이가 자라자 돈보다 귀한 소금을 보냈다. 어머니는 그 덕에 자식을 키우고 가르쳐 결혼을 시켰다. 이번 추석에도 다 큰 자식들은 자식을 낳아 어머니의 자궁과 같은 갯벌을 찾았을 것이다. 부모는 오랜만에 만난 자식에게 갯것으로 음식을 만들고, 못다 준 사랑을 가득 담아 뭍으로 보냈을 것이다.

일반현황

위치 | 신안군 신의면 **동경** 126°05′ **북위** 34°38′
면적 | 31.92km² **해안선** | 32.0km **육지와 거리** | 45.3km(연륙)
가구수 | 638 **인구(명)** | 1,674 (남853+여821) **어선(척)** | 138 **어가** | 209 **어촌계** | 총 2개어촌계(상태, 하태)

공공기관 및 시설

공공기관 | 신의면사무소(061-271-7002), 하의농협신의지소(061-271-7064), 신의면 보건지소(061-271-7024), 신의파출소(061-271-6512), 농업기술센터 신의지소(061-271-6888), 신의우체국(061-271-6788), 예비군 신의 면대(061-271-7113), 한국통신 신의분실(061-271-7060), 한국전력 신의주재소(061-271-7054)
교육기관 | 신의초등학교(061-271-7025)
전력시설 | 한국전력 전가구
급수시설 | 간이상수도 6개소 200가구, 우물 319개소 378가구, 급수탱크 3개소 128가구

여행정보

교통 배편 | 목포-상하태도(납닥), 신광훼리호(진도운수: 061-242-4520)
섬내교통 | 신의여객(061-271-6601), 신의택시(061-271-6601)
낚시터(유어장) 파장여, 인도, 과부도, 모래금리, 전도, 낭바우, 소바우, 두리섬, 노은리, 굴암리 등
특산물 | 김, 천일염, 벼, 고추, 콩, 배, 감 등.
특이사항 | 원래 상태도와 하태도 2개의 섬으로 형성되었으나 제방을 쌓아 1개의 섬이 되어 상하태도라 이름하였다.

30년 변화 자료

구분	1973	1985	1996
주소	전남 신안군 하의면 상하태리	전남 신안군 하의면	전남 신안군 신의면
면적(km²)	22.2	29.04	31.83
공공기관	-	면사무소 1개, 지파출소 1개	면사무소 1개, 지파출소 1개
인구(명, 남자+여자)	5,629(2,859+2,770)	4,335(2,249+2,086)	2,496(1,262+1,234)
가구수	1,016	891	717
급수시설	공동우물 146개	우물 316개, 간이상수도 7개	우물 330개, 간이상수도 6개
초등학교	4개 1,764명	3개 730명, 분교 1개 18명	3개 193명
중고등학교	-	1개 382명(중학교)	1개 149명(중학교)
전력시설	-	한전 891가구	717가구
의료시설	-	약방 3개소	보건지소 1개소
어선(척, 동력선+무동력선)	26(11+15)	80(42+38)	95(94+1)

＊ 공공기관은 면사무소, 파출소 등 포함

26

멈춰버린 시간
신의면 고사도 평사도

진도대교를 건너 명량해협을 빠져나오자 너른 바다로 이어졌다. 거친 소리를 내며 가쁘게 몰아쉬던 숨을 한꺼번에 내뱉듯 시아바다로 북상하는 밀물은 평온했다. 충무공이 이곳을 자신의 사지로 삼았던 이유를 이해할 것 같았다. 생과 사의 갈림길이 밀물과 썰물이 교차하는 순간에 있음을 그는 간파했던 것이다. 물이 살아나는 세물(음력 열이틀과 스무이레)이면 모든 바닷물고기들이 물길을 따라 때론 거슬러 꿈틀거린다. 어부들이 세물에 출어준비를 하고 고사를 지내는 것도 이런 이유일 것이다. 거친 물길에 튀는 숭어떼를 쫓는 뜰채꾼들의 숭어잡이를 뒤로 하고 시아바다로 향했다. 오른쪽으로 해남 임하도를 지나 마진도를 거쳐 고평사도로 향했다.

상태서리와 진도 사이에 있는 고사도와 평사도를 합해서 고평사도리라 한다. 높은 산이 없고 평평한 지형에 모래가 많아 평사도라 했고, 바로 옆에 고깔모양의 섬은 모래가 많고 뾰족한 산이 있어 고사도라 했다. 이보다 단순하고 명쾌한 지명이 또 있을까. 멀리서 보니 두 섬의 특성이 명확하게 드러났다. 두 섬 모두 1600년 경에 김해김씨가 입도하여 살기 시작했다. 1914년 무안군 하의면에 속했으나 1969년 신안으로 편입되었다. 1974년 하의도에 상하태 출장소가 설치되었고 1983년 신의면으로 승격되었다.

무논에는 도롱뇽이 알을 낳고

인적은 없는 고사도선창에서 제일 먼저 눈에 띈 것은 경고문이었다.
경고문에는 이렇게 적혀 있었다.

> 이 지역은 소규모 바다 목장화사업을 추진중, 수산자원 관리수면
> 으로 지정된 마을 어장으로 그 누구도 어업권자의 허락없이 무단
> 으로 어장낚시, 어패류 포획이나 해조류 채취를 할 수 없습니다.
> 만약 이를 위반할 시에는 수산업법 제16조(어업권 취득과 성질)의 규
> 정에 의하여 절도죄가 성립되어 민·형사상 처벌을 받게 됩니다.

고사도와 평사도 주변 마을어장(233헥타르)에 전복, 톳, 다시마 자원
관리를 위해 목장화사업을 추진 중이었다. 9가구 중 4가구가 100줄
정도 톳양식을 하고 있다는데 사람의 모습을 찾기가 어렵다.

마을로 오르는 언덕 왼쪽의 손바닥만한 논들은 모를 심기 위해 물
을 잡아 두었다. 씨앗을 뿌리기 위해 밭은 곱게 갈아 두었고 집 앞에
는 천수답에 모를 심기 위해 앙증맞게 작은 못자리를 만들었다. 무논
에는 도롱뇽이 알을 낳아 두었다. 산 아래는 마늘밭이다. 맞은편 평사
도와 달리 섬이 삿갓모양으로 생겼다. 경사진 곳을 개간하여 밭과 논
을 만들어 생활하고 있다. 길을 따라 섬을 오가면서 사람은 한 명도
만날 수 없었다. 태양광전기를 생산하기 위한 집열판이 봄볕에 반짝
였다. 그 너머로 황소가 한가롭게 풀을 뜯고 있었다. 일찌감치 비탈진
밭과 손바닥만한 논을 갈아 농사지을 채비를 해놓고 여유를 부리는
것이었다. 담장 너머엔 숭어가 햇볕에 꾸덕꾸덕 마르고 있었다. 선창
근처 바닷가에 있던 작은 삼각망 그물로 잡은 것 같았다. 돌담에는
1970년대 멸공구호가 남겨져 있었다.

평사도에서 농사를 지을 수 있었던 것은 착한 젊은이와 소가 있었기 때문이었다. 땅이 깊지 않고 바닥이 암반으로 되어 있어 쟁기질만 가능하다. 쟁기질을 할 수 있는 젊은이와 누렁이는 섬의 보물이다.

'새마을'의 기억

평사도 선창에도 마찬가지로 경고문이 먼저 눈에 띄었다. 물이 빠지자 마을 앞에 갯벌이 모습을 드러냈다. 모래밭은 찾기 어려웠다. 마을로 들어가는 입구에 있는 교회는 언제 예배를 드렸는지 알 수 없다. 멈춰버린 시계는 9시 52분을 가리키고 있었다.

마을 주민들은 대부분 농사를 짓고 생활한다. 한 집만 톳양식을 할 뿐이다. 마을 앞에 제법 규모 있는 논이 있고 집 뒤 야산은 온통 마늘밭이다. 평사도는 고사도와 달리 섬이 평평하여 밭농사를 짓기 안성맞춤이다. 그런데 경운기나 트랙터를 이용할 수 없다. 땅이 깊지 않고 바닥에는 암반이 형성되어 있기 때문이다. 오직 쟁기질만이 가능하다. 마을 한가운데 버젓이 서서 어깨를 쩍 벌린 저 소가 그 주인공이다. 마을의 궂은 일을 맡아하는 착한 젊은이다. 농사철이면 더욱 바쁘다. 여기저기 밭을 갈아달라는 주문 때문이다. 옛날에는 낮은 산을 일궈 농사를 지었다. 작은 소나무들이 자란 곳은 전부 밭이었다.

낡은 군부대 시설에서나 볼 수 있는 구호들 속에서 김양식을 하며 젊은 시절을 보낸 사람들은 어느덧 칠순 노인이 되었다.

마을 앞 논은 얼마 전까지 벼농사를 지었지만 지금은 습지로 변해 소의 놀이터가 되었다. 김양식을 할 때는 건조대를 세워 김을 말렸던 곳이다.

골목길로 접어들자 손때가 잔뜩 묻은 창고와 우물이 남아 있었다. '새마을창고'라고 적힌 창고에는 붉은 글씨는 지워지고 검정색 페인트로 쓰인 '역적' '죽이자'라는 글씨만 선명했다. 새마을운동 시범의 집도 남아 있었다. 마을창고 벽에 적힌 글씨들이다. 전시체제를 생각케 하는 구호와 목표들이다.

식량생산 극대화/ 새마을운동의 생활화/ 평사리청년회본부/ 평사리부녀회본부/ 평사리예비군소대본부/ 평사리새마을사업조합

골목길에서 강진이 친정이라는 아주머니를 만났다. 외지인이 잘 찾지 않는 섬에 카메라를 메고 불쑥 나타난 사람이 신기했던 모양이

었다. 강진에서 시집온 어머니는 처음엔 장산도로 시집가는 줄 알았다. 부모님이 맺어주는 대로 결혼을 하던 시절이라 섬으로 가는 것이 못마땅했지만 그래도 큰 섬이라는 데 위안을 삼았다. 가마를 타고 오는데 큰 섬에서 멈추질 않고 다시 작은 배를 타고 가는 것이 아닌가. 나중에 그 배가 김양식 작업선인 '해태선'이라는 것을 알았다. 그리고 자신이 도착한 곳이 작은 섬 평사도라는 것도 알았다. 얼마나 서럽던지 눈이 퉁퉁 붓도록 울었다고 했다. 강춘자 김광석 부부는 그 후로 섬을 지키며 살고 있다. 그 새댁이 칠순을 앞두고 있다.

아주머니가 주신 커피 한 잔을 마시고 골목길을 마저 돌다 '새마을운동 시범의 집' 간판을 보고 들어섰다. 다섯 칸이나 되는, 마을에서 보기 드문 집으로 마루와 기둥, 그리고 서까래가 예사롭지 않았다. 학교 분교는 시간을 멈추었고 나무로 만든 부서진 쟁기, 녹슨 학교종, 햇볕에 반짝이는 옹기들은 그대로 장식품이 되어 있었다. 그래도 비닐하우스 안에서 자라고 있는 싱싱한 상추를 뜯는 아주머니 얼굴은 밝았고 습지로 변해버린 논을 차지한 소는 주인을 만나 행복해 보였다.

개황 | 고사도高沙島

일반현황

위치 | 전라남도 신안군 신의면 고평사도리 **동경** 126° 47′ **북위** 34° 35′

면적 | 0.440km² **해안선 |** 4.3km

가구수 | 13 **인구(명) |** 28(남17+여11) **어선(척) |** 26 **어가 |** -

공공기관 및 시설

전력시설 | 자가발전 전가구

급수시설 | 간이상수도시설 1개소 전가구, 우물 1개소

여행정보

특이사항 | 모래가 많은 두 개의 섬 중 높은 산이 있다 하여 고사도라 부르게 되었다. 김해김씨 12대손과 진주강씨 8대손이 살고 있다.

30년 변화 자료

구분	1973	1985	1996
주소		전남 신안군 신의면 고평사도리	좌동
면적(km²)		0.45	0.45
공공기관		-	분소 1개
인구(명, 남자+여자)		79(40+39)	58(27+31)
가구수		16	13
급수시설		우물 6개	우물 6개
초등학교		분교 1개 14명	-
전력시설		자가발전 16가구	자가발전 13가구
의료시설		약방	상비약비치
어선(척, 동력선+무동력선)		10(2+8)	동력선 8척

* 공공기관은 면사무소, 파출소 등 포함

개황 | 평사도平沙島

일반현황

위치 | 신안군 신의면 고평사도리 **동경** 126°47′ **북위** 34° 35′
면적 | 0.28km² **해안선** | 4.3km **육지와 거리** | 40.9km(연륙)
가구수 | 18 **인구(명)** | 34(남20+여14) **어선(척)** | 10 **어가** | 6

공공기관 및 시설

전력시설 | 자가발전 전가구
급수시설 | 우물(펌프) 1개소 3가구, 간이상수도시설 1개소 15가구, 지방상수도시설 1개소

여행정보

교통 | 배편 | 목표-평사도-진도가사도, 신해6호(진도운수)
특산물 | 톳, 콩, 고추, 낙지 등
특이사항 | 모래가 많은 두 개의 섬 중 산이 낮은 섬을 평사도라 했다.

30년 변화 자료

구분	1973	1985	1996
주소	전남 신안군 지도면 태천리	전남 신안군 신의면 고평사도리	좌동
면적(km²)	1.0	0.31	0.31
공공기관	-	-	분소 1개
인구(명, 남자+여자)	11=5+6	98=80+48	63=32+31
가구수	2	20	20
급수시설	공동우물 1개	우물 4개, 간이상수도 개	우물 4개
초등학교	개 명	분교 1개 15명	분교 1개 9명
전력시설	-	-	자가발전 20가구
의료시설	-	약방	상비약비치
어선(척, 동력선+무동력선)		12(3+9)	동력선 10척

* 공공기관은 면사무소, 파출소 등 포함

술 한잔 먹고 귀싸대기 맞다
신의면 기도

변덕스런 봄날씨라지만 어제까지 추워서 외투를 입었다는 것이 믿기지 않는 날씨였다. 보통 때라면 목포에서 장산도 가는 철부선을 타서 북강에 내려 막금과 기도를 오가는 신해8호를 타거나 쾌속선을 타고 하의도를 거쳐 상하태도에 내려 상태서리 동면과 기도를 오가는 도선을 탔을 것이다. 하지만 상하태도에서 첫 소금을 내는 행사를 마치고 나오는 터라 시간을 맞추기가 어려웠다. 물이 빠지기 시작해 소동면염전 방조제 옆에 있는 선착장에 도선도 접안할 수 없었다. 오후 2시가 되어 겨우 김양식장 작업선을 불렀다. 지주식김양식장에서 작업을 해야 하기 때문에 수심이 깊지 않는 곳에서도 작업을 할 수 있도록 만든 배다.

기도는 신의면 상태서리 동면마을에 속한 섬이다. 1769년 김해김씨 형제가 고기잡이를 하다 표류하던 중 입도하여 정착했다. 섬 모양이 곡식 따위를 까불러 쭉정이나 티를 골라내는 키를 닮아 키 기箕자를 써서 기도라 했다. 김양식과 낙지를 잡으며 생활했던 섬이다. 지금도 김양식을 많이 하며 마늘, 양파, 고추 등 밭농사를 짓고 있다. 1960년대 말에는 열몇 가구 100여 명이 살았다. 당시 학생이 30여 명이었다. 지금은 9가구에 20명도 채 안 된다. 학교는 2012년에 폐교되었다.

물이 들기 시작하자 갯벌에서 낙지를 잡던 주민 몇 명이 조락을 어

신안에는 갯골을 따라 지주식김양식을 많이 한다. 추석이 지나면 김발에 포자(씨앗)를 붙여 대나무에 김발을 고정시켜서 김농사를 짓는다. 매서운 찬바람이 불어야 김농사가 잘 된다. 날씨가 따뜻해지면 자라던 김들도 모두 떨어져 나가기 때문이다.

깨에 메고 가래를 손에 쥔 채 방조제 위로 올라왔다. 이제 김양식장이나 덤장(물고기가 다니는 길목에 막대를 박아 그물을 울타리처럼 쳐두고 물고기를 원통 안으로 몰아넣어 잡는 그물)에 물을 보러 가는 사람들이 배를 타고 움직이는 시간이다.

이렇게 같은 어민이라도 물이 빠질 때를 기다리는 사람과 물이 들 때 일하는 사람이 다르다. 또 우리처럼 물이 들어야 배를 타고 갈 수 있는 사람도 있다. 바다의 변화무쌍함을 잘 보여준다. 가는 길에 지주식김양식장이 있었다. 채취선 이 김발을 철거하고 있었다. 김양식장 작업선에는 박성춘 소금장인의 아들 박순규 씨와 KT 직원이 타고 있었다. 순규씨는 대학을 졸업하고 소금농사를 짓겠다고 젊은 나이에 아버지 곁으로 돌아와 결혼도 하고 섬에 정착했다. 자신의 염전 바로 앞에 있는 섬인데 한 번도 가보지 못했다고 따라 나섰다.

물이 들기 시작했다. 작업선도 조심스럽게 수심이 깊은 갯벌을 따라 곡선을 그리며 기도로 향했다. 기도 서쪽에는 소기도가 있고 동쪽에는 상죽도와 하죽도가 있다. 이들 작은 섬 밖에 장산도와 상하태도가 있다. 기도에서 시작된 갯벌은 옥도까지 이어져 있다. 신안에서 가장 좋은 갯벌인 '옥도갯벌'이다. 물론 과학적으로 갯벌의 등급을 매길 수는 없다. 생태계의 우수성을 평가하는 조사가 간혹 이루어지기는 하지만 종합적인 평가는 어렵다. 내 입장에서 보면 어민들이 기대어 살기 좋은 곳이 좋은 갯벌이다. 상태도와 옥도 사이 갯벌은 우리나라 최대 낙지 서식지다. 양도 아주 많다. 낙지벨트라고나 할까. 안좌면 반월도까지 계속된다. 그런데 정작 상하태도나 옥도사람은 낙지 임자가 아니다. 목포에서 배를 타고 들어와 떼를 지어 가래질을 해서 낙지를 잡아갔다. 한때 외지인 출입을 금하는 간판을 붙여 보기도 했지만 소용이 없었다. 상하태도는 염전이 많아 소금농사를 지어야 하기 때문에 갯벌에 들어가 낙지를 잡을 사람이 없다. 마을어장이라 주민들이 우선권을 갖고 있어 외지인 출입을 금할 수는 있지만 직접 생계와 연관되지 않기 때문에 보고도 못 본 척 넘어가기 일쑤다.

선창은 섬 동쪽에 있었다. 포구에 물이 들자 배 한 척이 한가로이 너울거렸다. 내가 탄 배가 다가가자 뒤뚱거리며 끼이익- 소리를 냈다. 배에는 부부가 타고 있었다. 제철을 맞은 간재미를 잡기 위해 목포에서 왔다. 배 안에는 새로 지은 간재미 잡는 자망이 때를 기다리고 있었다. 남편은 선창에 앉아 담배를 물고 있었고 아내는 바람을 피할 수 있는 운전석에 들어앉아 졸고 있었다. 고물에는 방금 뭔가를 끓여 먹었는지 버너 위에 냄비가 올려져 있었다. 자주 오는 지 우리가 탄 배를 운전하는 마을 주민 박씨와 반갑게 인사를 했다. 간재미 자망은 물이 들었다 빠지는 저녁에 넣어다가 새벽에 걸어 간다고 했다. "그럼 어디서 자요." "배 안에서요." 아무리 둘러봐도 잘 곳이 없다. 그냥 새우잠 잔다는 말이었다. 기도와 장산도 사이의 상죽도와 하죽도 주변에 간재미가 많다. 박씨도 한때 작은 배를 가지고 원 없이 간재미를 잡았다고 한다.

배에서 내려 동네를 둘러보기 위해 언덕 위로 올라갔다. 가장 높은 곳에 있는 하얀 교회 건물이 인상적이었다. 올라서보니 동서로 갯벌이 드러난 바다가 보였다. 지난 번에 내린 봄비와 푸짐한 봄볕에 괭이나물이 쑥 자랐다. 밭에는 마늘이 싱그럽고 양파들이 가는 줄기를 하늘거리며 봄나들이 중이었다. 학교로 향했다. 한 달 전까지 문을 닫지 않았던 학교였다. 마지막 학생이 졸업을 하고 3월 1일자로 문을 닫았다. 입구에 폐교를 알리는 간판이 붙어 있었다. 그리고 조화 두 송이가 걸려 있었다. 선생님이 교실에 자물쇠를 채우고 안에 있던 장식용 꽃을 걸어 둔 것이 아닐까.

마을을 한 바퀴 돌고 나오는데 반 시간도 채 걸리지 않았다. 선창으로 나왔다. 그곳에서 KT 직원이 일을 마치지 못해 잠깐 기다리는 사이 박씨와 이야기를 나누었다. 예전에도 김양식으로 먹고 살았다. 당시에는 몇 때에서 많게는 30여 때의 김양식을 했다. 그리고 밭농사를 지었다. 한 집에 적어도 7명의 식구가 있었다. 철따라 주낙을 하는 집도 몇 집 있었다. 바람이 불면 바다에 나갈 수 없고 밭농사는 여자들 차지라 남자들은 모여앉아 술을 마셨다. 그런 날은 으레 화투를 쳤다. 그리고 섬에 남아 있는 술을 모두 비웠다. 술이 떨어지면 통통거리는 발동선을 타고 상하태도로 나갔다. 젊은 나이에 도시로 나갈 형편은 안 되고 작은 섬에서 청춘을 보내야 하는 심정을 누가 이해하겠는가.

　한번은 술을 마시고 돌아오려고 나왔는데 선창에 정박해 둔 배가 바다에 가라앉아 있었다. 세상에, 배 안에 갈무리해 둔 주낙이 둥둥 떠 있었다. 배 안이 엉망진창이었다. 어찌어찌해서 겨우 발동기를 돌렸다. 그런데 문제는 바람이었다. 폭풍주의보가 내려져 있었지만 술김에 한잔 더하자고 호기를 부려 건너왔는데 바람이 기승을 부렸다. 기도까지는 1킬로미터 남짓이지만 그 사이 바다는 꽤 험했다. 파도와 파도 사이에 배가 들어가면 곧 침몰할 것 같았다. 동네사람들이 지켜보면서 다 죽는다고 했다. 다행히 무사히 선창에 도착했다. 배 안에는 이제 겨우 솜털이 가신 김씨 아들도 타고 있었다. 도착하자마자 김씨로부터 귀싸대기를 몇 대 얻어맞았다. 죽으려면 너나 죽지 남의 귀한 아들은 왜 데리고 갔냐는 것이었다. 지금은 고인이 되었지만 당시에는 마을에서 기운이 팔팔하고 재산도 좀 있던 집안이었다. 박씨는 올해 쉰일곱이다.

　전화가 왔다. KT 직원이 시간이 많이 걸릴 것 같다는 것이었다. 박씨는 아무래도 오늘 오후 일은 공친 것 같다며 배 시동을 걸었다. 동면과 기도를 3번 오가야 하는 상황이니 진득하니 무슨 일을 하기 어렵게 되었다는 의미다. 다른 한편으로는 뱃삯이나 생각해 달라는 의미이기도 하다. 물때가 좋지 않아 도선이 운항할 수 없으니 어쩌겠는가. 갑작스레 손님이 들이닥치면 일을 하다 말고 나가야 하는 것이 작은 섬의 일상이다. 고맙다는 인사와 함께 뱃삯을 흥정도 하지 않고 달라는 대로 주었다.

개황 | 기도箕島

위치 | 전남 신안군 신의면 상태서리 **동경** 126° 47′ **북위** 34° 35′
면적 | 0.21km² **해안선** | 3.3km **육지와 거리** | 42.9km(목포시)
가구수 | 11 **인구(명)** | 26(남14+여12) **어선(척)** | 10 **어가** | 3

교육기관 | 신의초등학교 기도분교(2012년 3월 폐교)
전력시설 | 한국전력 전가구
급수시설 | 우물(펌프) 4개소, 간이상수도 1개소 전가구

교통 | **배편** | 기도-장산도(북강), 신해 8호(진도운수)
낚시터(유어장) | 해변 갯바위
특산물 | 콩, 고추, 낙지, 김 등
특이사항 | 당산제 근처에 굴껍질로 둘러싸인 바위가 있다. 섬의 형태가 곡식을 까부는 키를 닮아 키 기(箕)를 써서 기도라 했다. 김해김씨 동족 마을을 이루고 있다

30년 변화 자료

구분	1973	1985	1996
주소	전남 신안군 하의면 상하태리	전남 신안군 신의면 상태서리	좌동
면적(km²)	0.24	0.24	0.24
공공기관	-	-	분소 1개
인구(명, 남자+여자)	112(58+54)	74(38+36)	56(29+27)
가구수	17	15	14
급수시설	공동우물 3개	우물 4개	우물 4개
초등학교	분교 1개 23명	분교 1개 18명	분교 1개 2명
전력시설	-	자가발전 15가구	자가발전 14가구
의료시설	-	약방	상비약비치
어선(척, 동력선+무동력선)	무동력선 7척	12(5+7)	동력선 9척

* 공공기관은 면사무소, 파출소 등 포함

신안군 장산면

신안군 장산면

28 장산도
29 막금도
30 마진도
31 백야도
32 율도

자은면
암태면
팔금면
비금면
안좌면
도초면
장산면
28
29
30
31
32
하의면
신의면

충무공, 통곡하다

장산면 장산도

배 안이 트럭으로 가득하다. 토요일인데 배 안에 승용차는 내 차뿐이다. 교통이 불편해서일까, 내놓을 만한 관광지가 없어서일까. 비닐과 비료 등 봄농사를 위한 농자재가 실린 트럭으로 첫배가 가득찼다. 배는 거칠게 숨을 내쉬더니 여객터미널을 빠져나갔다. 유달산 바위에 햇살이 머물려면 아직도 1시간은 있어야 한다. 배가 출발하자 긴장했던 마음이 풀어지면서 눈꺼풀이 무거워진다. 6시 10분 출발하는 첫배를 타려고 꽤나 서둘렀다. 웅성이는 소리와 자동차소리에 반사적으로 눈을 떴다. 내 차만 덜렁 배 안에 남아 있다. 장산도를 알리는 입석이 눈에 들어왔다. 잠깐 졸았다고 생각했는데 한 시간이나 잤던 모양이다. 배에서 내려 깊은 숨을 몰아쉬었다. 찬 기운이 가슴 깊이 들어온다.

장산도는 백제의 거지산현에 속했던 섬이다. 통일신라시대에는 압해군 안파현에 배속되었고 고려시대에는 나주목 장산현이 설치되었다. 조선시대에는 나주목 관할에 있다가 1895년 지도군에 편입되었다. 1914년 행정구역 개편으로 오음, 공수, 도창, 대리, 다수, 팽진 6개리를 관할하였다. 1963년 진도군 조도면 마진도리(마진, 율도, 저도)를 편입해 7개 리를 관할하고 있다. 1969년 신안군이 신설되면서 신안군에 속해 현재에 이르고 있다.

우슬잔등에 가락이 흐른다

장산에는 북강선착장과 축강선착장 두 곳이 있다. 각각 목포에서 1시간 20분 거리로 하루에 3번씩 배가 있다. 북강에 도착하니 아침 해가 시아바다 위로 떠올랐다. 북강은 바다로 나가는 길목이다. 곧장 도창리로 향했다. 도창리는 장산면소재지로 세미를 징수하여 보관했던 창고가 있었다 해서 도창이라 했다. 인근에 조세를 운반하던 배가 환곡을 실어나를 때 보관했던 곳집이 있었다는 사창마을도 있다. 도창마을 입구에 소나무, 팽나무, 가죽나무, 예덕나무, 주엽나무 등으로 이루어진 전라남도 지방기념물 100호 도창노거수림이 있다. 노거수림은 도창리 우슬잔등 북동쪽에서 남서쪽으로 기다랗게 뻗어 있다. 숲의 길이는 352미터이고, 폭은 넓은 곳이 너비 36미터이며 좁은 곳은 6미터이다. 면적은 3,467제곱미터이다. 숲은 팽나무 63그루, 곰솔 8그루, 주엽나무 12그루, 가죽나무 4그루, 예덕나무 2그루 등 모두 101그루 아름드리 나무로 이루어져 있다.

도대체 누가 나무를 심었을까. 도창리는 세곡을 쌓아 두는 창고가 있었기에 왜구가 침입하여 도적질하는 것을 막기 위해 위장숲을 조성했다는 이야기가 있다. 도창마을로 부는 북서풍을 막기 위해 조성했다는 설도 있다. 풍수로 보자면 도창리는 솥의 형국이다. 숲 뒤의 아미산이 말에다 곡식을 가득히 부어 놓은 모습이다. 마을 앞 저수지가 식수를 의미하고 그 옆에는 주걱머리라는 지명도 전한다. 땔감이 있어야 밥을 지을 수 있고 번성한다고 해 숲을 조성했다는 이야기도 있다. 신안지역 섬들은 나무숲을 조성하거나 돌을 쌓아 바람을 막고 풍수적으로 허한 곳을 채우는 '우실'이 여러 곳에서 확인되었다.

숲 속에는 장산들노래 전수관이 있다. 우슬잔등에 민요소리가 갯바람을 타고 북강으로 넘어올 것만 같다. 일을 하러 갈 때나 마치고

힘든 농사일 속에서도 노랫가락을 만들어낼 수 있는 힘은 어디서 나온 것일까. 지금은 무대 위에서만 볼 수 있는 공연으로 바뀌어 아쉽다.

돌아올 때 부르는 '질꼬내기' 소리다. 세마치장단이다. 앞소리를 메기면 농군들이 춤추며 일제히 "혜-히여 히이라 아이고 건네 농사야 에헤야"라고 뒷소리를 받는다. 장산들노래는 그 외에도 모를 찌면서 부르는 '모찌기노래', 모를 심을 때 부르는 '모심기노래', 논에서 논 매기를 할 때 부르는 '논매기노래'로 구성되어 있다.

장산도는 김양식, 전복양식 등 일부 양식어업을 하는 마을이 있지만 섬 절반이 농지로 농사가 주업이다. 장산도 들노래가 그냥 만들어진 것이 아니다. 들노래는 농사일을 할 때 부르는 민요다. 노랫가락에 힘든 일을 실어 보내는 지혜가 배어 있다. 장산도 들노래는 부녀자들의 고달픈 삶과 한이 서린 것이 특징이다. 그렇다고 애달프거나 슬프지 않다. 박진감이 있고 경쾌하다. 섬이다보니 다른 지역 민요와 섞이지 않아 토속적이다. 가락은 여성스럽다. 늦은 가락에서 중모리, 중중모리, 자진모리 등의 빠른 가락으로 변화하기 때문에 지루하지 않다. 진도 들노래와 육지의 남도 노동요와는 맛이 전혀 다르다. 메김 소리

1982년 경연대회에서 국무총리상을 수상한 장산들노래 참가자들이 기념촬영을 했다. 이 노래는 1988년 전라남도 무형문화재 제21호로 지정되었다.

와 받는 소리가 조화를 이루며 어려운 농사일을 들노래로 승화시킨 섬사람들의 멋을 읽을 수 있다. 장산들노래 전수관은 전라남도 기념물 100호인 도창리 노거수림 숲에 조성되어 있다. 독특한 가락과 내용을 지니고 있어 1988년 전라남도 무형문화재로 지정되었다. 요즘 노동요는 무대에서만 들을 수 있다. 마을에서 공연하는 것을 보는 것은 그나마 운이 좋은 거다. 하물며 논밭에서 직접 시연하는 것을 볼 수 있는 것은 큰 행운이다.

오란데는 밤에 밤에 나가고/동네주막 술집은/아이고 낮에 나간다 에헤야
잔둥너메 산에 산마루는/앵두같이 같이도/아이고 불어나졌네 에헤야
에-히여 히이라/아이고 건네농사야 - 에헤야

공수리는 장산들노래를 전승보전하는 마을이다. 1981년 남도문화

314

대성산성이다. 충무공은 이곳에서 아들 면의 부고를 접했다. 그는 명량의 파도소리보다 더 큰 울음을 삼켰을 것이다.

재 최고상, 1982년 전국 민속예술경연대회 국무총리상을 받았다. 또 장산도 '날받이 씻김굿' 의 무인 이귀인(59세) 당골이 있는 마을이다. 이곳은 조왕반, 안당초가망석, 손굿, 제석굿, 고풀이, 넋풀이, 오구머리 넋올림 씻김, 질닦음, 망자놀이, 오장굿, 해원굿(종천멕이)으로 이어진다. 굿하는 날자를 택일해서 하는 씻김굿이다. 초상을 치르고 일정 기간이 지난 후에 하는 굿이다. '마른 씻김굿' 또는 '묵은 씻김굿' 이라고도 한다.

충무공과 인연을 맺다

면사무소를 지나 백제석실분으로 향했다. 석실분은 장산중학교 뒤쪽 아미산(배미산) 남쪽 기슭에 있다. 1966년 청년들이 독서회관을 세우기 위해 봉토를 파내다가 발견했다. 봉분의 규모는 길이 18미터, 너비 약 20미터, 높이 2.8미터다. 발굴 당시 인골편과 철편 몇 점만 발견되었다. 이미 도굴이 된 것으로 생각되며 부근에서 백제토기 등이 수습

된 것으로 보아 삼국시대 사회적 지위가 높은 지배층의 무덤으로 추정했다. 축조 연대는 6세기 중엽에서 7세기 초에 걸친 시기로 보인다. 전남지역에서 발견된 유일한 판석을 사용한 괴임식 석실분이다. 인근에 있는 지석묘와 백제석실분이 당시 장산도에 지배층이 거주했음을 입증한다. 나주세력을 얻기 위해 공을 들이던 고려 태조가 장산도에 현을 설치하고 서남해 해상세력을 장악했다. 장산현은 왜구의 창궐과 공도정책으로 폐지되고 임진왜란 이후 지금의 조상들이 섬에 들어와 살기 시작했다.

전라도와 경상도에서 세곡선을 실은 배들은 이 섬을 피해갈 수 없었다. 조선을 범하려던 왜적들도 이 뱃길을 반드시 거쳐야 했다. 장산도는 그만큼 지정학적으로 중요한 섬이었다. 목포에서 서남쪽으로 27.8킬로미터에 위치해 육지와 결코 가깝지 않고, 목포와 신안 사이 시아바다 한가운데 있어 행정력이 미치기 쉽지 않는 섬이다. 그럼에도 장산도가 역사 속에 일찍 등장한 것은 이런 이유 때문이다.

장산도는 충무공과 애틋한 인연이 있는 곳이다. 《난중일기》에 명량해전 이후 남은 선단을 이끌고 '발음도發音島'에 머물러 산 정상에 올라 전선을 숨길 만한 곳을 찾았다고 적고 있다. 북쪽으로 나주와 영암 월출산이 보이고 서쪽으로는 비금도까지 통한다고 했다. 이 점 때문에 발음도를 '팔금도'의 오기가 아니라 장산도로 추정한다. 대성산(189미터) 정상에 있는 산성에 오르면 진도가 한눈에 보인다. 서해로 오르는 적(왜군)을 한눈에 볼 수 있다. 고대사 연구에서 땅이름은 특별한 의미를 갖는다. 이름 자체가 역사와 자연이다. 통일신라시대 안파安波라는 지명에도 주목했다. 파도가 잔잔하다는 뜻이다. 울돌목 파도가 장산에 이르면 잔잔해진다는 의미다. 《난중일기》에 적힌 발음도란 것도 "고요한 밤이면 바다가 울돌목에서 소용돌이치는 소리가 들린다"

라는 데서 비롯된 것이다. 울돌목과 장산도는 약 9.3킬로미터 거리로 대성산에 오르면 진도대교가 한눈에 들어온다. 충무공이 장산에서 셋째 아들 면의 부고를 접하고 "내가 죽고 네가 사는 것이 이치에 마땅하거늘, 네가 죽고 내가 살았으니 이런 잘못된 일이 어디 있느냐"고 통곡했다고 한다. 대성산에는 화강암을 다듬어 정교하게 쌓은 산성이 있다. 임진왜란 때 쌓았다고 알려진 대성산성에서 충무공이 왜적의 동태를 살피며 전력을 가다듬었던 것으로 추정하고 있다.

산성 정상에는 위성안테나가 자리를 잡고 있다. 옛날에는 산성에 올라 적의 동태를 살피고 봉화를 올렸지만 지금은 인공위성으로 움직임을 파악하니 산성과 제법 어울린다는 생각도 든다. 대성산성은 고대부터 있었던 것을 1684년(숙종 10) 전라감사 이사명의 설진 건의로 돌로 개축한 것으로 추정한다. 《조선보물고적조사자료》(1942)에는 "대성산성의 규모는 높이 8척, 둘레 약 130칸이다. 산성의 동벽과 북벽이 대체로 완형이 남아 있으나 서쪽과 남쪽은 파괴되었다. 임진왜란 때 일본군을 방어하기 위해 축성되었다고 전한다"고 기록되어 있다. 주변에서 무문토기와 유약을 칠한 와편이 습득된 것으로 보아 이전에 축조된 것으로 추정한다. 구전에는 이순신 장군의 부하인 이장기가 봉화를 쌓고 왜병선이 서울로 향하는 것을 감시하여 서울로 연락했다고 한다.

섬마을 할머니들

바닷가에서는 물때를 잘 가늠해야 한다. 특히 서해안 그것도 신안 섬에서는 더욱 그렇다. 갯가에서 일하는 사람들을 만나지 못하면 반쪽 섬만 보고 가는 꼴이다. 갯벌 위로 불쑥 솟은 섬이 바다 위에 떠 있는 섬보다 더 매력적이다. 그래서 신안 섬들이 특별하다. 갯일을 가장 많이 하는 다수리 쪽으로 발길을 옮겼다. 대성산 서남쪽에 위치한 갯마을이다. 역시 예상이 적중했다. 갯가에서 할머니 세 분이 굴을 쪼고 계셨다. 물론 자연산이다. 새벽같이 나왔는지 바구니가 묵직하다. 자연산굴은 양식굴에 비해 크기가 아주 작다. 아이들 손톱만 하다. 그래도 짭조름한 맛은 덩치 큰 양식굴에 비할 바가 아니다. 지난 태안 기름유출로 이곳에도 피해가 있었던 모양이다. 대뜸 그 이야기부터 꺼내셨다. 다행히 큰 피해가 없었다.

"이런 것 찍어서 노인들이 먹고살어. 뭐 먹고살아 걱정이 태산이구만." 조새로 굴을 깨던 할머니 이야기다. 고기잡이도 없고 낙지도 많이 잡지 않고 오로지 농사에 의존해 살고 있다. 팔기도 하고 반찬도 하려고 새벽 7시에 나와서 3시간째 쪼그려 있는 중이란다. 갯바람 통에 물만 쓰면 조새를 들고 나오신다. 힘이 들어 농사를 짓는 것도 어렵다. 평사도에서 시집온 할머니는 내력없이 섬에 태어나게 했다며 부모님을 원망했다고 했다. 할머니는 부모로서 재산을 주지 못해 늘 미안하다고 했다. 할아버지는 마흔에 일찍 돌아가시고 올해 칠순이 넘었다. 자식 5남매를 키우고 결혼시켰으니 부모를 원망할 수밖에 없었다. 물이 들어 일거리가 없으면 보건소에 가는 것이 일이다. 그래도 할머니들은 모여서 뭐라도 할 수 있어 다행이다. 할아버지들은 정말 할 일이 없다. 아니 할 수 있는 일이 없다. 할머니들이 보건소에 낸다며 사진을 한 장씩 찍어달라고 했다. 저마다 멋진 포즈를 취했다. 겨울철 바닷가에서 끝없이 이어지는 할머니들의 수다 소리가 갯바람에 실려 바다로 실려갔다. 한 알 한 알 깐 작은 굴을 봉지에 싸서 내밀었다. 새벽바람에 맞서 깐 굴을 어찌 그냥 들고 올 수 있겠는가. 몇 알 집어 먹고 할머니 굴 그릇에 부었다. "할머니, 내가 다 먹었어요."

다수리 어도마을 앞에는 할미섬이 있다. 옛날 마을 부녀자들이 이 섬에서 해초를 채취하는데 천둥이 치고 비가 쏟아졌다. 그래서 배를 타고 마을로 돌아오는데 이무기 한 마리가 하늘로 오르는 것이었다. 이 광경을 보고 처녀들이 소리를 치자 이무기가 바다에 떨어졌다. 사람들이 무서움에 떨면서 배를 저어 장산도에 이를 무렵 배가 멈춰섰다. 뱃전을 보니 이무기가 배를 감고 있었다. 이무기가 '무사하려면 소리친 처녀를 내려놓고 가라'고 하여 마을 사람들은 처녀를 섬에 두고 마을로 돌아왔다. 처녀는 이무기에게 잡혀 평생 홀로 살다가 늙어 죽었다. 하여 사람들은 이 섬을 할미섬이라 부르게 되었다.

속이 출출하다. 새벽에 출발한 탓이다. 도창리와 다수리를 거쳐 축강리까지 왔다 차를 돌렸다. 점심을 먹기 위해 면소재지가 있는 도창리로 가야 한다. 가다가 차를 멈추었다. 돌담 밑 작은 텃밭에 봄을 심고 있는 아주머니에게 시선이 끌렸다. 아무리 바빠도 그냥 지나칠 수 없다. "북감자 심어요." 오랜만에 들어보는 소리다. 퇴비를 뿌리고 괭이로 골을 낸다. 한 켠에 겨울을 이겨낸 배추가 주인의 손길을 기다리고 있다. 상추도 있다. 가지런히 쌓아올린 돌담은 텃밭 주인 내외를 그대로 닮았다. 다수리에서 선한 부부로 통하는 이들이다. 자식농사도 웬만큼 지어놓은 듯하다. 멋이 있는 곳에 맛도 같이 온다. 아침 일찍 문을 열었던 식당이다. 건장한 사내 몇 명이 밝은 얼굴을 하고 나오는 걸 오는 길에 눈여겨 봐둔 식당이다.

예상이 적중했다. 어제 잡았다는 숭어를 손질해 작년에 장산 염전에서 받아놓은 굵은 봄소금을 뿌려 굽고 있었다. 한쪽에는 쑥국이 끓고 그 옆에서 마음씨 좋아 보이는 여주인은 봄나물을 무치고 있다. 허름한 섬마을 식당에 점심이 진수성찬이다. 소주도 한 병 시켰다. 이런 식당을 보면 뒤뜰이 궁금하다. 역시 그랬다. 장독엔 작년에 담은 장이 익어가고 있었다. 쑥국을 끓이기 위해 퍼갔는지 된장독에 주인 손길이 남아 있다. 곳간에서 인심난다는 옛말이 그르지 않다.

　점심 밥상을 받고 장산도에 관한　생각을 완전히 바꾸었다. 볼 만한 것이 없나 찾아다니던 것이 부끄러웠다. 옆에 두고 뭘 찾았다는 말인가. 여행은 사람을 만나는 것이다. 빼어난 경치보다 더 아름다운 사람들이 사는 곳이 장산도다. 노래와 춤이 그냥 나오는 것이 아니다. 따뜻한 밥에 봄나물을 얹어 밥을 뚝딱 해치우고 좋아하는 쑥국은 두 그릇이나 비웠다. 오늘은 포식이다. 잠이 몰려온다. 바닷물이 차기 전에 갯가에라도 나가봐야 한다. 새벽에 그랬듯이 배 안에서 출렁출렁대는 너울에 맞춰 잠을 잤다.

개황 | 장산도長山島

위치 | 전남 신안군 장산면 **동경** 126° 45′ **북위** 36° 41′
면적 | 24.85km² **해안선** | 35.2km **육지와 거리** | 30.4km(목포시-북강)
가구수 | 893 **인구(명)** | 1,674(남855+여819) **어선(척)** | 140 **어가** | 184
어촌계 | 총 4개 어촌계(35명)

교육기관 | 장산초등학교(061-271-4641), 장산중학교(061-271-2508)
전력시설 | 한전 전가구
급수시설 | 간이상수도 14개소 전가구

교통 | **배편** | 목포-장산 북강: 조양페리호(조양운수, 061-244-0038), 목포-정산 축강: 신광페리호(진도운수)
섬내교통 | **버스** | 2대(장산운수, 061-242-1145) **택시** | 4대(장산택시, 061-271-2573)
여행 | 직포해수욕장, 비렁길(함구미-신선대-두포-직포), 망산, 대부산 등산로, 우학-함구미 드라이브 코스
낚시터(유어장) | 섬주변에 낚시터가 형성되어 농어, 숭어, 우럭 등이 잘 잡힌다.
특산물 | 유자, 김, 톳, 낙지, 양파, 마늘
특이사항 | 태이용추 설화와 토미산 토끼꼬리 전설, 하중밭매기 노래, 씻김굿이 전해온다. 왕벚꽃길, 분재공원, 비파나무공원, 다수리 해안공원 등이 있다.

30년 변화 자료

구분	1973	1985	1996
주소	전남 신안군 장산면 도창리	좌동	전남 신안군 장산면
면적(km²)	25.09	25.045	24.1
공공기관	-	면사무소 1개, 경찰관서 1개	-
인구(명, 남자+여자)	7,399(3,680+3,719)	6,535(3,281+3,254)	2,715(1,316+1,399)
가구수	1,313	1,171	909
급수시설	공동우물 315개	우물 480개, 간이상수도 6개	우물 585개, 간이상수도 7개
초등학교	2개 1,641명	2개 774명	2개 233명
중고등학교	1개 365명	1개 577명(중학교)	1개 171명(중학교)
전력시설	-	한전 1,171가구	한전 909가구
의료시설	-	병원 1개소, 약방 2개소	보건지소 1개소, 약방 1개소
어선(척, 동력선+무동력선)	무동력선 2척	245(78+167)	98(90+8)

＊ 공공기관은 면사무소, 파출소 등 포함

29

독살을 만나다

장산면 막금도

막금도는 장산현의 성주가 살았다고 전해지는 성죽골 남쪽에 있는 섬이다. 다수리 어도마을과 막금도 사이 좁은 갯골은 물이 빠지면 헤엄쳐 건널 정도로 가깝다. 마늘밭과 유채꽃 그리고 갯벌이 어우러져 아름다운 섬경관을 연출했다. 첩첩이 섬과 갯벌이 반복되는 신안 천사섬들의 경관이다. 간간이 갯벌을 막아 염전을 만들고 논을 만들기도 했다. 큰 섬만 아니라 작은 섬도 그랬다.

막금도는 대리와 막금 두 마을로 구성되어 있다. 선창에서 내려 감나무밭과 마늘밭을 지나 고개를 넘자 10여 호 정도의 마을이 나타났다. 대리마을이다. 폐교된 초등학교 밑으로 갯벌을 막아 만든 논과 염전과 작은 저수지도 있었다. 염전은 폐전되어 새우양식장으로 이용하다 방치되었고, 논은 모를 심기 위해 물을 잡아 놓았다.

대리를 지나 비포장길을 따라 언덕을 넘자 마을 입구에 집이 한 채 있고 작은 산과 갯벌 사이를 막아 만든 논이 있었다. 그 너머에 네댓 가구가 모여 사는 막금리가 있었다. 막금 마을 앞 갯벌에는 작은 섬이 두 개로 대리마을과 연결하는 간척사업을 추진했던 모양이다. 그 흔적이 남아 있다. 그곳에 숭어를 잡는 그물이 쳐져 있었다. 그리고 막금리와 가까운 서쪽 갯벌 만입된 곳에 독살이 남아 있다. 길이는 100미터쯤 되며 큰 돌을 이용해 두 줄로 돌담을 쌓고 그 사이에 작은 돌

독살은 섬사람들이 함께 모여 고기를 잡을 때 이용한 최초의 어법이었을 것이다.

을 넣어 만들었다. 가장 높은 곳이 1미터 정도이며 낮은 곳은 10센티미터 정도 남아 있는 반원형이다. 안쪽으로는 그물을 치기 위해 대나무 말목을 박아 놓았다. 독살의 높이가 지금보다 훨씬 높았던 것 같다. 독살과 건강망 사이에서 작은 쪽대를 발견했다. 임통이나 쑤기미에서 고기를 떠내는 어구다. Y형 나뭇가지를 휘어 그물을 매달아 만든 것이다. 최근에 사용된 흔적이 남아 있는 것으로 보아 물때에 맞춰 이용하고 보관해 둔 것으로 추정된다. 지금은 열 사람도 채 살지 않는 작은 섬이지만 흔치 않은 독살과 논을 가진 오붓한 섬이다.

개황 | 막금도莫今島

위치 | 신안군 장산면 다수 2리 **동경** 126° 7′ **북위** 34° 36′
면적 | 1.17km² **해안선** | 5.0km **육지와 거리** | 39.0km(목포시)
가구수 | 5 **인구(명)** | 9(남4+여5) **어선(척)** | 3 **어가** | 2

전력시설 | 한전 전가구
급수시설 | 우물(펌프) 1개소 전가구

교통 | **배편** | 신해 8호(진도운수 061-242-4520)
낚시터(유어장) | 섬주변 10여곳의 해변의 갯바위에서 낚시가 이루어진다.
특산물 | 김, 낙지
특이사항 | 섬에 금줄기가 많아 막금도라 했다고 전한다. 당산제는 매년 정월 초사흘 지냈으나 지금은 중단되었다. 인근 해역에서 돔, 우럭 등이 잘 잡힌다.

30년 변화 자료

구분	1973	1985	1996
주소	전남 신안군 장산면 다수리	좌동	전남 신안군 장산면 다수2리
면적(km²)	0.93	0.87	0.87
공공기관	-	-	분소 1개
인구(명, 남자+여자)	176(100+76)	145(71+74)	29(17+12)
가구수	32	29	10
급수시설	공동우물 5개	우물 20개, 간이상수도 1개	우물 16개
초등학교	분교 1개 30명	분교 1개 27명	분교 1개 4명
전력시설	-	한전 29가구	한전 10가구
의료시설	-	-	상비약비치
어선(척, 동력선+무동력선)	무동력선 1척	21(10+11)	동력선 10척

＊ 공공기관은 면사무소, 파출소 등 포함

30

여행가방과 경운기

장산면 마진도

물이 드는 선창에 경운기 한 대와 붉은 가방이 놓여 있었다. 주민 한 분이 경운기 엔진에 머리를 대고 열심히 뭘 닦아내고 있었다. "오이 루를 잘못 넣어 물이 들어갔는지 토한단 말이요. 이것 없으면 농사는 끝인디." 고추모종도 옮겨야 하고 벼농사 준비도 해야 하는 바쁜 농 사철에 경운기가 고장이 났으니 보통 일이 아니다. 큰 섬처럼 트랙터 가 있는 것도 아니고 그렇다고 쟁기질할 소가 있는 것도 아니다. 젊 은 사람들이 많아 품앗이라도 할 수 있는 형편은 더욱 아니다. 그 옆

경운기는 고추농사를 짓는 장씨의 보물 1호이다. 그런데 경운기가 고장났다. 작은 섬에 경운기를 고칠 '의사'가 없다. 그래서 큰 섬이나 뭍으로 나가려 철부선을 기다린다.

에는 섬마을에 어울리지 않을 것 같은 빨간색 여행가방이 놓여 있었다. 배가 선창에 닿고 있었다.

진도군 조도면 마진도리(마진, 율도, 저도)에 속하였으나 1963년 무안군 장산면에 편입되었다. 그후 1969년 신안군이 신설되면서 신안군 장산면에 속하였다. 마진도는 인근 섬으로 왕래할 수 있는 나루터 역할을 한다 해서 마진이라 하였다고 한다. 1635년(인조 13) 김해김씨 김형오가 나주에서 난을 피해와 어장이 좋고 큰 섬과 가까워 정착했다고 한다. 1780년 경 장산 비소에서 전주최씨 최득오가 이곳에 정착한 후 달성서씨, 이천서씨, 청주한씨 등이 이주했다고 한다.

선창에는 마을관정 공사를 하는 작업인부 세 사람도 주말을 맞아 목포를 나가기 위해 배를 기다리고 있었다. 마을 주민 중 나가는 사람은 없었다. 머지않아 양파수확을 해야 하고, 고추모종을 옮기고 벼 농사를 위해 못자리도 갈무리해야 할 시기이다. 농사가 많은 마진도는 눈코 뜰 새 없이 바쁘다. 이럴 때 경운기는 섬사람에게 자식보다 귀하다. 비탈진 논을 갈고 농사용 자재를 운반하는 데 이보다 효자가 어디 있단 말인가. 면소재지가 있는 큰 섬은 농기계가 고장나면 수리공을 부르면 되지만 작은 섬에서는 사람이 아픈 것보다 더 걱정이다. 사람이 아프면 보건소에 가면 된다. 몇 가구 살지 않는 곳도 보건소는 다 있기 때문이다. 더 급하면 선외기를 타거나 사선을 타고 목포로 나가면 된다.

그런데 농기계는 큰 배가 와야 싣고 나가 수리할 수 있다. 움직일 수 없을 때는 견인차까지 불러야 한다. 보통 복잡한 일이 아니다. 다행히 조금씩은 움직일 수 있어 선창까지 끌고 나왔다. 수리를 하기 위해 큰 섬 장산도로 가져가기 위해서다. 고장난 경운기 옆 붉은 가방은 주말을 맞아 집으로 가는 섬마을 보건소 소장의 가방이다. 그러고 보니 주말에 사람이 아프면 그것도 걱정이다. 보건소에 의사가 없기 때문이다.

대목에 고장난 경운기를 수리하려고 전화를 하니 수리비 따지기 전에 수리공이 시간이 나질 않는다고 투덜댔다. 결국 고장난 경운기를 아이 달래듯 몰고 나왔다. 장산으로 보내 수리할 생각이다. 경운기도 자동차와 똑같은 운임을 내야 한다. 목포에서는 왕복 6만원이다. 가까운 장산까지도 4만원을 받았다. 최근 민원이 많아 2만원으로 조정된다는 소식이다. 다행히 경운기만 실어 보내면 장산에서 경운기를 받아 수리해서 보낸다고 했다. 이렇게만 해줘도 한시름 놓은 셈이다.

마진도는 섬사랑호가 가장 먼저 닿는 섬이다. 마진도를 출발해 크고 작은 섬을 모두 돌아 운항하는 것이 섬사랑호이다. 그래서 주민들은 육지와 가깝다고 자긍심이 대단하다. 지주식 김양식을 많이 했지만 지금은 한 가구만 전복양식을 할 뿐 대부분의 주민들은 농사를 짓고 있다. 밭이 아주 많고 논농사도 있다. 학교는 5년 전에 폐교되었다.

개황 | 마진도馬津島

일반현황

위치 | 전남 신안군 장산도 마진리 **동경** 126° 12′ **북위** 34° 36′
면적 | 1.08km² **해안선** | 7.5km **육지와 거리** | 32.6km(연륙)
가구수 | 38 **인구(명)** | 80(남45+여35) **어선(척)** | 27 **어가** | 21

공공기관 및 시설

공공기관 | 장산면사무소 마진출장소, 장산파출소 마진출장소, 마진보건진료소(061-262-3975)
교육기관 | 장산초등학교 마진분교
전력시설 | 한전 전가구
급수시설 | 간이상수도시설 1개소 전가구

여행정보

교통 | **배편** | 목포-마진, 신광훼리1호(진도운수, 061-242-4520)※ 1일 2회 정기여객선
낚시터(유어장) | 마진도 일원 10여 곳에서 농어, 돔 낚시가 가능하다.
특산물 | 김, 톳 양식, 미역, 각종 패류
특이사항 | 섬의 형태와 마을 뒷산의 바위가 말처럼 생겼다하여 마진도라 하였고 말바우 전설이 있다. 주변 바다 낚시터에서 농어, 돔 등이 잘 잡힌다.

30년 변화 자료

구분	1973	1985	1996
주소	전남 신안군 장산면 마진리	좌동	전남 신안군 장산면 마진도1리
면적(km²)	1.08	1.08	1.079
공공기관	-	지파출소 1개	분소 1개
인구(명, 남자+여자)	327(171+156)	311(148+163)	152(72+80)
가구수	57	57	41
급수시설	공동우물 327개	우물 27개	-
초등학교	분교 1개 63명	분교 1개 24명	분교 1개 12명
전력시설	-	한전 57가구	한전 41가구
의료시설	-	약방	보건진료소 1개소
어선(척, 동력선+무동력선)	동력선 1척	42(20+22)	동력선 21척

＊ 공공기관은 면사무소, 파출소 등 포함

31

사람만 섬 주인인가

장산면 백야도

"무신 배를 그렇게 몰고다니요. 부표가 떠 있으면 돌아오던지 조심이 와야지. 배운전을 얼마나 했소. 운전할지도 모르는 양반이 배를 가지고 다니면서." 선창에서 우리를 지켜봤던지 주민 한 분이 사정없이 나무라는 것이었다. 옆에서 듣고 있기가 무안했다. 겉으로 보면 바다만 보이지만 수면 아래 고기를 잡기 위해 설치한 정치망들이 있었다. 지리에 익숙하지 않아 선창으로 가는 지름길을 택한 것이 화근이었다. 긴 밧줄에 닻을 놓아 어구를 고정시키고 수면 위로 부표를 놓아 표시를 해놓았다. 이를 잘 모르는 사람들은 배를 가지고 어장을 가로질러 배를 운전할 경우 줄이 끊어져 어구를 망칠 수 있다. 조심스럽게 운전을 했지만 주민이 보기에는 서툴렀던 것 같다. 육지로 치자면 곡식이 자라는 남의 논과 밭을 성큼성큼 밟고 가로질러 온 것과 다름없기 때문에 속이 상했을 것이다. 몇 번이고 죄송하다는 말을 되풀이하고 섬에 올랐다.

백야도는 삼국시대에는 백제 거지산현, 통일신라시대에는 757년(경덕왕 16) 압해군의 일부인 안파현, 고려시대 940년(태조 23)에는 장산현에 속했다. 조선시대에는 나주목으로 이관된 후 1895년(고종 23) 지도군에 속했다가 1914년 무안군에 편입되었다가 1969년 분군으로 신안군에 소속되었다.

신안군 장산면에 속하는 작은 섬 백야도. 마을주민이라고 해야 10호가 넘지 않을 것 같았다. 섬으로 들어오는 길에 언덕에서 한가롭게 풀밭을 거니는 소가 보였다. 야트막한 야산을 개간한 양파와 마늘밭을 제외하면 모두 목장이었다. 백야도만의 일은 아니지만 마을은 남아 있는 집보다 무너져가는 집이 더 많았다. 사람이 사는 집은 같은 함석지붕과 슬레이트 지붕이라도 온기가 느껴졌고 담도 무너지지 않았다.

백야도에는 우리 배를 정박한 선창 외에 작은 선창이 하나 더 있다. 이곳은 수심이 낮아 들물에나 정박이 가능하다. 마을하고 가깝기 때문에 작은 배들 몇 척이 선창에 매어져 있었다. 작은 선창을 지나 오른쪽으로 돌면 목장이 시작된다. 목장은 초지가 잘 조성되어 있고 군데군데 숲도 있다. 초지 가운데 작은 저수지가 있어 마도요와 오리 등 물새들의 조용한 쉼터다. 깜짝 놀란 마도요가 삑삑거리며 날아올랐다. 소 몇 마리가 소나무숲에서 머리를 내밀며 내다보더니 안쪽으로 들어갔다. 마치 따라오라고 손짓하는 것 같았다. 섬을 한 바퀴 돌면서 만난 사람은 배운전을 잘못 한다며 호통을 치던 주민과 골목에서 삶은 고사리를 널던 여자 두 사람뿐이었다.

배를 타고 들어온 선창이 보이는 모래밭 너머에 학교건물이 보였다. 폐교되고 적잖은 시간이 흘렀는지 독서하는 소녀상은 잡목에 덮였고, 반공소년 이승복은 어디론가 사라졌다. 조심스럽게 교실 안으로 발길을 옮겼다. 후다닥. 깜짝 놀란 소들이 운동장으로 뛰쳐나갔다. 아니, 놀란 것은 소가 아니라 나였다. 교실에서 소가 뛰쳐나올지 누가 알았겠는가. 교실에서 뛰어나간 소는 얼추 10여 마리는 될 것 같다. 학교가 폐교되었다는 것을 알기 때문에 학생이 있을 것이라는 상상은 하지 않았다. 혹시 박쥐라도 나온다면 이해할 수 있겠지만 소가 나

아이들이 떠난 교실은 소들의 안식처가 되었다. 운동장도 소들의 놀이터로 변했다.
사람들이 살기 전에도 섬에는 동물과 식물이 먼저 살았었다.

올 줄은 꿈에도 몰랐다. 운동장 밖으로 나오자 너른 초지로 연결되었다. 그곳에 수십 마리 소가 경계와 호기심으로 나를 지켜보고 있었다. 작은 분교에 등장한 이방인을 맞는 학생들 모습 같았다.

그때 송아지 한 마리가 성큼성큼 내게로 나가왔다. 카메라를 들 사이도 없이 교실 안으로 들어갔다. 잘 되었다 싶어 따라 들어갔다. 나오는 길은 한 곳밖에 없으니까. 그런데 교실 안에 송아지가 없었다. 그때 등 뒤 측백나무 너머로 달려가는 녀석을 발견했다. 송아지만 나갈 수 있는 작은 구멍이 있었던 것이다. 피식 웃었다. 녀석도 믿는 구석이 있어 자신있게 내게 다가왔던 것이다. 그렇게 송아지와 서너 차례 숨바꼭질을 하였다.

소똥 주변에 민들레꽃이 함박 피었다. 어디에서 이렇게 예쁜 꽃을 찾을 수 있겠는가. 밖으로 나오자 갑판이 부서진 배 한 척과 대문과 방문이 부서진 집 한 채가 반겼다. 사람도 떠나고 바다와 벗하던 배는 뭍으로 올라와 빈집처럼 무너졌다. 섬사람들은 육지로 떠났고, 아이들이 재잘거리던 교실과 운동장과 바닷가 모래밭은 소들 차지가 되었다. 이제 소들이 섬의 주인이다. 사람이 있는 섬만 가치가 있는 것은 아니지 않는가.

일반현황

위치 | 전남 신안군 장산면 마진리 **동경** 126° 11′ **북위** 34° 36′
면적 | 0.93km² **해안선** | 4.2km **육지와 거리** | 33.4km(목포시)
가구수 | 10 **인구(명)** | 19(남10+여9) **어선(척)** | 3 **어가** | 6

공공기관 및 시설

전력시설 | 한전 전가구
급수시설 | 간이상수도 시설 1개소 10가구, 우물(펌프) 1개소

여행정보

교통 | **배편** | 개인선박을 이용하여 장산도 축강과 연결함.
특산물 | 김, 톳
특이사항 | 주변 해역에서 농어, 돔 낚시가 잘 된다. 섬의 형태가 백구(갈매기)같다 하여 백야도라 불렀다.

30년 변화 자료

구분	1973	1985	1996
주소	전남 신안군 장산면 팽진리	전남 신안군 장산면 팽진리	좌동
면적(km²)	0.24	0.24	0.24
공공기관	-	지파출소 1개	분소 1개
인구(명, 남자+여자)	124(62+62)	91(45+46)	26(12+14)
가구수	20	17	7
급수시설	공동우물 3개	우물 6개	우물 7개
초등학교	분교 1개 30명	분교 1개 10명	-
전력시설	-	자가발전 17가구	자가발전 7가구
의료시설	-	약방	상비약비치
어선(척, 동력선+무동력선)	무동력선 1개	14(5+9)	동력선 2척

＊ 공공기관은 면사무소, 파출소 등 포함

32

징한 세상 살았제
장산면 율도

"징한 세상 살았제." 할머니가 대화 끝에 탄식조로 불쑥 내뱉었다. 할머니는 재래식 부엌에서 머윗대를 삶고 계셨다. 자식들은 모두 섬을 떠났고, 할머니는 닭 8마리와 함께 집을 지키고 계셨다. 처음에는 이런저런 물음에 만사 귀찮다는 듯이 대꾸도 하지 않으셨다. 더 말을 거는 것이 예의가 아닐 것 같아 돌아 나오다 마루 벽에 '덕환이 또옴' 이라는 낙서를 발견했다. "할머니 덕환이가 누구에요." 당신 할 일만 하던 할머니가 고개를 쳐들었다. "막내아들 손주야." 막내아들의 막둥

"내 소원이 뭔지 알아. 빨리 가는 것이여." 진심으로 하시는 말씀이다.

이 손주. 얼마나 예쁘고 귀여울까. 손주라는 단어에 할머니 얼굴이 환해졌다.

율도는 마진도와 함께 마진리에 속하는 섬이다. 율도는 장도, 송도와 같이 섬 이름 중 가장 흔한 이름이다. 작은 섬, 긴 섬, 밤섬을 이르는 말이다. 섬 모양이 밤을 닮았다는 설과 밤나무가 많아 밤섬 즉 율도가 되었다는 이야기가 전한다. 모두 12가구가 살지만 실제 거주하는 집은 6가구이다. 한때 21가구 90여 명이 거주했다. 한때 진도에 속했던 것처럼 진도군 군내면 나리 신기선착장이 지척이다. 오래 전에 멈춰 버린 마을 당에 이런 이야기가 전해온다. 옛날 자식이 없는 노인 부부가 당집 부근의 소나무에 목을 매달아 죽으면서 당집을 세워 제사를 지내면 마을이 평온하고 동네가 복을 받을 것이라 하여 매년 정월 초사흘에 당을 모셨다. 할머니는 당 대신 손자를 모시고 있었다. 그것이 할머니의 존재이유였다.

할머니는 진도에서 20대 초반에 율도로 시집와 80대까지 60여 년을 깜깜한 세상에서 살았다. 전기가 2004년에 공급되었으니까 TV, 냉장고 등 기본적인 문명의 혜택을 누린 것도 그 무렵이었다. 막 삶아낸 머윗대를 마당 멍석 위에 널고 마루에 걸터앉았다. 손자가 써 놓은 낙서를 물끄러미 바라보며 생각에 잠겼다. 마루와 방안에 삶아 말린 고사리도 있었다. “누구 주려고 그렇게 하세요.” “막내아들 줘야지.” 얼마 전 군대갔다 제대한 막내 손자에게서 전화가 왔다. 할머니 건강하게 오래오래 사세요. 비 오는데 밖에 나가지 마시고. “손자 소원은 내가 건강하게 오래 사는 것이라우. 내 소원은 뭔지 아나. 빨리 가는 것이여.”

손자의 낙서 옆에는 손자의 나이보다 더 오래 되었을 표어가 붙어 있었다. ‘간첩잡는 아빠되고 신고하는 엄마되자.’ 섬마을 시계는

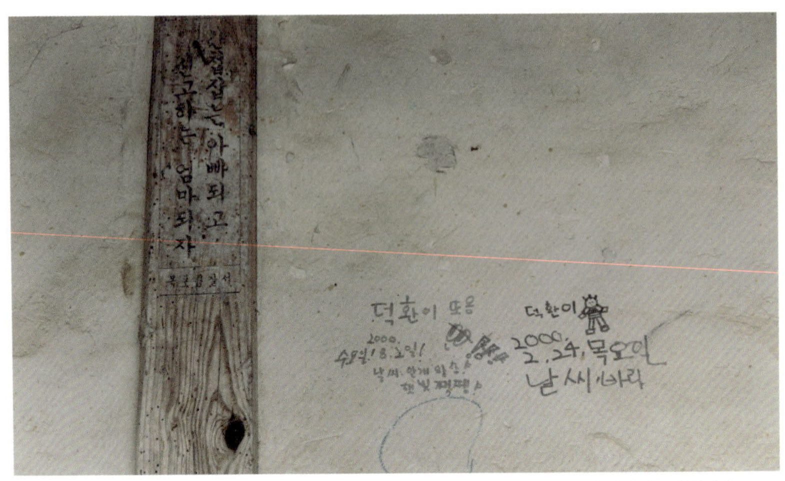

할머니가 얼마 남지 않은 삶을 지탱할 수 있는 것은 '덕환이' 때문이다. 그는 할머니의 막내아들 손주이다.

1980년대 중반에 멈췄다. 골목길도 돌담도 우물도 대부분 그 무렵에 시멘트로 바뀌었다. 큰 섬들이나 큰 섬 옆에 있어 무시로 드나들 수 있는 섬들은 새마을운동의 특혜(?)를 받아 일찍 지붕도 바꾸고 모양을 냈다. 율도처럼 작은 섬은 큰 섬과 힘있는 섬들이 전부 지지고 볶은 다음이었다. 그렇게 해놓고 섬사람들은 새로운 삶을 찾아 하나 둘 떠나갔다.

율도에서 가장 젊은 김소희(태양광발전소 소장, 41세) 씨는 고향을 떠났다가 전기가 공급되면서 들어왔다. 가족들이 도시에 살고 김소장만 율도에서 생활하고 있다. 전기와 함께 섬에 들어온 김소장과 깜깜한 세상에서 평생 살아온 할머니, 단둘이서 작은, 아주 작은 섬마을에 살고 있다.

개황 | 율도栗島

위치 | 전남 신안군 장산면 마진 2리 **동경** 126° 11′ **북위** 34° 34′

면적 | 0.43km² **해안선** | 5.0km **육지와 거리** | 39.0km(연륙)

가구수 | 11 **인구(명)** | 17(남11+여6) **어선(척)** | 5 **어가** | 4

전력시설 | 한전 전가구
급수시설 | 간이상수도 1개소 전가구

교통 | **배편** | 목포-율도(근해)-조도, 신해6호(진도운수)
낚시터(유어장) | 섬 전체 갯바위에서 낚시가 잘되어 낚시꾼들의 발길이 잦다.
특산물 | 파래, 자연산 톳, 미역
특이사항 | 섬 전체 갯바위에서 낚시가 잘된다.

30년 변화 자료

구분	1973	1985	1996
주소	전남 신안군 지도면 태천리	전남 신안군 장산면 마진리	전남 신안군 장산면 마진도2리
면적(km²)	1.03	0.43	0.43
공공기관	-	지파출소 1개	-
인구(명, 남자+여자)	49(25+24)	89(45+44)	51(23+28)
가구수	7	16	13
급수시설	공동우물 2개	우물 5개	우물 3개
초등학교	분교 1개 26명	분교 1개 14명	분교 1개 4명
전력시설	-	16가구	자가발전 13가구
의료시설	-	약방	상비약비치
어선(척, 동력선+무동력선)	-	13(7+6)	동력선 7척

* 공공기관은 면사무소, 파출소 등 포함

신안군 안좌면

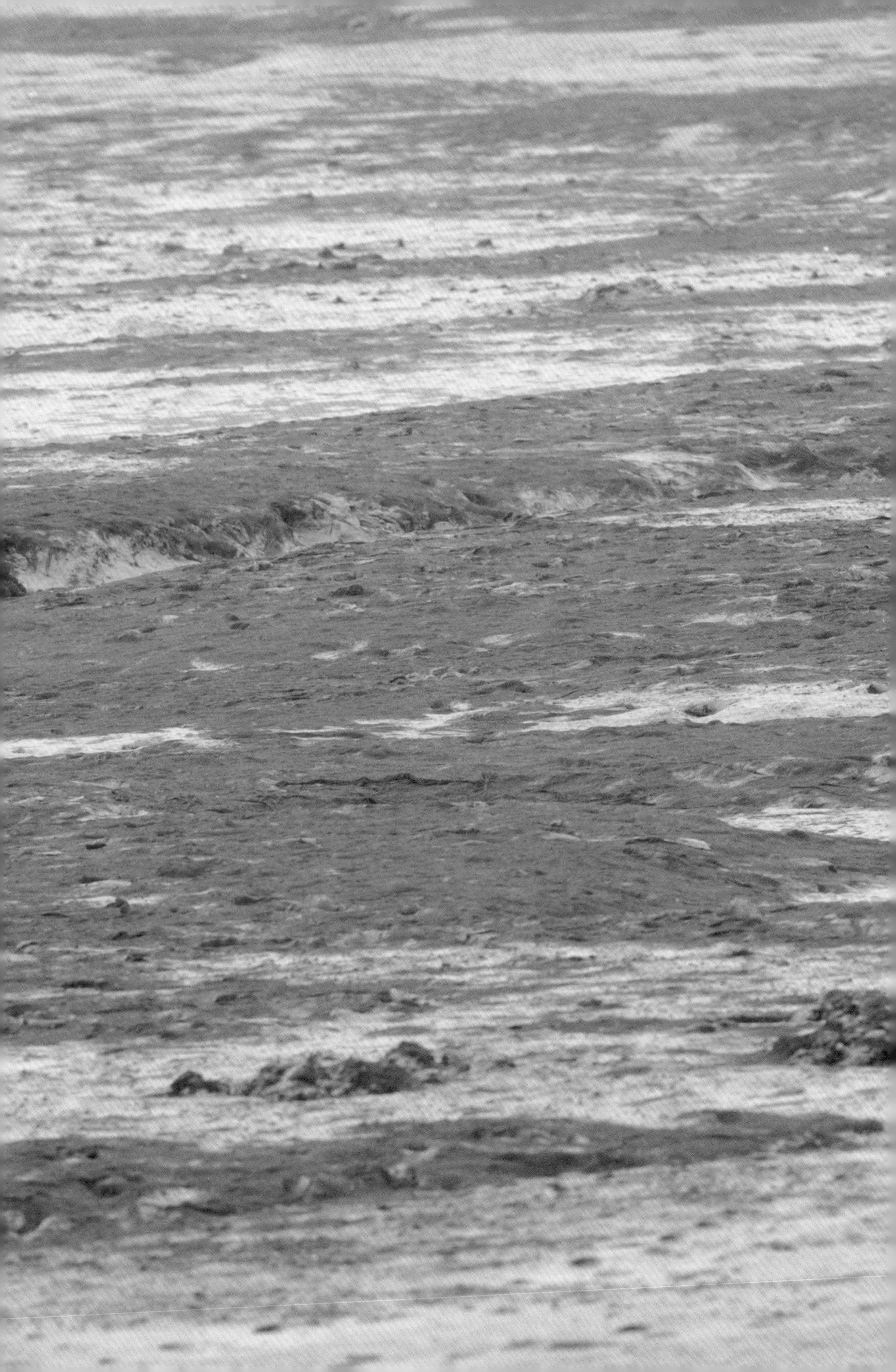

신안군 안좌면

33 안좌도
34 부소도
35 박지도
36 반월도
37 자라도
38 사치도

자은면
암태면
팔금면
38
안좌면
33
비금면
36 35
34
37
도초면
장산면
하의면
신의면

33

섬사람은 바람을 읽는다

안좌면 안좌도

군대에서 만난 단짝친구가 결혼해 신혼살림을 차린 곳이 안좌도였다. 그곳 한전에 근무했기 때문이다. 지금처럼 섬과 깊은 인연을 맺기 전이었다. 그땐 '섬이 정말 크다' 는 생각을 했다. 친구는 우리 부부에게 촌닭이라며 닭을 사주었다. 그땐 '왜 섬에서 생선회가 아니라 닭고기지' 라고 생각했다. 이제야 그 이유를 알게 되었다. 안좌도는 섬이지만 농사 비중이 훨씬 크고 고기잡는 어장이 발달하지 않은 섬이라는 것을. 안좌도에 딸린 섬으로 자라도, 박지도, 반월도, 사치도, 부소도, 우묵도, 요력도 등이 있다. 이 중 자라도, 박지도, 반월도, 부소도가 유인도이다. 우묵도는 간척사업으로 본 섬과 연결되었고, 요력도는 2000년 초반까지 한 가구가 살았지만 무인도가 되었다.

구전에 따르면 마씨와 차씨가 기좌도 한운리에 처음 들어와 살았다. 그 뒤 1690년(숙종 16) 무렵 김해김씨가 해남에서 들어왔다. 문헌상으로 안창도는 고려시대 장산현의 부속도서로, 기좌도는 '지상도' 라는 이름으로 압해군 부속도서였다. 이후 기좌도는 영광군에 안창도는 나주목에 속하다 기좌면이라는 이름으로 두 섬 모두 지도군에 편입되었다. 1914년 행정구역 개편으로 무안군에 속했다. 1929년 간척공사로 두 섬이 연결되어 안창도의 '안' 과 기좌도의 '좌' 를 가져와 '안좌도' 라 칭하였다.

안좌도가 예술의 섬이 된 까닭은?

신안에서 처음으로 만들어진 연도교는 팔금과 안좌를 잇는 '신안1교'이다. 이 다리가 완공되면서 안좌도와 목포를 잇는 뱃길은 고산선착장과 읍동선착장 외에 암태 고산선착장도 이용하고 있다. 그 후 팔금과 암태, 암태와 자은을 잇는 다리가 연결되었다. 안좌도로 가는 배 시간을 단축시킨 것은 압해도와 목포를 잇는 다리가 완공되었기 때문이다. 다리가 완공되고 나서 목포여객터미널에서 고산과 읍동선착장으로 이어지는 뱃길은 압해도 송공항에서 암태도 선착장으로 바뀌었다.

팔금에서 다리를 건너자마자 오른쪽에 있는 마진리는 마진도라는 작은 섬이었다. 섬모양이 말을 닮고 나루가 있어 몰(말)나리섬, 몰노리섬, 마진도라 했다 한다. 마진리를 지나 읍동리와 대척리와 여흘리 그리고 복호리로 이어지는 도로가 섬을 남북으로 가르는 중심도로라 할 수 있다. 중심도로 동쪽으로 금산리와 탄동리와 산두리가 있고, 서쪽으로는 한운리, 구월리, 내호리, 구대리, 소곡리, 박지리 등이 위치해 있다.

안좌도의 중심은 16세기 형성된 것으로 알려진 읍동마을이다. 이 마을은 수화 김환기(金煥基, 1913~1974)의 고향으로 유명하다. 한국 추상화의 개척자로 꼽히는 수화선생은 "동양의 직관과 서양의 논리를 결합한 한국적 특성과 현대성을 겸비한 그림을 구상과 추상을 통해서 실현시켰다"는 평가를 받는 우리나라의 대표적인 서양화가다. 안좌도 읍동리에는 1910년 백두산에서 자란 나무를 이곳까지 운반하여 건축한 북방식 'ㄱ'자형으로 만든 기와집인 생가가 잘 보전되어 있다. 최근 안좌도는 물론 이웃섬까지 마을회관, 공동창고 등에 김환기의 그림을 벽화로 그렸다.

안좌도는 유일하게 고등학교와 한전 신안지점이 있다. 고등학교가

김환기 생가. 백두산에서 나무를 가져와 지은 북방식 ㄱ자형 기와집이다. 전라남도 지방기념물 제146호로 지정
되었다.

있다는 것과 다른 섬에 전기를 공급하는 중심지라는 것은 의미가 매우
크다. 신안의 섬 중 자은 · 암태 · 팔금 · 안좌를 잇는 다리가 완공되었
다. 이들 서쪽에 있는 비금과 도초 연도교도 이미 완공되었다. 장산 ·
신의 · 하의를 잇는 '다이아몬드제도'(이들 섬을 연결하면 다이아몬드 모양
이라 해서 붙여진 이름) 개발계획이 추진되고 있다. 덕분에 압해도 송공항
과 암태도 오도선착장을 오가는 뱃길이 30분으로 단축되었다. 이 뱃길
을 잇는 다리도 계획 중이다. 이렇게 되면 홍도와 흑산도를 제외한 신
안에 있는 많은 섬들을 자동차를 타고 돌아볼 수 있게 된다. 안좌도에
는 섬 남쪽 복호선창과 북쪽 읍동선창이 있다. 주민들은 목포에서 가
까운 복호선창을 많이 이용한다. 차를 가지고 와 선착장에 두고 배를
타고 목포에서 일을 보고 들어간다. 안좌도 사람들만 아니라 팔금, 암
태 사람들도 이용하고 있다.

목화가 마늘로 바뀐 까닭은?

읍동마을을 지나 복호선착장으로 가는 도로를 따라 양쪽의 많은 밭들은 마늘이 심어졌고, 해안을 따라 간척한 농지는 벼농사를 짓고 있다. 섬 서쪽에 위치한 시서리, 한운리, 반월리 등은 김양식을 많이 하는 마을이다. 인근의 자은, 암태, 팔금에 비해 염전이 없고 쌀농사를 짓는 논이 발달했다. 지금은 많은 논이 묵혀 있지만 밭에는 어김없이 마늘이 심어져 있다. 신안에서 마늘이 대규모로 심어지기 시작한 것은 언제일까. 환금작물로 마늘을 심기 시작한 것은 목화가 사라진 1970년대 초반으로 추정된다. 목화는 돈이 되는 작물이었다. 혼수이불을 하는 데 목화가 꼭 필요했다. 실을 잣는 데도, 어장용 그물을 만들 때도 명주실이 필요했다. 목화는 보리를 수확하고 심을 수 있어 섬사람들에게 더없이 좋은 작물이었다. 게다가 목화를 수확하고 나서 김양식을 할 수 있기 때문에 바닷일과 겹치지도 않았다.

그렇다면 왜 목화가 마늘로 바뀌었을까. 두말할 것 없이 나일론의 등장이다. 카시미론 이불이 등장하면서 도시는 물론 농어촌은 일대 변화가 일어났다. 나일론실과 로프와 그물의 등장도 뱃일을 하는 어민들에게 큰 변화를 가져왔다. 목화를 이용한 생활에서 나일론이나 플라스틱을 이용한 생활로 전환되면서 섬사람들은 마늘을 선택할 수밖에 없었다. 선택받은 일부 주민들은 담배를 심었다. 전매사업이었던 담배는 아무나 심을 수 있는 품목이 아니었다. 복호선창으로 가는 언덕에도 온통 마늘밭이다. 끝없이 이어진 마늘밭 가운데에 있는 가마니공장이 눈에 들어온다. 가마니공장이라는 빛바랜 글씨에서 세월의 흔적을 읽는다. 페인트로 쓴 글씨 옆에는 4H마크인 네잎 클로버도 그려져 있다. 1970년대 마을소득증대사업의 하나로 가마니공장을 운영했던 모양이다. 낮에는 논밭에서 일하고 밤에는 가마니를 짰던 그 시절 모습이 머릿속에 그려진다. 안좌도의 주업은 쌀농사지만 소득으로는 마늘농사가 으뜸이다.

섬사람은 바람을 읽는다

마을밭과 마을 사이에 어김없이 마을숲이 있다. 구릉진 언덕을 개간하여 밭을 일구었기 때문에 북서풍을 막을 담이 필요했다. 남해의 섬들은 남서풍의 영향을 막기 위해 마을 앞에 방풍림이나 어부림을 조성한다. 신안에서 살고 있는 섬사람들은 북서풍인 하늬바람을 막기 위해 마을 뒤에 나무를 심었다. 이를 '우실'이라고 부른다. 수종은 대부분 소나무, 팽나무, 두릅나무, 시누대, 명씨나무 등으로 300~400여 년 된 나무들이다. 마명리, 구대리, 대척리, 여흘리, 한운리, 신촌리, 대우리 등 대부분 마을에 우실이 있었다. 그런데 구대리의 경우에는 마을 뒤 후동산 아래 씹바위가 있어 마을여자들이 보면 바람이 난다고 해서 나무를 심어 막았다는 설도 있다.

우실에는 당집을 지어 마을을 지키는 신을 모시기도 했다. 이중 마명리와 대척리는 우실에서 당제를 지냈던 마을이다. 주민들은 우실 안으로 들어서야 비로소 마을에 왔다는 생각을 했다. 주민들은 우실을 단순히 하늬바람을 막는 기능만 아니라 외부와 마을의 경계를 구분하는 것으로 인식했다. 상여가 우실을 지나갈 수 없는 것은 물론 신부를 태운 가마도 이곳을 오가지 못했다. 그만큼 신성하게 여겼다. 대척리 우실은 마을 북서쪽에 위치해 있다. 수령이 100년 이상 되는 자귀나무와 팽나무 30그루, 동백나무, 후박나무와 조릿대가 300미터 가량 조성되어 있다. 이 숲은 마을 동북쪽 바다가 훤히 드러나는 것을 풍수적으로 막아주는 비보숲의 역할도 하고 있다. 여흘리에 있는 우실은 서쪽바다의 해풍과 파도소리를 막는 역할을 하고 있다. 300년생 팽나무 등으로 조성된 우실은 여흘리 서쪽에 남북방향으로 위치해 있다. 주민들은 팽나무 새싹을 보고 그 해 풍년과 흉년을 점쳤다. 대리마을 우실은 시누대가 군락을 이루고 있다. 간척 이전에는 해안에 위치해 전형적인 해안방풍림의 역할을 했다. 팽나무, 음나무, 소나무가 서쪽바다와 들판 사이에 340미터 숲을 이루고 있었지만 간척사업으로 마을숲 원형이 많이 사라졌다. 이 우실은 역사성·민속성·풍수비보와 생태적 가치가 높아 전통마을 숲 복원운동을 추진하고 있는 '생명의 숲 국민운동본부' 지원을 받았다.

여흘리에서 동쪽 해안으로 달리면 금산리에 이른다. 팔금과 안좌 사이 바닷길로 이어지는 초입이다. 영산강이나 목포에서 출발해 흑산도나 중국으로 가는 배들은 반드시 이 길을 거쳐야 한다. 그만큼 중요한 뱃길이다. 밀물이나 썰물이면 두 섬 사이로 흐르는 조류가 매우 빠르다. 2005년 낙지잡이를 하던 김성두(당시 35세) 씨는 갓섬 등대 앞에서 갯벌에 묻힌 폐선을 발견했다. 선수가 북동쪽으로 향하고 선미는 남서쪽으로 향하고 있었다. 선체 주변에서 도자기 7점을 수습해 문화재청에 신고를 했다. 목포에 있는 국립해양유물전시관이 발굴조사를 실시한 결과 선박은 13세기말에서 14세기초의 고대 한선으로 밝혀졌다. 당시 수중 발굴한 한선 중에서 최대 규모였다. '안좌선' 이라 이름 붙인 선박은 고려시대 선박사를 연구하는 중요한 자료로 이용되고 있다. 신안의 섬들 중 자은-암태-팔금-안좌는 나주와 영암을 접하고 있는 고대항로에서 매우 중요한 뱃길이다. 최치원을 비롯해 많은 도당 유학생이 영암 구림마을 상대포에서 출발해 흑산도를 거쳐 중국 유학길을 오갔던 것도 이 때문이다. 그곳에는 선창이 있어 '배널리' 라고 부른다. 또 이곳에서 백제시대 석실분이 확인되었다. 읍동리에 4기의 고분이 있었다고 전하는데 일제강점기에 파헤쳐졌다. 주민들은 이를

장산도에는 도청리 외에 안좌고등학교 뒤에도 백제 석실분이 있다. 고대국가시대에 신안군에 상당한 세력이 있었음을 입증하는 유적이다.

'고려장' 이라고 부르며 남은 1기는 발굴중이다. 계절풍을 이용했던 뱃길은 중국을 오가며 근대문명을 익혔던 선각자들이 이용했던 문명의 길이다. 그 후손들은 계절풍을 막고 마을을 이루며 수백 년을 살고 있다. 요즘은 그 바람을 이용해 새로운 에너지를 얻으려 하고 있다.

남근석을 세워 바람(?)을 막다

여흘리에서 복호리로 넘어가는 웅금재 왼쪽 대리마을 우실 옆에 후동산을 향해 삐닥하게 넘어진 우람하고 잘 생긴 입석이 세워져 있다. "옛날에 우리 동네가 여자 불상사가 많이 있었든마. 그래갖고는 나가불고 나가불고 함께 못나가게 좆바우 모양으로 세워 놨어." 마을 주민이 해준 이야기이다. 일명 '좆바위' 라고도 하며 품위있게 '양석陽石' 이라고 하는 주민도 있다. 도로를 사이에 두고 왼쪽 좆바위와 700미터 정도 떨어진 밭 가운데 또 한 개의 '좆바위' 가 서 있다. 우실 옆에 있는 남근석은 높이 260미터 폭 40센티미터로 사각형 돌기둥의 남근 형상에 삿갓을 쓰고 있다. 다른 하나는 166센티미터 높이에 남근을 사실적으로 표현했다. 이 입석은 우실과 함께 대리마을 당제의 하당으로 모셔졌다.

좆바위가 있는 밭에서 비닐하우스를 만들던 마을 주민은 "후동산
에 여근석이 있어 마을부녀자들이 쳐다보면 바람이 나고 마을에서
이 바위가 보이면 동네가 망한다"는 이야기를 노인들에게 들었다고
했다. 그 바위를 '보지바위', '공알바위'라고 하는데 동네에서 잘 보
이지 않게 바위 주변에 소나무를 심었으며, 이 나무를 절대 베지 못하
도록 했다고 한다. 그리고 마을 입구에 남근석을 세워 부녀자들의 바
람을 막았다고 한다. 그래서 이 바위를 남근바우, 좆바우 등으로 부른
다고 한다. 또 다른 이야기로는 옛날 중국을 왕래하며 교역하던 선박
의 등대역할을 위해 촛불바위를 만들었다는 설이 있다.

대리마을에서 북서쪽 끝에 방월리라는 마을이 있다. 이 마을에서
는 큰 돌에 마을제사를 지냈다. 방월리는 읍동마을에서 한운리로 가
는 중간에 있는 마을이다. 청동기유물인 지석묘가 마을과 인근 밭에
있다. 한운리는 호구총서에 확인되지만 방월리는 기록되어 있지 않
다. 방월리는 '웃사장'(마을 중심에 있는 현지 지명)을 중심으로 우데미,
가운데데미, 아랫데미, 건너데미, 새미고랑으로 나누어져 있다. '웃
사장'에는 지석묘와 공동우물이 있다. 마을입구이자 중심이다. 주민

대리마을 아낙들이 뒷산에 있는 여근석을 보면 바람이나 마을이 시끄러워지는 것을 막기 위해 마을입구에 두 개
의 남근석을 세웠다.

방월리에는 서부교회 뒤편, 도로변, 논 가운데, 마을입구 등 4곳에 5기의 지석묘가 있다. 그 중 마을입구 공동우물 근처에 있는 지석묘는 마을 당제를 지낼 때 하당으로 모셨다. 이 바위를 주민들은 칠성바위라고 부른다.

들은 지석묘를 '칠성바위'라고 부른다. 7개의 지석묘가 있기 때문이다. 매년 정월 보름에 지내는 당제의 하당에 해당한다. 상당은 방월리 동북방향 굴바위로 가는 당바우 정상에 있다. 하당의 신체가 지석묘다. 고대 지배세력의 무덤으로 알려진 지석묘가 마을신이 된 것이다. 하당제를 지낼 때 젯밥을 차려놓고 소재신복消災新福과 자식발원子息發願을 빌었다. 당제를 지낼 때는 당샘과 칠성암에 금줄을 쳤다. 금줄이 처지는 순간 지석묘도 우물도 모두 신성한 공간이 된다. 깨끗한 부부를 선정해 고사리, 도라지, 콩나물, 술, 녹두나물, 냉수, 소금, 메(밥) 두 그릇을 차려 놓고 지낸다. 축문도 없이 "당할매 당하랍씨 부락 사고 없이 부정 돌진(홍역, 수두, 마마) 없이 마을 잘 보아 주시고 농사 면화 잘되게 해주십시오"라고 빌었다. 우물 뒤에 있는 칠성바위에는 성혈이 여러 개 뚫려 있다.

방월리 당제는 1970년대까지 유지되었다. 일반적으로 밭 가운데 있는 지석묘는 농사를 지으면서 옮겨지거나 부서졌다. 안좌도 지석묘가 잘 남아 있는 것은 하당 신체의 마을 주민들에게 상징화되었기 때문이다. 당제가 중단되고 세상이 바뀌었어도 여전히 섬마을에서 당신은 영험하다. 방월리 정씨 부친은 고인돌 한 쪽을 쓰러뜨린 후 허리를 쓰지 못하고 사망했다고 한다. 또 길을 만들기 위해서 고인돌을 옮겼는데 마을에 우환이 있고 우물에 물이 나오지 않아 원래 위치로 다시 옮기기도 했다.

방월리에서 북서쪽으로 가면 한운리라는 마을이 있다. 마을 앞에는 대규모 독살이 남아 있다. 독살을 만든 시기와 내력은 전해오지 않는다. 한운리에서 고개를 넘어 마진리로 넘어가는 길목에 감나무골이 있다. 1740년 해주오씨가 정착하여 마을을 이루었던 곳으로 자생하는 감나무가 많아 감나무골이라 부르다가 섬 서쪽에 있다 해서 서쪽에 있는 감나무골, '시서리'라 했다. 감나무골 입구에 팽나무가 한 그루 있다. "저 팽나무가 점쟁이여. 어느 해에 팽나무 이파리가 웃달리면 웃다리농사가 잘되고 밑쪽이 몬야 나면 아랫섬대 농사가 잘돼. 금년에는 북쪽이 몬야 핀께 여름농사가 잘되것다. 남쪽이 몬야 되면 아! 밭곡식이 잘되겠다 하고 점쟁이 노릇을 해." 마을 사람들은 봄에 팽나무에서 잎이 나는 것을 보고 풍흉을 점쳤다고 한다. 팽나무 잎이 밑에서 나면 아랫마을에 풍년이 들고, 위에서 나면 윗마을에 풍년이 든다고 믿었다. 또 북쪽부터 잎이 나면 여름농사가 잘되고 남쪽부터 나면 밭농사가 잘된다고 한다. 예전에는 정월 초사흘이면 팽나무 밑에서 제사를 지냈지만 오래전에 중단되었다.

● ― 다도해의 생활문화 '우실'

마을로 들어가는 길목에 어른 키의 두 길이나 되는 돌담이 앞을 가로막는다. 주일예배를 알리는 음악이 돌담 끝에 매달린 교회 확성기에서 흘러나오고, 가방을 들고 교회로 들어가는 어른들 틈바구니에서 아이들은 마냥 즐겁다. 이렇다 할 놀이가 없는 섬에서 바람을 막아주는 돌담은 아이들의 친구다.

이 돌담은 멀리서 보면 작은 산과 낮은 구릉을 막아 쌓은 것처럼 보이지만 중간에 차들이 다닐 정도의 출입구가 만들어져 있다. 이 '돌담'이 서남해의 섬지역은 물론 내륙에서도 어렵지 않게 볼 수 있는 '우실'이다. 마을의 울타리라는 '우실'은 고대 특별한 기술이 없었던 시절에 야수의 위협과 자연재해로부터 자신과 가족을 보호하기 위한 주거지 표시였을 것이라고 추정한다. 주거공간을 은폐하기 위한 생존수단이며 생산, 휴식을 위한 인간의 지혜라는 것이다.

이러한 흔적들은 성의 축조원리에도 남아 있고, 주거공간의 울타리(돌담)에도 재현되고 있다. 흔히 볼 수 있는 주변 석성의 입구를 보면 밖에서 직접 안으로 들어오지 못하도록 옹성을 쌓고, 일반주거 공간에서도 차면(遮面)담을 세워 밖과 안을 구분한다. 도서지역의 민가구조를 보면, 밖에 들어올 때 바로 들어오지 못하고 꺾어서 들어가도록 출입문이 만들어져 있는 경우가 있다. 우실도 한쪽 담은 반원으로 만들어 둘러치고, 맞은편 담은 기역자로 꺾어 반원에 집어넣는 형상을 하는 형태가 있다. 이를 자웅교합형이라고도 하며, 이외에도 갈지자형으로 엇대어진 우실, 직선형 우실 등 자연지형을 고려한 여러 형태가 있다.

우실이 반드시 돌을 이용하는 것은 아니다. 흙을 이용한 토담우실, 기둥을 박아 만든 목책우실, 대나무나 갈대, 짚을 엮어 막는 파자우실, 남해 물건리 어부림처럼 나무숲을 조성한 생우실 등이 있다. 외부의 침입을 막기 위해 쌓았다는 바다 건너 제주의 환해장성도 우실과 비슷한 맥락으로 이해하는 경우도 있다.

도대체 우실은 누가 쌓았을까?

말할 것도 없이 그곳에 사는 마을 주민들이 쌓았을 것이다. 남도의 많은 우실들이 고승이나 옥황상제 등 영험한 인물의 현몽에 의해 마을 주민들이 쌓았다고 전한다. 오랫동안 자연에 대한 경외감과 순응, 환경에 대한 적응과정에서 인간은 늘 신성한 절대자의 공간을 만들려 했다. 암태도 송곡리의 우실은 1905년 마을 앞을 지나가던 스님이 마을의 번창과 우환을 막으려면 담을 쌓아야 한다고 가르쳐 주어 수목의 우실

안좌면 여흘리 우실

암태송곡우실

암태익금우실

이 있던 좌우에 석장을 길게 축조했다고 전한다. 이를 입증하듯 송곡리 돌담 사이에는 몇 그루의 팽나무가 끼어 있다.

우실은 지역에 따라 우술, 우슬, 마을돌담, 돌담장, 당산거리, 방풍림, 방조림, 방파림, 사장터, 어부림, 노거수림 등 다양한 이름으로 불린다. 남도의 민속연구자인 최덕원 선생에 따르면, 우실은 본래 '울실'에서 비롯된 말로 '울'은 둘레를 에워싸서 지킨다는 의미이며, '실'은 마을, 곡(谷)의 고어로 집단 주거지의 뜻을 지니고 있다고 한다.

실용성과 신성성을 갖춘 생활문화의 총체, 우실

신안의 암태도나 비금도, 진도의 관매도의 우실이 만들어진 장소를 보면, 남향에 위치한 마을의 뒤쪽에 있어 바다에서 불어오는 바람(높바람=북풍)을 막는 역할을 하는 것을 알 수 있다. 그렇다고 해서 우실이 반드시 마을 뒤에 있는 것은 아니다. 우실은 단순하게 바람만 막는 것이 아니라 마을에 맞서 부는 마파람(남풍)을 막기 위한 나무숲 우실도 있다. 반드시 일치하는 것은 아니지만 마을 뒤에 만들어지는 우실은 돌담인 경우가 많으며, 마을 앞에 맞바람을 막고, 밖에서 바로 마을을 들여다보는 것을 제어하는 경우는 나무숲인 경우가 많다. 남쪽의 섬마을의 경우 마을앞 바다와 경계를 이루는 곳에 어부림을 조성하는 경우도 많다. 남해의 물건리 어부림의 경우, 태풍 매미가 남해의 여러 마을에 피해를 입혔을 때, 수백 년 된 자신의 몸을 던져 바람을 막고 마을을 보호하기도 했다.

우실을 만들 때부터 의도한 바는 아니겠지만 바람을 막아주면서 농작물수확에도 많은 영향을 미치기도 한다. 이러한 돌담들이 동물들이나 외부의 침입을 막기 위한 목적이 일차적이었다면, 사람들이 모이기 시작하면서 일차적 목적의 의미가 약화되면서 농사를 짓기 위해 바람과 모래를 막는 기능이 강화된 곳도 있다. 제주의 많은 밭담들처럼 마소 등 짐승들의 출입을 막는 경우도 있지만 바람이 많은 곳에서 농사를 지을 때 담을 치는 경우가 이에 해당된다.

이러한 실용적인 기능 외에 민속신앙의 의미부여를 하는 우실도 있다. 최덕원 선생은 우실을 성(聖)과 속(俗)의 경계담으로 해석한다. 온갖 재액과 역신을 차단하는 자아경계이며, 마을의 경계, 우리 영역으로서 '우실'이라는 의미도 부여한다. 외부세계와 내부세계를 연결하는 결절점이며, 우실의 문은 마을주신이 상당(마을 밖 산에 위치)과 하당(마을내부에 있는 당산, 우물, 장승 등)을 이동하는 '신의 길'이라고 풀이한다. 뿐만 아니라 마을에서 상여가 나갈 때 산자와 죽은 자의 마지막 이별의 공간도 이곳 우실이었다. 우실은 이렇게 단순한 돌담을 넘어서 자연과 인간이 만난 문화의 총체이자 삶의 집합체였던 것이다.

출처 : 《김준의 갯벌이야기》(2009, 이후), 《대한민국갯벌문화사전》(2010, 이후)

개황 | 안좌도安佐島

일반현황

위치 | 전남 신안군 안좌면 **동경** 126° 08′ **북위** 34° 45′
면적 | 46.92km² **해안선 |** 49.7km **육지와 거리 |** 25km(목포시)
가구수 | 1,514 **인구(명) |** 3,073(남1,583+여1,535) **어선(척) |** 142 **어가 |** 261
어촌계 | 총 4개 어촌계(423명)

공공기관 및 시설

공공기관 | 안좌면사무소(061-262-4050), 안좌농협(061-261-4006), 안좌파출소(061-262-9112), 안좌우체국(061-262-5788), 안좌 119지역대(061-280-0972), 안좌면 예비군중대(061-261-2113)
교육기관 | 안좌초등학교(061-262-4020), 안좌중학교(061-262-7078), 안좌종합고등학교(061-262-7076)
전력시설 | 한전 전가구
급수시설 | 지방상수도시설 1개소 970가구, 우물(펌프) 544개소 544가구

여행정보

교통 | 배편 | 안좌읍동↔목포터미널, 대흥페리호(목포항 제1여객선 터미널 출발), 안좌복호↔목포터미널, 조양페리 1,2호(목포항 제2여객선 터미널 출발)
낚시터(유어장) | 8곳 연중 가능(한원리 낚시터 등)
특산물 | 간척지 쌀, 돌김, 꽃, 새우, 숭어
특이사항 | 치동저수지 낚시터는 붕어, 잉어 등 민물 낚시터로 낚시꾼들이 많이 찾는다. 좃바위, 벼락바위 전설과 사촌형 노래, 모내기 노래 등의 민요가 전해온다.

30년 변화 자료

구분	1973	1985	1996
주소	전남 신안군	전남 신안군 안좌면 안좌리	전남 신안군 안좌면 읍동리
면적(km²)	30.4	45.28	46.92
공공기관	-	면사무소 1개, 경찰관서 1개	면사무소 1개, 지파출소 1개 분소 1개
인구(명, 남자+여자)	11,075(5,481+5,594)	7,651(3,905+3,746)	4,890(2,436+2,454)
가구수	2,201	1,785	1,571
급수시설	공동우물 421개	우물 675개, 간이상수도 15개 5개 1,478명	우물 466개, 간이상수도 10개 3개 327명, 분교 1개 10명
초등학교	4개 3,204명	2개 1,400명(중학교 1개 854	2개 435명(중학교 1개 288명,
중고등학교	1개 450명(중학교)	명, 고등학교 1개 546명)	고등학교 1개 147명)
전력시설	137가구	한전 1,785가구	자가발전
의료시설		한의원 1개소, 약방 2개소	보건지소 1개소, 보건진료소 1개소, 약방 1개소
어선(척, 동력선+무동력선)	127(41+86)	289(8+281)	80(76+4)

＊ 공공기관은 면사무소, 파출소 등 포함

우리 애들은 굴회를 한 주먹씩 먹어

안좌면 부소도

섬으로 들어가는 길목에 할머니가 앉아서 굴을 씻고 있었다. 물이 들어 넘실넘실 노두를 간질였다. "이 물로 씻어야 오래두고 먹제. 밀물로 씻으면 흐물흐물거리고 맛도 없어. 자셔봐. 여기 굴은 달아." 국자에 가득 담아 내밀었다. "우리 아들은 굴회를 제일 좋아해." 한 알을 집어 입안에 넣었다. 짬조름한 맛 끝에 달콤함이 묻어났다. "많이 드셔. 우리 아들은 한 주먹씩 먹어." 설이 닷새 남았다. 할머니는 지난 물때에 두 차례에 걸쳐 굴을 까 모았다. 그리고 드는 물때에 노두로

작은 섬에서 6남매를 키운 할머니는 설 명절을 앞두고 노두에 앉아 굴을 씻고 계셨다. 미국에 있는 자식까지 모두 모이기 때문에 두물 동안 굴을 깠다.

가지고 나와 깨끗이 씻었다. "할머니 손 시렵지 않아요." "오늘은 푹 허그만. 이 물에 씻어야 깨끗해." 이번에 6남매 자식들이 다 모인다고 했다. 할머니는 내일 배를 타고 목포로 나가 서울로 올라갈 것이라고 했다. 엄동설한 갯물이 아무리 차가운들 어머니의 따뜻한 마음을 식힐 수 있겠는가.

부소도는 입도연대가 분명치 않으나 후손이 12대에 이르고 있어 약 360년대로 추정하고 있다. 입도조 경주이씨 이석용과 그 어머니 하동권씨가 영암 마구자에서 질병을 피해 섬에 들어왔다고 한다. 안좌도 큰 섬의 인접도서의 부속도서라 부소도라 했다고 한다.

노두를 건너 언덕을 넘자 당산나무와 마을정자가 반겼다. 10여 채가 모여 있는 마을을 가로질러 빠져나오자 논으로 이어졌다. 멀리 방조제가 쌓아져 있었다. 간척논이었다. 논 가운데 있는 포강에서 오리 몇 마리가 날아올랐다. 그 옆에 둘레를 시멘트로 쌓아올린 우물이 있

촌로들은 해방 후 최대 가뭄이 1968년에 있었다고 기억했다. 부소도는 큰 산이 없어 물이 귀하다. 수십 곳에 관정을 뚫었지만 유일하게 마을 앞 가운데서 물이 솟았다. 생명수와 같은 물이 샘에 가득하길 빌며 '만수정滿水井'이라 했다.

었다. 안을 들여다보니 지금도 사용하는지 물이 맑았다. 1968년에 팠는지 시멘트에 새겨져 있었다. 그때라면 우리나라에서 손꼽을 만한 가뭄피해가 있던 해였다. 당시 온 섬을 돌아다니며 샘을 팠지만 모두 짠물이 솟았는데 그 자리만 민물이 나와 마을 주민들이 먹는 샘물로 사용했다고 한다.

할머니는 장산으로 시집을 갔다가 할아버지와 함께 고향으로 돌아왔다. 김양식을 하기 위해서다. 장산에 비해 양식자리가 좋고 목포로 나가기도 좋았다. 그땐 부소도에도 30여 가구가 살았고 학교도 있었다. 지금은 7가구가 살고 있다. 30년 전까지만 해도 김농사와 소금농사를 지으며 살았다. 1960년대에 50킬로그램 짚가마니로 소금을 가득 채워 가지고 가서 운임에 수수료를 제하고 나면 담배 한 갑과 바꾸기도 힘들었다. 당시 대부분 담배는 봉초라고 해서 말아서 피는 담배였고 새로 나온 아리랑 담배가 고급이었다. 아리랑 한 갑 사려면 소금을 한 가마니 가지고 가야 할 형편이었다.

마을에서 제일 젊은 서재석(1938년생) 씨도 방조제 옆 염전이 한 판 있었지만 소금값이 쌀 때 논으로 바꿔 버렸다. 당시에는 노두도 지금처럼 차가 들어올 수 있는 길이 아니었다고 한다. 고무신도 없이 짚신을 신고 갯벌 위를 걸어다녔던 것을 생각해보라. 지금과 같은 노두가 완성된 것은 8년 전이다.

서씨가 마을에서 제일 젊은 사람이라 할 정도로 부소도사람들은 고령이다. 인근 반월도는 김양식이나 전복양식을 하면서 젊은 사람이 많이 사는 것에 비교하면 전혀 다른 분위기다. 갯벌에 낙지도 많이 있지만 낙지를 잡는 사람도 없고 1990년대 후반 김양식이 중단되면서 젊은 사람들은 모두 섬을 떠났다. 완도에서 톳양식을 하겠다고 들어온 젊은 사람이 한 명 있을 뿐이다.

개황 | 부소도扶所島

위치 | 전남 신안군 안좌면 존포리 **동경** 126° 09′ **북위** 34° 42′
면적 | 0.67km² **해안선** | 4.0km **육지와 거리** | 25km(목포시)
가구수 | 8 **인구(명)** | 17(남8+여9) **어선(척)** | - **어가** | 2

전력시설 | 한전 전가구
급수시설 | 우물(펌프) 2개소 2가구, 간이상수도시설 1개소 6가구

교통 | 배편 | 신해8호, ㈜조양운수
특산물 | 갯지렁이, 숭어, 돔, 농어, 김, 낙지 등
특이사항 | 섬의 지형이 인근 섬들을 둘러싸 보호하는 형국이라 하여 부소도라 했다 한다. 구비전승으로 조화부리는 도깨비전설, 둥당이 타령 등이 내려온다.

30년 변화 자료

구분	1973	1985	1996
주소	전남 신안군 안재면 존포리	전남 신안군 안좌면 부소리	전남 신안군 안좌면 부포리
면적(km²)	0.67	0.67	0.67
공공기관	-	지파출소 1개	-
인구(명, 남자+여자)	170(85+85)	159(87+72)	20(9+11)
가구수	32	38	11
급수시설	공동우물 12개	우물 10개	우물 10개
초등학교	1개 39명	분교 1개 29명	-
전력시설	-	한전 38가구	한전 11가구
의료시설	-	약방	상비약비치
어선(척, 동력선+무동력선)	무동력선 10척	32(1+31)	7(6+1)

＊ 공공기관은 면사무소, 파출소 등 포함

35

비구와 비구니의 '뻘' 짓

안좌면 박지도

못 다 이룬 사랑이야기는 종종 들어서 별로 감흥을 느낄 수 없지만 박지도로 가는 길에 안좌도 한운리에 사는 전 이장 김유자 님이 해준 이야기는 내내 머리에 남아 있었다.

박지섬 암자에는 젊은 스님 한 분이, 반월섬 암자에는 젊은 비구니 한 분이 살고 있었다. 서로의 얼굴은 한 번도 본 적이 없었지만 박지섬 스님은 멀리 아른거리는 자태만 보고 반월섬 비구니를 사모했다. 그러나 물이 들면 바닷물이 가로막고 썰물이면 허벅지까지 빠지는 갯벌이 가로막아 오갈 수가 없었다. 서로는 망태에 돌을 담아 부어나갔다. 그러기를 여러 해, 둘은 어느덧 중년이 되었고 어느 날 드디어 갯벌 한가운데서 만날 수 있었다. 둘은 서로 손을 부여잡고 하염없이 눈물을 흘렸다. 그런데 너무 먼 곳까지 들어온 둘은 갑자기 불어난 바닷물로 되돌아갈 수 없었다. 서로 부둥켜 안은 채 물 속으로 잠겨갔다. 다시 썰물이 되어 바닷물이 빠져나간 갯벌에는 돌무더기 길만 이어져 있을 뿐 스님도 비구니도 보이지 않았다.

물이 빠진 갯벌은 발이 푹푹 빠지는 펄갯벌이었다. 사람만 건너다

안좌도 소곡리와 박지도, 박지도와 반월도를 잇는 다리는 천사교이다. 길이가 1,004미터쯤 된다. 차는 다닐 수 없고 사람만 다닐 수 있는 목교다.

닐 수 있는 나무다리를 놓았지만 여전히 도선을 운항하고 있었다. 노인들만 사는 섬에서 걸어서 큰 섬으로 나오는 것이 만만치 않다. 다리만 500미터, 마을에서 다리까지는 20여 분을 걸어야 한다. 게다가 일을 보고 생필품이라도 사가지고 오는 길이라면 걸어 들어오는 것은 더욱 어렵다. 다리는 어차피 관광객을 유치하기 위한 수단이 될 수밖에 없다.

박지도는 고씨가 맨 처음 섬에 들어왔고 그후 김해김씨가 1700년대에 안좌 남강에서 이주하여 정착했다고 한다. 마을이 박(바가지) 형국이라 바기섬, 배기섬, 박지라고 했다. 다리를 건너자 맨 먼저 비구니와 비구의 전설을 '중노두전설' 안내판이 반겼다. 입가에 미소가 번졌다. 섬에 있는 노둣돌에는 많은 전설이 숨어 있다. 이곳은 스님이 주인공이다. 양반댁 도령과 노비의 딸, 반대로 노비의 아들과 양반댁 아씨 등 상투적인 설정이 아니라 남녀 스님을 주인공으로 등장시켰으니 안내판을 세울 만하다 싶었다. 다리는 섬 서북쪽 선창으로 연결

360

되어 있었다. 그곳에서 마을까지는 해안을 따라 20여 분을 걸어가야 닿는 섬의 남동쪽에 있다. 선창에서 마을로 가는 옛날 길은 해안도로가 아니라 산길이었다.

"내가 제일 젊으요." 칠순이 넘은 정용호(72세) 씨가 방으로 안내하며 한 첫마디였다. 나머지는 70대 후반이나 팔순이라는 것이다. 이 마을에서 태어난 노인은 객지에서 생활하다 47년만에 고향으로 귀향을 했다. 지금은 두 내외 외에도 소 14마리와 개를 식구로 데리고 있다. 한때 50여 가구에 300여 명이 살았지만 지금은 12가구가 살고 있다.

"거기가 어디라고 걸어왔어요." 걷기에는 멀다며 그래서 도선이 필요하다며 도선이야기로 마을이야기를 시작했다. 신안에는 모두 24곳에 도선이 운영되고 있다. 철부선이나 여객선이 닿지 않는 작은 섬에 마을 주민들이 직접 운영하는 도선을 말한다. 신안에만 있는 독특한 운송수단이다. 옛날에는 마을 주민들이 뱃삯이라 해서 봄에 보리, 가을에 나락을 걷어서 사공에게 선비를 주었다. 5년 전부터 신안군에서 도선장에게 월급을 지급하고 있다. 또 도선도 지어 보급했다. 어선이 아니라 면세유를 지급하기 어렵지만 그것 말고는 옛날에 비하면 말할 것도 없이 좋아졌다.

물이 빠지면 섬을 빙 둘러싸는 것이 갯벌이었다. 그래서 어장은 물론 양식도 할 수 없는 곳이 박지도다. 겨우 할 수 있는 것이 낙지잡기, 감태매기, 석화까기였다. 이걸로 아이들을 키우고 공부시키고 결혼까지 시켰다. 그러니 얼마나 살기가 힘들었을까.

이제 노인들만 남아 갯일을 하는 것이 버겁다. 작년까지는 감태를 맸지만 올해는 그것도 못해 외지인들이 다 해가고 있다. 보다 못해 마을어장으로 배를 타고 들어올 때 뱃삯 외에 3천원을 받기로 결정하고 외지인들에게 마을갯벌에서 감태매는 것을 허용하기로 했다. 그거라도 벌어서 노인정 보일러에 기름이라도 보태자 싶었다.

다리를 놓은 목적이 '낙후된 지역경제 활성화' 라고 한다. 정회장은 이를 위해서는 형식적인 농산물판매장이 아니라 실제로 맛을 볼 수 있는 시설을 겸해야 한다고 목소리를 높였다. 특히 여름철에는 많은 사람들이 다리를 찾고 섬을 오가지만 실제로 주민들에게는 아무런 도움도 되지 않는다는 것이다. 늘 들어온 이야기이다. 나이든 노인들이 민박을 하는 것은 더욱 어렵다.

매년 정월 보름에 지내는 당제사는 마음가짐이 깨끗한 30대 이상의 남자 넷을 뽑아서 원당주, 부당주, 칼재(산재비), 헌관으로 선정하였다. 원당주는 제물을 차리고 제사를 주관하며 부장주는 원당주 보좌역, 칼재는 송아지를 잡는 역할, 헌관은 소지를 태우는 일을 한다. 이들은 음력 정월 열하루에서 보름까지 닷새동안 당샘에서 목욕을 하고 온갖 정성을 다한다. 제일 전날 당산을 깨끗하게 청소하고 금줄을 치며 황토를 뿌려 잡인의 출입을 막는다. 제물은 밥, 술, 과일, 시루떡과 소머리이다. 물은 항상 당샘물을 사용한다. 당제를 지내기 전에 송아지를 사오는데 흉년 등 살림이 어려울 때는 소머리만 사다가 제물로 올렸다. 소를 구입할 때 주인이 소를 팔지 않으면 당할머니가 노여워 해 소를 굶겨 죽인다고 한다. 제사는 정월 대보름 새벽 2시에 시작한다. 마지막 소지는 이장, 원당주, 부당주, 헌관, 칼재 순으로 하며 제사가 끝나고 원당주 집에서 음복을 한다. 이때에도 부정한 사람은 접근할 수 없다. 음복 후 나룻배 운영비, 농로보수, 이장선출 등 마을제반에 대한 회의를 마친 후 풍물을 치며 한바탕 놀이판을 벌인다. 이때 풍물패는 원당주 집을 시작으로 각 가정을 방문하며 대문, 마당, 우물 등지에서 행운과 평안을 기원한다. 그런데 아쉽게 당제는 중단된 지 오래되었다.

박지도 당은 안좌도 큰 섬으로 가는 배를 타기 위해 가는 옛길 옆에 있다. 오래전에 제의는 중단되었지만 제단과 제장, 그리고 당숲은 잘 남아 있다. 걷기 좋은 길이다.

"그 전에는 당숲이 우거져서 하늘이 안 보였어요. 나무에 제단이 있는 곳에 소머리를 올리고 제를 모셨어요. 함부로 못 들어갔어요. 임신한 사람, 상가 다녀온 사람은 못 들어갔어요. 송아지도 한 달 전에 마을에서 깨끗한 사람 흠 없는 송아지를 올렸어요."

정회장은 당제 이야기가 나오자 직접 제사를 지내는 것처럼 상세하게 설명해 주었다. 보통 송아지를 사와서 마을에서 1주일 많게는 열흘 정도 먹였다. 그리고 당제를 지내는 날 밤 11시가 되면 혼자서 스스로 산길을 올라갔다고 했다. "그 길을 저 혼자 앞에서 조르르 당까지 올라가요. 희한하다고 했지요. 그걸 보고 당제 모신 사람들 이야기를 듣고 영험하구나 했지요." 사람도 다니기 힘든 돌밭 길을 소들이 알아서 가는 것을 보고 당할머니의 영험함에 모두 놀랐다고 했다. 가는 길에 우물이 있는데 이곳에서 소를 목욕시켰다. 형식적으로 물을 끼얹어 목욕시키는 시늉을 하는 것이었다. 직접 산 정상에 올라가 당산 옆에서 떡도 하고 밥도 했다.

제가 끝나면 소를 마을 가구수대로 나누어 짚으로 묶어 사장터 구시나무에 지게를 받쳐서 놓아두면 마을사람들이 하나씩 가져갔다. 정회장은 그때는 정이라도 있었는데 지금은 몇 가구 되지 않지만 옛날보다 훨씬 각박해진 것 같다며 아쉬워했다.

돌아오는 길은 마을 뒤 산을 넘어 옛길을 택했다. 산 위에 매년 정월 보름에 마을 안녕과 질병퇴치를 위해 할머니당인 상당이 남아 있다고 해서 보고 싶었다. 정월 보름날 첫닭이 울면 송아지가 제물이 되기 위해 걷던 그 길에 낙엽이 쌓여 바스락바스락거렸다.

정상이 가까워 오자 수령이 오래된 나무들이 군락을 이루며 안내를 했다. 그리고 둥글게 쌓아 놓은 돌담이 보였다. 박지제당이었다. 돌담 안쪽 북쪽 큰 나무 밑에 돌을 쌓아 제단을 만들었다. 이 돌제단 위에 소머리가 올라갔을 것이다. 그 옆으로는 태풍에 넘어졌는지 큰 나무가 쓰러져 있었다. 마을제당은 당집이 지어져 있는 것도 아니고, 인적이 드문 곳에 만들어 놓은 것도 아니고 제당 안으로 길이 만들어져 선창으로 가는 길 중간에 있었다. 마을 성황당과 같았다. 산에서 내려와 반월도로 가는 나무다리로 향했다.

개황 | 박지도朴只島

일반현황

위치 | 전남 신안군 안좌면 박지리 **동경** 126° 08′ **북위** 34° 42′
면적 | 1.75km² **해안선** | 4.6km **육지와 거리** | 11km(해남군 화원면)
가구수 | 18 **인구(명)** | 26(남13+여13) **어선(척)** | 3 **어가** | -

공공기관 및 시설

폐교현황 | 안좌초등학교 박지분교가 폐교됨
전력시설 | 한전 전가구
급수시설 | 지방 상수도 전가구

여행정보

교통 | **배편** | 도선(박지호), 안좌면 소곡리 ↔ 박지도 ↔ 반월도 하루 6회
특산물 | 자연산 굴
특이사항 | 신세타령 민요가 전해오고 마을 뒷산 정상에서 매년 정월 대보름 때 당제를 모셨다. 두리-박지-반월을 잇는 천사의 다리 준공으로 관광객이 늘었다.

30년 변화 자료

구분	1973	1985	1996
주소	전남 신안군 안좌면 박지리	좌동	좌동
면적(km²)	1.75	1.75	1.75
공공기관	-	지파출소 1개	-
인구(명, 남자+여자)	328(165+163)	157	59(32+27)
가구수	50	39	24
급수시설	공동우물 21개	우물 13개	우물 9개
초등학교	분교 1개 75명	분교 1개 34명	-
전력시설	-	한전 39가구	한전 24가구
의료시설	-	약방	상비약비치
어선(척, 동력선+무동력선)	-	무동력선 5척	3(2+1)

＊ 공공기관은 면사무소, 파출소 등 포함

36

오지랖 넓은 어촌계장을 만나다

안좌면 반월도

박지도에서 나무다리를 건너 반월도로 향했다. 물이 빠진 갯벌에는 녹색 감태가 지천이다. 감태밭이란 이런 걸 두고 하는 말이다 싶었다. 좀 깊은 갯골을 제외하고는 온통 갯벌이다. 그 갯골을 이용해 작은 배들이 두 섬 사이를 오갔다. 물이 빠지면 걸어다녔을 노두가 중간에 끊겼다. 스님과 비구니의 이룰 수 없는 사랑이 저쯤에서 끝났겠구나 싶었다.

반월에서 박지까지 나무다리가 900미터 정도에 이른다. 짧은 거리는 아니다. 여름철에는 많은 사람들이 찾고 있다.

반월도와 박지도 주변 갯벌은 신안군 최대 최고 품질의 감태밭이다. 청정 게르마늄섬 갯벌이 주민들에게 준 선물이다.

다리를 건너면 마을길과 만난다. 오른쪽 길은 퇴촌으로 이어지는 길이고 왼쪽 길은 큰 마을 대리로 가는 길이다. 우선 큰 마을부터 택했다. 작은 마을 퇴촌에는 도선이 닿는 곳이라 나오면서 들르면 좋겠다 싶었다. 반월리는 1670년대 인동장씨가 임진왜란을 피해 입도하여 마을을 이루었다. 섬모양이 반달처럼 생겨 반월이라 했다. 두 마을 중 큰 마을을 대리 혹은 반월이라 한다. 마을입구에 할아버지당이 있다. 매년 정월 보름이면 마을안녕, 질병퇴치, 풍어, 들짐승(쥐)의 농작물 피해를 줄이기 위해 마을제사를 지냈다. 제물로는 수탉을 바치고 소지를 올려 한 해의 운을 점쳤다. 퇴촌마을에는 1770년 안좌 대리에서 들어와 살기 시작했다. 섬이 반달모양이고 퇴촌은 방아를 찧는 옥토끼에 해당하여 토촌兎村, 퇴촌이라 했다 한다.

다리에서 큰 마을까지 가는 길이 힘겨워지는 것을 보니 몸이 피곤한 모양이었다. 자꾸 뒤를 돌아봤다. 지나는 차라도 있으면 얻어 탔으면 했다. 그런데 작은 마을에 큰 섬과 차가 통행할 수 있는 다리가 있는 것도 아닌데 있을 리 있겠는가. 궁하면 통하다고 했던가. 털털거리며 트럭 하나가 오고 있었다. 손을 들었다. 시꺼멓게 생긴 남자가 퉁명스럽게 "어디 가시요"라며 타라고 했다. 그게 인연이 되어 차를 얻어 타고 하룻밤 신세도 지고 마을이야기도 듣고 술도 마셨다. 그가 어촌계장 장봉규(53세) 씨다. 반월(앞마을)은 40호, 토촌은 15호쯤 살고 있다. 두 마을 모두 주업은 김양식이다. 김양식을 하는 사람은 13호, 전복은 5가구가 하고 있다. 김양식을 많이 하는 사람은 800~1,000때를 하며, 보통 200~300때 정도를 양식하고 있다. 반월도에서 김양식이 시작된 것은 40년 정도 된다. 초기에는 한 가구당 10때가 보통이었고 많이 하면 20여 때 정도 했다. 많이 할 때는 김양식장이 458헥타르 였지만 지금은 350헥타르 정도다. 전복은 섬 전체 60헥타르 정도다.

섬사람들은 김양식이 끝나면 20여 가구 정도가 낙지를 잡는다. 주로 주낙을 이용해 낙지를 잡는다.

"여기 낙지가 부드럽고 아삭아삭해. 진지리라고 알아." 만난 지 얼마나 됐다고 말을 놓나. 그렇지만 전혀 기분이 나쁘지 않았다. 털털하고 여유있는 모습이 보기 좋았다. 이래봬도 바닷가로 다닌 지가 몇 년인데 진지리를 아냐고. "잘피 아니에요, 진지리가." 어촌계장이 고개를 돌려 쳐다봤다. '좀 아는데' 하는 눈치다. 그런데 낙지가 아삭아삭하다는 소리는 처음 들어봤다. 그렇다고 섣달 엄동에 낙지맛을 보자고 할 수도 없는 노릇이다. 아무튼 갯벌 안쪽에 엄청난 진지리밭이 있다는 것이다. 물고기 산란장이며 서식처가 있다는 말이다. 그래서 온갖 고기들이 많은 좋은 어장을 갖추고 있으니 '작은 섬이라고 깔보지 말라.' 이런 말 아닐까.

어촌계장 부부는 400떼의 김발을 운영하고 있다. 매년 김발보수로 1천만원 정도 들어가며 김발이 잘 될 때는 1억원 정도 소득을 올리고 있다. 이 중 이런저런 비용을 제하고 나면 도시에서 직장 생활하는 것보다 훨씬 낫기 때문에 반월도에는 젊은 사람들이 많이 있다. 김발을 하기 전에는 농사가 많았다. 마을 뒤 제방을 쌓아 만든 1만 평 정도의 논을 비롯해 마을 뒷산 대부분을 개간하여 밭농사를 지었다.

어촌계장이 어디론가 전화를 걸었다. "형수 나 큰 것 한 마리만 줘." 이 사람은 순전히 누구한테나 반말이구나. 처음 본 내가 맘에 들었는지 마누라도 없으니 집에서 자고 가란다. 그리고 대답도 하기 전에 어디론가 전화를 걸어 고기 한 마리를 부탁한 것이다. 그렇게 반월도에서 하루를 묵게 되었다.

어촌계장이 숭어회를 썰어 왔다. 소주 안주였다. 참숭어였다. 최고로 맛있는 섣달 숭어를 앞에 두고 마을이야기를 나누었다. 후배라며

반월도 당은 할아버지당과 할머니당으로 비구와 비구니처럼 한 쌍이다.

마을이장도 불렀다. 적잖은 술을 마셨다. 많은 이야기도 나누었다. 그리고 눈을 떠보니 아침이었다. "국은 못 끼리고 꽁보리밥에 밥 한 술 하제." 어촌계장의 목소리에 눈을 떴다.

어제 늦어서 살펴보지 못한 마을 앞 당산으로 갔다. "여기가 박지당하고 짝이여. 거가 할머니고 여기가 할아버지든가." 중노두와 마을당. 비구니와 비구 그리고 당할머니와 당할아버지. 정말 멋진 조화였다. 반월당은 이중 돌담으로 이루어졌다. 안당에는 제를 모시고 밖에 쌓은 돌담이 길과 닿아 있었다. 당 안에는 팽나무, 후박나무, 느릅나무 등이 숲을 이루고 있었다. 300년이 훨씬 넘었다는 느릅나무는 옛날부터 구황식물로 알려져 있으며 《제민요술》에서 "한 번 수고하면 영원히 편안하다"고 할 정도로 가치가 높은 나무였다. 껍질을 찧어서 종기나 헌데 바르면 낫는다는 나무다. 또 접착성이 강해 껍질을 찧어 진흙과 섞어 돌이나 기와 등을 붙이는 데도 사용했다. 정약용도 〈유림만보楡林晚步〉(해질녘 느릅나무 숲을 거닐며)라는 시를 남겼다(강판권, 《나무사전》에서 옮김).

작지 짚고 시냇가 사립을 나와

고운 모래 밟으며 천천히 걸어보니

온몸은 병들어 약할 대로 약해지고

옷자락 바람결에 너울거리네

어여쁜 풀 위에 햇빛은 비치고

고요한 꽃 위에 봄이 깃드네

시물이 변해도 상관없어라

이내 몸 있는 곳이 내 집인 것을

느릅나무 잎사귀 토한 듯 무성한데

우거진 옥음 아래 돌러 앉은 촌사람들

파리한 꽃술에 벌들 다퉈 날아들고

따뜻한 숲속엔 사슴이 뿔 기르네

임금님 은혜로 목숨은 남았으나

촌 노인들 내 모습 가여워하네

나라 다스리는 방책을 알려거든

마땅히 농부들에게 물어야 할 일

어촌계장은 느릅나무의 벌어진 틈으로 머리를 디밀며 옛날에는 여기에 숨기도 했다고 자랑스럽게 이야기했다. "위장에 좋고 애기들 고름나면 꽉꽉 씹어서 붙어놓으면 고름을 쫙 빨아부러. 그게 느릅나무여." 작은 섬마을에 후박나무가 여기저기 흩어져 있는 것은 전부 여기 이 후박나무 열매를 새들이 먹고 퍼뜨린 것이라고 했다. 마을당을 단순히 미신쯤으로 생각해서는 안 되는 이유다. 마을당은 그 자체로 마을신 의미를 지니지만 마을숲과 당숲으로서 생물종의 마지막 보루이기도 하다.

개황 | 반월도半月島

위치 | 전남 신안군 안좌면 반월리 **동경** 124° 51′ **북위** 34° 20′
면적 | 2.11km² **해안선** | 6.7km **육지와 거리** | 32km(목포시)
가구수 | 57 **인구**(명) | 117(남54+여63) **어선**(척) | 57 **어가** | 34

교육기관 | 안좌초교 반월분교(061-262-3055)
전력시설 | 한전 전가구
급수시설 | 지방상수도시설 1개소 전가구

교통 | **배편** | 박지호, 안좌 소곡리(두리) ↔ 반월도 하루 5회 왕복
섬내교통 | ㈜조양운수 신해8호로 장산도(복강), 안좌(두리, 복호), 반월, 부소도, 기도, 익금을 취항함.
특산물 | 자연산 돌김
특이사항 | 지형이 반달처럼 생겨서 반월도라는 이름이 유래되었다. 상여소리가 구전되며 매년 정월 대보름날에
풍어와 질병 및 쥐의 피해를 줄이기 위해 당제를 지냈다. 노루 꿩 등이 서식한다.

30년 변화 자료

구분	1973	1985	1996
주소	전남 신안군 안좌면 반월리	좌동	좌동
면적(km²)	2.05	2.05	2.1
공공기관	-	지파출소 1개	-
인구(명, 남자+여자)	615(281+334)	426(217+209)	234(120+114)
가구수	104	93	66
급수시설	공동우물 40개	우물 18개, 간이상수도 1개	우물 21개
초등학교	분교 1개 126명	분교 1개 104명	분교 1개 27명
전력시설	-	한전 93가구	한전 66가구
의료시설	-	약방	보건진료소 1개소
어선(척, 동력선+무동력선)	70(3+67)	79(1+78)	38(36+2)

* 공공기관은 면사무소, 파출소 등 포함

37

소금 한 가마 주고
담배 한 갑도 못 샀어

안좌면 자라도

날이 어두워지자 마음이 급했다. 더구나 자라도는 걸어서 돌아보기에 버거운 섬이다. 섬은 자라도, 증산도, 휴암도 세 섬으로 나뉘어져 있었다. 1949년 간척을 시작하여 자라도와 증산도 사이에 계림염전, 증산도와 휴암도 사이에 호남염전을 개발하여 하나의 섬으로 통합하였다.

주민들이 시작한 간척이었지만 완공을 해서 소금을 생산하기 전에 외지인에게 팔렸다. 너무 가난해 간척을 끝까지 마무리할 수 없었기 때문이다. 소금밭이 완공된 후 마을 주민들은 염전을 임대해 소금을

자라 · 증산 · 유함도 세 섬을 연결해 한 섬을 만들었다. 그 사이의 갯벌은 소금밭이 되었다. 신안의 큰 섬들은 대부분 사람이 물길을 막고 갯벌을 매립해 생겨났다.

생산했다. 소금값이 좋을 때는 생산된 소금을 생산자와 지주가 4:6, 쌀 때는 5:5로 나누었다. 아주 쌀 때는 7:3으로 나누기도 했다. 소금이 값도 싸지고 시장도 개방되자 정부는 감단정책을 추진했다. 자라도 염전도 정부의 정책에 폐전을 했다. 주민들의 선택이 아니라 소금밭 주인인 서울양반들의 선택이었다. 그들이 땅주인이기 때문이다.

자라도는 자라마을, 증산마을, 휴암마을 등 세 마을로 이루어져 있다. 자라마을은 1690년대에 해남에서 밀양이씨가 들어와 살기 시작했다고 한다. 섬이 자라처럼 생겨서 자라도라 불렀다. 증산마을도 비슷한 시기에 임진왜란을 피해 강진에서 남평문씨가 입도해서 살기 시작했으며 마을 동남쪽에 있는 산이 시루를 엎어 놓은 것 같다고 하여 증산이라 했다고 한다. 휴암마을은 1750년대 안좌 여흘리에서 경주김씨가 들어와 살았다고 한다. 마을 뒷산 바위가 부엉이처럼 생겨 휴암마을이라 했다고 한다.

폐염전을 새우양식장으로 바꾼 곳도 양식을 중단했다. 그 옆 폐염전지는 갈대가 자라 염전흔적을 덮었다. 염전을 가로질러 도로를 내고 있었다. 계림염전을 지나다 염전사택에서 농사일을 하는 주민을 만났다. 고용수(64세) 씨, 그도 평생 소금밭에서 일했다. 염전을 폐전시키지 않았다면 주민들이 모두 소금으로 먹고 살았을 텐데 아쉽다고 했다.

'신탄진' 담배가 처음 나왔을 때 50킬로그램 소금 한 가마니를 지고 가도 담배 한 갑을 주지 않았다. 그래도 주민들은 소금밭에 의존해 생활했다. 다행스럽게 갯벌이 좋아 김양식을 할 수 있었다. 겨울에는 김양식 봄부터 가을까지는 소금밭에서 일을 해 생활할 수 있었다. 자라도 사람들에게 소금밭이 특별한 이유다. 지금은 소금밭이 폐전되어 일부는 새우양식장으로 일부는 방치되어 갈대가 자라고 있다.

"염전은 우리 할아버지 때 만들었제라. 그때는 배가 고파서 외부 사람들에게 팔았어요. 쌓다가 완공 안 되어서. 결국은 서울 사람들 소유가 되었지. 우리가 몇십 년 그 밑에서 노동했소. 지금까지 놔뒀으면 좋을 성 싶은디. 그 자식들이 염전에 관심이 없어." 섬사람들에게 염전은 생명 같지만 지주들에게 염전은 그저 부동산에 불과했다. 염전 주인들은 지금처럼 소금이 귀한 대접을 받을 줄 생각도 못했을 것이고, 주민들의 이런저런 요구에 귀찮았을 것이다. 차라리 정부에서 보상해 준다고 할 때 폐전시키는 것이 좋을 성싶었을 것이다.

자라도에는 안좌초등학교 자라분교가 있다. 운동장도 넓고 교실도 여러 칸이다. 학교 뒤에 사택이 7~8개 남아 있다. 작은 섬의 분교들이 대부분 폐교된 것에 비하면 신기하다. 그만큼 젊은 사람들이 있다는 것이다.

개황 | 자라도者羅島

위치 | 전남 신안군 안좌면 자라리 **동경** 126° 11′ **북위** 34° 41′
면적 | 4.70km² **해안선** | 15.0km **육지와 거리** | 5km(해남군 화원면)
가구수 | 169 **인구(명)** | 357(남184+여173) **어선(척)** | 61 **어가** | 34

공공기관 및 시설

공공기관 | 안좌면출장소(061-262-4885)
교육기관 | 안좌초등학교 자라분교장(061-262-4940)
전력시설 | 한전 전가구
급수시설 | 간이상수도 1개소 전가구

여행정보

교통 | **배편** | 조양페리 1,2호
낚시터(유어장) | 2곳 연중가능
특산물 | 콩나물 재배용 '자라도콩'
특이사항 | 홍어불 전설이 내려오고 설날 새벽에 당제를 모셨다.

30년 변화 자료

구분	1973	1985	1996
주소	전남 신안군 안재면 자라리	전남 신안군 안좌면 자라리	전남 신안군 안좌면
면적(km²)	4.68	4.71	4.70
공공기관	-	지파출소 1개	면 출장소 1개, 분소 1개
인구(명, 남자+여자)	1,382(672+710)	867(419+448)	637(303+334)
가구수	214	202	168
급수시설	우물 42개	우물 52개, 간이상수도 1개	우물 27개, 간이상수도 1개
초등학교	1개 320명	1개 182명	1개 74명
전력시설	-	한전 202가구	한전 168가구
의료시설	-	약방	보건진료소 1개소
어선(척, 동력선+무동력선)	30(3+27)	138(2+136)	81(78+3)

＊ 공공기관은 면사무소, 파출소 등 포함

38

섬개구리의 반란

안좌면 사치도

그 섬에 도착하자 학교부터 찾았다. 사치도. 내가 5학년 때였을까, 섬마을 작은 분교 어린 학생들이 농구대회에서 준우승을 차지해 뉴스 초점이 되었던 섬이다. 그땐 선착장도 없었지만 지금은 선착장은 물론 도시의 아스팔트길은 아니지만 마을골목을 지나 논과 밭에 이르는 길까지 포장되어 있었다. 사람이 살지 않는 상수치 가는 길도 노두 길로 연결되었다.

사치도는 1630년경 하동정씨 정운백이 해남군 옥천에서 이주 정착하여 마을을 형성했다고 한다. 섬에 모래가 많고 지형이 꿩형국을 닮아 사치도沙雉島라 했다. 지도군 비금면에 속했으나 1914년 행정구역 개편으로 무안군 비금면에 편입되었다 1969년 신안군에 속하였다.

사치도는 안좌면 한운리에 속한 작은 마을이지만 '농구'로 인해 몸섬인 안좌도보다 유명해졌다. 왜소하고 작은 아이들이 키가 큰 도시아이들 틈바구니에서 펄쩍펄쩍 뛰면서 농구를 하는 것을 보고 당시 언론은 '섬개구리의 반란'이라며 대서특필을 했다. 섬개구리 신화는 1968년 12월 권갑윤, 김선희 부부교사가 부임하면서 시작되었다. 섬주민들은 어려운 섬의 현실을 극복할 의지도 없고 아이들에게 희망을 주지도 못한 현실을 안타까워 한 이들은 아이들이 희망을 가질 수 있도록 취미로 농구를 가르치기 시작했다. 운동장에 나무기둥을 세워놓고 꼭대기에 철사로 둥글게 바스켓을 만들었다. 목포에서 열린 목포지구별 초등학교체육대회에서 우승한 것을 계기로 부부는 본격적으로 10명의 선수를 선발해 훈련을 시켰다. 섬 주변 모래밭이 체력훈련장이었다.

아이 부모들은 부부교사의 쓸데없는 짓을 손가락질하며 농구하는 자식들을 나무라기도 했지만 사치분교 농구팀은 1972년 제2회 전국소년체육대회에서 서울의 계성국민학교 농구팀과 맞서 아쉬운 준우승을 차지했다. 당시 사치분교 아이들의 준우승 장면을 본 육영수 여사는 친히 TV, 농구공, 연필, 노트 등을 선물로 전달하며 격려했다. 사치분교 농구팀은 박정희 대통령의 초청으로 청와대도 방문했다. 이어 전라남도지사, 교육감, 국회의원 등이 여객선도 닿지 않는 섬을 잇달아 방문했다. 섬마을 숙원사업들도 하나둘 이루어져 갔다. 당시 사치분교 어린이들의 농구이야기는 1972년 신일룡, 김영애 주연의 〈섬개구리 만세〉(감독 정진우)라는 제목으로 영화화 되기도 했다.

섬마을 아이들만 변한 것이 아니었다. 그동안 환경 탓만 하며 자포자기한 생활을 해왔던 부모들도 자신감을 갖는 아이들의 모습에 변하기 시작했다. 농구하는 자식을 나무라던 부모도 해태양식 등 어려운 섬생활을 극복하려 노력하기 시작했다. 그리고 10여 년 후 호당 소득이 300만원을 넘어 안좌면에서 소득이 가장 높은 부자마을로 탈바꿈할 수 있었다. 덩달아 아이들을 목포로 유학보내는 등 교육열도 높아졌다.

선창에서 마을로 들어가는 길 양쪽에는 마늘밭뿐이었다. 섬개구리들이 농구를 하던 시절에는 논 7헥타르와 밭 10헥타르가 전부였다. 모판을 만드는 사람들과 마늘밭에서 풀과 마늘종을 뽑아내는 주민들이 간간이 보였다. 큰길을 따라 밭을 지나자 곧바로 학교로 이어졌다. 날씨가 꾸물꾸물해 경로당에는 열 분의 할머니가 계셨다. 섬개구리

이야기를 하자 금방 경로당이 소란스러워졌다. 낯선 사람을 경계하던 노인들은 섬개구리에 관심을 갖자 금새 눈빛이 호기심으로 바뀌었다. 모두 70대와 80대의 노인들이었다. "내가 목포에서 볼 때는 이겼는데 자네가 서울가서 볼땐 졌제. 길성이도 영준이도 농구를 했는데." 한 노인이 아이들 이름을 주섬주섬 챙겼다.

섬개구리들이 초등학교를 다니던 시절 400여 명에 50여 가구였던 마을은 50여 명에 27호(실제가구)가 거주하고 있다. 김양식으로 새로운 희망을 가졌던 섬사람들은 나이가 들어 작은 밭과 손바닥만한 논 농사에 의존해 생활하고 있다. 한국전쟁 중인 1952년 안좌초등학교 사치분교로 개교했던 학교는 지난 2000년 최씨 형제 2명을 마지막으로 문을 닫았다. 섬개구리들 중 섬에 남은 사람은 아무도 없지만 부모들은 여전히 사치분교와 더불어 똬리를 틀고 섬을 지키고 있다.

사치도는 유일하게 모래밭이 있어 해수욕을 할 수 있다. 사치도 가는 길엔 제법 넓은 간척지가 조성되어 있지만 섬개구리들이 농구를 할 때만 해도 이곳은 모두 갯벌이었다.

개황 | 사치도沙雉島

위치 | 전남 신안군 안좌면 한운리 **동경** 125° 47′ **북위** 35° 52′
면적 | 2.22km² **해안선 |** 6.2km **육지와 거리 |** 29.2km(목포시)
가구수 | 42 **인구(명) |** 80(남45+여35) **어선(척) |** - **어가 |** 2

공공기관 | 경찰서 사치도출장소
폐교현황 | 안좌초등학교 사치분교 폐교(2001)
전력시설 | 한전 전가구
급수시설 | 간이상수도 1개소 전가구

교통 | 배편 | 대흥페리가 격일제 운항
특산물 | 숭어, 낙지, 굴, 김 등
특이사항 | 모래가 많고 지형이 꿩 형국이라 사치도라는 이름이 유래되었다. 꿩, 노루 등이 서식한다.

30년 변화 자료

구분	1973	1985	1996
주소	전남 신안군 안좌면 한운리	전남 신안군 안좌면 사치리	좌동
면적(km²)	2.22	2.219	2.22
공공기관	-	지파출소 1개	분소 1개
인구(명, 남자+여자)	406(215+191)	211(109+102)	142(71+71)
가구수	44	47	40
급수시설	공동우물 34개	우물 25개	우물 19개
초등학교	분교 1개 58명	분교 1개 47명	분교 1개 16명
전력시설	-	한전 47가구	한전 40가구
의료시설	-	약방	상비약비치
어선(척, 동력선+무동력선)	무동력선 25척	38(1+37)	17(16+1)

＊ 공공기관은 면사무소, 파출소 등 포함

신안군 팔금면

신안군 팔금면

39

어덟 섬이 모였다

팔금면 팔금도

섬에 처음 가본 사람들은 두 번 놀란다. 섬의 크기에 놀라고, 섬에서 많은 농사를 짓는 것에 놀란다. 상상 속 섬은 바닷가에 배들이 한가로이 떠 있고 툇마루에 우아하게 앉아 눈 앞에 펼쳐진 바다를 보는 것이다. 고깃배가 통통거리며 새벽잠을 깨우고 갈매기 소리에 아침을 맞는 그런 섬을 생각할 것이다. 섬을 몰랐을 때 내 상상 속 섬이 그랬다. 학교 운동장에서 축구를 하다 공이 바다에 빠지면 어쩌지 걱정을 하기도 했다. 신안 섬을 본 사람들은 이것이 얼마나 섬에 대한 무지에서 비롯된 생각이었는지 깨달을 것이다. 신안 섬들은 하나하나가 주변에 딸린 섬까지 포함해 면이다. 섬으로 이루어진 면이 모여서 섬으로 이루어진 군이 되었다.

팔금은 삼한시대 압해, 기좌, 도초 등과 함께 아차산현에 속했다. 그 후 통일신라시대와 고려시대에 기좌, 도초와 함께 압해군에 편입되었다. 조선초에는 나주목에 속했다가 영광군에 배속되었고 조선후기에 다시 나주목에 편입되었다. 1896년 지도군 설군시 기좌면으로 지도군에 속하였다. 1914년 행정구역 개편으로 무안군에 편입되었다가 1917년 안창면과 함께 안좌면에 편입되었다. 그 후 1969년 신안군이 분군되면서 신안군에 속하였다. 1971년 팔금도출장소가 설치되었고 1983년 면으로 승격되었다.

섬들의 천국이 다리의 천국으로 변할지 모르겠다. 1990년대에 건설된 신안1교, 중앙대교(사진), 은암대교, 서남문대교 등의 연도교 이외에 2000년대에도 지도대교, 증도대교, 압해대교 등이 완공되었다. 가장 긴 다리인 새천년대교(7,260미터)를 비롯해 5곳의 연도교가 공사중이며 하의-도초 등 14곳도 추진 중이다.

작은 섬들이 모여 큰 섬이

팔금도는 신안면 중에서 가장 작은 섬이다. 매도, 거문도, 거사도, 띠섬, 백계도, 원산도, 매실도, 일금도 등 8개의 섬을 연결했다. 그 모양이 나는 새와 같다 하여 붙여진 이름이 팔금도八禽島다. 가장 큰 섬은 원산도로 서근리와 장목리가 있다. 팔금도가 지금의 모습을 한 것은 1900년대 초반으로 추정된다. 작은 섬과 섬을 연결하는 방조제를 쌓아 바닷물을 막아 갯벌을 논으로 바꾸었다. 현재의 논들은 모두 갯벌이었다. 산골짜기 옹달배미 정도가 논이었을 것이다.

팔금도 지명설화는 3가지가 전한다. 첫째로 섬의 형성과 모양으로 붙여졌다는 설이다. 본도와 주변 작은 섬까지 8개의 섬을 간척하여 하나의 섬 팔금으로 했다고 한다. 둘째는 날짐승 이름이 들어간 8개의 명당이 있어 붙여진 이름이라는 설이다. 우연인지 알 수 없지만 금당산(닭메산, 닭), 장촌 백계도(흰 닭), 원앙구지(원앙새), 원산의 작두지(까치), 비로지(백로), 오만이(까마귀), 이목의 부소지(물오리), 진고의 오림이(까마귀) 등 날짐승이 그것이다. 셋째는 여덟 개의 유인도(금당산[본도], 백계도, 원산도, 띠섬, 거문도, 매도, 고산도, 거사도) 설 등이다. 이 중 거문도, 매도, 거사도만 남아 있고 나머지는 대부분 간척과 매립으로 본섬과 연결하여 농지와 염전으로 바뀌었다.

팔금면은 읍리, 대심리, 원산리, 장촌리, 진고리, 이목리, 당고리 등 행정리가 있다. 읍리는 골짜기 안에 있어 골안이라 부르다 행정중심이 되면서 읍리라 칭하였다. 대심리는 원산과 장촌 사이에 위치해 있으며 방조제를 쌓기 전에는 양쪽으로 바닷물이 깊이 들어왔다. 갯벌을 막아 염전과 너른 농지를 조성했지만 염전은 폐전하여 새우양식장으로 이용하다 방치되고 있다. '큰 지픈골'이라 했던 것으로 보아 이러한 지형이 지명화된 것으로 보인다. 이외에도 큰몰이라고도 불렀다. 원산은 마을 뒤 채일봉이라는 명산이 있고 멀리 보인다 해서 붙여진 이름이라고 한다. 장촌리는 건너다니던 다리가 낡아 사근다리라 부르다 마을이 길게 형성되어 있어 장촌이라 했다 한다. 진고리는 긴 곶이 있어 진구지, 진고리라 했으며, 이목리는 배나무가 많아 배낭골이라 붙인 이름이다. 거문도와 매도는 이목리에 속하다가 2005년 거문리로 독립했다. 당고리는 팔금의 신당이 있는 곳으로 당고지, 당구지, 당고리라 했으며 거사도가 이 마을에 속한다. 가뭄이 오래 지속되면 당고리에 속한 고산에 올라 기우제를 지냈다고 한다.

인간의 능력은 어디까지일까. 팔금도 북쪽에 암태도와 자은도를 다리로 이었다. 남쪽으로 안좌도도 연결되었다. 이제 암태도와 목포 앞 압해도를 연결할 계획을 추진하고 있다. 새천년대교라고 이름까지 지었다. 압해도는 이미 목포와 연결되었다. 머지않아 배가 아니라 자동차를 타고 팔금도를 가는 날이 올 것이다. 섬이 육지가 된다면 어떻게 될까. 섬의 역사와 문화를 아끼고 좋아하는 입장에서 보면 결코 바람직한 일은 아니다. 섬사람들 입상에서는 육지와 연결되는 것이 소원이겠지만. 적절한 타협점이 무엇일까. 내가 제일 고민하는 부분이다.

소중한 것들은 가까이 있다

팔금도의 대표 문화유적은 '팔금3층석탑'이다. 신안의 문화유적이라해도 손색이 없다. 이 탑은 흑산도 읍동마을의 석탑과 함께 신안군에는 두 개밖에 없는 탑이다. 고려초기 조성한 것으로 추정되는 석탑 부근에서 1970년대 평흥국平興國이라는 글씨가 새겨진 기왓조각이 발견되었다. 떨어져 나간 부분에 태太자가 있었을 것으로 생각된다. 태평홍국은 중국 태종의 연호로 976년부터 983년(고려 5대 경종 1년부터 6대 성종 6년)까지 사용되었다. 지금부터 1000년 이전에 사찰과 함께 탑이 조성되었을 것이다. 《조선왕조실록》(1422년 2월 20일)에는 팔금도 불교세력의 침향沈香 관련 기록도 확인할 수 있다. 현재 남아 있는 것은 2층기단 위에 3층의 탑신과 상륜부로 구성되어 있다. 일제강점기의 《조선보물고적조사자료》에는 5층이라 보고되어 지금 3층은 본래 층수가 아닌 것으로 추정된다.

팔금3층석탑은 신안군의 자존심이다. 흑산도 읍동마을 탑과 함께 신안군의 귀한 탑이다.

팔금도 고산 선창에 내렸다. 네 섬이 연결되고 나서 고산 선창보다 안좌도 복호 선창을 자주 이용한다. 고산 팔금도 북동쪽이다. 비가 오지 않으면 기우제를 지냈던 곳이다. 육지도 그렇지만 섬에서 물은 생명이다. 섬 밖으로 나가 구할 수 있는 것도 아니다. 요즘이야 과학기술이 발달해 바닷물을 담수로 바꾼다지만 옛날에는 하늘만 쳐다볼 수밖에 없었다. 비가 오지 않으면 음력 5월이나 6월 흐린 날을 택해 고산리와 당고리 사람들은 고산에 올라가 나무를 쌓아두고 불을 피우고 제를 지냈다. 노인들은 기우제를 지내고 며칠이 지나면 꼭 비가 왔다고 기억한다. 고산 외에도 읍리에 있는 당뫼산(금당산)에서도 기우제를 지냈다. 제를 지낼 날짜가 되면 외소리를 해 동네사람들에게 알렸다. 지금이야 방송하면 될 일이지만 옛날에는 목소리 큰 사람이 높은 곳에 올라가 소리쳤다. 이 일만 맡아서 하는 사람이 있었다. 이를 '외소리'라 한다. 소리를 들은 마을 사람들은 나무를 한 뭇씩 지고 당뫼산에 올랐다.

기우제 말고도 팔금도는 우실이 많다. 우실은 바람을 막는 방풍림이다. 매도, 서근리, 원산리, 이목리, 읍리에 각각 우실이 있었다. 팔금도는 서해를 오가는 뱃길 길목에 위치해 있다. 게다가 큰 섬이 아니라 작은 섬들로 나누어져 갯골을 타고 오는 북서풍을 막아야 생활이 가능한 섬이다. 북쪽에 암태도 송곡마을이나 익금마을은 돌을 쌓아 우실을 만들었다. 팔금사람들은 돌담 대신 나무를 택했다. 섬이 크지 않아 큰 돌을 찾는 것도 쉽지 않았을 것이다. 우실은 마을과 마을의 경계 역할을 하기도 했다. 큰 나무가 많은 우실은 당산 역할을 하여 당집을 짓고 신성하게 보호했다. 땔나무가 없던 시절에도 우실에서 땔나무를 하는 것은 금기였다. 상여가 나갈 때도 우실 쪽으로 가서는 안 되었다. 우실 뒤에 장지가 있더라도 돌아서 가야 했다. 팔금면 이목리

팔금면 고산(141.6미터) 봉우리를 문필봉이라 했다. 인근 작은 섬사람들은 문필봉을 보며 자식들이 글을 잘 쓰는 훌륭한 사람으로 성공하길 빌었다.

마을 뒤편 언덕 북서쪽을 둘러싸고 빽빽하게 들어찬 팽나무군락이 있다. 정월 열나흘 저녁 우실 끝에 있는 팽나무에서 당제를 지냈다. 당제는 20여 년 전에 중단되었고 우실은 흔적만 확인할 수 있다. 원산리 우실은 전나무와 소나무 군락이다. 원산리에서 장목마을로 넘어가는 길목에 있다. 주민들은 이곳을 '우실재'라고 부른다. 우실에 당집은 없었지만 큰 소나무에 매년 당제를 지냈다. 지금은 큰 소나무가 남아 있지 않으며 당제는 1980년대까지 유지되었다. 이곳도 마을 북쪽에서 부는 바람을 막아주며 이웃마을과 경계이자 출입구 역할을 한다.

갯살림은 정년이 없다

팔금도는 쌀농사와 마늘농사로 살아간다. 한때 소금도 많이 했지만 수입소금이 들어와 소금값이 떨어지자 새우양식으로 전환하였다. 고산마을은 김양식과 어업이 비교적 활발하다. 봄철 숭어, 가을철 낙지잡이와 망둥이, 봄철과 가을철에 농게와 칠게(서리게)를 잡는다. 숭어

388

잡이는 '대맥이' 혹은 삼중그물(삼마이)을 활용하고 있다. 대맥이는 물이 들어올 때 그물을 내려두었다가 물이 나가기 직전에 그물을 올려 빠져나가는 고기를 잡는 방법이다. 미리 대나무를 박아 놓아 쉽게 그물을 걸 수 있도록 만들어 놓는다. 개맥이와 크게 다르지 않지만 팔금도에서는 대맥이라 부른다. 모래펄이 발달한 곳에서는 삼마이그물도 이용한다. 삼마이는 세 겹으로 되어 있다. 이 그물 양쪽은 코가 크지만 가운데 그물이 코가 작아 들어온 고기가 쉽게 나가지 못한다. 보통 부표를 달고 닻을 매어 조류에 따라 움직이도록 설치하지만 장소에 따라서 말목을 박고 그물을 고정시켜 숭어를 잡는다.

갯살림에 의지해 살아온 팔금도 사람들은 다리가 놓이자 다른 섬 갯벌을 기웃거리고 있다. 암태도와 추포도 사이 갯벌에는 갯지렁이가 많다. 팔금도 주민들이 그곳까지 진출해 갯지렁이를 잡기도 한다. 농지가 적고 이렇다 할 용돈벌이가 없는 사람들이 익숙한 갯일을 찾아 나선 것이다. 암태도 수곡리와 추포도 사이도 긴 노두가 시멘트길로 포장되어 있다. 갯벌에서 네댓 명의 팔금도 주민들이 갯지렁이를 잡는다.

당고리와 거사도 일대 갯벌에서 망둑어와 농게와 칠게 등을 잡기도 한다. 망둑어는 가을철에 잡은 것이 맛이 좋다. 봄에는 산란하기 때문에 맛도 없고 육질도 뻣뻣하다. 가을철에 잡은 것은 육질과 뼈가 부드러워 무쳐먹으면 좋다. 주로 그물(테우)를 쳐서 잡는다. 게 중에서 식용으로 이용하는 게는 농게와 칠게이다. 농게는 '농기' 혹은 '꽃게' 라고 부르며 칠게는 '뻘기' 혹은 '서렁게' 라고도 한다. 농게는 주로 갯벌이 딱딱한 '갯장불' 에 많고, 칠게는 갯벌이 무르고 물기가 있는 '넌지창' 에 많이 산다. 농게 구멍은 동그랗게 일직선으로 파이지만 칠게 구멍은 구불구불하다. 농게는 봄에 잡지만 칠게는 가을이나 봄에 잡는다. 이외에도 가래나 손으로 낙지를 잡기도 한다. 낙지는 갯벌에 구멍을 둘 남긴다. 하나는 구멍이 작은 숨구멍(부럿)이고 다른 하나는 낙지가 드나드는 구멍이다. 이것을 잘 구별해야 한다.

갯벌은 섬노인들의 일터다. 육지처럼 연령제한이 없다. 용모도 따지지 않는다. 출퇴근 시간도 자유롭다. 철따라 낙지를 주면 낙지잡고, 굴을 주면 굴을 까고, 숭어를 주면 숭어를 잡는다. 이보다 더한 용돈벌이가 어디 있겠는가. 이뿐인가, 인간이 배설한 온갖 쓰레기를 분해해 건강한 바다를 만들어 주는 것도 갯벌이다. 작은 갯벌생물에서 큰 고래까지 서해에 서식하는 고기들이 자랄 수 있는 터전을 마련해준 것이 갯벌이다. 인간은 소중한 것은 멀리에 있다고 생각한다. 하지만 그것은 집 앞 생활터전에 있다. 보지 못할 뿐이지.

갯벌에는 식물들도 자란다. 칠면초, 퉁퉁마디, 나문재 등 염생식물이다. 갯벌과 인접한 사구에는 솔장다리, 순비기나무, 통보리사초, 갯방풍, 해당화들이 자란다. 갯벌은 바다생물과 육지생물이 공존하는 생물종다양성의 전시장이다. 생태계의 보고다. 팔금도 박지갯벌은 이러한 모습을 쉽게 관찰할 수 있다. 작은 섬들 사이에 발달한 갯벌은 어민들에게 경제적 가치가 높지만 그 자체로 충분한 생태적 가치도 지니고 있다. 최근에는 염색식물을 이용한 음식과 한방치료제 개발, 갯벌을 이용한 기능성 제품개발 등 다양한 연구들이 진행되고 있다. 갯벌은 무궁무진한 잠재력을 갖춘 보물창고다.

일반현황

위치 | 신안군 팔금면 **동경** 126° 30′ **북위** 34° 52′
면적 | 17.29km² **해안선** | 49.4km **육지와 거리** | 22.0km(고산-목포시)
가구수 | 672 **인구(명)** | 1,255(남614+여641) **어선** | 2 **어가** | 160
어촌계 | 총 1개 어촌계(30명)

공공기관 및 시설

공공기관 | 팔금면사무소(061-240-8612), 신안농협 팔금지소(061-271-1013), 팔금보건지소(061-271-1024), 농업기술센터 팔금지소(061-271-1138), 팔금파출소(061-271-1112), 팔금면 예비군중대(061-271-1113), 팔금우체국(061-271-1288)
교육기관 | 팔금초등학교(061-271-1020), 팔금중학교(061-271-1022)
전력시설 | 한국전력 전가구
급수시설 | 간이상수도 30개소 286가구, 지방상수도 ???개소 386가구

여행정보

교통 | **배편** | 목포-팔금백계(대흥페리호), 목포-팔금고산(대흥페리5호) **섬내교통** | **버스** | 팔금공용버스 1대가 백계를 출발하여 마을들을 경유해서 운항
낚시터(유어장) | 팔금도 일원
특산물 | 김, 낙지, 마늘, 브로콜리, 고사리
특이사항 | '여자는 시집가면 출가외인', '찢어지게 가난한 사람이 부자된 비결', '양성이씨 선산이야기' 등의 설화와 모내기소리, 상여소리 등 민요가 전해진다. 경관이 뛰어나고 희귀종 난이 자생한다.

30년 변화 자료

구분	1973	1985	1996
주소	전남 신안군 안재면 읍리	전남 신안군 팔금도 읍리	전남 신안군 팔금면
면적(km²)	22.6	22.614	16.49
공공기관	-	면사무소 1개, 지파출소 1개	면사무소 1개, 지파출소 1개
인구(명, 남자+여자)	5,181(2,578+2,603)	4,134(2,101+2,033)	1,969(962+1,007)
가구수	816	761	647
급수시설	공동우물 319개	우물 341개, 간이상수도 2개	우물 426개, 간이상수도 8개
초등학교	1,144명	1개 530명	1개 146명
중고등학교	-	1개 361명(중학교)	1개 131명(중학교)
전력시설	-	한전 761가구	한전 647가구
의료시설	-	약방 1개소	보건지소 1개소, 약방 1개소
어선(척, 동력선+무동력선)	32(14+18)	43(16+27)	동력선 7척

* 공공기관은 면사무소, 파출소 등 포함

40

삶에 노두를 놓다

팔금면 거문도, 매도, 거사도

이목마을을 지나 거문도로 가는 길목에 멋진 당산나무가 반겼다. 이목마을 북쪽 바닷가 쪽에서 불어오는 계절풍을 막기 위해 심었을 것으로 보이는 우실과 연결되어 있지만 자태가 예사롭지 않다. 군계일학이다. 이목마을은 산골짜기에 위치하고 배나무가 많이 있어 배낭골이라 하다가 이목梨木이라 불렀고, 매화가 많아 매도梅島라 한다. 거문도와 매도는 이목리에 속하는 자연마을이자 섬 속 섬마을이다. 거문도와 매도마을은 고산마을에 살던 김해김씨가 이주해 사람이 살기 시작했다고 한다. 옛날에는 고산도도 독립된 섬이었다. 팔금도는 본도, 백계도, 원산도, 띠섬, 거문도, 매도, 고산도, 거사도 등 8개의 유인도였다. 거문도는 '거문지리'라고도 하는데 매도와 합해서 '거매무리'라고도 부른다. 거문도에서 바라본 고산을 문필봉이라고 하는데 마을에서 고산이 바라보여 문필로 재주 있는 사람이 난다고 하여 거문리라 하였다.

이목리와 거문도 사이 염전과 농지는 '장벌갯벌'이라 부르는 갯벌이었다. 50여 년 전 이곳에 방조제를 쌓아 염전과 농지를 조성했다. 염전은 장판 대신 옹기조각을 결정지에 깔았다. 지금은 폐전을 했는지 방치되어 있고 마을 앞 염전은 양식장으로 이용하고 있다. 방치된 염전에는 염부들 대신 물새들의 발자국만 남아 있었다. 거문도와 매

이목리에 속한 거문도가 행정리로 독립하던 날 주민들은 모두 모여 잔치를 벌였다. 당시 촬영한 기념사진이 마을회관에 걸려 있다.

도 주변에서는 김양식을 많이 하고 있다. 거문도는 평균 300때의 김양식을 하지만 많이 하는 사람은 1,000때 정도 하고 있다. 이렇게 많은 양식을 하는 경우는 대부분 김공장을 가지고 있다. 매도도 김양식을 하는 사람은 100여 때 정도 하고 있다. 김양식 외에도 해안 곳곳에 산재한 구릉을 밭으로 개간해 마늘농사를 짓고 있다.

장벌염전을 지나자 마을이 나타났다. 마을회관이 있는 거문리 중심이다. 거문리와 매도는 이목리에 속했지만 2007년 5월 8일 행정리 '거문리' 로 승격되었다. 마을회관에는 이를 기념한 사진이 걸려 있다. 행정리가 되면 면사무소 이장단 회의에 당당히 참여할 수 있고 발언도 할 수 있다. 이곳에 10여 호가 거주하며 매도로 넘어가는 길목에도 10여 호가 살고 있다. 이곳에는 논 한가운데 수백 년 되었다고 알려진 샘이 하나 있다. 아무리 가뭄이 들어도 물이 마르지 않은 샘으로 거문리 사람들은 모두 그 물을 먹었다. 지금은 농사를 짓는 데 이용하고 있다. 육지도 그렇지만 특히 섬사람들에게 물은 생명이다. 더구나 거문도나 매도처럼 작은 섬에 사람이 살 수 있었던 것은 물이 있었기 때문이다. 매도에도 1975년에 '대통령각하 특별지원사업'으로 판 우물이 마을 앞에 남아 있다. 얼마나 마을주민들 숙원사업이었으면 지

작은 섬도 나무와 물이 있으면 사람이 살았다.

원사업으로 샘을 팠겠는가. 매도는 한때 13호가 살았지만 지금은 7호가 살고 있다. 거문도는 학생들이 본도에 있는 초등학교를 다녔지만 매도는 분교가 있었다. 오래전에 폐교되어 외지인이 매입을 했다. 학생들이 많을 때는 열댓 명까지 되었다. 가구 수가 많지 않은데 학생이 제법 있었던 것은 큰 섬은 본도에 있는 중학교로 학교를 가야 하지만 분교는 목포로 나갈 수 있기 때문에 암태나 팔금 등에서 일부러 분교로 전학을 오기 때문이었다. 일금도가 보이는 곳까지 걸어들어갔다 마을주민 오재구(72세) 씨를 만났다. 긴 장화에 조락을 어깨에 메고 어장에 가는 길이었다. 30여 때의 김양식을 하는 오씨는 소일거리로 숭어잡는 그물을 처음으로 쳤다고 했다. 그가 친 그물을 '삼마이'라고 하는데 '삼중망'을 가리킨다. 갯벌에 말목을 박고 가운데 그물코는 작고 양쪽 그물코는 큰 세 겹의 그물을 친다. 사리에는 조류가 빠르기 때문에 그물이 엉켜 훼손될 우려가 있어 조금에 그물을 펼친다. 숭어는 떼로 몰려다니기 때문에 한번에 많은 숭어를 잡을 수도 있다. 보통 10월부터 5월까지 잡는다.

　거문도에서 매도로 가는 길은 노두길이다. 물이 들면 배를 타고 건너고 물이 빠지면 단단한 갯장불(발이 빠지지 않는 단단한 갯벌로 자갈이나

모래가 섞인 혼합갯벌)이나 징검다리를 놓아 건너다녔다. 그래도 무시로 건너다닐 수 없었기 때문에 섬사람들이 생각해낸 것이 노두였다. 이 노두는 1981년 취로사업 100만원과 1983년 새마을사업 300만원, 주민부담 400만원으로 길이 480미터, 넓이 3미터의 노두길을 만들었다. 거문도와 매도 사이의 노두는 나무꾼들이 많이 이용했다. 매도에는 나무도 많고 갯벌이 좋아 '돈섬'이라 했다. 팔금도 본섬 사람들이 하루에 두 차례씩 나무를 하러 몰려왔다. 이 때문에 매도 마을사람들과 실랑이도 많았다.

팔금도는 고산리와 거사리, 읍리와 거사리, 매도와 거문리 등 섬과 섬 사이에 노두가 있었다. 우리 선조들은 한 해 신수가 좋지 않는 자식들을 위해 아버지가 액막음으로 노두를 놓는 풍습이 있었다. 정월 대보름에 불길한 사람의 액땜을 위해 착한 일을 하는 풍속이었다. 이를 적선積善이라고 한다. 다리를 놓거나 다리 대신 가마니에 돌을 넣은 오쟁이 같은 것을 놓음으로써 남을 위해 적선하는 것이다. 이를 노지·노디·노드·노들·노두·노두독·노다리·띄은다리·유둣돌·오쟁이·오장치·오쟁치·오쟁이돌 등 다양하게 불렀다. 모두 고장말이다. 얼마나 여러 지역에서 노두를 놓았으면 이름도 이리 다양할까.

일종의 징검다리였다. 모두 사람의 힘으로 옮겨야 했던 시절에 노두를 놓는 일은 어렵고 힘들었을 것이다. 힘든 일을 놀이문화로 승화시킨 조상들의 지혜를 보면 탄성이 절로 나온다. 많은 사람들이 다니는 곳이지만 다리가 없어 불편한 곳에 몰래 다리를 놓았다. 이를 '월천공덕越川功德'이라 한다. 가마니 속에 돌 대신 돈을 넣어 적선을 하기도 했다. 아기를 낳지 못하던 사람도 노두를 놓으면 아기를 낳는다는 이야기도 전한다. 거사리에는 노두 흔적이 잘 남아 있다. 언제 만들었는지 알 수 없다. 폭 1미터에 길이 약 700~800미터 정도다. 시멘

갯벌 위에 떠 있는 작은 섬과 큰 섬을 연결하는 것은 뱃길이 아니다. 노두길이다. 짱뚱어와 서렁게가 지나는 갯골을 가로질러 노둣돌을 놓았다.

트로 새로 노두길을 놓았다. 거사리 노인 중에는 결혼을 할 때 가마를 타고 노두를 건너왔다고 기억하는 분도 있다. 노두가 없는 곳에서는 물때에 맞춰 갯벌을 건너온 경우도 있다. 해마다 봄철이면 거사리 사람들은 노두 보수를 했다. 펄에 묻힌 돌을 파내고 산에서 돌을 가져와 쌓기도 했다.

거사도는 고산선착장에서 당고리로 향하다 왼쪽으로 고개를 돌리면 갯벌 위에 떠 있는 작은 섬이다. 예전에는 13가구가 살았지만 지금은 3가구가 섬을 지키고 있다. 본섬과 지척이지만 물이 들면 꼼짝없이 갇히는 신세였다. 뱃사공이 없어 학생이 있으면 양쪽에 줄을 매어 당겨 쪽배를 타고 아이들을 학교에 보냈다. 지금 노두는 간척을 하려고 방조제를 쌓다 중단한 곳을 연결하였다고 한다. 그 안쪽에 꽤 길고 구불구불한 곳에 옛날 노두 흔적이 남아 있다. 먼 길이지만 그곳이 제

396

일 먼저 물이 빠지고 단단하기 때문에 노두를 놓았다고 한다. 젊은 사람들은 일찍 섬을 떠났고 나이들어 나가지 못한 사람들만 남아 있다. 이곳에 살다 고산으로 이사한 임덕봉(64세, 2009년 당시) 씨는 김양식을 하기 위해 완도 소안도에서 거사도로 이사했다. 애초에는 암태면 당사도로 김발을 하기 위해 들어갔었다. 당시 '당사도에 들어가 보니 섬이 새까맸다'고 기억했다. 바다는 김발로, 섬은 김을 말리는 건장으로 새까맣게 변했다. 당시 소안도에서 모두 15명이 김양식을 하려고 들어왔다.

"완도 소안면이 고향이요. 비자리 비동리요. 소안에서 그때는 발전이 안 돼가지고. 할 것이 없고 가진 것도 없고, 김발하고 미역발하고 그래서 하머는 적자요. 방위만 댕기다가 30만원 빚져불고 김발해서 갚았소. 해바야 도래어미타불이고 그래서 당사도를 온게 꺼매져불드만. 사람들이 다 괜찮아 할라고 했드니, 지그도 적다고 못 들어오게 하드만 그기서 일하는 사람이 팔금이 뻘땅이 놀고 있다고 해서 들어왔제."

열다섯 사람이 와서 모두 나가고 임씨를 비롯해 고산에 두 사람, 원산에 한 사람, 거무지리에 두 사람이 남아 있다고 했다. 그 뒤로 오랜만에 소안도에 갔다가 임씨는 깜짝 놀랐다고 했다. 도깨비가 나온다던 공동묘지에는 수산물 가공공장이 생겼고 미역과 전복양식으로 돈이 넘쳐 보였기 때문이다. 게다가 밭에서도 고기를 키우고 있었다고 했다. 육상가두리양식을 두고 하는 말이었다. 그 뒤로 다시는 고향에 가진 않았다. 자신의 삶이 너무 초라해 보였기 때문이다. 큰 섬으로 이사간 것도 10년이 훨씬 지났지만 여전히 농사를 짓기 위해 노두를 건너 작은 섬을 오가고 있다.

개황 | 매도梅島

위치 | 전남 신안군 팔금면 이목리 **동경** 126° 29′ **북위** 34° 54′
면적 | 0.43km² **해안선** | 3.7km **육지와 거리** | - (연륙)
가구수 | 9 **인구(명)** | 21(남10+여11) **어선(척)** | 5 **어가** | 7 **어촌계** | 총 1개 어촌계(7명)

전력시설 | 한국전력 전가구
급수시설 | 간이상수도시설 1개소 5가구, 지방상수도 1개소 4가구

교통 | **배편** | 썰물 때 잠수교를 이용하여 팔금도로 나와 백계, 고산에서 목포를 향하는 배를 이용한다.
특산물 | 김 양식, 참다래, 수출용 갯지렁이
특이사항 | 봄이면 매화가 만발하다 하여 매도라고 부르게 되었다. 의붓엄마 전설이 구전되며 썰물 때 팔금도와
연결되어 사람과 차량 등의 왕래가 가능하다.

30년 변화 자료

구분	1973	1985	1996
주소	전남 신안군 안좌면 이목리	전남 신안군 팔금면 이목리	좌동
면적(km²)	0.67	0.432	0.43
인구(명, 남자+여자)	75(36+39)	71(36+35)	49(25+24)
가구수	13	15	12
급수시설	공동우물 19개	우물 6개	우물 20개
초등학교	분교 1개 15명	분교 1개 8명	분교 1개 4명
전력시설	-	한전 15가구	한전 12가구
의료시설	-	약방	상비약비치
어선(척, 동력선+무동력선)	무동력선 1척	동력선 1척	12(10+2)

30년 변화 자료

구분	1973	1985	1996
주소	전남 신안군 안좌면 당고리	전남 신안군 팔금면 당고리	좌동
면적(km²)	0.93	0.93	0.93
인구(명, 남자+여자)	69(32+37)	64(31+33)	18(8+10)
가구수	13	13	7
급수시설	공동우물 8개	우물 14개	우물 6개
전력시설	-	-	한전 7가구
의료시설	-	약방	상비약비치
어선(척, 동력선+무동력선)	무동력선 1척	2(1+1)	동력선 1척

신안군 암태면

신안군 암태면

41

섬사람들 기골이
장대한 이유가 있었다
암태면 암태도

칠흑같이 어두웠던 선창이 대낮처럼 밝아졌다. 며칠 전 소작쟁의
를 주도한 서태석을 잡아가기 위해 경비정이 도착했기 때문이다.
날이 밝자 소문은 섬 전체로 퍼졌다. 섬사람들은 구름처럼 몰려들
었다. 남강나루터를 가득 메운 섬사람들의 시위가 시작되었다. 소
작쟁의 지도자가 잡혀가자 섬사람들은 삼삼오오 노를 저어 목포로
원정시위에 올랐다. 암태도에서 목포까지 6시간이 걸렸다. — 송기숙
의 〈암태도〉에서 인용

이제 뱃길이 1시간으로 단축되었다. 압해도 송공항을 이용하면 반
시간이면 뭍에 닿는다. 그래도 섬주민들에게 뭍은 멀기만 하다. 오도
선착장에 다리가 놓인다는 펼침막이 걸렸다. 그리고 몇 년 후 갯벌에
말뚝이 박아졌다. 이젠 6시간 걸려 뭍으로 구름처럼 몰려갔던 섬사람
대신 뭍에서 자동차가 구름처럼 섬으로 몰려올지도 모를 일이다.
　"연결되면 좋지라우. 근디 되긴 되겠소." "정부에서 발표했는데
요." "섬에 살아 볼쇼. 가고 싶을 때 어딜 갈 수 있나. 애라도 아프면
부모 맘이 어쩌겠소."
　섬사람들이 다리를 그토록 소망하는 이유를 몇 마디 말로 실감나
게 전해줬다. '새천년대교'를 만들기로 했다는 현수막을 보던 주민이

미심쩍었던지 내게 묻는다. 짧은 대화에서 섬사람들의 시난고난했던 삶과 바람을 읽었다. 남강나루터는 더 한적했다. 송공항이 열리면서 압해-암태를 연결하는 뱃길을 1시간 간격으로 운항하면서 오도선착장이 중심포구가 되었기 때문이다. 암태도는 비금·도초·우의도와 흑산도로 이어지는 뱃길의 요충지였다. 1979년《창작과 비평》에 송기숙 선생의 암태도 소작쟁의가 소설로 연재되면서 섬이 널리 알려졌다.

암태도는 백제 아로현에 속하였다. 통일신라시대에는 자은, 비금 지역과 함께 갈도현에 속했다가 고려시대에는 육창현에 편제되었다. 조선초에는 나주목과 영광군에 속했다가 후기에 다시 나주목에 편입되었다. 1896년 지도군이 설군되어 지도군에 편입되었다가 1914년 행정구역 개편으로 무안군에 편입되어 도창, 수곡, 와촌, 단고, 기동, 송곡, 오상, 신석 등 8개 마을로 구성되었다. 1917년 탄도면 당사리가 암태면으로 편입되어 모두 9개의 행정리로 이루어져 있다. 1969년 신안군에 편입되어 오늘에 이르고 있다. 서남해안의 다도해 지방에 위치한 암태면은 암태도를 본도로 추포도와 당사도 등 유인도와 수십 개의 무인도로 이루어진 면이다. 무인도로 변한 초란도와 마전도는 최근까지 유인도서였다. 이곳의 지형은 대륙붕이 잘 발달된 리아스식 해안지대로 농경지의 대부분이 넓게 펼쳐진 갯벌을 개간하여 이루어진 것이다.

사회운동의 모범, 암태도 소작쟁의

내 기억에 배를 타고 처음 가본 섬이 암태도였다. 배를 타기 전까지만 해도 섬은 축구를 하면 축구공이 바다에 빠지고, 산 위에 올라보면 눈앞에 바다가 빙 둘러보이는 정도로 작은 크기일 것이라고 생각했다. 배에 올랐다. 고물에 큰 고무대야를 놓고 산 낙지를 팔고 있었다. 소주도 있었다. 그 자리에서 몇 마리 사서 술과 함께 먹었다. 찬바람이 씽씽 불었지만 소주가 들어가자 속이 훈훈해졌다. 배가 섬 가까이 이르자 작은 배(종선)가 와서 태우고 섬으로 들어갔다. 그리고 암태도가 고향인 대학동기 집에 짐을 풀었다. 1980년대 중반이라 한국사회 성격 논쟁과 함께 한국근현대사 연구가 활발하던 시기였다. 다음날 답사를 했다. 지금처럼 암태도 소작쟁의 기념비가 있었던 것도 아니었기 때문에 남강나루터와 문재철 지주가 살았던 수곡리와 소작쟁의를 주도한 서태석이 태어난 오상리를 둘러보는 정도였다.

일제강점기 무안군에 속했던 암태도는 7,000명 가량의 주민들이 거주했다. 이들 중 절반은 농사를 지었다. 1930년대 무안군에 50정보 이상의 땅을 가지고 있는 지주들은 모두 18명이었다. 이들 중 암태도에는 천길석(103정보), 천철호(56정보), 목포에 사무소를 둔 문재철(608정보)이 있었다. 문재철은 1883년 신안군 암태면 수곡리에서 일제강점기 중추원 참의를 지낸 문태현의 4남1녀 중 장남으로 태어났다. 문씨가의 재산형성은 염전경영에 기반했다. 당시 염전은 자염煮鹽이었다. 자염을 얻기 위해서는 조석간만의 차이가 큰 갯벌과 연료와 노동력이 필요했다. 수곡리와 추포도 사이에는 자염을 하기 좋은 갯벌이 넓게 분포해 있다. 게다가 인근에 큰 섬들이 많아 땔감도 풍부했다. 또 재력이 있어 일할 사람도 많았고 일소도 충분히 가지고 있었을 것이다. 소금을 만드는 데 부족함이 없었다.

소금은 문 지주뿐만 아니라 서남해 도서지역의 크고 작은 지주들의 중요한 재산축적 수단이었다. 문 지주는 소금을 만들어 인근 영산포와 전라북도 줄포, 충청도 강경과 경상도 하동포까지 가지고 가서 판매했다. 그리고 돌아올 때는 섬사람의 생필품을 가지고 와 팔았다.

나중에 문 지주가 선박회사를 차리고 물류사업을 할 수 있었던 것도 이런 경험 때문이었을 것이다.

문 지주의 토지는 신안, 무안, 영암, 나주, 진도, 해남, 장성, 광산, 함평, 담양과 전북의 고창, 부안, 충남의 당진 심지어는 강원 철원과 양구, 경기도의 광주, 시흥, 수원까지 분포했다. 그가 설립한 문태중학교와 선일회사와 아들 명의의 땅을 포함하면 이보다 훨씬 많다. 소작쟁의 발단은 소작료 인하와 소작조건이었다. 천후빈 지주는 농민들의 요구를 수용했지만 문재철은 문중과 마름으로 지주소작인회를 결성해 대응했다. 문 지주가 목포에 학교를 설립한 것과 달리 천 지주는 암태에 학교를 설립해 상대적으로 섬사람들이 호감을 갖고 있었다. 당시 대지주들은 대부분 지주의 말을 잘 듣는 소작인을 중심으로 소작인회를 만들었다. 이를 통해 소작권 이동을 무기로 회유와 협박을 하다 뜻대로 되지 않으면 경찰의 도움을 청했다. 당시 경찰은 목포에 있었다. 가을걷이가 끝나면 마름들은 소작인들에게 7~8할의 소작료를 부과해 납부를 독촉했다.

7, 8할의 무지한 소작료를 물고는 도저히 농사를 지을 수 없다. 소작료를 4할로 내려라. 그렇지 않으면 금년 농사부터 다 지은 농사지만 벼를 베어들이지 않겠다, 이렇게 배수진을 치고 나선 것이다. 이제 소작인들은 말로는 더 필요가 없다 싶어, 마지막 수단을 쓰려고 한 것이다. ― 〈암태도〉 중에서

암태도 소작쟁의는 1923년 8월 서태석과 박복영을 중심으로 소작회를 구성하면서 시작되었다. 소작료를 4할로 인하하지 않으려는 지주와 이를 관철하려는 소작인 간의 갈등으로 추수거부와 소작료 불

납동맹이 계속되었다. 쟁의는 문씨가 송덕비를 무너뜨리는 것으로 절정에 다다랐다. 이를 계기로 소작인 13명과 지주편 3명 등 16명이 구속되었다. 〈동아일보〉 1924년 7월 12일자 기사를 읽어보자.

대지로 요를 삼고 창공으로 이불을 삼아 입은 옷에야 흙이 뭇던지 마던지 조라드는 창자야 끊어지든지 마든지 오즉 한아 집을 떠날 때에 작뎡한 마음으로 그날 밤을 자는둥 마는둥 또 다시 이튼 날을 당하게 되얏다.

암태도 소작쟁의는 소작인회 외에 암태청년회, 부인회 등 모든 주민들이 참여했다. 특히 두 차례에 걸친 목포원정 시위가 언론에 보도되어 전국에서 성금이 답지했다. 암태도 농민들은 1924년 5월 소작쟁의 과정에서 투옥된 간부들 석방을 요구하며 목포지청 입구에서 12일간 야영을 하며 단식투쟁을 감행했다. 김병로 변호사 등이 무료변호에 나섰으며, 재경유지들은 '암태소작인 아사동맹동정단'을 조직하고 김유동과 조봉암 등이 실행위원에 선정되기도 했다. 전국적인 지지와 성원에 경찰들도 크게 당황했다. 섬사람들을 달래고 지주를 보호하기 위해 여론 확산을 막고 쟁의를 무마하기 시작했다. 마침내 1924년 8월 30일 지주 문재철은 광주노농회 서정희, 전라남도 경찰부 고등과장이 입회한 가운데 소작인대표 박복영과 약정서를 체결하였다.

소작료는 지주 몫 40%, 소작인 몫 50%, 장려농자금 10%로 정했다. 1923년도 미납소작료는 향후 4년간 무이자로 분할상환하기로 했다. 소작쟁의 과정에서 철거된 지주송덕비는 소작인회에서 복구하고 쌍방이 고소를 취하하며 지주는 소작인회에 기부금 2천원을 기증하기로 했다. 이렇게 암태도 소작쟁의는 일제의 지원을 받은 지주와 마름

암태도 소작쟁의는 서남해 농민운동과 항일운동의 진원지였다. 이후 지도·도초·자은에서 악덕 조선인과 일본인 지주에 저항하는 소작쟁의와 항일운동이 이어졌다.

등 일가친척의 협박과 회유에 대항해 소작료를 인하시키고 지주로부터 기금까지 받아내는 성과를 거두었다. 무엇보다도 당시 소작쟁의 전개과정이 〈조선일보〉와 〈동아일보〉에 대서특필되어 전국적인 관심을 끌었고 '전조선노동대회'에 보고되기까지 했다.

암태도 소작쟁의에 영향을 받아 지도, 도초, 자은을 비롯한 서남해지역에서도 농민운동이 시작되었다. 소작쟁의를 이끌었던 서태석, 서창석, 박복영 등 지도자들은 이후 신간회, 건국준비위원회, 인민위원회 등 사회주의 계열의 항일운동에 참여했다. 이런 이유로 관련자들은 물론 가족들도 해방 이후 불행한 삶을 살아야 했다. 서태석(1885~1943)도 2003년에야 독립유공자로 추서되었다.

동학농민전쟁 전후 민중봉기의 주모자들은 섬으로 도망치고, 다음 급들은 지리산 같은 산으로 들어갔다고 했다. 이들은 도망칠 때 불문율처럼 부자면 부자, 형제면 형제가 함께 도망치지 않았고 자손들에게도 말을 하지 않았다. 아예 성과 이름을 바꾸고 다른 사람 행세를 하기도 했다. 암태도 소작쟁의 지도자인 서태석의 선조도 무슨 일 때문인지는 모르지만 섬으로 피신해 큰 형은 자은도에, 둘째는 암태도에, 셋째는 팔금도에 따로 살았다고 한다.

암태도에서 만난 박존순(장고리, 1935년생) 할아버지는 서태석을 기억하는 몇 안 되는 사람 가운데 한 명으로, 7살 때 일본경찰의 고문으로 정상적인 생활을 못하던 서태석의 '요강 심부름' 을 했다고 한다. 그가 기억하는 서태석은 키가 훤칠하니 크고 얼굴이 길쭉했다. 감옥에서 나온 서태석은 고향(오산리) 가족이나 친척들로부터 따돌림을 당했다. 박씨는 일제의 감시와 혹시 모를 뒤탈 때문이리라 추측했다. 암태도 마을서당을 돌면서 숙식하다 압해도에 사는 여동생 곁에서 불행하게 죽음을 맞았던 것으로 기억하고 있었다.

돌에 새겨진 섬사람들의 삶

압해도 송공항에서 끊긴 2번국도는 뱃길로 이어져 오도선착장에서 면소재지를 거처 수곡리를 지나 노두를 건너 추포도를 가로질러 비

암태도 소작쟁의를 주도했던 서태석의 묘.

금면으로 이어진다. 암태도는 물론 추포도 노두길도 국도에 이르는 도로로 확포장이 되어 있지 않다. 하물며 추포도에서 비금도로 이어지는 길은 그림만 있을 뿐 계획도 없다. 다만 오도선착장에서 압해도 송공항으로 이어지는 다리는 이제 막 삽을 떴다.

지금 암태도에 사는 사람들의 조상보다 먼저 섬에 들어왔던 사람들도 당시의 소망과 내세의 발원을 위해 바닷가에 향을 묻고 비를 세웠다. 이를 두고 후세 사람들은 '매향비'라 불렀다. 뭍에서 몇 개의 매향비가 발견되었지만 섬에서 발견된 것은 암태도 것이 처음이었다. 매향이란 미륵신앙의 하나로, 향목을 갯벌에 묻는 민간불교 신앙 의례다. 매향의식은 고대로부터 행해져 왔는데, 그 시기와 장소 참여인물 등을 기록한 매향비(암각명문)자료는 역사적 성격은 물론 불교문화사나 향촌 사회사 연구 등에 있어 귀중한 자료이다.

암태도 매향비는 1982년 7월 실시한 목포대학교 도서문화연구소의 학술조사과정 중 주민들이 '비석거리'라고 부르는 송곡리에서 발견되었다. 1405년(태종 5)에 세워진 것으로 비면에 7행의 글씨가 새겨져 있다. 비문 내용에는 매향장소, 사방기준지, 매향시기, 주도집단, 매향과 비석을 세운 경위, 참여자, 시주자들이 기록되어 있다. 암태도 매향비의 특징은 주도층인 '향도'와 '매행처'가 명확하게 기록되어 있다는 점이다.

발견 당시 매향비는 '비석거리' 서쪽 해발 80여 미터 되는 산 동쪽 기슭에 비스듬히 서 있었다. 마을 주민들의 제보에 따르면, 원래 이 비석은 현 위치보다 약간 높은 산릉山陵에 있었는데, 수로공사水路工事에 사용하기 위해 현 위치로 옮겨졌다고 하며 정제되지 않은 자연석의 편평한 면에 음각되어 있는 상태로 발견되었다. 음각된 자형字形의 크기는 6~11센티미터로 일정하지 않다. 또 비석의 왼쪽 윗부분이 훼

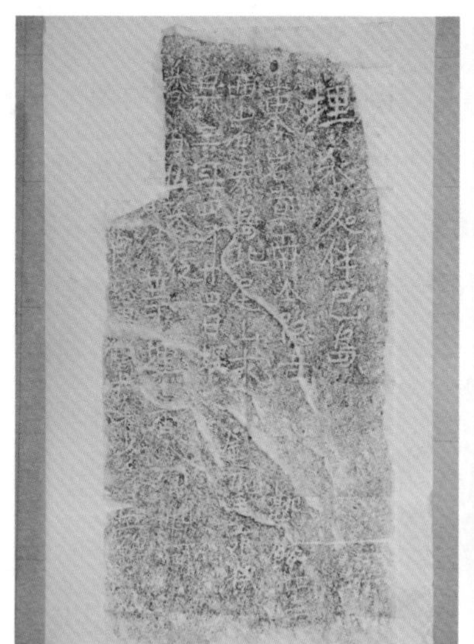

암태도 매향비는 섬에서 발견된 최초의 매향이다. 매향은 암울한 현실을 극복하기 위해 미륵의 환생을 염원하는 의식이다. 최근에도 새만금 사업, 평택 대추리 등 국가 주도의 개발사업이나 주민운동의 일환으로 매향의식을 하기도 한다.

행렬	7	6	5	4	3	2	1
一	□	□	香	樂	西	東	埋
二	□	□	万	三	岩	岩	香
三	良	香	佛	年	泰	置	處
四	慈	徒	香	四	島	南	伴
五	(惠)	等	徒	月	北	今	巳
六	□	埋		廿	尾	隱	島
七	(本)	香		四	山	哉	
八	少	令		日	永		
九	□	爲		埋			
十	(等)	如			金		
十一	立	可			施		
十二	碑				主	熟	
十三					永	飯	
十四					伊	女	
十五						二	

출처 : 암태도 매향비 탁본(남도불교문화연구회 제공)과 판독문(이준곤 제공).

손되어 일부 글자를 판독할 수 없다.

암태도는 매립과 간척이 이루어지기 전에 동쪽은 암치도, 남쪽은 금은재(검은도), 서쪽은 암태도, 북쪽은 미산으로 이루어져 있었다고 하기 때문에 향을 묻은 장소인 반사도伴巳島를 정확하게 가늠하기 어렵다.

매향비 외에도 송곡리와 익금리에 돌로 쌓은 우실이 잘 보전되어 있고 오상리 목도방조제와 신석리 앞 갯벌에는 독살 흔적이 잘 남아 있어 섬사람들의 독특한 돌문화의 지혜를 엿볼 수 있다. 송곡리 우실은 송곡마을로 들어가는 입구에 어른 키보다 훨씬 높게 돌담으로 쌓았다. 1905년 지나가던 스님이 마을 번창과 우환을 막으려면 담을 쌓아야 한다고 해서 만들었다고 한다. 총 길이 90미터, 높이 2~4미터 규모로 신안군에 남아 있는 우실 중에서 보전 상태가 가장 좋다. 특히 우실 안에 매향비가 보존되어 있어 더욱 의미가 높다. 신석리에 있는 익금우실은 북쪽에 형성된 야트막한 산 사이(72.9미터와 61.9미터)에 있는 길목에 위치해 있다. 1830년 경 우씨가 배를 타고 와서 마을을 위하여 지금의 익금, 신석 일대를 돌아보고 방풍 및 방파제로 사대문을 건립한 것에서 유래했다고 한다. 현재는 북문인 익금우실만 남아 있다고 한다. 높이 2.2미터, 둘레 약 40미터이다.

암태도의 주업은 쌀과 보리농사였지만 보리는 점점 줄고 마늘농사가 늘고 있다. 작은 석장승이 있다고 해서 찾아 나선 단고리. 빈집 마당은 물론 집터에도 마늘이 심어졌다. 전국 생산량의 8%에 이른다. 육지에 비해서 물류비용이 많이 들지만 갯바람을 맞고 겨울을 난 섬마늘을 찾는 사람이 늘고 있다. 겨울철 소득으로는 당사도, 익금, 송곡, 오상, 해당, 추포 마을의 김양식도 빼놓을 수 없다.

마을 입구에는 그 흔한 유적지 꼬리표도 달지 않고 오가는 사람들에게 한없는 미소로 답하는 입석이 하나 세워져 있다. 물론 작자와 연

하누바람(북풍)은 사람만 움츠리게 하는 것이 아니다. 논밭에 곡식들이 자라는 데도 도움이 되지 않는다. 바람이 넘어오는 길목에 돌담을 쌓았다. 그리고 나무도 심었다. 사람들이 들어가 훼손하지 않고 오래도록 보존하기 위해 당집을 짓고 애기무덤을 만들어 '소도' 처럼 성스런 공간으로 만들기도 했다. 그곳을 '우실' 이라 한다.

대는 알 수 없다. 다른 장승처럼 울타리로 보호를 받는 것도 아니다. 그래서 더 마음이 끌린다. 신안의 섬이 그렇다. 암태도가 그렇다. 특별하게 빼어난 경관을 가지고 있는 것도 아니지만 시난고난한 섬사람들의 삶이 돌담에, 갯벌에, 논과 밭에 오롯이 새겨져 있다.

개황 | 암태도岩泰島

위치 | 전남 신안군 암태면 **동경** 126° 07′ **북위** 34° 39′

면적 | 32.43km² **해안선 |** 39.8km **육지와 거리 |** 22km(목포시)

가구수 | 977 **인구(명) |** 1,953(남950+여1,003) **어선(척) |** 121 **어가 |** 40

어촌계 | 총 3개 어촌계(60명)

공공기관 | 암태면사무소(061-271-1533), 신안농협(061-271-4005), 암태파출소(061-271-1612), 암태우체국(061-271-1788), 암태면 예비군중대(061-271-4113), 한전 암태 전력서비스센터(061-271-1534), 암태 농업기술센터(061-271-1537), 암태보건소(061-271-1537)

교육기관 | 암태초등학교(061-271-1540), 암태중학교(061-271-1551)

전력시설 | 한전 전가구

급수시설 | 지방상수도시설 1개소 870가구, 우물(펌프) 21개소 107가구

교통 | 배편 | 대흥페리 1?5호

섬내교통 | 암태공영 버스 2대, 신흥택시 061-271-4477, 개인택시

여행 | 직포해수욕장, 비렁길(함구미-신선대-두포-직포), 망산, 대부산 등산로, 우학-함구미 드라이브 코스

낚시터(유어장) | 익금, 당사도, 초란도, 추포도

특산물 | 김, 택새(약초의 일종)

특이사항 | 매향비, 우실 등의 문화유적이 있으며, 도승과 입석, 무명의 곡예사 설화와 어머니의 죽음, 뱃노래 등의 민요가 구전된다.

30년 변화 자료

구분	1973	1985	1996
주소	전남 신안군 안좌면 관고리	전남 신안군 암태면 관고리	전남 신안군 암태면
면적(km²)	38.08	30.92	29.04
공공기관	-	면사무소 1개, 지파출소 1개	면사무소 1개, 지파출소 1개
인구(명, 남자+여자)	8,834(4,312+4,522)	6,004(3,044+2,960)	3,046(1,507+1,539)
가구수	1,506	1,306	1,011
급수시설	공동우물 676개	우물 890개, 간이상수도 15개	우물 844개, 간이상수도 14개
초등학교	3개 2,382명	3개 1,530명	2개 223명
중고등학교	1개 396명(중학교)	1개 628명(중학교)	1개 188명(중학교)
전력시설	-	한전 1,306가구	한전 1,011가구
의료시설	-	약방	보건지소 1개소, 약방 2개소
어선(척, 동력선+무동력선)	25(4+21)	262(234+28)	44(37+7)

＊ 공공기관은 면사무소, 파출소 등 포함

있을 건 다 있고, 없을 건 없는 섬
암태면 추포도

수곡리 고개를 넘자 눈앞에 넓은 갯벌이 드러났다. 대여섯 명의 아낙들이 밭을 일구듯 넓은 갯벌을 뒤집고 있다. 낙지를 잡는 것도 아니고, 손으로 게를 잡기에는 뻘이 너무 깊다. 허벅지까지 빠지는 갯벌에 몸을 의지하고, 허리를 굽혀 두 손으로 갯벌을 파내는 일이 여간 힘들어 보이지 않는다.

한 걸음 옮길 때마다 뒤뚱거리며 발을 떼고 그릇을 앞쪽으로 밀어놓은 다음 작업을 반복한다. 뭐가 잡힌 모양인데 낙지나 게는 분명 아니다. 그렇다고 벌교의 갯벌처럼 뻘배를 타고 꼬막을 잡거나 맛조개를 뽑는 것도 아니다. 조심스럽게 뻘에서 잡아내 그릇에 담는 것은 갯지렁이였다.

노두 '뻘 치는 일'은 섬에서 제일 큰일

추포도는 하나의 섬이지만 원래는 북쪽의 포도浦島와 남쪽의 추엽도秋葉島, 동쪽의 오도梧島 3개로 분리됐다. 1965년 방조제를 쌓아 간척답干拓畓과 염전이 개발되면서 하나의 섬 추포도라고 부르게 되었다.

방조제로 막기 전까지 포도에서 오도로, 추엽도에서 오도로, 다시 오도에서 본섬 암태도 수곡리로 이어지는 노두가 있어 건너다녔다. 방조제로 막고 나서도 징검다리인 노두길은 오도에서 암태까지 30여

년 계속되었다. 마을 주민들이 모두 모여 울력으로 하는 '뻘 치는 일'
은 1997년 시멘트로 포장되기 전까지 추포도에서 가장 큰 일이었다.

　이곳 주민들은 음력 7월 조금에 노두를 관리하는데, 이를 '뻘을 친
다' 고 한다. 노두를 관리하는 일은 6,000여 개의 자연석을 뒤집어 이
끼가 끼는 것을 방지하고 돌이 움직이지 않도록 갯벌 흙을 모아주는
일을 말한다.

　이 시기에 뻘을 치면 흙이 돌덩어리처럼 단단해지기 때문에 노둣
돌이 움직이지 않고 튼튼하다고 추포리 문천수(51세) 씨는 말한다. 뻘
을 치는 일도 1998년 시멘트포장공사가 시작되면서 중단되었고 2000
년부터는 자동차를 타고 암태도에서 추포도로 들어올 수 있을 정도
로 넓은 길이 열렸다. 시멘트로 포장된 길로 바뀌었지만 주민들은 아
직도 그 길을 '노두길' 이라고 한다.

　노두가 언제 처음 놓였는지 정확하게 알 수 없지만 수곡리에서 추

큰 섬으로 가는 길을 만들기 위해 수천, 수만 개의 돌을 이고 지고 갯벌 위에 징검다리를 놓았다. 그리고 매년 칠
월 조금에 뻘을 쳐서 노둣돌을 관리했다. 노두를 놓는 일은 오늘날 다리공사만큼 많은 인력과 돈이 필요했다.
주민들의 숙원사업이라 공덕비까지 세웠다.

포도로 들어오는 길목에 오도와 추엽도로 연결되는 방조제에 대한 오래된 공덕비가 하나 서 있다. 이 공덕비에는 '노도비路道碑' 라는 선명한 기록과 함께 주요 시주자들인 '장씨', '문씨', '김씨' 의 이름이 적혀 있다. 내용으로 보아 노두길을 개보수하는 데 큰 시주를 한 공덕을 기념해 세운 것으로 추정되는데, 같은 비가 포도리도 있었지만 유실되었다고 전한다. 이 비문에는 이장 문씨의 6대조 어르신 이름이 새겨져 있는 것과 병인년이라는 기록으로 보아 1800년대 초반에 개보수된 것으로 추정된다.

갯벌 한복판까지 포장된 2.5킬로미터의 노두길을 건너자 소금밭이 눈앞에 펼쳐진다. 날씨가 따뜻해지면서 소금을 내기 위한 어민들의 손길이 바쁘다. 추포도에는 모두 일곱 판의 소금밭이 있다. 몇 년에 한 번씩 소금밭을 갈아주고 다져줘야 좋은 소금을 얻을 수 있다.

겨우내 무너진 자구도 손질하고 염판도 보수하며 소금을 기다리고 있다. 추포도는 암태도에 딸린 작은 섬이지만, 안으로 들어오면 상황이 다르다. 염전과 논밭은 물론 해수욕장이 있고, 작고 아담한 초등학교가 있다. 마늘과 보리가 갯벌과 어우러져 아름답다.

1500여 명 학생이 8명으로

포도리에서 추엽리로 넘어가는 길 사이에 암태초등학교 추포분교가 있다. 3학급에 학생 8명과 3명의 선생님이 있다. 늘 폐교될 위험을 안고 있지만 학교에 대한 주민들의 사랑으로 지금껏 유지되고 있다. 시골학교가 그렇듯 어렵던 시절에 시멘트와 철근만 지원받았을 뿐, 부지는 주민들이 마련했고 손수 학교를 지었다. 학교운동장 천연잔디도 주민들이 직접 심은 것들이다. 학교화단, 교문 앞길, 배구장 등 곳곳에 주민들의 땀이 배어 있다.

이 작은 분교도 한때 150여 명의 학생들로 북적였던 적이 있다. 1970년대 중반 어촌새마을운동이 시작될 무렵 염전개발이 시작되었다. 이미 비금, 증도, 신의 등 신안지역에서 소금이 한창 나오던 시절 안좌의 자라도 사람들이 추포도에 염전을 개발하기 시작했다.

당시 염전 한판이면 서너 집이 붙어서 소금농사를 짓던 시절이었기 때문에 작은 섬이지만 젊은 사람들로 넘쳐났다. 개발되기 전까지 추포도에는 큰목개에 두 판의 염전이 있었다. 염전이 늘어나면서 사람들이 들어오고 젊은 사람들도 떠나지 않고 섬을 지키면서 학생수가 150여 명에 이르렀던 것이다.

이후 소금시세가 떨어지면서 학생수도 줄어들었지만, 1980년대 중반 무안 해제 인근 사람들이 들어와 김양식을 시작하면서 젊은 사람들이 늘어났다. 이 시기는 완도에서 시작된 김양식이 서남해안을 따라서 북상하던 시기였다. 다른 지역에 비해서 늦게 시작된 추포도

추포도 사람들의 학교사랑은 각별하다. 시멘트와 철근만 지원을 받았을 뿐 학교 부지도 주민이 마련하고 손수 건물도 지었다. 운동장에 잔디도 심고 놀이터, 화단, 운동시설 곳곳에 주민들의 땀이 배어 있다. 이런 주민들의 사랑과 애정과 달리 반 세기만에 학생은 150여 명에서 8명으로 줄었다.

김양식은 초기 추엽리와 포도리 집집마다 대부분 40~100척 규모로 양식을 했다.

당시는 지금처럼 양식기술이 발달하지 않고 사람의 노동력에 의존했던 시절이었기에 젊은 사람들이 많이 필요했다. 이후 가공공장이 들어서면서 젊은 사람들의 일거리가 사라지고 양식기술도 발달해 대규모화 되면서 지금은 10여 명이 수백 척 규모의 김양식을 하고 있다.

추포도 주민들의 교육열은 대단하다. 아이를 피아노학원에 보내기 위해 토요일과 일요일 주말에 목포로 보내기도 했다. 일종의 주말반 피아노 레슨인 셈이다. 암태도에 학원이 없었을 때는 학원을 보내기 위해 목포에 있는 중학교에 보내기도 했지만, 최근 본섬에 학원이 생기면서 목포에서 본섬으로 중학교를 보내는 경우도 있다.

갯일보다 농사일에 익숙한 주민들

섬 동쪽으로는 염전과 논 갯벌이 발달해 있고, 남쪽으로는 김양식이, 서쪽으로는 해수욕장이 발달해 여름철에는 적지 않은 해수욕객들이 찾고 있다. 추포도는 산지가 많은 지형이나 농사가 활발하여 쌀, 보리 등의 주곡을 자급할 정도이다.

추포도 인근 바다는 서남해의 황금어장으로 알려진 곳이지만 어업활동은 매우 부진하며, 주변의 얕은 바다와 간석지를 이용한 소수의 전복양식과 김양식이 이루어지고 있다. 특히 넓은 갯벌을 활용한 생업활동은 거의 이루어지지 않고 있으며, 낙지잡이나 갯지렁이 잡이도 인근 팔금사람들이 하고 있을 정도다. 본섬인 암태도도 사정은 다르지 않아 당사도의 김양식을 제외하고는 이렇다 할 바다 소득이 없는 해변산중으로 통한다.

한때 어촌계에서 갯지렁이잡이를 해보려고 시도했지만 나서는 주민들이 없어 무산되기도 했으며, 넓은 갯벌에서 이루어지는 가래를 이용한 낙지잡이를 할 수 있는 주민도 두세 명에 불과하다. 염전과 김 양식 등으로 젊은 사람들이 본섬에 비해서 많은 편이지만 아내들이 외지에서 들어온 탓에 굴작업 등 갯일에 익숙지 않아 자원을 활용하지 못하고 있다는 것이 이장 문씨 부부의 지적이다.

"우리마을은 대부분 외지 사람들이 들어왔어요. 시집을."

"이쪽이 친정인 사람들은 굴을 주전자로 하나씩 하는데 우리는 지루한께 못해요."

"마을에 낙지 팔 줄 아는 사람이 정해져 있어요. 저도 몰라요. 우리 동네에서 낙지 팔 줄 아는 사람은 3명이나 되겠네."

주민들이 이렇게 갯일에 나서지 않았던 이유는 1980년대 김양식으로 '김돈'을 만져본 탓에 갯일을 통해 '몇 푼' 씩 버는 것에 익숙지 않기 때문이었다. 팔금사람들은 하루 갯지렁이를 잡아 4~5만원의 소득을 올리고 있다. 추포도 주민들이 갯일을 생업으로 했다면 인근 마을 주민들이 마을어장에 들어오는 것을 허락하지 않았을 것이다.

추포도는 작은 섬이지만 해수욕장, 갯벌, 염전, 양식어장, 논과 밭 등 섬살림살이를 한눈에 둘러볼 수 있다. 이장 문씨는 암태도 수곡리에서 추포도로 이어지는 노두길 복원을 꿈꾸고 있다. 그는 마을은 물론 암태도를 비롯한 인근 섬까지 기웃거리며 버려진 조상들의 흔적을 모으고 있다. 어디에나 마을을 지키고자 하는 사람은 있기 마련이다.

개황 | 추포도秋浦島

위치 | 전남 신안군 암태면 수곡리 **동경** 126° 07′ **북위** 34° 39′
면적 | 4.245km² **해안선** | 8.9km **육지와 거리** | 27.3km(목포시)
가구수 | 55 **인구(명)** | 130(남62+여68) **어선(척)** | 21 **어가** | 14
어촌계 | 총 1개 어촌계(30명)

공공기관 | 추포보건진료소, 경찰출장소
교육기관 | 암태초등학교 추포분교
전력시설 | 한전 전가구
급수시설 | 우물(펌프) 8개소, 지방상수도 1개소 전가구

섬내교통 | 추포 노두시설(추포도 ↔ 수곡리)
낚시터(유어장) | 추포도 전해상에서 가능
특산물 | 김
특이사항 | 원래는 추엽도와 포도라는 두 섬이 있었는데 1965년 연도한 이후 추포도라 했다. 추엽도는 범이 드러누운 모습으로 나뭇잎이 떨어져 비옥해졌다 하여 붙여진 이름이고, 포도는 파도가 섬에 닿으면 잔잔해진다 하여 유래된 이름이라 한다. 순길내 밭걸이 설화가 내려온다.

30년 변화 자료

구분	1973	1985	1996
주소	전남 신안군 암태면 수곡리	전남 신안군 암태면 추포리	전남 신안군 암태면 수곡리
면적(km²)	3.03	3.74	4.05
공공기관	-	-	분소 1개
인구(명, 남자+여자)	479(237+242)	400(194+206)	174(87+87)
가구수	79	79	47
급수시설	공동우물 8개	우물 44개	우물 44개
초등학교	분교 1개 124명	분교 1개 82명	분교 1개 10명
전력시설	-	한전 79가구	한전 47가구
의료시설	-	약방	보건진료소 1개소
어선(척, 동력선+무동력선)	무동력선 3척	16(5+11)	5(3+2)

＊ 공공기관은 면사무소, 파출소 등 포함

명절이면 섬도깨비가 춤을 춘다

암태면 당사도, 초란도

김발을 해서 돈을 많이 벌어 '돈섬' 이라는 말을 심심찮게 들었기에 배에 내리자마자 선창을 둘러봤다. 김발 채취선 몇 척이 선창에 정박해 있었지만 그렇게 인상적이지 않았다. 섬주변 어장도 해남이나 진도처럼 대규모도 아니었다. '그런데 뭘 김발을 얼마나 막길래 돈섬이라고 하지.'

마을에 당이 두 개 있고 모래가 많아 당사堂沙도라고 했다. 또 당나라 때 양쯔강 모래가 이곳까지 흘러들어 당사唐沙도라 했다는 설이 있다. 뒷재 너머 산 밑에 임진왜란 때 이순신이 이곳에 진을 치며 하루를 지낼 때 우물을 팠던 자리가 지금도 방죽기미라고 해서 물이 있고 했다. 350년 전 나주임씨가 임진왜란을 피해 입도하였다고 하지만 지금은 임씨들이 아니라 김해김씨와 경주이씨와 보성강씨 등이 살고 있다. 초란도는 당사도에 살던 임씨들이 이주하여 마을을 이루었다고 한다. 한때 20여 가구가 살았지만 지금은 60대 부부만 섬을 지키며 어장을 하고 있다.

당사도는 행정리는 당사리 하나지만 날꾸지, 동네, 뒷재, 본단 등 4개의 자연마을로 이루어져 있다. 선창 입구 날꾸지에 7가구, 동네에 30가구, 뒷재에 열댓 가구, 본단에 열서너 가구 등 모두 70여 가구가 살고 있다. 당사도 주변에는 초란도, 마전도, 삼도, 항도 등 딸린 섬들

당사도를 중심으로 동쪽에 초란도(각쟁이섬), 북쪽에 매화도가 있다. 당사도 주변 바다에 검은색 네모 모양이
김양식장이다.

이 있다. 특히 초란도는 푸랭이파시로 유명한 곳이다. 술집이 서너 집
있었다.

'돈섬'이 아니라 '빚섬'이다

지금도 전체 가구 중 절반이 김양식에 의존해 생활하고 있다. 김양식
규모는 평균 300~400척으로 해남, 진도의 만호바다나 서천의 비인만
에서 대규모 양식하는 규모에 미치지는 못하지만 큰 규모이다. 김양식
을 가장 활발하게 했던 1980년대 중반에는 마을규모가 100가구로 가
장 컸다. 이 무렵은 일본에서 수입한 전자동기계가 들어와 50여 척에
서 100여 척으로 양식규모가 확대되었던 시기였다. 당사도에는 모두 5
개의 김공장이 있지만 물김으로 판매하고 선물용으로만 가끔 필요할
때 김을 가공하고 있다. 1970년대까지만 해도 초란도를 중심으로 당사
도에서는 민어, 부서, 병어, 농어 등 고급어종을 많이 잡았다. 특히 푸
랭이파시가 유명했다. 완도나 해남 사람들이 당사도는 몰라도 '푸랭

이파시' 는 알 정도로 유명했다. 당시 주요어장은 부서였다.

날꾸지를 지나 본단으로 돌아가다 마을이 잘 보이는 철탑 아래 언덕으로 올라갔다. 아침에 내려다 본 섬마을 겨울풍경은 스산했다. 장난감처럼 지어진 집들 속에서 꾸물꾸물거리며 사는 것이 인간이 아니던가.

본단으로 돌아가니 바닷가에 몇 개의 김공장이 지붕이 없이 나뒹굴었다. 드는 물에 김발이 반짝거리며 출렁였다. 이장님 집이 있는 뒷재로 향했다. 동네와 뒷재는 옛날 보건소 건물이 있는 골목길을 사이에 두고 나누어져 있었다. 마을로 들어온 비료와 영농자재 서류를 확인하고 있던 이준형, 최분홍 부부가 반갑게 맞아줬다.

이장부부는 올해 50대 후반이다. 벌써 두 번째 이장을 맡고 있다. 최씨는 남편이 첫 번째 이장을 할 때는 제발 마을일 맡지 말라고 싸우기도 많이 했다. 당시 만만치 않게 김양식을 하고 있었다. 하지만 김양식보다는 바깥일에 관심이 더 많아 그 무거운 마장(말뚝)을 박는 일도 최씨 몫이었다. 그런데 이장을 맡으면 앞으로 전개될 일이 불 보듯 뻔했다. 하지만 하려는 일을 막을 수 없었다. 아니나다를까. 집안일은 고사하고 마을을 찾아온 모든 손님 식사를 직접 마련해야 했다. 작은 섬마을이라 식당도 없고, 마을 사람들은 김양식하느라 정신이 없어 누구에게 부탁할 수도 없었다. 속도 모르는 남편은 모두 마을에 도움을 주기 위해서 오신 분들이니 대접이 각별해야 한다고 주문까지 했다.

이장 아내가 꼽는 남편의 대표적인 치적은 의외였다. 학교를 폐교시키지 않고 10여 년 이상 지켜온 것은 순전히 '저 양반' 덕이라고 했다. 이장이 요즘도 심혈을 기울이는 것은 학교가 폐교되지 않도록 하는 것이다. 경찰서는 없어도 되지만 학교는 없어서는 안 된다는 것이 이씨의 생각이다. 10년 전부터 폐교위기를 맞은 학교에 마을 사람들을 설득하고 주변의 아이들을 입학시켜 유지시키고 있다. 지금도 학생 4명이 있다. 이제 이장보다는 아내가 말이 많아졌다. 그만큼 할 말이 많다는 이야기이다.

"당사도 김은 노량진시장에서도 알아줘라. 뻘이 좋고 지주식이라 건너편 송공리(압해도) 주민들도 자기들 김보다 좋다고 인정을 헌께." 최씨는 당사도 김의 품질을 한껏 내세웠다. 그뿐만 아니다. 양파도 이제 막 시작해 연작을 한 무안 것보다 훨씬 좋고 마늘도 밑이 아주 좋다고 했다. 옆에서 이야기를 듣고 있던 이장은 해남이나 진도 김이 병이 와서 몽땅 나가버려도 당사도 김은 기본을 하는 곳이라며 김이 좋은 것은 사방팔방으로 물이 들고 나는 조류 때문이라고 거들었다. 좋은 김은 좋은 물발(조류)과 갯벌에 달려 있다는 것이 다시 한 번 확인된 셈이다.

하지만 '돈섬' 이라는 말은 옛날 말이고 지금은 '빚섬' 이라 했다. 당사도 어민들이 김양식을 하면서 진 빚이 신안농협 송산지소(안좌) 빚만큼 될 것이라며 걱정을 했다. 마을규모가 줄어든 결정적인 이유도 빚 때문이라고 했다. 반자동으로 김양식을 할 때까지만 해도 괜찮았다. 완전기계화가 되면서 규모가 커지고 물자를 구입하는 자본규모도 커졌다. 하지만 김값은 옛날하고 똑같았다. 당시 김 한 속 값이 지금도 그대로이니 물자는 오르고 김값은 똑같다는 이야기이다. 결국 손으로 가공을 하던 시절에 '돈섬' 주민들이 목포에 샀던 집은 기계를 구입하면서 진 빚으로 팔아넘기고 도시로 나가야 했다.

지금 다시 김양식에 손을 대고 있는 것은 가공김이 아니라 물김으로 수협에 위판을 하기 때문이다. 결국 문제는 유통에 있었다. 가공한 김이 소비자 손에 전달되기까지 몇 단계를 거치고 중간 이윤이 붙으면서 생산자도 소비자도 만족하지 못하는 거래가 되었던 것이다. 한

속에 5천원이면 생산자에게 2천원, 유통과정에서 3천원을 더해 판매되는 것이 현실이라는 것이다. 요즘 소값하고 똑같았던 것이 당시 김이었다. 가공하지 않고 물김으로 넘기는 것이 훨씬 낫다는 것이다.

당사도 주변 수심은 깊지도 않고 얕지도 않다. 그래서 문제라고 했다. 이게 무슨 말인가. 이해할 수 없다는 눈치를 보이자 이장이 조곤조곤 설명해주었다. 수심이 얕으면 낙지라도 팔 수 있고, 염전이라도 만들 수 있지만 어중간해서 그런 것을 할 수 없다. 또 수심이 깊으면 어장이 좋아 고기라도 잡을 텐데 그것도 할 수 없는 형편이다. 오직 김양식밖에 할 수 없는 것이 당사도 운명이라는 것이다. 그 흔한 바지락도 캘 수 없는 곳이 당사도다.

당사도 도깨비가 춤을 춘다

이장이 그렇게 지키고 싶어 하는 학교는 뒷재 바닷가에 위치해 있다. 겨울방학을 해서 학생들도 없고 조용했다. 하긴 학생 몇 명 되지 않는 학교라 방학이 아니라도 시끄러울 리 없다. 뒷재를 지나 방죽기미쪽으로 돌아서자 넓은 지주식 김양식장이 보였다.

날꾸지에서 배를 기다렸다. 뱃시간이 다가오자 노인부부가 하나둘, 혼자 사는 노인들도 보따리를 들고 나왔다. 무슨 일로 노인들이 이렇게 많이 배를 타는 걸까. 자은도 송산에서 60년 전에 시집온 김씨 할머니(81세)와 영감 정씨(82세)도 양지바른 곳에 앉아 배를 기다리고 계셨다. 옆에 있는 할머니가 "서울 가요" 하며 아는 체를 했다. "할머니 서울 가세요." "야. 설 쇠러 자슥들 집에 가요." 그랬다. 왜 설은 자식들이 고향에 온다는 생각만 했지. 김노인은 자식들 주기 위해 굴을 두 병에 가득 담았다. 고생을 한다고 자식들은 하지 말라고 하지만 부모 마음이 어디 그렇던가. "당사도 도깨비는 명절이면 춤을 춘다요."

설 명절을 앞두고 노인 부부는 서울로 역귀성을 결정했다. 자식들이 손자를 데리고 몇 시간 내려온 후 또 배를 타고 바다를 건너는 것이 번거롭기 때문이다. 바람이라도 불면 그냥 올라가야 했다. 할아버지는 뱃시간에 맞춰 갯바람에 말려 놓은 생선과 이번 물때에 깐 굴을 모아 날꾸지선창으로 옮기신다.

김씨 할머니가 초란도 끝머리를 지나오는 배를 보면서 혼자 웃으며 말했다. "도깨비가 왜 춤을 춰요." "여기도 빈집, 저기도 빈집 모두 내 세상이네, 하고 춤을 추지라." 명절이라 김양식을 하는 젊은 사람을 제외하고 모두 뭍으로 나가기 때문에 할머니가 하는 소리였다.

배가 도착했다. 할머니는 곧바로 선실로 들어가지 않고 입구에 앉아 보자기를 풀었다. 암태에 들렀다가 목포까지 가려면 아직 한참을 가야 하는데. 할머니는 검은 비닐봉지에 싼 소주병을 꺼냈다. 그리고 뱃삯을 받는 젊은이에게 뱃삯과 함께 건넸다. 굴이었다. 자식 주려고 간 굴에서 작은 병 1개를 꺼내 배에서 일하는 승무원에게 설날 선물로 주려고 입구에 앉았던 것이다. 기분이 좋은지 배도 너울너울 춤을 췄다.

개황 | 당사도唐沙島

위치 | 전남 신안군 암태면 당사리 **동경** 127° 36′ **북위** 34° 06′
면적 | 1.46km² **해안선** | 8.0km **육지와 거리** | 20.8km(목포시)
가구수 | 98 **인구(명)** | 193(남106+여87) **어선(척)** | 76 **어가** | 52
어촌계 | 총 1개 어촌계(당사 91명)

공공기관 | 당사도치안센터(061-270-0187)
교육기관 | 암태초등학교 당사분교
전력시설 | 한전 전가구
급수시설 | 간이상수도 1개소 전가구, 우물(펌프) 62개소

교통 | **배편** | 대흥페리(목포 ↔ 당사도)
특산물 | 김
특이사항 | 섬에 당이 두 개 있고 모래가 많아 당사도라는 이름이 유래됨.

30년 변화 자료

구분	1973	1985	1996
주소	전남 신안군 암태면 당사리	좌동	좌동
면적(km²)	13.85	3.83	4.38
공공기관	-	-	분소 1개
인구(명, 남자+여자)	402(203+199)	560(285+275)	304(154+150)
가구수	70	102	88
급수시설	공동우물 3개	우물 57개	우물 72개, 간이상수도 1개
초등학교	분교 1개 98명	분교 1개 88명	분교 1개 12명
전력시설	-	한전 102가구	한전 88가구
의료시설	-	약방	보건진료소 1개소
어선(척, 동력선+무동력선)	47(2+45)	100(77+23)	35(30+5)

＊ 공공기관은 면사무소, 파출소 등 포함

일반현황

위치 | 전남 신안군 암태면 당사리 **동경** 126° 06′ **북위** 34° 39′
면적 | 1.34km² **해안선** | 2.6km **육지와 거리** | 21.5km(목포시)
가구수 | 1 **인구(명)** | 2(남1+여1) **어선(척)** | 1 **어가** | 1

공공기관 및 시설

전력시설 | 한전 전가구
급수시설 | 우물(펌프) 1개소 1가구

여행정보

교통 | **배편** | 면도인 암태도나 이웃 도서인 당사도와의 교통을 위해서는 개인적으로 어선을 이용하여 내왕함.
특산물 | 김, 굴
특이사항 | 풀과 자연산 난이 많이 자생한다 하여 초란도라 한다. 보리, 고구마, 양파 등 밭작물을 재배한다.

30년 변화 자료

구분	1973	1985	1996
주소	전남 신안군 암태면 당사리	좌동	좌동
면적(km²)	3.98	1.28	1.341
인구(명, 남자+여자)	94(43+51)	92(53+39)	57(26+31)
가구수	21	23	16
급수시설	공동우물 3개	우물 6개	우물 1개
초등학교	분교 1개 28명	초등학교 1개 27명	분교 1개 3명
전력시설	-	한전 23가구	한전 16가구
의료시설	-	약방	상비약비치
어선(척, 동력선+무동력선)	무동력선 8척	동력선 10척	10(9+1)

신안군 자은면

신안군 자은면

모래밭에 농사를 짓다

자은면 자은도

신안군은 큰 섬과 주변에 딸린 섬으로 이루어진 2개 읍과 11개 면으로 구성된 군이다. 이들 중 유일하게 부속 유인도가 없는 섬이 자은도다. 자은이란 이름은 임진왜란 때 지원군으로 온 명나라 두사춘이 이곳에 피난해 목숨을 구하여 섬사람들의 은혜를 잊지 못한 데서 유래했다고 한다. 가장 높은 두봉산이 섬을 동서로 나누어 동부에는 산을 중심으로 마을이 들어앉았고 서부에는 평지가 펼쳐진다. 섬의 동쪽과 남쪽 해안은 갯벌이 발달했고 서쪽은 사구와 해수욕장이 아름답다. 북쪽은 갯바위와 혼합갯벌들로 이루어져 전형적인 서해안 섬의 생태환경을 갖추고 있다. 이런 환경 때문에 동쪽과 남쪽은 욕지도를 중심으로 갯벌을 막아 염전과 농지를 조성했다. 서쪽에는 분계해수욕장, 백산해수욕장, 내치해수욕장, 외기해수욕장이 있어 여름철 많은 해수욕객들이 찾고 있다. 해송숲과 바다가 어우러진 경관이 좋아 해양관광단지가 조성되고 있다. 북쪽은 어장이 발달해 사월포에는 한때 부서파시가 형성되었으며, 해안지형을 활용한 독살 등 전통어법이 발달했다.

다리 밑에는 갈매기와 어부가 산다

목포에서 출발하면 1시간 걸리던 뱃길이 송공항으로 옮겨지면서 30

분은 단축되었다. 압해도 오도선착장에 내려 은암대교를 지나면 자
은도로 이어진다. 다리를 건너다 말고 조심스럽게 차를 세웠다. 몇 년
전 이른 봄 다리 위에서 보았던 갈매기떼가 생각났다.

　이른 아침 은암대교 아래 한 무리의 갈매기들이 모여 머리를 서쪽
으로 돌리고 뭔가를 기다리고 있었다. 이들이 기다리는 것은 아침 일
찍 배를 타고 나와 정치망을 걸어올리는 어부가 떨어내는 부산물이
라는 것을 나중에 알았다. 물때를 보고 어부가 배를 타고 나와 그물을
털 것이라는 사실을 알고 있었던 것이다. 약속이라도 한 듯이 한 어민
이 선외기를 타고 와 정치망을 걸어올렸다. 어부는 가끔씩 물고기를
던져 주었다. 그때마다 갈매기들은 날개짓을 하며 서로 먹으려고 야
단법석이었다. 고기들이 잡히지 않으면서 생계 걱정을 하는 것은 어
부들만이 아니다. 이맘때면 숭어는 물론 떼를 지어 몰려오는 실뱀장
어와 이들을 노리는 크고 작은 고기들이 다리 밑에 가득했다.

　어부는 실뱀장어를 잡기 위해서 띄워놓은 바지선에서 생활하고
있다. 실뱀장어는 봄철에 신안은 물론 해남의 화원반도, 무안반도, 김
제, 부안, 군산 등 서남해안 전 해역에서 건져올리는 제법 짭짤한 계
절 수입원이다. 실뱀장어는 값이 좋을 때는 작은 것 한 마리가 1천원
에 팔렸다. 태평양 깊은 바다에서 산란한 새끼 뱀장어들이 봄철 부모
들의 고향 강 하구나 연안으로 들어온다. 이들이 이동하는 거리가 수
천 킬로미터라고 한다. 도요새도 그렇지만 작은 몸짓으로 먼 거리를
이동해 오는 녀석들의 집념도 대단하다. 찬 겨울바람을 보내고 남쪽
에서 따뜻한 바람이 불어오기 시작하면 군산, 김제, 부안, 함평과 무
안, 해남과 신안 등 서남해역의 어민들은 분주하다. 묵혀 놓았던 바지
선을 손질하고 실뱀장어를 잡기 위해 그물도 새로 마련을 한다. 실뱀
장어는 조류를 타고 이동하기 때문에 잡는 방법도 정치망과 유사하

다. 바다에 바지선을 띄우거나 갯벌에 말목을 박아 주목망처럼 그물을 걸어서 잡는다. 바지선 안에 생활을 할 수 있는 방과 요리를 할 수 있는 시설을 해두고 하루에 4번씩 그물을 걷어올리는 것이다. 한두 달 조업에 그치는 일이지만, 어민들에게는 대목이나 다름없다.

지금은 새만금방조제로 물길이 막혀 그 흔적을 찾기 어렵지만 동진강과 만경강의 하구갯벌은 초봄에 시작해서 여름까지 실뱀장어 잡이가 아주 성했던 지역이다. 시골에서 자란 아이들은 어렸을 때 달걀을 호주머니에 조심스럽게 넣어 가지고 가 공책, 연필, 지우개, 도화지와 바꿨다. 그래서 암탉은 늘 귀한 대접을 받았다. 바닷가에서 시골의 달걀과 같은 역할을 했던 녀석들이 실뱀장어였다. 30여 년 전에는 실뱀장어 한 마리가 달걀 1개 값에 비교될 만큼 가치가 있었다. 우리가 식당에서 먹는 장어구이는 이렇게 잡은 실뱀장어가 양식어민들의 손을 거쳐 자란 것들이다.

돌에 새긴 기록들

다리를 건너자 오른쪽 도로변에 수군진, 일제강점기 수군주둔과 관련된 것, 목사불망, 석씨 성을 가진 입도조 관련 4개의 비석이 모아져 있었다. 이 중 일제수군들의 용수를 위한 곳을 표시한 '일본해군 경계석'과 수군의 영에 주둔했던 배를 메어두기 위한 '계선주'가 눈에 띄었다. 일본해군용지 경계석(높이 107센티미터, 너비 16센티미터, 폭 14센티미터)은 자은 용소 주변에서 발견되었다. 전면에 '대일본해군용지大日本海軍用地' 후면에는 '해군성海軍省'이라고 명기되어 있다. 용소는 가뭄에도 물이 마르지 않는 자연호수이다. 일본은 목포가 개항되기 전에 서남해 해역에 일본군 해군기지를 두고 활동했다. 이 경계석은 당시 일본군이 식수를 공급하기 위해 자은 용소 부근을 활용했던 흔

적으로 보인다. 이 일대에서 비슷한 비석이 2개 더 발견되었는데 개
인 정원석으로 사용하고 있다. 당시 일본 해군의 주 근거지는 하의면
옥도였다. 옥도에서도 유사한 경계석이 발견되었다. 비 아래에는 '大
日本帝國時 龍沼를 日本海軍이 食水로 使用코져 세운 碑임' 이라는
설명문이 대리석에 하얀 글씨로 새겨져 있었다. 그런데 '大'를 검정
대리석 색깔과 같이 칠해버렸다. 그래서 '일본제국시……' 라고 읽힌
다. 오죽이나 싫었으면 그랬겠나 싶으면서 입비에 이미 '대일본……'
이라 쓰여 있기 때문에 설명문에는 그냥 '일제강점기 일본해군이 주
둔하며 용소를 식수로 사용하고자 세운 비' 라고 했으면 좋았겠다 싶
었다. '계선주'(높이 90센티미터, 너비 31~47센티미터, 두께 16센티미터)는 옛
구영리에서 발견된 것으로 마을 주민들은 옛날 수군기지에서 큰 배
를 묶어두었던 것으로 생각하고 있다.

　　나머지 석씨 묘비(1740년 건립, 높이 108센티미터, 너비 45센티미터, 두께 12
센티미터)는 자은도에 입도하여 살았던 것으로 알려진 석씨 집안 후손
의 묘비이다. 한운지 저수지 축조 때 제방 위에 올려져 있던 것을 발
견하여 옮겼다. 정면에 'ㅇㅇ장군 석공만지 후인정씨지묘ㅇㅇ將軍 石
公萬之 後人鄭氏之墓' 라고 되어 있고 뒷면에는 후손의 이름이 새겨져 있

은암대교 밑에 있는 비군(碑郡). 왼쪽부터 계선주, 일본해군 경계석, 김기현 불망비, 석씨 묘비.

수군 영(營)이 주둔했던 구영마을에 배를 매어두기 위해 세운 지주(좌), 일제강점기 용소를 일본해군의 식수로 사용코저 세운 '용수장표식비' (우).

다. 마지막으로 '목사김후기현영세불망비牧使金侯箕絢永世不忘碑'(1854년 건립, 높이 127센티미터, 너비 44센티미터, 두께 18센티미터)는 나주목사 김기현이 자은면에 시혜를 베풀어서 면민들이 세운 것이다. 구진변 잡초밭에 방치되어 있는 것을 옮겼다. 뒷면에 건립년도(함풍 4년)만 표기되어 있어 건립내력이 없다. 자은에는 언제부터 사람이 살기 시작했을까. 몇 년 전 섬을 방문했을 때 노인회장이 들려준 이야기다.

자은에 개척자가 누구냐? 옛날 그 자은에 개척자가 석씨라 이렇게 말하고 있어요. 근데 그 석씨는 어떤 분이냐 헐 때 중국과 한국과의 무역상이지요. 그 중에 석씨가 참으로 양반인지 아닌지 이것은 아직 판단할 길이 없으나 좌우간에 중국을 가는 길에 난파를 해가지고 한운리에 닿았어요. 거기에 와서 보니까 오곡백과가 무르익고 굉장히 중요한 땅이 얼마든지 있더라. 그래서 배를 고쳐가지고 다시 무역 가는 걸 포기하고 여기에 정착을 하여 농사를 짓기 시작했어요. 그래가지고 자기들이 어느 정도 거그서 살게 되니까 섬에 있는 가족들을 전부 데려왔어요. 긍께 그 사람들이 자은에 시조다. 그때 석씨 덜이 거지 떠나고 지금은 한가 14대손인가 한 가구 살꺼요.

자은도는 백제시대에는 아노현阿老縣에 속하였다. 통일신라시대에는 갈도현碣島縣, 고려시대에는 육창현陸昌縣에 속하였다. 조선초기에는 나주목에 편입된 후 영광군에 속하였고, 조선후기에는 나주목에 재편입되었다. 1377년(고려 우왕 3년) 구영舊營 을에 영營이 설치되었고, 1896년에는 일본수군 진지로 사용되었다. 유각리에 있는 자은도 목장은 무안군 망운목장 속장으로 서곶에 130필, 남곶에 188필의 말을 길렀다. 《세종실록지리지》에 따르면 자은도를 포함해 암태도, 압해도, 진도 등 4개의 섬만이 '나주목' 에 속한 섬으로 언급되어 있다. 30년 후에 기록된 《동국여지승람》에 29개의 섬이 기록되어 있다. 이렇게 국가가 자은도에 주목한 이유는 일찍부터 소금이 생산되었고, 국가에서 필요한 말을 기르는 목장이 있었기 때문이다. 여기 자은도는 한양에서 볼 때는 흑산도와 다를 바 없는 유배지였으며, 배를 짓거나 궁궐 등 국가 주요 건물을 세우는 데 필요한 소나무의 배양지로 지정되어 관리되기도 하였다.

임진왜란 때 선조의 요청으로 지원왔던 명나라 장수 이여송을 따라 왔던 중국인 두사춘이 있었다. 남의 나라에서 전쟁을 하다 죽는 것이 두려웠던지 도망을 쳐 도착한 곳이 자은이었다. 섬이 모난 데가 없이 생활하기 좋고 인심이 후덕해 자은慈恩이라 칭했다고 한다. 1896년 지도군 설군으로 지도군에 속하다 1914년 행정구역 개편으로 무안군을 거쳐 1969년 신안군에 속하였다.

유각염전 저수지에서 귀한 손님 저어새(위 왼쪽)와 백로(위 오른쪽)를 만났다. 국제자연보전연맹이 멸종위기종(EN)으로 분류한 국제 보호조이며 우리나라도 천연기념물로 지정했다.

염전 저수지에서 저어새를 만나다

유각염전을 지나다 다시 차를 멈췄다. 그리고 눈을 비볐다. 염전 저수지에 있는 새를 몇 번이고 확인했다. 망원렌즈로 사진을 찍어 확대를 해보았다. 저어새였다. 강화도와 인천 송도로 저어새를 보러 간 적이 있었다. 최근 신안 증도에도 저어새가 찾아왔다는 소식을 들었다. 그렇지만 이렇게 직접 신안 섬에서 저어새를 본 것은 처음이다. 내가 저어새를 처음 본 것은 주남저수지였다. 듣던 대로 고개를 처박고 휘저으며 먹이를 찾는 모습이 신기했다. 저수지에서도 열심히 부리를 젓고 있었다.

저어새 옆에는 백로도 있었다. 저어새는 쉴 새 없이 부리를 젓는데 백로는 가만히 서 있었다. 어디선가 저어새의 부리가 주걱처럼 생긴 이유를 읽었던 기억이 났다. 갯벌 등 습지에 사는 저어새는 부리에 닿는 촉감으로 먹이를 잡는다고 했다. 처음에는 갯벌에 생물이 다양해 주걱이나 국자처럼 저어새 부리가 먹이활동을 하는 데 요긴했다. 왜가리나 백로처럼 부리로 쪼아 먹는 것보다 훨씬 경제적이었을지도 모른다. 그런데 고기들이 줄어들면서 저어새의 부리젓기는 힘들어졌다.

먹이를 보고 부리로 쪼아 잡는 왜가리나 백로와 달리 수없이 저어야 먹이를 잡을까 말까하는 저어새가 가여워졌다.

저어새가 한가롭게 먹이사냥을 하는 염전에 아픈 사연이 숨겨져 있다는 것을 새들이 알까. 암태와 연결되는 은암대교가 만들어진 1995년 이전에만 해도 자은도의 나들목은 남진포구였다. 자은도는 목포보다 20여 일 늦게 수복이 되었다. 해방 전후에는 임자도 다음으로 좌우익 갈등과 피해가 심했던 곳이다. 그 대표적인 곳이 남진포구와 구영마을이다. 남진포구는 일제강점기에 주재소가 있어 해방 후 경찰들이 상주했다. 좌우익 갈등과정에서 좌익이 이곳 주재소를 습격하여 탈취하는 일이 발생하기도 하였다.

자은도는 한국전쟁 전 3개월 정도 좌익이 치안을 장악했던 것으로 알려졌다. 전쟁과 함께 섬을 빠져나가 부산 등으로 피난갔던 면과 지서 직원을 비롯한 우익성향의 인사들은 목포가 수복되고 난 20여 일 후 10월 초쯤에 섬에 들어왔다. 좌우익의 이데올로기와 개인적인 감정이 뒤섞인 혼란한 시기에 작은 섬에서도 많은 민간인이 피해를 입었다. 이곳 면장 중에는 당시 수장을 당한 후 가까스로 빠져나온 사람도 있다.

우익은 들어온 후 빠져나가지 못한 좌익 색채가 있는 사람들을 보는 대로 테러를 가했다. 다시 자은도에 들어온 경찰을 비롯한 우익들은 마을을 뒤져 의심이 가는 사람들을 구영마을 팽나무 밑으로 모이라고 해놓고 테러를 가하고 죽이기도 했다.

자은도의 백길염전, 대길염전, 욕지염전 등은 이러한 상황에서 면과 지서의 주민독려와 동원에 의해서 막아졌다. 당시 제방을 쌓는 일은 노동력과 자본이 많이 들기 때문에 감히 엄두도 내지 못한 시절이었다. 이러한 대규모 공사가 가능했던 것은 1950년대 초반의 자은도 상황과 밀접한 관련이 있다. 손가락질 한 번에 목숨이 결정되던 시절

신안 지역에서 한국전쟁을 전후한 좌우익 갈등으로 민간인 피해가 가장 큰 섬은 임자도와 자은도이다. 자은도 구영마을 팽나무 밑에서 많은 섬사람들이 피해를 입었다. 그때 피해를 입지 않은 젊은이 몇 명이 백발 노인이 되어 팽나무 그늘 아래서 더위를 식히고 있었다.

에 아무 말도 못하고 '동원' 되었고, 풀칠할 것이라도 주면 감사해야 했다. 안모씨(1939년생)도 14살 때 지게를 지고 출력을 나가 방조제 공사를 했다. 당시에 '만보' 라고 하여 돌을 30번 져야 미국에서 제공하는 통밀 2~3되를 주었다.

백길방조제 축조과정에 필요한 자금은 비금도 대동염전 소유자였던 유의구(당시 국회의원)의 도움을 받아 조흥은행에서 대출을 받기도 했다. 이후 대금을 갚지 못해 재판을 받기도 했으며 여러 사람의 손을 거쳤다. 내가 2002년에 만났던 노인은 "면민들이 공포에 떨며 동원되었다"고 기억했다. 둑을 쌓는 데 동원된 사람들에게 '주(枓)' 를 준다고 하였지만 약속은 지켜지지 않았다..

욕지염전 가는 길에 '쇠고기' 를 먹다

욕지염전으로 가는 길에 창촌과 유천마을을 지났다. 창촌은 마을 입구에 세금을 걷어 보관하는 창고가 있어 붙여진 이름이며, 유천은 하천에 버드나무가 많아 버드네골이라 불렀다. 버드네골 서쪽에 있는 두봉산 남쪽 바위 속에 두 평 남짓한 방 모양의 굴이 있는데 맑은 물이 사계절 흘러나왔다. 명나라 장군 이여송에게 반역으로 몰린 두사춘이 이곳에 숨어서 임진난을 보내고 살아 돌아가면서 천혜방天惠房이라 했다고 한다. 하늘이 내려준 은혜로운 방이라는 의미였던 모양이다. 1914년 행정구역 개편으로 욕지도까지 합해서 유천리라 했다. 마을서쪽 큰골에 말 130필, 남쪽에 130필, 곡초 3천200속, 목자 47명이 있었다. 무안군 망운목장의 속장이었다. 두봉산 아래 위치한 유촌리 마을 입구에 큰 소나무 두 그루가 서 있다. 한 그루는 마른 채 서 있고 다른 한 그루는 서남쪽으로 줄기를 뻗어 겨우 버티고 있었다.

언덕을 넘어서자 욕지마을로 들어서는 길이 보였다. 두사춘이 두봉산에 올라보니 바다 한가운데 떠 있는 섬들이 마치 못池 가운데 떠 있는 연꽃봉오리와 같다고 하여 연화옥지蓮花玉池라고 한 것이 후에 욕지欲池라 했다고 한다. 작은 섬들을 연결했기 때문에 간척지가 많고 염전이 많다. 한때 연간 소금을 2천여 가마씩 생산하기도 했다고 한다.

욕지도 서쪽에 조성된 간척지는 농지로 이용하고 동남쪽은 작은 섬과 연결해 염전을 조성하였다. 이곳도 한국전쟁 전후까지 자염을 했던 곳이다.

앞서 가던 트럭이 멈추었다. 트럭 앞에 몇 대의 차가 멈춰 있었다. 차를 세우고 가보았다. 소를 잡고 있었다. 명절을 맞아 몇 사람이 서로 어울려 잡는다고 했다. "좀 사갈 수 없나요." "가져갈 사람들이 정해져 있어서 팔 수는 없고 담어가는 것은 얼마든지 해도 되요." 부위별로 썰고 있던 주민이 소주도 한잔 권했다. 자다가 떡이 아니라 길가다 소고기 얻어먹는 꼴이다. 막 잡은 소라 따끈따끈했다. 입에 착착 붙었다.

다행히 염전은 온전했다. 소를 잡던 주민은 이제 곧 소금농사를 지을 준비를 해야 할 거라며 말 끝에 힘을 실었다. 예전에 왔을 때 느끼지 못한 기운이다. 괜히 기분이 좋았다. 염전도 깨끗하게 단장되어 있었다. 천일염이 식품이 되기 전 모습과는 완전히 달랐다.

죽음도 편하지 않다

섬마을은 급격한 인구감소와 고령화로 공동체가 붕괴되고 있다. 자은도만 해도 20여 년 전에는 1만여 명에 이르던 인구가 지금은 2,400여 명으로 감소했다. 이로 인해 두봉초등, 백산서부초등, 자은남초등, 부영초등 등 4개의 초등학교는 자은초등 1개로 통폐합되었다. 이로 인해 대파나 마늘농사는 물론 상여를 메는 일도 다른 마을에서 사람을 빌려오거나 노동력을 사지 않으면 어렵다. 다만 목회활동이 활발한 곳은 교인들 사이에 새로운 '품앗이'가 만들어지고 있으며, 죽음의례도 모두 교회에서 하고 있다. 과거에 마을단위로 이루어지던 품앗이가 인구가 급격하게 줄기 시작하면서 마을단위로 구성하기 어려워지고, 상례를 맡던 상두계 등 각종 모임들도 유명무실해졌다. 이러한 풍속을 대신하고 나선 것이 교회였다.

욕지도에서 나와 대율리(대율 · 신흥 · 진천)로 향했다. 대율리는 마늘농사를 많이 짓고 있으며 논도 많은 곳이다. 한야리寒夜里라 부르다가 마을을 지나던 도승이 앞동산이 큰 밤의 형국이니 대율이라 하여 오늘에 이른다고 한다. 마을 앞에 나배도(상나배 · 중나배 · 하나배도) 등 세 개의 무인도가 있는데 그 모양이 자라모양이라 자라지者羅池라고 부르다 1940년 새로 생겨난 마을이라 해서 신흥이라 했다고 한다. 마을이 생겨나면서 천수답에 농사를 짓기 위해 송용근 씨가 1940년 마을 앞에 포강(방죽) 800미터를 팠다. 주민들은 1975년 그 공덕을 기리며 송덕비를 세웠다. 길은 대율리에서 송산리를 통해 한운리로 이어졌다. 송산리의 한 교회는 상여도구를 교회에서 마련하여 교인들에게 제공하고 있다. 한 마을에서 만난 노인은 나이가 들고 나서 교회에 다니기 시작한 이유가 죽어서 아이들에게 폐를 끼치지 않기 위해서라고 했다.

자은도의 섬생활을 좌우하는 것은 마늘과 대파라 할 수 있다. 이들 가격이 섬생활의 질을 결정한다고 해도 과언이 아니다. 자은도에서 마늘농사는 60여 년 전부터 시작되었다. 대량으로 재배되기 시작한 것은 1970년대 말부터다. 해수욕장이 발달한 서부지역의 밭에서는 고구마와 땅콩을 재배하다 최근에는 대파로 전환하였다. 한운리와 고교리 등 김양식을 하는 마을도 있지만 제한적이며 수산업 의존도가 매우 낮은 섬이다.

부서는 옛이야기가 되어버렸네

자은도는 어장을 하는 섬이 아니다. 쌀, 마늘, 대파 등 농사 의존도가 높다. 남진나루와 사월포가 그나마 어장흉내를 내는 곳이다. 그렇지만 40여 년 전에 사월포에 파시가 형성될 정도로 번성했다는 것을 아는 사람은 드물다. 사월포에 파시가 형성되기 시작한 것은 1960년대 무렵이다. 인근 두모리에서 살던 정씨(1932년생)는 18세 때 사월포로 이사했다. 그때 사월포에 4가구가 농사를 짓고 있었다. 그 후 사월포에 부서가 모여들면서 전국에서 배들이 몰려들어, 사월포에서 상장구지 코뱅이(할미도)까지 이어지는 바다에 3,000여 척의 배가 모여들었다. 주로 여수, 마산, 인천, 충청 서산, 군산배들로 선원이 5~6명 정도 탈 수 있는 4~5톤 목선이었다. 부서는 4월부터 6월까지 잡았는데 크고 색깔이 노란색으로 꼬리가 약해 조기와 구별된다.

당시 그물은 명주그물이었다. 아주 일부 나일론 그물을 사용했다. 명주그물은 갈나무를 삶아서 물을 먹였다. 이렇게 해야 그나마 한철을 사용할 수 있었다. 고기를 잡으면 배를 따고 다듬어서 목포나 여수에서 온 상고선에 팔았다. 부서파시가 시작되면서 원주민 5~6가구와 목포사람들이 운영하는 10여 개의 술집이 형성되었다. 술집은 '니나노집(방석집)' 형태로 큰 술집은 대여섯 명, 작은 술집은 두세 명의 작부를 두고 장사를 했다. 선원들 중 술을 먹고 술값이 없어 잡혀 있으면 선주가 와서 대신 갚아주기도 했다. 파시철에 잦은 폭력사건이 발생해 목포에서 임시경찰이 파견될 정도였다. 섬사람 중 술집여자와 정분이 나 살림을 차린 사람도 있었다.

부서파시는 1950년대 말까지 지속되었지만 고기가 떨어지면서 파시는 끝이 났으며 강달어가 1~2년 반짝 잡히다 사라졌다. 1960년대에 들어서면서 흥청대던 파시촌도 사라지기 시작하였다.

바다와 섬에는 바람이 많다. 때로는 그냥 바람이 아니라 모래바람이 불기도 한다. 하지만 자연은 인간에게 마냥 해를 주지는 않는다. 자연이 옮겨놓은 모래들이 한 알 한 알 모여 해수욕장을 만들고, 모래밭을 만들기도 한다. 모래더미의 척박한 환경에서도 순기비나무, 보리사초, 갯메꽃, 갯방풍을 비롯한 다양한 식생들이 뿌리를 깊이 박고 살아간다. 섬사람들의 삶이 그렇다. 자은도에 분계해수욕장과 백길해수욕장 사이 넓은 모래밭에는 스프링클러를 설치해 모래밭에서 대파를 재배하고 있다. 이곳 대파는 해풍을 이겨내고 자라기 때문에 최고의 품질로 인정받는다. 대파를 재배하는 사람만이 아니라 출하를 앞둔 대파를 뽑고, 단으로 묶는 손질작업도 많은 사람이 필요하다. 농한기에 대파작업은 섬에 사는 노인들에게 짭짤한 소득원이다. 전문적으로 대파만을 묶어온 사람들은 손놀림이 예사롭지 않다. 이리저

농부는 파도와 바람이 만들어준 모래밭에 물을 뿌리고 대파를 심었다. 그 모래가 바다에 있을 때 어부는 칠산 바다로 산란을 하러 온 조기와 새우를 잡았다.

리 한 번의 손놀림에 20개로 묶인 대파다발이 가지런해진다.

자은도 대파는 겨울부터 이른 봄까지 출하된다. 가락동시장에서 가장 높은 가격에 거래되는 자은도 대파는 중매인들의 예약이 줄을 잇는다. 며칠 전 자은도 둔장 어촌체험마을 찾았다가 만난 면장은 주민들 중 대파농사로만 수억 원을 번 주민들도 몇 명 있다고 알려줬다. 직접 내가 만나기도 했다.

인간들에게 따돌림만 당했던 모래지만 과거 칠산바다로 조기들이 몰려와 산란을 했던 것도 바닷속 모래밭이었다. 조기가 사라지고 나서 칠산바다가 인간에 준 또다른 선물 새우와 꽃게도 모래갯벌과 밀접한 관련이 있다. 그런데 인간은 그 모래를 퍼내 건축용 재료로 사용했다. 고기가 많이 나올 때는 고기를 잡더니 이제 고기가 안 나온다고 그들의 삶터를 송두리째 부수려고 한다. 기술이 발달하고 첨단이 판을 칠수록 자연과 공생하는 인간의 지혜가 더 필요하다.

개황 | 자은도慈恩島

위치 | 신안군 자은면 **동경** 126°02′ **북위** 34°53′
면적 | 52.7km² **해안선 |** 80.9km **육지와 거리 |** 41.9km(목포시)
가구수 | 1,274 **인구(명) |** 2,436(남1,252+여1,184) **어선(척) |** 86 **어가 |** 74
어촌계 | 총 2개 어촌계(75명)

공공기관 | 자은면사무소(061-271-8377), 신안농협 자은지소(061-271-8000), 신안농협 송산지소(061-271-8676), 자은파출소(061-271-8112), 자은면 예비군중대(061-271-8113), 자은보건진료소(061-271-8154), 농업기술센터 자은지소(061-271-8064), 자은도 우체국(061-271-8288)
교육기관 | 자은초등학교(061-271-8040), 자은중학교(061-271-8043)
전력시설 | 한전 전가구
급수시설 | 지방상수도시설 1개소 전가구

교통 | 배편 | 목포-암태도 남강-자은(버스 및 택시 이용), 대흥훼리 1·5호(목포대흥상사, 061-244-0005. 암태남강대리점, 061-271-1845)
섬내교통 | 버스 | 암태-남강-자은, 자은여객버스 2대(서해운수. 061-271-2484)
여행 | 직포해수욕장, 비렁길(함구미-신선대-두포-직포), 망산, 대부산 등산로, 우학-함구미 드라이브 코스
낚시터(유어장) | 농바위, 웅암산, 양산, 상장구지, 사월포, 구진변
특산물 | 땅콩, 밤고구마
특이사항 | 구봉산에 희귀식물인 석란이 자생한다. 자연호수인 용소와 기암이 있다. 두봉산, 천혜방, 용소, 응암산 전설이 내려오며 논멘소리와 상여소리의 민요가 전해온다.

30년 변화 자료

구분	1973	1985	1996
주소	전남 신안군 자은면	전남 신안군 자은면 유천리	전남 신안군 자은면
면적(km²)	53.12	52.02	51.65
공공기관	-	면 출장소 1개, 지파출소 1개	면사무소 1개, 지파출소 1개
인구(명, 남자+여자)	11,451(5,703+5,748)	7,123(3,567+3,556)	3,666(1,807+1,859)
가구수	2,009	1,711	1,247
급수시설	공동우물 612개	우물 1,271개, 간이상수도 2개	우물 1,171개, 간이상수도 2개
초등학교	4개 2,517명	4개 1,451명	4개 261명(본교 3개 214명, 분교 1개 47명)
중고등학교	1개 432명	1개 764명(중학교)	1개 223명
전력시설	-	한전 1,711가구	한전 1,247가구
의료시설	-	약방 2개소	보건지소 1개소, 약방 1개소
어선(척, 동력선+무동력선)	16(2+14)	115(72+43)	동력선 38척

＊ 공공기관은 면사무소, 파출소 등 포함

신안군 압해읍

신안군 압해읍

해제면

임자면

지도읍

현경면

증도면

망운면

49 마산도

46

운남면

49 황마도

48

50

45

압해읍

47

목포시

자동차길이 뚫리고
바닷길도 열렸다

압해읍 압해도

신안의 섬은 압해도 뱃길을 경계로 윗섬과 아랫섬으로 나뉜다. 윗섬은 압해·중도·임자도, 아랫섬은 암태·자은·비금·도초·하의·장산도를 말한다. 한때 윗섬 사람들은 아랫섬 사람들과 결혼도 하지 않았다. 윗섬 사람들은 육지와 가까워 은근히 아랫섬 사람들을 낮춰 대하기도 했다. 특히 압해도는 너무 가깝다. 목포에서 뱃길로 10분도 채 되지 않는 거리다. 배를 탄 후 폼을 잡고 담뱃불을 붙였다간 다 피우지도 못하고 내려야 한다. 목포 선창에서 손을 뻗으면 닿을 만큼 가깝다. 그래서 압해도를 '반 육지' 라고 한다.

목포와 압해도를 잇는 압해대교는 신안군 입장에서는 특별한 의미를 갖는다. 1969년 무안군에서 분리된 이래 남의집살이를 했던 신안군청이 압해도로 이사를 했기 때문이다.

압해도는 삼국시대에는 팔금, 안좌(기좌), 도초 등과 함께 백제의 아차산현에 속했다. 통일신라시대와 고려시대에는 압해군의 설치로 군의 중심이 되었다. 압해군에는 6개의 목장이 있어 마소를 길렀다. 조선시대에는 군이 폐지되고 나주목에 속했다 영광군에 편입되었으나 조선후기에 나주목에 재편입되었다. 1896년(고종 24) 완도군, 돌산군과 함께 지도군이 설군되어 나주, 영광, 무안, 만경, 부안 등 5개 군 소속 도서를 포함했다. 이후 1914년 행정구역 개편으로 가룡, 복룡, 학교, 신룡, 동서, 대천, 송공, 분매, 신장, 장감, 가란 등과 달리도, 나불도, 눌도 등을 포함한 14개 리로 개편해 무안군에 편입되었다. 1917년 나불리는 영암군 삼호면에, 눌도와 달리도는 무안군 이로면에 넘겨주고 선도면의 고이리와 매화리를 편입하여 13개 리를 관할하였다. 1969년 신안군 설군(법령 제2059호)으로 신안군에 편입되었다.

반 육지에 다리가 놓였다. 온 육지가 된 셈이다. 섬사람들의 삶이 온전하게 풍요로워질까. 주민들은 기대 반 우려 반이다. 다리가 놓이기 전에도 1천원(차량 3,500원)만 내면 철부선 4척이 무시로 연결해 주었다. 신안군청이 들어와 발전할 것이라는 기대를 거는 사람들도 있다. 압해도에 비해 먹고 마시는 유흥문화가 발달한 목포 북항과 3분거리도 안 된다. 누가 섬에 머물며 돈을 쓸 지 의심스럽다. 갯일을 하는 사람들은 외지인들이 들어와 오히려 바다와 갯벌이 훼손되지 않을까 우려한다. 논밭과 집터와 조상을 모신 자리를 제외하고 목 좋은 곳은 이미 외지인들이 차지했다. 유일하게 남아 있는 곳이라면 개인이 어찌할 수 없는 갯벌뿐이다. 게르마늄 갯벌로 알려진 그곳이 어민들의 생계터전이다. 압해도 지형은 날개가 셋 달린 배의 스크루를 닮았다. 풍수로 풀어보면 '떠가는 배 형상'이라 한다. 육지가 된 압해도에는 이제 스크루 대신 바퀴 달린 자동차가 달린다. 신안 압해와 무안 운남을 연결하는 운남대교가 마무리되었다. 이제 서해안고속도로에서 곧장 압해도를 돌아 무안국제공항과 연결된다.

압해대교를 건너 좌회전을 해 장감리로 향했다. 한때 압해도선창이 있어 드나드는 배와 타고 내리는 사람과 차들로 북적댔던 곳이다. 바다 건너 북항 수산물 먹거리촌의 왁자지껄함과 비교하면 한산한 어촌으로 바뀌었다. 다행인지 신안군청이 가까운 곳에 있어 싱싱한 해산물로 준비한 식사를 하려는 사람들이 자주 찾는단다. 가는 길에 염전도 있다. 숭의염전과 함께 압해도에 남아 있는 소금생산지다. 10년 전 이곳에서 발을 동동거리며 배를 기다린 적이 있다. 압해도로 섬 조사를 들어왔다가 자동차 연료가 떨어졌다. 목포에도 압해도와 접해 있는 북항에는 충전소가 없어 삼학도 인근까지 갔던 기억이 생생하다. 그러니 섬사람들은 일상에 불편함이 얼마나 많을까. 당시 실감을 했다.

그때 길거리에 있는 소금창고에서 포대에 소금을 담고 있던 주민을 만났다. 쌀농사도 100여 마지기 짓고 있으면서 염전도 3정 1만 평 정도 가지고 있었다. 옛날에는 소금값이 좋지 않아 주변에 많은 사람들이 감단을 했다며 아직 나이도 있고 두 가지를 겸할 만해서 감단하지 않았다고 했다. 2000년대 초반이니 지금처럼 천일염이 식품으로 지정되지도 않았고 소금값도 특별히 좋아지지 않았던 시절이었다. 그래도 그 주민은 넓은 면적의 쌀농사 수확보다 부부노동으로만 짓는 소금농사가 훨씬 소득이 높다고 했다. 쌀은 아이들에게 식량으로 주고 약간의 수입은 기계값이며 농약값, 비료값, 인건비 등을 제하면 실상 남는 것은 거의 없지만 소금농사는 알짜 목돈이 되기 때문이다. 자식들을 키우고 결혼시킬 수 있었던 것도 순전히 소금밭 때문이라며 정이 가서 도저히 감단을 할 수도 남에게 넘길 수도 없다는 것이다. 이젠 다리까지 놓였으면 소금팔기가 얼마나 좋을까. 게다가 소금값도 예전에 비하면 몇 곱절 비싸졌다.

농지는 농민이 가져야 한다

장감리에서 분매리를 지나면 가란도와 숭의촌으로 가는 길을 만난다. 숭의촌은 갯벌을 간척하여 염전과 농지로 이용하고 있는 마을이다. 마을이름도 '숭의리' 이며 도중에 숭의공원이라는 표지석이 있다. 숭의 지명은 1952년 숭의학사에서 비롯되었다. 당시 김신근 목사는 숭의학사를 세워 전쟁고아와 청소년을 양육하다가 1959년 숭의학원(숭의중, 숭의실고)을 설립했다. 이 지명은 지금은 모두 사라지고 마을주민들의 민가가 자리를 잡았지만 산자락에 재활정착촌이 있었다. 이들은 인근 주민들과 함께 간척지를 막고 농사를 지으며 생활했다.

1980년대 민주화 열기와 함께 전국 10여 곳에서 농지분쟁이 발생했을 때 숭의간척지에서도 실제로 간척 당시부터 농사를 짓고 있는 주민들과 법률적인 토지소유권을 가지고 있던 소유자(김신근, 당시 숭의학원 이사장)와 농지소유권분쟁이 있었다.

숭의간척지는 1951년 사업을 시작하여 1954년 1차완공을 했다. 이후 해일로 자주 방조제가 무너져 서너 차례 주민들이 보수하여 간척공사를 완성했다. 그리고 염기가 빠지지 않는 뻘밭이라 농민들이 스스로 보수하고 크고 작은 공사를 반복하며 논을 만들었다. 이렇게 만들어진 농지는 16만 평으로 의금, 분매, 두지, 신기, 신장 등 5개 마을 1,500여 주민의 삶의 터전이 되었다.

이때 목사 김신근은 보사부장관과 전남지사로부터 자활정착사업을 위촉받고 전쟁고아 및 지역주민을 위한 간척지를 총 관리하는 일을 맡게 된다. 김씨는 1954년 4월 8일 공유수면 매립면허(내무부 제621호) 허가를 받고 1956년 10월 서류상 공사를 완공하지만 매립면허 취소로 준공인가를 얻지 못했다. 그 후 "국가에 증여하여 전쟁고아 자활정착 사업장으로 사용한다"는 조건으로 준공을 하게 된다. 이렇게 해서 김씨는 간척지 관리인으로 등장했다.

간척사업에 참여한 전쟁고아와 주민들은 '전남도 전쟁고아 자활정착사업실시지도 육성지침'에 의해 무안군수로부터 농지분배증서를 받았다. 이는 5년 후에 농민들에게 소유권 등기를 해주도록 되어 있다. 이를 모르고 농민들은 20여 년간 갯벌농지를 문전옥답으로 일구었다. 그러나 경지정리를 시행하려는 김씨의 계획이 농민들에게 통보되면서 토지소유자가 농민들이 아니라는 사실이 알려졌다. 그는 1986년에 '숭의기독 영농단'이라는 사람들을 데리고 와 농민들을 쫓아냈다. 정부와 각 부처에 탄원을 했지만 '대화와 타협'이라는 말만 되돌아왔다.

그 입석, 지팡이냐 선돌이냐

압해읍에 도착했다. 면사무소 표지석은 사라지고 새로 세운 '압해읍' 표지석이 빛났다. 이곳에서 송공항으로 가는 길과 복룡으로 가는 두 길로 나뉜다. 송공항으로 가는 길은 뱃길로 이어지고 복룡으로 가는 길은 다리가 놓여 무안 운남을 통해 서해안고속도로 이어진다. 뱃길과 고속도로를 모두 관통하는 압해도는 사통팔달로 섬이라 믿기 어려울 정도다.

우선 뱃길로 통하는 송공 2번국도를 선택했다. 그 길에는 동서리, 대천리, 송공리 등 압해도에서도 큰 마을들이 있다. 국도에서 사잇길로 접어들어 동서리 도창마을에서 조천마을로 넘어가는 길목에 자연

섬사람들은 동서리에 있는 입석을 '송장수의 지팡이'라고 한다. 바위구멍에서 태어난 송장군은 신라 태(太)라는 사람으로 힘이 세서 5미터에 이르는 입석을 지팡이로 사용했다.

석으로 된 대형입석이 고추와 마늘밭에 심어져 있다. 마을 사람들은 이 입석을 '장수 지팡이'라고 부른다. 입석 높이가 4.8미터, 너비 1미터, 두께 0.5미터로 약간 남쪽으로 기울어져 있다. 크기도 크지만 무게도 만만치 않아 신화에 나오는 힘센 장수가 아니고서는 세우기도 힘들었겠다 싶다. 이야기도 많다. 힘센 장수가 지팡이로 삼았다는 이야기가 가장 흔하다. 주민들로부터 채록한 설화의 내용이다(《도서문화》19집, 2000).

"송금산(송공산)이 있는데, 장수가 나가지고 주렁(지팡이의 전라도말)을 짚고 매화도로 건너뛰다가 주렁이 부러져갖고 지금 여기 밭 가운데 10미터 정도 백혀갖고 있어. 그것이 장수주렁이여."

매화도에서 북서쪽으로 송공항에서 객선으로 30분 정도 거리에 있으며 압해면 가룡리와 접해 있다. 송장군이 매화도에서 건너오다 압해도에 박아 바다를 눌렀다는 이야기도 있다. 바다를 누른다는 압해押海라는 지명이 거기서 유래한 것일까. 송장수가 무술을 연마하던

456

중 데리고 있던 부하가 죽자 석곽에 시신과 무기를 넣고 매장한 뒤 그 위치를 표시하기 위해 선돌을 세웠다는 일화도 있다. 또 송장군이 송공리로 날아가다 지팡이로 바위를 짚었는데 바위에 그 흔적이 남아 있다고도 한다.

송장군 이야기는 송공항 앞 역섬에서도 등장한다. 전해오는 설화 내용이다. 역섬은 송공리와 붙어 있었다. 그곳에 굴이 있었는데 송대장군이 굴에서 나오면서 발로 밀어버려 섬으로 뚝 떨어져 그 사이가 강이 되었다는 것이다. 방파제를 만들기 전에는 바위에 커다란 손가락과 발자국이 선명하게 새겨져 있었는데 50여 년 전 방파제공사를 위해 돌을 채석하면서 모두 사라졌다고 한다. 혹자들은 압해도에 등장하는 송장군을 후삼국시대에 서남해역을 장악했던 해상세력, 특히 수달(능창)로 추정하기도 한다.

왕건과 수달의 건곤일척, 압해도는 알고 있다

압해도를 거점으로 한 영웅이야기는 실제로 역사 속에서 등장한다. 왕건과 견훤세력이 이곳에 거점을 마련하려고 일전을 벌였던 것이다. 드라마 〈왕건〉을 통해 널리 알려진 '능창'의 거점이 이곳 압해도 인근이다. 물길을 잘 알고 있을 뿐만 아니라 수전에도 능해 '수달'이라는 별명으로 알려져 있다. 그에 대한 이야기는 《고려사》에서 찾을 수 있다.

> (왕건은) 드디어 광주 서남계西南界 반남현潘南縣 포구에 이르러 첩자를 적의 경계에 놓았더니 압해현의 적수 능창이 해도출신으로 수전水戰을 잘하여 수달이라 하였는데 도망친 자들을 불러모으고 갈초도의 소적들과 결탁하여 태조(왕건)가 이르기를 기다려 그를

맞아 해치고자 하였다. 태조가 여러 장수들에게 말하기를 "능창이 이미 내가 올 것을 알고서 반드시 도적과 함께 변란을 꾀할 것이니 적도賊徒가 비록 소수라고 하더라도 만약에 힘을 아우르고 세력을 합하여 앞을 막고 뒤를 끊으면 승부는 알 수 없는 노릇이다. 헤엄을 잘 치는 자 10여 인으로 하여금 갑옷을 입고 창을 가지고 작은 배로 밤중에 갈초도 나룻가에 나아가 왕래하며 일을 꾸미는 자를 사로잡아서 그 꾀하는 일을 막아야 할 것이다"라고 하니 제장이 다 이 말을 따랐다. 과연 조그마한 배에 탄 자가 있어 잡아보니 바로 능창이었다. 궁예에게 잡아 보내었더니 궁예가 크게 기뻐하여 능창의 얼굴에 침을 뱉고 말하기를 "해적海賊들은 모두 너를 추대하여 괴수라고 하였으나 이제 포로가 되었으니 어찌 나의 신묘한 계책이 아니겠느냐" 하며 여러 사람 앞에서 목을 베었다. ─《고려사》〈태조세가太祖世家〉에서

여말선초에는 반도의 서남부를 얻기 위해 최후의 거점인 '나주'를 아울러야 했다. 이를 위해 먼저 장악해야 할 배후세력이 해상세력이었다. 중앙정부 입장에서 보면 해적이었다. 당시 나주는 왕건의 두 번째 부인 장화왕후의 아버지인 오다련 세력의 근거지였다. 왕건이 서남해를 장악한 것은 해상세력을 기반으로 힘을 키운 점과 결혼을 통해 지역 토호들을 포섭한 전략 때문이었다. 견훤이 그렇게 장악하려 했던 서남해 지역은 '혼인' 전략을 쓴 왕건의 차지가 되었다.《고려사》에는 오다련의 딸은 자신의 뱃속으로 용이 들어오는 꿈을 꾸었고, 왕건은 영산강 하구에서 오색이 감도는 천상에서 빨래하는 오씨 녀를 발견하고 동침했다고 기록하고 있다. 그렇게 해서 낳은 아들이 고려 혜종이다.

왕건이 고려를 건국할 때 나주 일대에 기반을 갖고 있던 견훤은 큰 걸림돌이었다. 견훤은 889년 서해 해상세력을 장악하기 위한 서남해 방수군으로 경주를 출발했다. 진주와 순천과 광주로 진군하는 과정에서 호족세력들의 강력한 저항을 물리치고 한 달만에 5천여 무리를 거느린 독립세력으로 성장했다. 그리고 990년 건국을 선언했다. 견훤이 장악하려 했던 서남해는 나주를 지칭한다. 오늘날 목포, 무안, 신안, 영암, 해남, 강진, 완도 등을 말한다. 상주 출신인 그는 전주와 광주, 순천을 중심으로 새로운 국가를 계획했지만 서남해 진출은 쉽지 않았다. 압해도를 중심으로 능창이라는 해상세력이 존재했기 때문이다. 이 무렵 해상세력은 청해진의 장보고가 역적으로 몰려 제거되고 벽골제로 그 추종세력들이 이주한 후라 군웅할거하던 시기였다.

그러는 사이에 왕건은 903년 금성군(오늘날 나주)에 상륙하여 여러 군현을 점령하고 군사를 주둔시켰다. 이렇게 전격적인 점령이 가능했던 것은 토호세력들과 교감이 있었기 때문이다. 그 중 하나가 나주 오씨와의 결혼이다. 왕건의 왕비 배출지는 나주 외에도 평주, 광주(경기도), 명주, 충주, 진주, 경주, 승주를 포함한 17곳 25명에 이른다. 이러한 여세를 몰아 진도군과 고이도를 장악하여 견훤과 능창을 압박했다. 그리고 왕건은 912년 마침내 서남해 공략에 나섰다. 이에 견훤은 군사를 총동원하여 영산강 하구에서 덕진포에 이르는 해로를 봉쇄하고 나주세력과 연결을 막았다. 왕건은 바람을 이용한 화공책으로 견훤세력을 제압했다. 《고려사》는 "삼한땅은 태반을 궁예(왕건은 당시 궁예 밑에 있었다)가 차지했다"고 기록했다.

왜 영웅들은 서남해 특히 영산강 하류인 압해도 바다를 장악하려 했을까. 육로가 '통' 하지 않았던 시절에 바닷길은 물산은 물론 학문과 문화가 소통하는 고속도로였다. 서남해 물산의 중심지이자 내륙

송공산 정상에 쌓아진 송공산성은 고려 이전에 축조되었을 것으로 추정한다. 이 산성은 고대 서남해 해양세력의 거점이었을 것이다.

교통의 요지였던 나주로 이어지는 뱃길은 권력장악의 기본이었다.

송공산(230.6미터)에 올랐다. 산성을 보겠다는 마음도 있었지만 그보다는 정상에서 다도해를 보고 싶었다. 대벌에서 송공리로 가기 전에 수락마을로 향했다. 그 중간에 송공산 정상으로 오르는 등산로가 만들어졌다. 압해도에는 송공산 외에 홀매산, 매화산 등이 있다. 정상에 올라 이곳저곳을 살피다 예사롭지 않는 돌더미를 발견했다. 딱히 산성이라는 표지판은 없다. 다만 정상부에 산성에 대한 안내만 있을 뿐이다. 그 옆에 우물터가 발굴되어 복원되어 있다.

송공산성지는 고려시대 이전에 있었던 성으로 서남해안과 도서지역은 해상활동과 교통의 요지로 많은 군현들이 설치되었다. 고려 왕건과 후백제 견훤이 나주를 서로 차지하려고 할 때 이들 군현(압해군, 안파현, 갈도현, 염산현)들은 후백제 지원세력이었다. 당시 송공산성은 반왕건세력의 거점지로서 역할을 했을 것으로 추정한다. 고려 건국 후 몽골침입과 함께 해도입보론에 의해 서남해 도서지역이 주목을 받기도 했다. 몽골군이 1255년(고종 42)을 전후해 전라도 서해안 일원을 공략했다. 이듬해 몽골장수 차라다이가 이끄는 수군은 70척의 대선단으로 압해도를 공략했다. 이때 섬주민들은 대포까지 동원하여 이를 격퇴하기도 했다.

당신은 김을 몇 조각으로 나누어 먹습니까

송공산에서 내려와 수락마을로 향했다. 수락마을은 어촌체험마을로 선정되어 전통어법인 독살을 비롯해 고기잡이체험과 갯벌체험 등 프로그램을 진행하고 있다. 수락마을과 대촌, 상촌, 솔고지 등은 모두 송공리에 속하는 마을로 송공산 남쪽과 북쪽 일대에서 김양식을 많이 한다. 양식규모가 매우 크고 마을에 김가공공장이 있다.

며칠 전 지인들과 함께 영산강 음식여행을 한 적이 있다. 온갖 음식에 대한 이야기를 하던 중 자연스럽게 김이야기가 나왔다. 김이 귀하던 시절 목포가 고향인 지인은 김 한 장을 4조각으로 나누어 밥을 싸서 먹었다고 했다. 광주 송정리가 고향인 지인은 6조각으로 나누어 싸 먹었다고 했다. 섬진강 자락이 고향인 나는 김을 16조각으로 나누어 밥을 뜬 숟가락에 얹어 먹었다. 추석이나 설명절 선물로 김 한 톳이면 최고였고 그렇게 받은 김은 어머니손을 거쳐 10장씩 묶여 다발로 나누어져 친척이나 이웃집 밥상에 올랐다. 그만큼 김이 귀했다.

몇 년 전 신안군 압해면 송공리 선창에도 추석명절을 맞아 고향을 찾은 가족들이 겨울바다농사를 준비하는 일손을 돕느라 눈코 뜰 새가 없었다. 이들 옆으로 암태도에서 출발한 여객선이 들락거렸다. 배가 선창에 도착할 때마다 귀성객과 자동차의 무리가 쏟아져 나왔다. 압해도의 송공항이 이렇게 부산한 것은 압해도와 목포를 이은 다리 때문이다. 송공항을 이용하면 자은도, 암태도, 안좌도, 팔금도로 가는 길이 목포여객터미널에 비해 30여 분 절약된다. 송공항은 압해도 주민들이 김양식이나 낙지를 잡으러 오갈 때 이용하는 마을포구였지만 이제는 서남해 다도해를 오가는 관문이다. 한쪽에는 마을 주민들이 운영하는 횟집이 들어섰다. 최근에는 어판장도 문을 열었다. 다도해가 한눈에 바라보이는 송공산 기슭에는 분재공원이 조성되었다. 크고 작은 섬들은 그대로 정원이고 공원이다. 그 공원을 가꾸며 살아가는 사람들은 어민이다. 마을어장이 좋아 봄과 가을에는 낙지를 잡고 겨울에는 김양식을 하고 있다.

"삼촌이 형님보다 더 낫네요." "형님! 이 참에 나도 고향으로 내려올까요." "농담이라도 그런 말 말아라. 김값이 똥값인디." 포구에서 형님을 도와 몇 차례 김발 만드는 일을 반복하던 서울 동생과 형님 내외가 주고받는 대화다. 형님의 답변은 단호했다. 한때 김값이 금값일 때도 있었다. 그때 당시 김양식을 가장 많이 했던 곳이 완도의 섬마을이었다. 1960년대 후반이나 1970년대 초반쯤이었으니까 40년이 훨씬 지난 이야기이다. 대학을 졸업하고 고향마을 초등학교로 발령을 받아 내려온 동생의 봉급봉투를 본 형이 동생에게 학교 때려치우고 나하고 김농사나 짓자고 제안을 했다. 며칠 고민하던 동생이 학교에 사직서를 냈고 형님과 함께 김농사를 지었다고 한다.

지금 같으면 있을 수 없는 이야기이다. 초등학교 교사가 되려면 교육대학을 졸업하고 임용고시를 보아야 한다. 대학에 들어가는 것도 만만치 않다. 청년실업이 사회문제가 된 마당에 안정된 교사자리는 으뜸 일자리가 아닌가. 그렇지만 당시 김값이 그만큼 좋았고 김양식을 하는 어민들의 자긍심도 높았다. 그렇지 않다면 교사자리를 박차고 김양식을 하겠다고 갯벌로 들어설 수 있겠는가. 소득이 높아지고 기술이 발달한다고 해서 잘사는 것일까. 김양식을 하는 어민과 초등

송공리 앞바다에는 대규모 지주식김양식장이 있다. 대한민국에서 단일마을 지주식김양식장으로는 최대의 규모다.

학교 선생의 지위가 크게 다르지 않았던 그때가 지금보다 좋았을 것
이라는 생각이 드는 건 왜일까.

오뉴월 꽃게 한 말이면 시집살이도 풀린다

송공리를 경유해 동서리와 신용리를 거쳐 가룡리로 향했다. 송공리
북쪽에서 가룡리까지 해안은 압해도에서 가장 좋은 갯벌이 분포되어
있는 곳이다. 그리고 복룡리에서 가란리 사이 갯벌도 매우 좋다. 압해
도는 98.7제곱킬로미터로 신안군 2개 읍, 12개 면 중에서 갯벌면적이
가장 넓은 곳이다. 봄부터 시작해 늦겨울까지 낙지주낙, 가래낙지, 팔
낙지 등 여러 가지 방법으로 낙지를 잡고 있다.

압해도는 펄갯벌, 모래갯벌, 혼합갯벌 등 다양한 갯벌이 분포하고
있어 서식하는 갯벌생물과 이를 이용하는 어민들의 생활이 다양하
다. 어민들이 이용하는 갯벌생물은 감태, 김 등 해조류와 낙지, 석화,
가무락조개, 피뿔고둥, 밴댕이, 망둑어, 붕장어 등이 있다. 갯벌생물

학동마을 앞 갯벌에서 한 주민이 칠게를 잡고 있었다. 칠게는 낙지를 잡는 어민들이 미끼로 이용한다. 압해도에는 송공리, 복룡리, 가룡리, 동서리 등 모든 마을 주민들이 연승(주낙)으로 낙지를 잡는다.

만 아니라 큰뒷부리도요, 민물도요 등 매년 수십만 마리 철새들의 중간휴식처로 이용하고 있다. 뿐만 아니라 모래갯벌 배후에 형성된 사구(송공리 사구)에는 해수욕장으로 이용하며 해송과 사구식물이 발달했다.

갯벌이 발달한 탓에 같은 뻘밭도 '참', '된뻘', '쩍등', '민그지' 등 부르는 지명이 다양하다. '참'은 바닷물에 잠기며 찰진 갯벌이다. 이곳에서는 꼬막, 칠게(서렁게), 낙지, 망둑어가 서식한다. 그리고 '된뻘'은 단단해 발이 빠지지 않는 갯벌이다. 이런 곳에는 농게나 방게 등이 서식한다. '쩍등'은 굴과 바지락 등 패류가 자라는 갯벌이다. 발이 빠지지 않는다. 펄과 모래와 자갈 등이 섞인 혼합갯벌인 경우가 많

464

가래를 이용해 낙지를 잡는 것은 남자들만 하는 줄 알았는데 학교리 갯벌에서 나의 선입견은 여지없이 무너졌다. 늠름하게 가래질을 하며 낙지를 잡는 여성어민을 보았다.

다. 간혹 펄갯벌에 굴이 자라거나 굴껍질이 많이 있는 갯벌인 경우도 있다. '민그지'는 조금에는 물에 잠기고 사리에 물이 빠져 드러나는 곳이다. 이런 곳에서는 지주식김양식을 많이 한다. 이런 곳은 민꽃게(뻘떡게, '박하지'라고 하는 지역도 있다), 망둑어, 소라 등이 많다.

갯벌에 기대어 사는 마을 주민들은 서렁게를 잡아 밀가루에 발라 쪄먹기도 했으며, 꽃게(농게를 말함)를 잡아 게장을 담아 먹었다. 특히 먹을 것이 귀한 오뉴월에 꽃게를 한 말 잡으면 시집살이가 풀린다고 했을 만큼 귀한 대접을 받았다. 뻘떡게는 김양식을 위한 지주(마장) 밑에 많았다. 최근에는 주낙을 이용한 낙지잡이가 빈번해지면서 잇감(미끼)용 칠게(서렁게)를 잡는 사람들도 많아졌다. 가을철 동애(숭어새끼)

와 겨울숭어와 망둑어가 맛있다. 주꾸미와 낙지는 가을철이 좋고 굴은 가을에서 겨울까지 먹는다. 압해도 갯벌에는 맛과 바지락, 그리고 꼬막까지 있다.

복룡마을 가게 앞에 놓인 평상에 네댓 명의 남자들이 앉아 어구를 만들고 있다. 낙지주낙이다. 어구들은 농기구와 달리 어민들이 직접 제작하는 경우가 많다. 조류는 기후변화뿐만 아니라 인간의 간섭(간척이나 제방)으로 인해 바뀌기도 한다. 해양환경이 변하면 어류들의 활동도 바뀐다. 여기에 맞춰 어구를 만들어 사용한다. 무안과 압해도, 탄도만 일대 갯벌은 우리나라에서 최고로 좋은 낙지 서식지다. 이곳에는 칠게들이 많이 산다. 낙지가 가장 좋아하는 먹이다. 게르마늄이 풍부한 갯벌로 둘러싸인 최대의 낙지어장이다. 낙지주낙은 봄과 가을철이 성어기다. 가을 한철에 낙지만 잡아 수천만원의 소득을 올리기도 한다. 도요새나 물떼새류의 철새들도 칠게를 좋아한다. 압해도갯벌은 겨울철새들의 중간귀착지로 널리 알려져 새를 보기 위해 사람들이 찾고 있다. 모두 갯벌이 있기 때문이다.

압해도에서 낙지를 많이 잡는 마을들은 대벌, 수락, 상촌 등 송공리와 학교리 등이며, 복룡리와 장감리 등에서 낙지잡이에 나서는 어민들이 있다. 주낙을 이용해 가을철에 많이 잡는다. 송공리처럼 안강망어업과 김양식을 많이 하는 경우에는 봄에는 낙지주낙을 하지 않지만 학교리를 비롯해 다른 마을에서는 봄가을에 낙지잡이에 나선다.

섬 어디를 가나 볼 수 있는 갯벌에는 낙지, 바지락, 숭어, 운저리, 주꾸미, 갯지렁이(청거시, 홍거시), 고둥, 꼬막, 맛 등이 풍부해 어민들의 갯살림을 풍족하게 한다. 이외에도 송공리 일대는 김양식으로 복룡리 앞바다는 무안과 연해 있는 넓은 갯골로 물때 따라 농어, 숭어 등이 많이 나는 곳으로 유명하다.

복룡으로 가는 길에는 배밭단지가 많이 조성되어 봄철에는 하얀 나비떼처럼 피어나는 배꽃이 장관이다. 압해도에 배나무가 심어진 것은 1975년이다. 당시까지만 해도 압해도는 배농사가 불가능한 지역이라 여겼다. 시험재배에 성공하면서 복룡 일대에 배농사가 확대되어 작목반도 만들어졌고 영농조합법인도 구성되었다. 그리고 미국으로 수출을 하기도 했다. 최근에 '압해배'는 나주배 못지 않는 브랜드 파워를 얻었다. 압해배 외에도 황토밭에서 나는 고구마, 마늘, 고추 등도 소비자들로부터 좋은 평가를 받고 있다. 황토밭과 황토 게르마늄 갯벌은 압해도 주민들의 생활터전이고 희망이다.

신안군청을 비롯한 많은 공공기관이 압해도로 이전했다. 그리고 압해면은 압해읍으로 승격되었다. 뿐만 아니라 연안항으로 지정된 송공항은 서남해 도서지역의 관문 역할을 할 것이다. 또 압해도와 무안을 연결하는 운남대교와 목포와 연결된 압해대교를 통해 해상에서 육상으로, 육상에서 해상으로 이어지는 거점으로 성장할 것이다. 게다가 서해안고속도로와 연결되어 발전가능성이 활짝 열렸다. 부디 섬과 갯벌에 기대어 살던 사람들의 소중한 삶의 가치도 함께 잘 보전되길 바랄 뿐이다.

● ― 토지무상양도투쟁

토지무상양도투쟁은 1986년부터 농지개혁 때 염전으로 속여 농지분배에서 빠진 삼
양사 소유 소작답에 대한 양도투쟁을 계기로 촉발되었다. 특히 1987년 8월 삼양사 토
지 소작농들은 삼양사 본사점거투쟁을 벌여 평당 1,881원에 토지를 양도받기로 합의
하였다. 이를 계기로 1988년 3월부터 충남 서산의 금은농장, 전남 영광의 학파농장,
신안의 숭의농장 등 전국 각지에서 소작지 양도투쟁이 벌어졌고 1988년 9월 15일 평
택, 서산, 홍성, 고창, 부안, 영광, 영암, 신안, 무안, 해남 등 11개 지역 토지분쟁지역
농민들이 참여한 가운데 전국토지무상양도대책위원회가 결성되었다.

대책위가 발간한 《토지무상양도투쟁백서》에는 평택농민 토지 무상양도투쟁, 서
산 금은농장 토지투쟁, 서산 A지구 홍성간척지 분쟁, 서산 해미공군기지 토지분쟁,
부안 노곡 수몰민 쟁의, 고창 삼양사 소작답 양도투쟁, 고창 해면지역 토지분쟁, 영암
학파농장 토지분쟁, 영광 가음방조제 내 간척지 쟁의의 진상, 신안군 숭의간척지 쟁
의 등의 사례가 소개되어 있다.

농촌경제연구원의 〈민간소유 대규모 간척농지의 소유 및 이용실태에 관한 조사
연구〉(1989)에 따르면 당시 분쟁중인 간척농지는 10개소 3,691정보로, 분쟁의 원인
은 농지개혁 때 간척사업이 끝나지 않아 분배하지 않는 2개 지역, 허가를 받지 않고
간척매립한 곳 4개 지역, 매매약속이 깨졌거나 간척사업자가 공사 도중 바뀌면서 문
제가 된 4개 지역 등이다. 이들 지역은 대양학원농장(126정보 평택군 팽성읍), 금은
농장(91정보 서산군 근흥면), 오두리간척지(120정보 홍성군 갈산면), 태원농장(1,099
정보 무안군 해제면), 숭의농장(62.5정보 신안군 압해면), 학파농장(662.2정보 영암군
서호면), 숭의농장(450정보 영암군 도포면), 가음간척지(80정보, 영광군 염산면), 유
당농원(600정보, 무안군 청계면), 오류농장(400정보 김포군 양촌면) 등이다.

이들 간척농지는 1947년부터 1983년 사이에 준공돼 2,341가구가 임차농의 형태
로 짧게는 10년 길게는 43년 농사를 지어온 지역들로 수차례 민사소송을 거쳐 왔는
데 정부가 소극적으로 대처해 갈등을 심화시켰다. 당시 지주측이 농지를 매각하지
않으려는 점도 있지만 매각하려 해도 매매가격 차가 너무 컸다. 정부에서 분쟁을 해
결하기 위해 내무부 고시가격과 지가, 그리고 연간생산량을 고려해 가격을 제시했지
만 임차농들은 그동안 임차료를 감안할 것을 요구해 해결책을 마련하지 못했다. 국
회에서도 1988년 간척지 등 농지개혁을 위한 특별조치법안이 제안되었지만 반발이
거세 입법이 보류됐다.(〈매일경제〉, 1990. 8. 7.)

일반현황

위치 | 전남 신안군 압해읍 **동경** 126° 18′ **북위** 34° 52′
면적 | 50.18km² **해안선** | 81.9km **육지와 거리** | 1.5km(목포시)
가구수 | 2,865 **인구(명)** | 6,501(남3,361+여3,140) **어선(척)** | 652 **어가** | 970
어촌계 | 총 5개 어촌계(437명)

공공기관 및 시설

공공기관 | 압해읍사무소(061-240-8180), 압해농협(061-271-0515), 압해농협 신장지소(061-271-0502), 압해농협 복룡지소(061-271-3036), 압해읍 보건지소(061-271-0577), 농업기술센터 압해지소(061-271-0548), 압해파출소(061-271-0612), 압해119지역대(061-280-0974), 압해우체국(061-271-0788), KT목포지사 도서통신부 압해분소(061-271-0060), 한전 압해 전력서비스센터(061-270-2281)
교육기관 | 압해초등학교(061-271-0047), 압해동초등학교(061-271-0704), 압해서초등학교(061-271-9705), 압해중학교(061-271-0496), 압해고등학교(061-271-4161)
전력시설 | 한전 전가구
급수시설 | 간이상수도시설 11개소 207가구, 우물(펌프) 986개소 1,239가구, 광역상수도 1,419가구

여행정보

교통 | **배편** | 압해농협 철부선(압해도 철부사업소) 3척이 수시로 목포(북항)-압해간을 운항한다.
섬내교통 | **버스** | 신안운수 버스 4대가 섬내 마을을 운행 **택시** | 대우택시와 개인택시 등 22대 택시 등록
낚시터(유어장) | 복룡리, 송공리, 대천리, 장감리 **특산물** | 배, 포도, 무화과
특이사항 | 드넓은 갯벌, 송공산성, 선돌 금산사를 비롯해 무꽃, 배꽃, 유채꽃 등이 만발한 꽃단지 등이 있다. 벼락바위, 역도, 압해도와 기씨, 송공산 도둑골, 변덕샘, 범바위설화가 전해온다.

30년 변화 자료

구분	1973	1985	1996
주소	전남 신안군 압해면 학동리	좌동	전남 신안군 압해면
면적(km²)	44.4	47.472	48.95
공공기관	-	면사무소 1개, 지파출소 1개	면사무소 1개, 지파출소 1개
인구(명, 남자+여자)	14,737(7,570+7,167)	11,140(5,638+5,503)	8,208(4,168+4,040)
가구수	2,351	2,355	2,413
급수시설	공동우물 720개	우물 1,033개, 간이상수도 6개	우물 1,045개 간이상수도 1개
초등학교	5개 2,938명	5개 1,689명	4개 757명
중고등학교	1개 328명(중학교) -	2개 1,697명(중학교 1개 1,106명, 고등학교 1개 591명)	2개 821명(중학교 1개 500명, 고등학교 1개 321명)
전력시설	-	한전 2,355가구	한전 8,208가구
의료시설	-	병원 1개소, 약방 3개소	보건지소 1개소 보건진료소 1개소, 약방 3개소
어선(척, 동력선+무동력선)	2(1+1)	474(13+461)	357(356+1)

＊ 공공기관은 면사무소, 파출소 등 포함

46

왕산성은 누가 쌓았을까

압해읍 고이도

운이 좋았다. 선착장에 도착하자마자 철부선이 들어왔다. "나오는 배는 몇 시에 있어요." "2시에 있고 오후에 송공에서 오는 배가 한 번 더 있어요." 익숙지 않는 뱃길에다 시간까지 잘 알지 못하는 경우 꼭 확인해야 하는 것이 뱃시간이다. 몸만 갈 때는 급할 경우 사선을 타고 나올 수도 있지만 차를 가지고 들어가는 경우는 낭패를 겪을 수 있다. 다행히 철부선 승무원이 오후에 두 번 철부선이 오간다고 알려줬다.

신안군 압해읍 고이도와 무안군 운남면 신원리 사이 갯골은 고대 항로에서 중요한 뱃길이었다. 최치원과 최승우 등 유학자들이나 엔닌처럼 일본에서 중국으로 가는 승려들도 고이도 주변 뱃길을 이용했다.

신월(무안 운남) 선창에서 보면 고이도가 바로 앞이지만 사이에 바다가 있어 배가 아니면 오갈 수 없다.

고이도는 지도군 선도면에 속하였으나 1914년 행정구역 개편으로 무안군 선도면에 편입되었다. 이후 1917년에 압해면에 속하였다가 1969년 신안군이 생기면서 신안군 압해면 고이리에 편입되었다. 압해읍에서 북쪽으로 10킬로미터 떨어져 있는 섬이다.

고이도는 큰몰(대촌), 칠동, 고장, 사동 등 4개의 자연마을로 이루어져 있다. 큰몰은 대촌이라 하는데 장터가 있어 많은 사람들이 모여 살아 붙여진 이름이다. 칠동은 밥섬, 통사골, 세제이, 윗동네, 아랫동네, 모갑골, 안끄데 등 일곱 마을이 합쳐져 붙여진 이름으로 남쪽 밥섬에 선착장이 있다. 고장마을은 산세가 좋아 장수하는 사람이 많아 고장이라 부르게 되었다고 한다. 사동마을은 뒷산에 절이 있어 붙여진 이름으로 출장소, 보건소, 분교 등 중심마을이며 배가 닿은 진번에 고이 선착장이 있다.

마을에서 운항하는 객선이 한가롭게 휴식을 취하다 철부선이 일으킨 파도에 뒤뚱댔다. 열댓 가구가 모여 있는 선창마을(진번) 입구에는 슈퍼와 도선대합실이 있다. 언덕 위 고이출장소에는 주말이라 사람은 없고 태극기와 신안군 깃발만 바람에 펄럭였다. 해안도로를 타고 큰몰로 향했다. 동쪽으로 접한 바다는 무안군 운남면과 신안군 압해면 경계로 운남면 내리와 접해 있다. 서쪽으로는 100미터도 되지 않는 왕산(태봉산)이 가로막고 있다. 산중턱 고개를 넘자 큰몰과 염전이 펼쳐졌다. 고이도에는 고이염전과 태성염전과 일정염전이 있었다. 섬사람들이 모두 소금밭에서 일해 먹고 살았었다. 지금은 고이염전에서만 소금을 생산하고 있다. 염전 안쪽 새쟁이에 '염전마을'이라 칭하는 곳에 10여 가구가 살았다. 지금은 쓰러져 가는 집에 3가구 노인들만 생활하고 있다. 소금이 헐값이라 정부에서 폐전지원금을 준다는 말에 고이염전을 제외하고 폐전을 했다. 이들 중 일부는 양식장으로 전환을 해 외지인이 운영을 하고 있지만 큰 재미를 보지 못했다고 한다.

따뜻한 햇볕 아래 해바라기를 하는 노인에게 왕산성이 어디냐고 물었더니 바로 집 뒤에 있는 산을 알려줬다. 가는 길을 알려주었지만 사람들이 다니질 않아 길을 찾기 어려울 것이라고 했다. 옆에 있던 노인의 아내가 고장마을로 가면 물탱크시설을 해놓았는데 그곳까지 길이 있으니 올라가 찾아보라고 일러줬다. 노인들도 한때 김양식을 했었고 염전이 만들어지고 나서는 소금밭에서 일을 해 먹고 살았다고 했다.

고장마을은 나중에 가기로 하고 우선 칠동마을로 향했다. 염전마을에서 나와 칠동제방을 따라 마을로 향했다. 제방은 서쪽에 매화도와 마산도가 있어 고이도와 큰 갯골로 나누어져 있다. 겨울철에도 염부들은 쉬질 않는다. 소금밭을 정비하고 바닷물을 가두어 증발시켜 함수를 만드느라 분주하다. 겨울준비를 잘 해두어야 봄철에 좋은 소금을 많이 만들 수 있다. 이를 염부들은 '동계작업' 이라고 한다.

칠동마을은 이름처럼 골짜기와 바다가 접한 곳마다 마을이 형성되었던 모양이다. 지금은 윗동네와 아랫동네를 중심으로 제법 마을답게 가구가 모여 있고 나머지는 빈집들이다. 밥섬으로 향하다 길에서 칠순의 할머니를 만났다. 아침 동이 트자마자 조새를 들고 작은 보행수레에 의지해 밥섬에서 굴을 까고 돌아오시는 길이라고 했다. 곧 돌아올 설에 목포에 있는 자식들에게 먹이려고 까서 모으는 중이라고 하셨다. 1년 전 허리를 다쳐 보조기구에 의존해 걷는다는 노인은 자식들 먹일 생각 때문인지 표정이 밝았다. 밥섬에도 칠동선착장이 있지만 언제 사용했는지 알 수 없을 정도로 묵혀져 있었다. 그 옆 작은 섬이름을 묻자 할머니는 따로 있으니까 '딴밥섬' 이라고 알려줬다 (지도에는 소식도와 대식도라 표시되어 있다). 밥섬 동쪽은 운남면 성내리 항장(목장마을)이며 남쪽은 압해읍 가룡마을이 접해 있다.

이제 염전마을에서 들었던 왕산성을 찾아야 한다. 사실 이 섬에 들어온 목적 중 하나가 산성을 직접 보기 위해서였다. 산성은 겨울철이 아니면 모습을 제대로 보기 어렵다. 길을 찾기도 어렵고 찾았다 하더라도 숲이 우거져 제대로 형체를 볼 수 없다. 오던 길을 되돌아 진번에 이르러 고장마을로 향했다. 마을 앞산으로 향하는 시멘트로 포장한 길을 찾아 올라갔다. 산중턱까지 이어진 길 끝에 물탱크가 있었다. 그런데 그 다음부터 길이 없다. 주변을 서너 바퀴 돌았는데 사람이 다닌 흔적을 찾기 어렵다. 마을에서 만난 노인의 이야기로는 그곳에서 잠깐만 오르면 산성을 확인할 수 있을 것이라 했다.

염전마을에서 만난 아주머니는 아이들이 학교 다닐 때 봄과 가을 소풍 때면 꼭 올랐던 곳이 산성이었다고 했다. 아주머니의 남편은 그곳에 작은 초가집이 있어 정월 보름이면 네 마을에서 정성을 들여 제사를 지내기도 했다고 했다. 이쯤이면 길이 있을 법도 한데, 잡목이 우거졌거나 나무가 없는 곳에는 청미래 넝쿨이 칭칭 동여매듯 자리를 잡았다. 한 걸음 옮길 때마다 가시가 붙잡는 통에 길을 찾는 것은 고사하고 앞으로 나가기가 힘들었다. 우선 산 능선으로 오르는 것이 목표였다. 능선에 오르면 길을 찾을 것 같았다. 예상대로 능선에 오르니 어렴풋이 옛길을 확인할 수 있었다. 하지만 그 길도 가는 도중에 사라져 애를 태웠다. 작은 산봉우리 둘을 넘자 정상이 가까워지는 듯했다. 그리고 산봉우리에 올라서자 무너진 돌들이 모습을 드러냈다. 산성이었다. '누가 이곳에 성을 쌓았을까. 왜 쌓았을까.' 염전마을에서 만난 노인은 "왕산에 황금왕관이 숨겨져 있다는데 찾지 못했다" 며 왕이 살았다고 옛날 사람들에게 전해들었다고 했다.

왕산성은 고려개국과도 깊은 관련이 있다. 《조선보물고적조사자료朝鮮寶物古蹟調査資料》(1942)에 의하면 왕건의 동생(숙부라는 설도 있음)이 해적이 되어 이곳에 근거를 두고 약탈을 일삼았다고 소개되어 있다. 또 고려개국에 공이 많은 왕건의 숙부 왕망이 건국 이후 왕이 된 조카가 자신을 홀대하자 고이도에 들어와 왕권을 넘보며 쌓은 성이라는 설도 있다. 이 설을 뒷받침하듯 왕건이 숙부가 왕권을 넘본다는 사실을 알고 토벌에 나서자 왕망은 망운면 송현리 두모리 '인바위' 에 옥새를 숨겼다는 이야기도 전한다.

왕산성은 서남해 고대항로의 중요한 길목에 위치해 있다. 파도를 피하고 바람과 조류를 따라 항해를 해야 했던 시절에는 섬과 섬 사이 뱃길이 주요항로였다. 남해의 섬 사이를 타고 올라온 뱃길이 북상할 때 반드시 거쳐야 할 길이 고이도 항로였다. 국내항로만 아니라 중국

왕건의 숙부 왕망은 왕이 된 조카가 자신을 홀대하자 고이도로 들어와 성을 쌓고 왕권을 넘보았다고 한다.

으로 건너가기 위해서도 역시 고이도를 거쳤다. 최치원이나 최승우가 중국 유학길에 오를 때에도 이 길을 거쳐 갔고, 일본 고승 엔닌이 중국에서 일본으로 귀국할 때(845년) 고이도에 정박했다는 기록도 있다. 고려를 건국하기 위해서 영산강 일대의 백제세력을 장악하기 위해서는 반드시 서남해 해상세력들을 진압해야 했던 왕건에게도 이 뱃길은 매우 중요했다. 고이도 해로를 통해 나주에 이르는 영산강 수로와 남쪽으로는 진도로 이어진다. 그 길목에 압해도 송공산성과 진도 용장산성이 있으며, 많은 수군진들이 설치되었다. 해상교통의 요충지이며 군사기지였던 셈이다.

산성 정상에서 내려다보니 고이도 염전은 물론 압해도, 매화도, 마산도, 병풍도 등 다도해가 한눈에 들어왔다. 이곳에 바다와 면한 동남쪽 능선을 따라 축성을 하였다. 우여곡절 끝에 산성까지 확인하고 나니 피로와 허기가 몰려왔다. 이미 점심시간은 지났다. 올라오면서 중간중간 나뭇가지를 꺾어 표시를 해놓아 길을 잃지 않고 내려올 수 있었다. 사동마을에 있는 압해초등학교 고이분교에 잠시 들렀다. 고이도국민학교는 1946년 압해북국민학교로 개교했다가 1년 뒤 고이국민학교로 개칭했다. 그 후 1993년 압해초등학교 고이분교로 편입되었다. 2011년 현재 학생 6명(2011년 말, 2학년 2, 4학년 2, 5학년 1, 6학년 1)에 교사 2명으로 운영되고 있다. 조만간 이 학교도 폐교될 운명에 처할 것이다.

고이도선창에 차를 멈추고 슈퍼에 들렀다. 라면이라도 끓여 먹을까 싶어서였다. 아! 문은 열려 있는데 주인이 없다. 뱃속은 더욱 요란스럽게 야단이다. 나를 태워다 준 철부선은 고이도와 신월 사이에 정박해 요지부동이다. 아직도 반 시간은 기다려야 한다.

개황 | 고이도古耳島

위치 | 전남 신안군 압해읍 고이리 **동경** 126° 28′ **북위** 34° 56′
면적 | 6,576km² **해안선** | 21.4km **육지와 거리** | 44.5km(목포시 북항)
가구수 | 144 **인구(명)** | 287(남153+여134) **어선(척)** | 36 **어가** | 22
어촌계 | 총 1개 어촌계(고이 25명)

공공기관 | 압해읍사무소 고이출장소(061-246-3066), 고이도보건진료소(061-246-3983), 고이도치안센터(061-270-0191)
교육기관 | 압해초등학교 고이분교(061-246-2134)
전력시설 | 한전 전가구
급수시설 | 간이상수도 1개소 전가구, 우물(펌프) 49개소 97가구

교통 | 배편 | 항로페리 3호(철부선, 해진해운, 061-244-4222), 고이도와 신월마을을 오가는 고이호가 하루 여러 차례 운항함(차를 가지고 들어갈 수 없음).
낚시터(유어장) | 고이도 일원
특산물 | 벼, 보리, 마늘, 고추, 김, 숭어, 농어, 고막, 감태 등
특이사항 | 섬 이름 유래는 두 설이 전해온다. 고려 태조의 숙부가 종적을 감춘 옛 시의 옛 고(古)와 섬의 형태가 사람의 귀와 같다고 하여 귀 이(耳)자를 써서 고이도라 했다는 것과 모양이 고이(고양이)처럼 생겼다 하여 고이섬 또는 고리라 했다는 것이다.

30년 변화 자료

구분	1973	1985	1996
주소	전남 신안군 압해면 고이리	좌동	좌동
면적(km²)	5.54	5.54	6.25
공공기관	-	-	면 출장소 1개, 분소 1개
인구(명, 남자+여자)	1,436(694+742)	717(356+361)	593(300+293)
가구수	226	182	176
급수시설	공동우물 54개	우물 44개	우물 49개
초등학교	1개 318명	1개 200명	분교 1개 40명
전력시설	-	한전 182가구	자가발전 가구
의료시설	-	약방	보건진료소 1개소
어선(척, 동력선+무동력선)	무동력선 1척	15(3+12)	동력선 25척

＊ 공공기관은 면사무소, 파출소 등 포함

47

'돈섬'의 영화는 덧없고

압해읍 가란도

흑룡해 첫날 길을 나섰다. 눈발이 날리다 그치기를 반복했다. 압해대교를 건넜다. 물이 빠져 속살을 드러낸 갯벌과 강(신안 섬사람들은 큰 갯골을 강이라 표현한다) 경계에 김발들이 출렁였다. 다리 끝에 우뚝 솟은 군청을 힐끔 쳐다보며 반대쪽으로 우회전해 분매리로 향했다. 신안군청은 1969년 무안군에서 분군되어 50여 년 만에 타향(목포) 생활을 마치고 압해도로 이전했다. 신장리를 지나 분매리에서 숭의촌과 가란도로 향했다.

가란도는 읍소재지에서 동쪽으로 6킬로미터 떨어져 있는 섬이다. 섬 동쪽은 무안군 청계면과 바다를 접하고 서남쪽은 분매리 숭의촌을 마주보고 있다. 염전마을 숭의촌과 마주한 목나루를 연결하는 작은 목교가 기둥을 모두 세우고 상판을 놓기 위해 공사중이다. 차는 다닐 수 없고 사람과 작은 수레 정도가 건너다닐 수 있는 다리로 계획되었다. 대부분 노인뿐인 섬이라 다리가 얼마나 실효성이 있을지 의문이다. 그동안 마을에서 운영하는 객선을 이용해 왕래했다.

조선시대 나주부에 속했다고 1896년(고종 24) 나주, 영광, 무안, 만경, 부안 등 5개 군 소속도서를 지도군에 이속시킬 때 압해면 지역에 포함되었다. 이후 1914년 행정구역 개편으로 무안군에 편입되었다가 1969년 신안군이 분군되면서 지금에 이르고 있다.

연대는 알 수 없지만 연일편씨가 처음 입도했다고 알려질 뿐 흔적이 없고 현재는 한양조씨(1592, 선조 25), 인동장씨(1644, 인조 22), 울산김씨(1808, 순조 8), 나주김씨(1813, 순조 13)가 입도하여 그 후손들이 마을에 살고 있다. 아름다운 난이 많아 가란도라 칭했다고 한다.

숭의촌 선창에는 낙지배들이 찬바람에 을씨년스럽게 누워 있었다. 배를 기다리는 대합실 시간표로는 시간이 거의 되어 가는데 목나루에 묶여 있는 도선은 움직일 기미가 없다. 찬바람을 피해 안에 있다 목을 쭉 내밀고 몇 번을 쳐다보지만 마찬가지였다. 불러야 하나 어떻게 해야 하나 망설이고 있을 때 택시 1대가 선창에 멈추었다. 50대 초반으로 보이는 남자가 내리더니 머뭇거림 없이 선창으로 다가가 누워 있는 붉은 깃발이 달린 대나무를 꽂았다. 그랬더니 신기하게 꿈쩍도 않던 배가 움직이기 시작했다. 나중에 알고 봤더니, 깃발을 꽂는 것이 나루사공에게 '여기 건너갈 사람이 있습니다' 라는 표시였다. 정시에 배가 오고 가지만 가란도에서 나가는 사람이 없을 때는 숭의촌 선창에 들어올

사람이 없으면 배를 운항하지 않는다. 옛날에는 소리를 질러 사공을 부르기도 했다고 한다.

인동장씨라는 남자는 가란도 출신으로 목포에서 고등학교를 졸업하고 대전에서 살고 있다고 했다. 목포에서 동창모임을 하고 성묘 겸해서 고향에 잠깐 들렀다고 했다. 장씨와 이야기를 나누는 사이에 객선이 도착했다. 목나루까지 건너는데 채 5분이나 걸렸

깃발은 옛날부터 중요한 통신수단이었다. 특히 바다에서는 북이나 장구 등 소리보다는 깃발을 많이 이용했다. 가란도를 가는 배를 부르는 깃발을 옮기지 않고 하염없이 기다리다 주민의 도움으로 겨우 배를 탔다.

길가에서 만난 주민이 신기한 것을 보여주겠다며 손을 끌었다. 그가 보여준 것은 해안가 절개지에 드러난 여성의 성기모양을 닮은 나무였다.

을까. 선창에서 잔등을 넘어 마을까지 가는 길은 1.6킬로미터에 이른다. 장씨는 초등학교 4학년까지 섬에서 다니고 나머지는 이 길을 걸어 목나루에서 배를 타고 다시 또 걸어서 압해동초등학교까지 걸어다녔다고 했다.

마을은 섬 중앙 깊은 곳에 북쪽을 등지고 앉았고 마을 앞 남쪽은 바다로 열려 있었다. 방조제로 막기 전에는 바닷물이 들어왔다. 주민들은 그곳을 '집앞벗'이라 부른다. 옛날 소금인 자염을 생산한 곳을 벗, 염벗, 벗등이라 했다. '벗'이라는 지명으로 보아 전통소금 자염을 생산했던 것으로 생각된다. 지금은 방조제를 쌓아 농지로 이용하고 있으며 천일염도 잠깐 생산했었다. 염전지는 습지로 변해 갈대가 자라고 있다. 방조제 앞에서 장씨가 신기한 나무를 보여주겠다며 해안가 절개지로 나를 데리고 갔다. 그곳에는 남성과 여성의 성기를 닮은 나무가 있었다. 목포 유달산에서 본 나무와 비슷했다.

해안을 따라 성묘를 하러 가는 장씨와 헤어져 마을로 향했다. 그 길목에 있는 폐교는 여느 학교와 마찬가지로 반공소년이 지키고 있었다. 섬에 학교가 없던 시절에 가란도 아이들은 배를 타고 분매리 숭의촌으로 건너가 동국민학교까지 통학을 했다. 이러한 고충을 해결하기 위해 1955년 마을회관을 분교실로 활용하여 교사가 출장근무를 하는 분교실을 운영하였다. 그 후 1956년 분교장 설립이 인가되어 1년 후 첫 수료식이 거행되었다. 그 후 1958년 신축교사로 이전했고, 1963년

주민(장성용)이 땅 600평을 희사하여 운동
장을 확장하였다. 1970년대 초 복식교육
연구학교로 지정되었다. 복식수업이란 한
학급에 두 개 학년이 함께 공부하는 것을
말한다. 그리고 2010년에 폐교되었다.

1970년대에 외딴섬이나 산간벽지에서
복식수업을 받고 있는 많은 어린이들이
복식용 교과서가 없어 정상적인 학습효과
를 거두지 못했다. 전국 초등학교 6,230개
교 중 2,056개 도서벽지학교는 대부분 복
식학급을 갖고 있다. 복식학급은 한 교실
에 2, 3개 학년, 심한 곳은 전 학년을 묶어

폐교가 된 학교에 간신히 남겨진 학교
설립내력도 언제 사라질 지 모른다.

한 선생님이 다른 교과서를 가진 여러 학년을 가르치기도 했다.

전국에서 섬이 가장 많은 신안군의 경우 44개 분교를 포함해 101개
초등학교 대부분이 복식수업을 하였다. 이 중 20%만 국정교과서로 수
업을 할 뿐 나머지는 교사가 만든 학습자료에 의존했었다. 해동국민학
교(압해동초등학교 전신) 가란분교는 114명의 학생을 두 개 학년씩 3개 학
급으로 묶어 교사 3명이 3개 교실에서 복식수업을 했다. 음악, 미술, 체
육은 한 선생님이 같은 교재로 수업이 가능하지만 국어, 산수 등 다른
과목은 어렵다. 신안군 안좌면 박지리 부소도 안창초등학교 부소분교
는 1학년부터 6학년까지 43명의 섬 어린이를 한 교실에서 가르치기도
했다(〈동아일보〉 1973. 12. 19.).

학교 앞에 서서 들판을 바라보았다. 이쯤이 바닷물이 들어오는
'집앞벗' 쯤 될 성싶다. 벼농사를 지었던지 나락을 베고 난 흔적이 오
롯이 남아 있었다. 골목길로 접어들자 마을 주민들이 골목길에서 우

르르 몰려나왔다. 점심시간이 조금 지난 시간인데 어디서 나오는 걸까 고개를 들어보니 언덕 위에 교회가 있었다. 1968년 설립한 성결교회(가란 성은교회)였다. 할머니 한 분이 뭐하러 이 섬까지 왔냐며 점심은 먹었냐고 물으셨다. 마을이야기를 듣고 싶다고 하자 친절하게 마을 이장집을 안내해주며 점심도 얻어먹으라고 일러주셨다. 이장 김판술 어르신은 4차례에 걸쳐 20여 년을 마을일을 보신 분으로 가란도 내력과 주민들의 삶의 이야기를 잘 해주셨다.

가란도를 둘러싸고 갯벌이 발달했다. 1970년대에는 이곳에서 지주식 김양식을 했다. 암태도, 당사도와 함께 신안에서 가장 부자섬으로 꼽혔다. 당시 돈을 벌었던 사람들 중에는 많은 사람들이 자식들 교육을 위해 뭍으로 이사를 했다. 이후 김양식 규모가 커지고 완도, 해남 등 양식이 많아지면서 소규모 김양식은 경쟁력을 잃었다. 이장은 가란도 뻘땅이 섬의 5배나 된다며 노인들이라 좋은 뻘을 이용하지 못하는 것을 아쉬워했다. 겨우 몇 집에서 감태를 매고, 낙지주낙을 하는 사람은 일곱 집, 손으로 낙지를 파는 팔낙지를 하는 여자들이 세 사람이다.

섬갯벌에 낙지가 많아 목포나 인근 마을에서 많을 때는 하루에 100여 척의 낙지배들이 들어와 밤에 낙지주낙을 하기도 한다. 지난해에는 갯벌에 감태가 잘 자라 큰 소득을 올리기도 했다. 어촌계를 중심으로 감태자율어업 공장을 지어 감태소득사업도 추진하고 있지만 주민들이 고령이라 어려움이 많다고 했다.

마을을 둘러보고 나오는 길에 목포에서 왔다는 여성 둘과 남성 한 명을 만났다. 모두 배낭을 메고 있었다. 석화를 까가지고 가는 길이라고 했다. 갯벌 안에는 들어가지 않고 갯바위에서 조금 깠다고 했다. 이들도 마을어장에 외지인이 들어가 함부로 작업할 수 없다는 것을 잘 알고 있는 듯했다.

개황 | 가란도佳蘭島

위치 | 전남 신안군 압해읍 가란리 **동경** 126° 36′ **북위** 34° 52′
면적 | 1.62km² **해안선** | 6.5km **육지와 거리** | 9.6km(목포시북항)
가구수 | 66 **인구(명)** | 122(남61+여61) **어선(척)** | 42 **어가** | 28
어촌계 | 총 1개 어촌계(가란 35명)

공공기관 | 신안군보건소 가란진료소(061-271-3736)
전력시설 | 한전 전가구
급수시설 | 우물(펌프) 27개소, 간이상수도 1개소 전가구

교통 | **배편** | 항로페리 3호(철부선, 해진해운, 061-244-4222)
특산물 | 돌김, 미역, 파래김, 세발낙지
특이사항 | 압해도 본섬의 숭의촌과 불과 150m 거리에 있어, 주민들이 나룻배를 수시로 이용하여 압해도와 왕래한다. 아름다운 난초가 많아 가란도라 불렀다고 한다.

30년 변화 자료

구분	1973	1985	1996
주소	전남 신안군 압해읍 가란리	좌동	좌동
면적(km²)	1.59	1.60	1.6
공공기관	-	-	분소 1개
인구(명, 남자+여자)	536(265+271)	442(223+219)	197(104+93)
가구수	90	88	71
급수시설	공동우물 18개	우물 26개	우물 27개
초등학교	분교 1개 108명	분교 1개 26명	분교 1개 10명
전력시설	-	한전 88가구	한전 71가구
의료시설	-	약방	보건진료소
어선(척, 동력선+무동력선)	7(5+2)	38(2+36)	동력선 54척

＊ 공공기관은 면사무소, 파출소 등 포함

48

그 섬에 매화꽃이 피었을까

압해읍 매화도

송공항은 변신 중이다. 자은·암태·팔금·안좌로 가는 배가 송공항에서 출항한 지도 여러 해가 지났다. 압해도가 연륙된 후 가장 큰 변화는 신안군청이 신안 땅으로 이사한 점이지만 그보다 앞서 목포여객터미널에서 출발하던 일부 배가 송공항을 기항지로 이용하기 시작했다는 점이다.

매화도로 가는 객선은 하루에 3번 병풍도(소악리, 기점리, 병풍리) 세 섬과 마산도–고이도–신월(무안 운남)을 순환하는 배이다. 모두 면의 중심이 아니라 딸린 작은 마을들이다. 이렇게 작은 마을만 순환하는 배도 흔치 않을 것이다. 첫배는 겨울철이라 하절기에 비해 1시간 늦은 아침 7시에 시작된다. 첫배를 놓쳤다. 잘됐다 싶어 송공산에 올랐다. 압해도에서 가장 높은 산으로 고려시대 이전에 토성과 석성으로 쌓은 성이다. 벌써 등산을 마치고 내려오는 사람도 있었다. 송공산성은 주차장에서 2킬로미터 정도에 불과하지만 경사가 심해 왕복 1시간 정도 생각하고 쉬엄쉬엄 다녀오는 것이 좋다. 송공산 남서쪽 바다와 접한 곳에 분재공원도 조성되어 있다. 정상에 가까울수록 경사가 급하다. 잠시 숨을 고르며 뒤돌아보니 송공리가 나지막이 펼쳐져 있다. 자연스럽게 놓여진 돌이 아니라 누군가에 의해 의도적으로 쌓은 것으로 보이는 흔적들을 볼 수 있다. 아마도 저것이 산성의 일부인 듯

크지 않은 섬인데 봉우리 이름은 장군봉이다. 매화나무를 식재해서 이름에 걸맞는 섬으로 만들 계획이다. 섬을 빙둘러 바다와 갯벌을 보면서 산악자전거 타기 좋은 곳이다.

했다. 정상에 오르니 서쪽 갯벌과 매화도가 한눈에 들어왔다. 겨울철이라 나뭇잎이 없어 주변 다도해가 잘 보였지만 다른 계절에는 관찰이 쉽지 않을 것 같았다.

찌뿌듯하던 몸이 풀렸다. 내려오는 길에 등산객 두 팀을 더 만났다. 다시 송공항에 도착하니 10시가 조금 넘었다. 1시간 가량 걸린 것 같았다. 아침을 먹는 둥 마는 둥 하고 나왔던 터라 어묵이나 한 그릇 하려고 가게로 들어섰다. 사실 나를 끌었던 것은 가게 입구에 붙여진 '매화도 감태 팝니다' 라는 글씨였다. 일찍 가게를 열었는지 안이 훈훈했다. 주인은 호떡을 만들어 팔고 있었고, 일하는 아주머니는 양지바른 곳에 앉아 마늘을 까고 있었다. 따뜻한 어묵국물에 김밥을 적셔 먹었다. 그때 송공리 주민이 어제 마을에서 소를 잡았다며 한 덩어리를 가져왔다. 즉석에서 썰어서 난로 위에 올려 구웠다. 어묵을 먹다 쇠고기까지 얻어먹었다. 아무래도 오늘은 운수대통일 것 같았다.

송공리를 출발한 배는 서쪽 당사도(암태)를 보면서 매화도 청석선착장에 도착을 했다. 네댓 명의 주민도 함께 내렸다. 섬 모양이 매화처럼 생겨 매화도, 모양도라 했다. 지도군 선도면에 속하였다가 1914년 행정구역 개편으로 무안군으로 편입되었다. 1917년에는 압해면에 속하였다. 1969년 신안군이 설군되면서 신안군 압해면 매화리라 칭하였다. 그리고 1971년 매화출장소가 되었다.

섬마을은 선착장이 있는 청돌마을에 도로 우측으로 청석, 대동, 수문동, 학동, 사해, 산두, 군개, 구래, 마산, 황마도, 장마도, 노대 등 자연마을이 있었다. 섬 가운데 매화산을 둘러싸고 해안으로 마을이 형성되어 있다. 가장 큰 마을은 골안마을인 대동마을이며, 청돌, 청석, 학동, 산두마을을 제외하고는 한두 가구만 거주하거나 없어진 마을도 있다. 대동마을은 1610년 전주이씨 이하춘이 함평에서 봇짐장사를 하기 위해 이곳에 왔다가 배가 없어 가지 못하고 정착했다고 한다. 지금도 뱃길이 좋은 편은 아니다. 하루에 세 편의 배가 오갈 뿐이다. 대동마을에는 보건진료소, 학교, 목포경찰서 매화지서가 있다. 매화국민학교는 1953년 복식2학급으로 인가되어 개교했다. 1966년 6학급으로 편성되었다가 1980년 3학급의 마산분교를 두었으며 1987년에는 병설유치원을 개원하기도 했다. 1993년 압해초등학교로 편입되어 운영되다 2006년 폐교되었다.

선착장이 있는 청돌마을을 가로질러 일주도로로 올라섰다. 멀리 암태도와 자은도가 바다 위에 떠 있었다. 낮은 구릉을 일궈 만든 밭에는 마늘이 추위를 견디며 꼿꼿이 자라고 양파는 여린 줄기가 추위를 견디기 힘들었던지 누워 있었다. 청돌을 지나 청석마을까지 매화 2구에 해당한다. 모두 30여 호쯤 될까. 마을 주민들은 마늘과 양파, 보리 농사를 지으며 날씨가 따뜻해지면 바다에 나가 낙지를 잡기도 한다. 매화도는 인근 병풍도에 비해 크고 높은 매화산이 있지만 돌산이 아니라 해안 쪽에 비옥한 땅과 좋은 물을 가지고 있다. 그래서 바다보다는 땅에 의지해 살았다.

고개를 돌아서자 너른 농지와 매화산 깊은 골짜기 안에 마을이 옹기종기 모여 있었다. 이름도 골안마을이다. 매화도에서 가장 큰 마을이라 대동마을이라고 한다. 매화 1구에 해당하며 출장소, 지서, 보건소, 학교 등이 위치한 행정중심이다. 마을 앞까지 바닷물이 들어왔지만 매화방조제를 쌓아 너른 농지를 조성했다. 안쪽에 염전이 있기도 했지만 오래전에 폐전되어 농지로 이용하고 있다. 마을 안에 큰 은행나무를 중심으로 마을이 펼쳐져 있다. 골짜기 위쪽에 댐을 막아 식수원으로 사용하고 있다. 방조제가 끝나는 곳에서 일주도로를 벗어나 우측으로 돌아가면 명도라는 섬이 있다. 목포 뒷개에서 객선이 출발할 때 영산호가 이곳에 기착을 했다. 매화도 동쪽은 갯벌이 둘러싸고 있고 물이 빠졌을 때도 배가 다닐 수 있는 수심이 유지되는 곳이 기섬(명도)과 청석 선착장이다. 목포 뒷개에서 압해도 송공항으로 출항지가 이동하면서 매화도 청석에만 객선이 닿고 있다. 그곳에서 바로 병풍도로 연결하기가 수월하기 때문이다.

간척농지를 지나 언덕을 넘자 아침에 출항했던 압해도가 한눈에 들어왔다. 설명절에 목포에 사는 자식들에게 주기 위해 할머니가 굴을 까시던 고이도 밥섬도 보였다. 매화산 장군봉에서 내려온 줄기가 잠깐 멈췄다가 바다로 잘록하게 허리를 내민 곳이 학동마을이다. 매화 3리에 해당한다. 이곳에 20여 가구가 마을을 이루고 있다. 입구에는 오래된 멀구슬나무가 당산나무로 자리했다. 멀구슬나무는 멀구슬나뭇과에 속하는 나무로 전남과 제주도 등 난대림지역에서 자라며 열매 속딱딱한 씨앗은 염주를 만드는 데 사용했기 때문에 '목구슬나무'라고도 불렸다. 《동의보감》에는 "멀구슬나무 열매는 열이 몹시 나고 답답

마을 앞에 수령이 몇 백 년은 되었을 느티나무가 서 있었다. 당산제를 지낼 때는 외롭지 않았겠지만 지금은 흑염소 2마리가 벗이다. 나무 밑에 낡은 평상이 있었다. 여름철 노인들이 더위를 피하는 곳으로 사용하는 것 같았다. 멀리 마산도가 누런 옷을 입고 누웠다.

한 것을 낫게 하며 오줌을 잘 통하게 한다. 배 안에 세 가지 충을 죽이고 옴과 헌 데를 낫게 한다"고 기록되어 있다. 5월이면 연보랏빛으로 활짝 피는 꽃은 모양, 빛깔, 향기가 라일락꽃과 비슷하다.

매화도는 묵히는 농지가 거의 없다. 길가에 방앗간도 있었다. 학동마을뿐 아니라 대동, 선두 등 마을마다 방앗간이 있는 것도 특징이다. 그만큼 농사 의존도가 높았다. 학동마을을 지나면 사해마을과 산두마을로 이어진다. 두 마을도 매화 3리에 해당한다. 사해마을 당산나무가 아름답다. 수령이 수백 년은 되었을 나무는 마을에서 떨어진 해안가 밭 가운데에 있다. 흑염소 2마리가 느티나무를 지키고 있었다. 느티나무 사이로 마산도가 수묵화 배경처럼 보였고 그 사이를 바다가 색깔을 칠했다. 느티나무 주변은 억새와 띠 등 마른 풀이 장식을 했다.

섬을 한 바퀴 돌아 청돌에 도착했다. 작은 섬이지만 일주도로가 아주 잘 되어 있다. 자전거를 타고 일주하기 아주 좋은 도로다. 신안 압해도에서 출발해 무안 운남으로 이어지기 때문에 코스도 아주 좋다. 선창으로 내려가려다 마을 맨 위에 있는 집 마당에서 일하고 있는 세 사람의 모습이 보였다. 겨울철에 마당에서 할 수 있는 일이 뭘까. 송공항에서 매화도 감태가 맛이 좋다는 말을 들었던 터라 혹시나 하는 마음에 집 안으로 들어섰다. 예상이 딱 맞았다. 정한구(63세) 조현자(57세) 부부는 아침에 물이 빠졌을 때 학동과 마산도 사이에서 감태를 맸다며 펄을 씻고 있었다. 매화도에서 감태를 매는 곳은 마산도와 청돌마을뿐이다. "오늘은 암태도 감태가 쫙 깔렸다요." 섬에 있으면서 시장소식은 또 어떻게 들었을까. 이곳 감태는 1월에 시작해 설 쇠고 늦겨울까지 이어진다. 감태는 서너 번 민물에 씻어 펄을 제거한다. 좋은 펄이 있어야 감태가 자란다. 주문을 받아서 감태를 매왔다며 매화도 감태를 널리 알려달라고 했다.

청석마을은 청돌과 청석마을을 합해 청석리라 부른다. 매화 2리에 해당한다. 밀양박씨가 처음 입도했다. 마을 앞 바다 건너 병풍도(대기

겨울철에 느낄 수 있는 봄맛이 감태다. 《자산어보》에는 "모양은 매산태를 닮았으나 다소 거친 느낌이다. 길이는 두 자 정도이다. 맛이 달다. 갯벌에서 초겨울에 나기 시작한다"고 했다. 송공항에 가면 매화도에서 나온 감태를 살 수 있다.

점도, 소기점도, 소악도)가 있고 갯벌이 발달했다. 갯벌에는 낙지가 많아 낙지주낙, 가래주낙, 팔낙지 등으로 낙지를 잡고 있다.

정씨는 목포가 고향이다. 아내가 매화도에서 태어났다. 순전히 낙지주낙을 하기 위해 매화도로 들어왔다. 가래낙지도 하고 있다. 주낙으로는 15접을 잡는다고 했다. 가래낙지로도 네댓 접을 잡는 낙지잡는 명인이었다. 얼마 전 〈6시 내고향〉에도 출연했다며 아내가 자랑을 했다. 이웃집에서 감태를 씻는 일을 도와주러 온 김용순(64세) 아주머니는 마을에서 소문난 팔낙지 전문가였다. 오직 손을 도구삼아 낙지를 잡는 방법이다. 낙지는 구멍과 부럿을 잘 구분해야 한다. 낙지가 들어간 구멍과 숨을 쉬는 부럿이 있다. 구멍 속으로 손을 집어넣고 부럿으로 물이 올라오는 것을 보면서 낙지를 잡는다. 나오는 길에 감태를 무쳐 먹기 위해 조금 샀다. 정씨 부부와 이야기를 나누는 사이 송공항에서 출발한 배가 당사도 앞을 지나고 있었다.

청돌을 출발한 배는 소악도와 기점도 앞을 지나 병풍도에 닿았다. 병풍·기점·소악·진섬 등 노두로 연결된 병풍열도는 바닷물이 들어 떨어진 섬이 되었다. 병풍도 신추노두까지 한다면 모두 5개의 섬이 물이 쓰면(빠지면) 한 섬이 되고 물이 들면 5개의 섬이 된다. 세계 어느 곳에 이런 섬이 있을까.

마산도에 배가 닿았다. 주민 두 사람이 내리고 공사 트럭 2대가 배에 올랐다. 선도에서도 승용차와 트럭이 올라왔다. 젊은 부부와 어린 자매가 올랐다. 할머니집에 다녀가는 아이들이었다. 압해도에서 출발한 배는 망운 신월에 승객과 차량을 모두 내려주고 다시 송공항으로 출발했다. 내일 다시 배가 여기에 닿을 것이다. 이 배가 다니는 길 어디쯤에 수달과 왕건의 흔적이 서려 있을 것이다.

개황 | 매화도梅花島

위치 | 전남 신안군 압해읍 매화리 **동경** 126° 24′ **북위** 34° 56′
면적 | 7.3km² **해안선** | 26.1km **육지와 거리** | 23.8km(목포시 북항)
가구수 | 164 **인구(명)** | 310(남167+여143) **어선(척)** | 19 **어가** | 44
어촌계 | 총 1개 어촌계(매화 20명)

공공기관 | 압해읍사무소 매화출장소(061-240-8180), 신안군보건소 매화진료소(061-246-2625), 압해파출소 매화출장소(061-270-0193)
교육기관 | 압해초등학교 매화분교(061-246-3176)
전력시설 | 한전 전가구
급수시설 | 간이상수도 1개소 54가구, 우물(펌프) 67개소 110가구

교통 | 배편 | 항로페리 3호(철부선, 해진해운, 061-244-4222)
낚시터(유어장) | 기섬, 청돌
특산물 | 숭어, 농어, 민어, 꼬막, 벼, 보리, 마늘, 김 등
특이사항 | 섬의 형태가 매화꽃이 피어 있는 형상이라 매화도라 했다 한다. 덕석할멈 설화가 구전된다.

30년 변화 자료

구분	1973	1985	1996
주소	전남 신안군 압해면 매화리	좌동	좌동
면적(km²)	6.70	6.653	6.67
공공기관	-	면출장소 1개, 지파출소 1개	면출장소 1개
인구(명, 남자+여자)	1,257(638+619)	589(308+281)	364(185+179)
가구수	210	151	108
급수시설	공동우물 93개	우물 65개	우물 67개
초등학교	1개 278명	1개 113명	분교 1개 34명
전력시설	-	한전 151가구	한전 108가구
의료시설	-	약방	보건진료소 1개소
어선(척, 동력선+무동력선)	3(1+2)	20(4+16)	동력선 32척

＊ 공공기관은 면사무소, 파출소 등 포함

49

거스를 수 없는 자연의 시간
압해읍 마산도 황마도

"뭐 하러 왔소. 땅 사러 왔소." 부동산 투기바람은 작은 섬까지 그냥 두지 않는다. 30가구가 거주하는 섬이다. 오늘 물때가 노두길이 열리지 않을 것이라는 이야기에 마음이 급했다. "노두 잠기나요." "벌써 잠겨부렀소. 어디서 왔소." 뒤를 돌아봤다. 매화도 산두마을과 연결된 황마산과 원마산을 마산도라고 부른다. 가늘게 실선처럼 노두가 보였다. 반짝반짝 아른거리는 걸 보니 물이 차오르고 있었다. 몇 마디 나누지 못하고 돌아섰다. 꼼짝없이 하룻밤을 자야 할지도 모르기 때문이다.

마산도와 황마도는 매화4리에 속한다. 마산도는 마산, 장마도, 노대 등 3개의 자연마을로 이루어져 있다. 압해도 《향토지》(1991)에는 마산도는 1710년 나주에 살던 금성정씨 정봉언이 가사형편이 어려워 떠돌다 배를 타고 입도할 곳을 찾던 중 태풍으로 마산도에 피신한 후 정착했다고 한다. 지형이 말과 같아 마산이라 불렀다. 황마도는 1840년 마산도에 살던 김해김씨 김홍언이 농사를 짓기 위해 들어왔다고 한다. 장마도는 1850년 연안명씨 명상철이 비금에서 이주하여 염전을 만들면서 마을이 형성되었고, 노대마을은 1970년 비금면에서 밀양박씨 박경애가 염전을 하기 위해 입도했다고 전한다. 신안지역 천일염전이 소개된 것이 1940년대이기 때문에 장마도와 황마도에 염전을 하기 위해 들어왔다고 하는 것은 맞지 않는다. 만약 그 소금이 자염이라면 시기적으로 맞다. 하지만 조선시대에는 소금을 사사로이 만들 수 없었다. 설령 만든다 하더라도 유통을 하려면 허가를 얻어야 했다. 그리고 많은 연료와 노동력이 필요하기 때문에 작은 섬에서 소금을 굽는다는 것은 쉽지 않았을 것이다. 따라서 오늘날과 같은 천일염을 생산하기 위해 들어왔다면 1960년대 이후였을 것이다.

지금처럼 노두를 시멘트로 포장한 것도 3년 전이다. 그 전에는 매화도로 건너가려면 장화를 신고 노두를 건넜다. 배가 있기는 했지만 마산도에는 접안도 안 했다. 선표도 목포-황마도 구간으로 적혀 있었다. 당시에는 목포 북항에서 배가 출발했다. 황마도 선착장에 배가 닿기 때문에 목포로 나가려면 황마도로 가거나 매화도로 건너가 청석 선착장에서 배를 타야 했다. 지금은 압해도 송공항에서 출발하고 마산선착장에 배가 닿는다.

황마도와 마산도 노대마을 사이에 시멘트로 노두를 포장하기 전에 놓았던 노둣돌이 잘 남아 있다. 노대라는 지명도 물이 빠지면 돌다리를 건너간다 해서 붙여진 이름이다. 매화도와 황마도 사이에도 그 흔적을 확인할 수 있을 정도로 남아 있다. 장마도와 노대와 마산을 연결하여 염전과 농지를 조성했다. 이를 마산도로 부른다. 마산도에는 한때 100여 가구가 살았다. 지금은 20여 가구가 살고 있다. 마찬가지로 황마도에도 10여 가구가 살았지만 지금은 5가구가 거주하고 있다.

산두마을에서 황마도로 건너가는 노두로 접어들었다. 겨우 차 1대가 빠져 나갈 정도로 시멘트로 포장되어 있다. 중간에 차를 만나면 비켜 갈 수 있게 넓은 곳도 있다. 황마도에 이르자 바닷물이 곧 노두를 삼킬 듯 차올랐다. 들어가도 될 지 걱정이 되었다. 노두길에서 휴식을 취하던 깜짝도요 무리가 놀라 날아올랐다. 황마도 앞에서도 대여섯

작은 섬 매화도에 딸린 더 작은 섬 마산도. 작은 섬 셋을 연결해서 만들었으니 얼마나 작을까. 그런데 가서 보면 넓은 황토밭과 논에 놀란다. 매화도에서 바닷물이 빠지면 노두를 건너 들어간다.

마리의 알락꼬리마도요가 망중한을 즐기다 갑작스런 자동차의 출현에 놀라 푸드득 날아올랐다. 미안했다.

첫 번째 마산도 방문은 주민들로부터 "물이 들기 전에 빨리 나가라"는 이야기만 듣고 나왔다. 급하게 자동차로 노두를 건너와 돌아봤다. 벌써 물에 잠기기 시작했다. 이젠 배가 아니면 큰 섬으로 오가지 못한다. 오늘처럼 물이 많이 드는 때라면 내일 아침이나 되어야 길이 열릴 것이다. 그때까지 작은 마산도 주민들은 때를 기다려야 한다. 육지의 시간이 사람이 만들어낸 '조작된 시간'이라면 섬사람들에게 섬의 시간 '물때'는 절대적이며 거스를 수 없는 '자연의 시간'이다.

며칠 후 다시 마산도를 방문하기 위해 새벽에 일어났다. 배가 출항하기 10분 전에 송공항에 도착했다. 배는 정확히 7시가 되자 출발했다. 눈발도 흩날렸다. 매화도 청석선착장까지 40분이 소요되었다. 주저하지 않고 산두마을을 거쳐 노두를 건넜다. 바닷물은 완전히 빠져 황마도와 마산도 주변은 온통 갯벌뿐이었다.

황마도는 마산 노대와 연결된 곳과 언덕너머 동남쪽에 5가구가 거

섬 전체가 밭이다. 마늘을 심고 밀을 심었다. 겨울에는 헐벗은 민둥산처럼 보이지만 여름에는 꽤 아름다운 초원으로 변할 것 같다. 여름철 섬 모습을 상상했다.

주하고 있다. 언덕 너머 염전이 있던 자리는 양식장으로 변했다. 구릉지에는 모두 밀이 심어져 있다. 싹이 나서 한 뼘쯤 자란 밀은 바람에 몸을 뉘였다 일으켰다를 반복했다. 노두를 건너 마산도로 건너갔다. 8시가 조금 넘었던 터라 노대에 있던 경로당은 아무도 없었다. 섬을 한 바퀴 돌아보기 위해 도로를 따라 섬 안으로 들어갔다. 밭이 많을 것이라 생각했지만 이렇게 큰 밭이 많을 줄은 생각도 못했다. 그리고 보리와 밀이 자라고 있었다. 경지정리가 된 논들도 규모를 가늠하기 어려울 정도로 많았다.

몇 년 전까지 마산도 사람들은 보리를 많이 심었다. 하지만 수매도 되지 않고 판로가 어려워 최근에는 밀로 작목을 바꾸었다. 밀은 '우리밀살리기' 사업의 하나로 우리밀살리기사업단에서 전량 계약재배를 하며 수매를 하기 때문이다. 이렇게 농사를 많이 짓는 반면에 갯벌이 섬을 둘러싸고 있음에도 불구하고 갯일은 거의 하지 않는다. 처음에는 갯벌이 이렇게 좋은데 왜 갯일을 하지 않을까 의아했다. 그런데 섬으로 들어와 넓은 밭과 많은 논을 보고 알았다. 옛날부터 갯일은 천시했

다. 농사는 양반이요, 갯일은 상놈이나 하는 일이라 생각했다. 농사만
놓고 보면 큰 섬인 매화도보다 많았다.

마산도는 섬 전체가 논이고 밭이다. 논은 묵히지 않고 대부분 벼농
사를 지었다. 벼를 베어내고 보리를 심은 곳도 많았다. 이모작을 하는
것이다. 밭은 대부분 밀을 심었다. 노대에서 마산으로 그리고 장마산
으로 이어지는 길은 시멘트로 포장이 되어 있다. 그리고 논과 밭으로
이어지는 길은 포장은 되어 있지 않지만 트럭이나 사륜승용차들이
다닐 수 있을 만큼 곳곳에 길이 만들어져 있다. 섬 한가운데 학교가
있었다. 1993년 압해초등학교 마산분교로 편입되었다가 2006년 3월
폐교되었다. 학교 운동장은 억새가 사람 키 높이로 자랐다. 한때 100
여 명이 타고 놀았을 그네와 철봉도 덮을 기세다.

학교에서 나와 장마산으로 이동했다. 마산과 장마산 사이에 간척
농지 중간에 포강에서 놀던 천둥오리 30여 마리가 놀라 갯벌로 날아
갔다. 장마산에는 밭이 많았다. 장마산 너머는 산두리와 사해마을이
있다. 그 사이는 온통 갯벌이다. 갯벌에서 주민 몇 사람이 굴을 줍고
있었다. 해안에 몇 개의 독살 흔적들도 보였다.

마산도 사람들의 생활권은 목포다. 가깝기는 무안, 운남, 신월이
가깝지만 생필품을 사거나 행정일을 보려면 목포(신안군청이 목포에 있
었다)로 나가야 하기 때문이다. 매화리에 속하지만 매화도에 가는 일
은 드물다. 투표를 하러 갈 때나 출장소에 일을 보러 갈 때 말고는 갈
일이 없다. 농사를 많이 짓는 마산도 사람들은 방아를 찧기 위해 가는
곳도 매화도 본섬이 아니라 선도였다. 방앗간이 선창에서 가깝고 접
안도 쉬울 뿐더러, 방앗간 주인이 경운기로 선착장까지 나와 실어가
고 또 방아를 찧고 나면 선창까지 가져다 주기 때문이다.

개황 | 마산도馬山島

위치 | 전남 신안군 압해읍 매화리 **동경** 126° 24′ **북위** 34° 56′

면적 | 1.203km² **해안선** | 12.3km **육지와 거리** | 38.0km(목포시)

가구수 | 42 **인구(명)** | 89(남48+여41) **어선(척)** | 13 **어가** | 17

교육기관 | 압해초등학교 마산분교(2006년 폐교)

전력시설 | 한전 전가구

급수시설 | 우물(펌프) 30개소, 간이상수도 1개소 42가구

교통 | **배편** | 항로페리 3호(철부선, 해진해운, 061-244-4222)

특산물 | 돌김

특이사항 | 섬의 지형이 말과 같다하여 마산도라는 이름이 유래되었다.

30년 변화 자료

구분	1973	1985	1996
주소	전남 신안군 압해면 매화리	좌동	좌동
면적(km²)	0.32	0.903	0.91
인구(명, 남자+여자)	195(92+103)	195(98+97)	153(83+70)
가구수	31	50	42
급수시설	공동우물 9개	우물 25개	우물 25개
초등학교	분교 1개 72명	분교 1개 53명	분교 1개 15명
중고등학교	-	한전 50가구	한전 42가구
전력시설	-	약방	상비약비치
어선(척, 동력선+무동력선)	무동력선 1척	20(3+17)	동력선 11척

개황 | 황마도黃馬島

위치 | 전남 신안군 압해읍 매화리 **동경** 126° 24′ **북위** 34° 93′
면적 | 0.16km² **해안선** | 2.8km **육지와 거리** | 38km(목포시)
가구수 | 5 **인구(명)** | 10(남6+여4) **어선(척)** | 2 **어가** | 1

전력시설 | 한전 전가구
급수시설 | 우물(펌프) 1개소 전가구

교통 | **배편** | 항로페리 3호(철부선, 해진해운)
특산물 | 낙지, 바지락, 숭어
특이사항 | 섬의 형태가 말발굽처럼 생겼고, 토질이 황토로 되어 있어 황마도라 했다.

30년 변화 자료

구분	1973	1985	1996
주소		전남 신안군 압해면 매화리	좌동
면적(km²)		0.161	0.16
인구(명, 남자+여자)		44(23+21)	27(14+13)
가구수		11	5
급수시설		우물 5개	우물 5개
전력시설		-	한전 5가구
의료시설		약방	상비약비치
어선(척, 동력선+무동력선)		무동력선 4척	동력선 2척

50

주민들은 모두 뱃사공이다

압해읍 우관도(효지도)

압해대교를 건너자 눈발이 앞을 가렸다. 빗줄기가 그대로 눈발이 되어 내렸다. 지난번에는 도착하자 배가 이미 떠나버려 가지 못했는데 이번에는 눈이 길을 막나 싶었다. 오는 길 곳곳에 면이 아니라 읍으로 승격된 것을 축하하는 펼침막들이 눈에 띄었다. 면사무소 앞에도 읍사무소를 알리는 비석이 세워졌다. 곧장 복룡길로 향했다. 눈발은 점점 굵어졌다. 우관도는 복룡마을 앞에 있는 작은 섬이다. 1627년 밀양박씨 박내수가 처음 입도하였으며 박윤립이 장성 황룡면에서 살다가 가족을 데리고 들어와 마을을 이루었다고 한다. 마을 형국이 소와 비슷하다하여 우관도牛串島라 했다고 하며 효지라고도 부른다.

　앞서 가던 우편물 차가 복룡선창 앞에 머물렀다. '아, 오늘은 제때 배를 탈 수 있겠다' 싶었다. 우편물을 나루사공에게 전달할 것이 틀림없기 때문이다. 추측이 딱 맞았다. 효지선창에서 배가 하나 다가왔다. "저 배가 나룻밴가요." 우체국 직원이 돌아보며 그렇다고 대답했다. 직원은 배가 도착하자 털모자를 꾹 눌러쓴 선장에게 우편물을 전달하고 떠났다. "섬에 들어갈 거요." 선장은 허리가 아픈지 거동이 어색했다. "들어가기는 하는데 나오는 배는 없어요." 이건 또 무슨 말이람. 분명 오후에 나오는 배편이 있다는 것을 아는데. "어디 가세요." "이장 좀 만나러 가는데요." "그래요." 말투가 조금 부드러워졌다.

"버스 오면 들어갑시다."

마을 주민 한 사람을 포함해 셋이 배에 올라탔다. 배는 힘겨운 소리를 내며 눈이 내리는 수로를 가로질러 효지선창에 도착했다. 배에는 경운기 엔진이 달려 있어 느린 속도로 갔지만 3분도 채 걸리지 않았다. "일보고 올쇼. 나는 들어가면 나오기 싫으니까. 여기에서 기다릴라요." 하며 마을에서 외따로 떨어진 선창 옆 건물로 들어갔다. 마을 앞에 논이 있고 그 옆에는 갈대가 무성하게 자란 습지가 넓게 펼쳐졌다. 논과 습지 사이로 시멘트길이 제법 넓게 뚫려 있었다. 여기는 '딱 염전하면 좋은 자린데' 아까웠다.

우관도에는 굴박산이라 부르는 작은 산에 꼬불꼬불한 굴이 하나 있는데 그곳엔 전설이 있다. 섬에 사이좋게 지내는 세 식구가 있었는데 먹을 것이 없어 걱정을 하고 있었다. 그런데 난데없이 큰 구렁이가 나타났다. 겁이 난 식구들은 도망을 쳤으나 구렁이가 계속 따라 왔다. 힘에 겨워 더 이상 도망칠 수 없어 주저앉았는데 어찌된 일인지 구렁이가 다가와 입에 물고 있던 먹을 것을 앞에 두고 슬그머니 사라지는 것이었다. 그 후 구렁이는 매일 같이 먹을 것을 가져왔다. 구렁이는 굴박산 굴에 살면서 바다를 건너 멀리 나가 먹을 것을 구해왔던 것이다. 그러던 어느 날 구렁이가 나타나지 않아 굴박산에 가보니 구렁이가 병들어 죽어 있었다. 사람들은 구렁이를 양지바른 곳에 정성스럽게 묻어주었다. 후에 마을 사람들은 죽은 구렁이 혼이 영원히 섬을 보호하고 있어 잘 살고 있다고 믿고 있다. 마을은 굴박산 아래 형성되어 있었다.

이장(박진우, 72세)집은 마을에서 좀 떨어진 언덕 위 마늘밭 한가운데 있었다. 굴박산과 바다를 볼 수 있는 전망 좋은 곳에 위치해 있었다. 마을은 웃데미 아랫데미로 나누어져 있다. 모두 12가구가 거주하며 마늘, 고추, 깨가 주요 소득원이다. 겨울철에는 자연산 굴을 까서

예전의 소금밭은 갈대가 무성하고 김양식은 중단된 지 오래다. 대신 밭에는 마늘과 고추를 심었다.

1년에 1~2천만원 정도 소득을 올리고 있다.

이장님집도 사모님을 포함해 세 분이서 굴을 까고 있었다. 이장님을 찾자 마늘밭 가운데 비닐하우스 안에서 마른 고추를 손질한다며 알려 주셨다. 마른 고추를 선별하던 이장님이 반갑게 맞아 주셨다. 갯벌과 바다가 섬을 둘러싸고 있지만 갯일은 거의 하지 않는다. 마을에서 젊은 주민 한 사람이 낙지주낙을 할 뿐이다.

농사를 짓기 전에는 김양식을 많이 했다. 지주식으로 할 때는 10~20때 정도했다. 기계가 보급되면서는 100때까지 했지만 부류식이 보급되면서 30여 년 전부터 그만두었다. 그 무렵 마을 사람들은 소금밭에서 일하며 생활을 했다. 작은 섬이지만 염전이 4개나 있었고 그 중 하나는 8정 규모의 큰 염전이었다. 효지선창에서 마을로 들어서면서 저곳에 염전을 했으면 싶었던 그 자리였다. 지금도 염전면허가 그대로 남아 있다. 그때는 섬에 한때 30여 가구가 살았다.

칠순이 넘은 이장님은 여러 번 그만두려 했지만 마땅히 이장을 이

우관도 사람들은 겨울에는 김양식을 하고 여름에는 소금밭에서 일하면서 세월과 함께 나이를 먹었다. 이제 노인이 된 그들은 겨울에 김양식 대신 굴을 까며 생활하고 있다.

을 사람이 없어 계속하고 있다. 게다가 가구수도 얼마 되지 않아 이장을 그만두면 이웃마을과 통합되어 운영될 것이 뻔하다. 이장이 없는 동네와 있는 동네는 하늘과 땅만큼 차이가 크다. 또 이장 발목을 잡는 것은 금년에 읍으로 승격되어 압해읍 초대읍장을 맡은 분이 우관도 출신이라는 점이다. 그런데 '이장도 없는 섬' 출신이라는 불명예를 읍장에게 줄 수 없다는 것이 이장의 변이었다.

작업장에서 밖으로 나왔다. 그 사이 하늘이 맑아졌다. 마늘밭 위 구름 사이로 햇살이 비집고 나왔다. 요즘 마을 주민들은 굴까는 작업에 정신이 없다. 굴은 마을 뒤 갯벌에서 가져다 집안에서 까고 있다. 자꾸 외지인들이 들어와 굴을 가져가기 때문에 마을어장 면허를 신청해 주민들 소득활동을 보호하려고 준비중이라고 했다. 양식이 아닌 자연산이기 때문에 먹어본 사람들의 주문이 이어지고 있다. 이장님 집에서 내려오면서 주변을 살펴보니 온통 마늘밭이었다. 허리가 아픈 주민은 그때까지 우관도 선창에서 날 기다리고 있었다. 주민들

무안 운남면 성내리와 신안 압해면 복룡리를 잇는 다리가 우관도 앞을 지난다.

이 매일 교대로 나룻배를 운항하고 있다. 배는 군에서 지원해 주고 운항은 주민들이 돌아가면서 하고 있다. 최고급 엔진을 달아 준다는 것을 경운기에서 사용하는 동력장치로 배를 지었다. 70대 노인들이 배질을 해야 하기 때문이다. 한 집에서 이틀씩 나루질을 해야 한다. 한 달이면 두 차례 이상 하루에 4~5회 배질을 해야 하기 때문에 농사철은 물론 평소에도 여간 번거롭지 않다. 몇 년 전에는 술을 먹고 배질을 하다 불상사가 생기기도 했다.

박이장의 소원은 마을 주민 중 나루질을 고정적으로 할 사람을 찾는 일이다. 그래야 농사도 편하게 지을 수 있고 기계도 오래 사용할 수 있기 때문이다. 선원을 고용할 인건비를 마련하기 위해 군과 면에 요청중이며 필요하면 마을에서도 분담할 생각이다. 이것도 조만간 해결될 것으로 믿고 있다. 압해읍에는 송공항처럼 날로 번창하는 포구가 있는가 하면 우관도 선창처럼 주민들이 직접 나루질을 하는 선창도 있다.

개황 | 우관도牛串島

위치 | 전남 신안군 압해읍 복룡리 **동경** 126°21′ **북위** 34°59′
면적 | 0.73km² **해안선** | 18.0km
가구수 | 19 **인구(명)** | 37(남21+여16) **어선(척)** | 9 **어가** | 3

전력시설 | 한전 전가구
급수시설 | 우물 11개소 22가구

교통 | 배편 | 섬의 사선을 이용해서 복룡 4리(나룻가) 또는 무안 운남에 연결된다.
낚시터(유어장) | 울바우, 서운난, 물투바위 등
특산물 | 벼, 마늘, 고추, 김 등
특이사항 | 수량이 풍부한 우물을 개발해서 간이상수도 형태로 섬주민들에게 급수하고 있다.

30년 변화 자료

구분	1973	1985	1996
주소	전남 신안군 압해면 복룡리	좌동	좌동
면적(km²)	0.73	0.73	0.73
인구(명, 남자+여자)	231(114+117)	143(66+77)	91(48+43)
가구수	35	30	26
급수시설	공동우물 3개	우물 11개	우물 11개
초등학교	분교 1개 53명	분교 1개 22명	-
전력시설	-	한전 30가구	한전 26가구
의료시설	-	약방	상비약비치
어선(척, 동력선+무동력선)	무동력선 1척	13(1+12)	동력선 4척

신안군 증도면

신안군 증도면
목포시
해제면
임자면
지도읍
현경면
증도면
망운면
51
53
52
54
운남면
55 소기점도
55 소악도
압해읍
목포시

천일염과 갯벌이 있어 행복하다

증도면 증도

사람마다 얼굴이 다르듯 섬 얼굴도 각양각색이다. 그런 섬의 모습을 사람들은 닮아간다. 그래서 어민들을 보면 대충 어디 섬사람이겠거니 짐작을 할 때가 있다. 추측이 맞아떨어질 때면 괜히 흥분된다. 그런데 교통이 편리해지고 많은 사람들이 오가면서 맞추는 확률도 떨어지고 있다. 차이는 좋은 것이다. 차별을 없애는 것은 좋지만 차이까지 없애면 재미가 없다. 섬으로 들어가는 길, 배를 타지 않고 자동차를 가지고 다리를 건넜다. 불과 10여 년 전까지 방문객이 1년에 몇 천

증도는 전증도, 후증도, 우전도 등 3개의 섬이 연결된 하나의 섬이다. 슬로시티, 갯벌도립공원, 습지보호지역, 람사르습지, 유네스코 생물권 보호구역 등 섬과 바다와 갯벌이 보전지역으로 지정되어 있다.

명도 되지 않던 작은 섬마을이 우리나라에서 가장 큰 소금밭이 있고, 슬로시티로 지정되면서 수십만 명이 찾는 섬이 되었다.

마을이름을 붙이다

증도는 삼국시대 백제의 고록지현에 속하였다가 통일신라시대에는 염해현에 속했다. 고려시대 임치현에 배속되었다. 조선초기에는 영광군에 속하였다가 후에 나주목에 편입되었다. 1682년(숙종 8) 지도진이 설치되면서 이곳에 목장을 설치하였다. 1683년(숙종 9) 위도에 수군진영이 설치되면서 위도관하에 속하였다가 1896년 폐지되고 지도군에 속하였다. 1914년 행정구역 개편으로 무안군 사옥면에 편입되었다 1917년 지도면에 속하였다. 1969년 신안군이 신설되면서 신안군 지도면으로 바뀌었다. 1971년 지도면 증도출장소를 두고 대초, 방축, 병풍, 우전, 증동 등 5개리를 관할하였다. 1983년 지도읍에서 분리되어 증도면으로 승격되었다.

증도는 증동리(증동, 증서, 곡도, 광암, 구분포), 방축리(방축, 오산, 염산, 검산), 대초리(대초, 덕정, 화도, 등선, 장고, 대평, 사동), 우전리(우전, 화도), 병풍리(병풍1구, 병풍2구-기점 소악)로 이루어져 있다. 증동리는 면사무소, 보건소 등 행정구역의 중심지역으로 증도의 동쪽에 있어 증동 혹은 진동이라 했다. 간척으로 염전과 농경지가 마을 동쪽과 남쪽에 있으며 북쪽에 돈대봉이 있다. 봉우리에 올라보면 한국의 아름다운 숲으로 선정된 우전리 한반도 모양의 해송숲이 한눈에 내려다보인다.

옛날부터 물이 적은 섬이라 하여 시리섬이라 했다. 시루의 밑에 구멍이 뚫려 있어 물이 빠져나가 부족하기 때문에 붙여진 이름이다. 연륙이 되기 전까지 여름철이면 물이 부족해 제한급수를 했던 점을 생각하면 지명에는 나름의 근거가 있었던 것 같다. 특히 간척으로 농지

와 염전이 조성되어 인구가 증가하고 엘도라도 리조트가 많은 물을
필요로 하면서 물부족을 가중시키기도 했다. 증도는 일제강점기에는
태평염전을 기준으로 북쪽과 남쪽에 2개의 섬으로 나누어져 있었고
우전리는 또 하나의 섬이었다. 태평염전을 사이에 두고 노두가 있어
물이 빠지면 건너다녔다. 앞에 있는 시루섬이라 해서 전증도라 했다.
그리고 마을이름도 증동, 증서, 증남 등 일본은 조선 마을의 특징을
배제한 채 행정편의적으로 바꾸었다. 증동리는 1902년 지도면장이
증도曾島(처음 한자지명은 '甑島' 였을 것으로 생각된다)로 고쳐 부른 후 지금
까지 지명으로 내려오고 있다. 방축리는 큰 방죽이 있어 '방죽끼미'
라 부르다 방죽-방축리로 지명화되었다. 마을 북서쪽에 부남섬, 대섬,
호감섬, 도덕섬 등이 울타리처럼 북서계절풍을 막아주어 방축防築이
라 부른다고도 한다.

물과 바람을 막고 다스리는 것은 농사를 짓는 농촌마을이나 고기
를 잡는 어촌마을에서 매우 중요한 의미를 갖는다. 검산마을은 '만들
이' 라고 불렀던 마을인데 해적과 도둑이 많아 마을을 옮기면서 시주
온 스님의 의견에 따라 이들을 막기 위한다는 뜻으로 '검산劍山' 이라
했다 한다. 그곳에는 '만들독살' 이 있다. 검산포와 나루구지는 고깃
배와 정기여객선이 드나드는 교통요충지로, 신안해저유물이 다량으
로 발견된 곳으로 섬 서쪽이 중국과 일본으로 이어지는 중요한 고대
항로였음을 짐작할 수 있다. 아래쪽에 있는 증도라 해서 후증도라 했
던 대초리는 대추나무가 많아서 붙여진 이름이며, 덕정마을은 물 담
을 솥이 필요해 덕정德鼎, 등선은 섬 동쪽에 있어 일출이 온 마을에 충
만하다 해서 등선曌仙이라 했다고 한다. 또 장고는 '긴마을(진구지)' 이
라 불렀던 마을로 일제강점기 제방을 쌓아 농지가 많아지면서 곡창
지대가 될 것이라 해서 장고長庫라 했다고 한다. (화도와 병풍도는 별도로

소개). 전중도나 후중도와 떨어진 우전리는 기러기떼가 한겨울에 지내고 갔다 해서 '깃밭(길밭이)' 이라고 부르다 1896년 사옥면에 속하면서 우전羽田이라 했다고 한다.

섬에 다리를 놓다

섬으로 들어가는 초입에 증도에서 많이 볼 수 있는 농게가 큰 발로 담배를 물고 있다. 옆에는 '금연의 섬' 이라는 안내판이 붙어 있다. 표지판이 없으면 농게도 담배를 피우나 생각할 것 같다. 신안군은 중도를 '차 없는 섬' 과 '별을 보는 섬(다크스카이)' 으로 꾸밀 계획이다.

섬과 섬, 섬과 육지를 연결하는 다리 건설은 우리나라가 세계 으뜸이다. 이미 서해대교와 영종대교에서 확인되었다. 그러니 증도대교쯤은 마을 앞 노두에 불과하다. 다리가 개통된 후 사람들은 더 이상 지신개 포구를 찾지 않는다. 하루에 10여 차례 섬에 들어가기 위해 뱃시간을 확인하며 설레던 낭만이 있는 포구였다. 지금은 시골 빈집 마냥 을씨년스럽다. 갯강구 한 마리 찾기 어렵다. 주말이면 증도로 가려는 자동차로 긴 줄을 서야 했다.

다리를 건넜다. 섬에 들어가려면 입장료를 내야 한다. 환경관리비용이다. 연륙교 이후 한 해 10만 명이 찾던 섬이 80만 명으로 늘었다. 100만 명 돌파도 머지않았다. 2010년 여름 하루 평균 자동차 2천여 대, 방문객 1만여 명이 찾아왔고, 쓰레기 30톤이 중도 해송숲과 해수욕장 인근에 버려졌다. 결국 입장료를 징수하고 쓰레기봉지를 나누어주고 담아오는 방문객에게 입장료 일부를 환불해 주는 조례를 만들었다. 일단 결과는 대만족이다. 쓰레기도 크게 줄었고 입장료는 슬로시티 중도를 아름답게 가꾸는 일에 사용할 수 있게 되었다. 중도 게이트를 통과하면 두 갈래 길이 나온다. 어느 쪽을 선택해도 좋다. 오

510

른쪽으로 가는 길은 면사무소가 있는 증동리로, 다른 쪽은 태평염전으로 가는 길이다. 두 길은 서로 연결되어 섬을 한 바퀴 돌 수 있기 때문에 망설일 필요 없다.

소금이 온다

증동리 길보다 태평염전 길을 권한다. 특히 소금을 생산하는 계절(봄부터 가을까지)은 소금이 만들어지기 전 소금밭과 소금을 생산하는 염전을 모두 보길 권한다. 소금은 12시 정오쯤에 만들어지기 시작해 오후 4시 무렵이면 생산을 시작한다. 증도에는 대한민국 최대 규모의 염전인 태평염전이 있다. 이 염전 말고도 광암염전, 효막동염전, 곡도염전, 돌마지염전, 덕정염전, 장고염전 등 많은 염전이 있었다. 지금은 다리를 건너자마자 왼쪽에 있는 광암염전과 태평염전만 운영하고 있다.

신안군은 천일염이 식품으로 바뀌고 난 후 염전시설 환경개선에 적극 나서고 있다. 우리나라 천일염 생산량의 60%를 신안에서 생산하기 때문에 신안 천일염은 대한민국의 얼굴이다.

비온 뒤 거둔 소금을 최고로 꼽는 것은 이유가 있다. 비설거지를 한다고 소금밭을 깨끗하게 청소해 간수가 남아 있지 않아 염도가 높지 않는 깨끗한 소금을 얻을 수 있다. 이게 '비온 뒤 소금'이다. 오늘처럼 햇볕도 좋고 바람이 살랑거리면 단일소금을 생산할 수 있다. 비온 뒤 단일소금이라면 물어볼 것도 없이 '약소금'이다. 그대로 '보약'이다.

태평염전은 여의도 면적의 3배에 해당할 만큼 넓은 소금밭이다. 이 소금밭을 60여 개로 나누어 각각 지역주민이나 소금농사를 짓기 위해 섬에 들어온 사람에게 임대를 주고 있다. 소금밭은 새벽에 '소금을 앉힌다.' 아침을 먹고 나온 염부들이 뽀메(염도계)를 들고 소금밭을 돌아보며 이곳저곳 살펴보고 있었다.

실향민이 만든 소금밭, 태평염전

이쯤에서 태평염전의 역사를 살펴보자. 서남해안에 처음으로 염전이
만들어진 것은 1947년 비금도 수림리 1호염전(시조염전)이다. 당시 증
도는 크게 전증도, 후증도, 우전리 세 섬으로 나누어져 있었다. 섬을
연결해 천일염전을 조성한 사람들은 피난온 실향민들이었다. 한국전
쟁이 막 끝난 1953년이었다. 뱃길을 이용하던 시절에 객선은 사옥도
지신개와 증도 버지선착장을 오갔다. '버지'는 옛날에 소금을 굽던
'벗터' 혹은 '벗등'을 말한다. 이곳에 우리나라에서 가장 큰 면적을
갖춘 태평염전이 있다. 50여 개의 소금창고가 길을 따라 줄지어 있어
장관이다.

　　이 모습을 제대로 보려면 소금박물관 왼쪽에 있는 염전전망대에
올라야 한다. 여의도 면적보다 큰 소금밭과 한가운데를 가로지르는
소금창고가 이국적이다. 오른쪽으로는 사옥도와 증도 사이에 드러난

소금밭에 눈이 내렸다. 소금이 쌓인 것처럼 온통 하얗다. 겨울철에도 염전은 쉬지 않는다. 좋은 소금을 얻기 위
해서는 겨울철에도 부지런히 염전을 갈아엎고 무너진 고랑과 염전을 돌봐야 한다. 이를 '동계작업'이라고 한
다. 겨울철에 흘린 땀은 이듬해 좋은 소금으로 결실을 맺는다.

갯벌을 볼 수 있다. 증도갯벌은 유네스코생물권보전지역, 람사르습지, 도립공원, 습지보호지역 등 갖가지 브랜드를 달고 있는 보물이다. '척방사' 라 불렸던 염전은 이후 '대평염전' 과 '태평염전' 으로 이름이 바뀌었다. 면적은 140만 평. 단일염전으로는 우리나라에서 규모가 가장 크다. 소금밭은 4헥타르씩 66개로 나누어져 있다. 이를 '한 판' 이라고 한다. 각 '판' 즉 소금밭을 책임지는 사람이 염부장이다. 능력에 따라 태평염전으로부터 임대해 소금을 생산하고 있다.

소금문화에 눈뜨다

시루섬을 방문하면 꼭 들러야 할 곳이 있다. 소금박물관이다. 이곳에는 소금의 역사와 문화 그리고 과학이 한데 어우러져 천일염에 대한 정보를 얻는 것은 물론 소금에 대한 오해를 해소할 수 있다. 전망대에서 내려와 소금박물관에 들어섰다. 방치된 소금창고가 증도를 대표하는 박물관으로 변신을 하게 된 내력이 궁금했다. 삼선기업 손일손 회장을 서울에서 만난 적이 있다. 그로부터 직접 들었던 이야기이다. 전라남도는 광물이었던 천일염을 식품화하기 위해 전문가와 함께 천일염연구회를 구성해 천일염의 가치에 대한 연구를 하고 있었다. 당시 모델로 삼았던 것이 프랑스 게랑드소금이었다. 뒤늦게 연구회에 참여한 필자도 명품이 되기 위해서는 소금이 가지고 있는 성분도 중요하지만 역사와 문화적 가치에 주목하지 않으면 불가능하다는 이야기를 연구회에서 몇 차례 했었다. 손회장도 직접 게랑드염전을 둘러보고 같은 생각을 가졌다. 특히 그곳에서 염전박물관과 소금장인의 집을 방문하고 큰 충격을 받았다고 했다. 그리고 돌아오자마자 소금창고를 리모델링해 박물관으로 바꾸었다.

2008년 문화재청은 근대문화유산의 가치를 가진 전남 신안 비금

면 대동염전과 중도면 태평염전 그리고 태평염전 내 석조소금창고를
등록문화재로 지정했다.

태평염전은 국내 최대 규모의 단일염전(140만 평)으로 1953년 한국
전쟁 이후 남쪽으로 내려온 실향민들을 구제하고 삶의 터전을 마련하
기 위해 조성하였다. 60여 개의 염전판에서 하루에 17만1천 킬로그램
(30킬로그램짜리 5,700개), 연간 약 1만6천 톤의 천일염을 생산하고 있다.

태평염전에는 염생식물원이 있다. 염습지에 자생하는 다양한 생물
들을 관찰할 수 있도록 목재데크를 설치하고 안내판도 설치했다. 함
초(퉁퉁마디), 나문재, 칠면초, 해홍나물, 띠 등이 군락을 이루고 있다.

짱뚱어다리를 건넜다. 중도갯벌에 짱뚱어가 많다고 해서 붙여진
이름이다. 한반도를 닮은 사구와 솔숲으로 연결된 나무다리다. 관광
객을 위해서 만들어 놓은 다리 밑에 있는 농게와 칠게, 짱뚱어들이 수
난을 겪는다. 눈으로만 보면 성이 차지 않는지 꼭 갯벌에 뭘 던져본
다. 신발을 벗고 갯벌로 들어간다. 다리 옆 갯벌에는 사람발자국들이
폭력적인 인간의 자화상처럼 어지럽게 널려 있다. 중도갯벌을 닮은

짱뚱어다리가 있던 곳에 씨알이 굵은 짱뚱어가 많았다. 뻘배를 타고 나가 훌치기낚시로 짱뚱어를 잡았다. 다리
가 생기고 많은 관광객들이 오가기 시작하면서 짱뚱어도 어디론가 이주를 했는지 많이 줄었다.

514

할머니가 농게를 잡고 있다. 반찬거리로 잡는 것이라 한다. 할머니는 붉은발 농게를 '꽃게' 라고 부른다. 처음에는 깊은 바다에 그물로 잡아야 할 꽃게를 왜 갯벌을 파 잡는 것일까 이해하지 못했다. 게 중에서 유일하게 바다 깊은 곳에 살며 헤엄을 칠 수 있는 녀석이 꽃게였기 때문이다. 꽃게를 그물로 잡는 것도 그 때문이다. 꽃게잡는 그물을 자망, 정확히는 꽃게자망이라 한다. 하지만 고정관념이 얼마나 소통에 장애가 되는지 금방 확인할 수 있었다. 할머니가 잡는 붉은발 농게는 발뿐 아니라 몸도 알록달록하다. 그러니 꽃게일 수밖에. 오히려 우리가 알고 있는 꽃게는 삶아야 붉은 색이지 않는가. 어쩌면 할머니가 이야기하는 이름이 더 이치에 맞는 것 같다.

다리를 지나니 모래갯벌이다. 이 모래갯벌에서는 백합이 자라고 있다. 조개 중에 으뜸이다. 어촌계에서 운영을 하기 때문에 함부로 들어갈 수 없지만 식당에서 백합탕을 맛볼 수 있다. 다리를 건너자 짱뚱어다리를 지날 땐 상상할 수 없었던 모습이 펼쳐진다. 지중해나 제주 바다처럼 에메랄드빛은 아니지만 하얀 백사장에 파란바다 해수욕장이 펼쳐진다. 이렇게 모래갯벌과 펄갯벌을 한꺼번에 밟으며 해수욕을 즐길 수 있는 곳도 드물 것이다. 특히 이곳에는 해수욕장에서 흔히 볼 수 있는 오락시설, 상점 등 관광객들의 눈살을 찌푸리게 하는 모습은 찾아볼 수 없다. 운이 좋으면 독특한 방법으로 짱뚱어를 잡는 '훌치기낚시' 를 하는 어민들을 만날 수도 있다. 게다가 짱뚱어가 높이뛰기선수처럼 제 몸보다 높이 뛰고, 농게가 다리를 들고 붉은 발을 쳐들고 사랑의 세레모니를 하는 모습도 볼 수 있다.

슬로시티, 태양초 고추와 메주콩이 있어 행복하다

2006년 이탈리아 슬로시티 실사단이 증도를 방문했다. 치타슬로국제연맹(행복한 삶을 추구하는 도시들의 국제적인 조직)이 가입신청을 한 담양, 장흥, 완도, 신안 등 4곳을방문한 것이다. 많은 나라의 도시들이 슬로시티로 지정받기 위해 실사를 기다라고 있지만 치타슬로 창시자 파올로 사투르니니, 로베르토 안젤루치 회장 등 4명의 실사단이 우리나라를 방문한 것은 치타슬로 한국위원회 위원장(손대현)과 태평염전 손일선 회장의 노력이 컸다. 당시 필자도 섬을 안내하는 역할을 맡아 증도와 청산도를 동행했다. 그때 가장 인상적이었던 것은 실사단들이 관심을 갖고 살펴본 것들이었다. 버스를 타고 가다 그들이 멈추고 눈길을 준 곳은 대초리 골목길에 널어놓은 메주콩이었다. 동행한 공무원은 자꾸 리조트와 갯벌방문객센터, 짱뚱어다리를 구경시켜 주고 싶어했다. 이런 노력을 아는지 모르는지 실사단은 골목길에서 어구를 손질하는 주민 앞에 섰다. 통발을 한참 만져보고 김발을 구경하더니 용도를 물었다.

이탈리아 실사단은 배를 타고 섬을 빠져나오면서 다리가 완공된 뒤 변하게 될 섬모습을 우려했다. 그들이 눈을 맞춘 것은 번듯한 건물도, 도로도 아니었다. 한참 동안 머물며 주민들과 이야기를 나눈 것은 비닐하우스 속에서 빨갛게 익어가는 태양초 고추와 길가에 널어놓은 메주콩이었다. 환한 얼굴로 어깨를 껴안은 것은 물질을 막 끝내고 나온 잠녀들이었다. 실사를 마친 다음해 중도는 청산도, 담양, 장흥과 함께 아시아지역 최초로 슬로시티로 지정되었다.

슬로시티의 출발은 슬로푸드였다. 1986년 패스트푸드의 아이콘이 되어버린 미국의 맥도널드가 이탈리아에 상륙했다. 이로 인해 상실되어가는 전통문화와 공동체를 회복하기 위해 1989년 파리에서 슬로푸드선언문이 채택되기도 했다. 1997년 와인을 생산하는 이탈리아 작은 도시 오르비에토에서 그레베 인 키안티, 포시타노, 브라 등 4개

시장이 머리를 맞대고 모여 앉아 패스트푸드에 대응해 포도주의 생산과 관광·개발로 부활을 꿈꿨다. 그리고 치타슬로를 창설했다. 증도에도 화도와 오산마을에 슬로시티 푸드점을 개점했다. 그리고 주민들이 직접 생산한 것을 판매하는 주말장터를 열기 시작했다.

대초리를 지나 장고마을로 들어섰다. 지금은 새우양식장으로 바뀌었지만 이곳에도 돌마지염전, 덕정염전, 장고염전 등 여러 개의 염전이 있었다. 우전리로 들어가는 길은 해송숲길을 가로지른다. 파도와 바람이 가져온 모래가 쌓여 사구를 만들었다. 소금을 만들고 농사를 지어야 했던 주민들이 바람과 모래와 바닷물이 날리는 것을 막기 위해 나무를 심었다. 수령이 오래된 나무들은 아니다. 한국전쟁 이후 심은 나무들이니 이제 크기가 10~30미터 정도 된다. 장고리 앞에서 우전리에 이르는 해안에 심어진 방풍림이다. 사구가 형성되어 숲 서쪽에는 우전해수욕장이 남북으로 뻗어 있고 동쪽에는 펄갯벌이 형성되어 있다. 숲속에는 갯방풍, 통보리사초, 순비기, 해당화 등 사구식물이 많이 서식해 해안식물의 천이현상을 관찰할 수 있다. 생명의 숲이 선정한 '아름다운 숲'으로 선정되기도 했다.

숲 가운데로 뚫린 도로를 따라 우전리로 들어갔다. 증도를 대표하는 어촌마을이라 해도 과언이 아니다. 어업활동이 가장 활발한 마을이다. 기독교 성향이 강한 섬이지만 다행히 풍어를 기원하는 당집이 있었다. 갯벌과 모래가 어우러진 우전리 앞 바다에 민어, 농어, 송어(밴댕이), 낙지, 꽃게, 짱뚱어, 망둑어 등 다양한 고기들이 많아 풍요로웠다.

우전리에서 북쪽으로 증도 서쪽 해안선을 따라 달리다 보면 증동리로 들어가는 길 숲에 작은 비석이 세워져 있다. '문준경 전도사 기념비'다. 문 전도사는 서남해안 섬지역 선교활동을 하다 한국전쟁 와

중에 인민군의 곤봉과 총탄에 맞아 60세에 순교했다. 전쟁 후 교인들이 비석을 세웠다. 그 비석과 묘를 중동리 교회에서 2005년 순교지로 이전하였다. 중도는 지금도 대부분 주민들이 기독교인이다.

바다에서 보물선을 건지다

오산마을을 지나자 언덕을 넘으면 너른 서해바다가 한눈에 들어온다. 곧장 서쪽으로 항해해 간다면 칭다오에 닿을 것이다. 그 사이에 거칠 것이 없는 바다다. 이 마을을 주민들은 '검생이' 라고 부른다. 검산마을이다. 그 전에는 '만들' 이라고도 했다. 인근에 있는 독살을 '만들독살' 이라 부르는 것도 이런 이유 때문이다. 검생이마을에는 옛날 도적떼로부터 피해 들어온 사람들이 마을을 이뤘다고 전한다. 이들을 해양세력이라 칭하기도 한다. 뱃길의 길목이었다는 의미도 있다. 일본으로 가던 무역선이 침몰했던 것도 이런 뱃길과 해양세력들과 무관치 않을 것이다. 1975년 한 어부가 이곳에서 그릇을 건져 올렸다. 고기는 잡히지 않고 쓰레기만 걸린다며 배바닥에 내팽개치기도 했다. 죽은 사람의 그릇을 버렸을 것이라며 다시 물속에 내던지기도 했다. 그 중에 겉으로 보기에 괜찮아 보이는 몇 점은 개밥그릇으로 사용하였다. 그 가치를 가장 먼저 안 사람은 엿장수와 도굴꾼들이었다. 이들이 헐값에 물건을 사들고 나가기 시작하면서 보물섬이 사람들에게 알려지기 시작했다.

우리나라 최초로 대규모 해저유물발굴이 시작되었다. 선체와 많은 유물들은 기념비가 있는 곳과 앞에 작은 도덕섬 사이에서 인양되었다. 1976년에 시작해 1984년까지 11차에 걸친 발굴조사 및 인양작업으로 수많은 도자기류 등 유물과 침몰된 선체를 건져냈다. 이를 '신안선' 이라 이름을 붙였다. 신안선은 중국에서 일본으로 향하던 무역선으로 추정되었다. 인양된 유물인 청동추에 주물로 새겨진 글씨 (鑄字) [경원로慶元路](현 중국 절강성 영파항)와 도자기 양식, 동전, 목패 등을 통해 출항지와 침몰연대를 1331~1350년 사이로 추정했다. 이곳을 통칭 '송·원대 유물매장해역' 이라 부른다. 공식발표된 유물만도 도자기 2만661점, 금속제품 729점, 석제품 43점, 동전류 28톤 18킬로그램, 자단목 1천17개, 기타 574점과 침몰한 선체였다. 그 유물은 아쉽게 증도가 아니라 서울 국립중앙박물관과 목포 국립해양유물전시관에 전시되었다. 그리고 보물선이 발견된 해역은 국가사적 제274호로 지정되었다. 보물을 건져올린 바다가 보이는 방축리에 '신안해저유물발굴기념비' 가 세워져 있다. 목포에 해양유물전시관이 만들어진 것도 증도에서 발견된 해저유물 때문이다. 사람들은 그 뒤로 증도를 '보물섬' 이라 부른다.

방액석과 독살 그리고 초분

검산마을을 두 바퀴째 돌았다. 작은 비석을 찾기 위해서였다. 분명히 마을입구에 있다고 들었지만 새로 도로가 생기고 마을길이 변하면서 옛날 입구를 찾는 일이 쉽지 않았다. 다시 큰 길로 나와 멀찌감치 서서 마을을 살펴보았다. 그리고 옛길을 상상하며 마을길을 들어서다 밭고랑과 길 가에 햇볕에 반짝이는 돌비석을 발견했다. 내가 찾던 임신방액석壬申防厄石이다. 마을 주민들의 재앙

을 막기 위해 세운 것이다. 임신년이 어느 해인지는 알 수 없다. 마을 주민들을 통해 전해오는 이야기로는 "큰검산에 주민들이 마을을 이루며 살고 있었는데 병자년에 돌림병이 들어와 주민들이 많이 죽자 시신을 백사장에 묻었다. 이후 마을에 더 살 수 없자 이곳 검산으로 이주했다"고 한다. 또 다른 구전자료는 "검산은 원래 '만들'이라 불렸는데 도적떼로 인해 피해가 자주 발생하자 한 스님이 마을이름을 검산으로 개칭하였고, 마을 주민들은 건강을 기원하는 뜻에서 방액석을 세웠다"고 한다. 보통 같은 기능을 하는 것이 입석이나 장승이다. 중도로 들어오기 전 사옥도 당촌리 후촌마을에도 잘생긴 석장승 두 기가 마을입구에 세워져 있다.

기왕 돌로 시작했으니 돌이야기까지 해보자. 검산리에 있는 만들독살이 그것이다. 만들독살은 검산리에서 송원대유물매장해역 발굴기념비가 세워진 곳에 이르기 직전 왼쪽에 있는 대단도 앞에 있다. 검들물에 검산항 옆 명덕섬을 타고 들어온 물이 대단도와 기념비 사이에 작은 섬 사이로 빠져나가면서 독살에 고기들이 갇히게 되어 있다. 돌담은 대단도와 작은 섬 사이에 남북 방향으로 쌓아져 있다. 물이 빠질 때는 서쪽 동남쪽으로 흘러 명덕섬 방향으로 빠져나가기 때문에 자연스럽게 생긴 웅덩이에 고기들이 갇히게 된다. 이때 쪽대나 작은 그물로 독살 안 고기를 잡아낸다. 가끔 재현을 하지만 아직 체험프로그램으로 활용하지는 못하고 있다.

또 중도에 가면 잊지 말고 찾아 볼 것이 초분이다. 중도에서 초분을 처음 본 것은 검산마을이었다. 마을 앞 도로 옆에 이엉으로 덮여 있어 처음에는 퇴비더미로 생각했다. 검산마을에 사는 김요섭(1940년생) 어르신의 안내로 초분을 보게 되었다. 김씨 어르신은 어머니도 초분으로 모신 후 본장을 했던 분이다.

증도에 초분이 있다는 것을 아는 사람은 많지 않다. 2000년 초반 검산마을에 두세 기의 초분이 있었다. 최근까지 중동리 저수지 위에 초분이 있었다.

초분은 우리나라의 독특한 죽음의례 중 하나다. 초빈, 고빈, 빈소, 출빈, 촐분 등 다양한 이름을 가지고 있다. 육탈이 되어 시신의 뼈만 남으면 초분을 헐고 뼈를 추려 매장을 한다. 지금은 증도 외에 도초도, 청산도, 낙월도, 송이도, 계화도 등에 남아 있다.

증도는 해수욕장만이 아니라 염전, 갯벌, 초분, 해저유물 등 과거와 현재 그리고 미래로 시간여행을 하는데 더 없이 좋은 곳이다. 증도가 3개의 큰 섬으로 나뉘어 있던 시절 주민들은 노두와 나룻배를 타고 오갔다. 노두란 물이 빠지면 건널 수 있도록 만들어 놓은 돌다리를 말한다. 그 시절 섬주변에서도 조기를 쉽게 잡을 수 있었다. 특히 우전리에는 풍선배들이 많았고, 정월이면 당제와 풍어제가 활발했다. 당제를 지내던 곳에 리조트가 지어졌다. 주민들이 마을의 안녕과 풍어를 기원하던 곳에 지어진 리조트는 이방인들이 새로운 꿈을 꾸며 찾고 있다.

● ― 갯벌천일염, 식탁에 오르다

우리는 어려서부터 '짜게 먹지 마라', '싱겁게 먹어라'는 말을 들으며 자라왔다. 마치 소금을 많이 먹으면 큰일이 날 것처럼 호들갑을 떨었다. 맞는 말이다. 소금을 많이 먹어서 좋을 것 없다. 다만 모든 소금이 그런 것은 아니다. 소금에도 격이 있다. 시중에서 식용으로 쉽게 구할 수 있는 '가는 소금'은 나트륨(Na)과 염소(Cl)로 구성된 정제염이나 재제염으로 99% 염화나트륨 덩어리이다. 절대 많이 먹어서는 안될 소금이다. 하지만 갯벌에서 만드는 천일염, 즉 갯벌천일염이라면 상황이 다르다. 좀 짭짤하게 먹으라고 권하고 싶다. 갯벌천일염은 바다가 인류에게 준 가장 큰 선물이다. 천일염은 음식맛을 결정할 뿐만 아니라 몸에 균형을 유지케 하고 피가 잘 흐르게 하는 역할을 한다. 인스턴트식품에 길들여진 우리 몸에 미네랄을 공급하고 적절한 면역력을 키우기 위해서 꼭 필요한 것이 갯벌천일염이기 때문이다.

천일염에 대한 오해

소금은 바닷물을 증발시킨 천일염, 육지에서 얻는 암염, 천일염을 녹여 불순물을 제거한 후 얻는 재제염, 이온교환식으로 얻는 기계염, 전통소금 자염 등이 있다. 우리나라는 천일염과 정제염(기계염과 재제염)이 생산되며, 최근 일부 기능성소금들이 가공되고 있다. 갯벌염전의 천일염은 프랑스, 포르투갈, 중국, 베트남 등에서 생산된다. 특히 세계 5대 갯벌로 주목을 받는 우리나라 서남해역은 일조시간이 긴 해양성기후지역으로 게르마늄지대 점질이 발달했다. 이곳은 미네랄이 풍부한 청정 갯벌지역으로 천일염 생산의 최적지이다.

　프랑스는 일찍부터 천일염의 가치에 주목했다. 우리처럼 수입소금에 의해서 폐전 위기에 직면했을 때 현명하게 극복해 냈다. 질 좋은 소금을 생산했을 뿐 아니라 염전을 생태학습, 습지, 관광 등 다양한 자원으로 활용했다. 게다가 소금을 만드는 사람들은 '장인'으로 대접을 받고, 뜻있는 젊은 사람들은 소금을 생산하기 위해 염전으로 귀농하기도 한다. 우리는 어떠한가. 우선 건강을 위해서 천일염을 멀리했고, 식용으로 사용할 수 없도록 만들었다. 다만 자연의학이나 대체의학자들을 통해서 겨우 가치가 인정될 뿐이었다. 매일 먹는 김치, 젓갈, 갖가지 장류 등은 모두 불법식품이 되었다. 그러다보니 일 년 내내 먹고 남을 30킬로그램 소금이 5천원 내외에 거래되었다. 아이들이 즐겨 먹는 피자 1/6조각 값에도 미치지 못하는 값이다. 프랑스에서는 1킬로그램에 8만원에 거래되는 명품 소금도 있다고 한다. 그런데 최근 목포대학교와 식약

청에서 조사한 자료에 의하면 프랑스 천일염과 우리 서해안의 갯벌천일염 성분에 큰 차이가 없다.

염화나트륨 순도 99%와 80%의 차이와 오해

이제 식당에 가면 꼭 주인에게 "사장님 굵은 소금 주세요"라고 할 일이다. 굵은 소금은 기계염에서 찾을 수 없는 미네랄이 풍부하다. 갯벌천일염에는 80% 가량의 염화나트륨과 칼슘, 칼륨, 마그네슘 등 다양한 미네랄이 포함되어 있다. 천일염에 포함된 다양한 성분들이 과학적으로 입증되어 인체에서 중요한 역할을 한다는 것이 밝혀지기 전에는 '불순물'로 오해를 받았다. 그래서 염화나트륨 순도 99%의 기계염은 깨끗하고, 천일염은 오염되어 있다고 생각했다. 하지만 조사결과 천일염에 포함된 미네랄이 인간 생명유지에 매우 유익한 성분들임이 밝혀졌다. 더욱 아이러니컬한 것은 소금을 적게 먹어야 한다는 '소금제한섭취론'이 미국 식품의학계에서 시작되었다는 점이다. 미국인들이 먹는 소금은 대부분 암염이다. 암염은 지각변동에 의해 해수가 땅속에서 굳어 형성된 소금이다. 땅속에서는 용해도에 따라 나트륨과 염소가 먼저 결정화하기 때문에 바닷물의 다양한 미네랄이 함께 결정화하는 갯벌천일염과 다르다. 암염은 성분에서도 기계염과 차이가 없는 셈이다.

그렇다고 천일염이 해결해야 할 문제가 없는 것은 아니다. 소금시장 완전개방과 국내 수급불균형으로 가격이 불안정하다. 게다가 염전경영의 영세성 · 노령화 · 노동

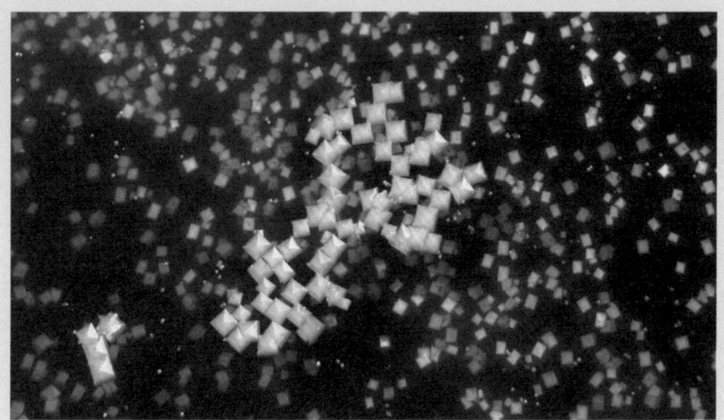

소금이 온다. 햇볕과 바람과 장인의 손길을 타고 소금이 온다. 바다가 준 선물이다.

집약적 생산구조 등 인력공급과 유통구조의 전근대성, 마케팅전략의 부재 등 많은 위기요인들이 있다. 다행히 최근 염관리법 개정으로 다양한 식용가공제품에도 이용할 수 있게 되었다. 노력에 따라서 수출도 가능하다. 무차별적으로 들어오던 중국산 등 수입염도 식용에 한해서 엄격한 식품위생법의 관리를 받아야 한다.

우리나라 갯벌천일염은 1907년 주안염전에서 시작해 경기만, 충청 태안, 전북 옥구·곰소, 전남 신안·영광 지역으로 확대되었다. 1955년 정부의 적극적인 염산업 정책으로 소금 자급자족이 이루어졌다. 이후 국토확장 및 간척과 매립으로 많은 갯벌염전들이 사라졌다. 1990년대에는 시장개방으로 염전구조조정, 값싼 중국소금 수입으로 폐전은 더욱 가속화되었다. 김치, 젓갈 등 전통발효식품에 필요한 물량 확보도 어려워지고 있다. 전남지역 천일염전 허가면적은 2006년 전국 4,737ha의 70%, 생산량은 235,440톤으로 전국 285,568톤의 82.4%를 차지하고 있다. 특히 전남지역 천일염은 프랑스의 게랑드소금과 견주어 손색이 없는 고급소금으로 분석되었다.

명품소금을 만들자

염산업의 불안정성, 저생산성, 저소득성을 해결하기 위해 천일염전 생산환경 개선, 고품질의 기능성소금 개발, 유통 및 마케팅전략수립 및 품질관리, 사회문화적 가치 발굴 등 다방면의 노력이 필요한 실정이다. 특히 프랑스를 비롯해 최고의 천일염들은 소금의 문화적 가치를 매우 중시하고 있으며 이를 통해 명품의 반열에 오를 수 있었다. 2007년 12월 문화재청은 전남 신안, 전북 부안, 충남 태안, 경기와 시흥 등 5개 시도의 대표적인 염전 9곳을 조사해 전국 최초로 전남신안의 대동염전과 태평염전을 문화재로 등록했다. 천일염전 문화재 등록 추진으로 자연과 조화되는 삶의 현장이자 관광명소로서의 천일염전과 여기에서 생산된 천일염에 대한 국민의 관심이 확대될 것으로 기대하고 있다.

4월이면 신안 '섬과 섬'에서 저녁노을에 황금빛으로 물든 하얀 소금을 볼 수 있을 것이다. 봄바람을 맞고 살이 찐 소금들은 작년과 다른 대우를 받을 것이다. 서자 설움을 벗고 당당히 밥상에 오를 수 있기 때문이다.

개황 | 증도曾島

위치 | 전남 신안군 증도면 **동경** 126° 24′ **북위** 34° 47′
면적 | 28.20km² **해안선** | 48.3km **육지와 거리** | 5.6km(지도읍 송도)
가구수 | 862 **인구(명)** | 1,740(남921+여819) **어선(척)** | 213 **어가** | 140
어촌계 | 총 3개 어촌계(63명)

공공기관 | 증도면사무소(061-271-7619), 북신안농협 증도지소(061-271-7555), 증도보건지소(061-271-7532), 증도파출소(061-271-7612), 증도면 예비군중대(061-271-4133), 증도우체국(061-271-7788), 한전 증도 전력서비스센터(061-270-2283), 농업기술센터 증도지소(061-271-7832)
교육기관 | 증도초등학교(061-271-8513), 증도중학교(061-271-7679)
전력시설 | 한전 전가구
급수시설 | 지방상수도 전가구

교통 | 배편 | 지도-송도-증도간 약 30분 소요. 제일증도호(철부선: 재영해운 061-242-4916, 송도취급소, 버지취급소)
섬내교통 | 택시 | 증도택시(061-275-7998), 증도개인택시(061-271-2060) **버스** | 증도버스 2대가 1일 5회 왕복
낚시터(유어장) | 부남도, 대도, 내갈도, 외갈도, 명덕섬, 증동염산지, 우전지, 우전수로
특산물 | 천일염, 함초, 백합, 돌김
특이사항 | 우리나라 최대인 태평염전이 있다. 2007년 세계 최초 슬로시티로 지정되었다. 증도 갯벌은 우리나라 101번째 습지보호구역이며, 2009년 신안 다도해 유네스코 생물권 보전지역으로 지정되었다.

30년 변화 자료

구분	1973	1985	1996
주소	전남 신안군 지도면 증도리	전남 신안군 증도면 증동리	전남 신안군 증도면
면적(km²)	19.5	37,184	28.14
공공기관	-	면사무소 1개, 경찰서 1개, 지파출소 1개	-
인구(명, 남자+여자)	5,860(2,958+2,902)	4,239(2,187+2,052)	2,496(1,303+1,193)
가구수	918	865	775
급수시설	공동우물 83개	우물 143개, 간이상수도 7개	우물 114개, 간이상수도 6개
초등학교	2개 1,960명	2개 891명	2개 175명
중고등학교	1개 320명	1개 42명(중학교)	1개 147명(중학교)
전력시설	-	한전 865가구	한전 775가구
의료시설	-	한의원 1개소, 약방 1개소	보건지소 1개, 약방 1개
어선(척, 동력선+무동력선)	47(20+27)	91(67+24)	동력선 58척

* 공공기관은 면사무소, 파출소 등 포함

52

꽃처럼 피어난 섬 속의 섬

증도면 화도

불러주지 않는 섬은 있어도 이름이 없는 섬은 없다. 지도에 표기되지 않았다고 이름이 없는 것은 아니다. 섬사람들은 작은 여, 하찮은 바위까지 이름을 불러주었다. 작은 섬들은 미역을 주고 톳을 주고 낙지를 주고 때로는 동서남북 방향을 알려주는 소중한 섬사람들 친구다. GPS가 위치를 알려주고 양식장에 익숙한 사람들은 작은 미역바위와 길 잃은 어부의 등대가 되어주는 무인도에 관심을 줄 여유가 없다. 뭍에서도 면소재지 정도 되어야 대우를 받는다. 하물며 섬은 어떨까. 큰 섬에 치여 작은 섬들은 이름도 부르지 않는다. 증도에 딸린 섬 '화도'가 그 중 하나다. 전라남도는 물론 우리나라에서 가장 많은 사람들이 찾는 섬, 최근 몇 년 사이에 지명도가 높아진 섬, 꼭 한 번 가보고 싶은 섬, 슬로시티의 섬, 대한민국에서 가장 큰 염전이 있는 섬. '증도'를 두고 하는 말이다. 연륙으로 더 이상 배를 타지 않아도 갈 수 있다. 그런데 섬 상황은 벌써 육지가 다 되었다. 곳곳이 파헤쳐지고 땅값은 크게 올랐다. 올해는 관광객이 100만 명을 넘을 것 같다. 가는 길은 훨씬 쉬워졌지만 다리가 놓이고 나서 내 발길은 뜸해졌다. 대신 화도로 가는 발길이 잦아졌다.

바닷물이 만조가 되면 섬모양이 꽃봉오리처럼 아름답고 마을에 해당화가 많다 하여 꽃섬이라 불렀다고 한다. 또 옥황상제의 딸인 선화공주가 귀양와서 외로움을 달래기 위해 가꾼 꽃이 섬에 가득해 붙여진 이름이라는 설도 있다. 섬에 처음으로 들어온 사람은 한양조씨라 하지만 신안군마을유래집에 의하면 1788년(정조 12) 순흥안씨 안계택으로 기록되어 있다. 화도는 지도군 사옥면에 속했지만 1914년 행정구역 개편으로 대초, 덕정, 화도, 능선, 장고마을을 합하여 무안군 사옥도에 편입되었다. 그후 1917년 지도면으로 편입되었다가 1969년 무안군에서 신안군이 분리되었다. 행정구역으로는 증도면 대초리에 속하며, 대초2구라 칭한다.

화도로 가는 길은 증도면 덕정마을을 지나 들어가는 방법과 돌마지를 지나 들어가는 방법이 있다. 노두길에 섰다. 농게와 꽃게 그리고 짱뚱어는 추위에 갯벌 속에 들어가 겨울잠을 자는지 모습을 찾을 수 없다. 폭 4미터에 길이 1.5킬로미터 노두가 있어 배가 필요없다. 20여 년 전까지 징검다리 노둣돌이었지만 시멘트로 포장해 차들이 오가고 있다. 물이 들면 섬이 되고 물이 빠지면 육지와 연결된다. 평소에는 언제나 물이 빠지면 건널 수 있고 사리에만 노두가 물에 잠겨 몇 시간 섬이 되는 것을 제외하면 큰 불편은 없다. 화도에 전기가 들어온 것이 2002년이며 상수도는 더 늦게 공급되었다.

노두를 건너 오른편에 3만여 평에 이르는 화도염전이 있었지만 폐전되어 방치되어 있다. 소금밭은 염생식물과 갈대밭이 군락을 이루고 있어 바닷물을 적절하게 소통시키며 관리한다면 훌륭한 염생식물원이 될 것 같다. 그런데 아쉽게 사유지이다. 태평염전의 염생식물원과 함께 화도에도 새로운 테마형 염생식물원을 조성한다면 습지보호지역과 람사르습지에 걸맞는 좋은 생태여행 자원이 될 것 같다. 더구나 길 건너에 문을 닫은 증도초등학교 화도분교장이 있다. 10여 년 전 학생 한 명당 300여 만원을 지원해 목포에서 학교에 다닐 수 있게 하고 폐교를 했다고 한다. 이것도 개인에게 팔렸나.

노두에서 마을까지는 '해찰(이것저것 한눈을 팔고 장난도 치며 걷는다는 전라도말)' 하며 걷기 좋은 거리이다. 제방을 쌓아 조성한 작은 논들이 마을까지 이어졌다. 마을초입에 '고맙습니다 편의점' 이라는 간판이 눈에 띄었다. 메뉴에 '신구초코파이' 가 포함되어 있다. 화도가 세인들의 주목을 받았던 것은 드라마 '고맙습니다' 촬영장이 되고 나서였다. 화도에 오는 외지인들은 꼭 이곳을 찾는다. 아니 딱히 가볼 곳이 없는 탓이기도 하다. 푸른섬에 미혼모 영신(공효진 분)과 에이즈에 걸린 딸 봄이(서신애 분), 치매에 걸린 이씨 노인(신구 분)이 살던 집이다. 현대사회를 압축해 놓은 가족과 집, 그곳에서 할아버지는 초코파이를 가지고 세상과 소통한다.

"초코파이 줄까요?" 치매에 걸린 할아버지는 이승과 마지막 인사를 할 때도 동네사람들에게 초코파이를 나누어 주었다. 그리고 집주인은 드라마가 끝난 후 화도 편의점에서 '신구초코파이' 를 팔았다. 실제 마을 주민이 살던 집을 그대로 세트장으로 활용했다. 드라마 주인공들의 사진이 붙어 있을 뿐 평범한 시골집이다.

"에이즈에 걸린 건, 뭘 그리 대단히 잘못한 일도 아니고, 대단히 미안할 일도 아니고, 그냥 남들하고 다른 것뿐이에요. 코가 큰 사람이 있고, 눈이 작은 사람이 있고, 오른쪽 다리가 짧은 사람이 있고, 검지가 중지보다 긴 사람이 있는 것처럼"

시청자들을 감동시켰던 명대사다. '고맙습니다. 당신께 고맙습니다.' 대국민 사과문이라도 발표할 사람처럼 살지 말자. 어깨 쭉 펴고 살자. 저 넓은 갯벌에 짱뚱어처럼. 노두 좌우로 넓은 갯벌이 펼쳐져 있다. 가끔 일본인들이 물어물어 화도를 찾아와 집을 둘러보기도 한다. 한류열풍이 남도 작은 섬에도 불었던 적이 있다. 지금은 뜸해졌지만 이제 증도대교가 만들어져 섬 속의 섬 화도를 찾는 사람들이 늘고 있다. 한옥민박도 지어졌고 맛있는 로컬푸드를 맛보려는 식객들도 가끔 찾는다.

화도는 생산관리지역으로 숙박시설은 가능하지만 식당은 합법적으로 운영할 수 없다. 그래서 가정집에 부탁을 해서 식사를 한다. '고맙습니다' 촬영팀이 즐겨 이용했다는 반올림식당이 유명하다. 식재료를 100% 화도와 증도산으로 만들고 있다. 신안군은 물론 중앙부처에 힘있는 사람들도 모두 화도에 오면 이 집에서 밥을 먹고 가니 불법이라 탓할 수도 없다. 맛이 좋은 것은 두말할 필요가 없다.

마침 길가에서 증도 지킴이 '길벗' 식구들을 만났다. 증도 주민들로 구성해 만든 마을여행사다. 오늘은 이들이 주민들과 함께 쓰레기 모니터링을 할 계획이라고 했다. 애초에 계획은 병풍도를 들어갈 생각이었지만 첫배를 놓치는 바람에 모처럼 해찰하며 화도를 거닐고 있었던 터라 따라 나섰다. 반올림에서 점심을 먹는다는데 마다할 이유가 없다. 화도에서 월경쓰레기를 찾기 어렵다. 대신 대나무, 로프, 김발 등 김양식시설들이 떠내려와 쌓여 있었다. 물이 빠진 갯벌에도 곳곳에 지주가 박혀 있거나 양식시설들이 방치되어 있다. 아름다운 갯벌을 흉물스런 경관으로 바꾸어 놓았다. 조류소통도 방해해 갯벌생태계에도 큰 영향을 미친다. 정부와 지자체 그리고 주민들이 나서서 대대적인 철거작업을 해야 한다. 더구나 이곳은 도립공원에 습지보호지역, 그리고 유네스코생물권 보전지역에 람사르습지가 아니던가.

화도는 모래가 많은 섬이었다. 논보다 밭이 많았다. 그래서 옛날에는 밭에는 당근농사를 짓고 갯벌에는 김농사를 지었다. 특히 화도당근은 가락동농산물 시장에서 으뜸으로 쳐줄 만큼 품질이 좋았다. 화도당근 생산이 중단되면서 제주당근이 그 자리를 차지했다. 지금도

화도에도 3만여 평에 이르는 꽤 넓은 염전이 있었다. 학교 앞이 모두 염전이었다. 지금은 방치되어 습지로 바뀌었다. (1987년 5월 19일 촬영한 화도염전 모습. 사진제공 증도갯벌센터)

김양식은 이루어지고 있지만 그때는 20여 때 미만의 소규모로 모든 화도주민들이 김양식을 해 손으로 가공을 해서 팔았다. 그 후 제방이 쌓아지고 밭이 논이 되고 염전도 만들어졌다. 당근과 김 대신에 논농사와 소금농사로 바뀌었다. 김값도 옛날 같지 않아 공장을 가지고 있는 몇 사람이 대규모로 양식을 하였다. 이 무렵 하나둘 젊은 사람들은 뭍으로 나가면서 오늘에 이르게 된 것이다.

화도는 도립공원지역이며 갯벌습지보호지역이다. 유네스코생물권보전지역이며 람사르습지로 지정되었다. 국내는 물론 국제적으로 가치를 인정받은 소중한 갯벌이다. 화도 서쪽은 모래갯벌이 발달했고 노두 주변은 펄갯벌이 좋다. 우전리와 화도 사이, 덕정마을과 화도 사이 기점도와 화도 사이, 화도를 둘러싸고 있는 섬들 사이에 모두 갯벌이 발달했다. 화도는 작지만 섬의 몇 배가 넘는 넓은 갯벌을 가지고 있다. 그곳에 농게와 짱뚱어와 숭어가 살고 백로와 왜가리 그리고 도요새와 물떼새들이 쉬면서 먹이활동을 한다.

다행히 신안군에서는 노두를 바닷물이 소통하는 노두로 리모델링할 계획을 세우고 있다. 또 화도와 병풍도를 생태계 복원을 통한 지역

운이 좋았다. 노두길 가운데서 굴을 까는 아주머니를 만났다. 가을 햇살만큼이나 밝은 얼굴로 흥얼거리는 콧노래 장단에 조새질을 하고 계셨다. 아주머니처럼 털썩 주저앉아 섬이야기에 귀를 기울였다.

활성화 모델로 계획하고 있다. 얼마 전 '한국과 와덴해 갯벌체험교육' 참석차 왔던 외국인들이 갯벌에서 후리질로 고기를 잡는 것을 보고 감탄했었다. 후리체험은 생계형이 아니라 생태계모니터링교육과 축제를 결합한 제한적인 어업으로 충분히 가치가 있다. 또 마을 모래갯벌과 물이 들면 3개의 섬이 된다는 석섬 주변 혼합갯벌은 다양한 갯벌생물들을 만날 수 있는 곳이다. 펄갯벌과 모래갯벌과 혼합갯벌 그리고 갯바위까지 작은 섬에서 쉽게 다양한 갯벌생물의 적응과정을 살펴볼 수 있는 갯벌생태계 교과서와 같은 섬이다. 마을 앞 멀지 않는 곳에 새미섬, 윈섬, 갈매기섬 등 무인도도 있다. 모래사장이 발달해 여름철은 물론이고 무인도 체험도 가능하다.

찾는 사람도 늘고 있다. 지금껏 몸섬 중도 후광으로 살았다지만 이제 중도가 화도의 후광을 입을 날이 멀지 않았다. 단 중도와 다른 모습을 화도가 보여줘야 가능하다. 그것은 주민들의 몫이다. 중도를 좋아했던 사람들이 다른 섬을 찾아 떠날 때 그들을 붙들어맬 수 있는 것은 단언컨대 화도와 병풍도뿐이다.

개황 | 화도花島

위치 | 전남 신안군 증도면 대초리 **동경** 126° 10′ **북위** 34° 57′
면적 | 0.15km² **해안선** | 5.3km **육지와 거리** | 0.6km(증도)
가구수 | 22 **인구(명)** | 45(남25+여20) **어선(척)** | 26 **어가** | 7

폐교현황 | 증도초등학교 화도분교
전력시설 | 한전 전가구
급수시설 | 지방상수도 전가구

교통 | **배편** | 증도 본섬과 노두가 연결되어 있어서 선편교통이 불필요하다. 일단 증도로 와서 본섬의 버지선착장에서 지도-송도간을 운항하는 제일증도호(철부선)을 이용하면 육지에 접근할 수 있다. (재영해운, 송도취급소, 버지취급소)
섬내교통 | **버스** | 증도버스(061-271-7570) 2대가 1일 5회 왕복 **택시** | 증도택시(061-275-7998), 증도개인택시(061-271-2060)
특산물 | 새우, 김, 벼, 마늘 등
특이사항 | 유네스코 생물권 보존지역으로 지정되어있다. 옥화상제의 딸 선화공주가 귀양와서 외로움을 달래기 위해 꽃을 가꾸어 온 섬이 꽃으로 가득 찼다는 전설이 전한다.

30년 변화 자료

구분	1973	1985	1996
주소	전남 신안군 증도면 증도리	전남 신안군 증도면 대소2리	전남 신안군 증도면 대조리
면적(km²)	0.8	0.159	0.15
공공기관	-	-	분소 1개
인구(명, 남자+여자)	139(58+81)	110(54+56)	105(55+50)
가구수	23	22	24
급수시설	공동우물 2개	우물 6개	우물 16개
초등학교	분교 1개 120명	분교 1개 20명	분교 1개 15명
전력시설	-	자가발전 22가구	자가발전 24가구
의료시설	-	약방	상비약비치
어선(척, 동력선+무동력선)	-	12(10+2)	동력선 8척

＊ 공공기관은 면사무소, 파출소 등 포함

53

희망의 노두길을 걷다

증도면 병풍도

"우리는 유치원도 있어라. 아그들이 6명이나 되요. 어린애 낳은 사람이 두 사람이나 있어요." 마을로 접어들자 병풍리 이장 박씨는 기다렸다는 듯이 자랑을 늘어놓았다. 유치원 없는 곳이 어디 있느냐고 반문할지 모르지만, 초등학교도 없는 섬이 부기지수다. 또 있던 초등학교도 문을 닫고 있는 형편이다. 학생들이 있다는 것은 섬에 젊은이들이 먹고살 만한 벌이가 있다는 말이다. 젊은 사람이 살지 않는 섬에 초등학교가 문을 닫는 것은 시간문제일 뿐이다. 그러니 작은 섬 병풍도에 초등학교가 폐교되지 않고 있는 것이 신기할 따름이다.

지도군 선도면에 속한 지역으로 1914년 행정구역 개편시 동촌, 서촌, 기점도를 합하여 병풍리라 하여 무안군 선도면에 편입되었다가 1917년 지도면에 속하였다. 그 후 1969년 신안군이 신설되면서 1971년 지도면 증도출장소에 속했다가 1988년 증도면으로 승격되면서 병풍리라 하였다. 1988년 증도면 병풍출장소가 개설되었다. 섬 서북쪽에 팽풍바위가 있어 팽풍섬, 병풍섬, 평풍도, 병풍도라 불렀다.

병풍도와 대기점·소기점·소악도 세 섬은 모두 행정구역상 신안군 증도면 병풍리에 속하는 섬이다. 병풍도에 사람이 가장 많이 거주할 때는 687명(1977), 대기점도 286명, 소기점도는 59명, 소악도는 145명(1978년)이었다. 주 소득원은 벼, 마늘, 김양식이다. 다른 섬에 살고

병풍도 가는 뱃길에 아침해가 유달산 위로 솟았다. 토끼해 마지막날 뜨는 해다.

있던 김해김씨 일가족이 매년 음력 팔월 보름에 막내동생이 살고 있는 이곳을 기점으로 만나 제를 모셔 '대기점도'라고 부른다는 설과 섬 모양이 기묘해 기점도奇點島라고 했다고도 한다. 1700년대에 오진동이라는 사람이 병풍도에 살다가 배가 풍랑에 밀려 섬에 이주하여 마을을 형성하였다. 또 1758년(영조 34) 김해김씨가 입도했다는 설도 있다. 병풍도와 대기점도 사이는 직선거리 800미터로 가깝다.

사옥도 지신개선창에서 출발하던 배는 이제 증도 버지선창으로 옮겼다. 증도대교가 완공되었기 때문이다. 증도는 우리나라 대표관광지로 거듭나고 있지만 병풍도는 뱃길이 끊길 위기에 처해 있다. 다리가 놓이면서 황금노선인 사옥도와 증도 간 뱃길은 끊겨 증도와 병풍도와 율도만 오가는 여객선 회사가 적자누적으로 휴업신청을 했기 때문이다. 목포해양항만청에서 '섬주민의 교통 불편을 막고자 휴업신청을 반려하고 신안군과 대책'을 마련하기에 이르렀다. 그동안 하루에 3차례 왕복운항을 해왔다.

534

"우리 섬은 버스도 없고 자가용도 없어 깨끗해, 큰 섬에서 생산한 소금하고 다르당께요." 천일염이 식품이 되고 나서 가장 민감해진 부분이 안전성이다. 더구나 최근 국산포대에 중국산 소금을 담아 적발된 경우가 심심찮게 보도되고 있다. "배를 타고 중국산 소금을 싣고 오기도 어렵고 와도 몇 가구 안 되니까 금방 소문나부러. 여기서 사가면 100%제." 몇 년 전부터 서울 연희동 주민자치위원회에서 직접 병풍도를 방문해 생산과정을 살펴보고 주변환경을 확인한 후 소금을 구입해 가고 있다. 직거래를 하는 것이다.

"병풍도 땅의 70%가 염전이여. 저그 태평염전보다 여기가 더 오래되었응게." 이장은 바다 건너 태평염전을 가리키며 병풍도 염전에서 소금농사를 짓고 있을 때 이기붕 씨가 대풍염전을 만든다는 소리를 들었다고 했다. 병풍리에는 11가구가 소금농사를 짓고 있다. 대부분 3정이나 4정 정도 규모로 한두 명을 고용해 부부(가족)을 포함해 4명 정도가 일을 하고 있다. 병풍도에는 병암염전, 보구염전, 장삼염전, 신추염전이 있었고, 기점도에 기점염전과 버답염전이 있었다. 소기점에도 염전이 있다.

소금농사를 짓기 전에는 바다에 의존했다. 그땐 풍선배로 고기를 잡다 물귀신 되어버린 사람들도 많았다. 큰 마을 뒤 당산에 매월 정월이면 소를 잡아 당제를 지냈다. 당제는 1970년대 중반까지 이어졌다. 당시 당산에는 평평하고 넓은 고인돌이 있어 제단으로 사용하기도 했다. 제단 밑에 제물로 차렸던 소머리와 뼈를 묻어 귀신들이 훈감(냄새를 맡는 것)하도록 했다. 염전이 만들어지고 농사를 짓기 시작하면서 당제도 차츰 약해졌다. 예전에는 주민들 대부분이 김농사를 지었고 공장도 8개였다. 당시 겨울철이면 대부분의 섬주민들이 20여 줄씩 김양식을 했다. 지금은 김공장을 가지고 있는 사람이 300~500여 줄을 하

부안 채석강보다 아름답다는 이장님의 병풍바위 자랑이 과장이 아니었다. 이곳은 작은 섬마을 학생들의 소풍장소였다. 그 학생이 자라서 섬마을을 떠났고, 생태관광을 하겠다는 사람들의 발길이 이어지고 있다.

고 있다. 소금농사를 짓는 사람은 모두 13가구로 한두 명 고용을 해서 보통 2~4정(1정 3000평) 규모의 소금밭을 운영하고 있다.

병풍염전을 지나 드디어 이장님이 자랑하는 병풍바위에 이르렀다. 높이가 10미터쯤 될까. 병암염전 끝 해안에서 시작해 보구방조제가 시작되는 곳까지 500미터에 이르는 해안이 병풍처럼 펼쳐져 있다. 모두들 변산 채석강 못지않는 절경이라며 감탄했다.

이장님의 현지해설이 귀에 쏙쏙 들어왔다. "하늘에서 신선들이 내려와서 장기와 바둑을 두다가 경치가 하도 좋은께 이름을 지어보자 해서 병풍처럼 생겼으니까 병풍 병자에 서해안을 따라 북풍바지라 바람 풍자를 써서 병풍도라 했다고 합니다. 저 앞섬이 풀무섬이라고 합니다. 장보고 장군이 여기와서 풀무질해서 화살을 만들었다고 해서 풀무섬이라 합니다. 주민들은 불무섬이라고 부릅니다."

앞에 작은 불무섬에도 얼마전까지 1가구가 살았다. 물이 빠지면 건너갈 수 있는 작은 섬이지만 논과 밭이 있고 샘도 있었다. 병풍바위

536

주변을 병암리라 하는데 8가구가 살았지만 지금은 1가구에 할머니 한 분만 살고 계신다.

섬을 돌아보고 다시 마을로 돌아왔다. 병풍리는 당산이 있는 큰 마을과 학교와 접한 작은 마을로 나누어져 있다. 민꽃게무침, 파래무침, 생새우무침, 굴회무침 등 섬에서 나는 식재료로 부녀회에서 직접 준비한 점심이었다. 마파람에 게눈 감추듯 그릇을 비우고 산책도 할 겸 학교로 올라갔다. 금요일 오후, 6명의 아이들은 축구공 하나로 남녀 구분없이 공차기 놀이에 정신이 팔려 있었다. 병풍리에는 병풍도, 기점도, 소악도 각각 분교가 있었다. 이 중 기점도는 폐교되었고 현재 본섬에 학생 14명에 선생님 3명인 증도초등학교 병풍분교가 있고, 소악도에 학생 1명에 교사 1명인 소악분교가 있다.

다시 병풍도를 찾은 것은 그로부터 석 달 후 겨울이었다. 이번에는 지도읍 송도에서 출발하는 새벽 7시 첫배를 탔다. 겨울철이라 컴컴했다. 선창에 도착하자 차들이 배로 들어가고 있었다. 트럭 한 대와 승용차 한 대 그리고 내 차까지 모두 3대였다. 승객은 공사를 하러가는 사람인 듯 보이는 여자 1명, 남자 4명, 승용차를 운전하는 사람 1명 그리고 나까지 모두 7명이었다. 마침 토끼해 마지막날이었다. 지도읍 태천리 너머로 붉은 기운이 감돌았다. 잔잔한 호수같은 바다를 가로지르는 배 위에서 바라보는 일출은 숙연했다.

송도에서 출발한 배는 30분을 달려 병풍도 남쪽 보기섬에 도착했다. 병풍도에는 남북 두 곳에 선창이 있다. 선창에 김양식시설이 쌓여 있다. 이곳도 김양식을 많이 하는 곳이다. 보기마을로 올라섰다. 선도 너머로 해가 떠오르고 있었다. 신묘년 마지막 일출이다. 보기섬과 병풍도 사이에 방조제를 쌓아 염전을 조성해 소금농사를 짓고 있다. 고개를 넘자 마을과 보기염전이 펼쳐졌다. 그 사잇길을 빠져나와 신추

노두길이 붉게 물들었다. '희망의 노두길'이다. 신추염전으로 가는 길이다. 멋지게 굽이치는 노두길과 갯벌이 더 붉어졌다.

도로 향했다. 그곳에도 작은 신추염전이 있다. 한 판 정도 되는 작은 염전이다. 보기섬에서 신추섬으로 이어지는 길은 S자 형의 예쁜 노두길이다. 보기마을에서 큰마을로 가는 길 양쪽은 염전과 논이다. 갯벌을 막아 만든 것들이다. 벼를 베어낸 논은 맨살을 드러냈고 염전들은 새단장을 하고 있었다. 큰 마을에 이르자 지난번 병풍염전과 병풍바위를 돌아 마을에 이르던 길과 만났다. 곧장 노두를 건너 대기점도로 향했다.

개황 | 병풍도屛風島

위치 | 전남 신안군 증도면 **동경** 126° 12′ **북위** 34° 57′
면적 | 2.50km² **해안선** | 10.72km **육지와 거리** | 34.9km(목포시)
가구수 | 119 **인구(명)** | 258(남144+여114) **어선(척)** | 30 **어가** | 17

공공기관 및 시설

공공기관 | 증도면사무소 병풍도출장소(061-246-3068), 북신안농협 증도지소 병풍사무소(061-246-2435), 증도 파출소 병풍출장소(061-270-0192), 병풍 보건진료소(061-246-2264)
교육기관 | 증도초등학교 병풍분교(061-246-3124)
전력시설 | 한국전력 전가구
급수시설 | 지방상수도 1개소 119가구

여행정보

교통 | 배편 | 제일증도호 (재영해운 061-242-4916, 송도취급소, 버지취급소) 지도 송도에서 제일증도호가 5회 출항하여 3회 병풍도를 경유하며 증도로 향한다. 소요시간은 30분 정도이다.
특산물 | 고구마, 마늘, 쌀, 보리
특이사항 | 마을 서북쪽의 산이 병풍처럼 보인다고 하여 병암이라 부르다 일제강점기에 병풍도라 개칭하였다. 연근해에서 농어, 민어, 숭어 등이 많이 잡힌다. 김양식과 염전업이 활발하다.

30년 변화 자료

구분	1973	1985	1996
주소	전남 신안군 증도면 병풍리	전남 신안군 증도면 병풍1리	전남 신안군 증도면 병풍리
면적(km²)	2.1	2.497	2.5
공공기관	-	-	면사무소 출장소 1개, 분소 1개
인구(명, 남자+여자)	553(273+280)	673(340+333)	490(256+234)
가구수	98	135	125
급수시설	공동우물 6개	우물 40개, 간이상수도 1개	우물 39개, 간이상수도 1개
초등학교	1개 380명	1개 190명	분교 1개 32명
전력시설	-	한전 135가구	한전 125가구
의료시설	-	약방	보건지소 1개소
어선(척, 동력선+무동력선)	-	34(29+5)	동력선 13척

＊ 공공기관은 면사무소, 파출소 등 포함

퉁게야, 미안하구나
증도면 대기점도

병풍리 큰 마을에서 대기점 큰잔등산 줄기로 이어지는 노두가 모습을 드러냈다. 노둣돌 대신 시멘트로 포장하기 전까지는 징검다리를 놓아 두 섬을 연결했다. 매년 한 차례 마을 울력으로 노두를 보수하고 미끄럽지 않게 돌을 뒤집었다. 마을은 북촌과 남촌으로 나누어졌다. 북촌은 10여 가구로 병풍리와 노두로 연결된 곳에 형성되었다. 맞은편 병풍초등학교 기점분교 너머에 10여 호가 형성된 남촌이 있다. 두 마을을 합해 20여 호 30여명이 살고 있다. 한때 인구가 286명(1978)에 달했다. 10여 년 전까지 주 소득원은 벼, 마늘, 김농사였다. 지금은 김농사는 거의 중단되었으며 벼농사와 마늘농사로 소일하고 있다.

너무 이른 시간이었을까. 노두를 건너 북촌과 선착장을 지나 남촌으로 들어올 때까지 주민을 한 사람도 만날 수 없었다. 시계를 보니 9시도 되지 않았다. 북촌에서 남촌으로 넘어오는 길은 섬 동쪽으로 난 시멘트 포장길이다. 섬 정동쪽에 매화도와 마산도 사이로 길게 선착장이 있다. 압해도 송공에서 무안 망운 신월리로 오가는 배가 닿는 선착장이다.

남촌을 넘어서자 골짜기에 폐교가 있었다. 그 앞에서 개밥을 주고 있는 주민 김홍도(68세) 씨를 만났다. 병풍초등학교 기점분교는 1993년 문을 열어 2010년 한 명 남은 학생을 목포로 전학시키고 폐교되었

노두길 사이 소나무 3그루는 누가 심었을까. 수령이 오래 되지 않았지만 섬길을 오가는 많은 사람들을 지켜봤을 것이다. 돌다리가 시멘트길로 바뀌는 것도 묵묵히 보았을 것이다.

다. 병풍분교와 소악분교도 모두 같은 시기인 1993년 개교했다. 기점 분교는 학생수가 많을 때는 15명까지 다녔다. 학교가 바닷가나 언덕에 있으면 진즉 누군가 사들였을 터인데 위치가 좋지 않아 그대로 방치되고 있다고 했다. 폐전한 염전을 이용해 새우양식을 하는 사람과 김양식을 하던 사람도 한 분 있었는데 병풍도와 소악도 주민에게 어장을 이용하도록 줘버리고 갯일은 그만두었다.

"병풍 대고 바로 기점으로 와라. 송공에서 뜨는 것은 10시에 닿는 것 있고 2시 반에 올라갔다 3시에 닿고, 막배가 5시에 있어라. 바람 불면 배가 안 댕기고 불편하제라. 맨 돌팍이라 토질이 안 좋아라. 요 너매에 두 반데가 논이 많아라. 염전도 한 판 있는데 서울사람이 사가지고 인부들여서 하는데 제대로 소금도 못냅디다."

소악도를 들러 돌아오는 길에 기점염전에 들렀다. 조금 전에 만난 김씨는 지방사람이 서울사람에게 염전을 판 이후 소금생산량이 예전 같지 않다고 했다. 노두길로 넘어가는 길목에서 좌회전을 해 언덕을 넘어서자 염전이 한눈에 들어왔다. 돌아서 내려오다 소금밭에서 퇴수(소금을 만들고 남은 물)를 보내는 넓은 수로에서 삽으로 뭘 잡는 주민을 발견했다. 몇 삽 흙을 퍼낸 후 1미터쯤 되는 막대를 집어넣어 뭘 잡아내고 있었다.

조심스럽게 가까이 가보았다. "뭘 잡아요." "여기서는 '퉁게' 라고 하는데, 겨울철에 장에 담궈 놓으면 소고기장조림하고 안 바꿔요. 꽃게장처럼 담궈 먹어요." 퉁게라……. 나중에 확인해 보니 방게를 두고 하는 말이었다. 가끔씩 농게도 올라왔다. 겨울철에 땅속 깊은 곳에 들어가 생활하는 녀석들을 찾아내 잡는 것이다. "녀석들이 이렇게 구멍을 막고 들어가 살거든요. 삽으로 뜨면 구멍 속에 발자국이 있죠. 맨질맨질하면 짱뚱어 발자국이고 이런 것이 퉁게 발자국이에요. 생뻘(갯벌)이 나오면 그걸 따라 파내려간 다음 요것으로 긁어내죠." 손에 들어 보이는 것은 '게써개' 라는 것이었다.

봄 여름 가을 갯마을 사람들은 반찬이 떨어지면 대바구니 하나 들고 갯벌에 나와 낙지도 잡고 바지락도 캐고 그물을 놓아 걸린 모치(숭어 새끼를 가리키는 전라도말)며 물고기를 잡아 밥상에 올렸다. 그런데 겨울철에 땅속에서 겨울잠을 자는 녀석을 깨워 밥상에 올리는 모습은 처음이다. 인간이 좀 잔인해 보이기도 했다. 그런데 어쩌랴. 엄동설한 먹을 것이 없는 작은 섬에서 의지할 곳은 바다와 갯벌 뿐인 것을. 싹쓸이하는 어법이 아니라 손으로 잡아 상에 올리는 것 정도는 생태계를 유지하는 데 큰 문제는 없을 것 같았다. '미안하다. 퉁게야. 내가 대신 사과할게.'

써개는 모래펄에서 맛이나 조개를 잡을 때 사용하는 긴 쇠막대로 끝을 낚싯바늘처럼 구부려 긁어올린다. "이렇게 싸그락싸그락 걸리면 퉁게가 있는 거에요." 나오지 않으려고 버티기 때문에 조심스럽게

방게는 겨울철에는 문을 닫고 안에서 최소한의 움직임과 먹이활동을 하며 생활한다. 그런데 그게 화근이다. 구멍을 닫는 흙과 주변 갯벌 흙 색깔이 다르다. 섬마을 우체부 김씨는 그걸 보고 삽질을 해 구멍을 찾고 써개를 집어넣어 1미터 깊이에 있는 방게를 잡아낸다.

끌어올려야 오롯이 잡을 수 있다. "저도 해볼까요." 구멍에 써개를 집어넣었다. 돌멩이처럼 딱딱한 것과 부딪혔다. 대나무로 만든 써개 끝에 게를 긁어올릴 수 있도록 2개의 갈쿠리를 달았다. "아, 올라왔네요." 김복수(1952년생) 씨는 병풍도에서 우편물을 배달하고 있다. 흑룡해 첫날, 쉬는 날 재미 삼아 옛날 방식으로 게를 잡기 위해 기점도로 온 것이다. 퉁게가 대바구니에 가득 담겨 있었다.

병풍도와 기점도 사이에는 시멘트로 만든 노두길 옆에 옛날 돌로 만든 징검다리 진짜 노두길 흔적이 잘 남아 있다. 요즘 강을 건너는 돌다리도 복원하는 판인데 저 노두길을 복원하면 어떨까.

일반현황

위치 | 전남 신안군 증도면 병풍리 **동경** 126° 12′ **북위** 34° 56′
면적 | 0.28km² **해안선** | 6.6km **육지와 거리** | 32.4km(목포시)
가구수 | 43 **인구(명)** | 88(남50+여38) **어선(척)** | 13 **어가** | 5

공공기관 및 시설

전력시설 | 한전 전가구
급수시설 | 지방상수도 전가구

여행정보

교통 | 배편 | 항로페리 3호(철부선, 해진해운 061-244-0803)
특산물 | 벼, 쌀보리, 맥주보리, 마늘, 숭어, 김 등
특이사항 | 섬의 형태가 기묘한 점 같아 기점도라 했다는 설과 밀양박씨 4가족이 매년 음력 8월 15일 이곳에서 만나 제를 모셨다고 하여 대기점도라 부른다는 설이 있다.

30년 변화 자료

구분	1973	1985	1996
주소	전남 신안군 지도면 병풍리	전남 신안군 증도면 병풍2리	전남 신안군 증도면 병풍리
면적(km²)	1.4	0.272	0.28
공공기관	-	-	분소 1개
인구(명, 남자+여자)	98(50+48)	206(116+90)	117(62+55)
가구수	30	36	35
급수시설	공동우물 4개	우물 9개	우물 9개
초등학교	분교 1개 40명	분교 1개 37명	분교 1개 9명
전력시설	-	한전 36가구	한전 35가구
의료시설	-	약방	약방
어선(척, 동력선+무동력선)	-	32(25+7)	동력선 28척

＊ 공공기관은 면사무소, 파출소 등 포함

55

한 마을 세 섬살이
증도면 소기점도 소악도 진섬

이장을 만나기 전까지 그저 병풍리에 딸린 작은 섬 정도로 생각했다. 이제 마흔을 갓 넘긴 그가 고향이라는 작은 섬에 다시 들어온 이유는 뭘까. 건강이 좋지 않기 때문이라는데. 진섬에 들어갔다 돌아오는 길이었다. 그를 만나지 않았다면 진섬의 내력도, 쐐기섬의 애환도 듣지 못 했을 것이다. 역시 섬이야기는 주민들을 통해서 들어야 맛이 있다. 느릿느릿 어눌한 듯하면서도 할 말을 다하는 그는 40대 초반의 마을

작은 섬과 작은 섬을 잇는 것은 갯벌 위에 놓은 작은 노두길이다. 큰 파도라도 오면 금방 쓸려갈 것처럼 위태롭다. 섬사람들의 삶이 그렇다. 시난고난한 삶을 저 갯벌과 섬에서 이어왔다(사진 앞에서부터 소악도-소기점도-대기점도-병풍도).

이장이었다. 소악도에 14집, 작은기점에 6집, 진섬에 1집, 모두 21가
구가 살고 있다.

소악도는 섬이 낮고 섬과 섬 사이를 지나는 물소리가 크다 하여 소
악도라 했다. 18세기말 압해도에 사는 김해김씨와 해제면에 사는 도
씨가 대기점도 앞에서 고기잡이를 하다 폭풍으로 섬에 표류하여 정
착하게 되었다고 한다.

소기점도 소악도(쐐기섬) 진섬은 생활권이 같은 한 마을이었다. 그
래서 이 세 섬을 병풍 3리로 묶었다. 얼마 전까지는 대기점에 딸린 마
을이었다. 대기점에서 소악까지는 노두를 두 개나 건너야 하고 방송
을 해도 안개 낀 날이 아니고는 들리지도 않는다. 왜 안개 낀 날이냐고
묻자 이장은 기압이 낮아 소리가 잘 들린다고 했다. 세 섬의 생활권은
목포였다. 무안 신월을 경유해서 곧장 목포로 나갔다. 하지만 병풍도
나 대기점은 지도읍 생활권이다. "저쪽은 딴 마을이에요. 우리 마을하
고 달라요." 처음에는 그 말이 무슨 말인지 이해하지 못했다. 큰 섬도
아니고 같은 병풍리인데 서로 생활권이 다르다니. 뱃길이 서로 다른
생활권을 만들었다. 병풍도는 지도와 직항로가 있었지만 작은 세 섬
은 무안 망운으로 오가는 배를 탔기 때문이다. 아마 노를 저어 다닐 때
조류의 갈라짐이 만들어 놓은 생활권이 아닐까 추측해 보았다.

섬도 크고 농사도 많은 대기점은 학교가 폐교되었지만 소악은 학
생 한 명 선생님 한 분으로 몇 년째 유지되고 있는 보기 드문 섬이다.
이번에 학생 한 명이 졸업하면 또 입학할 학생이 한 명 있어 곧바로
폐교가 될 것 같지는 않다. 이장은 장차 학교를 마을과 섬 활성화를
위한 공간으로 이용하길 희망하고 있다.

병풍도의 끝은 소악도가 아니다. 소악도에서 끊어질 듯한 길은 다
시 노두를 타고 진섬으로 이어졌다. 아주 작은 섬이다. 소악도보다 작

다. 이장은 그곳에도 30여 년 전에는 10가구가 김농사를 지으며 살았다고 했다. 모두 망해서 도시로 나갔다. 진섬에서 되돌아나오는 길에 학교에 들렀다. 생각보다 컸다. 소악도의 유일한 학생 에덴이는 이제 졸업을 앞두고 마지막 방학을 맞아 뭍에 나가고 선생님도 집으로 가셨는지 인기척이 없다. 학교를 한 바퀴 돌다 관사 옆 닭장에서 걸음을 멈추었다. 암탉이 애처롭게 나를 쳐다보며 "꼬꼬, 꼬꼬" 울어댔다. 안을 쳐다보니 알을 2개나 낳았다. 그런데 닭 먹을 것이 없었다. 주변에서 풀을 뜯어 넣어 주었다. '너를 풀어 줄 수 없구나.'

화단으로 내려오는데 기념식수가 눈에 띄었다. 장학사 부임이나 높은 양반들이 왔다 갔겠구나 싶었는데 입학기념 기념식수(2000. 3. 2.)였다. 이런 기념식수는 처음이다. 대한민국에 입학기념 식수를 교정 한가운데 이렇게 심어 놓은 곳은 소악분교뿐일 것 같다. 마을 앞에 작은 논이 하나 있다. 이장이 농사를 짓는 소악도의 유일한 논이다. 논을 둘러싸고 몇 채의 집들이 모여 있다.

소악도에서 작은기점으로 나오는 노두 끝에서 할머니 두 분을 만났다. 소악도로 들어갈 때는 빈집인 줄 알고 지나쳤다. 할머니는 고양이에게 먹이를 주고 계셨

2000년 3월 2일 김현우 학생 입학을 기념하여 심은 식수다. 학생 입학을 기념한 나무는 처음 보았다. 작은 섬에 학생보다 귀한 존재가 또 있던가.

다. 고양이 3마리가 사이좋게 먹이를 먹다 돌연 출연한 이방인에 놀랐던지 1마리는 마루 밑으로 숨고 2마리는 눈치를 보며 자리를 지켰다. 칠순 할머니는 혼자 집을 지키고 계셨다. 몸이 불편해 20년 전부터 맨손으로 낙지를 잡는 팔낙지도 그만두고 농사를 지으며 살고 있다고 했다. 방안에는 약이 가득했다. 모두 16가지 약을 드신다고 했다. 매주 선창에서 배를 타고 목포에 가서 약을 짓고 있다. 방안에는 손자 대학졸업 사진만 한 장 걸려 있었다.

할머니가 끓여준 커피와 따뜻한 고구마로 요기를 하고 있을 때 밖에서 인기척이 들렸다. 옆집 할머니였다. 팔순 할머니가 굴을 까려고 조새와 바구니를 하나 들고 계셨다. 지나가다 낯선 신발이 방문 앞에 있고 도란도란 이야기소리가 들려 들어오신 것 같았다. 팔순이 넘었다는 이웃집 할머니가 훨씬 젊어 보였다. 할머니도 대여섯 가지 약을 드신다고 했다. 할머니들에게 인사를 하고 밖으로 나왔다. 고양이 3마리가 머리를 맞대고 먹이를 먹다 화들짝 놀라 달아났다.

● ― 해양보호구역과 습지보호지역

해양보호구역은 습지보전법과 세계자연보전연맹(IUCN)이 정한 기준에 의해 그 지역에 서식하는 생물, 역사 · 문화유산이 법(제도)과 기타 관리수단에 의해 보전관리가 이루어지고 있는 지역을 말한다. 해양보호구역은 크게 습지보호지역과 해양생태계보호구역으로, 습지보호지역은 내륙습지와 연안습지로 구분하며 우리나라 대부분 갯벌은 연안습지에 해당한다. 2011년 말 현재 습지보호지역 총 27개소 중 연안습지는 10개소 내륙습지는 17개소이다.

〈습지보호지역 현황〉

2012년 3월 현재

지역명	위치	면적 km²	특징	지정일자 (람사르지정)
무안갯벌	전남 무안군 현경면 및 해제면 일대	42	생물다양성 풍부 지질학적 보전가치 있음	2001. 12. 28. (2008. 1. 14.)
진도갯벌	전남 진도군 군내면 · 고군면 일대	1.44	수려한 경관 및 생물다양성 풍부, 철새도래지	2002. 12 .28.
순천만갯벌	전남 순천시 별량면, 해룡면, 도사동 일대 연안	28	흑두루미 서식 · 도래 및 수려한 자연경관	2003. 12 .31. (2006. 1. 20.)
보성벌교갯벌	전남 보성군 벌교읍 호동리, 장양리, 대포리 일대 연안	10.3	흑두루미 서식 · 도래 및 수려한 자연경관	2003. 12 .31. (2006. 1. 20.)
옹진장봉도갯벌	인천광역시 옹진군 장봉리 일대 갯벌	68.4	희귀철새 도래 · 서식 및 생물 다양성 우수	2003. 12. 31.
부안줄포만갯벌	전북 부안군 줄포면, 보안면 일원	4.9	다수의 멸종위기종 조류 및 전세계 물떼새 개체수의 1%이상이 서식 (흰물떼새)	2006. 12 .5. (2010. 2. 1.)
고창갯벌	전북 고창군 부안면, 심원면 일원	10.4	다수의 멸종위기종 조류 및 전세계 물떼새 개체수의 1%이상이 서식 (흰물떼새)	2007. 12. 31. (2010. 2. 1.)
서천갯벌	충남 서천군 서면, 비인면, 종천면 및 유부도 일대	15.3	다수의 멸종위기종 조류 및 전세계 물떼새 개체수의 1%이상이 서식 (검은머리물떼새)	2008. 1. 30. (2010. 2. 1.)
송도갯벌	인천광역시 연수구 송도동 일원	6.11	멸종위기종 조류 서식(저어새, 검은머리갈매기, 말똥가리, 알락꼬리도요 등 동아시아 철새이동경로	2009. 12. 31.
증도갯벌	전남 신안군 증도면 증도 및 병풍도 일대	31.3	수려한 경관 및 생물다양성 풍부, 지질학적 보전가치 있음	2010. 1. 29. (2011.9.1.)
봉암갯벌	경남 창원시 마산회원구 봉암리 일대	0.1	희귀하거나 멸종위기에 처한 야생 동식물이 서식 · 도래하는 지역(붉은발 말똥게)	2011. 12. 16.
시흥갯벌	경기 시흥시 장곡동 일원	0.71	희귀하거나 멸종위기에 처한 야생 동식물이 서식 · 도래하는 지역, 특이한 경관적 · 지형적 또는 지질학적 가치를 지닌 지역	2012. 2. 17.

● ― 염전 다도해 유네스코생물권보전지역

다도해 생물권보전지역은 육상 145km², 갯벌 37km², 해상 391km² 등 총 573km² 면적으로 흑산(홍도, 장도 람사르습지) 등 국립공원지역과 증도 갯벌도립공원, 비금도(칠발도), 도초도 등이 포함되어 있다. 국내에서 설악산(1982), 광릉숲(2010), 제주도(2002)에 이어 2009년 네 번째 생물권보전지역으로 지정되었다.

이 지역은 리아스식 해안에 발달한 해식애 등 뛰어난 경관, 후박나무와 동백나무 등 다양한 해양성 아열대식생, 염생식물 군락지 등이 있으며 갯벌과 바다를 터전삼아 풍요로운 삶을 지속하는가 하면, 동북아 이동철새의 75%(337종)가 머물다 가는 곳으로 보전과 현명한 이용이 잘 이루어지고 있어 세계에 널리 알려지고 있다. 신안은 갯벌과 염전이 보전지역으로 지정된 최초 사례로 유네스코 지정마크인 에코 라벨링(Eco-Labeling)을 이용해 천일염, 김, 시금치 등 지역특산물의 부가가치를 높이고 있다.

● ― 증도갯벌, 람사르습지로 지정

람사르협약은 물새의 서식지로 국제적으로 중요한 습지를 보호하기 위해 1971년 이란 람사르에서 각국의 협력으로 맺어진 조약으로 정식 명칭은 '물새서식지로서 특히 국제적으로 중요한 습지에 관한 협약(The Convention on Wetlands of International Importance, especially as Waterfowl Habitat)' 이다. 한국은 1997년 7월 28일에 101번째로 가입했다. 가입국은 철새의 중개지나 번식지가 되는 물가의 습지를 보호할 의무가 있으며, 가입할 때 국제적으로 중요한 습지를 1개소 이상 보호지로 지정해야 한다.

신안 증도갯벌 31.3km² 면적이 2011년 9월 1일 람사르습지로 추가 등록됨에 따라 우리나라는 무안갯벌, 순천보성만갯벌, 고창부안갯벌에 이어 5개의 갯벌 람사르습지를 보유하게 되었다. 증도갯벌은 깨끗한 주변 환경과 게, 갯지렁이, 조개, 고둥 등 다양하고 풍부한 저서생물이 살고 있고, 국제적 취약종인 노랑부리백로, 가창오리 및 알락꼬리마도요가 출현하고 있다. 증도갯벌 인근 염전지역에는 퉁퉁마디와 칠면초 등 염생식물이 많이 자라며, 우전리해수욕장 주변 사구에는 통보리사초, 순비기나무 등 사구식물들이 서식하고 있다. 짱뚱어의 주요 서식처이기도 한 증도갯벌은 짱뚱어 전통 낚시어법이 전해지고 있다.

개황 | 소기점도 小奇點島

위치 | 전남 신안군 증도면 병풍리 **동경** 126° 12′ **북위** 34° 55′

면적 | 0.2km² **해안선** | 3.8km **육지와 거리** | 32.4km(목포시)

가구수 | 7 **인구(명)** | 13(남7+여6) **어선(척)** | 7 **어가** | 4

전력시설 | 한전 전가구 **급수시설** | 지방상수도시설 전가구

교통 | **배편** | 항로페리 3호(철부선, 해진해운 061-244-0803)
특산물 | 김, 벼, 쌀보리, 맥주보리, 마늘, 숭어 등
특이사항 | 김해김씨 일가족 4명이 각각 다른 섬에 살고 있었는데 그 중 막내 동생이 살고 있는 이곳을 기점으로 매년 만났다 하여 붙여진 지명이라는 설과 섬의 형태가 새의 깃 모양이라 하여 소기점도라 했다는 설이 있다.

30년 변화 자료

구분	1973	1985	1996
주소	전남 신안군 지도면 병풍리	전남 신안군 증도면 병풍2리	전남 신안군 증도면 병풍리
면적(km²)	1.1	0.204	0.2
인구(명, 남자+여자)	57(27+30)	44(24+20)	21(11+10)
가구수	12	8	6
급수시설	공동우물 2개	우물 4개	우물 2
초등학교	분교 1개 30명	-	-
전력시설	-	한전 8가구	한전 6가구
의료시설	-	약방	상비약비치
어선(척, 동력선+무동력선)	-	9(6+3)	동력선 4척

개황 | 소악도 小岳島

30년 변화 자료

구분	1973	1985	1996
주소	전남 신안군 지도면 병풍리	전남 신안군 증도면 병풍2리	전남 신안군 증도면 병풍리
면적(km²)	1	0.46	0.45
공공기관	-	-	분소 1개
인구(명, 남자+여자)	94(47+47)	140(73+67)	62(31+31)
가구수	18	20	17
급수시설	공동우물 3개	우물 6개	-
초등학교	분교 1개 28명	분교 1개 43명	분교 1개 5명
전력시설	-	한전 20가구	한전 17가구
의료시설	-	약방	상비약비치
어선(척, 동력선+무동력선)	-	24(19+5)	동력선 3척

＊ 공공기관은 면사무소, 파출소 등 포함

신안군 임자편

신안군 임자면

56

새우 싣고 소금 싣고,
봄바람이 불어온다

임자면 임자도

지도 점암선창에서 출발한 철부선은 반 시간도 못되어 입을 벌리고 트럭과 승용차를 진리선착장에 쏟아냈다. 트럭들은 대파를 싣고 가기 위해 섬에 들어온 차들이고 승용차는 주민들이 이용하는 자가용이다. 20억 예산 확보, 점암과 지도를 연결하는 연륙교 공사를 위한 종잣돈으로 예산을 확보했다는 펼침막이 여기저기 걸려 있었다. 이 뱃길은 주민 4,000여 명, 관광객 연 13만6천여 명이 이용하는 뱃길이다. 게다가 천일염과 대파 등 농수산물 유통량도 크다. 또 임자도에는 신안에서 제일 크고 전라남도는 물론 서해안을 대표하는 해수욕장이라 할 수 있는 대광해수욕장이 있고 튤립축제 등으로도 주목을 받고 있다. 이렇게 주목을 받을 수 있었던 것은 뱃길이 목포에서 지도로 옮겨지면서 4시간 이상 걸리던 뱃길이 반 시간으로 줄었기 때문이다.

임자도는 백제의 고록지현에 속했다가 통일신라시대에는 염해연에 속했다. 고려시대에는 임치현에 속하였다가 조선초기에 영광군에 배속되었다. 조선후기에는 나주목에 속하였다. 1711년(숙종 37) 임자진이 설치되어 진하산면 본진에 전속되었고 자은도 나주목에 부속되었다. 임자목장에서는 말 175필을 길렀다. 1896년 지도군에 편입되었다가 1914년 행정구역 개편으로 무안군에 속하여 광산, 대기, 도찬, 삼두, 이흑암, 재원, 수도 등 8개 리를 관할하였다. 1969년 신안군에 편입되었다. 행정리는 진리, 수도, 도찬, 대기, 광산, 재원, 삼두, 이흑암으로 이루어져 있으며, 이 가운데 수도와 재원도는 임자도에 딸린 부속도서다.

1만 마리 갈매기가 우는 집

다리를 건너 이흑암리로 들어갔다. 대둔산(319.5미터)을 중심으로 앞에는 남쪽부터 동북쪽으로 대머리, 이흑암리, 조삼리, 화산리가 뒤로는 원상리 등 자연마을이 자리잡았다. 이흑암리에 이르러 화산단을 찾았다. 조선말기에 김평묵이 지도로 유배오자 임자도 주민들은 지도로 나가 학문을 익혔다. 그리고 1916년 섬에 있던 유림들은 사재를 털어 스승을 기리는 단을 세웠다. 창건 당시 이항로, 기정진, 김평묵 등을 배향하였으며, 1961년 임행재, 박종현, 이학재 등 지역인사들도 추가로 배향하여 현재 6위가 봉안되어 있다(신안군 향토자료 제8호). 화산단 뒤 삼학산 자락에는 박종현 선생이 한일병합의 울분을 토해내며

화산단. 섬지방의 유림들이 위정척사를 주장하며 명문을 바위에 새기고 화산 신록에 단을 마련했다.

새긴 ‘존화양이(尊華攘夷)’라는 바위글씨가 남아 있다.

또 이흑암리는 조선후기 추사 김정희와 쌍벽을 이루는 문인화의 대가였던 조희룡(1789~1866)의 유배지이기도 했다. 1789년 서울에서 태어나 조선후기 매화도와 묵란도의 고유한 화풍을 확립한 화가인 조희룡은 안동김씨와 풍양조씨의 세도정치기에 예송논쟁에 휘말려 1851년 임자도에 유배되었다. 지금은 논으로 변해버린 바다가 바라보이는 곳에 오두막을 짓고, ‘화구암(갈매기를 그리는 집)’ 또는 ‘만구음관(萬鷗吟館, 1만 마리 갈매기가 우는 집)’이라 했다. 서울내기가 섬에 와서 처음 본 것이 갈매기였을까. 1만 마리 갈매기 대신 논에는 까치가 날고 신도를 부르는 교회의 종소리만 차가운 겨울 공기를 흔들었다.

이흑암리 동쪽에는 갯벌이 발달해 방조제를 쌓아 염전과 농지가 조성되었지만 대둔산 남쪽과 서쪽으로는 사구가 형성되어 있다. 모래를 일궈 만든 밭에는 대파가 탐스럽고 바다쪽으로는 대광해수욕장에는 미치지 못하지만 작고 아담한 어머리해수욕장과 은동해수욕장이 있다. 특히 어머리해수욕장은 용난굴이 유명하다. 때마침 물이 빠져 용난굴까지 걸어가는 데 어려움이 없었다. 용난굴에 얽힌 이야기다.

중국땅에서 청자를 싣고 황해를 건너온 신안 보물선이 임자 앞바다까지 와 침몰했다. 선원들은 침몰한 배에서 탈출하여 눈앞에 보이는 임자도를 향해 죽을힘을 다해 헤엄을 쳤다. 당시 임자도는 무인도였다. 그들은 무인도 바닷가 바위에 걸터앉아 자신들의 배가 가라앉은 바다를 바라보며 두고 온 가족과 연인을 그렸다. 그런데 바위 속에는 천년 묵은 이무기가 갇혀 있었다. 이 이무기는 누군가 바위에 눈물을 흘려야 용이 되어 승천할 수 있었다. 굶주림과 추위에 지쳐 선원들은 한 명 한 명 죽어갔다. 마침내 선장만 남아 바위로 올라가 하늘을 향해 고향으로 데려다 달라고 소리치며 눈물을 흘렸다. 그때 바위에서 용이 뛰쳐나와 선장과 죽은 선원을 데리고 황해로 날아갔다. 중국으로 간 보물선 선장은 높은 사람이 되었고 사람들은 용이 나온 굴을 용난굴, 고향을 그리던 바위를 방향석이라고 부른다. 주민들은 용난굴과 망향석에서 소원을 빌면 이루어진다고 믿고 있다.

어머리에서 나와 좌회전을 해 해안길을 따라 잠시 달리면 은동마을에 이른다. 더 이상 갈 수 없다. 채 10집도 못 되는 마을이다. 조희룡은 이곳을 수문동이라 적었다. 우리말로 하면 숨은골쯤 될까. 즉 은동隱洞이다. 은동마을 앞은 온통 대파밭이고 그 앞에 고즈넉한 해수욕장이 펼쳐져 있다. 대파작업을 하던 대여섯 명의 남자가 잠시 쉬면서 새참으로 빵과 우유를 먹고 있었다. 점암에서 같이 들어온 트럭이었다.

아리랑 전장포 앞 바다에, 웬 눈물방울 이렇게 많은지

오던 길을 돌아 면사무소로 향했다. 속도 출출하니 시장기도 돌고 오후에 전장포로 가기 위해서 소재지를 거치기로 했다. 임자도 본도는 대둔산(280미터)과 불갑산(224미터)의 큰 섬, 진도, 삼학산(164미터), 괘길도(괘길과 전장포), 구산, 함박산(개요지도) 등 6개의 섬이 매립과 간척으로 연결되어 있다. 그래서 육섬이라 부르기도 했다. 면사무소 등 행정 중심인 진도 주변은 펄갯벌이 발달해 방조제를 쌓아 장포염전, 서울염전, 삼광염전, 태광염전 등 소금밭을 조성했다. 반면에 대광해수욕장과 연결된 대기리 도찬리, 괘길리, 마방촌, 전장포로 이어지는 섬의 서해쪽은 먼 바다로 터져 있어 북서풍을 직접 받아 사구가 발달했다. 대파밭 사이로 놓인 도로를 따라 전장포로 향했다. 마을 앞 모래사장이 마당처럼 생겼다 해서 장불이라 했다가 일제강점기 전장포로 불렸다. 전장포는 1860년 무렵 지도읍 봉리에서 건너와 새우잡이를 하다 마을을 이루었다고 한다.

전장포 토굴로 가는 길, 안내판을 따라 갔다. 솔개산이라 부르는 나지막한 산기슭에 1970년대 주민들이 새우젓을 숙성시키기 위해 판 4개의 토굴이 있다. 최근에는 대형저장창고가 있고 교통이 편리해 잡은 새우를 처리하기 쉽지만 옛날에는 보관과 숙성이 큰 문제였다. 길이 100미터, 높이 2.4미터, 너비 3.5미터에 이르는 제법 크고 긴 동굴이다. 새우는 모래가 많은 바다에서 서식한다. 전국 새우젓 어획고의 60%를 차지하는 곳이다. 특히 5월과 6월에 잡는 임자도 새우는 전국에서 최고품질로 '오젓'과 '육젓'이라는 이름으로 팔리고 있다. 살이 오른 새우를 5월에 잡아 임자도산 천일염으로 넣고 토굴에서 석 달 정도 숙성시키면 고급젓갈로 변신한다. 밥반찬과 김치용으로 좋다. 오젓보다 육젓이 더 고급이다. 6월 무렵에 잡아 같은 방법으로 숙성을 시킨다. 살이 많아 연하고 부드럽고 통통하다. 꼬리가 붉고 선명하며 몸에 육질이 많아 새우젓 중 최상품이다.

전장포에 들어서자 기대했던 것과 달리 조용하다. 빈집들이 눈에 띄게 늘었다. 멍텅구리배가 사라지면서 심해졌다. 선주도 나가고 배를 탔던 사람들도 새로운 일자리를 찾아 전장포를 떠났다. 모든 수협이 적자를 봐도 신안수협은 흑자라고 했다. 새우 때문이다. 고래싸움에 새우등 터진다는 말은 육지에서나 어울린다. 임자도 전장포는 새우 덕을 보고 사는 '젓새우마을'이다. 언제 세워졌는지 전장포아리랑비가 선창에 세워져 있었다.

여기 오면 자연스럽게 떠오르는 시가 있다. 곽재구 시인이 쓴 〈전장포 아리랑〉이다.

아리랑 전장포 앞 바다에

웬 눈물 방울이 이렇게 많은지

각이도 송이도 지나 안마도 가면서

반짝이는 반짝이는 우리나라 눈물 보았네

보았네 보았네 우리나라 사랑 보았네

재원도 부남도 지나 낙월도 흐르면서

한 오천 년 떠밀려 이 바다에 쫓기운

자그맣고 슬픈 우리나라 사랑을 보았네

꼬막 껍질 속 누운 초록 하늘

못나고 뒤엉킨 보리밭길 보았네

보았네 보았네 멸치 덤장 산마이 그물 너머

바람만 불어도 징징 울음 나고

손가락만 스쳐도 울음이 베어나올

서러운 우리나라 앉은뱅이 섬들 보았네

아리랑 전장포 앞 바다에

웬 설움 이리 많은지

아리랑 아리랑 나리꽃 꺾어 섬그늘에 띄우면서

선창 장불 위에 수명을 다한 젓잡는 배와 운반선이 누워 있었다. 모두 나무로 지은 배들이다. 덩치가 큰 운반선 위에는 새우젓통을 들어 올리는 크레인도 있다. 닻을 넣고 그물을 펼치는 배는 모두 3척이다. 이름도 운반선을 포함해 모두 '대청'이라 적혀 있다. 시처럼 재원도, 부남도 지나 낙월도를 오르내리다 명을 다한 것인지, 새우가 예전처럼 잡히지 않아 선단을 운영하기 어려웠는지는 알 수 없다. 요즘 새우를 잡는 배와 모양새가 다르다.

제 할 일을 다하고 모래 장불에 누워 있는 배이름은 '대청'이다. 4척이나 같은 이름이다. 대청도에서 새우잡이를 하러 이곳까지 내려왔나, 아니면 임자도 선주가 대청도에서 배를 사온 것일까. 덩치가 큰 배는 운반선이고 작은 것은 새우잡이배로 보인다.

배와 눈을 맞추고 이야기를 나누다 주민을 만났다. 칠순 중반의 범띠 인동장씨라는 할아버지였다. 괘길리에는 장씨가 많이 살지만 전장포에는 두 집 밖에 없다고 한다. 전장포에 있는 새우잡이 닻배는 모두 30척 남짓이다. 대부분 허사도와 낙월도 등 인근 섬에서 조업을 하지만 몇 척은 멀리 강화도 일대까지 가서 새우를 잡는다. 새우를 많이 잡을 때는 전장포만 200여 호가 넘었다.

닻배는 들고나는 물 2차례, 4번 그물을 본다. 그래서 하루에 '너 물 본다'고 했다. 생각해보라, 하루에 너 물을 보려면 간격이 6시간이다. 그 사이에 그물을 올리고 두어 시간씩 새우잠을 자야 한다. 조금만 늦으면 조류가 바뀌어 그물에 걸린 새우는 바다로 되돌아갈 것이다. 소금과 생선이 있는 곳은 젓갈이 유명하다. 여름철 전장포에 들어서면 고릿한 냄새가 갯바람에 섞여 얼굴을 덮친다. '돈 없으면 전장포에 가 새우젓이나 잡아먹지'라 할 정도로 흔했다.

젓새우파시의 꿈은?

한때 전장포 새우는 멍텅구리배 외에 옆치기배, 꽁댕이배, 닻배로도
잡았다. 멍텅구리배는 30톤급이지만 '돈배' 라 부른다. 1척이면 100명
은 먹고 살 수 있을 정도로 수입이 좋았다. 새우가 많이 잡히면 선원
들 식량과 생활비, 어구 및 기름값 등 식구미를 모두 빼고 5천만원을
벌기도 했다. 옆치기배는 예인선 없이 이동한다. 꽁댕이배는 가까운
해상에서 새우를 잡는 5톤급 목선이다. 닻배는 지금도 이용하고 있는
새우잡이 방법이다. 그물에 맨 닻을 내려 새우를 잡는다. 배에 기계가
있어 옮겨 다닐 수 있다. 최근에 많이 이용하는 방법은 개량안강망이
다. 닻배를 마련하는 데 큰 자본이 필요하지만 개량안강망은 절반이
면 가능하다. 닻배는 적어도 대여섯 명의 선원이 필요하지만 팔랑개
비(개량안강망)는 가족노동으로도 가능하다. 어민들이 팔랑개비를 좋
아하는 이유다. 귀찮은 점도 있다. 닻배로 새우를 잡으면 잡어가 적지

오젓과 육젓은 바다에서 잡는 것이 아니다. 무딘 어부들의 손끝에서 만들어진다. 작은 새우를 잡아 뱃전에 붓고
잡어를 추리고, 살이 통통하게 오른 새우만 모아서 갯벌 천일염과 섞어 만든다.

만 팔랑개비 그물은 잡어들까지 마구 들어오기 때문에 뒷손질이 필요하다. 전장포 그늘막 아래서 잡아온 새우를 추리는 일로 온가족이 모여 앉아 손놀림이 바쁘다. 꽃젓과 육젓을 추려내던 할머니가 '보기도 안 이쁘요. 간난애기 맹키로 뿌여갖고.' 육젓을 두고 하는 말이다. 작은 통 하나에 '꽃젓'이 몇 천원이면 '육젓'은 5만원에 이른다. 그래서 손으로 하나씩 추려내는 것이다.

서울 사람들이 젓갈, 하면 광천새우젓이나 강경새우젓을 이야기하는데 그 새우가 모두 전장포를 비롯해 신안에서 잡은 새우들이다.

좋은 새우젓을 만들려면 좋은 소금이 필요하다. 임자도는 일찍부터 소금을 생산했다. 천일염전이 조성되기 전에는 자염(煮鹽, 화염이나 활염이라고도 함)을 구워 소금을 생산했다.

천일염전이 조성된 것은 1951년이다. 당시 면장이었던 이인철은 민습을 수습하고 면민의 의지를 한곳에 모을 수 있도록 한국전쟁으로 중단된 개인염전 간척공사를 면사업으로 추진했다. 당시 국회의원이었던 장홍염의 도움을 받아 개인의 허가권을 중단하고 면민의 마을공동 염전을 조성했다. 대기리는 삼막, 신명, 대기, 대흥, 구산, 교동, 화산 등 자연마을로 이루어져 있다. 특히 신명리는 한국전쟁을 피해 들어왔던 사람들이 소금농사를 지으며 형성된 마을이다. 이곳에는 서울염전, 삼광염전, 태광염전 등이 있다. 대기리 마을 앞 장석거리에 60년 전까지 나무로 만든 천하대장군과 지하여장군 두 장승이 있었다. 키가 250센티미터에 모자를 만들어 씌웠다고 한다. 구산리에 속했던 교동마을은 1919년 임자중앙국민학교가 설립되고, 1968년 임자중학교가 설립되어 주변에 마을이 형성되자 1972년 교동이라 하였다. 이곳은 소금농사가 생명줄이었다. 그래서 부모제사는 2배를 하지만 소금고사를 지낼 때 소금신(진서방)에게는 3배를 할 정도였다.

임자도는 몰라도 '타리파시' 는 안다

임자도에 가면 꼭 찾아보려고 했던 마을이 하우리이다. 하우리는 양
천허씨 허상옥이 나주에서 어부생활을 하다 어장이 좋아 1611년(광해
군 3) 가족을 데리고 와 정착했다고 한다. 지금은 임자도 본섬과 연결
되어 있지만 옛날에는 큰 섬(임자도)과 떨어져 아랫섬이라 했다. 당시
섬이 소가 누워 있는 모습이라 해서 와우리라 했다가 하우로 부르게
되었다고 한다. 전장포가 새우잡이배가 많았다면 하우리는 민어잡이
배가 많았다.

　민어는 지역에 따라 부르는 이름이 다르다.《자산어보》에서는 면어
라 하고 그 속명을 민어民魚라 했다.《동의보감》에서는 회어라 했다. 남
도에서는 큰 민어를 '개우치' 라 부르고, 법성포에서는 30센티미터 내
외인 민어를 '홍치', 완도에서는 작은 민어를 '불등거리', 서울과 인
천에서는 네 뼘 이상을 '민어', 세 뼘 이상을 '상민어', 세 뼘 내외를
어스래기, 두 뼘 반을 '가리', 그 미만을 '보굴치' 라 했다. 평남 한천에
서는 '민초' 라고 부르고, 전남이나 경기에서는 소금에 절인 것을 '암
치岩峙라 했다. 서울 일대에서 민어를 구분하는 이름이 다양한 것은 그
만큼 서민들의 사랑을 많이 받았다는 의미다. 정약용의 제자 이청은
민어民魚는 한자 표기로 '면어' 에서 온 이름이라고 추론한다.

　여름철 보양식으로 고급 어종에 속하지만 옛날에는 백성들이 즐
겨 먹고, 관혼상제에 빠지지 않고 상에 오르는 고기였다.《자산어보》
에는 민어는 '큰 놈은 길이가 4~5척에 달한다. 몸은 약간 둥글고 빛깔
은 황백색이며, 등은 청흑색이다. 비늘과 입이 크고 맛은 담담하면서
도 달아서 날 것으로 먹으나 익혀 먹으나 다 좋고, 말린 것이 더욱 몸
에 좋다. 부레는 아교를 만든다' 고 적고 있다. 그리고 흑산 바다에서
는 희귀하지만 간혹 물 위에 뜬 것을 잡고, 나주 여러 섬 서북쪽, 지금

의 신안군 일대에서 음력 5, 6월에는 그물로 잡고 6, 7월에는 낚시로 잡는다고 적고 있다. 여기의 나주 여러 섬은 임자도를 비롯한 목포와 신안 인근의 섬을 말하며, 지금도 우리나라 대표적인 민어어장으로 꼽히고 있다.

당시 민어 가격은 〈표〉에서 보듯이 고급어종인 도미와 비슷하며 준치보다 비싸서 조기 10마리와 같은 가격에 거래되었다. 따라서 어민들은 민어철이 되면 임자도 인근의 민어어장으로 몰려들었다.

타리 민어파시의 기록과 기억

임자도 파시에 대한 기록은 1936년 시부자와 게이조 일행이 서해 도서지역을 공동조사한 《조선다도해여행각서》라는 보고서에서 확인할 수 있다.

타리의 민어파시는 1925년 7월과 8월 신문에 몇 차례 기사화될 정도로 유명하였다. 당시 〈동아일보〉에는 타리에 166척의 선박이 조업 중이고 684명의 선원들이 있었다고 적고 있다. 이들 선원들을 상대로 임자도와 타리 사이의 모래밭에는 116개의 상점이 있었다. 이곳에 몸담은 타리기생의 수가 일본 창기를 포함 130여 명이었다. 당시 타리에는 조선인 상점 100개, 일본인 상점 16개가 있었는데 이들 중 61개가 음식점, 18개가 요리점으로 대부분 유흥업이었다.

〈표〉 서해해역 주요 어종 매매가격

어명	초고 가격	보통 가격	최저 가격
조기(石首魚) 10미	20전	8~10전	6전
도미 1미	20전	12~13전	10전
준치 1미	8전	6전	5전
민어 1미	20전	12~13전	10전

자료 : 《한국수산지》 1권, 348쪽

하우리에 사는 허영식(1932년생) 씨는 얼음을 가득 실은 무역선이 항시 타리도 옆에 떠 있어서 잡은 고기를 일본으로 운반했다고 한다.

민어파시가 형성되는 백사장에서는 칠월칠석이면 '제사'를 지냈다. 유흥업소 '막'의 여성들에 의해서 치러지는 제사에는 임자면 사람이 대부분 참석했으며, 목포에서 두 차례씩 오가는 여객선을 이용해 많은 사람들이 구경을 올 정도로 성대하게 치러졌다. 타리에서 행해진 의례와 관련해서는 2가지 의미가 있다. 하나는 풍어제와 결합된 의례이며, 다른 하나는 억울하게 죽은 화류계 여성들의 넋을 기리는 의례이다. 일반적으로 풍어제와 달리 기생들과 점포 주인들이 지냈다는 점에서 매우 특이하다. 해방을 몇 년 앞두고, 이곳 백사장에서는 수백 명이 모여서 제를 지내고, 연희패를 불러 줄타기와 활쏘기를 하며 지화자소리는 물론 씨름판도 벌어졌다고 한다. 평소에 파시 구경을 가려고 하면 어른들이 야단을 쳐 단속을 했지만 이 날만은 구경할 수 있었다.

타리 기생의 억울한 죽음과 관련된 사연은 살펴보면, '한일합방

타리의 민어파시 임시가옥들(출처, 《조선다도해여행각서》). 뒤의 섬이 타리도(뭍타리)이며, 막이 지어진 곳은 하우리 솔숲 뒤 백사장으로 지금 대광해수욕장의 남쪽 끝에 해당한다.

직후 일본인 한 패가 타리에 들러 조선기생을 불러서 놀다 잠자리를
요구하였다. 이에 조선기생이 "창이나 글이라면 모르나, 조선의 여인
인 우리가 당신들에게 몸을 허할 수 없소"라며 거절하였다. 이에 술
에 취한 일본인 1명이 칼을 뽑아 그 기생을 후려쳤다. 억울한 죽음을
당한 기생을 두고 일본인들이 임자도를 떠나자 50여 명의 기생들이
모래밭에 앉아 울다 저녁에 머리기생의 초막에 모여 양잿물을 마시
고 목숨을 끊고 말았다. 이들의 주검은 하우리쪽 모래밭에 묻혔다고
알려져 있다(김영희, 1999, 300~301).

살아서 한번쯤, 복날에 국민물고기 먹어야지

큰 놈은 길이가 4~5척에 이른다. 3년 이상 자란 놈은 크기가 1미터 이
상으로 수십 명이 복달임하기에 부족함이 없다. 민어民魚를 두고 하는
말이다. 민어는 큰 맘 먹고 가족이 모이고, 친구가 만나 여름철에 잡
는다. 그래서 온 백성의 사랑을 받는 '민' 자 반열에 당당히 이름을 올
릴 수 있었을까. 속칭 '국민물고기' 인 셈이다.

민어는 여름이 제철이다. 전라도 사람들은 민어보다는 '민에(애)'
라 해야 친숙하다. 지역에 따라 '통치' , '개우치' , '보굴치' 라 했다.
암컷 내장을 꺼내고 소금에 절여 말린 것을 '암치' 라고도 했다.

남도에서는 민어를 회로 먹지만, 서울에서는 삼복더위에 민어탕
으로 복달임을 하는 풍습이 있다. 요즘에는 보관시설들이 발달해서
회를 먹어도 상관없지만, 옛날에는 여름철 선어로 탈없이 먹을 수 있
는 유일한 생선이었다. 그것도 산지에서나 가능했다. 식도락가들이
목포나 신안 임자도를 찾아 여름철 민어회를 주문했던 것도 이 때문
이다. 서울양반들은 민어회보다는 민어탕이나 민어찜을 즐겼다. 삼
복더위에 양반은 민어 먹고 상놈은 보신탕을 먹었다던가. 민어가 고

급음식임은 틀림없다. 지금도 비싸다. 민어는 생선회는 말할 것도 없고, 어란을 만드는 알, 쫄깃쫄깃 고소한 부레(풀), 담백하고 고소한 뱃살, 다져서 나오는 갈비살·날껍질에 밥 싸먹다 논 팔았다는 '민어껍질', 홍어애탕과 함께 '탕 중 탕'이라는 민어탕 등 20여 가지 요리가 가능하다. 비늘 말고 버릴 것이 없다. 특히 탕에는 부레가 생명이다. 홍어애국에 애가 들어가지 않으면 맛이 없듯 민어탕에도 부레가 들어가야 한다.

민어가 여름과 깊은 인연을 맺은 것은 음식만 아니다. 고려시대 중국 교역품으로 소개된 합죽선 '고려선'을 만드는 데 꼭 필요한 재료였다. 민어 부레를 말린 뒤 끓여 풀을 만들어 합죽선 부채살과 갓대를 붙일 때 이용했다. 대나무나 목재에 접착력이 뛰어난 민어 부레풀은 천년이 지나도 떨어지지 않는다고 알려져 있다. 그래서 '옻칠 간 데 민어 부레 간다'고 했다. 강강술래에 '이 풀 저 풀 다 둘러도 민애 풀 따로 없네'라는 매김소리도 있다. 그래서 '민어가 천 냥이면 부레가 구백 냥'이라 했다.

신안 임자도나 지도 송도어판장에서 물 좋은 민어를 구할 수 있다. 봄 도다리, 여름 민어, 가을 전어, 겨울 숭어라 했다. 민어찜은 일품, 도미찜은 이품, 보신탕은 삼품이라 했다. 살아서 민어 '복달임'을 못하면 제사상에서라도 맛을 봐야 한다. 민어가 '민어民魚'인 이유가 있다.

임자도는 섬 자체가 모래다. 작은 모래사막이다. 바다도 모래다. 새우가 많고 민어, 병어가 많이 나는 것도 이 때문이다. 전장포로 가는 길목 마방촌도 모래야산의 나무를 제거하고 갯벌흙을 두껍게 깔아 개간한 모래땅이다. 대파를 비롯한 작물을 키우고 있다. 튤립을 심어 튤립축제로 이벤트화하는 것도 모래밭이 있어 가능했다. 모두 바다와 모래가 가져다 준 선물들이다.

● ― 민어잡이와 주목망

우리나라 초기 어법은 낚시와 어량·어전을 이용해서 잡는 소극적인 어업으로 자연환경을 이용하는 것이 아니라 어군을 기다리는 방법이다. 그 후 주목·궁선·중선 등의 중국식 어법이 들어와 조류를 이용한 어법이 발달하였다. 그리고 어획고가 급격하게 증가하면서 생선을 냉장 운반하는 어획처리방법도 출현하였다. 이후 등장한 것이 견직물을 이용한 그물어업으로 일본의 규슈 지방 북서부에 있는 바다인 아리아케카이(有明海)에서 조류를 이용한 어법이 조선에 소개되면서 서남해역을 중심으로 급속하게 확대되었다. 이러한 그물의 보급은 남해의 멸치와 고등어어업, 동해의 정어리어업, 서해의 민어잡이에 큰 영향을 미쳤다.

민어잡이도 조기어업과 마찬가지로 일본과 완전통어가 이루어지고 나서도 안강망어업 등 근대적인 어업으로 발전하지 못했다. 이는 서해의 조수간만의 차이가 크고 조류가 빨라 선망어업으로 발달할 수 없었기 때문이다. 이런 까닭에 동해와 마찬가지로 서해어장을 지배하려 했던 일본의 통어경영은 1921년(다이쇼 10년) 무렵에 점차 쇠퇴하고 조선인 어민들이 증가하게 되었다. 타리의 민어도 대부분 조선인들이 '민어사슬낙', '민어쇄조(民魚鎖釣)'(《한국수산지》 1권)에 의해 잡았다. 일본인 일부가 안강망을 이용했다. 이 어법은 황해도 연평도에서 성했던 방법으로 어선의 노(櫓) 부분에 여러 개의 낚싯줄을 길게 드리우고 주로 민어를 잡았으며 갈치와 상어도 어획하였다. 이 어구의 구조는 몇 개의 긴 줄(繩流)을 선미에 고정시키고 각 줄마다 바닥에 닿을 정도로 봉돌과 몇 개의 낚시를 매달았다. 먼저 어부 5, 6명이 배를 타고 어장에 나가 조류를 이용하여 배 뒤쪽에 면사망지로 만든 수망(受網)을 설치하여 전어와 새우 등을 잡아 미끼로 이용했다.

주목(柱木)망은 조석간만의 차가 큰 얕은 바다에 말목을 박고 날개그물 없는 긴 자루그물을 말목에 고정하여 조류에 따라 회유하던 어류를 잡는 그물이다. 이 그물을 이용해 서해해역에서 젓새우, 멸치, 해파리 등을 많이 잡았지만 오늘날은 어구의 발달로 거의 사용하지 않는다. 중선(中船)은 젓새우를 잡은 '해선망'과 어로기술과 어망구조에서 유사하다. 자루그물 2개를 어선의 양현측 가운데 매달아 주목망과 마찬가지로 조류를 따라 들어오는 어류를 잡는 방법으로 조기와 새우를 잡는 데 많이 사용했다. 안강망은 그물 입구가 아귀의 입과 같이 생겼다고 해서 붙여진 이름이다. 서남해 및 동지나해에서 갈치, 병어, 조기 등을 주로 어획하는 그물로 조석간만의 차가 큰 해역에서 날개가 없는 긴 자루를 닻으로 고정하여 조류에 따라 회유하던 고기를 잡는다. 주목망에 비해 깊은 바다에서 조업이 가능하고 조류의 방향과 관계없이 조업이 가능하며 이동도 쉽다.

개황 | 임자도荏子島

위치 | 전남 신안군 임자면 **동경** 126°05′ **북위** 34°05′
면적 | 40,850km² **해안선** | 81.0km **육지와 거리** | 3km(지도읍)
가구수 | 1,676 **인구(명)** | 3,482 (남 1,822+여 1,660) **어선(척)** | 186 **어가** | 91
어촌계 | 총 3개 어촌계(진리, 전장포, 하우리)

공공기관 | 임자면사무소(061-275-3004), 임자농협(061-275-3018), 임자보건진료소(061-275-3388), 임자파출소(061-275-3112), 농업기술센터 임자면지소(061-275-3064), 임자우체국(061-275-2788), 임자면예비군중대본부(061-275-3113), KT임자중계소(061-275-3000), 한전 임자 전력서비스센터(061-270-2284)
교육기관 | 임자초등학교(061-275-6082), 임자남초등학교(061-262-7500), 임자중학교(061-275-3044), 임자고등학교(061-275-3144)
전력시설 | 한전계통 전가구
급수시설 | 지방상수도 1개소 325가구, 간이상수도 10개소 352가구, 우물(펌프) 401개소 999가구

교통 | 배편 | 농협철부선-임자농협1호(임자농협 철부선 061-275-7303), 육상접근(버스이용, 오토바이, 경운기 등)
섬내교통 | 도시지역 보조항로: 신광해운(주)
낚시터(유어장) | 바람막기도, 삼봉, 섬타리, 육타리, 목섬, 하우리, 희홍고미, 대머리, 재원애미, 갈도, 굴도, 허사도, 대 · 소록도, 상섬, 수도뒤, 매물섬 등
특산물 | 농어, 민어, 숭어, 병어, 새우, 김, 미곡, 맥류, 대파, 양파, 마늘, 고추 등
특이사항 | 고인돌, 패총, 제사터, 성터 등의 문화유적지가 있다.

30년 변화 자료

구분	1973	1985	1996
주소	전남 신안군 임자면 진리	좌동	전남 신안군 임자면
면적(km²)	43.2	39.843	38.86
공공기관	-	면사무소 1개, 지파출소 1개, 우체국 1개, 보건지소 1개, 농협 1개, 수협 2개	면사무소 1개, 지파출소 1개, 우체국 1개, 농협 1개
인구(명, 남자+여자)	10,698(5,319+5,379)	6,925(3,478+3,447)	4,602(2,344+2,258)
가구수	1,890	1,558	1,374
급수시설	공동우물 612개	간이상수도 13개, 우물(펌프) 415개	간이상수도 10개, 우물(펌프) 413개
초등학교	4개 1,857명	4개 1,354명, 분교 1개 18명	3개 291명
중고등학교	1개 290명(중학교)	1개 777명(중학교)	1개 219명(중학교), 1개 217명(고등학교)
전력시설	-	한전 1,558가구	한전 1,374가구
의료시설	-	약방 2개소	보건지소 1개소, 약국 1개
어선(척, 동력선+무동력선)	64(12+52)	284(114+170)	175(135+40)

＊ 공공기관은 면사무소, 파출소 등 포함

57

집보다 '배'가 더 많은 작은 섬

임자면 재원도

재원도 포구에는 작은 슈퍼가 두 개 있다. 말이 좋아 슈퍼지, 식당과 만물상을 겸한다. 이른 저녁 선착장 슈퍼 앞에 네댓 명의 선원이 평상에 앉아 시원한 맥주를 마시고 있다. 요즘처럼 새우를 잡을 수 없는 금어기면 저녁은 물론 새벽에도 선원들은 시원한 맥주로 몸을 다스린다. 오죽했으면 선주들이 선원들에게 외상술을 주지 말라고 했을까. 선원들이 외상으로 술을 먹고 갚지 않으면 그 책임은 선주에게 돌아간다. 월급을 당겨다 쓰다보면 새우잡이를 하기도 전에 다음해 임금까지 가져가는 일도 생긴다. 이러다 뭍에 나갔다 돌아오지 않으면 선주 입장에서는 닭 쫓던 개 지붕만 쳐다보는 꼴이 되기 십상이기 때문이다.

재원도는 신안군 지도읍 점암에서 배를 타고 임자도를 거쳐 다시 1시간여 가야 하는 섬이다. 진리선착장에서도 뱃길로 40여 분이나 걸린다. 재원리는 40여 가구에 인구가 160여 명이다. 재원도에는 버스는 물론 승용차도 없다. 마을이라고 해봐야 그다지 크지 않아 뒷산에 올라가서 내려다보면 한눈에 들어온다. 누가 어디로 가는지 확인될 정도다. 오전 오후 두 번 열리는 뱃길이 외부와 연결되는 유일한 통로다. 내가 탄 배에는 새우잡이 선원인 듯한 2명, 20여 년째 마을우체부 일을 하는 노인이 전부였다.

재원도는 우리나라에서 가장 늦게까지 파시의 모습이 남아 있었던 섬마을이다. 1980년대까지 인천, 강화, 군산, 여수 배들이 선창을 가득 메웠다. 선원들의 갈증을 채워주던 아가씨들도 100여 명에 이르렀다. 지금은 새우잡이 배와 외국인 선원들이 그 자리를 채우고 있다.

어장배들 타리도에서 재원도로 모이다

일제강점기 황금어장이었던 낙월도-허사도-재원도-증도-자은도-비금도 밖 어장은 해방 후에도 민어, 부서, 꽃게, 새우 등 서남해 최고의 어장이었다. 특히 임자도 인근의 허사도 뒤와 재원도 뒤를 '풀너매', '각시풀', '나홀로풀', '상풀' 등으로 어장 지명이 세부적으로 불릴 만큼 고기가 많았으며 지금도 이곳에서 새우잡이가 이루어지고 있다. 지금도 재원도 밖 노록도 인근어장에서는 대형 민어가 잡히고 있다. 1960년대 중반까지 재원 앞바다에서 조기가 잡혔으며, 1970년대 중반까지는 부서가 많이 잡혔다. 그리고 부서도 사라지고 민어잡이도 시원찮게 되자 젓중선(멍텅구리배)을 이용한 새우잡이가 시작되었다.

재원도 일대의 어장에서는 3월부터 5월말까지 병어를 잡고, 6월부터 12월까지는 새우를 잡았다. 1970년대 재원파시가 성하던 시기에 부서는 사라지기 시작했고 대신 닻배를 이용해 병어와 새우를 잡았다. 어민들의 구술을 종합해보면 부서가 사라진 것은 1970년대로 추정된다. 지금까지 파시는 임시로 지은 막사에서 성어기 동안 반짝 열리는 시장 혹은 술집들이었다. 부서가 많이 잡히던 1960년대 후반부터 1970년대까지 인천배, 강화배, 여수배, 군산배 들이 재원도로 모여들었다. 선원을 상대로 한 목포, 비금, 흑산 장삿배들도 아가씨들을 싣고 속속 재원도로 모여들어 모래밭에 벽돌로 담을 쌓고 '막'을 차렸다. 서남해역에서 가장 늦게까지 유지된 파시였다. 1982년 4월 23일 〈광주일보〉 기사를 보자.

파시 때 대략 천여 척의 배가 모이고, 80여 명의 철새, 즉 기생들이 찾아왔다. 재원도는 67호 정도의 작은 섬이지만 여성들이 있는 술집이 20곳, 여관이 10곳, 다방이 5곳이나 보인다. 한 술집마다 5~10명의 여성이 고용되어 있고 교성이 아침까지 계속된다. 마을 사람들은 이러한 풍속이 어린이들의 교육에 나쁘다고 생각하면서도 물이나 야채를 팔면서 꽤 이익을 보고 있다. 파시는 10년 전까지만 해도 아직은 번성하였던 것이다.

주민들이 파시의 번창함을 이야기할 때 섬과 섬을 배를 밟고 건너갔다고 한다. 또 아가씨들이 몇 명이 있었다고 자랑스레 이야기한다. 재원리 건너편은 임자도 삼두리이며 옆에 목섬이라는 작은 섬이 있다. 지금도 날씨가 좋지 않으면 배가 운항을 하지 않아 사선을 이용해 임자도로 건너가는 곳이 목섬이다.

새우잡아 살고, 새우잡는 그물 지어 살고

재원도 어장을 처음 개발한 사람들은 여수사람들이었다. 해방 후 일찍부터 안강망 그물을 가지고 병어, 민어, 부서 등을 잡았다. 무안 청계 복길지역의 어민들도 그물질을 하기 시작했다. 1980년대 말에 고기가 잡히지 않으면서 파시는 소멸되기 시작했다.

재원도 사람들이 배를 갖기 시작한 것은 1980년대 중반 이후 파시가 소멸되면서부터였다. 파시가 소멸되면서 외지배들이 더 이상 재원을 찾지 않게 되자 주민들이 스스로 고기잡이배를 마련하고 어장으로 나갔던 것이다.

재원도는 총 가구수는 45호지만 선박은 50여 척에 이르기 때문에 가구당 선박을 1척씩 보유하고 있다. 하지만 실제로 배를 가지고 있는 호수는 20여 호에 불과하기 때문에 호당 두세 척의 배를 가지고 있는 것이다. 이들 배를 '닻배'라고 하는데 각각 선원 대여섯 명이 배에서 숙식을 해결하며 4틀의 그물을 가지고 새우를 잡는다. 배들이 포구로 들어오는 날이면 재원도 마을 앞에는 200여 명의 선원들이 모여들기 때문에 주민들보다 훨씬 많다. 재원도는 '닻 그물'을 이용해 새우를 잡는다. 쇠로 만든 닻채의 길이만도 10미터에 달하는 닻을 이용해 그물을 바다에 고정시키기 때문에 붙여진 이름이다. 닻 그물은 서남해역의 대표적인 새우잡이 방법으로 폭 4미터에 길이 8미터 그물 23폭을 바다에 드리워 그물에 붙은 새우를 잡는다.

닻그물을 이용한 새우잡이에서 가장 중요한 것은 역시 '그물'이다. 일찍부터 재원도 주민들의 그물 만드는 솜씨는 서남해 새우잡이 선주들 사이에 소문이 나 있었다. 하루에만도 드는 물과 나는 물 두 번씩 4번을 바닷물에 담그고 빼기를 반복해야 하고, 조류를 이용해 새우를 잡기 때문에 그물은 단단하고 조밀하게 마무리를 하지 않으

새우잡이 닻배는 선미에 실려 있는 대형 닻을 보고 알 수 있다. 수백 미터의 그물을 지탱해야 하기 때문에 쇠로 만든 닻채만 해도 10미터가 넘는다. 한때 멍텅구리배(해선망)로 새우를 잡기도 했다. 재원도는 닻배새우잡이로 유명하다.

면 안 된다. 한 폭의 그물을 만드는 데 1만원쯤으로, 배를 가지고 있지 않는 주민들은 그물짜기로 생계를 꾸려가기도 한다.

재원도는 서남해 큰바다와 접해 있는 유인도서로 먼 바다에 조업을 하는 선박들이 쉽게 드나들 수 있는 섬이다. 그래서 뱃사람들에게는 매우 중요한 섬이다. 금어기나 물때 혹은 날씨로 출어가 어려울 때는 어장에서 가장 가까운 섬인 재원도에 머물렀다. 이곳에서 그물을 꿰매고 배도 수리하며 조업을 준비했다. 파시가 늦게까지 유지될 수 있었던 것도 이런 이유 때문이다. 철새처럼 떠돌던 아가씨들은 떠난 지 오래고 선창은 주민들의 새우잡이배들로 채워졌다. 농사라 해야 개간한 마을 뒷산 산비탈과 사람이 떠난 집터를 일군 텃밭이 전부다. 겨우 상추와 고추를 심어먹고 있다. 허물어진 블록 집과 선창 사이에 노란 새우잡이 그물이 즐비하다. 아직도 녹슬지 않는 그물 짓는 솜씨 때문에 주문량을 제때 맞추려는 노인의 손놀림은 쉴 새가 없다.

일반현황

위치 | 전남 신안군 임자면 **동경** 126° 10′ **북위** 35° 07′
면적 | 5.04km² **해안선** | 11.0km **육지와 거리** | 11.5km(지도읍)
가구수 | 83 **인구(명)** | 205(남125+여80) **어선(척)** | 45 **어가** | 51
어촌계 | 총 1개 어촌계(재원)

공공기관 및 시설

공공기관 | 재원도치안센터(061-270-0186), 재원도보건진료소(061-275-0280)
전력시설 | 한전계통 전가구
급수시설 | 간이상수도 1개소 전가구

여행정보

교통 | **배편** | 신해10호
섬내교통 | 도서지역 보조항로: 신광해운(주)
낚시터(유어장) | 섬주변 전체가 7월, 10월에 민어와 병어낚시가 잘됨.
특산물 | 농어, 민어, 숭어, 병어, 꽃게, 맥류, 대파 등
특이사항 | 1711년 임자진이 설치되면서 임자목장이 개설되어 말 175마리를 길렀다.

30년 변화 자료

구분	1973	1985	1996
주소	전남 신안군 임자면 재원리	좌동	좌동
면적(km²)	3.05	3.025	3.03
공공기관	-	수협 1개	-
인구(명, 남자+여자)	366(177+189)	275(151+124)	207(114+93)
가구수	60	60	58
급수시설	공동우물 9개, 간이상수도 1개	간이상수도 1개, 우물(펌프) 3개	우물(펌프) 6개
초등학교	1개 87명	1개 62명	1개 12명(분교)
전력시설	-	한전 60가구	한전 58가구
어선(척, 동력선+무동력선)	1척(무동력선)	24(19+5)	11척(동력선)

＊ 공공기관은 면사무소, 파출소 등 포함

58

물이 좋은 섬
임자면 수도

임자도에 들어가면서 눈여겨 보아두었다. 몇 차례 왔던 섬이라 그 동안 변화된 것이 무엇일까 살피고 오후 3시배로 수도로 향했다. 임자도에서 지척이라 배를 타자마자 내려야 할 형편이었다. 대파를 가득 실은 차들이 오후에 뭍으로 나가기 위해 몰리기 때문에 미리 전화를 주지 않으면 임자도에서 만차가 되어 자리가 없을지 모른다는 말에 불안했다. 그래도 따로 시간을 내서 오는 것보다 가는 길에 들르는 것이 나을 것 같았다. 수도는 임자면 진리선창과 지도읍 점암선창 중간에 위치한다. 자리가 없을 것 같으면 점암에서 섬으로 들어오는 배를 타고 와서 그대로 있다가 다시 가는 방법이 좋을 것이라고 일러줬다.

수도선창은 김채취 기계들이 어지럽게 널려 있었다. 선창에서 마을로 들어가는 초입에 김공장이 하나 있었다.

일제강점기 19가구, 지금은 14가구, 가장 많은 사람이 살았던 1970년대 후반 40여 가구였다. 마을 뒷산을 개간해 고구마와 보리를 심었다. 면화 대신 고구마로 대체된 것은 식량을 대신할 작물이었기 때문이다. 이 무렵에는 나일론 제품들이 나오기 시작해서 면화를 대체했기 때문에 고구마를 심어도 큰 문제가 생기지 않았을 것이다. 그리고 어장 대신에 김양식이 시작되었다. 몇 십 때에서 많게는 100여 척에 이르는 규모로 김양식을 했다. 초기에는 김양식으로 재미를 보기도

지도읍 점암에서 임자도로 가는 길목에 있는 작은 섬이 수도다. 바닷가에 샘을 파도 민물이 나오는 곳이 있을 정도로 물이 좋았다. 그래서 수도라는 지명이 붙었다고 한다.

했지만 1980년대 중반 김양식이 폭삭 망한 적이 있었다. 40여 호에 이르던 가구가 절반으로 줄어든 것도 이 무렵이었다.

마을을 안내해주던 주민 임상택(67세) 씨도 당시 마을에서 가장 많은 100여 척의 김양식을 하다 망해서 도시로 나갔다 최근 나이가 들어 아이들과 아내를 서울에 두고 고향으로 내려왔다. 마을을 지나 뒷산으로 올랐다. 사구미와 임자도가 보이는 산자락에 오르자 조릿대가 앞을 가렸다. 지난해에 올라왔을 때 길이 잘 만들어져 있었다며 안내를 하던 임씨도 두리번거리더니 조릿대를 제치고 안으로 들어갔다. 그 안에 돌담이 이중으로 쳐진 당이 모습을 드러냈다. 윗돌담에 제단이 있고 아랫돌담에는 제단이 없다. 제단 위에 말이 모셔져 있었다고 기억했다.

이 자리는 섬에 처음 입도한 봉씨가 선녀를 기다렸던 자리라고 전해오는 곳이다. 이곳에 당을 모시고 매년 정월 대보름에 당산제를 올려 마을의 안녕과 풍년을 기원했다. 당제가 중단된 것은 40여 년이 넘었다고 한다. 당을 모신 자리가 명당이었던 모양이다. 나씨들이 그곳에 자신들의 선산을 만들려고 당(堂)을 마을 뒤로 옮겼다. 이 과정에서 신체가 사라졌다고 마을주민들은 이구동성으로 이야기했다. 당을 옮긴 후 선산을 만들려고 들어온 나씨들은 마을 주민들이 '때려죽인다'고 난리를 치자 밤에 몰래 빠져나갔다고 한다. 그 뒤 당은 원래 자리로 옮겨졌다.

임씨를 따라 마을당을 찾아 나섰다. 당제를 지낼 때 당을 관리해 온 박씨 할머니 후손들이 매년 몇 차례 당을 방문하여 가는 길이나 주변을 정리해 놓았기 때문에 찾는 데 어려움이 없다며 앞서갔다. 마을을 지나 뒷산 언덕에 오르자 마을이 한눈에 들어왔다. 그 뒤편은 억새들이 차지하고 있었고, 일부는 밭으로 사용하고 있었다. 그 너머 산으로는 나무들이 빽빽하게 들어찼다. 억새들이 자란 곳까지가 옛날 40여 호에 400여 명이 살던 시절에 밭농사를 짓던 곳이다. 그땐 고구마를 심어 식량을 했었다. 학생만 해도 75명이었다고 하니 지금 생각하면 이 작은 섬에서 그 많은 사람이 어떻게 살았을까 이해하기 힘들다. 수도에서 김양식을 시작한 것은 겨우 30년 전 일이다. 그렇게 오래된 일이 아니다. 그렇게 힘들 때에도 당제사를 지낼 때는 떡방아를 찧고 정성스럽게 준비해 제사를 지냈다. 박씨 할머니 자손들이 지금도 당집을 찾아와 청소를 하고 정성스럽게 모시는 것은 수도 마을당이 너무 영험하기 때문이라고 한다. 할머니 아들이 부산에 가서 철학원을 열어 큰 성공을 거두었다고 한다. 그 후 손자가 무안에 철학원을 냈다. 모두 이곳 당에서 기운을 받아갔다는 것이다.

당제를 지낼 때 샘에서 물을 길어 머리에 이고 위에 한지를 덮어서 당까지 올라가도 한지에 물이 묻지 않았다고 했다. 당숲 아래까지 왔는데 조릿대가 빽빽하게 들어차 안으로 들어갈 수 없었다. 겨우 밀치

수도는 물이 좋아 붙여진 이름이다. 지금도 우물을 사용하고 있다. 작은 섬에 물이 좋은 것은 행운이다. 옛날에는 섬에 물과 나무만 있으면 살 수 있었다. 어장이 아무리 좋아도 물과 나무가 없다면 사람이 살 수 없다.

고 들어가니 안에 돌담이 쌓아져 있다. 돌담은 8자형으로 되어 있고 위쪽 공간에는 제단이 있었다. 아래 공간은 입구와 제물을 준비하는 곳처럼 보였다. 밖에서 보는 것보다 넓었다.

철마를 모시게 된 내력이 이랬다. 마을 촌장의 꿈에 사도세자의 아버지(영조)가 함에다 철마를 넣어 한강에서 떠내려 보냈는데 하나는 경상도에, 다른 하나는 충청도에, 그리고 마지막 하나는 수水자가 붙은 전라도 지역으로 갔는데 그곳이 수도였다. 수도로 떠내려 온 이유는 사도세자가 뒤주 속에 콩과 함께 갇혔는데 목이 말라 죽었기 때문이라는 것이다. 물을 찾아온 것이라는 의미이다.

당에서 내려오다 제법 오래된 우물을 만났다. "요 물은 지금도 먹어요. 수도라 물 수자라 물이 좋아요. 계속 나와요. 두 집이 먹고 있어요. 뻘땅 가에다 파도 짠물이 아니에요." 바닷가에 샘을 파도 민물이 나올 만큼 물이 좋다는 의미다. 임씨는 수도라는 이름이 붙은 것도 물이 좋기 때문이라고 일러줬다.

개황 | 수도水島

위치 | 전남 신안군 임자면 **동경** 126° 07′ **북위** 35° 05′
면적 | 1,350km² **해안선** | 8,0km **육지와 거리** | 1km(지도읍)
가구수 | 20 **인구(명)** | 34(남22+여12) **어선(척)** | 21 **어가** | 8

전력시설 | 한전계통 전가구
급수시설 | 간이상수도 1개소 전가구

교통 배편 | 임자농협1호
낚시터(유어장) | 섬주변 전체
특산물 | 김, 민어, 병어, 미곡, 맥류, 양파 등
특이사항 | 원래는 지도군에 속하였으나 1914년 행정구역 개편 때 무안군에 속하였다가 1969년 무안군에서 신안군이 분리될 때 신안군에 속하게 되었다.

30년 변화 자료

구분	1973	1985	1996
주소	전남 신안군 임자면 수도리	좌동	좌동
면적(km²)	1,46	1,4479	1,45
인구(명, 남자+여자)	271(132+139)	151(85+66)	72(38+34)
가구수	44	33	27
급수시설	공동우물 2개	우물 22개	우물 7개
초등학교	1개 75명	1개 36명	1개 5명(분교)
전력시설	-	한전 33가구	한전 27가구
어선(척, 동력선+무동력선)	-	12(11+1)	6(동력선)

신안군 지도읍

신안군 지도읍

59

갯벌에 기대어 살다

지도읍 지도

광주와 무안을 연결하는 고속도로가 개통되면서 나주곰탕 맛보기가
힘들어졌다. 국도를 이용할 때면 나주에서 곰탕으로 점심을 먹고 함
평을 들러 무안이나 목포로 갔다. 지금은 고속도로만 보고 간다. 어쩌
다 때를 잘못 맞추면 고속도로 휴게소에서 국적을 알 수 없는 음식으
로 허기를 달랜다. 그나마 해제반도가 있어 얼마나 다행인가. 해제반
도는 질긴 민초들의 명줄마냥 바다에 잠길 듯 이어져 있다. 좌우로 바
닷물이 들지 않는 곳에 좁은 도로가 있다. 어디를 둘러봐도 바다와 갯
벌이다. 구릉지 황토밭에는 막 뽑아 놓은 양파들이 갈무리되지 않은
채 누워 있다. 6월이면 마늘작업, 양파작업, 모심기, 낙지잡이, 바지락
작업 등 서남해안의 어촌 마을들은 눈코 뜰 새 없이 바쁘다. 그 길 끝
자락에 육지 것들을 유혹하듯 신안군의 면소재지 중 유일하게 육지
와 연결되어 있는 섬, 지도가 있다.

바다를 사이에 두고 동쪽은 무안군 해제와 망운면과 마주하며
1975년 2월 해제반도(무안군 해제면 양월리)와 지도(지도읍 자동리) 사이에
다리가 건설되어 육지와 연결되었다. 서쪽은 임자면, 남쪽은 자은과
압해읍과 이웃하고 있고 북쪽은 영광군 낙월면을 바라보고 있다.
1980년 읍으로 승격되어 사옥도, 어의도, 대포작도, 소포작도, 선도,
율도 등 유인도와 60여 개의 무인도가 있다. 간척과 매립으로 농지와

염전을 조성해 쌀과 소금을 생산하고 있으며 구궁지를 개간채 만든 밭에서는 마늘, 고추, 양파 등을 생산해 소득을 올리고 있다. 갯벌에서는 낙지, 바다에서는 민어와 농어 등을 잡고 있으며 김양식을 많이 한다. 연륙으로 섬의 특성은 대부분 사라졌지만 임자도와 증도 등 주변 도서들을 오가는 거점지역 역할을 하고 있다. 특히 임자도와 낙월도 인근 해역에서 잡히는 새우와 증도와 임자도 인근 해역에서 잡히는 민어와 병어 등이 송도수산물위판장을 통해 유통되고 있다. 특히 젓새우는 유통량의 대부분을 차지하며 봄철 병어와 여름철 민어는 지도산이라야 최상품으로 인정받는다.

'지도' 섬을 다스리다

지도는 백제의 고록지현에 속했다가 통일신라시대에는 압해군의 영속인 염해군이었다. 고려 때에는 염해현에서 염치현으로 이속되었으며, 조선시대에는 영광군에 속하다 나주목으로 이속되었다. 1682년(숙종 8)에 지도진이 설치되고, 1683년 선도에 수군진관이 설치되면서 선도관하 소속이었다. 지도군이 설군(1896, 고종 33년)되면서 지도진은 폐지(1895)되었다. 1896년 지도군도와 나주군도, 서남해상에 흩어진 여러 섬을 모아 돌산, 완도와 함께 지도군이 창설되었다. 이들 섬들은 원래 만경, 부안, 영광, 무안, 나주, 진도 등 6개 군에 나누어 속했다. 당시 군 치소(군 행정소재지)가 지도에 있었던 탓에 지도군이라 했다. 지도군에 속한 섬 중에서 가장 큰 섬은 자은도와 압해도였다. 둘레가 10리라고 했다. 비금도(9리 20정), 암태와 임자도(8리 30정), 지도와 흑산도(7리 30정), 장산도(7리 10정), 기좌도(6리 20여정), 하의도(6리 10여정), 상·하태도(5리 20여 정), 안창도와 위도(5리), 흑산도와 우이도와 매화도(4리) 등이다. 총 관할도서는 109개 섬이라 했다. 지도군 시절에 지도는 물론 어의도, 포작도, 송도, 수도를 포함해 '군내면' 이라 했다.

　지도군은 1896년부터 1914년까지 지속되었다가 행정구역 개편과 함께 무안군에 속한 지도면으로 강등되고, 군에 속한 섬들은 부안, 영광, 무안 등 인근 지역 군으로 편입되었다. 지도군 초대군수로 부임한 오횡묵(1834~1906)은 부임하기 전부터 떠날 때까지 과정을 《지도군총쇄록》(1897)이라는 정무일기로 기록했다. 이 일기는 오 군수의 사적인 내용뿐 아니라 공무 · 관청관리 · 민속관행 · 호구현황 · 공문서 등 다양한 내용과 느낌을 시문으로 남겼다.

　지도는 섬 아닌 섬이 되었다. 뭍이 되기 전에는 목포에서 출발한 정기여객선이 지도와 임자도를 들러 낙월도까지 오고 갔다. 배에는 사람보다 고릿한 새우젓통이 더 많았다. 새우젓이 오가는 길은 한양으로 세곡을 나르던 뱃길이었다. 조운선만 아니라 임진왜란 때 한양으로 진격하는 왜군이 거쳐야 하는 물길이었다. 이순신이 울돌목싸움을 마치고 숨을 고르며 전열을 가다듬었던 고하도가 지척이다. 중요한 뱃길 탓에 주변에 임치진, 임자진, 지도진 등 수군진이 있었다. 1964년 증도출장소가 설치되었고, 1969년 신안군의 분군으로 신안군에 속하였다. 이후 1980년 선도출장소를 설치하고, 지도면은 지도읍으로 승격되었다. 1983년 증도출장소는 증도면으로 승격하여 지도읍에서 분리 독립했다. 현재 11개의 법정리(내양리, 봉리, 어의리, 감정리, 읍내리, 광정리, 자동리, 태천리, 탄동리, 당촌리, 선도리)와 36개의 행정리, 60개의 자연부락으로 이루어져 있다.

물길의 길목에 서다

무안과 신안 경계를 지나자 차 안에 있던 내비게이션이 '무안 해제'에서 '신안 지도읍' 으로 바뀌었다. 탄도만과 칠산바다를 연결하던 좁은 해로가 막힌 지 40년이 되어간다. 지도 주변에는 3개의 중요한 수로가 있다. 방금 지나온 수로는 지도 동쪽 해안과 무안 해제(임치반도) 사이에 있어 '임치수로' 라 한다. 매화-병풍-사옥과 고이-선도-지도 사이로 이어지는 뱃길의 길목이다. 수심이 얕아 큰 배는 다닐 수 없지만 먼 바다와 달리 파도를 피해 서해로 북상하거나 해남과 진도로 내려갈 수 있는 중요한 뱃길이다. 또 하나는 지도읍과 임자도 사이 뱃길로 '수도수로' 라고도 한다. 북쪽으로는 함평만(합해만)과 합해져 칠산바다로 연결되고 남쪽으로는 사옥도 앞으로 이어져 지도수로와 연결된다. 수심이 좋아 많은 배들이 이 길을 오간다. 세 번째 해로는 사옥도와 지도읍 사이에 있는 '지도수로' 로 사옥대교가 2004년 건설되었다. 풍랑 등으로 임자도 밖으로 배가 오가지 못할 때 많이 이용하는 수로이다. 목포에서 출발한 객선이 하루에 한 번씩 이 수로를 통해서 낙월도와 송이도까지 오가며 섬사람들과 젓새우 등을 실어 날랐으며, 칠산바다로 돈 실으러 가는 배들도 이곳을 통해 법성포와 위도에 머물며 고기를 잡고 질펀한 작부집에서 술을 마셨을 것이다.

배가 출출하면 다리를 건너기 전에 짱뚱어탕이나 낙지요리를 맛있게 해주는 허름한 집에서 허기를 달랠 수 있다. 이곳에서 요기를 하면 좋다. 겨울철에는 문을 닫고 봄철과 여름철이 먹거리여행으로 좋다. 가을철에는 김장용 젓새우를 장만하기 위해 찾는 사람이 많다. 지도에서 첫 번째로 마주하는 마을이 자동리이다. 마을 뒷산(한봉산)에 오르면 지도읍 동쪽 광활한 간척지를 볼 수 있다. 모두 갯벌과 바다였던 곳이다. 맞은 편 해제반도도 마찬가지로 넓은 간척농지를 조성했다. 자동리 남쪽에 태천리가 있다. 자동리에서 지도읍으로 24번국도를 타고 고개를 넘으면 오른쪽으로 작은 길이 이어진다.

태천리와 부사도 사이에 아시아에서 가장 큰 태양광발전소를 세웠다. 오른쪽에 귀퉁이만 조금 나온 염전은 태이도와 태천리 사이 갯벌을 막아 조성한 태천염전이다. 태양광발전소와 염전 모두 햇빛을 자원으로 한다.

태양광발전소와 염전과 마을숲

몇 년 전 여름, 아시아에서 가장 크다는 신안태양광발전소를 찾았다. 이 발전소는 추적식 태양광발전소로는 아시아 최대라고 했다. 축구장 90여 개의 크기를 자랑한다지만 그 분야에 문외한인 나에겐 그렇게 큰 느낌을 주지 못했다.

사실 태천리에 있는 신안태양광발전소보다 나를 감동시킨 것은 당산숲이었다. 그곳에서 5명의 아이들을 만났다. 자전거를 타고온 녀석들은 거침없이 당산숲으로 들어서더니 자전거를 팽개치고 나무에 올랐다. 나무 밑에 있던 녀석이 참외를 하나씩 나무 위에 있는 아이들에게 올려줬다.

녀석들이 마을숲으로 숨어든 이유는 무엇일까. 궁금증을 해결하는 데 시간이 필요 없었다. "니들 참외 어디서 가져왔니." "어머니가 장에서 사왔는데요, 왜요." 맹랑하게 생긴 녀석이 내 카메라를 신기한 듯 쳐다보며 퉁명스럽게 대꾸했다. 나무 위에서 셋, 나무 아래서 하나,

또 한 녀석은 자전거 옆에서 참외를 맛있게 먹기 시작했다. 어머니가 시장에서 사온 참외지만 어머니 몰래 참외를 가져와 친구들과 나무 위에서 나누어 먹는 참외맛은 꿀맛일 것이다. 가장 안전하게 눈치보지 않고 친구들과 참외를 먹을 수 있는 장소로 마을숲보다 좋은 곳이 또 어디 있겠는가. 살며시 입가에 미소가 떠올랐다. 시골에서 아이들 보기가 하늘에 별따기보다 힘든데 귀엽고 발랄한 녀석들을 한꺼번에 다섯씩이나 보았으니 감사할 뿐이다.

태천리 마을 숲에서 장난꾸러기 아이들을 만났다. 참외를 하나씩 가지고 당산나무 위로 올라간 녀석들은 다 먹고나서 내려왔다.

조선유학의 마지막 성지, 두류단에 오르다

태천리에서 염전을 돌아보고 선황산을 돌아나오면 24번국도와 다시 만난다. 이어 광정리와 읍내리로 이어진다. 지도읍은 신안에서 유일하게 오일장이 열리는 곳이다. 3일과 8일이면 바다와 뭍에 있는 온갖 것들이 쏟아진다. 특히 겨울철에는 감태와 숭어, 봄에는 병어, 여름에는 민어, 가을에는 낙지가 어물전을 풍성하게 한다.

중앙에서 섬에 관심을 갖기 시작한 것은 17세기 이후였다. 섬에 대한 경제·군사적 가치가 높아졌기 때문이다. 조선초기 중앙정부는 왜구의 침입에 대비해 섬을 비우는 공도정책을 펼쳤다. 이후 섬은 소나무를 기르는 '양송지' 와 말을 기르는 '목장지' 로 적극 활용되었다.

지도 역시 대표적인 목장지였다. 권력자들은 백성들을 동원해 섬 목장지를 개간하고 어염과 어장으로 배를 불렸다. 섬마을 중 둔전리라는 지명은 목장을 개간해 형성된 마을이다. 지도사람들 중 글줄이나 읽는 사람들은 향교자랑이 대단하다. '1군 1교' 원칙에 따라 성균관의 주선과 지역유림들의 건의로 1897년 지도향교가 건립되었다. 지도향교는 지도읍 진산인 봉정산 남쪽에 위치해 있으며 현재 대성전, 명륜당, 양사재 등이 남아 있다. 지도향교는 다른 지역 향교들의 역할이 약화되던 시기에 세워졌으며, 유배 온 김평묵(1819~1891)의 제자들을 중심으로 지역사회의 지도층을 결집하는 역할을 했다. 중암重庵 김평묵은 경기 포천 출신이다. 벼슬을 사양하고 영남유생들의 위정척사 상소문에 감복하여 척양과 척왜의 소疏를 초안했다가 왕의 노여움을 사 이곳에 유배되었다. 지도읍 두류산에 세워진 두류단에서는 매년 음력 9월 15일이면 일명 오선비(五善碑: 이항로, 기정진, 김평묵, 최익현, 나유영)를 모시는 제사를 지내고 있다.

눈발이 날리다 하늘이 열리다 종잡을 수 없는 날씨 속에서 두류단을 찾아나섰다. 백련마을 경로당 앞에서 만난 할머니에게 "옛날 선비들 비석이 많은 곳이 어디에요"라고 물었다. "두리단 말이요. 요 앞산에 있어라." 점암으로 가는 도로에서 두류산으로 가는 시멘트포장길로 접어들어 곧바로 산 위로 난 좁은 포장도로로 올랐다. 경사가 가파르기는 하지만 차로 올라갈 수 있다. 몇 분 후 크고 작은 섬들이 한눈에 내려다보이는 산중턱에 이르렀다. 그곳에 차를 멈추니 바로 옆이 두류단이다. 다도해 구경은 잠시 미루고 돌담으로 아담하게 둘러싼 두류단에 들어섰다. 좌우측에 두 기의 비석이 세워져 있고 그 뒤로 오선비의 비석이 나지막하게 자리를 했다. 오른쪽부터 나유영, 최익현, 김평묵, 기정진, 이항로 순으로 비가 세워져 있다.

두류단은 1720년경 주자, 정여창, 김굉필 세 분을 모시는 정자를 짓고 제향을 지내던 곳이라 한다. 1914년 호남 지방 선비들이 호남의 학문과 사상의 정신적 지주였던 이항로, 기정진, 김평묵을 모셨다. 이를 ‘삼헌단’ 이라 했다. 후에 최익현과 김평묵의 제자였던 나유영 선생을 모셨다. 이름도 ‘오선생단’ ‘오선비’ 라 했다.

중암 김평묵은 유배생활(1881~1984) 동안 당시 사회 분위기와 두류단에 얽힌 내력과 문화적 의미를 《두류단실기》로 기록했다. 두류단 옆으로 100미터 정도 정상으로 오르면 그곳에 최익현 선생의 글 ‘대명일월 소화강산大明日月 小華江山’과 김평묵의 유허지임을 알리는 ‘중암유탁中庵遺躅’ 제자들의 이름을 새긴 ‘지제여운智濟餘韻’ 등의 글씨가 바위에 암각되어 있다. ‘중암유탁’ 글씨 아래에 ‘나유영羅有英 각刻, 최익현崔益鉉 유기일楡基一 서書’ 라고 새겨져 있다. 김평묵이 세상을 떠난 후 면암 최익현이 중암 선생의 숭고한 정신을 기리기 위해 나유영에게 명해서 조성한 것이다. 두류산은 높이 165미터의 낮은 봉우리지만 임자도와 증도, 그리고 주변에 작은 섬들이 한눈에 들어오는 조망이 좋은 산이다.

592

세상에서 가장 맛있는 낙지를 먹다

두류산에서 내려와 점암으로 향했다. 점암에는 임자도로 가는 배를 타는 선창이 있다. 선창 앞에 있는 작은 섬이 물이 좋은 물섬水島이다. 그 뒤에 병풍처럼 길게 펼쳐진 섬이 임자도다. 선창 입구에 점암과 임자를 잇는 다리공사를 위해 20억 예산을 확보했다는 펼침막이 겨울바람에 펄럭였다. 그 밑으로 임자도로 들어가려는 자동차들이 줄을 섰다.

선창으로 들어가기 직전에 우회전을 하면 해안을 따라 봉리까지 길이 연결되어 있다. 자동차나 버스 등 대중교통은 점암에서 지도읍을 거쳐 무안으로 연결되는 24번도로를 이용한다. 점암에서 봉리와 내양리를 지나 지도읍으로 연결된 도로는 한적하다.

몇 년 전 여름이었다. 점암에서 봉리 참섬으로 가는 도중 장그지 갯벌에서 신기하게 낙지를 잡는 아주머니를 만났다. 갯벌에 물이 빠지자 3명의 아주머니가 주전자와 40센티미터 길이의 손가래를 들고 장그지갯벌에 들어섰다. 장그지갯벌은 전남 신안군 지도읍 봉리마을에 있는 펄갯벌로 낙지잡이와 서렁게(칠게)잡이를 많이 하는 곳이다. 낙지잡는 삽 '가래'는 남자들이 낙지를 잡을 때 사용하는 삽이다. 가래는 자루 길이가 일반 삽처럼 길지만 '손가래'는 30센티미터 정도로 짧다. 갯벌에 들어선 어민들은 각자 흩어져 이곳저곳을 기웃거린다. 그러다 한 어민이 갯골에서 낙지구멍을 발견하자 작은 손가래로 조심스럽게 파들어갔다. 그러자 안에 맑은 갯물이 고여 있는 작은 웅덩이가 나온다. 확실한 낙지 구멍이라는 것을 확인한 셈이다. 이 웅덩이가 낙지들이 노는 방이란다. 바닷물이 들어오는 시간이 되면 구멍 깊은 곳에 있던 낙지가 이곳으로 올라와 놀면서 밖으로 나갈 준비를 한다. 그 작은 웅덩이를 조금 크게 만들고 낙지구멍이 어느 쪽으로 뚫려

물이 빠진 갯벌에서 낙지구멍을 찾아 갯흙으로 뚜껑을 만들어 덮어놓는다. 물이 들어올 때쯤 흙 뚜껑을 들어내면 신기하게 낙지가 올라와 있다.

있는지 확인한 후 갯흙으로 뚜껑을 만들어 덮어 놓는다. 그리고 자신이 발견한 곳임을 표시한 후 낙지구멍이 뚫린 쪽으로 반원을 그려 놓는다. 그러고는 낙지구멍을 계속해서 찾는다.

갯벌을 수도 없이 드나들었지만 나는 아직 낙지구멍과 짱뚱어구멍을 구별하지 못하는데 이들은 역시 다르다. 보통 10개의 무덤을 만들어 놓으면 낙지가 많을 때는 7, 8마리까지 잡을 수 있지만 오늘처럼 날씨가 무더운 날은 낙지들도 잘 나오지 않는다. 30여 분을 헤매고 나서야 낙지구멍을 겨우 2개 발견했을 뿐이다.

열을 받은 갯벌이 토해 내는 열기로 얼굴이 화끈거린다. 갯벌을 걷는 것도 힘든데 아줌마들을 따라가기란 더욱 어렵다. 겨우 몇 마리 낙지를 잡는 것을 보고 갯벌에서 나와 그늘에 몸을 숨겼다. 묻음낙지는 독살처럼 자연에 가장 가까운 고기잡이 방법이다. 구멍을 확인하고 낙지가 오기를 기다리는 것이 전부다. 서둘러서 될 일도 아니다. 물이 들기를 기다려야 한다. 그리고 낙지가 움직이기를 기다려야 한다. 묻

594

음낙지는 많이 할 때는 50여 개(묻음은 마리가 아니라 개수로 표시한다) 정도 하기 때문에 40~50마리 정도 잡는다. 지도읍 봉리 장그지갯벌에서 잡 는 묻음낙지는 일반 낙지보다 높은 가격에 판매된다. 진짜 뻘낙지이 기 때문이다. 맛 또한 기가 막히다. 35도가 오르내리는 뙤약볕 아래 카메라를 들고 따라다니는 나에게 인심 좋은 웃음을 보이며 갯벌에 서 헹궈 건네준 낙지맛은 이루 형용할 수 없었다. 한 손으로 낙지를 잡고 머리부터 씹어먹었다.

형용할 수 없는 맛이 미뢰를 흔들었다. 지금까지 먹어본 낙지 중 최 고였다. 이른 아침을 먹고 점심을 거른 채 오후 3시가 넘도록 아주머니 를 따라 갯벌을 쏘다녔으니 배가 고프다 못해 속이 쓰렸던 허기가 일 시에 가셨다.

가난한 참섬, '돈섬' 되다

지도는 말이 좋아 섬이지 '해변산중'이다. 어업이 활발한 곳은 참섬 정도였다. 방조제로 막기 전까지는 사람살기가 곤란한 섬이었다. 지 금은 주민들이 간척농지와 소금밭을 일구며 살고 있다. 지도읍에서 최고 알부자들이라고 한다. 참섬은 30여 가구 중 어장일을 하는 주민 이 대여섯 가구에 이른다. 이들은 병어잡이와 통발어업을 하고 있다.

지도읍에 있는 호남염전, 가정염전, 조비동염전 지역은 과거에 자 염煮鹽, 즉 소금을 구웠던 곳이다. 당시 소금을 생산하는 데 가장 중히 여겼던 것은 '소'였다. 소 한 마리가 '반 살림' 역할을 했다. 자염을 생산하기 위해서 바닷물을 부어가며 갯벌을 수없이 갈아야 했다. 소 가 없는 주민들은 2~3일 가져다 쓰고 몇 사람 몫으로 일당을 쳐주거 나 소금을 나눠야 했다. 산이 좋고 갯벌이 좋아 전통소금을 많이 생산 했다.

쌀농사로 별 재미를 볼 수 없게 되자 마늘과 양파로 작목을 전환했다. 경사가 급한 작은 밭도 묵히는 일이 없이 마늘과 양파를 심고 있다. 간척으로 호화농장, 오룡농장, 태원농장 등 넓은 간척농지들이 조성되었지만 100년 전에만 해도 지도에는 이렇다 할 농지가 없었다. 크고 작은 저수지 그리고 논배미 귀퉁이에 작은 둠벙(웅덩이)들도 이런 환경에서 만들어진 것들이다.

간척농지는 봉리에 많다. 서동과 참도 그리고 내양리를 연결해 만든 호화농장은 지도사람들의 식량을 해결하는 데 큰 역할을 했다. 이 농장은 1930년대에 방조제를 쌓은 곳이다. 암태도의 지주 문재철이 일제로부터 300원을 지원받아 원을 막았다고 알려져 있다.

간척지가 생기기 전 서동사람들에게 사는 곳을 물으면 "뒷면 사요"라고 했다. 뒷면이란 지도면 뒤 갯가에 산다는 말이다. 간척농지가 생기고 나서 이제는 자신있게 "봉리 사요"라고 대답한다고 한다. 봉리는 서동(서당골)을 비롯해 참도, 심동(깊은골), 원동(원골), 봉동(봉골), 죽동(대실), 황금동 등을 묶은 행정리로 지도 북쪽에 위치한 마을들이다. 가난을 면한 봉리사람들은 결혼도 쉬워졌다. 땅이 생기니 변한 것이 한두 가지가 아니었다. 이 마을은 읍내와 떨어져 있고 뱃길도 불편했다. 갯벌을 제외하고는 이렇다할 생업조건도 갖추지 못한 척박한 마을들이다. 봉리사람들 입장에서 보면 간척을 주도한 문씨 집안은 은인이나 다름없다. 그렇지만 어디에도 공덕비를 찾기 어렵다. 서동에서 만난 주민이 답을 알려줬다. 간척지가 조성될 무렵 봉리 일대 땅을 갖지 못한 백성들이 '똘땅'을 일궈 농사를 지었다. 똘땅이란 바닷물이 들지 않는 갯벌을 말한다. 주인이 없는 땅들로 국가소유였다. 그런데 주민들도 모르게 문씨집안에서 간척을 하면서 똘땅을 자기 땅으로 전환시켜 팔아먹었다는 것이다.

　지도는 이미 1920년대 암태도와 도초도와 함께 서남해역 중 소작쟁의가 활발했다. 지도읍 내양리는 해방을 전후해 사회운동이 가장 활발했던 지역이다. 보릿고개를 넘기 어려웠던 시절, 1번국도에서 지도로 넘어오는 도로마냥 주민들의 가늘고 질긴 명줄을 이어줬던 것이 갯벌이었다. 갯벌을 막아 농사를 지었고, 갯벌에서 소금을 만들어 배고픔을 넘겼다. 지금도 지도사람들은 그 갯땅을 막은 농지에 농사를 짓고 밭에는 양파와 마늘을 심고 소금을 일구며 살고 있다.

김상수, 소작쟁의를 이끌다

참도에는 어의도와 포작도로 들어가는 선창이 있다. 염전밭 사이로 조심스럽게 난 좁은 길을 타고 들어가면 작은 선창이 그곳이다. 참도에서 적동마을을 지나 지도읍으로 오는 길에 둔곡리라는 마을이 있다. 내양리에 속한 자연마을로, 일제강점기 소작쟁의를 이끌었던 김상수가 태어난 곳이다. 불과 몇 년 전까지 분명 이곳에서 확인했는데 아무리 찾아도 비석을 찾을 수 없다. 날도 춥고 배도 고파 찾는 것을 포기하고 말았다. 며칠 뒤 다시 그곳을 배회하다 소막(소우리)을 청소하는 주민을 만났다. 김상수 선생의 비석을 찾는다는 말에 얼마 전 지도읍으로 옮겼다고 알려줬다. 대신 묘지를 안내해 주었다.

　김상수는 1920년대 지도 사회운동을 주도한 인물이다. 당시 지도는 논보다는 밭이 많았다. 지금 논은 당시 대부분 갯벌이었고 밭에는 면화를 심었다. 소작료 문제가 생긴 것도 밭에 심은 면화 소작료였다. 1924년 11월 6일 지도소작인공조회는 미결된 상태에 있는 밭 소작료를 1등지 면화 16근, 2등지 14근, 3등지 12근, 4등지 10근으로 정하고 지주가 이를 받아들이지 않을 때는 불납을 동맹하겠다고 했다. 당시 일부 지주들은 이에 동의했지만 조선인 대지주 5명과 일본인 지주 우

지도 소작쟁의를 주도한 김상수는 1920년대 전남뿐 아니라 전국 단위에서 신안을 대표하는 사회운동가였다.

치다內田와 하시모토橋本 등 7인이 지주회를 구성해 반대했다.

지주와 소작인 사이에 협상이 힘들어지자 지주들은 흥업회사라는 대행사를 통해 소작료 강제집행에 나섰다. 이에 맞서 소작인공조회는 불경동맹不耕同盟과 함께 지도청년회, 임은노동조합, 무산동맹이 참여하는 선전활동을 계획하고 이를 위한 을축동맹을 조직하였다. 결국 일본인 지주들은 경찰의 조정으로 소작인들의 요구를 수용하고 소작권 이동을 철회했지만 실제로는 소작료 인하를 포기하는 것으로 소작쟁의가 마무리되었다. 당시 지도에는 50여 개의 사회단체가 있었다. 이 중 김상수는 지도청년회(조직연도 미상, 1922년 임시총회 확인)의 총무와 집행위원장, 임은노동조합 집행위원장을 맡았다. 소작쟁의를 주도한 김상수와 나만성은 지도뿐만 아니라 전라남도와 전국에서 지역을 대표해서 활동을 했다.

일제강점기 면화를 심었던 자리에는 대부분 마늘이 심어졌다. 둔곡마을 앞에도 김상수가 묻힌 가족묘 앞에도 마늘이 심어졌다. 바닷물이 들고 나던 갯벌은 간척이 되어 넓은 농지가 되었다. 내양리와 감정골을 지나 지도읍으로 비석군을 찾았다. 그곳에서 김상수의 공적비를 찾는 일은 어렵지 않았다.

598

일반현황

위치 | 전남 신안군 지도읍 **동경** 126° 12′ **북위** 32° 03′
면적 | 57.83km² **해안선** | 60.5km **육지와 거리** | 무안군 해제면 양월리와 연륙
가구수 | 1,905 **인구**(명) | 5,359(남2,735+여2,624) **어선**(척) | 81 **어가** | -
어촌계 | 총 1개 어촌계(지도 136가구)

공공기관 및 시설

공공기관 | 지도읍사무소(061-275-0027), 지도농협(061-275-0005), 지도수협(061-275-2856), 지도파출소(061-275-0112), 지도우체국(061-275-0788), 지도119지역대(061-280-0979), KT목포지사 도서통신부 지도분소(061-275-0060), 농업기술센터 지도읍지소(061-275-0029), 지도읍 예비군중대(061-275-0113), 한전 지도 전력서비스센터(061-270-2282), 지도 한우개량단지(061-275-0132)
교육기관 | 지도초등학교(061-275-0008), 지도초등학교 동천분교장(061-262-0307), 지명중학교(061-275-0540), 지명고등학교(061-275-0320)
전력시설 | 한전 1,905가구, 자가발전 2가구
급수시설 | 상수도 454가구, 간이상수도 955가구, 우물(펌프) 496가구

여행정보

교통 | **배편** | 임자도 진리선착장↔지도읍 점암선착장 임자농협 1호 **육상편** | 무안군 무안읍에서 버스편이나 다른 육상교통수단 이용
섬내교통 | **버스** | 송도정류소, 자동정류소, 정암정류소, 지도공용정류소, 지도신정류소 **택시** | 지도택시(061-275-0111)
특산물 | 낙지, 농어, 숭어, 게, 짱뚱어, 조개, 대합, 김, 감태 등
특이사항 | 신안군 지도읍 자동리와 무안군 해제면 양월리간의 연륙으로 도서개발촉진법에서는 제외된 도서로 실질적으로는 도서라고 할 수 없다.

30년 변화 자료

구분	1973	1985	1996
주소	전남 신안군 지도면 읍내리		
면적(km²)	42.68		
공공기관	-		
인구(명, 남자+여자)	12,072(6,033+6,039)		
가구수	2,053		
급수시설	공동우물 381개		
초등학교	4개 2,880명		
중고등학교	1개 663명		
전력시설	자가발전 62가구		
의료시설	-		
어선(척, 동력선+무동력선)	7척(동력선 4척+무동력선 3척)		

60

'지도병치' 라고 해야 팔려요

지도읍 송도

보리가 누렇게 익어가고, 녹음이 짙어질 무렵 서민들이 맛있고 가장 싸게 먹을 수 있는 횟감으로 무엇이 있을까. 회를 즐겨하지 않는 사람들이라도, 술을 즐겨하지 않는 사람이라도 쉽게 병어를 기억해 낼 것이다. 병어는 신선도가 떨어지지 않은 채로 갈무리해 냉동실에 보관해 두고두고 먹을 수 있는 생선이다. 머리와 내장을 잘라내고 잘 갈무리해 냉동실에 넣었다가 썰어 따뜻한 밥에 얹고, 마늘과 고추 그리고 집 된장을 상추와 깻잎에 가득 싸서 한 입에 몰아넣고 씹으면 달고 고소함이 입 안 가득하다. 여기에 소주라도 한잔 곁들이면 부러울 게 없다.

"다른 '병치' 도 '지도병치' 라고 해야 팔려요." "왜 이렇게 비싸요. 며칠 전에는 10만원도 안 되던데."

병치라 해야 맛이지

전라도에선 '병어' 라고 하기보다는 '병치' 라고 해야 맛이 난다. 광주의 대표적인 수산물 시장인 남광주시장에서 병어회를 먹긴 했지만 그래도 해마다 병어철이 되면 위판장에서 '짝' 으로 사다가 나눠 먹었는데 이번 봄철에는 그냥 넘겼다.

이곳 가게들은 모두 중매인들이 직접 운영하는 가게들이다. 싱싱한 생선을 구하기에 안성맞춤이다. 점포마다 약간의 차이는 있지만

늦봄에서 여름까지 서해에서 가장 맛있는 생선은 병어다. 몸은 마름모꼴이며 푸른빛을 띤 은색이다. 살이 연하고 지방이 적어 맛이 담백하고 비린내가 없다.

같은 바다에서 비슷한 그물로 잡은 것들이라 거래되는 생선들이 비슷하다. 그래도 손님들이 이곳저곳 돌아다닌다. 오늘처럼 쉬는 날이거나 주말이면 지도읍에 위치한 신안수협 송도공판장의 주차장은 빈자리를 찾기 어렵다. 다른 상품과 달리 갯것들은 물때에 따라 가격이 달라진다. 물이 살아나는 '산짐' 이나 '객기사리' 무렵에 병어가 많이 잡히고 조금 물때에는 적게 난다. 당연히 가격도 상자에 8만원 하던 것이 조금 물때에는 12만원까지 오른다. 바다와 갯일을 모르고 백화점에서 고정된 가격만 보아온 '육지 것' 들의 눈으로 보면 왜 비싸게 받느냐고 따질 일이지만 후덕한 송도상인들이 이를 설명하기보다는 1마리 더 얹어주는 것으로 거래가 이루어진다.

이렇게 작은 섬에 광주는 물론 멀리 다른 지역에서도 사람들이 찾아오는 것은 '병치' 때문이다. 오죽했으면 다른 해역에서 잡는 병어들도 '지도병치' 라고 해야 팔리겠는가. 이 모두 신안의 갯벌 덕이다. 갯벌에서 나는 생선치고 안 맛있는 것이 없다. 특히 이곳 갯벌이 게르마늄 갯벌이고 보면, 제철에 나는 음식에다 건강에 좋은 갯벌이라 '웰빙' 이 따로 없다.

병어가 이곳 바다에서만 나는 것은 아니다. 요즈음 어느 포구든 조금 무렵에 병어그물을 손질하는 어민들을 쉽게 볼 수 있다. 정박해 있는 배들의 십중팔구는 병어 잡는 그물을 싣고 있다. 크면 고용된 선원들까지 네댓 명이, 작으면 부부 혹은 부자지간에 그물질을 하는 것이 병어철의 바다풍경이다. 전국에 유통되는 병어의 60% 이상을 공급하는 곳이 전남 신안군 지도읍에 위치한 손바닥만 한 작은 섬 송도다. 이 섬에는 고추와 깨를 비롯한 밭농사와 갯벌을 막아 마련한 작은 논에 벼농사를 짓는 주민들과 10여 년 전부터 운영되고 있는 송도공판장이 있다.

신안수협에서 운영하는 송도공판장은 겨울철 몇 달을 제외하고 늘 문이 열려 있다. 광어, 농어, 돔, 갑오징어 등 잡어들이 잡히기 시작하면, 기세등등한 찬바람도 물러가고 병어들이 한두 마리씩 그물에 올라오기 시작한다. 이놈들이 남해 먼 바다에서 겨울을 지내고 봄꽃 소식이 남쪽 섬에서 들려오기 시작할 무렵 조도해역을 지나 임자도, 우이도, 안마도 인근 해역으로 이동해 산란준비를 한다.

이곳 갯벌은 모래갯벌이 발달해 하늘이 내린 산란장이다. 그래서 사람들이 일찍부터 모여들었던 모양이다. 돈 실으러 간다는 칠산어장의 조깃배들도 이곳에서 그물질을 하며 올라갔다.

7월쯤이면 이곳 어장에서 잡은 민어가 미식가들의 입맛을 자극한다. 병어가 잡히는 임자도 일대의 어장은 일제강점기 민어파시가 형성되어 일본기생들이 기모노에 샤미센을 연주하며 머물 정도로 유명한 곳이었다. 해방 전까지 임자도 타리섬 앞(대광해수욕장) 모래밭에는 100여 동의 초가를 이은 임시 막들이 지어져 파시촌이 형성되기도 했다.

여기서 잡은 민어들은 운반선을 거쳐 무역선으로 옮겨져 바로 일본으로 보내졌다. 민어를 즐기는 일본인들 중에는 아직도 '타리파시'를 기억하는 사람들이 있다. 찬바람이 일어나기 시작하는 8월이면 민어 대신 농어가 다시 공판장을 차지하고, 겨울에는 김장용 새우 '동백하'를 12월말까지 판매한다. 그런 후 공판장은 4월까지 휴식에 들어간다.

'당일바리' 병치로 승부한다

최근 근해어장에서 조업을 하던 어선들이 감척되면서 서남해 연안어장으로 회유하는 고기들이 과거에 비해서 많아져 병어잡이 어선들이 늘어나고 있다는 것이 송도 중매인협회 진미봉 씨의 이야기다. 송도 공판장의 1년 매출액은 350~400억원에 이르며, 이는 전국 군단위 수협 중 최고다. 이곳에서 거래되는 대표적인 어종은 단연 병어와 새우젓이다. 임자도 전장포를 비롯해 어민들이 직접 가공한 새우젓은 화요일과 목요일 각각 목포와 송도에서 위판이 이루어지는데, 이곳에서 거래되는 양이 전국 새우젓 공급물량의 70%에 이른다. 광천, 강경, 곰소 등 전국 유명 새우젓은 대부분 이곳에서 유통된 것들이다. 요즘

우리나라 최대의 새우젓 생산지는 신안이다. 임자도와 재원도, 낙월도와 송이도에 이르는 칠산바다는 최고의 새우젓 어장이다. 오뉴월 새우는 육질이 좋고 살이 통통해 최상품으로 친다. 그때 생산된 갯벌 천일염도 햇볕과 바람이 좋아 쓴맛이 덜하고 최고다. 오젓과 육젓은 이렇게 최상의 새우에 갯벌 천일염이 만나 만들어진다.

병어철이다. 직접 병어잡이배를 탔다. 물때가 좋지 않았는지 그물이 가볍다. 지도 송도는 신안에서 잡힌 병어의 집산지다. 이곳에서 위판을 해서 전국으로 판매된다. 지도에서 광주로 가는 버스에는 승객보다 병어박스가 더 많이 실린다. 갯벌이 좋고 어장이 가까워 갓 잡은 병어를 판매하기 때문이다.

제철을 맞고 있는 병어의 경우도 전국에 공급되는 80% 가량이 이곳 송도를 통해서 유통되고 있다는 것이 진씨의 말이다.

송도위판장이 이렇게 알려지기 시작한 것은 그리 오래된 일이 아니다. 10여 년 전 진씨를 비롯해 4~5명이 중매인으로 참여할 때만 해도 어민들이 이곳을 찾지 않아 직접 운반선으로 어장을 찾아다니며 잡은 고기를 보내줄 것을 요청하기도 했다. 송도위판장은 어판장의 크기로 본다면, 며칠씩 바다에 머물며 근해에서 잡은 생선을 공급하는 목포, 군산, 대천, 인천 등 대도시 어판장에 견줄 수 없다. 하지만 연안어장에서 5~10톤 내외의 작은 배를 타고 그물질을 해 당일 잡은 생선을 새벽을 가르고 달려온 '당일바리' 로 공급하기 때문에 신선도에서는 비교할 수 없다. 바로 이 점 때문에 병어철이면 주차장은 전국에서 찾아온 차들로 가득하다.

요즘 송도위판장은 조금철을 제외하고는 오전 10시에 공판을 시

작해 밤 9시를 넘기기 일쑤다. 송도지역 주민들과 지도주민들은 이곳에서 하역작업에 참여하고 있다.

지금 서남해안 어느 지역에서나 잡히는 병어라지만 이곳 병어를 덮을 만한 것은 어디에도 없다. 신안지역의 특성을 살린 명품은 단연 '병치' 라 할 것이다. 최근 관광을 비롯해 축제의 추세를 볼 때 볼거리 못지않게 중요한 것이 지역토착 먹거리이다. 대하, 전어, 키조개, 주꾸미 등을 이용한 지역축제들이 봄과 가을철에 어촌지역 곳곳에서 개최되고 있다. 하지만 '병치' 처럼 생산에서 지역성이 강하고 소비가 광범위한 생선도 흔치 않다. 뿐만 아니라 보관성도 좋고, 계절적으로도 축제가 집중해 있는 봄철과 가을철을 피해 여름철로 접어드는 시기이기 때문에 더 적절하다.

신안처럼 섬으로 이루어진 지역은 아무리 좋은 축제라도 접근성이 떨어지면 성공하기 어렵다. 다행스럽게 송도는 육지와 연결되어 있을 뿐만 아니라 인근 사옥도와 증도로 이어지는 다도해의 특징도 간직하고 있다. 전국적인 명품으로 자리한 '지도병치' 와 임자도 민어, 그리고 다도해의 다양한 해양문화자원을 활용한 지역활성화 전략 모색이 절실하다.

30년 변화 자료

구분	1973	1985
주소	전남 신안군 지도면 읍내리	전남 신안군 신의면 상태서리
면적(km²)	2.4	0.19
공공기관	-	-
인구(명, 남자+여자)	359(170+189)	15(8+7)
가구수	63	3
급수시설	공동우물 7개	우물 2개
초등학교	-	-
중고등학교	-	-
전력시설	-	자가발전
의료시설	-	약방
어선(척, 동력선+무동력선)	동력선 4척	무동력선 3척

달밤에 낙지주낙

지도읍 선도

"물었다. 세발낙지네!"

배가 지나는 속도에 따라 재빠르게 낙지를 떼어내야 하기 때문에 순간을 포착하기가 쉽지 않다. 숨을 죽이고 셔터를 누르지만 매번 낙지를 잡는 현장을 놓치고 말았다. 뱃머리에 앉아 낚싯줄을 사리던 어민이 그것을 보고 낙지를 잡기 전에 큰소리로 세발낙지라고 알려주었다. 장마가 잠깐 갠 날 저녁 어촌계장을 졸라 낙지잡이에 나섰다. 며칠 전 태풍으로 낙지배들을 모두 뭍으로 올려놓았던 어민들이 하나둘씩 낙지잡이에 나서고 있다는 소문을 들었기 때문이다. 박일성(40세) 선도어촌계장 부부와 함께 낙지주낙을 위해 나선 곳은 무안군 망운과 현경면, 신안의 지도읍으로 둘러싸인 탄도만이다. 여름 낙지는 굵은 것이 특징인데 이날 주낙에 붙어 올라온 낙지들은 발이 가는 세발낙지다. 여름을 지내고 9월쯤에 잡혀야 할 세발낙지들이 올라오기 시작한 것이다. 수온 탓이라는 것이 어민들의 말이다.

섬은 목포에서 북서쪽으로 51킬로미터 지점에 있다. 지도군 선도면에 속했지만 1914년 행정구역 개편으로 무안군에 속했다가 1969년 분군으로 신안군에 편입되었다. 섬의 모양이 매와 같다 하여 맵제, 선치도, 선도라 하다가 매미 선蟬 선도라 했다 한다. 약 350년 전 밀양박씨가 처음 섬에 들어와 매계마을에 터를 잡았고, 그 뒤 제주양씨, 신안주씨 등이 들어와 마을을 이뤘다.

선도는 지도군 시절에는 사옥면에 속했다. 당시 172호 583명이 거주했었다. 1914년 행정구역 개편으로 주동, 매계, 대촌, 석산, 북촌 등을 합하여 무안군 선도면이 편입되었다. 그 후 1917년 지도면에 편입되었다가 1969년 신안군 분군으로 지도면 선도리가 되었다.

도시로 나간 청년, 세발낙지가 불러들이다

신안군 지도읍에 속한 선도는 160여 호에 주민이 400여 명이 될까말까 하는 작은 섬이다. 가장 큰 마을은 40여 호가 살고 있는 주동마을이며 진변·매계·석산·대촌·북촌 등은 기껏해야 20여 호쯤 된다. 거주인구에 비해서 많은 농지를 가지고 있어 낙지잡이에 나서기 전에는 김양식과 농사가 생업이었다.

지도와 무안을 연결하는 방조제가 물길을 막기 전까지 선도를 둘러싼 조류는 곧장 칠산바다로 흘렀기 때문에 섬 가까운 곳에 천혜의 어장이 형성되었다. 한때 주민들은 대부분 지주식 김양식으로 생업을 대신하기도 했다.

무안과 목포에 살고 있는 어민들이 주낙을 이용해서 낙지를 잡을 때 선도주민들은 농사를 지었다. 대신 선도갯벌은 목포·탄도·송현·홀통 등 인근 지역의 어민들이 차지해 낙지를 잡았다. 하룻밤이면 30~40여 척의 낙지배들이 몰려들어 낙지를 잡아갔지만 주민들은 갯벌에 관심이 없었다. 당시 마을면허도 없었고, 낼 생각도 하지 않았기 때문에 속수무책이었다. 낙지잡이는 물론 김양식 이후 양식어업에도 관심이 없었다.

지금부터 10여 년 전 박일성 씨를 중심으로 선도갯벌에서 낙지를 잡던 고이도와 신월리 어민 몇 명이 어장에 관심을 갖기 시작했다. 5년

달밤에 건져 올리는 낙지는 섬사람들에게 큰 희망이다. 낮에는 논과 밭에서 일을 하던 부부는 어둑어둑해지면 이른 저녁을 먹고 낙지연등(주낙) 어구를 챙기고 배에 오른다. 물때가 좋은 날은 새벽까지 어두운 바다에서 작은 불빛에 의지해 낙지를 잡는다.

전부터는 10여 명의 주민들이 힘을 합해 '선도갯벌 지키기'에 나섰다. 이렇게 선도어민들이 '갯벌 지키기'에 나설 수 있었던 것은 선도갯벌이 돈이 될 수 있다는 확신 때문이었다. 여기에 외환위기(IMF) 이후 고향을 떠난 젊은 사람들이 몇 명 돌아오면서 어촌계를 새롭게 구성하고 마을어업 면허도 확보해 힘을 보탰다.

선도를 떠난 젊은 사람들이 다시 고향을 찾은 것은 갯벌, 정확히 말하면 낙지 때문이다. 고향에서 몇 사람이 낙지잡이로 돈을 번다는 소문이 고향을 떠난 사람들에게 알려지면서, 외환위기 이후 벌이도 시원찮고 먹고살기도 어려워지자 고향에 관심을 갖기 시작했다. 그렇다고 선도갯벌을 무한정 허용할 수는 없는 노릇이었다. 초기에는 어촌계장도 고향을 떠난 젊은 사람들에게 돌아와 같이 낙지잡이를 하자고 권하기도 했지만 지금은 엄격한 규칙을 만들어 갯벌을 관리하고 있다. 고향으로 돌아온 10여 명의 어민과 기존에 낙지잡이를 하는 사람을 모아 어촌계도 건실하게 만들고 어장의 질서를 잡아갔다.
1년이면 낙지잡이로 2~3천만원의 소득을 얻고 있다.

물때는 조금, 미끼는 서렁게

낙지주낙을 하기 위해서는 낙지배와 주낙이 필요하다. 낙지잡이배는
선외기를 많이 이용하는데 구입가격은 2~3천만원 정도, 주낙은 1틀
을 마련하는 데 20만원 정도의 비용이 들어간다. 어장 이용에 대한 내
부규칙이 만들어지기 전 어민들은 낚시를 300개 이상 걸어서 작업을
했다. 낙지주낙은 150여 미터의 굵은 몸줄과 70여 미터의 얇은 아랫
줄로 구성되어 있다. 몸줄에 같은 간격으로 아랫줄을 270개 정도 매
단다. 아랫줄 끝에는 '다불' 이라고 부르는, 미끼를 끼울 수 있는 타일
과 고무줄이 있다.

낙지잡이에 가장 적합한 물때는 조금(음력 초여드레, 스무 사흗날)을
전후해 사나흘 정도다. 밤에 먹이활동을 하는 낙지는 조류가 세지 않
은 조금철에 잡기 좋다. 특히 달이 뜨는 날이면 낙지가 더 많이 잡혀,
이를 '달사리' 라고도 부른다. 바람이 많이 불거나 바닷물이 탁하면
낙지잡이가 어려우며 갯바닥에 파래가 끼기 시작해도 낙지잡이가 수
월치 않다. 낙지 미끼로는 서렁게(칠게)를 이용하는데 하루 저녁 낙지
잡이를 위해서는 3킬로그램 정도가 필요하다.

주낙의 양쪽 끝에는 불을 밝힌 전구를 스티로폼 위에 올려놓고 닻
을 매단다. 닻 한쪽은 바다에 내려놓고 주낙을 길게 바다에 빠뜨린 후
에 조심스럽게 다른 한쪽을 배에 올려놓고 10여 미터 앞으로 줄을 끈
다. 일반 낚시처럼 몸줄을 어떤 속도로 *끄느냐*가 낙지잡이를 결정한
다. 배 위에 있는 닻을 바다에 넣고 몸줄을 따라 배를 이동해가며 아
랫줄에 달린 낙지를 확인한다. 반대편 줄 끝에 가서는 다시 닻을 올리

낙지가 제일 좋아하는 미끼는 칠게다. 신안 사람들은 서렁게라 부른다. 그런데 서렁게는 반찬용으로도 좋다. 또 도요새들이 좋아하는 먹이다. 서렁게는 물이 빠지면 물새와 인간들 등쌀에 시달리고, 물이 들면 낙지들이 호시탐탐 노린다. 그래서 눈치도 빠르고 걸음도 빠르다.

고 10여 미터 앞으로 줄을 끈다. 줄은 갈지자 모양을 그리며 앞으로 이동한다.

선도가 낙지잡이로 적합한 것은 낙지잡이 장소가 멀지 않고 잡은 낙지를 육지로 이동하기 쉽기 때문이다. 배를 타고 멀리 나가야 하는 경우 기름을 많이 사용하기 때문에 경쟁력이 떨어진다. 선도는 3되 남짓이면 낙지를 잡고 돌아올 수 있다. 그만큼 비용이 적게 든다. 낙지잡이는 봄철에는 3월 중순부터 5월말까지, 가을철에는 8월부터 12월초까지로 각각 90~100여 일 작업을 한다. 낙지 가격은 철마다 다르지만 올해의 경우 봄철 비쌀 때는 한 접(20마리)에 8만원에 거래됐고, 평균 5만5천원에 판매되었다. 가을철에는 낙지가 많이 나오기 때문에 3~4만원에 거래된다.

어촌계장 박씨가 아내와 함께 이날 잡은 낙지는 족히 60여 마리는 될 듯하다. 이날 낙지는 수심이 깊은 곳보다 낮은 곳에서 더 많이 잡혔다. 낙지를 많이 잡을 때는 하루저녁에 수십 접을 잡기도 한다..

경계 없는 바다, 경계 짓는 인간

선도는 행정구역으로는 신안군 지도읍에 속하지만 주로 무안군 망운면 신월리를 중심으로 생활한다. 그렇지만 읍내에 일이라도 보려면 이들은 몇 개 면의 경계를 넘어 지도읍으로 가야 한다. 먼저 배를 타고 무안군 망운면 신월리로 건너가서, 현경면을 지나 해제면을 거쳐 지도읍에 이른다. 얼른 세어 봐도 세 개의 면을 지나야 읍내에 들어설 수 있다. 배를 타고 와서 군내버스를 2번 갈아타야 가능한 일이다. 압해도-망운면-고이도-선도-지도읍으로 이어지는 도로가 계획되어 있지만 언제 만들어질지 모른다.

지도읍-선도-오이도-망운면으로 둘러싸여 있는 갯벌을 탄도만이라고 한다. 이곳 탄도만은 최근 자율어업으로 주목을 받고 있다. 낙지연승, 즉 낙지주낙을 하는 인근 10여 개의 어촌계를 하나로 묶어 '탄도만 자율어업' 이라는 이름으로 해양수산부의 지원을 받아 공동판매장과 위판장을 지어 운영하고 있다. 이러한 활동이 높은 평가를 받아 상을 받기도 했다.

같은 해역에서 같은 방법으로 낙지를 잡고 있지만, 선도 어촌계는 이러한 혜택을 받을 수 없으며 공동브랜드도 사용할 수 없다. 인간들이 갈라놓은 경계 때문에 자율어업공동체는 망운 · 해제 · 운남지역의 어촌계로 제한되어 있기 때문이다.

자율어업이란 2005년부터 본격화된 사업이다. 정부주도 수산자원관리의 한계를 극복하기 위해 어업주체인 어민들이 스스로 수산자원을 관리하는 방식으로, 국가주도에 의해서 시작된 새로운 어촌운동으로 평가받고 있다. 자율어업이라는 이름으로 정부승인을 받으려면 바지락을 하든지 다른 품목을 선택해야 한다.

육지에서 금을 긋듯 삶을 나누고 선택을 강요하는 방식은 바다와 어민들의 삶에 맞지 않다. 바다의 생업은 경계가 없다. 삶이 그렇다. 그렇다고 선도 어민들에게 새로운 투자를 요구할 수는 없지 않는가.

개황 | 선도蟬島

위치 | 전남 신안군 지도읍 선도리 **동경** 126° 16′ **북위** 34° 59′
면적 | 5.23km² **해안선** | 6.6km **육지와 거리** | 1.5km(지도읍)
가구수 | 173 **인구(명)** | 289(남151+여138) **어선(척)** | 79 **어가** | 72
어촌계 | 총 1개 어촌계(선도 50명)

공공기관 | 지도읍 선도출장소(061-246-0145), 선도치안센터(061-270-0190)
교육기관 | 지도초등학교 선치분교(061-246-2154)
전력시설 | 한전 전가구
급수시설 | 간이상수도시설 1개소 170가구, 우물(펌프) 3개소 3가구

교통 | **배편** | 선도호(선도↔운남 신월) 1일 4회 왕복
특산물 | 김, 낙지, 병어
특이사항 | 섬 지형이 매미 형국이라 하여 매미 선자를 써서 선도라 하였다. 주민들은 대부분 농업에 종사한다.

30년 변화 자료

구분	1973	1985	1996
주소	전남 신안군 지도면 선도리	전남 신안군 지도읍 선도리	좌동
면적(km²)	5.3	5.255	5.23
공공기관	-	면 출장소 1개	면사무소 출장소 1개, 파출소 분소 1개
인구(명, 남자+여자)	1,420=668+752	740=363+377	572=283+289
가구수	243	203	171
급수시설	공동우물 16개	우물 22개, 간이상수도 2개	우물 20개
초등학교	1개 610명	1개 139명	분교 1개 44명
전력시설	-	한전 203가구	한전 171가구
의료시설	-	약방	보건진료소 1개소
어선(척, 동력선+무동력선)	무동력선 3척	30(4+26)	동력선 27척

* 공공기관은 면사무소, 파출소 등 포함

증도와 지도 사이, 징검다리 섬
지도읍 사옥도

사옥도는 신안군 지도읍에 속한 작은 섬이다. 지도-송도-사옥도로 연결하는 다리가 놓이기 전에는 이 섬은 신안군 중도와 지도를 연결하는 징검다리 역할을 했다. 신안군은 섬으로 이루어진 군郡이었지만 신안 지도와 무안 해제가 연결되었고, 다시 지도와 송도 그리고 사옥도를 연결하는 다리가 놓이면서 육지로 변했다. 주민들은 다리가 놓이면서 비로소 '자유'를 찾았다고 하지만 육지 사람들이 빈번하게 드나들면서 이곳도 쓰레기로 몸살을 앓고 있다.

목포에서 61.4킬로미터 떨어져 있으며 위에 지도, 중도, 임자도가 있다. 모래가 많고 옥이 나왔다 하여 사옥도라 불렀다. 마을은 탄동리와 당촌리 두 개의 법정리로 구분되어 있다. 탄동리에 속한 자연마을은 탄동, 탑선, 원달, 내도, 아래탑선 등 다섯 마을이다. 당촌리에 속하는 자연마을은 묘동, 당촌, 후촌 등 세 마을이다. 탄동리는 1638년(인조 16) 제주양씨가 최초로 입도했다고 하지만 정확하지 않고 1688년 제주양씨, 김해김씨, 나주임씨가 들어와 마을을 형성했다고 한다. 원달마을과 두류산 사이에 여울을 건너 왕래한다 하여 탄灘도라 했다고 한다. 당촌리는 1588년(선조 21) 남양홍씨 홍계환이 충남 공주군에 거주하다 국난을 당하여 남하하던 중 영암군 군서면 구림마을을 거쳐 입도했다고 한다. 1748년에는 장수황씨 황만담이 지도읍 광정리에서 이주했다고 한다. 마을에 당이 있어 당말, 당몰이라 부르다 일제강점기 때 당촌으로 개칭했다.

1914년 행정구역 개편으로 무안군 사옥면에 편입되었다. 사옥면은 사옥도를 중심으로 중도(전중, 후중, 곡도, 우전, 화도)를 비롯해 병풍도, 월달도, 선도, 탄도, 고이도, 매화도, 당사도 등 13개의 섬을 포함했다. 1917년 지도면에 편입되었다가 신안군 분군으로 신안군에 속했다.

송도를 지나 사옥대교를 건너 탄동리로 들어섰다. 탄동리는 탑선과 하탑선으로 나뉘어진 2개의 섬이었다. 갯벌을 막고 방조제를 쌓아 염전과 농지를 조성했다. 일제강점기에 사옥도는 사옥도와 원달도와 탄도로 나누어져 있었다. 당촌과 후촌과 묘동이 사옥도에 속했고 하탑과 내도는 탄도에 속했다. 이런 섬 말고도 작은 섬들이 많았다. 섬과 섬을 이어 방조제를 쌓아 만든 섬이 사옥도다. 일광사방조제, 일추랑조제, 당촌방조제, 탄도방조제 등 방조제만도 10개가 훨씬 넘는다. 이렇게 막아 일광사염전, 당촌염전, 진촌염전과 마을 앞 농지를 조성했다.

송도와 사옥도 탑선을 연결하던 뱃길은 이제 녹이 슬었다. 낡은 포구 위로 육중하게 놓인 다리 밑은 더위를 피해 놀이를 나온 도시사람들의 놀이터가 되었다. 술도 한잔 하고 송도에서 사온 싱싱한 생선을 썰

사옥대교를 지나자 간척해 조성한 염전과 농지가 나타났다. 이어진 월달도, 내도, 탄도, 당촌 모두 독립된 작은 섬이었다. 노두로 이어진 작은 섬들을 연결해 방조제를 쌓아 연결한 섬이 사옥도이다.

어서 곁들인다. 여기저기에 뒹구는 쓰레기만 없다면 참 아름다우련만.

사옥도는 섬의 크기와 경작면적에 비해 인구가 적다. 여기에 염전과 일부 김양식도 하고 있어 삶이 그래도 괜찮은 편이다. 그런데 주민들은 이렇다 할 소득이 없다고 답답해한다. 그저 먹고 살 뿐이라는 것이다. 굳이 설명할 것도 없이 쌀농사가 소득작물이 될 턱이 없고, 양파와 마늘은 가격이 좀 괜찮으면 본전치기로 인건비 정도 건져 먹고 사는 형편이다. 불과 20여 년 전까지만 해도 사옥도 바닷가 주민들은 대부분 김양식을 했지만 지금은 탑선에 두 사람, 당촌에 두서너 사람이 김공장을 직접 운영하며 대량으로 김양식을 하고 있다.

2004년 사옥도와 송도 즉 육지로 통하는 다리가 놓이기 전에는 탑선이 중심 포구였다. 지금은 겨우 10여 가구에 불과하고 마늘농사를 지으며 살고 있지만, 다리가 놓이기 전에는 가게가 6개나 되었고, 열댓 가구가 포구에 다닥다닥 붙어 있었다. 인근 증동리 사람들이 서울이나 목포를 가기 위해서는 반드시 사옥도 지신개(포구)로 건너와 걸어서 탑신까지 이동한 다음 지도 고사포까지 배를 이용해야 했다. 소금을 많이 내 돈 많기로 소문난 증동사람들도 뭍으로 나가기 위해서 탑선마을을 지날 때는 조심했다. 어릴 때 동네 앞길에 금을 그어놓고 다른 마을 아이들이 지나지 못하게 했던 기억이 떠올랐다.

일광사염전을 가로질러 안으로 들어갔다. 그렇게 빈번하게 증도를 오갈 때 스쳐 지나가기만 했을 뿐 안으로 들어간 적이 없었다. 밖에서 보는 것과 달리 안쪽으로 들어가면 제법 큰 논과 마을이 있다. 내도마을이다. 그게 끝이 아니었다. 안마도라는 작은 무인도와 노두로 연결되었다. 그 섬 끝자락에도 논이 있었다. 작은 골골이 사람의 흔적이 모두 남아 있었다. 내도까지 작은 버스가 들어온다. 아침 일찍 들어온 버스는 이곳에서 돌아 지도읍으로 나간다.

사옥도는 2004년 기준으로 290여 호가 살고 있는 섬이지만 배는 17척에 불과하다. 어촌보다는 농촌 모습을 갖고 있으며, 덤장이나 이각망 정도가 고기잡이 흉내를 내는 모습이다. 사옥도는 아래탑섬, 원달섬, 탑섬 등 여러 개의 섬들이 연결되어 오늘날의 모습을 하고 있다. 이 섬은 얕은 간석지가 발달해 염전개발과 간척사업이 일찍부터 발달했다. 원이 막아지기 전에는 탑선의 초등학교 앞 갯벌과 원달리의 갯벌에서는 불을 때서 바닷물을 증발시켜 만드는 자염煮鹽을 생산했다.

원달섬과 내섬 그리고 하탑선을 막아 만든 간척지는 농사와 소금을 생산하고 있다. 사옥도의 천일염전은 50여 년 전에 만들어졌으며, 지금은 23판의 염전에서 21명의 주민들이 소금을 생산하고 있다. 원달리 섬을 중심으로 이루어지는 사옥도의 소금생산은 한 집을 제외하고 모두 1판씩 가족노동을 중심으로 이루어지고 있다. 중국소금이 수입되기 전에는 소금밭은 '백금밭'이었다. 그만큼 돈이 되었다. 세계무역기구(WTO)는 소금도 그냥두지 않았다. 정부는 중국산 소금수입을 앞두고 가격유지와 전업을 위한 폐전을 유도하고 지원하는 정책을 추진했다. 이 기간에 많은 염전경영자들이 폐전을 신청했다. 그 탓에 전남 신안 지역과 영광 일부 지역을 제외한 충남, 경기 등 다른 지역의 소금생산은 거의 중단되었다.

원달리와 달리 묘동은 농사만 짓는 마을이다. 그 사이에 폐교가 된 사옥분교가 있다. 지금은 된장과 고추장을 가공하는 공장이 운영되고 있다. 증도대교를 건너기 전 우회전을 해서 고개를 넘으면 만나는 마을이 당촌마을이다. 이름부터 예사롭지 않다. 당촌이나 당리 혹은 당목이라는 지명을 사용하는 마을은 큰 당이 있던 마을이 많다. 당촌은 묘동, 당촌, 후촌 등 세 개의 마을로 이루어져 있다. 묘동은 고개를 넘기 전 오른쪽에 있던 마을이고 당촌은 고개를 넘어 만나는 마을이

바닷가와 이어진 후촌마을 뒤쪽에 잘 생긴 석장승 한 쌍이 마주 보고 있다. 하나는 논 가운데, 다른 하나는 민가 처마에 의지하고 있다. 뱃길을 이용하던 시절에는 마을 입구에 해당되는 곳이다.

다. 더 안쪽으로 들어가면 후촌이라는 마을이 있다. 《한국수산지》에 따르면 당촌방조제나 묘동방조제나 탄동방조제 등을 쌓기 전에는 하나의 섬으로 '사옥도'라 불렀다. 벼농사와 마늘농사를 많이 짓고 염전도 하고 있다. 후촌마을에는 1917년 세운 것으로 확인되는 2기의 장승이 있다. 하나는 논 가운데 있고 다른 하나는 민가 흙담에 기대어 마주보고 있다. 정월 보름에 제사를 지내며 바다에서 오는 액운을 없애기 위해 건립했다고 한다.

지금은 지도대교 개통으로 탄동리가 섬의 중심이 되고 있지만 일제강점기에만 해도 당촌이 중심이었다. 증도는 물론 고이, 매화, 선도, 암태 당사도, 병풍, 화도까지도 거느린 중심 도서였다. 최근에는 증도가 주목을 받으면서 지도를 거쳐 증도로 들어가는 길목 정도 역할에 그치고 있어 아쉽다.

개황 | 사옥도沙玉島

일반현황

위치 | 신안군 지도읍 어의1리 **동경** 126° 09′ **북위** 35° 02′
면적 | 10.92km² **해안선 |** 27km **육지와 거리 |** 0.9km(지도읍)
가구수 | 290 **인구(명) |** 603(남312+여291) **어선(척) |** 57 **어가 |** 56
어촌계 | 총 1개 어촌계(12명)

공공기관 및 시설

공공기관 | 사옥도보건소(061-262-3600)
전력시설 | 한전 전가구
급수시설 | 광역상수도 전가구

여행정보

교통 | 배편 | 한길호 1일 12회 운항
섬내교통 | 버스 | 지도운수 버스 1대, 1일 운항 횟수 4대
특산물 | 천일염
특이사항 | 마을 모퉁이 네 곳에 큰 돌을 세워놓고 전염병이나 기타 재앙이 침범하지 않도록 신앙의 대상으로 삼고 있다. 섬 대부분이 염전으로 이루어져 있다.

30년 변화 자료

구분	1973	1985	1996
주소	전남 신안군 지도면 당촌리	전남 신안군 지도읍 난동리	전남 신안군 지도리
면적(km²)	9.6	10.951	10.92
공공기관	-	-	파출소 분소 1개
인구(명, 남자+여자)	2,805(1,390+1,415)	1,654(847+807)	1,002(518+484)
가구수	440	387	313
급수시설	공동우물 46개	우물 67개, 간이상수도 2개	우물(펌프) 67개, 간이상수도 3개
초등학교	2개 730명	2개 292명	분교 1개 40명
중고등학교	-	-	
전력시설	-	한전 387가구	한전 313가구
의료시설	-	약방	보건진료소 1개소
어선(척, 동력선+무동력선)	-	49(3+46)	동력선 14척

＊ 공공기관은 면사무소, 파출소 등 포함

물길이 막혀 어장을 잃다
지도읍 어의도

어의도는 지도읍 최북단에 위치해 있으며 읍사무소에서 해로로 9킬로미터, 목포에서 북서쪽으로 61킬로미터 거리에 위치한 섬이다. 주변에 대포작도와 소포작도 등이 있다. 마을은 강촌과 김촌 두 마을로 강씨, 김씨의 동족마을이다. 섬은 남쪽을 제외하고 동서북 해안에 해식애가 발달했다. 섬 동쪽으로 무안군 해제면과 서쪽으로 임자면 전장포, 북쪽으로 영광군 낙월면과 접하고 있다. 모양이 소쿠리 형으로 섬 앞에 있는 식도를 떠 담는 형으로 길게 늘어져 '느리섬' 이라 부르다 한자어로 표기되면서 어의도於義島라 개칭되었다. 지도군 지도면 소속 섬이었다가 1914년 행정구역 개편으로 무안군 지도면에 편입되었다. 무안군에서 신안군이 분군(1969)되면서 신안에 편입되었다. 1456년에 금녕김씨가 처음 들어왔고, 1664년에 진주강씨가 들어와 정착했다고 한다. 반대로 진주강씨가 먼저 들어왔고 나중에 금녕김씨가 들어왔다고도 한다. 섬에서 입도조는 정확하게 문서로 확인되지 않고 구전이나 새로 만든 족보 등으로 확인되기 때문에 집안 간에 이견이 있기 마련이다.

지도읍 자동리를 지나 읍내리로 접어들었다. 오후 1시 참도선착장에서 출발하는 철부선을 타기 위해 내양리로 향했다. 고개를 넘어 직진을 하면 봉리를 지나 점암선착장으로 가는 길이다. 우회전을 했다.

도로 좌측으로는 경지정리된 논이 반듯하게 구획되어 있고 우측으로
는 염전이 기세등등하게 얼굴을 내밀었다.

참도선착장에 도착했다. 그런데 철부선이 없다. 고개를 들어보니
포작도와 지도읍 참도 사이에 닻을 내리고 정박해 있다. 압해도에서
지도읍으로 오는 사이에 폭풍주의보가 내렸다는 것이다. 바람을 피
할 수 있는 객선대합실 같은 곳으로 들어갔다. 우체국에서 일하는 박
씨도 있었다. 배가 뜰 수 없다는 사실도 그를 통해 확인했다. 이제 4시
에 어의도에서 출항한 도선을 기다릴 수 밖에 없다고 했다. 그리고 사
선을 부르겠냐고 물었다. 3만원인데 같이 반반씩 나눠서 부담하고 들
어가자는 것이다. 나올 때는 4시 배를 타면 될 것이라고 했다. 날씨도
좋지 않아 사진찍기도 적합하지 않고 바람도 점점 거세져 들어가는
것을 포기하고 집으로 향했다.

이틀 후 아침 일찍 참도로 향했다. 7시 30분 철부선 대신에 9시 도
선을 탔다. 철부선은 참도–포작도–어의도–점암선착장–재원도를
하루에 2번 오전 오후 1번씩 운항하는 배다. 이 뱃길은 명령항로이다.
일반항로와 달리 정부 또는 지방 자치 단체가 해운업자에게 선박의
운항을 지정하는 항로를 말한다. 정치나 경제의 필요에 따라 보조금
을 주거나 면세 따위의 특전을 주면서 해운업자에게 경영을 명령한
다. 도선은 신안군이 지원하고 마을 주민들이 운영하는 배를 말한다.
도선은 사람과 간단한 화물을 실을 수 있지만 차를 운반할 수는 없다.

배에 올랐다. 어의교회 목사님과 포작도에 사는 어머니 그리고 며
칠 전 폭풍주의보로 배를 타지 못했을 때 만났던 우체부가 동행을 했
다. 섬 사람들에게 그는 착하고 친절한 사람으로 통한다. 가가호호 사
정은 물론 집안에 숟가락이 몇 개인지도 알 것 같았다. 포작도로 들어
가는 아주머니에게 몇 개의 우편물을 전해주고 어의도로 향했다. 섬

에 도착하자 목사님 차를 얻어타고 이장님 집으로 향했다.

무안 해제와 지도읍 사이를 막기 전에 임치수로는 황금어장이었다. 민어, 부서, 새우, 장어 등 안 잡히는 고기가 없었다. 새우도 젓새우, 북새우 등 갖가지 새우가 다 나왔다. 어의도와 포작도 주변에 10여 척의 꽁댕이배(긴 주머니 모양의 안강망을 배 뒤쪽에 매달고 물고기를 잡는 배)와 어장이 설치되어 고기를 잡았다. 주요 어종은 새우였다. "지금만 같아도 안 막고, 다리를 놓제라. 그럼 여기 어장이 얼마나 좋았겠소." 지금은 탄도만 안에 들어온 물은 북쪽으로 오르지 못하고, 어의도로 내려온 물은 남쪽으로 내려가지 못하고 돌아서 함평만에 머문다. 소통을 못하기 때문에 예전처럼 고기도 많지 않다. 어차피 내만의 고기는 점점 씨가 말라가지만 바닷물이 활동을 하지 못 하니 이를 부채질하고 있다는 것이 이장의 주장이다. 나도 동의하는 부분이다.

1970년대 이장은 어촌계일을 보고 있었다. 당시 어촌계는 봉리어촌계에 속했다. 그 전에는 봉리(어의리 포함)는 중동어촌계에 속했었다. 지도읍에서 분리되어 증도면이 되면서 봉리어촌계가 독립한 것 같다. 봉리어촌계와 어의어촌계는 분리가 쉽지 않았다. 김양식이 활발하던 시기였는데 포작도 주변은 물론 어의와 작은 포작 사이에 치등까지 봉리어민들이 김양식을 했다. 지금 이들 지역은 어의어촌계 지선어장들이다. 당시 어촌계 분리를 요구하자 포작도 지선과 어의도 김양식장 일부까지를 봉리지선으로 주면 분리해 주겠다고 했다. 마을에서 김양식공장을 하던 사람들은 그렇게라도 해서 분리를 하자고 했지만 단호히 거부했다. 그리고 그 후 포작도를 포함해 신풍도까지 포함한 지선으로 분리를 했다. 그곳 갯벌이 아주 좋다.

어의도가 새우잡이에서 김양식으로 전환한 것은 1970년대 중반이었다. 이 무렵 마을 앞 어의방조제를 쌓은 지 얼마되지 않아 염기 때

작은 섬사람들에게 바다는 농지와 같다. 어의도사람들이 '지선어장'을 지키려고 했던 것도 마을 앞 문전옥답과 같기 때문이다.

문에 농사도 잘 되지 않던 시절이었다. 지금은 문전옥답으로 바뀌었다. 이장은 당시 처음으로 김 15떼를 막았다. 지금 많이 하는 사람이 1,000떼를 하니까 매우 작은 규모다. 기계도 없고 손으로 채취해 칼로 잘라서 김틀에 떠서 한 장씩 말리던 시절이었다. 김양식을 하려면 조합에 가입을 해야 했다. 그래야 수협에서 김발이며 양식에 필요한 물자를 얻을 수 있기 때문이었다. 당시 조합비가 3만5천원이었다. 그런데 조합비가 없었다. 이웃집에서 돈을 빌려줬다. 이자가 4부였다. 그래도 고마웠다. 겨우 물자를 얻어 김양식을 했는데 그해 120만원을 벌었다. '야, 이게 돈이 되는구나' 싶었다. 1980년대 초반에는 주민 40여 가구가 김양식을 했다. 이때는 한 가구에 30떼 이상 못하게 규제를 했다. 그 무렵 영광 염산에 김을 팔러 갔다가 부류식 김양식을 처음으로 봤다. 그곳 사람들이 부류식 기술을 배우려고 해남 중마도 사람을 초청해 어장을 하고 있었던 것이다. 포자가 일본에서 개발한 것이었는데 거짓말이 아니라 김을 뜯어 목에 거니까 넥타이보다 더 길었다. 그래서 마을로 데리고 왔다. 마을 주민들이 어장을 남에게 주면 안된다며 반대를 해서 이장이 처남과 함께 마을어장에서 멀리 떨어진 곳에서 시험양식을 했다. 김이 아주 잘 되었는데 줄이 너무 얇았던지 떨어져 나갔다. 완전히 실패했지만 가능성을 확인했다. 그리고 부류식을 마을에 도입했다. 지금은 마을에서 네댓 사람이 500~1,000때 김양식을 하고 있다.

　도선을 운영하는 것도 마을에서 정한다. 주민 중에서 운항을 원하는 사람이 있으면 1년에 한 번씩 교체를 한다. 월급 120만원은 군에서 지원되고 있다. 기름값이 면세유가 아니라 부담스럽지만 옛날에 비하면 엄청나게 좋아진 것이다.

　재원도에서 출발한 배가 전장포를 거쳐 11시에 어의도에 도착한다. 이장님도 그 배로 밖으로 나가신다며 채비를 하셨다. 트럭을 타고 함께 마을을 한 바퀴 돌았다. 이장님이 사는 동네는 김촌이다. 동쪽에 있는 마을이 강촌이다. 여기 사람들은 내만 바다를 강이라고 부른다. 섬 동쪽 강촌에 선착장이 있고 남쪽에도 선착장이 있다. 철부선이나 도선은 남쪽에 접안을 한다. 선착장으로 가는 길에 분교에 들렀다. 학생은 1명이다. 한때 100여 명이 다녔던 학교였다. 겨울방학이라 태극기만 휘날리고 있었다. 이장님이 김을 한 톳 선물로 주셨다. 자신도 선물로 받은 것인데 나누어 먹어야 선물한 사람이 좋아할 것이라며 한 사코 가방에 넣어 주셨다.

개황 | 어의도於義島

일반현황

위치 | 전남 신안군 지도읍 어의1리 **동경** 126° 00′ **북위** 35° 08′

면적 | 1.6km² **해안선** | 7.8km **육지와 거리** | 2.1km(지도읍)

가구수 | 61 **인구(명)** | 113(남65+여48) **어선(척)** | 76 **어가** | 20

어촌계 | 총 1개 어촌계(25명)

공공기관 및 시설

공공기관 | 어의지서 파출소(061-270-0189), 어의보건소(061-275-8127)

교육기관 | 지도초등학교 어의분교

전력시설 | 한전 전가구

급수시설 | 간이상수도시설 1개소 전가구

여행정보

교통 | **배편** | 오전 9시, 오후 4시 하루 2회 운항

특산물 | 김

특이사항 | 섬의 형태가 길게 늘어져 '느리섬' 이라 했고 한자어로 표기하면서 어의도라 불렀다. 용이야기가 구전되며, 정월 대보름과 추석에는 강촌, 김촌이 함께 풍물놀이를 하며 풍년농사를 기원하는 풍습이 있었다.

30년 변화 자료

구분	1973	1985	1996
주소	전남 신안군 지도면 어의리	전남 신안군 지도읍 어의리	좌동
면적(km²)	3.2	1.603	1.6
공공기관	-	-	면사무소 출장소 1개, 경찰분소 1개
인구(명, 남자+여자)	485(239+246)	328(155+173)	167(87+80)
가구수	83	59	55
급수시설	공동우물 12개	우물 14개, 간이상수도 1개	간이상수도 1개, 우물(펌프) 15개
초등학교	분교 1개 112명	분교 1개 50명	분교 1개 7명
전력시설	-	자가발전	한전 55가구
의료시설	-	약방	보건진료소 1개
어선(척, 동력선+무동력선)	무동력선 5척	12(1+11)	동력선 12척

＊ 공공기관은 면사무소, 파출소 등 포함

'돈섬'이라면 믿겠는가
지도읍 포작도(대포작도, 소포작도)

어의도 이장님과 인사를 하고 포작도에 내렸다. 아침에 같이 들어온 아주머니가 포대에 담은 무를 들고 배에 올랐다. 포작도선창은 참도 선창에서 빤히 보이는 곳이다. 철부선은 오후 1시 무렵에 참도를 출발해 포작도와 어의도를 거쳐 점암에 닿고 재원도로 간다. 다음 배는 도선이 4시 무렵에 닿기 때문에 대부분 그 전에 섬에서 나온다.

혼자다. 삶이 그렇듯 혼자 걷는다. 내가 섬을 찾는 이유 중 하나도 혼자 걸을 수 있기 때문이다. 작은 섬이 좋은 것도 이런 이유다. 자유를 느낀다. 선창을 지나 10분쯤 걸었을까 간척논 가운데 창고에서 나락가마니를 경운기에 옮겨 싣는 아저씨를 만났다. "이장님이세요." "예, 어디서 왔어요." 이쯤이면 반 무당쯤 된다. 7가구가 살고 있다면 서너 가구 정도가 부부가 살 것이고 창고에서 나락을 꺼낼 정도면 이장쯤 돼야 할 것 같았다. 일을 하고 계실 때는 이야기를 짧게 해야 한다. "소포작도 들렀다 이장님 집으로 갈게요. 식은 밥이라도 한 그릇 주세요." "그럽시다." 점심까지 벌어 놓았겠다 뱃시간도 넉넉하겠다 걸음이 한층 여유로웠다.

포작도는 지도읍 참도와 어의도 사이에 있는 섬이다. 해산물로 보자기를 싸는 형국이라 보작도라고 했다고 하며, 포알처럼 뾰족뾰족 나와 있어 포작도라 했다고도 한다. 참도와 가까운 큰 섬을 대포작도라 하고 어의도와 가까운 작은 섬을 소포작도라고 한다. 대포작도는 연산군 때 영광군 서면 학실리에서 거주하던 인동장씨가 이곳으로 이주했고, 철종 때 수원백씨 백남식이 장성군 삼서면 홍정에서 들어와 마을을 형성했다고 한다. 소포작도는 200년 전 인동장씨 장현달이 포작도에서 이주하여 마을을 형성했다. 물이 빠지면 대포작도를 건너다닐 수 있다.

이장님이 막았다는 간척지를 지나 해안으로 난 시멘트길을 걸었다. 신풍도가 빤히 보이는 대포작도 해안길에 묵은 독살이 남아 있다. 올해 팔순인 이장도 누구 독살인지 모르는 것으로 보아 3대는 넘었을 것 같았다. 갯벌에 많이 묻혔지만 흔적은 잘 남아 있었다. 포작마을 뒤에도 넓은 논이 있었다. 작은 섬이지만 개간한 밭과 간척한 논이 많고 규모도 크다. 소포작도로 들어가는 노두가 예쁘다. 갯벌 위에 앉아 있는 길, 물이 들면 잠기는 길이다.

소가 소를 먹는다

소포작도에 장씨가 들어온 지도 벌써 10년이 훨씬 지났다. 처음에는 나이 들어 조용히 섬에 들어가서 소를 키우며 살겠다는 계획이었다. 아버지의 고향이라 결정이 쉬웠다. 고향을 떠나 김포에서 살다 지도로 내려왔다. 가족들이 소를 키우고 있어 고향에 내려가 소를 키워야겠다고 생각했다. 대포작도에서 소포작도로 들어가는 노두길 초입에 구제역 방역 출입금지라는 글씨가 씌어 있었다. 물이 빠진 갯벌 위로 노두가 모습을 드러냈다. 소포작도에 사람이 많이 거주할 때는 12가

지도와 포작도 사이 수로는 무안 탄도만으로 이어지는 물길이었다. 해제와 지도를 잇는 방조제(도로)가 만들어
지기 전에는 새우, 민어, 장어 등 안 나오는 고기가 없었다. 그곳을 막아 태원농장이 조성되었다.

구까지 살았다. 지금은 장씨 부부와 2마리 개와 12마리 소가 전부다. 노두를 건너 소나무숲 사이로 난 흙길을 지나자 개들이 요란스럽게 짖었다. 입구에 개조심이라는 글씨가 씌어 있던 터라 준비를 했기에 다행이지, 그렇지 않았으면 소스라칠 뻔했다. 개가 엄청나게 크고 소리도 우렁찼다. 길가에 한 집이 있었다. 유리창 너머로 우체국 택배를 이용하기 위해 포장을 하는 남자가 보였다. 큰 소리로 "아무도 없어요" 소리를 쳤다. 잠시 후 작업복을 입은 남자가 나왔다.

장씨가 처음 들어와서 시작한 일은 실뱀장어잡이였다. 그런데 낮과 밤이 바뀌는 것을 견딜 수 없었다. 소득도 시원찮았다. 결국 포기하고 축산을 택했다. 10마리만 키워보자 생각했다. 가는 날이 장날이라고 시앙치(송아지)값이 뛰기 시작했다. 400만원에서 몇십 만원 모자라는 값을 치르고 시나브로 10마리를 입식했다. 그리고 새끼를 낳아서 팔려고 하니 50만원이다. 그것도 사려는 사람이 없다. 사료값은 한 포대에 1만2천원이다. 큰 소가 이틀에 한 포대씩 먹으니 10일이면 6만

628

원, 두 달이면 송아지값이다. 장씨는 그래서 "소가 소를 먹는다니까요"라고 했다. 봄이 되면 섬에 소를 방목할 생각이다. 소를 굶겨 죽일 수는 없지 않는가.

장어잡이를 그만두고 농사도 짓기 시작했다. 큰 섬(대포작도)에서 논을 빌려 쌀농사를 지었다. 그래야 소를 먹일 짚을 확보할 수 있기 때문이다. 애초에 바닷일은 배우질 않아 시작할 생각도 없었다. 다른 사람 볏짚까지 얻어 소를 먹였다. 처음 생각과 달리 섬생활도 맘이 편치 않았다. 특히 소값이 떨어지고 나서는 더욱 그랬다. 구제역은 다행히 피해 갔지만 소값 폭락과 사료값 급등은 피해갈 수 없었다.

뭐라 할 말이 없었다. 그저 장씨의 이야기만 듣고 있다 나왔다. 점심시간이 훨씬 지났다. 밥을 어떻게 하느냐는 말을 뒤로 하고 나왔다. 큰 섬 이장에게 식은 밥이라도 한 그릇 달라고 부탁을 해놓았기 때문이다.

왔던 길을 돌아 노두를 건넜다. 해안을 돌아왔던 길 대신에 고개를 넘어 큰 마을로 왔다. 이장님은 그때까지 식사를 하지 않고 기다리고 계셨다. 따뜻한 두부국에 감태무침, 잘 익은 김치, 멸치볶음, 고소하게 구운 김, 동치미. 진수성찬이다. 이장님 사모님은 반찬이 없다며 미안해 했다. 섬에 들어올 때는 점심은 못 먹겠구나 각오했다. 밥구경을 하는 것만도 어딘가. 1구(어의도)에서 김양식하는 분이 한 톳 보내구웠다고 했다. 뚝딱 밥을 해치우고 커피도 얻어마셨다.

포작도에서 새우를 잡던 시절에는 어의도하고는 비교할 수도 없었다. 돈섬이었다. 마을 앞 장불(해변)에는 온통 새우를 말리느라 굿이었다. 당시는 염장을 하기보다는 건새우로 팔았다. 목포의 신창상회와 유달상회에서 위탁판매를 해주었다. 객선이 낙월도에서 출발해 포작도선창(당시는 봉리선창이라 했다)에서 내양-자동-선도-고이도를 거쳐 목포로 연결되었다. 생활권이 목포였다. 어의도가 종점인 배는 전장포-재원도-목포로 하루에 1번 편도로 오갔다.

지금은 막혀 버린 임치수로에 10여 척의 꽁댕이배가 있었다. 모두 새우를 잡는 배였다. 5톤 규모의 배 선미에 그물을 설치해 새우를 잡는데 선장을 제외하고 두 사람이 필요했다. 임자도나 낙월도에서 새우를 잡는 멍텅구리배와 다르다. 멍텅구리배는 10톤 규모에 동력도 없고 그물은 허리에 차고 새우를 잡았다. 선원도 7~8명이 필요했다. 꽁댕이배 이전에는 임치수로에서도 멍텅구리배로 새우를 잡았다고 한다. 당시 배 안에 연탄온돌 시설이 되어 있어 밥도 해먹었다. 새우잡이는 1980년 이전에 끝났다.

아직도 도선이 오려면 2시간은 훨씬 더 기다려야 하는데 자리를 털고 일어났다. 감사하다는 인사를 몇 번이고 되풀이하고 돌아나왔다. 골목에서 돌담 너머로 엿본 집들은 사람이 사는 집보다 빈집이 더 많다. 마을 입구 빈집 마루에 우편함이 모아져 있다. 우체부가 섬에 들어와 이곳에 우편물을 넣고 가는 모양이다. 배가 자주 없고 포작과 어의를 돌아야 하는 우체부의 고충을 헤아려 배려해 놓은 것 같다.

선창에 도착해 차분히 자릴 잡고 앉았다. 운이 좋아 배가 있으면 얻어타고 그렇지 않으면 원고나 쓰자 싶었다. 그때 뱃소리가 들렸다. 수로에서 실뱀장어를 잡는 바지선을 손보던 어민이 참도로 가는 중이었다. 소리를 질렀다. 자주색 모자를 흔들었다. 못 들었는지 그냥 지나쳤다. 잠시 후 그 배가 돌아와 수로에 있는 바지선에 접안을 했다. 고래고래 소리를 쳤다. 다음에 갈 때 데려가 달라는 신호였다. 곧 출발한 배는 또 그냥 갔다. 속이 상했다. 선창에 마련된 대합실 안으로 들어와 차분하게 신발도 벗고 포작도 이야기를 정리했다.

개황 | 대포작도大包作島

위치 | 전남 신안군 지도읍 어의2리 **동경** 126° 12′ **북위** 35° 06′
면적 | 0.760km² **해안선 |** 3.2km **육지와 거리 |** 0.4km(지도읍)
가구수 | 11 **인구(명) |** 15(남7+여8) **어선(척) |** 1 **어가 |** 5

전력시설 | 한전 전가구

교통 | 배편 | 도선운행, 오전 9시, 오후 4시. 하루 2회 운항
특산물 | 김
특이사항 | 해산물을 보자기에 싸는 형국이라 하여 보작도 또는 섬의 형태가 포알처럼 뾰족뾰족 나와 있어 포작도라 했다 한다.

30년 변화 자료

구분	1973	1985	1996
주소	전남 신안군 지도면 어의리	좌동	전남 신안군 지도읍 대포작도리
면적(km²)	21.0	0.757	0.8
공공기관	-	-	파출소 분소 1개
인구(명, 남자+여자)	153(61+82)	86(40+46)	38(24+14)
가구수	27	18	13
급수시설	간이상수도 8개	우물 24개	우물 23개
초등학교	분교 1개 66명	분교 1개 17명	분교 1개 2명
전력시설	-	-	한전 13가구
의료시설	-	약방	상비약비치
어선(척, 동력선+무동력선)	무동력선 3척	무동력선 4척	동력선 3척

* 공공기관은 면사무소, 파출소 등 포함

일반현황

위치 | 전남 신안군 지도읍 어의2리 동경 126° 20′ 북위 35° 12′
면적 | 0.390km² 해안선 | 2.8km 가구수 | 1 인구(명) | 3(남2+여1)

공공기관 및 시설

전력시설 | 한전계통 전가구
급수시설 | 우물 1개소 전가구

여행정보

특이사항 | 대포작도와 이웃하고 작은 섬이라 소포작도라는 이름이 유래되었다고 한다. 패총 유적이 총 3곳에서 발견되었다.

30년 변화 자료

구분	1973	1985	1996
주소	전남 신안군 지도면 어의리	전남 신안군 지도읍 어의리	
면적(km²)	1.1	0.391	
인구(명, 남자+여자)	32(18+14)	18(8+10)	
가구수	6	4	
급수시설	공동우물 2개	우물 2개	
초등학교	-	1개 4명	
전력시설	-	자가발전	
의료시설	-	약방	
어선(척, 동력선+무동력선)	무동력선 2척	-	

목포시
무안군

목포시

무안군

해제면
임자면
지도읍
현경면
증도면
69
무안군
운남면
압해읍
65
목포시
66
67
68 고하도
68 허사도

65

섣달그믐에 바람이 불다
목포시 유달동 율도 장좌도

"여보세요. 배가 왜 그냥 지나가죠." 2층 여객터미널에서 표를 끊어야 하지만 막 떠나려고 입구를 닫는 배를 보고 그냥 올랐다. 폭풍주의보가 내렸다면 다음 배로 나오셔야 한다는 승무원의 말에 머리카락이 쭈뼛 섰다. 배는 이미 출발했다. 자초지종 따질 것도 없다. 항만청 지원을 받아 명령항로를 다니는 배라 좌고우면할 사정도 아니었다. 다음 배가 오지 않으면 배를 타고 섬을 한 바퀴 돌아 다시 내려야 할 형편이다. 목포-율도-달리-외달-고하-목포를 순항하는 배이기 때문이다. 바람이 심해져 2항차부터 항해를 중단하라는 지시가 내려오면 그걸로 끝이다.

섣달그믐에 섬을 가겠다고 나선 것부터가 조심스러웠다. 그래도 섬사람들의 명절풍경을 보고 싶었던 터라 무리해서 나섰다. 1시간 반 정도 여유가 있었다. 작은 섬이라 돌아보는 데는 시간이 많이 걸리지 않았다. "율도 선창에 있는데요." "거기서 좀 기다리세요. 배가 도착할 거에요. 내릴 사람도 있어요." 표를 끊어주는 선사 여직원의 통화에도 불구하고 불안했다. 목포에서 첫배로 내린 곳이 율도선창이었다. 그곳에서 기다리라는데 나가는 사람은 없고 시간은 다 되어가는데 오는 배도 보이질 않았다. "마지막배에요. 나오시려면 이 배밖에 없어요."

섣달그믐을 작은 섬에서 지낼 뻔하다가 운항 중지 직전에 막배가 왔다. 강풍주의보로 이 배는 다음날도 운항을 못한다고 했다.

전화를 끊고 돌아서자 달리도 끝에서 배 1척이 검은 점처럼 다가오고 있었다. 첫배로 율도선창에 도착했다. 불안한 마음을 억누르며 승용차 2대와 함께 내렸다. 이제 배 안에는 기관사와 선장과 승무원만 남았다. 다행히 율도에서 마을 주민 3명이 올랐다. 이른 새벽에 배에서 내리는 나를 보고 누굴 찾아왔냐며 훑어봤다. 옛날 같으면 어김없이 경찰서에 신고했을 것이다. '수상하면 살펴보고 의심나면 신고하자.' '이웃집에 오신 손님 간첩인가 살펴보자' 하지 않았던가.

날씨가 매섭다. 설 한파가 올 것이라는 소식은 들었지만 불안과 추위까지 더해 몸이 떨렸다. 찬바람에 속살을 드러낸 갯벌 위로 작은 배들이 나뒹굴었다. 물김을 채취하는 배와 관리선 그리고 선외기들이 선창에 정박해 있었다. 마을 입구에 낡은 김공장과 비료공장이 있었고, 비료와 유기산 약통이 즐비했다. 얼른 봐도 김양식과 농사로 먹고 사는 섬처럼 보였다. 사실 김농사를 짓는 데도 논밭의 작물처럼 요소비료와 성장촉진제를 준다는 사실을 안 것도 오래되지 않았다.

율도 명칭과 관련해서 2가지 설이 있다. 조선시대 이곳으로 유배온 선비들이 속이 상해 말을 하지 않고 지내 언어가 어눌해져 붙여진 지명이라는 설이 있다. 또 말이 아니라 유배온 선비들이 일을 하지 않아 행동이 어눌해져 눌도訥島라 했다고도 한다.

1963년 무안군 이로면이 목포시에 편입되면서 달리와 눌도리가 충무동으로 개칭되었다. 이때 고하도, 허사도, 달리도, 외달도, 장좌도 등과 함께 목포시로 편입되었다. 목포시와 율도 사이에 있는 장좌도 역시 율도어촌계에 속한다. 장좌도에는 2가구가 거주하며 1가구는 1년에 몇 차례 오갈 뿐이며 팔순 노인 한 분이 선박폐선 일을 하며 거주하고 있다.

율도는 눌도봉(102.3미터)을 중심으로 동서보다 남북 길이가 더 긴 섬이다. 서쪽은 낮은 구릉으로 되어 있어 밭농사가 발달하고 연안으로 제방을 막아 염전과 농사를 짓고 있다. 마을은 율도, 금수동, 고분도 등 세 마을로 나누어져 있지만 선착장 주변에 있는 율도에 집중되어 있다. 섬은 크지 않아 두어 시간이면 주변을 돌아보며 걸어서 율도 1구와 2구를 오갈 수 있다. 자전거를 가지고 가면 훨씬 요긴하다. 작은 해수욕장(율도해수욕장)과 해넘이, 갯벌관찰 등을 할 수 있으며 망둑어 낚시도 즐길 수 있다. 목포여객터미널에서 30분 거리에 있지만 귀항할 때는 주변 섬을 경유하기 때문에 넉넉하게 1시간 정도 시간을 잡는 것이 좋다.

율도는 지주식김정보화마을로 지정되었다. 지주식김은 총 312헥타르로 매년 30만여 속의 김을 생산하고 있다. 율도에서 본격적으로 김양식을 시작했던 사람들은 완도 노화도에서 이주해온 사람들이었다. 이주민들은 율도와 장좌도 일대에 정착해 김양식을 시작했다. 일찍 김양식을 시작했던 이들 고향에는 양식할 자리(갯벌)가 부족해 많

설명절을 앞두고 모두 뭍으로 나갔는지 섬마을은 너무 조용했다. 예수님이 두 팔을 벌리고 기다리는 양들은 이 섬에 없을 성싶었다.

은 사람들이 서해안 섬과 연안으로 진출해 김양식을 시작하며 원주민들에게 보급하기도 했다.

이른 아침이라 율도마을 골목길은 한산했다. 율도리에서 인기척을 확인할 수 있는 마을은 10여 가구도 못될 성싶었다. 대부분 문이 잠겨 있거나 빈집이었다. 설날을 코앞에 두고 모두 어디로 간 것일까. 골목길을 지나 성당으로 올라섰다. 성모마리아가 두 팔을 벌려 마을을 품에 안고 있는 모습이었다. 겨울바람이 매섭게 불었다. 추수를 끝낸 간척지로 찬바람이 휩쓸고 지나갔다. 섬 남쪽으로 만입된 갯벌에 남부제방을 쌓아 간척지를 조성했고, 북쪽으로 만입된 갯벌은 북부제방을 쌓아 염전을 만들었다. 서쪽은 해넘이가 아름답고 동쪽 갯벌은 혼합갯벌로 바지락을 채취할 수 있다. 뱃길 좌우에서는 실뱀장어를 잡기 위한 바지선 네댓 척이 봄을 기다리고 있었다.

율도에서 금수동으로 넘어가는 길에 유달초등학교 율도분교가 있다. 1952년 무안군 율도국민학교로 개교했다. 1963년 목포시로 편입

640

하여 목포율도국민학교로 개칭한 후 1984년에는 병설유치원을 두기도 했다. 1994년 유달초등학교 율도분교장으로 격하되었고 2011년 3월 아이들이 없어 병설유치원을 휴원했으며 학생은 3학년과 6학년 각각 한 명이다. 북부제방과 뒷마을(금수동), 고분도를 지나 앞마을(율도)로 돌아왔다. 바람이 점점 거세졌다.

뱃시간이 임박해 선창에 도착했다. 그런데 달리도와 율도 사이로 오던 여객선이 목포로 들어가 버리는 것이 아닌가. 선사에 전화를 걸었다. 표를 팔던 아가씨가 곧 도착할 것이라고 했지만 불안했다. 선창 아래 갯가에서 주민 한 분이 쓰레기를 태우고 있었다. 마을이야기를 나누다 폭풍주의보로 오늘 마지막배라며 배가 오지 않아 걱정이라고 하자 주민이 화들짝 놀라며 선창 옆에 있는 집으로 뛰어갔다. 다행히 배는 저만치 오고 있었다. 주민은 목포에 있는 집에서 설을 쇠려고 잠시 들러 집안 정리를 하고 오후배로 나갈 참이라고 했다. 대부분 주민들은 설을 쇠려고 목포로 나가 섬이 조용하다고 알려줬다.

올해 66세(1947년생)인 문세남 씨는 노화도 석중리가 고향이다. 1981년 30대 초반에 김양식을 하기 위해 모두 열댓 명이 목포로 왔다. 당시 열 몇 가구 사는 장좌도와 율도에는 노화도에서 온 사람들이, 달리도는 소안사람들이 자리를 잡았다. 당시 노화와 소안 그리고 넙도에는 김양식을 할 자리가 없어서 군산과 부안으로 많이 갔고 멀리는 인천까지 김양식 자리를 찾아 이사를 했다. 문씨처럼 늦게 마을에서 떠난 사람들은 목포와 신안 근처로 들어왔다. 얼마 전까지 고향사람끼리 계모임도 같이 해왔다고 한다. 아는 사람이 있어 율도에 정착을 했지만 이곳은 수심이 깊은 '뜬지역'이라 말목과 김발 등 시설비가 많이 들고 김발도 많이 하기 어려워 기껏해야 200여 때 정도 하고 있다. 다른 지역으로 간 사람들이 1,000여 때를 하는 것에 비하면 소규모이다. 처음에 와서는 손으로 김을 가공하는 완전 재래식으로 20때를 했었다. 그래도 그때가 괜찮았다고 한다.

배가 도착하자 첫배로 나갔던 섬 주민 세 사람이 설 세찬을 사들고 들어왔다. 트럭과 승용차 2대도 내렸다. 큰 마을에서 내가 본 승용차는 방금 들어온 차까지 모두 6대나 될까. 폭풍주의보가 내리지 않았다면 배 안에 자동차가 가득 찼을 것이고 여객터미널에는 번호표를 들고 순번을 기다렸을 것이라고 했다. 허리띠를 손에 들고 양말도 신지 않는 문씨가 허겁지겁 오르자 배가 출발했다. 외달도에서 부부가 올라탔다. 전복양식과 김양식을 하는 부부로 폭풍주의보로 아이들이 섬에 들어오지 못하자 목포로 나가 자식들과 설을 보내려고 배를 탔다. 달리도에서는 할아버지 네 분이 탔다. 명절이면 으레 목포로 나가 며칠 지내고 돌아온다고 했다. 딱 하룻밤을 자고 오지만 자식들이 오는 것보다 노인들이 가는 것이 덜 복잡해 몇 년 전부터 그렇게 하자고 했다고 한다.

"섬은 이것이 고약해. 몸이 아파도 배가 없으면 못 나와. 이렇게 주의보라도 내리면 대통령도 어떻게 못해. 북항에서 작은 낚싯배가 있어도 그것도 주의보 내리면 못 가요. 아퍼서 죽게 생겼으면 죽는 거여. 그게 문제여. 그래서 우리가 나가제. 그게 편해."

"여기서 설 쇨 사람은 안 내려도 됩니다." 승무원의 목소리에 힘이 들어 있다. 저녁 때까지 일하지 않고 일찍 집에 갈 수 있기 때문일까. 흑산도와 홍도는 사흘째 강풍주의보로 배가 묶였다고 한다. 배가 목포항에 도착했다. 흑산도를 오가는 쾌속선은 물론 비금과 도초 등을 오가는 철부선도 모두 목포여객터미널 앞에 묶여 바람에 끼이잉 끼이잉 울어댔다. 몇 명의 자식들이 나와 짐을 받아 차에 실었다. 설을 쇠고 배가 다시 출항을 하면 노인들은 섬으로 되돌아갈 것이다.

뱃길을 잃은 도심 속 작은 섬, 장좌도

장좌도는 남북으로 길게 뻗어 있는 섬이다. 삼국시대 백제의 한 장군이 살다 죽은 섬이라고 하지만 확인할 길은 없다. 또 장군이 팔을 길게 뻗어 붙여진 이름이라고도 전한다. 1500년 무렵부터 사람이 살기 시작했다고 한다. 무안군에 속했다가 1963년 목포시에 편입되어 지금은 율도동에 속한다. 한때 20여 가구 40여 명의 주민들이 살았으며 분교까지 있었다. 당시 섬사람들은 지주식김양식을 생업으로 삼았다. 하지만 영산강이 막히자 조류가 변하여 더 이상 김양식을 할 수 없었다. 하나둘 섬을 떠나기 시작했다. 그리고 10여 년 전에 뱃길도 끊겼다. 이젠 섬을 가려면 사선을 타고 가야 한다.

현재 섬에는 3가구가 거주하고 있다. 물론 주민등록상에는 더 많은 가구들이 등록되어 있다. 3가구 중 1가구는 20여 년 전부터 폐어선 사업을 하고 있으며, 나머지 2가구는 연안연승(주낙)으로 농어와 민어를 잡으며 살고 있다. 봄철이면 실뱀장어를 잡기도 한다. 율도와 장좌도, 우도를 묶어서 율도동이라고 부른다. 우도는 율도와 장좌도 사이에 있는 섬으로 사람이 살고 있지 않지만 한 집(빈집)에 몇 세대가 주민등록에 올라 있다. 목포시와 가깝고 개발가능성이 높기 때문일 것이다. 서해안과 남해안으로 해안도로인 77번국도가 무안군 망운면에서 신안군 압해읍으로 이어졌다. 국토계획에 따르면 이 도로는 다시 목포 율도와 달리도를 거쳐 해남군 화원면으로 이어진다.

30년 변화 자료

구분	1973	1985	1996
주소	전남 목포시 충무도	전남 목포시 태무동	전남 목포시 충무동
면적(km²)	1.78	1.98	1.98
공공기관	-	-	경찰분소 1개
인구(명, 남자+여자)	717(372+345)	772(418+354)	407(236+171)
가구수	127	150	126
급수시설	공동우물 10개소 717명	우물 52개 594명, 간이상수도 1개 178명	우물(펌프) 52개 22명, 간이상수도 2개 385명
초등학교	1개 160명	분교 1개 108명	분교 1개 16명
전력시설	자가발전 107가구	한전 150가구	한전 126가구
의료시설	-	-	상비약비치
어선(척, 동력선+무동력선)	-	동력선 64척	동력선 62척

＊ 공공기관은 면사무소, 파출소 등 포함

아름다운 사랑의 섬

목포 외달도

외달도는 목포에서 서쪽으로 6킬로미터 떨어진 달리도 밖에 위치한 섬으로, '사랑의 섬'으로 주목받고 있다. 달동(달리도)에 속했으나 외롭게 떨어져 있어 '외로운 달동네'라 해서 외달도라 불리게 됐다. 고려시대부터 사람이 살았다고 한다.

해수풀장이 개발되면서 '사랑의 섬'으로 알려지기 시작했다. 목포에서 하루 5~6회 배가 운항하며, 섬 안에 차가 없으며 물이 풍부하다. 환경부 지정 '수려한 자연과 바다가 숨쉬는 자연생태 우수마을', 해양수산부 지정 아름다운 100대 섬으로 선정되기도 했다.

섬에는 문화재도 없고 위락시설도 없다. 최근에야 사랑의 섬으로 개발하면서 숙박시설과 식당이 만들어졌다. 섬 서쪽에서는 해수욕을 즐기고 동쪽에서는 바지락을 잡을 수 있다. 목포에서 소비되는 소라의 절반이 외달도에서 생산된다.

외달도는 모두 25가구 정도가 거주하며 이들 중 6가구는 김양식을, 5가구는 전복양식을 하고 있다. 전복과 김양식을 겸하는 경우가 대부분이며 이들을 제외하고는 대부분 노인들만 살고 있다. 회갑을 갓 넘긴 박씨 부부도 김양식 200여 때와 전복양식을 하고 있으며 민박도 하고 있다. 해수풀장이 개발된 뒤로 식당도 생겼고, 한옥펜션을 포함해 2개의 펜션이 지어졌다.

외로운 섬동네가 여름철이면 북적댄다. 야외 해수풀장 때문이다. 목포시에서 '사랑의 섬' 으로 만들고 있다.

달동에 속하였지만 1966년 동제 변경으로 충무동으로 편입되었다. 서북쪽 해안가는 1925년부터 해수욕장으로 이용하였다.

1931년 5월 25일자 〈동아일보〉 이광수의 '충무공 유적순례' 라는 칼럼에 "'압해도 등 뒤에 어엿븐 섬이 잇으니 그것이 외달도, 하기夏期면 일본 소학생들이 해수욕캠핑을 하는 데라고 합니다"라고 소개되어 있다. 외달도해수욕장은 목포시민들이 '밖다리 해수욕장' 이라 부르는 즐겨 찾던 여름피서지였다.

도시에 섬이 있다는 것은 큰 자산이다. 기회만 있으면 바다와 갯벌을 메우고 다리를 놓아 섬의 흔적을 없애거나 무시로 드나드는 육지를 만들어버리기 때문이다. 특히 섬을 연결하고 갯벌을 메워 도시를 키웠던 목포나 군산 그리고 인천 등 항구도시는 더욱 그렇다. 최근 이들 도시들은 섬과 바다자원에 주목하며 섬문화자원을 활용하기 위한 다양한 방안을 모색하고 있다. 목포에서 사선으로 10분 거리에 달리도, 외달도, 율도, 허사도 등 유인도가 있다. 신안군의 섬들이 목포의 삶을 풍성하게 한다면 이들 섬들은 '목포는 항구다' 라는 사실을 기억하게 한다.

이들 섬을 경유하는 순회관광선이 '바다의 시내버스' 마냥 매일 수 차례 운행한다. 이들 섬 중 목포시가 애정을 갖고 관광의 섬으로 개발하려는 곳이 '외달도' 다. 2004년 '사랑의 섬' 이란 별명으로 달고 개발을 추진하고 있다. 목포시내 유일한 해수욕장인 유달해수욕장이 폐장되어 여름철이면 찾는 사람이 크게 늘어나고 있다. 이에 맞춰 전라남도와 목포시에서는 사랑의 섬 외달도에 한옥민박집, 해수풀장 등 쉬고 즐길 수 있는 시설을 마련했다.

사람들이 외달도를 찾기 시작한 것은 6, 7년 전이다. 낚시꾼들이나 여름철 간혹 섬에 들어오는 사람들이 있었지만 민박과 식당을 찾는 사람들은 거의 없었다. 20여 가구도 되지 않는 외달도는 '논기미' 에 손바닥만한 논과 구릉에 마늘과 고추를 심고, 겨울철이면 김양식을 하며 사는 작은 섬이었다. 30여 년 전 외달도의 모습은 더욱 암담했다. 지척이 항구도시 목포지만 이곳은 전기도 들어오지 않았고, 산에서 나무를 해 밥을 했다. 연탄보일러와 기름보일러를 바꾼 것이 오래된 일이 아니다. 뱃길도 여의치 않았다.

외달도는 현재 3집이 전복양식을 하고 있으며, 올해 3집이 더 전복양식을 준비하고 있다. 여기에 김발을 하는 예닐곱 집을 제하고 나머지는 독거노인이나 거동이 불편한 노인들이 사는 집이다. 여름철에는 이 노인들도 민박집을 운영하고 있다. 섬에는 4동의 한옥민박집이 운영되고 있다. 전라남도에서 추진한 한옥민박집 프로젝트의 지원을 받아 '앞선창' 경치 좋은 바닷가에 지었다. 주말에 이용하려면 미리 예약을 해야 할 정도로 인기가 높다.

외달도에서 쌀농사를 짓는 논은 '논기미' 4천여 평이 전부다. 오

전라남도에서 추진하는 한옥민박사업으로 외달도에서도 전망 좋은 곳에서 하룻밤을 묵을 수 있다.

래전에 만입한 갯벌을 막아 붙여진 이름이다. 한 사람이 지어도 작을 논을 10여 명이 붙여먹고 살았다. 지금은 해수풀장으로 개발되어 여름철 관광객들이 이용하고 있다. 방조제 밖에는 모래해수욕장이 있고 안쪽은 해수풀장으로 개발하여 여름철 놀이공간으로 이용하고 있다. 논기미의 해수욕장 외에 '멍대기'에도 해수욕장이 있다. 지금은 여객선이 고하도-달리도-외달도-율도 등을 경유하지만 피서철에는 목포와 외달도를 직항으로 연결하는 배편이 수시로 운항한다. 주민들이 유일한 식량원인 논을 선뜻 내준 것은 관광에 대한 기대 때문이다.

외달도 동장 김구원(58세) 씨는 5년 전부터 외달도에서 전복양식을 시작했다. 해남에서 태어난 김씨는 도시에서 생활을 하다 30여 년 전 요양차 섬에 들어와 먹고살 길이 없어 시작한 김양식이 생업이 되었다. 부인의 정성과 바닷바람 탓에 건강을 회복하고 지금은 아들과 함께 전복양식과 김양식을 하고 있으며, 마을일도 맡아 하고 있다. 섬을 찾는 사람들에게 식사도 제공하고 있다. 외달도에는 편의시설이 없

외달도에는 5가구가 전복양식을 하고 있다. 주문을 하면 바로 양식장에서 건져와 요리를 해준다.

다. 담배가게도 없으며 식당도 여름철 계절장사만 허용하고 있다. 한 옥민박집을 지어놓고 손님을 기다리는 판국에 뭔가 잘못되어 있다. 손님들이 몰려들자 동장님이 배를 타고 나가 전복을 따온다. 5분도 안되어 싱싱한 전복회가 나오고 전복죽, 전복삼계탕이 나온다. 이것 마저 없으면 외달도에서 제대로 밥을 먹기 어렵다.

김동장은 아직도 해결해야 할 일이 많다고 지적한다. 이제 막 자리 잡기 시작한 해수풀장과 해수욕장은 물론 정비해야 할 것이 한두 가지가 아니다. 외달도를 사랑하는 혹은 사랑을 원하는 연인들을 위한 섬으로 개발하려는 계획 이전에 지자체의 섬사랑이 좀 더 필요할 것 같다.

개황 | 외달도外達島

위치 | 전남 목포시 유달동 **동경** 126° 18′ **북위** 34° 46′
면적 | 0.482km² **해안선** | 4.1km **육지와 거리** | 6km
가구수 | 41 **인구(명)** | 114(남58+여56) **어선(척)** | 19 **어가** | 15
어촌계 | 총 1개 어촌계 60명

전력시설 | 한전 전가구
급수시설 | 간이상수도시설 1개소 전가구

교통 | **배편** | 목포여객선터미널에서 1일 6회 운항
특산물 | 김, 전복
특이사항 | 전국 100대 아름다운 섬. 해변에서 보는 전경과 낙조가 아름다워 연인들이 즐겨 찾는다.

30년 변화 자료

구분	1973	1985	1996
주소	전남 목포시 충무동	좌동	좌동
면적(km²)	0.42	0.42	0.42
공공기관	-	-	경찰분소 1개
인구(명, 남자+여자)	154(79+75)	165(86+79)	91(54+37)
가구수	24	29	21
급수시설	공동우물 4개소 154명	우물 19개 165명	간이상수도 1개 21명, 우물(펌프) 15개
초등학교	분교 1개 23명	분교 1개 20명	분교 1개 4명
전력시설	-	자가발전	한전 21가구
의료시설	-	-	상비약비치
어선(척, 동력선+무동력선)	-	동력선 17척	동력선 17척

＊ 공공기관은 면사무소, 파출소 등 포함

67

갯벌에 묻힌 기록을 찾다

목포 달리도

목포에서 서쪽으로 5.6킬로미터 떨어져 있으며 해남 화원면 매월리와 마주보고 있다. 섬모양이 반달과 비슷하여 달동으로 부르다가 달리도라 하게 되었다. 또 유달산의 달자를 따서 달리도라 했다고도 한다.

주변에 율도, 고하도, 외달도, 장좌도 등이 있다. 섬 서쪽에 사재산(140미터)과 금성산(140미터) 줄기가 남북으로 뻗어 있다. 금성산 봉우리에 임진왜란 때 서해로 진출하려던 왜병을 물리친 의병들이 깃발을 달았다는 영끝, 깃대봉이 있다. 동쪽으로는 낮은 평지와 해안으로 연결된 갯벌이 발달했다. 염전과 농지를 조성하였다.

달리도는 고하도, 허사도, 외달도 등과 함께 영산강 수로와 서남해역 해로가 만나는 길목에 있어 해상교통로상 중요한 위치에 있다. 해로는 육상교통이 발달하지 않았던 고대에서 근대에 이르기까지 문화의 이동과 해상무역의 통로였다. 하지만 조선시대 여러 지리지에 나주목 부속도서로만 기록되어 있을 뿐 주민생활상을 엿볼 수 있는 자료가 없다.

달리도 지역은 백제시대에는 아차산현과 통일신라 시기 압해군[갈도현(碣島縣, 영광군 군남면 남창), 염해현(鹽海縣, 신안군 임자도), 안파현(安波縣, 신안군 장산도) 등을 속현으로 거느림] 이후, 고려시대 나주를 거쳐 영광군에 이속되었다. 이후 조선시대에는 다시 나주목에 예속되었다.

달리도가 처음 등장한 문헌은 《동국여지승람》이다. 나주목 32개 부속도서 중 '다리도多里島' 라는 지명이 있다. 이후 편찬한 《동국여지지》(17세기 중엽), 《여지도서》(1759) 등에도 같은 이름으로 기록되어 있다. 현재와 같이 달리도達里島가 문헌기록에 나타난 것은 1789년 작성된 《호구총서》로 내달리촌內達里村, 달호촌達湖村, 외달리촌外達里村, 허사도許沙島 4개 마을로 구성되어 있다. 가구수는 107호에 남자 163명, 여자 140명으로 총인구수는 303명이다.

1896년 칙령 제13호에 의해 옛 지도진에 지도군을 신설하고 나주, 영광, 부안, 만경, 무안, 해남 등에 소속된 117개 도서를 관할하게 했다. 이때 달리도는 지도군 압해면 달리도로 편제되었다. 이후 일제강점기 시절인 1914년에 행정구역 개편으로 지도군이 해체되고 무안군 관할이 되었고, 1917년 9월 30일 압해면 달리도를 해남군에 편입시켰다. 이후 정확한 시기는 알 수 없지만 무안군 이로면에 속했다가 1963년 목포시로 편입되면서 충무동으로 개칭되었다. 고하도, 허사도, 외달도, 눌도(현 율도), 장좌도 등과 함께 편입되었다. 1996년 달동(달리도)과 눌도동으로 나누어졌는데 지금은 충무동으로 통합되었다. 섬마을은 큰 마을과 작은 마을로 나누어져 32가구 70여 명이 거주하고 있다. 갯벌 굴, 낙지, 자연산 먹거리가 풍부하며, 바닷물을 막아 만든 염전에서 천일염을 생산하고 있다.

약 700년 전 청주한씨가 처음 들어와 400년을 살다가 떠나고 이후 영양천씨, 김해김씨, 광산이씨, 전주이씨가 들어와 사재산 기슭에 자리를 잡았다고 한다.

달리도가 널리 알려진 것은 마을 뒤쪽 지픈골에서 고선박이 발견되면서였다. 국립해양유물전시관(현 해양문화재연구소)은 1995년 6월 8일부터 7월 29일까지 51일간 달리도 앞바다에서 고선박 발굴조사를

초봄이면 묵혀둔 실뱀장어 잡는 바지선을 수리하느라 분주하다. 봄철이 되면 바지선을 바다에 띄우고 수천 킬로미터를 지나 어미가 살던 곳을 찾아온 실뱀장어를 잡는다.

했다. 1989년 6월 어느 날 마을 주민 김장오 씨가 달리도 지픈골 앞 해변에서 낙지잡이를 하던 중 갯벌에 묻힌 선체 일부를 발견하였다. 1994년 2월 이들에 의해 접시 2점과 청동숟가락 1점, 도자기 파편 등이 발견되었다.

문화체육관광부는 공식적으로 달리도에서 발굴한 목선木船(일명 '달리도배')에 대한 조사를 실시한 결과 고려시대 13~14세기경에 사용

달리도에서 발견된 고선박은 전통한선 복원과 연구에 귀중한 자료가 되고 있다. 해양문화재연구소(목포 소재) 전시실에 복원 전시되어 있다. 사진 국립해양문화재연구소 제공

된 전통 한선韓船이라고 밝혔다. 목포해양유물전시관이 발간한 〈목포 달리도배 조사보고서〉에 따르면 연대를 추정할 수 있는 아무런 유물이 남아 있지 않았지만 목재에 대한 탄소연대측정을 실시한 결과 13~14세기경에 제작된 전통한선으로 나타났다고 말했다. 또한 여느 전통 배처럼 물에 견디는 힘耐水力이 강한 소나무를 주로 사용하고 나무못으로 가룡목과 뽕나무를 사용하였는데 조사 결과 약 40톤의 원목이 사용되었음이 밝혀졌다.

특히 배 밑이 평평하고 넓적한 10톤 규모의 본격적인 바닷배로서 통일신라 배인 안압지 출토 배와 11세기 배로 알려진 완도배와 함께 우리 전통 배에 관한 자료가 빈약한 실정에서 우리나라 옛 배를 연구할 수 있는 귀중한 자료이다. 해양문화재연구소에는 발굴한 달리도배가 전시되어 있으며, 복원한 모형을 볼 수 있다.

개황 | 달리도達里島

일반현황

위치 | 전남 목포시 유달동 **동경** 126° 18′ **북위** 34° 46′
면적 | 3,995km² **해안선** | 11.7km
가구수 | 137 **인구(명)** | 293(남143+여150) **어선(척)** | 32 **어가** | 43 **어촌계** | 총 1개 어촌계 31명

공공기관 및 시설

전력시설 | 한전 전가구
급수시설 | 간이상수도시설 2개소 전가구

여행정보

교통 | **배편** | 목포여객선터미널에서 매일 6회 철부선이 운행되고 있다.
특산물 | 무화과, 농어, 민어, 뱀장어
특이사항 | 한탄가, 김매기노래, 상여가 등이 있고 농악과 당제 등이 전해왔다. 갯벌과 염전을 체험할 수 있는 체험공간이 마련되어서 관광객이 많이 찾고 있다. 섬의 모양이 반달과 같다하여 붙여진 이름이 달리도이다.

30년 변화 자료

구분	1973	1985	1996
주소	전남 목포시 충무동	좌동	좌동
면적(km²)	2.34	2.64	2.64
공공기관	-		경찰분소 1개
인구(명, 남자+여자)	1,012(486+526)	977(511+466)	580(297+283)
가구수	177	186	155
급수시설	공동우물 14개소	우물 71개, 간이상수도 3개	우물(펌프) 71개, 간이상수도 1개
초등학교	1개 120명	1개 168명	분교 1개 45명
전력시설	-	한전 186가구	한전 149가구
의료시설	-	-	상비약비치
어선(척, 동력선+무동력선)	-	동력선 43척	동력선 41척

＊ 공공기관은 면사무소, 파출소 등 포함

68

목포에서 고하도 채소
먹지 않고 큰 사람 나와봐

목포시 충무동 고하도 허사도

경기 번호판을 단 차가 미끄러지듯이 새로 뚫린 도로를 지나 고하도 복지회관 앞에 차를 세웠다. 젊은 부부와 학생 둘이 차에서 내려 도로변에 있는 집으로 들어갔다. 아까부터 대문 앞에서 고개를 내밀고 있던 노인이 반갑게 맞았다. 복지회관 양지바른 곳에 노인 네 분이 해바라기를 하며 자식들을 기다리는 눈치다. 설을 앞둔 고하도 풍경은 예전과 사뭇 다르다. 도로가 시원하게 뚫려 자가용은 물론 버스까지 어려움 없이 마을 앞까지 들어올 수 있다.

고하도 가는 길은 배를 타고 가는 길과 차를 타고 가는 길 두 가지 방법이 있다. 오랫동안 이용한 뱃길은 목포여객터미널에서 배를 타고 율도, 달리도, 외달도를 거쳐 고하도로 가는 길이다. 차를 가지고 가는 길은 영산강 하구언을 지나 영암군 삼호읍 용당리를 지나 신항교를 건너간다. 이 길은 고하도와 인근 허사도 사이 갯벌을 매립하여 목포신항을 조성하면서 열렸다. 또 고하도와 목포 뒷개를 연결하는 목포대교가 완공되어 목포에서도 곧바로 건널 수 있게 되었다. 신항교가 열리기 전에는 하루에 5, 6회 운항하던 배도 이제는 2회로 줄었다. 목포대교로 본격적으로 차들이 다니기 시작하면 뱃길은 영영 추억 속에 묻힐 것이다.

무안군 이로면에 속한 고하도는 1963년 1월 1일 목포시로 편입되

허사도와 영암 삼호를 잇는 다리 뒤쪽으로 목포신항이 조성되었다.

었다. 주변에 있는 섬(허사도, 달리도, 외달도, 눌도, 장좌도)과 함께 충무동으로 편입되었다. 그 후 1966년 달동과 눌도동으로 나뉘면서 달동에 속하였다. 고하도는 원마을이 가장 크다. 40여 호가 다닥다닥 붙어 있다. 작은 마을로 섭두르지에 4호, 뒤도랑에 8호, 큰목에 10여 호가 살고 있다. 고하도는 목포의 높은 산(유달산) 밑에 있는(高下) 섬(島)이라고 해서 고하도古下島라 했다고 한다. 임진왜란 때 이순신 장군이 진을 설치하기도 했으며, 《난중일기》에는 보화도寶和島라 기록되어 있다. 비하도非霞島 등으로 불리기도 했다.

고하도는 영암과 목포 사이에 길게 누워 영산강의 수문 역할을 하며 허사도, 장좌도, 달리도, 율도는 고하도를 둘러싸고 있다. 이순신이 명량해전 이후 이곳에 머물며 전열을 가다듬고 새로운 전략을 세울 수 있었던 것도 이 때문이다. 일제 강점기에는 최초로 육지면(목화의 대표적인 한 품종)을 시험 재배했던 곳이다. 이를 기억하는 두 개의 비가 고하도 원마을 뒤쪽 구릉지에 세워져 있다.

눈여겨볼 기념비 둘

신항교를 건너 곧바로 허사도를 지나 고하도로 들어오면 초입에 충무분교가 있다. 고하도에 있는 충무분교는 1985년 허사분교와 함께 서산초등학교 관할로 격하되었다. 허사분교는 2000년 폐교되었지만 충무분교는 학생 두 명과 선생님 한 분으로 근근이 유지되고 있다. 학교에서 내려다보이는 마을이 원마을이다. 마을 앞 갯벌을 막아 고하염전과 농지를 조성했다. 몇 년 전까지 염전의 흔적이 남아 있었지만 지금은 갈대가 무성하게 자라 가늠하기가 어렵다. 마을로 들어가기 전에 폐염전을 끼고 돌아가면 목포에서 출발한 객선이 닿는 선창으로 이어진다. 그 길은 충무사와 뒷도랑마을로 이어지는 길이다.

1579년 명량에서 대승을 거둔 이순신은 전열을 가다듬기 위해 진을 고군산군도로 옮겼다. 그리고 고하도로 진을 옮겨 군량미를 비축하고 전선과 군비를 확충한 다음 이듬해 2월 고금도 덕동으로 진을 옮겼다. 고하도에 머문 기간은 100여 일이었다. 이곳에 머무르면서 해로통행을 허락하는 '해로통행첩' 제도를 실시했다. 고하도는 칠산어장에서 잡은 고기나 소금을 영산강을 이용해 뭍으로 운반하기 위해서 반드시 거쳐야 하는 뱃길이다. 고하도 해로는 늘 많은 어선들이 드나들었다. 이런 까닭에 많은 배들이 곡식을 내고 통행첩을 받았다. 전하는 이야기로는 통행첩을 통해 열흘만에 군량미를 비축했다고 한다. 그리고 섬 남서쪽에 길이 1킬로미터, 높이 2미터, 폭 1미터의 석성을 쌓았다. 또 지원한 장정들을 모아 군사훈련을 실시했다. 한양으로부터 전쟁물자를 공급받기도 어려웠던 상황에서 남은 전쟁을 치르기 위한 궁여지책이 아니었을까.

고하도에는 2개의 비석이 있다. 하나는 이충무공기념비이다. 이충무공기념비는 1722년 통제사 오중주가 시작하여, 1722년(경종 2) 충무

임진왜란 때 이충무공의 군량비축 전략을 기리기 위해 세운 비. 고하도에서 100여 일을 머무르며 '해로통행첩' 제도를 실시해 영산강을 오가는 배에서 군량미를 확보했다.

공 5대손인 이봉상이 완성하였다. 비문은 남구만이 지었고, 글씨는 조태구가 썼다. 높이는 210센티미터, 폭은 101센티미터다. 비신에는 일제강점기에 일본사람들이 쏜 총흔이 있지만 원형이 잘 보전되어 있다. 1974년 9월 24일 이충무공기념비를 전라남도 유형문화재 제39호로 지정하였다.

또 하나의 기념비인 충무공유허비는 정유재란 때 이순신이 고하도를 전략기지로 삼아 전쟁을 승리로 이끌었던 것을 기리기 위해 세운 비다. 일제강점기에 야산에 버려져 있는 것을 해방 이후 현 위치에 세우고 비각을 마련했다.

고하도에 전하는 강강술래도 해남이나 진도의 강강술래와 함께 충무공의 전략과 연결되어 살펴보면 흥미롭다. 마을 주민들은 8월 대보름이면 주민 전체가 느린달놀이, 부녀놀이, 거꾸로 돌기, 바르게 돌기, 병참놀이, 울돌목 물결놀이 등 다양한 강강술래 놀이로 밤을 새웠다고 한다. 강강술래의 기원을 밝히는 것은 쉽지 않다. 다만 임진왜란 때 이순신이 전술의 하나로 만들었다는 설, 오랑캐와 왜구의 침입 관련 설, 고대 원시가무 연계설, 남녀가 공동으로 연희하는 공동의례의 굿판에서 추는 춤이라는 등 다양한 설이 제기되고 있다. 우리나라 대표적인 여성놀이로 알려진 강강술래는 선소리와 후소리가 서로 대응하면서 달이 밝은 한가윗날 바닷가에서 부녀자들이 행하는 놀이이다. 서남해안 지역에 전승되고 있으며 지역에 따라 남자들이 참여하기도 한다. 1966년 중요무형문화재 제8호로 지정되었다.

이충무공유허비가 있는 뒤쪽 구릉지 즉 포구에서 원마을로 가는 서쪽 구릉지에는 육지면발상지비가 세워져 있다. 일제강점기에 세워진 비석은 아니지만 고하도가 최초로 육지면을 시험재배한 곳임을 알 수 있는 유일한 알림 역할을 하는 것이다. 찾는 것도 쉽지 않다. 주민들도 모르고 있으니까. 목화는 크게 해도면, 육지면, 인도면, 아시아면으로 나눈다. 육지면은 방적용으로 최고품이다.

목화는 고려말 1363년(공민왕 12)에 문익점이 원나라에서 목화씨를 붓대에 넣어와 보급했다. 문익점의 장인 정천익이 목화재배에 성공했고, 문익점의 손자인 문래가 제사법을 발명했다. 또 다른 손자 문영이 면포 짜는 법을 고안해 이불이나 옷에 넣는 솜을 만들었다. 서민이나 군졸들이 얼어죽는 것을 막을 수는 있었지만 품질이 떨어져 방적 원료로 이용할 수 없었다. 이를 해결한 것이 육지면이었다. 조선에서 육지면 재배에 성공한 것은 1904년이다. 이보다 앞서 목포에 부임한 일본영사 와카마쓰 도사부로若松兎三郎가 1899년부터 재배했다. 면화 재배를 해본 그는 목포에 부임한 후 면화작황을 조사하고 일본보다 유리한 조건임을 확인했다. 일제강점기 목포의 역사를 기록한 《목포부사》에는 이렇게 기록되어 있다.

당시 와카마쓰 영사는 일본의 기후 조건은 미국산 육지면을 재배하는 데 적절하지 않은 데 반하여 한국의 기후는 강우량이 적고 이상기후가 적다. 이런 국토와 기후는 미국 육지면재배에 적합하다. 만약 한국에서 면작을 개량한다면 산업발달에 이바지할 수 있고, 일본의 방직 원면을 어느 정도 보충할 수 있을 것이므로, 일거양득의 정책이 될 것이다.

목포문화원에서 발간한 《고하도》에는 와카마쓰 영사의 보고를 본국에서 주목하지 않자 영사가 1904년 미국의 면화 종자 10여 종을 들여와 야마자키라는 일본인 감독을 두고 고하도 주민 김치민의 화전 2두락에 파종했다고 나와 있다. 목포에서 육지면 재배에 성공하자 영산강 일대와 군산지역에까지 보급됐다. 목포시청 자리에도 면화단지가 조성됐다. 면화시장이 활발해지자 재래면과 육지면을 섞어서 부당 이익을 챙기는 일이 발생했다. 조선총독부는 1912년 11월 면화채취규칙을 제정하여 공포했다. 육지면은 전남 일대에 급격하게 보급되어 1920년대에는 지역 특산물로 소개되었다. 1916년 목포항에서 가까운 송도신사(현 목포시 동명동) 앞에 면화재배 10주년 기념비가 세워졌지만 현재는 비문과 사진만 전할 뿐이다. 조선총독부 농상공부장관 이시즈카 에이조石塚英藏가 짓고, 중추원참의를 지낸 정병조가 쓴 비문 내용의 일부를 소개한다.

메이지 37년 목포 주재 일본 영사가 거류민으로 하여금 미국 육지면을 고하도에 처음 파종하였다. 이듬해 조선 유지들이 면화재배협회를 창설하여 목포, 자방포, 영산포, 나주, 광주, 군산 등지 각지에 파종하여 좋은 성적을 거두었다. 메이지 39년 통감부와 한국정

'조선육지면발상지비' 조선 최초 육지면재배 기념비석이 고하도밭에 뒹굴다 다시 세워졌다. 뒷면 글씨가 누군가에 의해 심하게 훼손되었다.

부는 면업을 두루 권장하였다. … 목포는 확실히 육지면 재배를 시작한 땅이요, 백화百貨가 집한 곳이라 후에 산업이 육성하여 서민이 부자가 되어 사람에게 널리 미쳐서 해외에까지 차고 넘침이 끝이 없을 것이다.

중일전쟁과 만주사변 등 전시체제에 돌입하자 많은 면직물이 필요했다. 일본농민들은 경제성이 떨어져 면화를 재배하지 않았다. 조선에서 재배해 만든 상품은 바로 만주로 이동이 가능해 물류비용도 적게 들었다. 육지면재배 사업을 적극적으로 추진한 이유였다. 이 무렵 일본의 종연방적이나 동양방적 등 섬유자본들이 조선으로 들어오기 시작했다. 고하도의 육지면 시험재배는 그 출발점이 되었던 셈이다.

조선시대 서남해와 영산강의 뱃길을 넘보던 일본은 무안 · 영암

일대의 백성과 이순신의 활약으로 야망을 접었다. 그 후 300여 년 일본제국주의는 작은 섬에 '칼' 대신 목화씨를 뿌렸다. 영암과 무안 일대에 면화단지를 조성하고, 남도의 작은 섬에서부터 북방한계선을 넘어 추운 지방에도 육지면 재배를 강요했다. 지금 그곳에는 '육지면재배발상지'라는 비문이 새겨진 비가 세워져 있다. 육지면재배 30주년을 기념해 제6대 조선총독 우가키 가즈나리宇垣一成가 쓰고 중추원 참의를 지낸 정병조가 1936년에 세운 '육지면발상지'라는 기념비가 그것이다. 비의 앞면은 '조선육지면발상지지朝鮮陸地綿發祥之地'라고 뒷면에는 '메이지 37년 목포주재 대일본제국 영사 와카마쓰 도사부로가 이 땅에 처음으로 육지면을 재배함(明治三十七年木浦駐在大日本帝國領事若松兎太郎氏此地ニ初メテ陸地綿ヲ試作ス)'이라고 새겼다.

이 비는 해방 이후 뽑히고 인근 밭에 뒹굴고 있던 것을 그래도 역사적인 의미가 있는 것이라 여겨 다시 세웠다. 뒷면의 글씨들은 누군가에 의해서 심하게 훼손되어 확인하기 어려울 정도였다. 기념할 일은 아니지만 역사기록을 훼손하는 일은 적절하지 않은 듯하다. 아쉽다면 육지면재배가 당시 어떤 의미를 지니는 것인지 간단한 설명이 나란히 있었으면 하는 점이다.

겨울철이라 그러는 걸까. 길이 새로 뚫리고 다리가 연결되고, 목포신항이 건설되는 등 개발바람이 불고 있는 고하도나 허사도와 어울리지 않는 모습이다. 아름드리 소나무 속에 있는 충무사는 썰렁하고 을씨년스럽다. 최초로 육지면을 시험재배한 곳이라는 흔적을 찾기 어렵다. 충무사 입구에 마을 주민들의 고기잡이배 몇 척이 정박해 있다. 그 안쪽으로 돌아가면 제법 넓은 밭이 있고 몇 가구가 마을을 이루고 있다. 그 뒤로 유달산이 빼꼼히 보였다. 마늘과 무화과가 심어진 저 밭에서 예전에 육지면이 재배되었을 것이다.

고하도 채소 먹지 않고 큰 사람 있나

목포에서 제일 높은 유달산 아래 누워 있는 작은 섬에 작은 마을이다. 작은 섬이라고 얕봤다간 고하도 사람들에게 큰코다친다. 목포에 사는 나이 드신 양반치고 고하도 채소 먹지 않고 자란 사람이 없기 때문이다. 옛날 이야기가 아니다. 한 세대 전의 이야기다. 칠순의 심씨 할머니는 목포에서 식당을 하는 친척의 중매로 완도 노화에서 이곳으로 시집을 왔다. 당시 노화도는 김발로 돈 꽤나 만지는 부자섬이었다. 고화도에 와보니 '똥당고' 에서 합수를 퍼 밭에 뿌려 채소농사를 짓고 있었다.

여그는 (경제사정이) 어두웠제, 야채만 하드라고. 자식농사는 잘 지었으니 밑까지는 않았제. 금비가 없고, 똥퍼다 야채 심고, 시금치, 배추, 파, 보리도 심고. 그런거 해가지고는 자식들 못 갈치것드라고 야채 고추 장사해가지고 자식들 갈쳤제. 고기는 아무나 잡나, 기술이 있어야제.

고하도 똥으로는 농사를 다 지을 수 없어 '사쿠라마치' (목포 서산동 일대)에서 똥을 수거했다. 영산강 강변에서 농사를 짓는 사람들도 목포에서 오줌과 똥을 모두 수거해 농사를 지었다. 똥물을 퍼가는 것도 경쟁이었다. 뇌물로 주인에게 채소다발이라도 바쳐야 했다. 이것만 전문으로 운반해주는 똥배 영업이 제법 쏠쏠했다. 고하도의 뒷도랑 마을에는 일제강점기 배짓는 공장에서 만들어 놓은 시멘트 구덩이가 있어 합수를 보관하기 좋았다. 배를 정박하기도 좋아 합수를 이곳에 모아 두었다 거름이 필요할 때 퍼다 뿌렸다. 똥배들이 사라진 것은 나주에 비료공장이 세워지면서였다. 남해공장도 가동되자 비료공급이 늘어났다. 농업기술이 발달해 겨울철에도 하우스 채소가 등장했다. 더 이상 똥을 뿌려 재배한 채소를 찾지 않았다. 목포사람들이 먹었던 고하도 채소밭은 잡초가 무성하고 개간한 논마저 습지로 변했다.

배는 고하도선착장에 낚시꾼 둘을 내려놓고 떠났다. 포구에는 작은 구멍가게가 있다. 라면도 끓여주고 간단하게 술을 한잔 할 수 있다. 가게 앞에서 주민들이 앉아 무료한 시간을 보내고 있다. 강태공은 라면을 먹느라 낚시에 관심이 없다. 낚시 입질을 기다리는 사람은 주민들이다. 낚시질을 하는 인근 바다는 목포하구언이 생기기 전 고하어촌계 공동어장이었다. 언감생심 외지 사람들이 낚시질을 하고 바지락을 캘 수 있겠는가. 얄궂은 보상은 주객을 바꾸어 놓았다. 배를 타고 팔뚝만한 민어와 농어를 잡던 손맛을 어찌 잊겠는가. 개발이 준 무료함에 자꾸 손맛 생각이 났을까. 붉은 낚시찌에서 눈을 떼지 못한다.

우리 육감에 잘못됐다 이 말이여

영산강은 담양, 광주, 나주, 함평, 무안, 영암, 목포, 해남까지 서남해를 관통하는 큰 강이다. 1981년 농업용지와 용수확보를 목적으로 물길을 막았다. 농업용지는 확보했지만 농업용수로 활용하지 못하고 있다. 수질오염 때문이다. '해수유통을 해서 수질도 복원하고 뱃길도 복원하자' 는 논리가 힘을 얻고 있다.

지난 이야기지만 하구언이 막히자 물길이 변하고 수위가 올라가 고하도어민들의 일상에 큰 변화가 생겼다. 바지락과 굴 등 갯벌에 의지해 살던 어민들의 생활기반이 무너진 것이다. 금호호와 영암호도 물길이 막혔다. 세발낙지 원조 영암독천마을은 농사짓는 마을로 변했다. 고하도의 갯벌은 용머리 일대, 큰목 일대, 뒷도랑 일대 등에 발달해 있다. 뒷도랑과 선착장 일대의 갯벌은 하구언으로 수면이 높아져 사라졌다. 큰목 일대는 삼호중공업이 건설되면서 사라져가고 있다. 마지막 남았던 용머리와 일부 큰목 갯벌들은 신외항이 만들어지면서 대부분 사라졌다. 마지막 바다의 숨통 용머리 갯벌도 사라졌다. 고하도 주민들은 난감하다. 허사도처럼 섬이 통째로 개발된다면 집단이주라도 하겠지만 고하도는 생계터전을 잃었음에도 그러지도 못한다. 선착장에서 만난 김(76세)씨와 백선장의 목소리가 높아졌다.

우리 생각에도 잘못됐다 이 말이여, 농어요, 민어요, 숭어요. 낙지 이것이 겁나게 많이 났어요. 이것이(막는 것이) 겁나게 마이너스여. 지금 농사 진다고 해야 그전에 고기 나온 것에 10분의 1도 안 나와. 다리형으로 막았다면 교통도 좋아지고 바다도 살았을 텐데. 간척은 개뿔, 농사 짓는 사람이 있어야지. 우리 육감으로 잘못됐다 생각하는데. 전문가들은 금방 계산이 나오것제. 고하도는 낙지 대가리만 남겨놓고 다리를 전부 짤라분 것하고 똑같어.

원마을 뒤쪽으로 큰 도로가 뚫렸다. 큰 길은 공생재활원으로 가는 길로 이어졌다. 재활원으로 가는 길 중간에 고하도에서 가장 넓은 간척논이 있었다. 한 뙈기가 아쉬워 갯벌을 막아 조성했던 논은 갈대가 자라는 습지로 바뀌었다. 겨우 농사를 지었던 한쪽 자그마한 논에서 청둥오리가 후다닥 날아올랐다. 벼를 베어낸 무논에서 휴식 겸 먹이 활동을 하다 갑자기 나타난 불청객에 놀란 모양이다. 고하도에서 가장자리에 바지락밭이 있던 간척논 밖 갯벌에는 목포대교와 이어지는 도로가 놓이고 있었다. 그 도로는 허사도를 지나 영암 삼호읍으로 이어져 해남과 진도로 연결된다.

세상에 아무것도 볼 것이 없는 허무한 섬이 있을까. 오죽했으면 이

목포대교와 목포신항 공사로 사라져버린 고하도 갯벌. 이곳에서 바지락을 캐고 낙지를 잡으며 생활했던 섬사람들은 지금 무얼 하고 있을까.

름을 그리 지었을까. 고하도 옆에 있는 허사도를 두고 하는 말이다. 주변에 우리나라 굴지의 선박회사가 있고 섬에는 크레인을 높게 올린 목포신외항이 세워졌다. 지금은 문을 닫았지만 한때 섬을 가로질러 비행기가 뜨고 앉던 비행장도 있었다. 신안비치호텔 앞 선착장에서 허사도를 경유하는 유람선이 뜨기도 했다. 당시 유람선은 목포-고하도-허사도-달리도-영산강 하구둑-한라조선소-목포공항-선착장을 돌았다. 지금은 항로가 바뀌었지만 달리도-율도-외달도-매월리-사도-허사도-고하도를 순항하는 철부선도 있었다. 마을 사람들이 바지락을 캐고 굴을 까던 갯벌 위로 도로가 놓였다. 도로 옆에는 신항만과 크레인이 세워졌다. 신항교 다리 밑에 작은 배들이 많이 정박해 있었다. 하지만 이들 배는 허사도나 고하도 어민들의 배가 아니다. 삼호어촌계들의 낙지배들이다. 고하도와 허사도는 이제 한몸이 되었지만 섬사람보다 뭍사람들이 많이 오가고 있다.

몇 년 전 고하도를 찾았을 때다. 20여 명의 주민들이 신외항이 바라보이는 용머리 인근 노랑 빨강 깃발이 꽂아진 갯벌에서 바지락을 캐고 있었다. 방조제가 막히기 전에는 고하도 포구 앞의 학섬, 피섬, 검섬, 장구섬 일대가 바지락밭이었다. 주민들은 이곳에서 바지락을 캐고 낙지를 파며 생활했다. 영산강 하구언이 막혀 수면이 1미터는 높아지면서 바지락은 모두 사라졌다. 그래도 죽으란 법은 없는지 5~6년 전부터 용머리 인근에서 다시 바지락이 나기 시작하면서 하루에 5~6만원 벌이가 되는 소득원으로 자리잡았다. 하지만 깃발을 따라 도로가 날 것이라며 걱정을 했다. 고하도 최고의 경치로 꼽히는 용머리를 돌아오는 풍선배의 모습은 이미 사라진 지 오래고 만들어진 다리로 자동차들이 달린다. 고하도에는 빨강과 파랑 등 현란한 조명을 설치했다. 이미 형형색색 조명으로 덮어 놓은 유달산과 함께 '빛의 도시'를 꿈꾸고 있는 모양이다.

육지에서 내려다보며 만들어내는 섬개발 정책은 어민들의 삶을 무시하기 일쑤다. 영산강 하구언이 막히면서 섬 앞에서 잡던 농어와 민어를 본 지는 오래다. 여기에 금호호와 영암호 방조제가 생기면서 바닷길도 막혀 그 유명한 세발낙지 산지도 사라졌다. 얼마전까지 바지락을 캐던 갯벌도 사라졌다. 어느 마을 주민의 넋두리처럼 고하도는 이제 '다리가 모두 잘리고 머리만 남은 세발낙지' 꼴이다. 갯벌도 사라지고 고기잡이도 어렵고 농사지을 땅도 없는 고하도 주민의 삶이 신외항과 목포대교 사이에서 어떻게 지속될 수 있을지 우려스럽다. 목포가 근대도시로 성장하는 과정은 섬과 섬을 연결하고 갯벌을 메우는 '간척과 매립'의 역사였다. 그리고 섬사람들 삶은 그대로 목포의 문화가 되어 전승되고 있다. 목포는 섬과 섬사람들이 만들어낸 도시임을 잊어서는 안 될 것이다.

개황 | 고하도高下島

일반현황

위치 | 전남 목포시 유달동 **동경** 126° 21′ **북위** 34° 40′
면적 | 2,997km² **해안선 |** 15,8km
가구수 | 107 **인구(명) |** 342(남187+여155) **어선(척) |** 18 **어가 |** 4 **어촌계 |** 총 1개 어촌계 24명

공공기관 및 시설

전력시설 | 한전 전가구
급수시설 | 간이상수도시설 1개소 전가구

여행정보

특산물 | 해풍을 받고 자란 무화과
특이사항 | 이충무공유적지가 있고 섬 야경과 목표대교가 볼 만하다. 해송림과 낚시터가 있다. 고하도는 높은 산
(유달산) 밑에 있어 붙여진 이름이다.

30년 변화 자료

구분	1973	1985	1996
주소	전남 목포시 충무동	좌동	좌동
면적(km²)	1,59	1,78	1,78
공공기관	-	-	경찰분소 1개
인구(명, 남자+여자)	612(305+307)	497(251+246)	383(208+175)
가구수	110	98	83
급수시설	공동우물 8개소	우물 47개 497명	우물(펌프) 48개, 간이상수도 2개 203명
초등학교	1개 120명	분교 1개 53명	분교 1개 24명
전력시설	-	한전 98가구	한전 83가구
의료시설	-	-	상비약비치
어선(척, 동력선+무동력선)	-	동력선 17척	동력선 25척

* 공공기관은 면사무소, 파출소 등 포함

69

세발낙지의 본향, 꿈여울
무안군 탄도

지난 해 봄이었다. 탄도만으로 가는 길은 싱그러웠다. 끊어질 듯 이어지는 붉은 황토밭에 봄볕을 받아 물오른 마늘이 싱싱했다. 길가에 광대나물과 개불알풀이 봄바람에 살랑거렸다. 길가 담장 너머로 매화와 목련이 환하게 웃고 있었다. 도착하기 전에는 조금 을씨년스러울 것이라 여겼다. 그 상상은 조금나루에 접어든 순간 사라졌다. MT를 온 대학생들이 내뿜는 젊음이 맨살을 드러낸 갯골에 묘한 활기를 불어넣고 있었다.

탄도는 1910년 목포부에 편입되었다가 1914년 행정구역 개편으로 무안군에 속한 섬이었다. 450여 년 전 김해김씨가 처음으로 섬으로 들어와 살았다고 한다. 여울도라 부르다가 숯을 많이 구워 탄도라 했다. 여울은 물결을 의미하고 이를 한자로 하면 탄灘에 해당한다. 영산강 하류에 속하는 꿈여울이라 불렀던 무안 몽탄이 그렇다. 칠산조기들의 본향 법성포 앞으로 흐르는 물도 와탄천이라 했다. 이때 '탄灘'은 모두 여울에 해당한다. 여울의 사전적 의미는 '강이나 바다의 바닥이 얕거나 폭이 좁아 물살이 세게 흐르는 곳'을 말한다. 그런데 마을 이장은 전혀 다른 지명유래를 알려줬다. 탄도는 숯을 구웠기 때문에 탄도炭島라 했다는 것이다.

탄도는 무안군에 속한 섬으로 신안군과 경계에 있다. 섬으로만 이

꿈여울에 여름이 왔다. 조금나루 건너 파란 잔디구장은 갯벌 위에 자란 파래들이다. 그 너머에 있는 섬이 탄도다. 무안에 하나뿐인 유인도다. 여름장마 끝에 햇살이 비추고 맑은 하늘이 구름 사이로 모습을 드러냈다. 햇살과 해풍에 꾸덕꾸덕 마르고 사리에 바닷물을 머금길 반복하면서 갯벌은 세발낙지와 갯사람을 품는다.

루어진 신안군이 1969년에 무안에서 분리될 때 제외된 섬이다. 인근 선도나 고이도 등도 신안에서는 작은 섬인데 탄도는 그 섬에 비하면 점에 불과할 정도로 작다. 그 섬에서 숯을 구워 팔았다고 하니 납득이 잘 가지 않는다. 탄도만으로 들어온 바닷물은 무안 해제와 신안 지도 사이의 작은 수로를 통해 빠져나갔다. 이곳에 방조제가 쌓아져 농지를 조성하면서 '물살이 세게 흐르는 탄도'는 사라졌다.

탄도는 무안군 서남부에 있는 망운면의 송현리에 속하는 섬이다. 30여 가구에 60여 명이 살고 있다. 김씨와 박씨가 무리지어 살았지만 처가살이를 하러 온 사위들이 늘면서 현재는 6개 성씨가 살고 있다. 모두 친척들이다. 무안은 반도로 구성된 면으로 삼면이 바다로 둘러싸여 있다. 망운면 전체가 해발 10미터 내외의 구릉으로 이루어져 밭농사가 발달한 곳이다. 수산물로는 봄과 가을 무안 세발낙지와 겨울철 숭어가 유명하다. 탄도사람들은 작은 섬에 보리, 콩, 고구마, 양파,

마늘을 심어 생활했다. 그리고 너른 갯벌에서는 낙지와 숭어를 잡고 굴을 캐고 파래를 뜯어 생활했다. 탄도만이라는 바다이름을 결정할 정도로 중요한 섬이다. 탄도만은 탄도를 한가운데 두고 해제반도, 선도, 고이도, 운남면, 지도읍으로 둘러싸여 있다. 무안에는 탄도만 외에 청계만과 함해만(함평만)이라는 갯벌이 있다. 함해만의 무안갯벌은 2001년 당시 해양수산부(현 국토해양부)에서 지정한 우리나라 최초의 연안습지보호구역이다. 전라남도는 이곳을 갯벌도립공원으로, 국제사회에서는 람사르습지로 지정했다.

탄도만의 봄날 풍경

'도로끝' 이다. 더 이상 차가 달릴 수 없다. 포구는 시작과 끝이 교차하는 공간이다. 그곳에 신발 2켤레를 가지런히 벗어두고 나그네가 자리를 잡았다. 캠핑카에서 들려오는 사내의 코고는 소리가 갯바람을 타고 퍼진다. 긴 여행에 달콤한 쉼. 무슨 꿈을 꾸는 걸까. 한적하고 머물기 좋은 선창을 어떻게 찾아냈을까. 조금나루는 무안에서 어린 시절을 보낸 사람들에겐 소중한 기억의 공간이다. 교통의 요지였음은 물론 마을유원지요, 아이들 소풍장소요, 추억의 장소였다. 조금나루는 홀통나루와 함께 탄도만을 아우르는 중심포구다.

탄도만은 몰라도 '무안세발낙지' 라면 군침이 돌 것이다. 무안 사람들도 인정하는 '진짜' 세발낙지의 본향이다. 세발낙지의 비밀이 이곳 포구에서 풀렸다. 무안의 탄도만, 청계만, 함해만 갯벌은 섬과 반도로 둘러싸인 폐쇄형 갯벌이다. 끊어질 듯 이어지는 구릉은 모두 황토밭이다. 파도와 바람이 가져온 모래와 비가 옮겨 놓은 황토는 갯벌을 풍성하게 만든다.

진도 하늘에서 검은 구름이 몰려오고 있었다. 배에서 내리자마자 마중 나온 김영복 이장님이 소리쳤다. "빨리 뛰세요. 곧 비가 몰려오고 있어요!' DMZ에서 새보는 재미에 빠져 있는 전 선생님과 해양생태교육 전문가 이 선생님과 함께 마을회관을 향해 뛰기 시작했다. 도선을 운전하는 선장님이 뒤따랐고 곧바로 비가 몰려왔다. 다행히 소나기는 피했지만 초면에 인사도 나눌 새도 없이 앞서거니 뒤서거니 마을회관으로 들어섰다.

탄도는 남북으로 길게 뻗어 있다. 조금나루와 직선거리로 2.5킬로미터로 손을 뻗으면 닿을 만큼 짧은 거리다. 물이 빠지면 등이 높은 갯벌을 걸어서 송현마을을 오갔다. 해안선을 따라 걸어도 1시간이면 족할 정도로 작은 섬이다. 어촌계장 박씨는 섬사람들이 주로 연승으로 낙지를 잡아 생활했다고 했다. 봄가을이면 선도와 지도와 탄도 사이 바다에 150여 척의 낙지배들이 몰려와 낙지를 잡는다. 섬 남쪽은

세발낙지의 원조로 영암 미암과 독천을 꼽는다. 그런데 영산강사업으로 물길이 막히면서 낙지들이 살던 갯벌은 간척논으로 바뀌었다. 1등이 사라졌으니 2등이 1등이 되었다. 그 2등이 무안이다. 오로지 탄도만 때문이다. 탄도만 갯벌에서 나는 낙지가 무안명품 '세발낙지' 다. 발이 가늘고 질기지 않아 식객들의 사랑을 받고 있다. 무안에서도 소비량이 부족하다. 직접 산지에서 확인하거나 어민과 직거래를 하지 않으면 무안산을 장담할 수 없다.

수심이 얕고 조류가 느리며 조수간만의 차가 크다. 어민들은 이곳에서 낙지와 게(민꽃게), 파래와 굴, 바지락을 채취하며 살고 있다.

　조금나루와 탄도 사이의 넓은 갯벌이 속살을 드러냈다. 가래를 손에 든 열댓 명의 어민들이 조락을 등에 지고 낙지를 잡고 있다. 많은 사람이 갯벌에 박힌 듯 꼼짝하지 않는다. 뭘 하나 살펴보니 조새로 굴을 까고 있다. 쪼그려 앉아 작업을 하기 때문에 멀리서 보면 움직임이 거의 없다. 송현마을 사람들이다. 많을 때는 90여 명이 갯벌에서 작업을 하기도 했다. 모두 도시로 나가고 지금은 30여 명만이 갯벌을 지키고 있다. 쪽대로 곤쟁이(작은 새우의 일종)라 부르는 백하를 잡던 어머니를 만났다. "왜 조금나루라고 했다요." "옛날에는 사리 때 물이 빠지면 배가 못 다녔어라. 조금 때면 아무 때나 건너다닐 수 있응께. 긍께 조금나루라고 했지라."

　서해안 포구들은 조차가 심해 아무 때나 배를 정박할 수 없었다. 갯사람들에게 모래톱이 쌓인 곳은 자연포구로 이용하기 좋다. 이런 곳은 십중팔구 수심이 얕다. 그래서 지명도 얕은개, 낮은개, 나춘개라고 했다. 한자지명으로 바뀌면서 '나진羅津' 이라 쓰기도 했다. 전통한 선처럼 배 밑이 평평한 평저선 구조의 배를 이용할 때는 문제가 없었다. 선외기 등 기계배가 등장하면서 천혜의 포구는 기능을 잃어갔다. 조금나루는 사리에 물이 많이 빠지면 포구의 기능을 잃는다. 물빠진 나루의 백사장은 아이들 놀이터였고, 갯벌은 어민들의 삶터로 변했다. 마을 주민들은 바람에 날리는 모래와 바람을 막기 위해 소나무를 심었다. 그곳에 다시 모래가 쌓였다. 조금나루는 그렇게 세월이 만들어낸 자연포구였다.

　무안낙지 중에서도 손꼽는 세발낙지는 탄도만 낙지다. 사실 세발낙지라면 영암 미암과 독천이 1등이었다. 1990년대 영산강방조제 사

탄도만 갯벌이 모습을 드러냈다. 송현마을 주민들이 하나둘 갯벌로 모여들었다. 굴을 까기 위해서다. 쪽대를 가지고 새우를 잡기 위해 갯고랑으로 들어가는 사람도 있다. 갯벌에 코를 박고 한 알 한 알 조새질을 해서 바구니 가득 굴을 채웠다. 넘치면 망운장에 내다 팔고, 적당하면 서울로 시집간 딸네들에게 보내고, 부족하면 부부밥상에 올리면 그만이다.

업으로 너른 갯벌이 농지로 바뀌었다. 더 이상 그곳에서 낙지는 잡히지 않는다. 지금도 그곳에는 낙지요리집이 성업중이다. 1등이 사라졌으니 2등이 1등이 될 수밖에 없다. 무안과 신안의 펄낙지가 명성을 이어갔다. 모래가 적당하게 섞인 갯벌에 사는 낙지들은 서식지를 마련하기 위해 피나는 노력을 한다. 탄도만의 낙지가 머리가 작고 다리가 가늘며 부드러운 건 이 때문이다. 탄도만에서 낙지를 잡던 주민에게 들은 이야기다. 내가 낙지라도 갯벌에 구멍을 뚫고 들어가려면 머리는 작고 다리는 가늘게 진화할 것 같다. 반면에 돌 밑이나 의지해 살아야 하는 낙지들은 색깔도 붉고 다리와 머리도 굵다.

탄도의 동남쪽 움푹한 곳에 마을이 자리를 잡았다. 그 너머에 밭이 있고 약간의 논도 있다. 조금나루를 바라보며 섬 오른쪽 해안으로 걷기 시작했다. 이곳 갯벌은 모래가 많이 섞인 갯벌이다. 탄도 주민들이 갯벌을 건너 송현마을로 건너갈 수 있는 것도 모래갯벌이라 빠지지 않기 때문이다. 그곳에는 바지락이 많이 있고 작은 새우들이 서식한다. 모래갯벌로 들어서자 엽낭게가 모래밭에 납작 엎드렸다.

펄갯벌로부터 상당한 거리에 농게 수컷이 나와 산책을 하고 있었다. 그 옆에는 붉은발 사각게도 있었다. 갖가지 갯고둥과 말뚝망둑어도 관찰되었다. 왜가리와 백로 등 물새들이 가까운 갯벌에서 먹이사냥을 하다 놀라 멀리 죽도로 날아갔다. 모래갯벌은 섬 북쪽에 이르자 자갈해안으로 바뀌었다. 섬 북쪽에는 김양식장이 있었다. 탄도에 딸린 작은 섬 야광주도가 있다. 이장 김씨는 탄도만의 중심인 탄도가 용의 형상이라고 자랑했다. 특히 용의 형상이 되기 위해서는 여의주와 용샘이 필수적인데 탄도가 이를 잘 갖추고 있다는 것이다. 야광주도가 여의도이며 그 앞에 용샘이 있다. 물이 빠지면 작은 섬까지 걸어갈 수 있다.

눈 내리는 탄도 갯벌

다시 탄도를 찾은 것은 지난 해 설 명절을 며칠 앞둔 겨울이었다. 지난 여름 섬을 찾은 이후 반 년만이다. 푸른 초원 같던 탄도 앞 갯벌은 새하얀 눈밭으로 변했다. 탄도에 들어가기 위해 도선을 기다리는데 눈이 그칠 줄 모르고 쏟아졌다. 하얗게 변한 갯벌 사이 수로를 거슬러 온 탄도호에서 내리는 주민들은 모습이 수행자처럼 장엄했다. 배를 타고 섬으로 들어갔다. 푸른 초원 같던 갯벌에는 하얀 눈이 앉았고 물길에는 댕기흰죽지 무리가 겨울을 보내고 있었다. 이번에도 김영복 이장님이 마중을 나오셨다. 작은 섬에서 무려 40여 년 동안 장기집권을 한 이장이다. 누구보다 탄도를 사랑하는 사람이다. "눈이 오는데 여기까지 오셨어요." 반갑게 맞아 주셨다. 비를 피해 뛰던 길은 눈이 내려 쌓였고 사람 하나 걸어갈 만큼 소통길이 마련되어 있었다.

꿈여울에 눈이 왔다. 설을 앞두고 대설주의보까지 내렸다. 명절이면 섬을 지키는 것은 강아지뿐인데, 이번 설은 유난히 조용할 것 같다. 섬주민들은 두툼한 옷을 입고 찬바람에 맞서 갯벌에서 깐 굴과 잘 말린 생선 꾸러미를 두 손에 들고 자식들 집을 향한다.

겨울철 갯벌 위에서 봄을 찾아 나섰다. 눈은 그쳤지만 찬바람이 불기 시작하면서 체감온도가 뚝 떨어졌다. 그런데 이런 추위에도 갯벌로 성큼성큼 들어서는 여성들이 있다. 엉거주춤 카메라를 들고 망설이던 내가 무색했다. 노란 장화를 신고 따라 나섰다. 설 명절을 앞두고 자식들에게 먹일 석화와 감태작업에 나선 사람들이다. 아무리 자식들이 중하기로서니 문밖출입을 삼가라는 엄동설한에 갯바람과 맞서다니. 게다가 무안 대목장이 코앞이다. 몇 푼만 주면 가족들 충분히 먹고 귀경길에 자식들에게 싸줄 수 있으련만.

허균은 《도문대작屠門大嚼》에는 감태는 호남의 무안, 나주에서 나는 것을 최고로 친다고 적고 있다. 무안에서 감태작업이 가장 활발한 곳은 탄도만 일대인데, 탄도 앞 갯벌에 눈이 쌓여 감태는 구경도 못하고 돌아섰다. 대신 탄도만 입구에 해당하는 성내리에서 감태를 맨다는 연락이 왔다. 탄도만과 칠산바다를 잇는 물길이 막히기 전까지 탄도만은 황금어장이었다. 탄도만에는 키조개와 바지락이 지천이었다. 수산자원이 지금과 비교할 수 없을 정도로 풍부했지만 농사를 짓는 것만 못했던 모양이다. 마을어장은 이웃동네에서 넘보고 마을사람들은 갯일보다는 황토밭에 고구마를 심어 생계를 이었다. 그래서 운남면 사람들을 ‘망운감자’ (남도에서는 고구마를 감자, 감자는 하지감자라 함)라고 놀리곤 한다. 당시 운남면은 망운면에 속했다. 성내리는 망운면에서 77번국도를 타고 끝까지 가면 된다. 그곳이 ‘도로끝’ 이자 성내리 도원선착장이다. 더 이상 차를 타고 갈 수 없었다. 하지만 성내리에서 압해도 복룡리로 이어지는 다리가 놓여 이젠 신안으로 들어가는 지름길이 생겼다.

물이 빠지자 커다란 함지박을 머리에 인 여성들이 하나둘 ‘큰솔낭끝’ 으로 모여들었다. 제일 먼저 도착한 이장댁은 잔솔가지를 모아 불을 붙였다. 밀섬까지 들어가려면 갯골을 건널 수 있을 정도로 물이 빠져야 하는데 아직 이르다. 감태를 뜨는 작업은 발이 푹푹 빠지는 펄갯벌을 이곳저곳으로 이동하면서 해야 한다. 허리를 굽혀 감태를 뜨는 모양이 논에 김을 맬 때 모습과 같아서 ‘감태를 맨다’ 고도 한다. 여성들은 모두 함지박에 줄에 매달고 다른 쪽은 허리에 질끈 묶었다. 허리를 굽히고 감태를 뜨며 함지박을 끌고 이동하는 모습이 몹시 힘들어 보였다. 눈깜짝할 사이에 함지박에 감태가 가득 찼다.

“저기도 감태가 많은데 왜 안 매죠.” “다 같은 감태가 아녀. 저그것은 뻐시고 향이 덜해.” “먹어보지도 않고 그냥 보고 맛과 향을 어떻게 느낄 수 있단 말인가요.” “먹어봐야 아나. 내 나이가 팔십이 다되

엄동설한에 맑은 웃음을 지을 수 있는 것은 '어머니의 힘' 이다. 자식들에게 감태지를 만들어 주기 위해 감태를 매는 어머니는
추위보다 자식과 손자 얼굴이 먼저 다가온다. 이번 명절에는 자식들이 다 모인다. 마음이 바쁘다. 감태도 잘 자라 주었다.

는데." 카메라를 든 내 손은 추위에 감각이 무디어지는데 어머니 이마에는 땀이 송글송글 맺혔다.

뻘밭에서 자라는 감태의 명칭은 '가시파래' 이다. 겨울에 잠깐 나왔다 사라지기 때문에 부지런하지 않으면 먹기 힘들다. 오염원이 없는 내만갯벌이나 민물이 들어오는 하구갯벌에서 많이 자란다. 과거에는 부산 가덕도, 경남 사천, 전남 장흥, 무안, 신안 지역에 많았지만 간척과 매립, 환경오염 등으로 서식지가 크게 감소하고 신안의 안좌, 무안 탄도만과 함해만, 완도 고금갯벌 등에서 서식하고 있다. 감태가 나기 시작하면 남도사람들은 소금과 풋고추를 넣고 감태김치(감태지)를 담았다. 며칠 두었다가 먹으면 향긋한 바닷내음이 입안 가득 전해진다.

감태를 매던 어머니가 자식 이야기를 꺼내자 바쁘게 놀리던 손을 멈추고 함박웃음을 지었다. 전화 한 통화에 갯벌로 나선 어머니. 이렇게 추운데 저런 환한 미소는 어디에서 나오는 걸까. 그것이 '어머니의 힘' 이다. 추위가 더할수록 갯벌 위 감태는 파랗다. 봄은 그렇게 갯벌과 어머니의 웃음에서 오는 모양이다.

일반현황

위치 | 전남 무안군 망운면 탄도리 **동경** 126° 19′ **북위** 36° 05′

면적 | 0.493km² **해안선** | 5.0km **육지와 거리** | 2.5km(연륙)

가구수 | 28 **인구(명)** | 57(남26+여31) **어선(척)** | 15 **어가** | 25 **어촌계** | 총 1개 어촌계 24명

공공기관 및 시설

전력시설 | 한전 전가구

급수시설 | 우물(펌프) 1개소 28가구

여행정보

교통 | **배편** | 망운면에서 소형어선 이용

특산물 | 낙지, 주꾸미, 숭어, 김, 미맥, 두류, 마늘, 고추, 양파 등

특이사항 | 도리포유원지, 승달산, 회산연꽃방죽, 조금나루유원지 등이 있어 탄도, 저도를 경유하는 관광을 할 수 있다.

30년 변화 자료

구분	1973	1985	1996
주소	전남 무안군 망운면 탄도리	좌동	좌동
면적(km²)	0.50	0.493	0.493
공공기관	-	-	경찰관서 분소 1개소
인구(명, 남자+여자)	278(147+131)	225(115+110)	118(47+71)
가구수	38	38	29
급수시설	공동우물 16개	우물(펌프) 39개	우물 29개
초등학교	분교 1개 52명	분교 1개 34명	분교 1개 9명
전력시설	-	자가발전 38가구	자가발전 29가구
어선(척, 동력선+무동력선)	2척(무동력선)	1척(무동력선)	29척(동력선)

＊ 공공기관은 면사무소, 파출소 등 포함

섬이 내마음 속으로 다가오기까지…

#장면 하나. 1816년 6월 6일

동생 정약용을 조금이라도 가까운 곳에서 만나고파 먼 섬 흑산도에서 우이도로 넘어와 지내던 유배객 정약전이 숨을 거두었다.

2011년 1월, 우이도에서 삶을 마감한 손암 정약전의 적거지謫居地 진리에서 이백여 년 전 고뇌했던 한 지식인의 생애를 더듬고 추적하던 중 확인한 것이다.

#장면 둘. 2009년 9월 추석 전날 오전

전남 벌교 대포리 갯벌 선착장에서 50세부터 70대 중반에 이르는 열아홉 분의 여인들이 갯벌 물이 빠지길 기다리며 어릴 적 개구쟁이 장난을 치고 있다. 그 한켠에선 낯선 여행객이 지켜보고 있다. 생전 처음보는 뻘배와 그 외 꼬막캐는 도구들에 신기해하며 이것저것 아주머니들께 물어본다.

무턱대고 어디든 방랑하는 습관이 있던 사람이 경험한 바였다.

섬이 편집자에게 다가오기까지는 여러 문헌을 조사해야 했고 전율이 일어나는 경험을 동반할 수밖에 없었다.

섬을 제대로 느끼기 위해서는 해양문화 전반에 대한 이해가 필요했고, 해양문화에 대한 이해를 깊게 하려고 어민들의 생활을 찬찬히 들여다 보게 되었다. 이는 자연스레 갯벌과 소금 속에 스며든 어민들의 땀과 애환을 발견하게 되어 사물과 현상을 또다른 객체로 만나게 되었다. 섬을 다니면서는 지속되는 갈증에 전근대 시대 섬 문화의 역사적 맥락을 탐구해야 했다.

그 와중에 필자를 만났다. 의외로 대화가 쉬이 깊어졌다. 결국 《섬 문화답사기》를 통해서 '도서별곡島嶼別曲'을 풀어내기로 했다.

도서별곡 노래에 박자와 곡조를 맛깔스럽고 흥취나게 하기 위해서는 섬을 찾아가야 했다. 섬 가는 길에 거센 파도와 바람을 만나면 무섭고 두렵기 그지없었다. 허나 우리 땅의 소중한 영역인 섬의 문화와 생활 속 고갱이를 찾기 위해 그 두려움을 헤쳐 나갈 것이다. 그곳에도 사람이 살고 있기 때문이다.

들풀

내무부가 발간한 《도서백서》(1973년, 1985년) 자료에 나타난 유인도 추가 현황 (섬이름 가나다순)

1990년대 자료에 등장하지 않는 섬

경치도(驚雉島)

1973년

주소 | 전라남도 신안군 도초면 우이리

면적(km²) | 0.17

인구(명, 남+여) | 41(22+19)

가구수 | 6

급수시설 | 공동우물 1개

초등학교 | 분교 1개 8명

1985년

주소 | 전라남도 신안군 도초면 우이도리

면적(km2) | 0.18

인구(명, 남+여) | 9(6+3)

가구수 | 3

급수시설 | 우물 1개

굴도(屈島)

1973년

주소 | 전라남도 신안군 임자면 재원리

면적(km²) | 0.08

인구(명, 남+여) | 16(9+7)

가구수 | 2

급수시설 | 공동우물 2개

1985년

주소 | 전라남도 신안군 임자면 부남리

면적(km²) | 0.0793

인구(명, 남+여) | 5(3+2)

가구수 | 1

급수시설 | 우물 1개

어선 | 동력선 1척

내태도(內台島)

1973년

주소 | 전라남도 신안군 압해면 신장리

면적(km²) | 0.2

인구(명, 남+여) | 9(4+5)

가구수 | 2

급수시설 | 공동우물 1개

1985년

주소 | 전라남도 신안군 압해면 신장리

면적(km²) | 0.20

인구(명, 남+여) | 24(11+13)

가구수 | 5

급수시설 | 우물 5개

전력시설 | 한전 5가구

노대도(老大島)

1973년

주소 | 전라남도 신안군 비금면 가산리

면적(km²) | 0.65

인구(명, 남+여) | 25(13+12)

가구수 | 5

급수시설 | 공동우물 2개

1985년

주소 | 전라남도 신안군 비금면 가산리

면적(km²) | 0.66

인구(명, 남+여) | 17(9+8)

가구수 | 7

급수시설 | 우물 2개

초등학교 | 분교 1개 1명

어선 | 무동력선 6척

노랑도(老郞島)

1973년

주소 | 전라남도 신안군 안재면 박지리

면적(km²) | 0.06

인구(명, 남+여) | 9(4+5)

가구수 | 2

급수시설 | 공동우물 1개

1985년

주소 | 전라남도 신안군 안좌면 노랑리

면적(km²) | 6.0

인구(명, 남+여) | 8(5+3)

가구수 | 2

급수시설 | 우물 1개

어선 | 무동력선 2척

담박도(淡泊島)

1973년

주소 | 전라남도 신안군 안좌면 일대리

면적(km²) | 0.08

인구(명, 남+여) | 5(2+3)

가구수 | 2

급수시설 | 공동우물 1개

1985년

주소 | 전라남도 신안군 안좌면 담박리

면적(km²) | 8.0

인구(명, 남+여) | 2(1+1)

가구수 | 1

급수시설 | 우물 1개

어선 | 무동력선 1척

대미도(大未島)

1985년

주소 | 전라남도 신안군 압해면 가란리

면적(km²) | 0.083

인구(명, 남+여) | 2(1+1)

가구수 | 1

급수시설 | 우물 1개

어선 | 무동력선 1척

대식도(大食島)

1985년

주소 | 전라남도 신안군 압해면 고이1리

면적(km²) | 0.04

인구(명, 남+여) | 4(2+2)

가구수 | 1

급수시설 | 우물 1개

어선 | 무동력선 1척

대접도(大蝶島)

1985년

주소 | 전라남도 신안군 압해면 매화리

면적(km²) | 0.04

인구(명, 남+여) | 2(1+1)

가구수 | 1

급수시설 | 우물 1개

어선 | 무동력선 1척

도덕도(道德島)

1973년

주소 | 전라남도 신안군 지도면 증도리

면적(km²) | 0.9

인구(명, 남+여) | 43(17+26)

가구수 | 7

급수시설 | 공동우물 1개

초등학교 | 분교 1개 25명
어선 | 무동력선 2척

1985년
주소 | 전라남도 신안군 증도면 방축리
면적(km²) | 0.105
인구(명, 남+여) | 13(7+6)
가구수 | 2
급수시설 | 우물 1개
초등학교 | 분교 1개 2명
어선 | 동력선 1척

만지도(蔓芝島)

1973년
주소 | 전라남도 신안군 임자면 도찬리
면적(km²) | 0.12
인구(명, 남+여) | 79(41+38)
가구수 | 16
급수시설 | 공동우물 2개
초등학교 | 분교 1개 27명
어선 | 무동력선 1척

1985년
주소 | 전라남도 신안군 임자면 전장리
면적(km²) | 0.119
인구(명, 남+여) | 28(17+11)
가구수 | 5
급수시설 | 우물 3개
초등학교 | 분교 1개 11명
의료시설 | 약방
어선 | 3척(동력선 2+무동력선 1)

맥도(麥島)

1973년
주소 | 전라남도 신안군 압해면 가룡도
면적(km²) | 0.02

인구(명, 남+여) | 5(2+3)
가구수 | 1
급수시설 | 공동우물 1개

1985년
주소 | 전라남도 신안군 압해면 가룡3리
면적(km²) | 0.02
인구(명, 남+여) | 2(1+1)
가구수 | 1
급수시설 | 우물 1개

소노록도(小老鹿島)

1973년
주소 | 전라남도 신안군 임자면 재원리
면적(km²) | 0.09
인구(명, 남+여) | 29(13+16)
가구수 | 4
급수시설 | 공동우물 1개
어선 | 무동력선 1척

1985년
주소 | 전라남도 신안군 임자면 부남리
면적(km²) | 0.0892
인구(명, 남+여) | 4(2+2)
가구수 | 1
급수시설 | 우물 1개
어선 | 무동력선 1척

소식도(小食島)

1985년
주소 | 전라남도 신안군 압해면 고이리
면적(km²) | 0.04
인구(명, 남+여) | 6(4+2)
가구수 | 1
급수시설 | 우물 1개
전력시설 | 한전 1가구

의료시설 | 약방

어선 | 무동력선 1척

송도(松島)

1973년

주소 | 전라남도 신안군 지도면 읍내리

면적(km²) | 2.4

인구(명, 남+여) | 359(170+189)

가구수 | 63

급수시설 | 공동우물 7개

어선 | 동력선 4척

1985년

주소 | 전라남도 신안군 신의면 상태서리

면적(km²) | 0.19

인구(명, 남+여) | 15(8+7)

가구수 | 3

전력시설 | 자가발전 3가구

어선 | 무동력선 3척

신추도(新秋島)

1973년

주소 | 전라남도 신안군 지도면 병풍리

면적(km²) | 0.2

인구(명, 남+여) | 9(5+4)

가구수 | 2

급수시설 | 공동우물 1개

1985년

주소 | 전라남도 신안군 증도면 병풍1리

면적(km²) | 0.02

인구(명, 남+여) | 9(5+4)

가구수 | 2

급수시설 | 우물 1개

우목도(牛目島)

1985년

주소 | 전라남도 신안군 안좌면 우목리

면적(km²) | 157

공공기관(면사무소, 파출소 등) | 지파출소 1개

인구(명, 남+여) | 226(124+102)

가구수 | 50

급수시설 | 우물 19개

초등학교 | 분교 1개 42명

어선 | 무동력선 37척

우세도

1973년

주소 | 전라남도 신안군 비금면 신원리

면적(km²) | 0.51

인구(명, 남+여) | 42(21+21)

가구수 | 7

급수시설 | 공동우물 2개

어선 | 무동력선 2척

1985년

주소 | 전라남도 신안군 비금면 신안리

면적(km²) | 0.51

공공기관(면사무소, 파출소 등) | 지파출소 1개

인구(명, 남+여) | 6(3+3)

가구수 | 3

급수시설 | 우물 2개

어선 | 무동력선 1척

일정도(一井島)

1985년

주소 | 전라남도 신안군 압해면 고이2리

면적(km²) | 0.17

인구(명, 남+여) | 32(14+18)

가구수 | 8

급수시설 | 우물 3개

전력시설 | 한전 8가구

어선 | 4척(동력선 1+무동력선 3)

입모도(笠帽島)

1973년

주소 | 전라남도 신안군 임자면 재원리

면적(km²) | 0.14

인구(명, 남+여) | 9(6+3)

가구수 | 3

급수시설 | 공동우물 1개

1985년

주소 | 전라남도 신안군 임자면 부남리

면적(km²) | 0.0694

인구(명, 남+여) | 5(3+2)

가구수 | 1

급수시설 | 우물 1개

어선 | 동력선 1척

작도(鵲島)

1973년

주소 | 전라남도 신안군 임자면 도찬리

면적(km²) | 0.03

인구(명, 남+여) | 18(11+7)

가구수 | 5

급수시설 | 공동우물 1개

1985년

주소 | 전라남도 신안군 임자면 전장리

면적(km²) | 0.0296

인구(명, 남+여) | 5(3+2)

가구수 | 1

급수시설 | 우물 1개

장도(獐島)

1973년

주소 | 전라남도 신안군 장산면 팽진리

면적(km²) | 0.03

인구(명, 남+여) | 6(4+2)

가구수 | 1

급수시설 | 공동우물 1개

어선 | 무동력선 1척

1985년

주소 | 전라남도 신안군 장산면 팽진리

면적(km²) | 0.035

인구(명, 남+여) | 6(3+3)

가구수 | 1

급수시설 | 우물 1개

어선 | 동력선 1척

저도(楮島)

1973년

주소 | 전라남도 신안군 장산면 마진리

면적(km²) | 0.17

인구(명, 남+여) | 125(59+66)

가구수 | 19

급수시설 | 공동우물 4개

초등학교 | 분교 1개 20명

어선 | 무동력선 1척

1985년

주소 | 전라남도 신안군 장산면 마진리

면적(km²) | 0.17

공공기관(면사무소, 파출소 등) | 지파출소 1개

인구(명, 남+여) | 74(36+38)

가구수 | 15

급수시설 | 우물 5개

초등학교 | 분교 1개 7명

어선 | 12척(동력선 6+무동력선 6)

토도(土島)

1985년

주소 | 전라남도 신안군 압해면 가룡리

면적(km²) | 0.04

인구(명, 남+여) | 9(2+7)

가구수 | 1

급수시설 | 우물 1개

해도(蟹島)

1985년

주소 | 전라남도 신안군 압해면 매화리

면적(km²) | 0.02

인구(명, 남+여) | 6(3+3)

가구수 | 1

급수시설 | 우물 1개

전력시설 | 한전 1가구

어선 | 동력선 1척

1980년대 이후 자료에 등장하지 않는 섬

객도(客島)

주소 | 전라남도 신안군 암태면 신석리

면적(km²) | 0.05

인구(명, 남+여) | 5(2+3)

가구수 | 1

급수시설 | 공동우물 1개

계도(契島)

주소 | 전라남도 신안군 압해면 매화리

면적(km²) | 0.02

인구(명, 남+여) | 7(2+5)

가구수 | 1

급수시설 | 공동우물 1개

어선 | 무동력선 1척

구례도(九禮島)

주소 | 전라남도 신안군 압해면 장감리

면적(km²) | 0.09

인구(명, 남+여) | 4(3+1)

가구수 | 1

급수시설 | 공동우물 1개

어선 | 무동력선 1척

귀마도(貴馬島)

주소 | 전라남도 신안군 압해면 매화리

면적(km²) | 0.16

인구(명, 남+여) | 42(22+20)

가구수 | 7

급수시설 | 공동우물 3개

어선 | 무동력선 1척

내우목도(內牛目島)

주소 | 전라남도 신안군 안좌면 일대리

면적(km²) | 0.78

인구(명, 남+여) | 168(81+87)

가구수 | 31

급수시설 | 공동우물 18개

초등학교 | 분교 1개 55명

어선 | 40척(동력선 7+무동력선 33)

내호도(內湖島)

주소 | 전라남도 신안군 안좌면 내호리
면적(km²) | 〈면적불명〉
인구(명, 남+여) | 384(180+204)
가구수 | 60
급수시설 | 공동우물 32개
초등학교 | 분교 1개 79명
어선 | 무동력선 4척

노대도(路垈島)

주소 | 전라남도 신안군 압해면 매화리
면적(km²) | 0.36
인구(명, 남+여) | 88(43+45)
가구수 | 18
급수시설 | 공동우물 2개

대두리도(大斗里島)

주소 | 전라남도 신안군 자은면 고장리
면적(km²) | 0.09
인구(명, 남+여) | 6(4+2)
가구수 | 2
급수시설 | 공동우물 1개

대침사도(大沈沙島)

주소 | 전라남도 신안군 임자면 재원리
면적(km²) | 0.38
인구(명, 남+여) | 2(1+1)
가구수 | 1
급수시설 | 공동우물 1개

도암도(桃岩島)

주소 | 전라남도 신안군 압해면 가란리
면적(km²) | 0.09
인구(명, 남+여) | 18(11+7)

가구수 | 2
급수시설 | 공동우물 1개
어선 | 무동력선 1척

만재도(滿在島)

주소 | 전라남도 신안군 비금면 지당리
면적(km²) | 0.2
인구(명, 남+여) | 18(12+6)
가구수 | 3
급수시설 | 공동우물 1개

미찬도(未贊島)

주소 | 전라남도 신안군 도초면 이곡리
면적(km²) | 0.02
인구(명, 남+여) | 6(2+4)
가구수 | 1
급수시설 | 공동우물 1개
어선 | 무동력선 2척

보기도(寶機島)

주소 | 전라남도 신안군 증도면 병풍리
면적(km²) | 0.3
인구(명, 남+여) | 99(44+55)
가구수 | 18
급수시설 | 공동우물 3개

소두리도(小斗里島)

주소 | 전라남도 신안군 자은면 고장리
면적(km²) | 0.06
인구(명, 남+여) | 4(2+2)
가구수 | 1
급수시설 | 공동우물 1개

소복기산도(小伏己山島)

주소 | 전라남도 신안군 지도면 탄동리

면적(km²) | 0.7

인구(명, 남+여) | 5(3+2)

가구수 | 2

급수시설 | 공동우물 1개

소승도(小昇島)

주소 | 전라남도 신안군 압해면 고이리

면적(km²) | 0.04

인구(명, 남+여) | 5(3+2)

가구수 | 1

급수시설 | 공동우물 1개

송도(松島)

주소 | 전라남도 신안군 하의면 상하태리

면적(km²) | 0.19

인구(명, 남+여) | 19(11+8)

가구수 | 4

급수시설 | 공동우물 2개

초등학교 | 분교 1개 6명

어선 | 무동력선 1척

신도(新島)

주소 | 전라남도 신안군 하의면 능산리

면적(km²) | 1.7

인구(명, 남+여) | 282(162+120)

가구수 | 43

급수시설 | 공동우물 3개

초등학교 | 분교 1개 63명

어선 | 9척(동력선 2척+무동력선 7척)

신풍도(信風島)

주소 | 전라남도 신안군 지도면 어의리

면적(km²) | 0.06

인구(명, 남+여) | 9(3+6)

가구수 | 2

급수시설 | 공동우물 1개

안마도(安馬島)

주소 | 전라남도 신안군 지도면 탄동리

면적(km²) | 0.3

인구(명, 남+여) | 5(2+3)

가구수 | 1

급수시설 | 공동우물 1개

연도(演島)

주소 | 전라남도 신안군 지도면 태천리

면적(km²) | 0.20

인구(명, 남+여) | 4(2+2)

가구수 | 1

급수시설 | 공동우물 1개

외개도(外介島)

주소 | 전라남도 신안군 도초면 만년리

면적(km²) | 0.02

인구(명, 남+여) | 7(4+3)

가구수 | 3

급수시설 | 공동우물 1개

외우목도(外牛目島)

주소 | 전라남도 신안군 안좌면 일대리

면적(km²) | 0.78

인구(명, 남+여) | 145(72+73)

가구수 | 21

급수시설 | 공동우물 12개

어선 | 무동력선 13척

용도(龍島)

주소 | 전라남도 신안군 하의면 능산리

면적(km²) | 0.1

인구(명, 남+여) | 4(2+2)

가구수 | 1

급수시설 | 공동우물 1개

어선 | 무동력선 1척

용출도(龍出島)

주소 | 전라남도 신안군 압해면 장감리

면적(km²) | 0.12

인구(명, 남+여) | 4(2+2)

가구수 | 1

급수시설 | 공동우물 1개

율도(栗島)

주소 | 전라남도 신안군 장산면 마진리

면적(km²) | 0.43

인구(명, 남+여) | 121(57+64)

가구수 | 19

급수시설 | 공동우물 4개

초등학교 | 분교 1개 20명

어선 | 무동력선 1척

일승도(一昇島)

주소 | 전라남도 신안군 압해면 고이리

면적(km²) | 1.51

인구(명, 남+여) | 21(9+12)

가구수 | 3

급수시설 | 공동우물 2개

장개도(長介島)

주소 | 전라남도 신안군 하의면 능산리

면적(km²) | 0.48

인구(명, 남+여) | 57(25+32)

가구수 | 8

급수시설 | 공동우물 3개

초등학교 | 분교 1개 10명

어선 | 무동력선 4척

장도(長島)

주소 | 전라남도 신안군 암태면 수곡리

면적(km²) | 0.03

인구(명, 남+여) | 14(6+8)

가구수 | 2

급수시설 | 공동우물 1개

장마도(長馬島)

주소 | 전라남도 신안군 압해면 매화리

면적(km²) | 0.22

인구(명, 남+여) | 66(28+38)

가구수 | 10

급수시설 | 공동우물 2개

죽도(竹島)

주소 | 전라남도 신안군 비금면 내월리

면적(km²) | 0.15

인구(명, 남+여) | 5(2+3)

가구수 | 1

급수시설 | 공동우물 1개

ㅣ연륙, 연도 현황ㅣ

출처:《대한민국 도서백서》행정안전부, 2011년 발행(2010년 12월 말 기준)

연륙(連陸) 도서의 연륙년도와 다리

행정구역	도서명	연륙년도	연륙거리(m)	다리이름
목포시	고하도	2000	380	신항교
	신항만건설사업으로 장구도, 허사도가 고하도로 합쳐짐.			
신안군	사옥도	2004	660	지도대교
	압해도	2008	1,840	압해대교

연도(連島) 도서의 연도년도와 거리

행정구역	도서명	연도년도	연도거리(m)	다리이름
신안군	안좌도 – 팔금도	1990	540	신안1교
	팔금도 – 암태도	2004	600	중앙대교
	암태도 – 자은도	1996	675	은암대교
	추포도 – 암태도	2000	1,065	제방도로
	비금도 – 도초도	1996	812	서남문대교
	증도 – 사옥도	2010	900	증도대교
	화도 – 증도	1994	1,200	노두길
	부소도 – 안좌도	2001	540	노두길
	매화도 – 마산도	2007	1,200	노두길
	마산도 – 황마도	2007	1,275	노두길

육지화된 도서

행정구역	도서명	연도(年)
신안군	지도	1975

교통편은 쾌속선, 차도선(철부선), 도선, 사선이 있다. 쾌속선은 차를 가지고 갈 수 없으며, 자전거는 가능하다. 차도선은 차를 갖고 갈 수 있으며, 도선은 차는 갖고 갈 수 없지만 자전거는 가능하다. 쾌속선, 차도선, 도선이 없는 경우 사선을 이용해야 한다.

목포여객선 터미널

• **흑산, 홍도 방면 : 쾌속선**

　1. 목포(07:50)—비금 · 도초—흑산—홍도—흑산—비금 · 도초—목포(짝수일)
　　　　　　　　⑩　　　⑫　　①　　⑥　　①　　⑩　　　⑫

　2. 목포(08:10)—비금 · 도초—흑산—상 · 중태—하태도—가거도—만재도—하태 —상 · 중태
　　　　　　　　⑩　　　⑫　　①　　⑦　　　⑦　　⑨　　⑧　　⑦　　⑦

　　　—흑산—비금 · 도초—목포(짝수일)
　　　　①　　⑩　　　⑫

　3. 목포(13:00)—비금 · 도초—흑산—홍도—흑산—비금 · 도초—목포(홀수일)
　　　　　　　　⑩　　　⑫　　①　　⑥　　①　　⑩　　　⑫

　4. 목포(16:00)—비금 · 도초—흑산(정박)—흑산(09:00)—비금 · 도초—목포
　　　　　　　　⑩　　　⑫　　①　　　　①　　　　⑩　　　⑫

· 겨울철에는 16:00 출항 선박 시간이 15:30으로 바뀐대(자세한 사항은 여객터미널에 확인 바람).

• **신의, 하의 방면 : 쾌속선**

　목포—하의도—상하태도(신의 당두선착장)—목포 (쾌속선)
　　　　⑯　　　⑦

• **안좌, 팔금, 비금, 도초 방면 : 차도선(철부선)**

　1. 목포—안좌 · 팔금—비금(가산)—비금(수대) · 도초
　　　⑬　　⑲　　⑩　　　⑩　　　⑫

　2. 목포—안좌 · 팔금—사치(짝수일)—수치—비금(가산)—비금(수대) · 도초(화도, 1박)
　　　㉝　　㊴　　㊳　　⑪　　⑩　　　⑩　　　⑫

• **안좌, 장산, 하의, 신의 방면 : 차도선**

　1. 목포—장산—자라—안좌(복호)—목포
　　　㉘　　㊲　　㉝

　2. 목포—안좌(복호)—하의—장병—옥도—장산—자라—목포
　　　㉝　　⑯　　㉓　　㉔　　㉘　　㊲

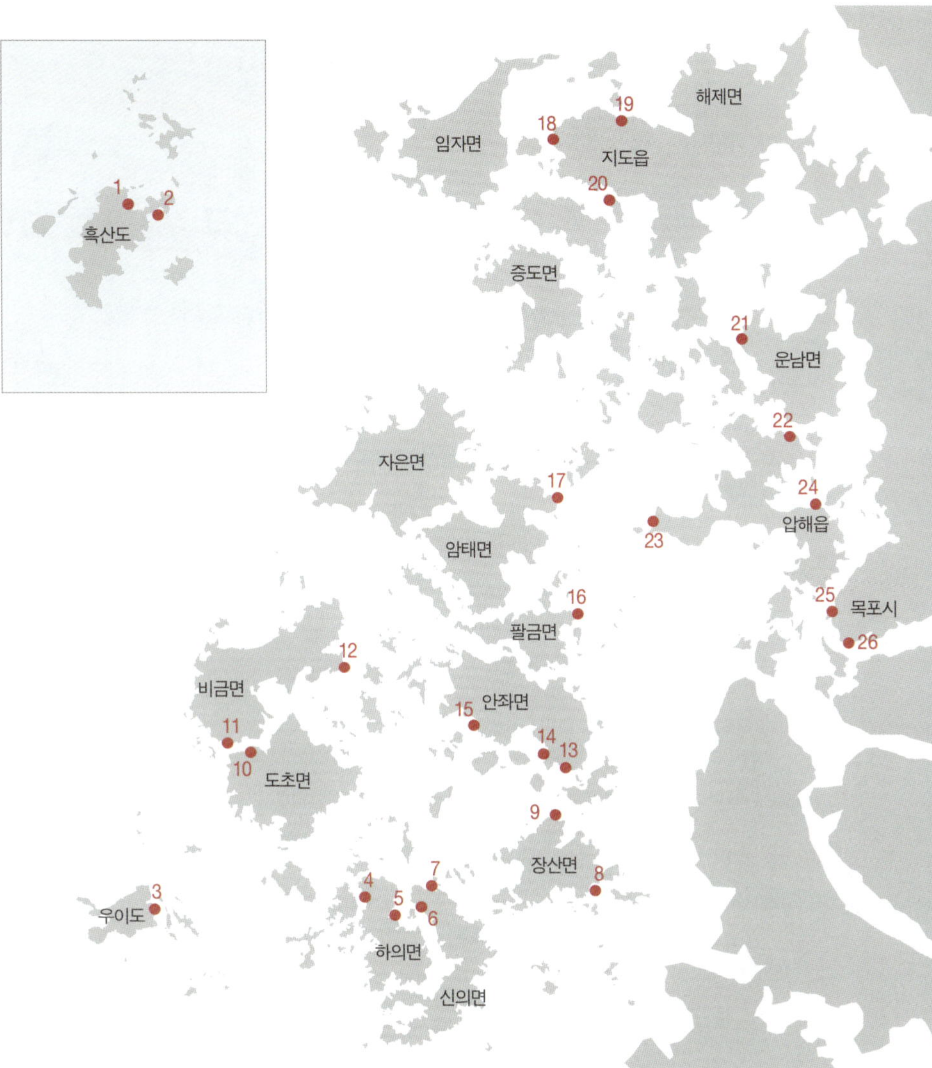

● 선착장 이름

1 예리선착장	8 축강(두루메)선착장	15 소곡리(두리)선착장	22 중월선착장
2 대목선착장	9 북강(장산)선착장	16 고산선착장	23 송공여객선터미널
3 진리선착장	10 도초선착장	17 신석 오도선착장	24 압해 숭의선착장
4 당두선착장(하의)	11 비금선착장	18 점암선착장	25 목포 북항선착장
5 웅곡선착장	12 가산선착장	19 봉리 참도선착장	26 목포여객선터미널
6 당두선착장(신의)	13 복호선착장	20 송도선착장	
7 동면선착장	14 존포선착장	21 신월선착장(무안)	

3. 목포—안좌(복호)—자라—장산
　　㉝　　　㊲　㉘

4. 목포—안좌(복호)—자라—장산—옥도—장병—하의—목포
　　㉝　　　㊲　㉘　㉔　㉓　⑯

• **신의, 장산 방면** : **차도선**

1. 목포—장산(두루메)—상태(동리)—장산(두루메)—장산(마진)—목포
　　㉘　　　⑦　　㉘　　㉘

2. 목포—장산(두루메)—상태(동리)
　　㉘　　　⑦

3. 목포—장산(마진)—장산(두루메)—상태(동리)—장산(두루메)—목포
　　㉘　　㉘　　⑦　　㉘

• **우이도 방면** : **차도선**

목포—도초(화도)—우이도—도초(1박)—우이도—도초—목포
　⑫　　⑬　⑫　　⑬　⑫

• **달리도, 외달도 방면** : **차도선**

목포—고하도—달리도—율도—외달도(순환)
　68　　67　65　66

＊ 출항시간에 따라 순항하는 섬 순서가 바뀌므로 목포여객 터미널에 확인 바람.

• **시하도, 마진도, 율도, 고평사도 방면** : **차도선**

1. 목포(08:30)—시하도—마진도—율도—고평사도—진도(쉬미항~율목)
　　　　30　32　26

2. 진도(율목~쉬미항) —고평사도—율도—마진도—시하도—목포
　　　　26　32　30

목포 북항선착장

• **안좌 방면** : **차도선**　　　• **비금 방면** : **차도선**

북항—읍동　　　　　　　　북항—비금(가산)
　㉝　　　　　　　　　　⑩

• **도초 방면** : **차도선**

북항—도초(화도)
　⑫

698

송공여객선터미널

• **안좌, 팔금, 암태, 자은 방면 : 차도선**

1. 압해 송공선착장–당사도–암태(신석)–당사도–송공
   ㊸ ㊶ ㊸

   * 당사도는 2회만 운항함. 송공여객선터미널 확인

2. 압해 송공선착장–팔금(고산)–압해 송공
   ㊴

• **비금 방면 : 차도선**

송공–비금(가산)
⑩

• **선도, 고이도 방면 : 차도선**

1. 송공–매화도–소악도–소기점도–대기점도–병풍도–마산도–선도–고이도–신월선착장
   ㊽ (55) (55) (54) (53) ㊾ (61) ㊻
2. 송공–매화도–대기점도–병풍도
   ㊽ (54) (53)

기타

• **임자 방면 : 차도선**

지도 점암선착장–수도–임자도(진리)
(59) (58) (56)

• **병풍도 방면 : 차도선**

지도 송도선착장–증도(지신개)–병풍도(보기선착장)
(59) (51) (53)

• **어의도, 재원도 방면 : 차도선**

지도 봉리 참도선착장–포작도–어의도–지도(점암)–임자도(진리)–재원도
(59) (64) (63) (59) (56) (57)

• **장병, 옥도, 능산, 대야, 신도 방면 : 차도선**

하의 웅곡선착장–상태도–장병도–옥도–문병도–개도–능산도–대야도–신도–능산도
⑯ ⑦ ㉓ ㉔ ㉒ ㉑ ⑲ ⑳ ⑰ ⑲

–개도–문병도–옥도–장병도–하의 웅곡선착장
㉑ ㉒ ㉔ ㉓ ⑯

낙도(도선)

• 지도읍

무안 운남 신월선착장─선도(선도호)
⑥⑨   ⑥①

지도 참도선착장─포작도─어의도(어의호)
⑤⑨   ⑥④   ⑥③

• 비금면

비금 가산선착장─수치도
⑩   ⑪

• 흑산면

1. 흑산 예리선착장─장도(대장도호)
❶   ❺

2. 흑산 대목(죽항)리선착장─영산도
❶   ❷

3. 흑산 예리선착장─다물도─대둔도
❶   ❹   ❸

• 하의면

1. 하의 당두선착장─능산도(능산호)
⑯   ⑲

2. 하의 당두선착장─장재도
⑯   ⑱

3. 하의 웅곡선착장─장병도
⑯   ㉓

• 신의면

신의 상태서리 동면선착장─기도
㉕   ㉗

• 장산면

장산 축강선착장─마진도
㉘   ㉚

• 안좌면

1. 안좌 한운리 북지선착장─사치도
㉝   ㊳

2. 안좌 소곡선착장─박지도─반월도
㉝   ㊱

3. 안좌 복호선착장─자라도(연도교 건설중)
㉝   ㊲

• 압해읍

1. 무안 운남 신월선착장─고이도
⑥⑨   ㊻

2. 압해 복룡 중월선착장─효지도(우관도)
㊺   ㊿

3. 압해 숭의선착장─가란도(인도교)
㊺   ㊼

| 참고문헌 |

강봉룡, 《바다에 새겨진 한국사》, 한얼, 2005
강판권, 《역사와 문화로 읽는 나무사전》, 글항아리, 2010
고광민 외, 《조선시대 소금 생산방식》, 신서원, 2006
고광민, 《어구》, 제주대학교박물관, 2002
고석규, 《근대도시 목포의 역사공간과 문화》, 서울대학교출판부, 2004
국립민속박물관, 《초분》, 2003
국립해양문화재연구소, 〈수치·사치〉, 2011
국립해양문화재연구소, 〈목포 달리도배 조사보고서〉, 1999
국립해양문화재연구소, 〈신안선과 동아시아 도자문화〉, 2006
국립해양문화재연구소, 〈옥도〉, 2012
국립해양유물전시관, 〈만재도〉, 2008
김경옥, 《조선후기 島嶼硏究》, 혜안, 2004
김영희, 《섬으로 흐르는 역사》, 동문선, 1999
김재원 외, 《한국서해도서조사보고》, 을유문화사, 1957
김정섭 역, 《신안수산지》, 신안문화원(原著 韓國水産誌 중 신안편 발췌), 2004
김정호, 《섬, 섬사람들》, 학연문화사, 1991
김준, 〈어촌사회의 구조와 변동〉, 전남대학교 박사학위논문, 2000
김준, 《갯벌을 가다》, 한얼미디어, 2004
김준, 《어촌사회 변동과 해양생태》, 민속원, 2004
김준, 《새만금은 갯벌이다-이제는 영영 사라질 생명의 땅》, 한얼미디어, 2006
김준, 《김준의 갯벌이야기》, 이후, 2009
김준, 《대한민국 갯벌문화사전》, 이후, 2010
김준, 《어촌 사회학》, 민속원, 2010
김준 외, 《서해와 연평도》, 민속원, 2012
김준 외, 《섬과 문화의 바다읽기》, 민속원, 2012
김호동, 《독도·울릉도의 역사》, 경인문화사, 2007
내무부, 《도서백서》, 1975, 1985
내무부, 《한국도서백서》, 1996

농상공부수산국,《한국수산지》제1집, 조선총독부농상공부(2001년 민속원 영인본), 1908

농상공부수산국,《한국수산지》제3집, 조선총독부농상공부(2001년 민속원 영인본), 1910

다나카 마사타카田中正敬,《통감부의 염업정책에 관하여統監府の鹽業政策について》,
　《히토쓰바시논총一橋論叢》115권 2호, 1996

도서문화연구소,《도서문화》18집 압해도편, 목포대학교, 2000

도서문화연구소,〈도서문화유적지표조사 및 자원화연구 3 - 흑산편〉, 목포대, 2003

목포개항백년사편찬위원회,《목포개항백년사》, 목포개항백년사편찬위원회, 1997

목포부 편,《목포대관》, 목포부, 1936

목포부 편,《木浦府勢一斑》, 목포부, 1936

목포부 편,《木浦府史》, 목포부청, 1930.

목포부 편,《목포부사》, 1930

목포수산업협동조합 편,《목포수협사》, 목포수산업협동조합, 1996

목포시,《목포시사: 인문편》, 목포시, 1987

목포시,《목포시사: 사회 산업편》, 목포시, 1991

목포지편찬회 편, 김정섭 옮김,《목포지》, 향토문화사, 1991

문준경 전도사 전기 간행위원회,《섬마을의 순교자》, 기독교 대한성결교회 출판부, 1985

문화재관리국,〈한국민속종합조사보고서(어업용구편)〉, 1992

문화재청·국립해양문화재연구소,《바다속의 유물, 빛을 보다》, 2010

박석두,《민간소유 대규모 간척농지의 소유 및 이용실태에 관한 조사 연구》, 농촌경제
　연구원, 1989

박수현,《재미있는 바다생물이야기》, 추수밭, 2006

박수현,《바다생물 이름 풀이사전》, 지성사, 2008

박종길·서정화,《물새 : 한국의 야생조류 길잡이》, 신구문화사, 2008

배종무 저,《목포개항사 연구》, 느티나무, 1994

비금종합고등학교,《신안·비금 향토자료집》, 1999

뿌리깊은나무 편집부,《한국의 발견 전라남도》, 뿌리깊은나무, 1983

상공부,《염백서》, 1964

서경,《고려도경》, 서해문집, 2005

송기숙,〈암태도〉,《창작과비평》, 1981

송기숙,《마을 아름다운 공화국》, 화남, 2005

시흥시사편찬위원회,《시흥시사》

신안군·도서문화연구소, 〈흑산도 유배문화공원조성 학술조사보고〉, 2003

신안문화원, 《김이수 전기》, 2003

신안문화원, 《국역 지도군총쇄록(오횡묵 저)》, 2008

신안문화원, 《국역 지도유배일기(原著 續陰晴史)》, 2010

신안문화원, 《국역 두류단실기》, 2011

신안문화원, 《운곡잡저》

신안문화원, 《유암총서》

압해면, 《압해도 향토지》, 1991

요시다 게이치吉田敬市, 《조선수산개발사朝鮮水産開發史》, 아사미즈카이朝水會, 1954

요시다 게이치吉田敬市, 《파시평고—조선의 이동어촌집락波市坪考—朝鮮に於ける移動
漁村集落》, 《인문지리人文地理 4-5》 통권 17, 교토대학, 1954

이강회·정약전, 《운곡잡저》, 신안문화원, 2007

이우신·구태회·박진영, 《한국의 새》, LG상록재단, 2000

이종묵·안대회, 《절해고도에 위리안치하라》, 북스코프, 2011

이중환 저·이익성 역, 《택리지》, 을유문화사, 2002

이태원, 《현산어보를 찾아서》, 청어람미디어, 2002

전라남도, 《전남의 섬》, 2002

정근식·김준, 《해조류양식 어촌의 구조와 변동》, 경인문화사, 2004

정약전·이강회, 《유암총서》, 신안문화원, 2005

조선총독부, 《조선보물고적조사자료》, 1942

조선총독부전매국, 《조선전매사》, 1936

최길성 옮김, 《일본민속학자가 본 1930년대 서해도서 민속》, 민속원., 2004

최길성, 〈파시의 민속학적 연구〉, 《한국민속학연구》, 민속원, 1997

최덕원, 《다도해의 당제》, 학문사

최성환 편, 《천사의 섬 신안의 문화유산》, 신안군·신안문화원, 2008

토지무상양도 전국대책위원회, 《토지무상 양도 투쟁 백서》, 1988

해양수산부 국립수산과학원, 《한국어구도감》, 2002

해양수산부, 《한국의 해양문화》, 2002

해양수산부, 《대한민국 도서백서》, 2011

황용희, 《섬마을 소년들》, 멘토, 2010

섬문화 답사기 신안편
孤島의 일상과 역사에 관한 서사

1판 1쇄 펴낸날 2012년 7월 31일

지은이 | 김준
책임편집 | 들풀
편집 | 위정훈, 윤대호, 이현정, 김희연
마케팅 | 권태환, 함정윤
디자인 | 김수영

펴낸곳 | 보누스
등록 | 2001년 8월 17일 제313-2002-179호
주소 | 서울시 마포구 서교동 481-13
전화 | 02-333-3114
팩스 | 02-3143-3254
E-mail | soribooks@hanmail.net

ⓒ 김준, 2012

ISBN 978-89-6494-073-0
     978-89-6494-071-6 (세트)

· 서책은 보누스의 인문 · 고전 브랜드입니다.

· 이 책은 저작권법에 따라 보호받는 저작물이므로 무단전재와 무단복제를 금하며
  이 책의 전부 또는 일부를 이용하려면 반드시 저작권자와 보누스 출판사의 서면 동의를 받아야 합니다.

· 값은 뒤표지에 있습니다.
· 잘못된 책은 바꿔드립니다.

이 도서의 국립중앙도서관 출판시도서목록(CIP)은 e-CIP홈페이지(http://www.nl.go.kr/ecip)와 국가자료공동
목록시스템(http://www.nl.go.kr/kolisnet)에서 이용하실 수 있습니다.(CIP제어번호 : CIP2012003257)

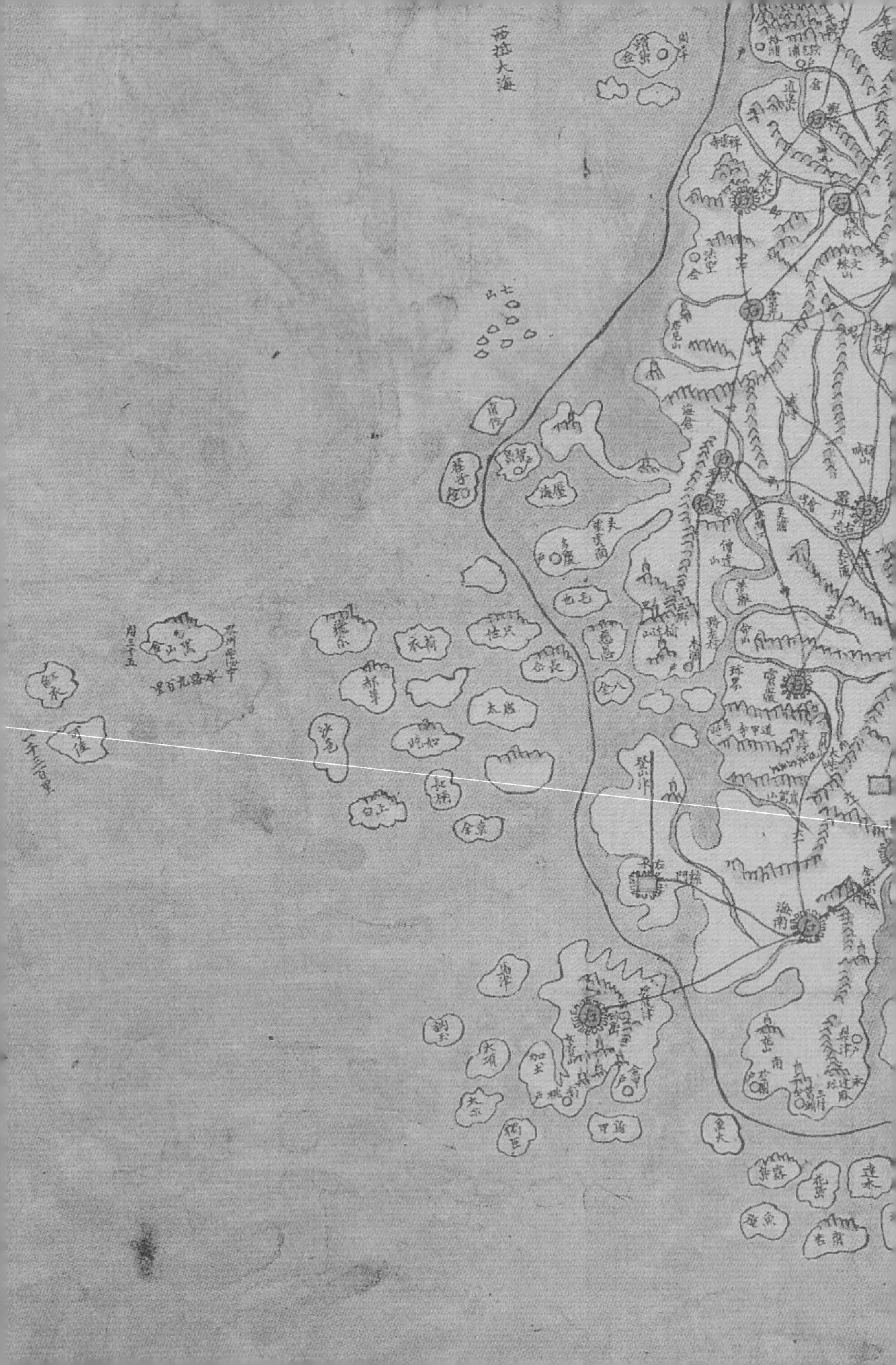

西拉大海
羊洋
七山
蟒子隆
海壓
夫
九毛
佐只
長
荷
全
太岩
如毛
長
白正
全章
鳥洋
甲萬
重天

〈전라도全羅道〉《여지도輿地圖》, 19세기 전반